民法의 基本問題

徐 光 民 著

서강대학교 출판부

머 리 말

이 책은 필자가 서강대학교에 재직하는 동안 각종의 학술지에 발표하였던 民法(財産法)에 관한 논문들을 민법의 체계에 따라 편집하여 한권의 책으로 묶은 論集이다. 이러한 작업을 시도하게 된 것은, 우선 정년을 이제 1년 남짓 남겨놓은 필자로서 여기저기에 실려 있는 논문들을 모아 한 권의 책으로 간행함으로써, 그 동안의 보잘 것 없는 연구결과나마 일단 정리하여 보고 싶은 생각이 들어서이다. 그리고 필자가 그동안 발표한 논문이 민법을 공부하는 학생이나 민법을 전공하는 분들에게 혹시라도 참고가 되거나 비판의 대상이 될 수 있다면, 그러한 분들을 위해서도 논문이 여기 저기 흩어져 있는 것 보다는 한권의 책에 모아 놓는 것이 논문을 접하는 데 용이할 것으로 생각되기 때문이다.

이 논집에 수록된 논문들은 민법의 어떤 특수문제를 주제로 하는 것이 아니고 거의가 민법에 관한 일반적이고 기본적인 문제를 주제로 하고 있다. 필자가 그동안 그러한 문제들에 관한 이론들을 검토하면서 가끔 안타까워했던 것은 종래의 우리 민법학 이론 중에는 일본민법(또는 의용민법)하에서 주장되던 이론을 일본민법과는 다른 규정을 가진 우리 민법하에서도 그대로 전개하는 경우가 없지 않다는 점이다. 이를테면 物權的 請求權에 관한 이론이나 제3자에 의한 債權侵害에 관한 이론 같은 것이 그러한 예이다. 그런가 하면 독일민법의 독특한 법체제하에서 형성 발전된 이론을 독일민법과는 다른 체제를 가진 우리 민법하에서도 그대로 도입하여 전개하는 경우도 없지 않다. 積極的 債權侵害理論이나 契約締結上의 過失責任理論 같은 것이 그러한 경우에 속한다. 이러한 점에 유의하여 필자는 이러한 문제에 대해서는 우리민법의 체제와 우리민법의 규정에 부합하는 이론을 구성하려고 노력하였다. 그리고 우리민법의 규정 중에는 입법정책적으로 부당한 규정도 없지 않다. 使用者의 責任에 관한 규정이라든지 責任無能力者의 監督者의 責任에 관한 규정 같은 것이 그러한 예이다. 이러한 규정에 대해서는 그 입법정책적 부당성을 시인하면서 그 극복방법을 찾으려고 노력하였다. 그렇지 않고 그 규정을 당연한 규정으로 상정하면서 이에 관한 이론을 구성하게 되면 타당한 문제해결을 기대할 수 없기 때문이다.

위와 같은 의도에서, 그리고 위와 같은 점에 유의하면서 이 논집을 발간하게 되었지만 그동안 발표하였던 논문들을 정리하면서 새삼 느끼는 아쉬움이 한두가지가 아니다. 타고난 능력이 모자란데다가 늦깍이로 학문의 길로 들어선만큼 최선이라도 다하려고 노력하여 보았지만, 어쩌다 예기치 않은 학교의 命을 받고 分에도 맞지 않는 보직수행에 바친 6년의 세월은 필자의 그러한 결의를 힘껏 실행하는 것마저도 허용하지 않았다. 그러나 이 모든 사정과 여건들도 어쩌면 필자의 일생과 운명을 구성하는 요인들이고 보면, 필자 자신의 노력의 부족을 부끄러워 할 수밖에 없다.

이 논집에 수록된 논문들은 전문학술지나 기념논문집에 게재되었던 논문이 주종을 이루지만 고시계 등 수험생을 위한 잡지에 게재되었던 비교적 짧은 논문도 더러 포함되어 있다. 그러나 이 후자의 논문들도 민법의 기본적 문제에 관한 것들이기 때문에 민법을 공부하는 학생들에게는 충분히 도움이 될 수 있다고 생각하여 이 논집에 그대로 수록하기로 하였다. 그리고 이 논집에서는 그동안 발표한 논문들에 대하여 편집상 필요한 체제정리와 최소한도의 자구수정만을 하고 나머지 내용은 대체로 별다른 수정이나 변경을 가함이 없이 그대로 옮겼기 때문에, 인용한 문헌들이 최신판이 아니라 구판일 수도 있고 참조한 법률규정 역시 현행규정과 다를 수 있다. 이 점 독자들의 양해를 구할 수밖에 없다.

이 논집이 출간되기까지는 서강대학교 석사과정에 재학 중인 손홍렬 군의 노고가 많았다. 손군은 여기 저기 흩어져 있는 논문들의 원고를 정리하여 편집하는 작업을 정성스럽게 도와주었다. 손군의 노고에 감사를 드린다. 그리고 원고내용을 치밀하게 교정보아준 박사과정에 재학 중인 김재윤 석사의 정성과 노고에 대해서도 감사를 드린다. 손군과 김군의 학문 연구에도 많은 진전이 있기를 빈다. 끝으로 독자층이 한정된 이 논집의 발간을 흔쾌히 맡아 주신 서강대학교 출판부장 송효섭 교수님께도 깊은 감사를 드린다.

2006년 6월 15일

서강대학교 연구실에서
徐 光 民

目　次

慣習法과 事實인 慣習

I. 머 리 말

民法은 제1조에서 "民事에 관하여 法律에 규정이 없으면 慣習法에 의하고 慣習法이 없으면 條理에 의한다."고 規定하여, 관습법의 法源性과 아울러 관습법의 成文法에 대한 補充的 效力을 인정하고 있다. 그런가 하면 제106조에서는 "法令中의 善良한 風俗 기타 社會秩序에 관계없는 規定과 다른 慣習이 있는 경우에 當事者의 意思가 명확하지 아니한 때에는 그 慣習에 의한다."고 규정함으로써, 法律行爲 해석기준으로서의 관습(즉 事實인 관습)에 대하여 선량한 풍속 기타 사회질서에 관계없는 규정(즉 任意規定)에 우선하는 순위를 인정하고 있다.

그런데 종래 이 두 規定과 관련하여 다음과 같은 두 가지의 의문이 제기되어 왔다.

첫째, 민법 제1조에서는 民事에 관하여 성문법이 없는 경우에만 관습법을 적용하도록 하면서, 민법 제106조에서는 관습법에도 이르지 못한 관습, 즉 사실인 관습에 대하여는 성문법 중의 임의규정보다 우선하여 법률행위 해석의 기준이 되도록 하고 있는데, 이 두 규정간의 모순된 것처럼 보이는 관계를 어떻게 설명할 것인가?

둘째, 사실인 관습과 관습법과는 어떻게 다른가?

이와 같은 의문에 대해서는 그 동안 여러 가지 논의가 있어 왔으나 그 견해나 주장이 일정치 않다. 이 글 역시 이제까지의 논의를 검토하면서 필자 자신의 견해로써 이와 같은 의문에 답하려는 것이다.

II. 慣習法과 事實인 慣習의 구별기준

종래 우리나라의 學說은 慣習法과 단순한 관습을 法的 確信의 有無에 의하여 구별하는 것이 일반적이다. 즉, 社會에서 자연적으로 발생한 慣行 내지 慣習(어떠한 事項에 대하여 상당한 기간동안 동일한 行爲가 반복되어 그 사항에 관해서는 일반적으로 그러한 행위가 행해진다고 인정되는 상태)이 사회의 法的 確信(Rechtsüberzeugung)에 의하여 法規範으로서 지켜질 정도에 이른 것을 관습법이라고 한다.[1] 이러한 입장은 判例에도 다음과 같이 나타나고 있다.

"관습법이란 사회의 거듭된 관행으로 생성된 사회생활규범이 사회의 법적확신과 인식에 의하여 법적 규범으로 승인 강행되기에 이르른 것을 말하고 사실인 관습은 사회의 관행에 의하여 발생한 사회생활규범인 점에서는 관습법과 같으나 다만 사실인 관습은 사회의 법적확신이나 인식에 의하여 법적 규범으로서 승인될 정도에 이르지 않은 것을 말하며 관습법은 바로 법원으로서 법령과 같은 효력을 갖는 관습으로서 법령에 저촉되지 않는 한 법칙으로서의 효력이 있는 것이며 이에 반하여 사실인 관습은 법령으로서의 효력이 없는 단순한 관행으로서 법률행위 당사자의 의사를 보충함에 그치는 것이다."[2]

그런가하면 관습법이 성립하기 위해서는 이와 같이 법적 확신이 수반되어야 한다고 하면서도 어느 시기에 이와 같은 요건이 갖추어진 것으로 볼 것인가, 즉 언제 관습법이 성립한 것으로 볼 것인가와 관련하여 다음과 같은 좀 애매한 입장을 취하는 견해도 있다.

"國家權力이 아직 확립되지 못하였던 때에는 規範으로서의 慣習이 행하여짐으로써 法이 성립

1) 金曾漢, 民法總則, 1980, 48면; 郭潤直, 民法總則, 1989, 27면; 張庚鶴, 民法總則, 1989, 49면; 金容漢, 民法總則論, 1956, 17면; 李英俊, 民法總則, 1987, 20면 등.

2) 大判 1983. 6. 14, 80다3231.

하였다고 인정되었을 것이다. 그러나 근대국가에 있어서는 국가가 明示的 또는 默示的으로 慣習規範의 法으로서의 효력을 是認하지 않는 한 법이 될 수 없다. 오늘날에 있어서는 法을 定立하고 執行하는 것은 종국적으로는 국가뿐이기 때문이다. 그러므로 관습법의 成立時期는 국가가 시인하는 규범인 관습이 성립할 때이다. 구체적으로는 국가의 法院의 判決에서 관습법의 存在가 인정되는 때에, 그 관습법은 그 관습이 법적 확신을 얻어서 사회에서 행하여지게 된 때에 遡及해서 관습법으로서 존재하고 있었던 것이 된다."[3)]

생각컨대 관습법이라고 하기 위해서는 단순한 관습에 있어서와는 달리 법적 확신이 있어서 法規範으로서 지켜져야 함은 당연하다. 단순한 慣行을 바로 法으로 볼 수 없기 때문이다. 그러면 어떠한 관행 내지 관습이 있을 경우에 이것이 단순한 관습인지 法的 確信이 수반된 관습인지를 어떻게 구별할 것인가? 다시 말해서 어떠한 관습이 있는 경우에 法的 確信의 수반 여부를 어떻게 判別할 것인가. 이는 결국 社會學的 方法에 의존하게 되겠지만 지극히 애매하고 어려운 작업이다. 그리고 이보다도 더 근본적인 의문은, 어떠한 관습에 法的 確信이 수반되어 있다고 가정하더라도 이것만으로는 그것이 바로 관습법으로 승격될 수 있겠는가 하는 점이다. 즉, 國家權力이 확립되지 않았던 시대와 사회에 있어서라면 몰라도, 국가권력이 확립된 오늘날의 國家社會를 전제로 하는 한, 국가가 시인하지 않는 규범이 法規範으로 승격될 수 있겠는가 하는 의문이 생긴다. 위의 學說도 지적하듯이 오늘날에 있어서 法을 定立하고 집행하는 것은 종국적으로 국가 뿐이기 때문이다. 그렇다면 관습법 역시 국가의 어떠한 관여 없이 법으로서 성립한다고 볼 수는 없다. 물론 관습법의 경우는 성문법의 경우와는 달리 국가의 관여가 적극적이고 창설적인 法定立의 형식으로 행하여지는 것은 아니고, 이미 저절로 형성된 관습을 判決에 의해서 法으로서 소극적으로 승인 내지 시인하는 형식으로 이루어진다. 즉, 관습법에 있어서는 법의 내용이 국가에 의하여 처음으로 정하여지는 것이 아니고 계속된 관행에 의하여 자연적으로 형성된다. 그러나 이렇게 저절로 형성된 내용의 관습이 관습법으로 승격하기 위해서는, 法的 確信도 수반되어야 하겠지만 그 밖에 국가의 승인도 있어야 한다. 그리고 이 경우의 국가의 승인이라는 것은 관습을 적용하여 判決하는 것을 말한다.

그런데 이 경우 이론적으로는 法官은 法的確信이 수반되어 있는 관습을 적용하여야 하겠지만, 위에서도 언급한 바와 같이 당해 관습에 그러한 법적 확신이 수반되이 있는지 여부를 판단하기는 극히 어려울 뿐만 아니라, 법적 확신은 오히려 어떠한 관습이 判決에

---

3) 郭潤直, 위의 책, 28면.

서 원용되었을 때 비로소 생긴다든지 또는 더욱 확고해진다고 볼 수 있다.[4] 이러한 점에서 보더라도 관습이 慣習法으로 승격하는데 국가의 承認 내지 是認이 필요함을 알 수 있다. 이와 관련하여 앞에서 소개한 소수설은, 法을 정립하고 집행하는 것은 종국적으로 국가뿐이므로 국가가 명시적 또는 묵시적으로 法으로서의 효력을 시인하지 않는 한 관습은 法이 될 수 없다는 견해를 취하면서도, 관습법의 성립시기에 대해서만은 한 걸음 후퇴해서 "法院의 判決에서 慣習法의 존재가 인정되는 때에 그 관습법은 그 관습이 법적 확신을 얻어서 사회에서 행하여지게 된 때에 소급해서 관습법으로서 존재하고 있었던 것이 된다"고 하여[5] 다소 애매한 입장을 취하고 있다. 이러한 입장은 관습법은 法院의 적용 이전에 항상 이미 관습법으로 존재하고 있어야 한다는 생각에서 비롯한 것이겠지만, 이는 국가의 시인이 없이는 관습은 法으로 될 수 없다는 앞부분의 견해와 모순될 뿐만 아니라, 법적 확신이라는 것이 관습에 대한 국가의 승인 내지 시인과 무관하게 생겨날 수 있을까 하는 의문도 불러일으킨다.

관습법의 성립에 이처럼 국가의 승인이 필요하다는데 대해서는 法的確信說의 입장으로부터 다음과 같은 비판들이 가하여 지고 있다. 즉, 國家承認說은 국가만이 法을 독점적으로 창설한다는 잘못된 생각에 입각하고 있으며 인간생활의 역사적 발전을 무시하고 있다고 한다.[6] 그러나, 이러한 비판은 慣習의 형성과 慣習法의 성립(관습의 관습법으로서의 승격)을 혼동하고 있을 뿐만 아니라, 적어도 오늘날과 같은 國家社會에 있어서는 법을 정립하고 집행하는 것은 종국적으로 국가 뿐이라는 엄연한 사실을 외면하고 있다고 아니할 수 없다. 국가의 법정립에 있어서 관습법과 성문법간에 차이가 있다면 그것은 법의 내용이 형성되는 과정과 국가가 법을 정립하는 방식에 있는 것이지, 관습법이라고 국가의 승인 내지 시인이 전혀 없이 성립한다고 할 수는 없다. 이는 예컨대 선량한 풍속 기타 사회질서에 반하는 어떤 관습이 있는 경우에, 아무리 관습의 慣行性이 강하고 어쩌다 法的確信 비슷한 관념까지 수반되어 있다고 하더라도, 이것이 관습법으로 인정될 수 있겠는가 하는 점과 그 인정여부는 결국 국가가 결정하지 않겠는가 하는 점을 생각해 보더라도 알 수 있는 일이다. 게다가 慣習의 경우에는 어느 지방이나 어느 지역에만 통용

4) 同旨: 金疇洙, 民法總則, 1988, 42면. "法的 確信은 특히 법원의 견고한 판례에 의하여 표현된다"고 하는 견해가 있으나(李英俊, 위의 책, 20면), 법원의 견고한 판례가 있으면 그것은 어떠한 관습에 법적 확신이 수반되어 있음을 말해 주는 것도 되지만, 오히려 법원의 견고한 판례를 통하여 그 관습에 대한 사회구성원의 법적 확신이 더욱 확고해진다고 볼 수 있다.

5) 郭潤直, 위의 책, 28면; 관습법의 성립시기에 대해서는 李英俊, 위의 책, 20면도 同旨.

6) 張庚鶴, 위의 책, 49면; 黃迪仁, 現代民法論 I, 1981, 3면.

되는 관습도 있을 수 있지만, 慣習法은 전국적으로 그 효력이 인정되어야 하는 법규범이기 때문에, 이러한 점에서도 慣習法의 성립에는 국가의 승인 내지 인정이 필요하다고 보아야 한다. 그리고 실제로 현재 慣習法上의 제도로서 인정되고 있는 讓渡擔保, 관습법상의 法定地上權, 樹木의 集團이나 未分離의 果實의 所有權 移轉에 관한 明認方法 등은 국가의 승인 없이 형성된 관습이 국가(법원)에 의하여 인정됨으로써 관습법으로 성립한 제도들인 것이다. 요컨대 慣習의 형성은 국가의 승인 없이 가능한 것이지만, 이렇게 하여 형성된 慣習이 慣習法으로 승격하는 데는 국가의 승인이 필요한 것이다. 다만 여기서 한 가지 의심스러운 것은, 관습이 관습법으로 승격하는데 이처럼 국가의 승인이 필요하다고 하더라도, 과연 그 승인이 어느 정도에 이르러야 하겠는가 하는 점이다. 물론 어떠한 관습의 적용이 확고한 判例로 되는 경우에는 최초의 判決을 계기로 하여 관습법으로 승격되었다고 볼 수 있겠지만, 그러한 정도에 이르지 못한 경우에는 그 관습이 法으로서 효력을 가지게 되었는가 아닌가를 정확하게 말하기가 어렵다. 이는 어쩔 수 없는 일로서 이것이 바로 관습법의 특성이기도 하다.

III. 慣習法과 事實인 慣習의 法適用上의 차이에 관한 學說과 判例

관습법과 사실인 관습을 구별하는 것이 위에서 보았듯이 그렇게 쉬운 것은 아니지만, 사실인 관습 자체를 관습법으로 보지 않는 한 적어도 이론적으로는 양자는 구별된다고 볼 수 있다. 그러면 양자는 법률상의 효과 내지 법적용상으로 어떠한 차이가 있는가? 아니면 이론적으로만 구별될 뿐 실제에 있어서는 별다른 차이가 생기지 않는가? 이에 대해서는 학설 및 判例의 태도가 일정치 않다. 아래에서는 이에 대하여 살펴보기로 한다.

1. 學 說

(1) 兩者의 차이를 인정하는 학설

종래 양자의 법적용상의 차이를 인정하는 학설이 드는 차이점은 다음과 같다.[7)]

---

7) 金基善, 韓國民法總則, 1970, 246면; 方順元, 新民法總則, 1959, 185면; 李英燮俊, 新民法總則講義 1959, 282면 참조.

첫째, 관습법은 당사자의 意思와 관계없이 당연히 법으로서 효력을 갖게 되지만 사실인 관습은 당사자의 의사를 해석하는 기준이 됨으로써 意思表示의 내용이 된다.

둘째, 관습법은 보충적 효력을 가질 뿐이므로 법률에 규정이 있는 사항에 관해서는 존재할 수 없으나 사실인 관습은 法律行爲의 해석을 통하여 任意規定을 改廢하는 효력을 갖는다.

그런데 종래의 이러한 견해에 의하면, 다음과 같은 모순이 생긴다. 즉, 법의 적용순위가 제1조에 의하면 ① 强行規定 ② 任意規定 ③ 慣習法의 순위가 되나 제106조에 의하면 ① 强行規定 ② 사실인 慣習 ③ 任意規定의 순위가 되어 사실인 관습은 임의규정에 우선하나 관습법은 임의규정의 하위에 서는 모순이 생긴다. 이러한 모순을 해결하기 위해서 이 學說은, 사실인 관습은 관습법의 하위에 서는 것이지만 사실상으로는 관습법 이상의 효력을 가지는 것으로 이해한다.

이 밖에도 최근에 兩者의 다음과 같은 차이를 열거하는 견해도 있다.[8)]

첫째, 관습법은 法이므로 法院은 그 존재의 여부를 職權으로 조사해야 하는데 반해서 事實인 慣習은 당사자가 이를 주장한 때 한하여 심사할 수 있다.[9)]

둘째, 관습법은 法이므로 法律事實에 적용되나 관습은 불분명한 의사를 확정하는 자료로 됨에 불과하다.

셋째, 관습법은 모든 民事(法律事實)에 관계되는데 반해서 관습은 법률행위에만 관계한다.

넷째, 사실인 관습은 法律行爲의 해석기준으로 되나, 관습법에 관하여는 法으로서의 관습법 자체의 해석문제가 발생할 수 있을 뿐 法律行爲의 해석과는 아무 관계가 없다. 그런데 이 넷째점과 관련하여 이 견해는 관습법뿐만 아니라 任意規定도 법률행위 해석의 기준이 되는 것이 아니고 해석된 법률행위에 적용될 뿐이기 때문에 제106조의 법률행위 해석의 기준으로서는 「사실인 관습」만이 남는다고 한다.[10)] 이렇게 하여 이 견해는 사실인 관습과 관습법의 차이를 인정하면서도 민법 제1조와 제106조 사이에는 서로 저촉할 대상이 없으므로 아무런 모순도 존재하지 않는다고 한다. 즉 민법 제1조는 법률행위 해석과는 관계없는 法律適用의 순서를 선언하고 있는 것으로서, 그 순서는 ① 强行規定 ② 任意規定 ③ 慣習法의 순으로 되고, 제106조에 의하여 法律行爲 解釋의 기준이 되

---

8) 李英俊, 위의 책, 308～309면.

9) 그러나 이 견해도 사실인 관습이 존재하는 것으로 사실상 추정되는 사정이 있는 때에는 법원이 이를 조사하지 않으면 경험칙에 반하는 경우가 있음을 인정한다.

10) 李英俊, 위의 책 298～299면 및 310면 참조.

는 것은 事實인 慣習 뿐이기 때문에, 제1조와 제106조 사이에는 서로 저촉할 대상이 없고, 따라서 아무런 모순도 생기지 않는다는 것이다.[11]

(2) 차이를 부인하는 학설

慣習法과 事實인 慣習의 適用上의 차이를 인정하지 않는 학설에는, 사실인 관습도 법률행위를 매개로 하여 權利 義務의 存否를 결정하는 법규범이 되므로 법적효력에는 차이가 없고, 다만 관습법은 法的 確信이 수반된 것이므로 强行法規的 慣習法規範임에 대하여 사실인 관습은 任意法規的 성질을 가진 관습법규범이라는 점에 차이가 있을 뿐이라는 견해,[12] 사실인 관습은 그 자체로서는 裁判規範으로서 성립한 것은 아니나, 법률행위를 통하여 裁判規範으로 轉化하기 때문에 그 적용면에서는 차이가 없다는 견해,[13] 法이 法으로서 존재하는 形式이라는 면에서는 사실인 관습과 관습법은 다르지만, 事實인 慣習은 任意規定에 우선하여 적용되는 裁判規範이 되므로 관습법과 다르지 않다는 견해, 즉 私的自治가 인정되는 범위에서는 양자는 모두 任意規定에 우선해서 해석의 기준이 되므로 양자는 구별할 필요가 없다는 견해,[14] 사실인 관습도 私的自治의 원칙을 매개로 하여 法源性을 가지게 되므로, 양자간에는 法源性을 인정하는데 있어서 그 논리적 과정이 직접적인가 또는 간접적인가의 차이가 있을 뿐 法源性이 인정되는데는 차이가 없고, 다만 제106조에서는 제1조에서와는 달리 관습이 서열상 강행법규와 임의법규 사이에 끼어드는 特例가 인정되고 있으므로, 제106조는 제1조에 대한 特別法으로서의 성격을 가지는 것으로 보는 견해,[15] 사실인 관습도 私的自治의 원칙을 매개로 하여 실질적으로는 法源性을 가지므로 따라서 양자를 구별할 필요가 없다는 견해[16] 등이 있다. 그런가 하면 사실인 관습과 관습법의 구별은 실제로 어려운 일이므로 구별 자체를 위험시하여, 법률에 규정이 없는 사항에 대하여 裁判規範이 되는데 적합한 관습을 관습법이라고 부르고, 법률에 규정이 있는 사항에 대해서도 당사자의 의사가 명확하지 아니한 경우에 한하여, 의사의 해석기준 또는 意思補充의 효력을 가지는데 적합한 관습을 事實인 慣習이라고 부르면 충분하다는 견해도 있다.[17]

---

11) 李英俊, 위의 책 311면.
12) 金曾漢, 위의 책 49~50면.
13) 張庚鶴, 위의 책, 430면.
14) 郭潤直, 위의 책, 392면.
15) 金曾漢, 위의 책, 274~275면.
16) 金疇洙, 위의 책, 265~266면.

2. 判 例

종래 판례는 관습법과 사실인 관습간에 다음과 같은 몇 가지의 차이를 인정하고 있다.

첫째, 관습법은 바로 法源으로서 法令에 저촉되지 않는 한 法令과 같은 효력이 있는데 반하여 사실인 관습은 법령으로서의 효력이 없는 단순한 관행으로서 법률행위의 당사자의 意思를 補充하는데 그친다.[18]

둘째, 법령과 같은 효력이 있는 관습법은 당사자의 주장 立證을 기다림이 없이 法院이 職權으로 이를 확정하여야 하나, 사실인 관습은 당사자가 그 존재를 주장 立證하여야 한다. 그러나 사실상 관습의 存否자체도 명확하지 않을 뿐만 아니라, 그 관습이 사회의 法的確信이나 法的 認識에 의하여 法的 規範으로까지 승인된 것이냐 또는 거기에는 이르지 않는 것이냐를 구별하기가 어려우므로, 法院이 이를 알 수 없을 경우 결국은 당사자가 주장 立證할 필요가 있다.[19]

그런가 하면 사실인 관습에 대해서도 그 有無를 法官의 職權으로 판단할 수 있다고 하는 判例도 있어서 판례의 태도가 일정한 것은 아니다. 즉, "사실인 관습은 일종의 經驗則에 속하는 것이고 經驗則은 일종의 법칙이므로, 어떠한 經驗則의 유무를 판단함에 있어서는 당사자의 주장이나 立證에 구애됨에 없이 法官 스스로 직권에 의하여 이를 판단할 수 있다"고 하는 판례도 있다.[20]

IV. 慣習法과 事實인 慣習의 비교

관습법과 사실인 관습의 법적용상의 차이에 관한 위 學說·判例의 견해들은 다음과 같은 몇 가지 점으로 나누어 검토할 필요가 있고 이러한 검토를 통하여 양자는 구체적으로 비교가 될 것이다.

---

17) 高翔龍, 民法總則, 1990, 418~419면.

18) 大判 1983. 6. 14, 80다3231.

19) 위의 판결 참조.

20) 大判 1976. 7. 13, 76다983; 大判 1977. 4. 12, 76다1124 등 참조.

1. 立證責任

위의 일부 학설과 판례는 慣習法은 法令과 같은 효력이 있으므로 그 존재여부를 당사자의 입증을 기다림이 없이 法院이 職權으로 확정하여야 하나 사실인 관습은 당사자가 이를 주장 입증하여야 한다고 한다.[21] 그러나 이 점에 관해서는 앞에서도 보았듯이 판례의 태도가 일정한 것은 아니다. 즉, 事實인 慣習에 대해서도 그 유무를 법관의 직권으로 판단할 수 있다는 판례가 있는가 하면, 관습법에 있어서도 판례는 관습의 존재 자체나 법적 확신의 수반여부를 판단하기가 어려우므로 결국 당사자가 이를 立證할 필요가 있다고도 한다. 이 점에 관하여 생각건대, 적어도 慣習이 慣習法으로 승격하는데 국가의 승인이 있어야 한다는 입장을 취하는 한, 法院의 판결을 통하여 이미 승인된 관습, 즉 관습법의 경우에는 法院이 직권으로 이를 확인해야 한다고 보아야 할 것이고, 사실인 관습의 경우에는 관습의 존재 자체가 명확치 않기 때문에 당사자가 이를 立證해야 한다고 보아야 할 것이다.

2. 法源性

관습법은 民法 제1조에서 그 法源性이 명문으로 인정되고 있으나, 사실인 관습에 대해서는 제106조에 의하여 法律行爲의 해석기준이 되는 것만 인정되고 있을 뿐 法源性이 직접 인정되지 않고 있으므로, 法源性에 있어서 양자는 차이가 있는 것처럼 보인다. 그러나 사실인 관습도 법률행위를 매개로 하여 권리 의무를 결정하는 裁判規範이 되므로, 私的自治가 인정되는 분야에 한해서는 양자간에 그 法源性에 차이가 있다고 볼 수는 없다.

3. 適用範圍

위에서 소개한 일부 학설은 慣習法은 모든 民事에 관계되는데 반해서 事實인 慣習은 法律行爲에만 관계된다고 함으로써, 兩者는 그 적용범위에 있어서 차이가 있음을 인정한다. 이러한 구별은 民法 제1조에서 의미하는 慣習法이 法院의 적용이전에 이미 慣

21) 李英俊, 위의 책, 308면; 大判 1983. 6. 14, 80다3231.

習法으로 존재하고 있는 경우에는 타당하다. 그러나 관습법이 성립하는데 국가의 승인이 필요하다는 입장을 취하는 한, 이러한 구별은 항상 옳은 것은 아니다. 제106조의 法律行爲의 해석과 관계없는 그 밖의 民事에 있어서도, 이에 적용될 모든 慣習規範이 法院의 적용 이전에 이미 慣習法으로서 존재하고 있는 것은 아니고, 法院의 適用을 통하여 事實인 慣習이 비로소 慣習法으로 승격되어 갈 수가 있기 때문이다. 그리고 慣習法은 원래 이러한 과정을 거쳐 성립된다고 보기 때문이다. 그러므로 法律行爲와 관계없는 일반 民事에 대해서도, 法律의 欠缺時에는 이미 慣習法으로 승인되어 있는 慣習規範이 없는 한, 事實인 慣習이 있다면 事實인 慣習이 적용될 가능성이 있는 것이다.

4. 適用順位(제1조와 제106조의 관계)

종래 慣習法과 事實인 慣習의 적용상의 차이를 인정하는 견해는, 民法 제1조에 의하면 적용순위가 ① 强行規定 ② 任意規定 ③ 慣習法의 순위로 되지만, 제106조에 의하면 ① 强行規定 ② 事實인 慣習 ③ 任意規定 ④ 慣習法의 순으로 되어, 관습법은 임의규정에 우선하지 못하는데 사실인 관습은 임의규정에 우선하는 차이와 모순이 있는 것으로 보아왔다. 이는 한마디로 말해서 민법 제1조와 제106조의 字句에 얽매인 해석 때문에 나온 결과로서, 좀 더 논리적으로 해석을 하면 제거될 수 있는 차이이고 극복될 수 있는 모순이라고 생각된다. 이하에서 그러한 해석을 시도해 보기로 한다.

우선 民法 제1조부터 보면 관습법은 民事에 관하여 법률에 규정이 없는 경우에만 적용된다. 그리고 이 경우의 법률의 규정은 强行規定과 任意規定을 다 포함하는 것이라고 일단 생각할 수 있다. 그러나 민법 제106조에 의하면 사실인 관습이 임의규정보다 우선하여 법률행위 해석의 기준이 된다. 원래 임의규정은 강행규정과는 달리 법률행위 당사자의 意思에 의하여 그 적용을 배제할 수 있는 규정이며(제105조), 당사자의 意思가 분명치 않은 경우에 이를 해석하는 기준이 된다든지, 당사자의 意思에 欠缺이 있는 경우에 이를 補充하는 기능을 하는 규정이다.[22] 그런데 민법 제106조는 이 意思解釋의 기준

22) 李英俊 변호사는 법률행위의 해석과 법률의 적용을 구별하여야 한다고 하여, 임의법규 역시 해석에 의하여 확정된 법률행위에 관하여 적용되는 것이어서, 임의법규에 있어서는 법률행위의 해석의 표준이 문제로 되지 않고 법률의 적용이 문제로 된다고 한다(李英俊, 위의 책, 297, 299면 참조). 따라서 임의법규는 법률행위의 해석기준이 될 수 없다고 한다(同 310면 참조). 그러나 임의규정의 적용이라는 것은 바로 법률행위의 해석의 기준이 된다든지 법률행위의 흠결을 보충하는 것이어서, 이 임의규정의 적용으로 법률행위가 확정되는 것이지 확정된 법률행위에 임의규정이 적용되는 것이 아니다. 즉, 임의규정의 적용이라는 것은 법률행위의 해석기준이 되

이 된다든지 意思의 欠缺을 보충함에 있어서 관습이 이 임의규정에 우선하여 적용된다는 것을 규정하고 있는 것이다.

그러면 제106조의 慣習은 「事實인 慣習」만을 의미하고 慣習法은 이에 포함되지 않는가? 다시 말해서 임의규정과 다른 관습법이 있는 경우에 이 관습법은 임의규정에 우선해서 법률행위의 해석기준이 될 수 없는가? 종래의 견해중 사실인 관습과 관습법의 차이를 인정하는 학설은 이를 부정하는 입장이고,[23] 나머지 학설들은 이 점을 분명히 밝히지 않고 있으나,[24] 관습법도 역시 임의규정보다 우선해서 법률행위의 해석기준이 된다고 보아야 한다.[25] 왜냐하면 사실인 관습은 임의규정에 우선해서 법률행위의 해석기준이 되는데 그 보다 慣行性이 더 강한 관습법은 임의규정에 우선해서 법률행위의 해석기준이 될 수 없다는 것은 事理에 반하기 때문이다. 따라서 사실인 관습 뿐만 아니라 관습법도 임의규정보다 우선해서 법률행위의 해석기준이 된다고 하여야 한다. 그리고 이는 民法 제1조의 해석에도 영향을 미치게 된다. 즉, 민법 제1조에 의하면 관습법은 民事에 관하여 규정이 없는 경우에만 적용되도록 되어 있으나, 이 경우의 법률의 규정, 다시 말해서 관습법에 우선하는 법률의 규정은 제106조에 대한 위와 같은 해석으로 인하여 처음 생각했던 것처럼 강행규정과 임의규정을 다 의미하는 것이 아니고, 임의규정을 제외한 강행규정만을 의미하게 된다.[26] 이렇게 되면 이제 종래 모순된 것처럼 보아 온 법적용의 순위는 달라져야 한다. 즉, 종래의 학설은 법적용의 순위가 제1조에 의하면 ① 强行規定 ② 任意規定 ③ 慣習法의 순으로 되나, 제106조에 의하면 ① 강행규정 ② 사실인 관습 ③ 임의규정 ④ 관습법으로 되어 모순이 생기는 것으로 생각했었으나, 이제 법적용의 순위는 제1조에 의하든 제106조에 의하든 모두 ① 강행규정 ② 관습법 및 사실인 관습 ③ 임의규정의 순으로 된다.

요컨대 종래의 견해가 민법 제1조와 제106조간에 법적용의 순위상 모순이 있는 것처럼 생각했었던 것은, 제106조에 있어서의 관습은 「사실인 관습」만을 의미하고 「관습법」은

는 것과 법률행위의 흠결보충을 하는 것을 떠나서 따로 있는 것이 아니다.

23) 특히 李英俊 辯護士는 사실인 관습은 법률행위의 해석기준으로 되나 관습법에 관해서는 법으로서의 관습법 자체의 해석문제가 발생할 뿐 법률행위의 해석과는 아무 관계가 없다고 한다(李英俊, 위의 책, 309면).

24) 다만 郭潤直 교수는 위에서 보았듯이 私的 自治가 인정되는 범위에서는 사실인 관습이나 관습법이나 모두 임의법규에 우선해서 해석의 기준이 되어야 한다고 주장하나 그 이론적인 근거는 제시하지 않고 있다(郭潤直, 위의 책, 392면 참조).

25) 同旨: 宋德洙, 「法律行爲의 解釋」, 경찰대학논문집 제6집, 1987, 262면.

26) 郭潤直 교수는 관습법 역시 임의규정에 우선해서 법률행위 해석의 기준이 된다고는 하면서도 그것이 민법 제1조의 해석에 미치는 영향에 대해서는 아무런 언급이 없다.

이에 포함되지 않은 것처럼 생각한데서 비롯된 것이다. 그러나 제106조의 관습에 「관습법」도 포함되는 것으로 보게 되면, 제1조와 제106조간에는 이상에서 보듯이 아무런 모순도 생기지 않게 된다.

다만 여기서 民法 제1조의 법률규정중 관습법에 우선하는 규정은 강행규정 뿐이라는 이러한 해석은, 民法 제106조의 관습에 관습법도 포함된다는 해석의 결과 얻게 되는 결론이지, 제106조의 해석과 관계없이 제1조의 해석 자체에서 당연히 나오는 결론은 아니다. 종래 民法 제1조에 있어서 관습법에 우선하는 법률의 규정은 强行規定 뿐이라는 견해가 없지 않았으나, 이러한 견해들은 그 이론적인 근거로서, 民事에 관한 법률의 규정에 강행규정과 임의규정이 포함된 것으로 보아야 할 필연성이 없다는 점과 임의규정의 경우에는 당사자의 의사표시에 의하여 그러한 규정의 적용을 배척할 수 있기 때문이라는 점을 들거나,[27] 私的自治가 인정되는 우리 민법에서는 반드시 법률의 규정에 의하여야 하는 것은 강행규정 뿐이라는 점을 들고 있으나,[28] 이러한 근거만으로써는 민법 제1조의 관습법에 우선하는 법률의 규정이 강행규정만을 의미한다는 사실을 밝혀 주지 못한다. 왜냐하면 민법은 任意規定은 당사자의 의사표시에 의하여 그 적용을 배제할 수 있다는 것과 任意規定은 事實인 慣習에 우선하지 못하는 것만을 규정하고 있을 뿐(제105조, 제106조), 임의규정이 관습법에 우선하지 못한다는 것을 명시적으로 밝히고 있지는 않기 때문이다. 따라서 民法 제1조의 慣習法에 우선하는 법률의 규정이 强行規定만을 의미한다고 하려면, 임의규정은 사실인 관습 뿐만 아니라 관습법에도 우선하지 못한다는 점을 먼저 밝혀야 하는 것이다.

V. 맺는 말

民法上의 慣習法과 事實인 慣習에 관한 이상의 고찰을 통하여 이 글에서 밝혀진 것들을 요약하면 다음과 같다.

첫째, 事實인 慣習은 국가의 승인없이 형성되지만 이것이 慣習法으로 되기 위해서는 국가의 承認(法院에 의한 적용)이 필요하다. 慣習에 대한 사회구성원의 法的 確信은 慣習에 대한 국가의 승인 전에도 생길 수 있겠지만 국가의 승인을 통하여 비로소 생긴다든지 더 확고해지는 것이 더 일반적이라고 볼 수 있다.

---

27) 高翔龍, 위의 책, 421면.

28) 金旭坤, 「慣習法에 관한 연구」, 崇田大學校 論文集 제5집, 1974, 383면.

둘째, 事實인 慣習과 慣習法은 私的自治가 인정되는 분야에 한해서는 法源性에 있어서는 차이가 없지만 立證責任에 있어서는 차이가 있다고 볼 수 있다.

셋째, 民法은 제106조에서 任意規定에 우선하여 法律行爲의 해석기준이 되는 것으로서 慣習을 규정하고 있으나, 이 慣習에는 事實인 慣習뿐만 아니라 慣習法도 포함되는 것으로 보아야 한다.

넷째, 民法 제106조에 대한 이러한 해석은 民法 제1조의 해석에도 영향을 미쳐 제1조의 法律의 規定, 즉 慣習法에 우선하는 法律의 규정은 强行規定만을 의미하고 任意規定은 이에 포함될 수 없다는 결론을 얻게 된다. 그리고 이렇게 되면 이 두 규정의 적용에는 아무런 모순도 생기지 않음이 밝혀진다. 즉 民法 제1조에 의하든 제106조에 의하든 慣習法과 事實인 慣習은 任意規定에는 우선하여 적용될 수 있는 것이다.

* 考試界 1991년 8월호, 112면 이하 게재

信義誠實의 原則의 適用要件과 適用限界

Ⅰ. 머 리 말

우리 민법은 제2조 1항에서 "權利의 行使와 義務의 履行은 信義에 좇아 誠實히 하여야 한다"고 함으로써 信義誠實의 원칙을 규정하고 있다. 이는 사회생활을 함에 있어서 사회구성원 각자는 상대방의 신뢰를 배반하지 않도록 성실히 행동하여야 한다는 윤리적·도덕적 규범으로서의 信義則을 민법이 法規範으로 받아들인 것이다. 法規範으로서의 이러한 信義則은 원래 로마법상의 一般的 惡意의 抗辯(exeptio doli generalis)과 誠意訴訟(actio bonae fidei)에 유래하지만[1] 근대민법에 있어서는 프랑스민법이 제1134조 제3항에

1) 「惡意의 一般抗辯」이란 로마법에 있어서 법률행위가 적법하게 성립하였으나 원고에게 악의가 있어서 그 이행의 청구가 신의칙과 형평에 반한다고 인정될 경우 피고에게 부여되었던 방어방법이다. 법률행위시에 원고가 사기를 하였으면 피고에게 악의의 특별항변(exceptio doli specialis)이 인정되었다. 그리고 誠意訴訟이란 嚴正訴訟(actio stricti iuris)에 대비되는 개념인데, 엄정소송의

서 「契約은 信義에 따라서 履行하여야 한다」고 규정함으로써 債務者의 債務履行의 규준으로서 처음으로 명문화되었다. 이어 독일민법은 제157조에서 "契約은 거래의 관행을 고려하여 信義誠實의 요구에 따라서 해석하여야 한다"고 규정하여 信義則을 契約解釋의 일반적 기준으로 하는 한편, 제242조에서는 「債務者는 거래의 관행을 고려하여 信義誠實의 요구에 따라서 給付를 할 義務를 부담한다」고 규정하여 이 원칙을 債務者의 행동원리로 하였다. 그러다가 20세기에 들어와서 스위스민법은 제2조 제1항에서 "모든 사람은 權利의 行使와 義務의 履行에 있어서 信義誠實에 따라 행동하여야 한다"고 규정하여 이 원칙의 적용범위를 權利의 行使와 義務의 履行 전반에 확대하였다. 우리 민법 제2조 제1항의 규정도 스위스민법의 이와 같은 입법태도를 따른 것으로 이해되고 있다.

그런데 이처럼 스위스민법을 본받은 우리 민법 제2조의 信義誠實의 원칙은 그 法文으로 보아 權利行使와 義務의 履行 전반에 적용되는 원칙임이 분명하지만, 한편 이 원칙은 그 法文上 마치 權利의 行使와 義務의 履行에 대해서만 규준이 되는 것처럼 이해될 수도 있다. 그러나 이러한 信義誠實의 원칙은 그 실제 적용에 있어서는 權利의 行使와 義務의 履行에 대한 규준으로서의 기능만 하는 것이 아니고, 法律과 法律行爲의 해석기준이 된다든지, 法律의 欠缺을 보충한다든지, 法律의 규정을 그대로 적용해서는 구체적 사건을 타당하게 해결할 수 없는 경우에 法律의 규정을 수정한다든지 함으로써, 문제된 事案의 해결에 있어서 具體的 妥當性을 실현하는 기능을 하여 왔다. 그런데 信義誠實의 원칙은 이처럼 具體的 妥當性의 실현이라는 적극적 기능을 가지고 있는 반면, 그 일반조항으로서의 성격 때문에 자의적 적용이나 해석의 경우에는 法的 安定性을 해칠 위험성도 아울러 내포하고 있다. 게다가 기존의 法律의 적용이나 기존의 法律의 유추적용에 의하여 충분히 처리될 수 있는 경우에 대해서도 안이하게 이 원칙을 적용하거나, 具體的 妥當性의 실현이라는 구실로 이 원칙을 적용하여 制定法을 함부로 수정하게 되면, 法的 安定性과 「法律에 의한 裁判」의 원칙을 해칠 위험성도 있다. 여기서 信義則에 의한 具體的 妥當性 실현의 요구와 法的 安定性 확보의 요구 및 「法律에 의한 裁判」의 원칙의 요구를 어떻게 조화시키느냐가 문제로 된다. 이 문제의 해결에 대한 접근은, 결국 信義則은 어떠한 의미내용을 갖는 원칙이며 어떠한 경우에 어떻게 적용될 수 있는가를 밝힘

심판인에게는 원고의 청구나 사실문제에 관하여 方式書에 기재된 문언에 따라 사안을 판단할 수 있을 뿐 재량판단의 여지가 인정되지 않았다. 그러나 성의소송의 심판인에게는 사안을 심리판단함에 있어서 당사자간에 성립한 법률관계 뿐만 아니라 모든 사실관계를 고려하여 사안을 신의와 형평에 따라 판단할 수 있는 광범위한 재량권이 있었다(玄勝鍾·曺圭昌, 로마法, 259면 및 443면 참조).

으로써만 가능하게 될 것이다. 이 글은 이러한 점을 고려하여 信義則의 의미내용과 그 기능을 검토하고 그 적용요건 및 적용한계를 보다 명확히 하려는 것이다.

Ⅱ. 信義誠實의 原則의 意味內容

1. 適用要件으로서의 法的 特別結合關係(rechtliche Sonderverbindung)의 존재

위에서 보았듯이 우리 민법은 프랑스민법이나 독일민법의 경우와는 달리 信義誠實의 원칙을 債權法에 규정하지 않고 민법 제2조에 규정함으로써 민법 전반을 지배하는 원칙으로 삼고 있다. 따라서 이 원칙은 債權關係에만 적용되는 것이 아니고 物權法 분야나 家族法 분야에도 적용될 수 있는 원칙이다. 그러나 그렇다고 하여 이 원칙을 私法上의 모든 행위를 규율하는 원칙으로 볼 수는 없다. 왜냐하면 이 원칙의 내용을 이루는 「信義」, 「信賴」, 「誠實」 등의 개념은 그 본질상 민법 제103조의 善良한 風俗이나 민법 제750조의 違法性처럼 인간행위 전반에 관련된 것이 아니고, 인간 사이의 어떤 법적인 결합관계 내지 신뢰관계를 전제로 하는 개념이기 때문이다. 그러므로 이 원칙은 비록 債權法이나 契約法 분야에서만 적용되는 것은 아니라고 하더라도, 이 원칙이 적용되기 위해서는 이 원칙의 준수가 요구되는 權利者나 義務者와 타인과의 사이에 어떤 법적인 결합관계 내지 신뢰관계나 사회적인 접촉관계가 있을 것이 요구된다. 그리고 이러한 결합관계를 전제로 하는 이 원칙에서 요구하는 행위의 정도는 善良한 風俗이나 違法性과 같은 규준이 요구하는 행위의 정도보다 더 높게 된다. 즉 민법 제103조의 善良한 風俗이나 민법 제750조의 違法性과 같은 行爲規準이 요구하는 행위의 정도는 사회의 모든 구성원에게 모든 상황에서 요구하는 최소한도의 윤리적 요청인데 대하여, 信義則은 특별한 신뢰관계가 있는 자 사이에서 요구되는 높은 정도의 행위(信義와 誠實)를 요구하고 있는 것이다.[2] 한편 이러한 特別結合關係가 존재하는 한 이 원칙은 반드시 私法關係에만 적용되는 것이 아니고 訴訟法이나 公法 분야에서도 적용될 수 있다.[3]

---

2) Berner Kommentar(Kommentar zum schweizerisches Privatrecht)-Hans Merz, Rn. 34 zu Art. 2: Larenz, Lehrbuch des Schuldrechts, Bd. Ⅰ, 14. Aufl., 1987, 127~128면 참조.

3) 大判 1983. 5. 24, 82다카1919; 大判 1983. 4. 26, 80다580; 大判 1984. 10. 23, 84다카855; 大判 1985. 4. 23, 84누593 등. 그리고 民事訴訟法도 1990년 1월 13일의 개정에서 제1조에 "법원

2. 具體化를 요하는 규준으로서의 信義則

信義則은 일반적·추상적 行爲規準일 뿐이어서 구체적 상황 하에서 어떻게 행동하는 것이 이 원칙에 부합하는 것인지는 이 원칙 자체가 구체적으로 말해 주고 있지 않다. 따라서 구체적인 상황에서 무엇이 요구되는가 하는 것은 결국 法官의 가치판단에 의존하는 수밖에 없다. 그러나 그 경우의 法官의 가치판단은 法官의 主觀的 裁量(subjektive Ermessen)에 따른 판단을 의미하는 것은 아니고 정당하고 공정하게 생각하는 자를 대변하는 자로서의 판단을 의미한다.[4] 즉 法官은 자기의 판단을 그 시대의 지배적인 正義의 요구에 맞추어야 한다. 이러한 정의의 요구는 법질서의 일반원칙이나 당해 去來圈의 법의식 속에, 그리고 지속적인 判例 속에 어느 정도까지는 구체화되어 있는 것이다. 그리고 法官은 개별적인 경우에 당사자가 처한 구체적인 상황 하에서 각자가 상대방에게 무엇을 기대할 수 있는가도 고려하여야 한다.[5] 信義誠實은 일반적으로 문제되는 것이 아니고 구체적인 당사자간의 관계에서 문제되는 것이기 때문이다.[6] 이 경우 法官은 당사자가 속하고 있는 집단 내지 사회의 거래관행도 고려하여야 할 것이다. 위에서 본 독일민법 제157조와 제242조에 있어서는 「Treu und Glauben mit Rücksicht auf die Verkehrssitte」라고 규정함으로써 이를 명문으로 밝히고 있다. 그리고 보면 信義則에 따른 판단은 具體化를 요하는 규준에 따른 판단이긴 하지만 어느 정도까지는 이미 구체화되었고, 그러한 한도에서 객관적으로 한정가능한 규준(Maßstab)에 따른 판단이라고 할 수 있다.[7] 그리고 이러한 점에서 禁反言의 원칙(estopel),[8] 事情變更의 원칙[9] 등과 같이 信義則이 보다 具體

은 소송절차가 공정·신속하고 경제적으로 진행되도록 노력하여야 하며, 당사자와 관계인은 신의에 따라 성실하게 이에 협력하여야 한다"는 규정을 제1조에 신설하였다. 한편 독일에 있어서는 이 원칙이 우리 민법과는 달리 채권편에 규정되어 있음에도 불구하고 이 원칙은 이렇게 널리 적용되는 것으로 판례와 학설이 인정하고 있다. Larenz, 위의 책, 127면 참조.

4) Larenz, 위의 책, 126면.

5) Fikentscher, Schuldrecht, 5. Aufl., 1975, 107면.

6) 판례는 信義則은 법률관계의 당사자가 상대방의 이익을 배려하여 형평에 어긋나거나 신뢰를 저버리는 내용 또는 방법으로 권리를 행사하거나 의무를 이행하여서는 안된다는 추상적 규범을 말하는 것인 바, 이를 구체적인 법률관계에 적용함에 있어서는 행사하거나 이행하려는 권리 또는 의무와 상대방의 이익과의 상관관계, 상대방의 신뢰의 타당성 등 모든 구체적인 사정을 고려하여야 한다고 한다. 大判 1989. 5. 8, 87다카2407 참조.

7) Larenz, 위의 책, 127면.

8) 민법 제452조, 상법 제24조, 제39조 등은 이 원칙에 입각한 규정들이다.

9) 민법 제218조 제2항, 제286조, 제557조, 제627조, 제628조, 제661조, 제689조 등은 이 원칙에 입각한 규정들이다.

化되고 個別化된 원칙이 존재하고, 문제된 事案이 이러한 개별적인 원칙의 적용에 적합한 경우에는, 막연히 일반적·추상적 원칙인 信義則에 의존할 것이 아니고 이러한 개별적인 원칙을 우선 적용하여야 할 것이다.[10)]

Ⅲ. 信義則의 기능

信義則을 규정하고 있는 민법 제2조 제1항의 法文은 위에서도 지적하였듯이 마치 信義則이 權利의 行使와 義務의 履行에 관해서만 적용되는 것처럼 되어 있다. 그러나 信義則은 실제로는 權利의 行使와 義務의 履行에 대한 준칙으로서의 기능만 하는 것이 아니고 그러한 기능을 포함하여 다음과 같은 여러 가지 기능을 한다.

1. 法律 및 法律行爲의 해석기능

信義則은 法律行爲의 의미내용을 확정하거나 制定法의 의미내용을 具體化하는데 있어서 중요한 기능을 한다. 예컨대 민법 제460조의 「債務內容에 좇은 現實提供」이라든지 민법 제529조나 제544조의 「相當한 期間」이라는 표현은 해석에 의하여 의미내용이 具體化되어야 하는 표현들인데 그 경우에 信義則은 그 중요한 규준이 될 것이다.

2. 權利義務의 창설적 기능

信義則은 민법 제2조 제1항의 표현처럼 權利의 「行使」와 義務의 「履行」에 대해서만 規準이 되는 것이 아니고 法律關係의 당사자 사이에 구체적으로 어떠한 權利·義務가 발생하는가를 정하는 기능도 한다. 예를 들면 일정한 채권관계에 있어서 양당사자에게 기본적인 給付義務 외에 어떠한 부수적인 義務들이 인정될 수 있는가는 法律이나 法律行爲 자체가 일일이 밝혀주지 않는다. 이는 결국 문제된 특정의 債權關係에 있어서 구체적인 사정을 고려하여 信義則上 결정할 수밖에 없다. 예컨대 판례는 동일한 保險契約당사자가 일정한 기간마다 주기적으로 同種契約을 반복체결하는 계속적 거래관계에 있어

10) 同旨: 黃迪仁, 現代民法論 Ⅰ, 1980, 24면. 이러한 원칙들의 구체적인 적용방법은 이러한 원칙을 규정하고 있거나 이러한 원칙들에 입각하고 있는 法律규정들을 類推適用(全體類推)하는 방법이 될 것이다.

서, 종전계약의 내용이 된 保險約款을 도중에 加入者에게 불리하게 변경한 사실이 있다면 보험자로서는 새로운 保險契約을 체결함에 즈음하여 그와 같은 약관변경 사실 및 내용을 가입자인 상대방에게 고지하여야 할 信義則上의 義務가 있다고 한다.[11)]

3. 法律의 欠缺補充的 기능

信義則은 制定法에 欠缺이 있는 경우에 이를 보충하는 기능도 하게 된다. 즉, 해결을 요하는 어떠한 사건을 포섭할 수 있는 의미내용을 가진 법규가 없는 경우에 法律의 欠缺이 있게 되는데[12)] 法官은 法律의 欠缺을 이유로 재판을 거부할 수가 없기 때문에 이러한 欠缺은 보충을 요한다. 그 경우 法律의 欠缺은 다른 보충수단이 없는 경우엔 信義則에 의하여 보충될 수도 있다. 이에 대해서는 뒤에서 다시 언급하기로 한다.

4. 法修正的 기능

信義則은 경우에 따라서는 法律의 내용을 수정하는 기능을 하기도 한다. 이것은 어떤 事案이 특정법규의 의미내용에 포섭될 수는 있지만 그 법규를 그대로 적용하게 되면 具體的 妥當性이 실현될 수 없는 특수한 경우에 信義則을 근거로 그 법규의 적용을 배제함으로써 그 법규에 인정되고 있는 權利를 부정하는 경우이다. 이를 다음의 判例를 통하여 살펴보기로 한다.

> "총매매대금이 2,000만원인 부동산의 매매대금 중 미지급액이 불과 105,000원일 뿐만 아니라 그 미지급액에 대해서는 월 5분의 遲延利子를 지급하기로 약정한 경우에 위와 같은 未支給額이 있다는 이유만으로 위의 賣買契約을 해제한다는 것은 信義則에 위배되는 것이다."[13)]

---

11) 大判 1986. 10. 14, 84다카122.

12) 法律의 欠缺은 여러 가지 형태로 발생하는 갖가지 사건에 대한 立法的인 완전한 對備가 되지 못함으로써 원시적으로 생길 수도 있고, 입법후의 사회 경제사정의 변동으로 인하여 후발적으로 생길 수도 있다.

13) 大判 1971. 3. 31, 71다352 · 353 · 354. 그리고 판례는 토지매도인이 매매계약시 매수인에게 그 토지 위에 건물을 신축 분양하여 매매대금을 지급할 것을 허락하자 이에 터잡아 토지매수인이 도급계약에 의하여 受給人으로 하여금 건물을 신축하게 하고 신축한 건물 중 한동을 공사비 담보조로 受給人 명의로 소유권보존등기를 하게 한 경우에 토지매도인이 매매계약의 해제를 이유로 신축한 건물의 소유권을 취득한 受給人에게 토지소유권에 기하여 건물의 철거를 요구하는 것은 信義則에 반하여 허용될 수 없다고 한다(大判 1991. 9. 24, 91다9576 · 9763).

이 판결은 민법 제544조가 적용될 수 있는 사건에 대해서 信義則을 적용함으로써 제544조의 契約解除權을 부인하고 있다.

Ⅳ. 信義則의 欠缺補充기능과 법수정기능의 한계

1. 信義則에 의한 法律의 欠缺補充의 허용한계

信義則은 制定法에 欠缺이 있는 경우에 이를 보충하는 기능도 한다는 것은 바로 위에서 언급한 바이지만, 信義則에 의한 法律의 欠缺補充에는 반드시 주의하여야 할 점이 있다. 그것은 制定法의 欠缺은 보충을 요하지만 信義則에 의한 制定法의 欠缺補充은 제1차적인 보충방법은 아니고 오히려 최후적인 보충방법이라는 점이다. 이는 法律의 적용과 法律의 欠缺補充에 관한 일반이론으로부터 나오는 당연한 요구이다. 아래에서 그러한 이론을 간략하게 살펴보기로 한다.

민법은 제1조에서 「民事에 관하여 法律에 규정이 없으면 慣習法에 의하고 慣習法이 없으면 條理에 의한다」고 규정하고 있다. 한편 憲法 제103조는 「法官은 憲法과 法律에 의하여 그 양심에 따라 독립하여 審判한다」고 규정하고 있다. 헌법의 이 조항은 法官의 物的 獨立性을 규정함과 동시에 「法律에 의한 裁判」의 원칙, 즉 法官에 대한 法律의 拘束力을 규정하고 있는 것이다. 여기서 헌법 제103조의 규정을 민법 제1조의 규정과 관련시켜 해석하면, 法官은 民事에 관한 한 法律이 있으면 法律에 따라서 재판을 하여야 하고, 法律이 없는 경우, 즉 法律이 欠缺된 경우에는 慣習法에 의하여 欠缺補充을 하고, 慣習法도 없는 경우에는 條理에 의하여 欠缺補充을 하여야 하는 것이다. 이를 달리 말하면 法官은 法律이 있는데도 法律에 의하지 않고 관습법에 의해서 재판을 한다든지, 法律이나 관습법이 있는데도 이에 의하지 않고 條理에 의해서 재판을 할 수는 없다는 것을 의미한다. 그러한 점에서 法律, 慣習法, 條理는 순차적으로 法官을 구속하고 있는 것이다.

그러면 여기서 條理란 무엇이며, 條理에 의한 法律의 欠缺補充이란 어떠한 것인가? 종래 條理에 대해서는 「事物의 本質的 法則」, 「事物의 道理」, 「經驗則」, 「일반사회인이 보통 인정한다고 생각되는 원칙 또는 법칙」, 「社會通念」, 「法의 일반원칙」 혹은 「正義」, 「公平」, 「信義誠實」 등 극히 추상적이고 불명확한 말들로 설명되어 왔다.[14] 그러나 이러한 막연한 의미로는 실제에 있어서 구체적인 문제의 해결에 별로 도움이 되지 못한다. 생각건대 法官이 實定法律에 의하여 판단을 내릴 때 실질적으로는 그 法律에 내재하는 법규범의 의미에 구속되는 것과 마찬가지로 實定法律이 존재하지 않는 경우에도 法官은 無規範狀態에서 恣意로 판단할 수 있는 것이 아니라면[15] 조리는 「法律과 조화되는 法命題」라고[16] 하는 것이 보다 유용한 설명이 될 것이다. 이러한 法命題로서는 우선 個別類推(Einzelanalogie), 全體類推(Gesamtanalogie),[17] 縮小解釋,[18] 反對解釋[19] 같은 것들을 들 수가 있을 것이다.[20] 따라서 이와 같은 欠缺補充수단에 의한 해결이 가능한 한 우선 이러한 방법을 택하여야 할 것이고[21] 그것이 불가능한 경우에만 부득이 위와 같은 추상적인 개념들에 의존하여야 할 것이다. 왜냐하면 이와 같은 欠缺補充수단이 가장 法律과 밀착된 것으로서 法律에 의한 해결과 가장 조화되는 해결을 도모할 수가 있기 때문이다. 그렇다면 信義則에 의한 法律의 欠缺補充도 이와 같은 「法律과 조화되는 法命題」에 의

---

14) 金曾漢, 民法總則, 1980, 55면; 郭潤直, 民法總則, 1988, 33면; 金疇洙, 民法總則, 1988, 43면 참조.

15) 金亨培, 「法律의 解釋과 欠缺의 補充」, 民法學硏究, 1987, 37면.

16) 石田 穰, 法解釋學の方法, 1976, 30면.

17) 個別類推는 法律에 규율되어 있지 않은 事案에 대하여 그와 유사한 事案을 규율하고 있는 규정을 적용하는 것을 말한다. 한편 전체유추는 비슷한 事案들에 대해서 공통적으로 규율하고 있는 다수의 法律규정들로부터 하나의 일반적 원칙을 끌어내어 法律에 규정되어 있지 않은 事案에 적용하는 것을 말한다. Larenz, Methodenlehre der Rechtswissenschaft, 4. Aufl., 1979, 368~369면 참조.

18) 이는 법률규정의 적용범위를 그 규정의 목적 내지 취지에 비추어 그 법률규정의 法文의 통상의 의미보다 제한하는 것을 말한다. 예컨대 「前項의 意思表示의 無效는 善意의 제3자에게 대항하지 못한다」고 한 민법 제108조 제2항의 규정은 모든 善意의 제3자에게 적용되는 것이 아니고 그러한 의사표시, 즉 通情虛僞表示를 기초로 하여 새로운 利害關係를 맺은 善意의 제3자에게만 적용된다. 이 경우에는 이 조항의 적용범위를 제한하는 규정이 필요한데도 그러한 규정을 두지 못하였다는 점에서 法律의 欠缺, 즉 숨은 欠缺(verdeckte Lücke)이 있다고 볼 수도 있다. 이러한 縮小解釋은 독일학자들이 말하는 目的論的 制限(teleologische Reduktion)과 유사한 작업이라고 할 수 있다. Larenz, 위의 책(Methodenlehre), 377~378면; Brox, Allgemeiner Teil des Bürgerlichen Gesetzbuchs, 7. Aufl., 1983, 38~39면 참조.

19) 반대해석은 當該事案의 利益現況 중에 法律의 특별규정에 있어서 그 법률효과와 관련하여 가장 중요시되는 요소를 제외한 나머지 요소만 존재하는 경우에 당해 事案을 그 특정법률규정과는 반대로 처리하는 것을 말한다. 反對解釋은 法律解釋의 한 종류로 이해하기 쉬우나 후자는 法律의 의미내용을 밝히는 작업인데 반하여 전자는 法律에 규정이 없는 事案을 해결하는 작업이기 때문에 양자는 구별되어야 한다. 同旨: 石田 穰, 위의 책, 39~40면.

20) 일본의 石田 穰은 이러한 法命題로서 立法者 또는 準立法者의 소극적 意思, 類推解釋, 反對解釋, 일반적 法原則을 들고, 이러한 것들에 의하여 해결불가능한 경우에 한하여 法官의 가치판단에 의하여 해결이 가능하다고 한다. 石田 穰,, 위의 책, 36면 이하 참조.

21) 法官은 法律이 欠缺된 경우에도 이처럼 「法律과 조화되는 法命題」에 의하여 판단하여야 하므로, 그러한 의미에서 法律은 간접적 구속력을 갖는다고 볼 수 있다. 石田 穰, 위의 책, 46면.

한 欠缺補充이 불가능한 경우에만 허용된다고 하여야 할 것이다. 만약 이 경우 法律과 조화되는 法命題에 의한 欠缺補充이 가능함에도 불구하고 信義則을 우선 적용하게 되면 「法律에 의한 裁判」의 원칙을 실질적으로 침해하는 결과가 될 것이다.[22] 이는 信義則을 적용함으로써 이들 방법에 의한 결론과 다른 결론을 얻는 경우는 물론이고, 비록 이와 동일한 결론을 얻는다 하더라도 피하여야 할 것이다. 판단의 과정으로 보더라도 이들 방법에 의한 해결이 信義則을 적용하는 것보다 훨씬 명확하기 때문이다.

2. 信義則에 의한 法律修正의 한계

우리는 위에서 어떤 事案이 특정법규에 포섭될 수는 있지만 그 법규를 그대로 그 事案에 적용하게 되면 具體的 妥當性이 실현될 수 없는 특수한 경우에 法官이 信義則을 근거로 그 법규가 인정하고 있는 權利의 行使를 부인하는 경우를 보았다. 말하자면 信義則에 의하여 法律을 수정하는 경우이다. 그러면 信義則에 의한 이러한 법수정은 일반적으로 허용되는 것인가? 信義則의 이러한 기능은 원칙적으로는 허용될 수 없다고 하여야 한다. 이를 일반적으로 허용하게 되면 信義則의 이름으로 法律의 적용이 배제되어 法律의 拘束力은 부인되고 法的 安定性 역시 유지될 수 없기 때문이다. 그러므로 信義則에 의하여 法律規定의 적용을 제한하는 것은, 당해 사건의 구체적 사정 내지 상황으로 보아 그 규정을 그대로 적용해서는 매우 부당한 결과가 된다고 누구나 인정할 수 있는 특수한 경우에만 허용되어야 할 것이다. 이는 부동산 매수인이 履行遲滯 중에 있는 매매대금(105,000원)이 총매매대금(2,000만원)에 비추어 극히 少額이고, 게다가 거기에 대해서 지연이자까지 지급하기로 약정되어 있는 경우에, 매도인은 信義則上 매매대금의 미지급을 이유로 賣買契約을 해제할 수 없다는 위의 판례에서도 잘 알 수 있다.

그런데 信義則에 의한 法律의 수정은 어디까지나 이와 같은 예외적인 경우에만 인정되는 것이지만[23] 그러한 경우에도 법적 안정성의 요구는 항상 고려되어야 한다. 따라

---

22) 石田 穣, 위의 책, 135면.

23) 賃借人이 賃借權을 無斷讓渡한 후 장기간이 경과하여 解除權이 行使되지 않는다고 믿을 만한 정당한 사유가 있는 경우에는 賃貸人이 解除權을 行使하는 것은 信義則에 반한다고 한 일본판례(最判昭和 30. 11. 22, 民集 9券 1781면)와 관련하여, 石田 穣은 信義則에 의한 法律의 수정은 인정될 수 없다는 입장에서, 이 경우는 입법자가 민법 제612조(우리민법 제629조)에 있어서 예상하지 못한 이른바 「숨은 欠缺」로서의 「豫想外型 欠缺」이 있는 경우로서, 이 판례는 信義則에 의하여 法律을 수정하고 있는 것이 아니라 信義則에 의하여 이 豫想外型 欠缺을 보충하고 있다고 본다(石田 穣, 위의 책, 116~117면). 그러나 입법자가 민법 제629조에서 어느 시점까지

서 거래의 안전의 필요상 法律이 일정한 요건 내지 要式을 요구하는 경우에는 信義則에 의한 이러한 요건이나 要式의 배제는 불가능하다고 보아야 한다. 예컨대 기한의 엄수, 신고서의 제출, 登記, 혼인이나 遺言에 있어서의 형식적 요건, 어음이나 수표의 요건 같은 것들은 信義則에 의해 그 적용이 배제될 여지가 없다.[24]

V. 一般條項으로의 逃避의 금지

法律 등의 적용에 의하여 해결이 가능한 사건에 있어서 信義則과 같은 일반조항을 적용하여 法律 등을 적용한 경우와 동일한 결론을 내리는 것, 즉 이른바 一般條項으로의 도피(Flucht in die Generalklauseln)[25]는 허용되지 않는다. 이를 인정하게 되면 法官은 개개 法律規定을 검토함이 없이 일반조항인 信義則을 적용하게 되어 「法律에 의한 裁判」의 원칙이 파괴될 뿐만 아니라, 판단의 과정 내지 논리전개의 과정도 法律을 적용하는 것이 信義則을 적용하는 것보다 훨씬 명확하기 때문이다.

VI. 맺는 말

信義則은 法律의 해석 적용에 있어서 具體的 妥當性을 실현할 수 있는 수단이 되지만, 잘못하면 法的 安定性을 해치고 「法律에 의한 裁判」의 원칙을 침해할 위험성도 있어서 마치 양쪽에 날이 달린 칼과 같다. 이러한 위험성은 결국 信義則의 엄격한 적용을 통하여 방지할 수밖에 없다. 즉 추상적이고 막연한 信義則의 의미내용을 具體化하고 그 적용요건과 한계를 명백히 함으로써만 이러한 위험을 피할 수 있을 것이다. 흔히 信義則은 法律의 엄격한 적용으로부터 야기하는 부당한 결과를 막고 具體的 妥當性을 실현하는 기능을 한다고 하지만, 信義則 자체가 먼저 엄격히 해석되고 적용되지 않으면 안 되는 것이다.

요컨대 信義則은 法的 特別結合關係를 전제로 해서, 구체적인 상황과 사정 하에서

는 해제권을 行使할 수 있다고 생각하였고, 어느 시점 이후의 계약해제는 예상하지 못하였다고 단정하기는 어려울 뿐만 아니라 부자연스럽다. 따라서 이 사건은 일단 제629조에 포섭되는 경우이지만 信義則에 의하여 그 적용을 제한하는 경우라고 보는 것이 훨씬 자연스럽다.

24) 黃迪仁, 위의 책, 28~29면; Larenz, 위의 책(Schuldrecht I), 10면.

25) Hedemann, Die Flucht in die Generalklauseln, 1933, 6면 이하 참조.

그 시대의 지배적인 正義觀念, 거래의 관행, 거래권의 지배적인 법의식 등 객관적인 기준에 입각해서 그 내용이 결정되어야 하고, 그 적용에 있어서는 다음과 같은 제한을 받아야 한다.

첫째, 信義則에 의한 法律의 欠缺補充은 다른 欠缺補充수단이 없는 경우에 한하여 최후적인 방법으로서 행하여져야 한다.

둘째, 信義則에 의한 法律의 수정은, 그러한 방법을 취하지 않고 法律을 그대로 적용하게 되면 지극히 부당한 결과가 야기되는 특수한 경우에만 인정되어야 한다.

셋째, 적용가능한 法律規定이 있음에도 불구하고 이를 면밀히 확인함이 없이 信義則에 의존하여 판단을 하는, 이른바 一般條項으로의 도피는 피하여야 한다.

넷째, 信義則이 적용될 수 있는 경우에도 信義則이 개별화된 원칙 내지 信義則으로부터 파생된 원칙이 있는 경우에는 이들 원칙을 적용하여야 한다.

* 考試硏究 1993년 6월호, 75면 이하 게재

法律行爲의 解釋

Ⅰ. 法律行爲 解釋의 意義

法律行爲의 해석이란 法律行爲의 의미내용을 확정하는 것을 말한다. 그런데 법률행위는 의사표시(일정한 법률효과를 의욕하는 의사의 표시)를 불가결의 요소로 하므로 법률행위의 의미내용을 확정한다는 것은 결국 의사표시의 의미내용을 확정하는 것이 된다. 法律行爲는 사적 자치의 수단으로서 법률은 法律行爲의 당사자가 의욕한대로 법률효과가 발생하도록 조력하려고 한다. 그러나 법률행위의 의미내용이 확정되지 않으면 법률효과가 발생하도록 법률이 조력할 수가 없다. 예컨대 당사자가 한 意思表示의 의미내용이나 계약 중의 어느 조항의 의미내용에 대하여 당사자가 서로 상이하게 이해함으로써 분쟁이 생기는 경우(결국 법률효과의 발생에 관하여 분쟁이 생기는 경우)에는 그 의사표시 내지 법률행위에 따른 법률효과를 발생시킬 수가 없다. 따라서 그러한 경우에는 法律行爲의 解釋을 통하여 法律行爲의 의미내용부터 확정하여야 한다. 그리고 法律行爲의 의미내용이 확정되지 않으면 法律行爲가 유효인지 無效인지 또는 取消가능한지도 결정할 수 없다. 그러므로 法律行爲의 解釋은 이 모든 문제의 결정에 선행하는 작업인 것이다. 이 글은 법률행위의 해석이 어떠한 작업이고 어떻게 행하여지는가를 이해하는데 필요한 몇가지 기본적인 문제를 검토하려는 것이다.

Ⅱ. 法律行爲 解釋의 機能

法律行爲의 해석은 의사표시의 의미내용을 확정하는 작업이지만 이 작업은 우선 意思表示의 존재여부를 확인하는 데서부터 시작한다. 예를 들면 동일한 「예」라는 표시행위도 일정한 법률효과를 의욕하는 의사의 표시로서 사용되는 경우(일정한 청약에 대한 승낙의 표시로 사용되는 경우)가 있는가 하면, 그러한 법률효과를 의욕하지 않고 단순히 어떠한 물음에 대한 긍정적인 대답으로 사용되는 경우도 있다. 따라서 법률행위의 해석에 있어서는 의사표시의 존재여부부터 먼저 확인하여야 한다. 의사표시의 존재가 확인되고 나면 의사표시의 의미내용을 확인하게 된다. 그리고 계약의 해석에 있어서는 계약의 성립여부도 확인하여야 한다. 계약은 대립된 두 개 이상의 의사표시가 내용적으로 합치하여야 성립하기 때문이다. 따라서 계약의 해석에 있어서는 그 의미내용이 확인된 의사표시가 서로 합치하는가를 검토하여 계약의 성립여부를 확인하여야 한다. 이러한 작업이 끝나면 마지막으로 성립된 법률행위(단독행위 또는 계약)로부터 어떠한 법률효과가 발생하는가를 확인하여야 한다.[1)]

Ⅲ. 法律行爲 解釋의 對象

법률행위의 해석의 대상이 되는 것은 意思表示 내지 法律行爲로 볼 수 있는 각종의 구체적인 표시행위이다. 예컨대 전화통화, 구두에 의한 意思表示, 서면상의 기재사항, 손짓, 몸짓 같은 것들이 해석의 대상이다. 법률행위의 해석은 이러한 대상을 포착하여 이러

1) Brox, Allgemeiner Teil des BGB, 7. Aufl., 1983, 67면 참조.

한 것들의 의미내용이 무엇인가를 밝히게 된다. 그런데 이러한 것들을 포착하여 해석한 결과 경우에 따라서는 해석의 대상이 되었던 표시행위가 의사표시에 해당하지 않음이 밝혀질 수도 있다. 그러나 그러한 사실 역시 해석작업의 결과 밝혀지는 것이고 처음부터 밝혀지는 것은 아니다.

Ⅳ. 法律行爲 解釋의 보조수단(보조자료)

의사표시로 볼 수 있는 각종의 표시행위의 의미를 밝히는 데 도움이 되는 제반사정, 즉 당사자가 의도하는 목적, 계약체결교섭과정, 거래관행, 표시행위를 한 시간과 장소, 意思表示 수령자에게 이해가능한 表意者의 언어습관 등이 법률행위의 해석의 보조 수단 내지 자료가 된다.

Ⅴ. 法律行爲 解釋의 목표

法律行爲의 解釋은 意思表示의 의미내용을 확정하는 것이지만 이 의미내용을 밝히는 데 있어서 意思表示에 누가 부여한 의미내용을 밝히는 것인가 하는 문제가 법률행위 해석의 목표(Ziele des Auslegung)의 문제이다. 즉, 意思表示(정확히 말하면 표시행위)에 表意者가 부여한 의미내용을 밝히는 것인가, 아니면 意思表示의 수령자가 그 표시행위에 부여한(즉, 의사표시의 수령자가 그 표시행위를 이해한) 의미내용을 밝히는 것인가, 아니면 표시행위의 객관적 의미를 밝히는 것인가 하는 문제가 法律行爲 解釋의 목표의 문제이다.

종래 우리나라 다수의 학설은 法律行爲의 解釋을 표의자의 내심의 효과의사를 밝히는 것이 아니고 표시행위의 객관적 의미를 확정하는 것으로 이해하여 왔다.[2] 이에 대하여 소수의 학설은 法律行爲의 解釋을 表意者의 「표시상의 효과의사」를 확정하는 것이 아니고 「내심적 효과의사」를 확정하는 것으로 이해한다.[3] 그러나 法律行爲의 解釋의 목

2) 郭潤直, 民法總則, 2000, 316면; 金容漢, 民法總則論, 1993, 269면 이하; 金曾漢, 民法總則, 1980, 278면 이하 등 참조.

3) 李英俊, 民法總則, 1996, 259면. 李교수는 이러한 「내심적 효과의사」를 「해석의 對象」으로 파악하고 있으나, 해석의 대상은 해석의 객체를 의미하기 때문에 이를 해석의 대상으로 파악하지 말고 해석의 목표로 파악하는 것이 보다 적절할 것으로 생각된다.

표는 意思表示의 유형에 따라 상이하기 때문에 法律行爲의 解釋의 목표를 획일적・일반적으로 정하는 것은 적절하지 않다.4)

1. 意思表示의 유형에 따라 解釋의 목표는 상이하다.

法律行爲 解釋의 목표는 다음과 같은 이유에서 단일할 수가 없고 意思表示의 유형에 따라 달라지게 된다. 즉, 法律行爲의 解釋에 있어서 表意者가 그 표시행위에 부여한 의미를 확인하는 것을 그 목표로 하는가, 意思表示의 수령자가 그 표시행위를 이해한 의미를 확인하는 것을 그 목표로 하는가, 또는 표시행위의 객관적 의미를 밝히는 것을 그 목표로 하는가에 따라 意思表示 당사자들의 이해관계가 영향을 받게 된다. 예컨대 表意者가 표시행위에 부여한 의미와 의사표시의 수령자가 표시행위를 이해한 의미가 상이한 경우에, 表意者가 표시행위에 부여한 의미만을 확인하는 것을 法律行爲 해석의 목표로 한다면, 表意者로서는 그가 의욕한 바대로 법률효과가 발생하므로 아무런 문제가 없다. 그러나 만약 그러한 경우에 表意者가 표시행위에 부여한 의미가 표시행위의 통상적인 의미와 다르면, 의사표시의 수령자로서는 자기가 전혀 예측하지 못한 법률효과가 발생하는 불이익을 입을 수 있다. 이와는 반대로 法律行爲 해석의 목표를 의사표시의 수령자가 표시행위에 대하여 실제로 이해한 의미를 확인하는 것으로 한다면, 이번에는 表意者가 예측하지 못한 불이익을 받을 수가 있다. 따라서 法律行爲의 해석의 목표를 정함에 있어서는 당사자들의 이해관계를 정당하게 평가하고 고려하여 어느 한 쪽이 부당하게 불이익을 당하는 일이 없도록 하여야 한다.5) 그런데 상대방 없는 의사표시에 있어서는 의사표시의 상대방이 없기 때문에 의사표시의 수령자의 이해관계는 고려할 필요가 없고 表意者의 이해관계만 고려하면 된다. 그러나 상대방 있는 의사표시에 있어서는 表意者의 이해관계만 고려할 수는 없고 상대방, 즉 의사표시의 수령자의 이해관계도 고려하여야 한다. 이처럼 法律行爲의 해석에 있어서 고려하여야 할 당사자의 이해관계는 의사표시의 유형에 따라서 동일하지 않다. 바로 이러한 점 때문에 法律行爲의 해석의 목표도 의사표시의 유형에 따라 상이하게 되는 것이다.

---

4) 同旨: Köhler, BGB Allgemeiner Teil, 22. Aufl., 1994, 174면.

5) Rüthers, Allgemeiner Teil des BGB, 9. Aufl., 1993, 141면; Schwab, Einführung in das Zivilrecht, 12. Aufl., 1995, 230면.

2. 相對方 없는 意思表示의 解釋: 遺言의 解釋

遺言의 解釋에 있어서는 그 이해관계를 고려하여야 할 意思表示의 직접적인 수령자는 존재하지 않기 때문에, 의사표시에 대한 수령자의 이해가능성은 고려할 필요 없이 表意者인 유언자가 그 표시행위에 대하여 부여한 실제의 의사만을 밝히면 된다.[6] 유언은 유언자가 사망할 때까지는 언제든지 변경하거나 철회할 수 있어 어떠한 경우에도 거기에 구속되지 않기 때문에, 유언에 대하여 이해관계를 가지게 되는 자들의 신뢰보호는 원래 문제가 되지 않는다. 그러므로 유언의 解釋에 있어서는 유언자가 그 표시행위에 부여한 의미내용을 확인할 수 있는 한 그 의미내용대로 유언의 내용이 확정된다.

유언자가 유언의 의사표시에 부여한 의미내용을 확인하기 위해서는 표시행위의 객관적 의미 이외에 表意者의 실제의사를 밝혀줄 수 있는 모든 사정을 참작하여야 한다. 유언에 대하여 이해관계를 가지게 되는 자들이 그 표시행위를 이떻게 이해할 것인가 하는 점은 문제되지 않는다. 그러므로 유언자가 유언시 어떤 용어를 통상적인 의미와는 다른 의미로 사용하였음이 확인되는 경우에는 그 실제의 의미대로 유언의 내용이 확정되어야 한다. 예컨대 유언에서는 甲토지를 유증한다고 표시되어 있지만, 실제 그가 유증하려고 하였던 토지는 甲토지가 아니고 乙토지였다는 사실이 유족과 친지들에 의하여 밝혀지는 경우에는, 유증의 효력은 乙토지에 대하여 발생한다. 그러나 모든 사정을 참작하여도 유언에 표시된 바와 상이한 유언자의 실제의사가 확인되지 않는 경우에는, 표시행위의 객관적 의미에 따라 유언의 효력이 발생한다. 法律行爲의 解釋에 있어서 이와 같이 表意者의 실제의 의사를 밝히는 것을 「自然的 解釋(natürliche Auslegung)」이라고 한다. 그런데 자연적 해석은 이처럼 상대방 없는 의사표시의 해석에 있어서만 타당한 것은 아니고, 상대방 있는 의사표시에 있어서도 바로 아래에서 보듯이 상대방이 表意者의 실제의사를 알았을 경우에는 마찬가지로 타당하게 된다.

3. 相對方 있는 意思表示의 解釋

상대방 있는 의사표시에 있어서는 表意者와 수령자가 표시행위의 의미를 동일하게 이해한 경우와 이를 상이하게 이해한 경우를 구별하여 살펴볼 필요가 있다.

---

6) 유언은 일정한 방식을 갖춘 경우에만 유효하기 때문에 법률에 정하여진 방식을 구비하여 표시된 유언만이 해석의 대상이 됨은 물론이다.

1) 表意者와 상대방이 일치하여 표시행위의 의미를 일정한 의미로 이해하고 있는 경우

表意者와 상대방이 일치하여 표시행위의 의미를 일정한 의미로 이해한 경우에는 양당사자가 이해한 의미가 표시행위의 통상적·객관적 의미와 일치한 경우도 있을 수 있고, 일치하지 않은 경우도 있을 수 있다. 어느 경우에도 表意者와 상대방이 일치하여 이해한 바대로 의사표시의 의미내용이 확정되어야 한다. 즉, 양당사자가 이해한 바가 일치한다면 그것이 존중되어야 한다. 따라서 비록 당사자가 일치하여 이해한 내용이 표시행위의 객관적 의미내용과 다른 경우라 하더라도 양당사자가 일치하여 이해한 바대로 의사표시의 의미내용이 확정된다. 이렇게 하는 것이 사적 자치의 원칙에 가장 잘 부합되기 때문이다. 법질서는 일정한 표시행위에 대하여 양당사자가 동일하게 이해한 것과 다른 의미를 강요할 이유가 없다.[7] 따라서 이러한 경우에는 「당사자가 일치하여 의욕한 사실은 文言의 일반적 의미에 우선한다」 또는 「falsa demonstratio non nocet(잘못된 표시는 害가 되지 않는다)」는 원칙이 적용된다. 결국 이러한 경우에는 자연적 해석에 의하여 의사표시의 내용이 확정되게 된다.

대법원은 부동산매매계약에서 당사자가 착오로 매매목적토지가 아닌 다른 토지의 地番을 계약서에 기입한 사건에서, 아래에서 보듯이 이러한 원칙에 입각하여 원래 당사자가 의도한 토지에 대한 계약의 성립을 인정하고 있다.[8]

> "부동산의 매매계약에 있어 쌍방 당사자가 모두 특정의 甲 토지를 계약의 목적물로 삼았으나 그 목적물의 지번 등에 관하여 착오를 일으켜 계약을 체결함에 있어서는 계약서상 그 목적물을 甲 토지와는 별개인 乙 토지로 표시하였다 하여도, 甲 토지에 관하여 이를 매매의 목적물로 한다는 쌍방 당사자의 의사합치가 있은 이상 그 매매계약은 甲 토지에 관하여 성립한 것으로 보아야 하고 乙 토지에 관하여 매매계약이 체결된 것으로 보아서는 안될 것이며, 만일 乙 토지에 관하여 그 매매계약을 원인으로 하여 매수인 명의로 소유권이전등기가 경료되었다면 이는 원인없이 경료된 것으로서 무효이다."

그리고 대법원은 타인의 명의로 계약을 체결한 사건에 있어서 계약의 당사자가 누구인가를 확정함에 있어서도 다음과 같이 마찬가지의 해석을 하고 있다.[9]

---

7) Larenz, Allgemeiner Teil des BGB, 7. Aufl., 1988, 338면.

8) 大判 1996. 8. 20, 96다19581, 19598. 同旨: 大判 1993. 10. 26, 93다2629, 2636; 大判 1992. 11. 24, 92다31514 등.

"계약을 체결하는 행위자가 타인의 이름으로 法律行爲를 한 경우에 행위자 또는 명의인 가운데 누구를 계약의 당사자로 볼 것인가에 관하여는, 우선 행위자와 상대방의 의사가 일치한 경우에는 그 일치한 의사대로 행위자 또는 명의인을 계약의 당사자로 확정해야 하고, 행위자와 상대방의 의사가 일치하지 않는 경우에는 그 계약의 성질·내용·목적·체결 경위 등 그 계약 체결 전후의 구체적인 제반 사정을 토대로 상대방이 합리적인 사람이라면 행위자와 명의자 중 누구를 계약 당사자로 이해할 것인가에 의하여 당사자를 결정하여야 한다."

민법이 제107조에서 眞意 아닌 의사표시의 효력을 인정하면서도, 「상대방이 表意者의 진의 아님을 알았을 경우」에는 그 의사표시를 무효로 하는 것도 위의 원칙을 그 기초로 하고 있다고 볼 수 있다.[10] 그리고 제108조의 通情虛僞表示는 무효이지만 通情虛僞表示속에 다른 法律行爲가 은닉되어 있는 경우에는 그 은닉된 法律行爲로서의 효력을 인정할 수 있는데,[11] 이 경우의 이론적인 근거 역시 이 원칙에서 찾아야 할 것이다.[12] 다음의 판례도 그러한 원칙에 입각하고 있는 것으로 생각된다.[13]

"매도인이 경영하던 기업이 부도가 나서 그가 주식을 매도할 경우 매매대금이 모두 채권자은행에 귀속될 상황에 처하자 이러한 사정을 잘 아는 매수인이 매매계약서상의 매매대금은 형식상 금 8,000원으로 하고 나머지 실질적인 매매대금은 매도인의 처와 상의하여 그에게 적절히 지급하겠다고 하여 매도인이 그와 같은 주식매매계약을 체결한 경우, 매매계약상의 대금 8,000원이 적극적 은닉행위를 수반하는 허위표시라 하더라도 실지 지급하여야 할 매매대금의 약정이 있는 이상 위 매매대금에 관한 외형행위가 아닌 내면적 은닉행위는 유효하고 따라서 실지매매대금에 의한 위 매매계약은 유효하다."

2) 표시행위에 대하여 表意者가 부여한 의미와 상대방이 이해한 의미가 상이한 경우

표시행위에 대하여 表意者가 부여한 의미와 상대방이 이해한 의미가 상이한 경우에,

---

9) 大判 1998. 3. 13, 97다22089. 同旨: 大判 1999. 6. 25, 99다7183; 大判 1995. 9. 29, 94다4912; 大判 1995. 10. 13, 94다55385; 大判 1996. 7. 30, 95다1019; 大判 1996. 11. 26, 96다32003 등.

10) Köhler, 위의 책, 177면.

11) 우리민법에는 이에 대한 규정이 없지만 假裝行爲(Scheingeschäft)에 관한 독일민법 제117조 제2항에서는 이를 명시하고 있다.

12) Köhler, 위의 책, 177면.

13) 大判 1993. 8. 27, 93다12930.

표시행위가 상대방에게 어떻게 이해될 것인가를 고려함이 없이 表意者가 표시행위에 대하여 부여한 의미만을 法律行爲 해석의 목표로 삼는 것은 부당하다. 表意者는 표시행위에 대하여 자기가 부여한 의미대로만 이해하여 주기를 상대방에게 강요할 수 없기 때문이다. 그렇다고 이러한 경우에 상대방(意思表示의 수령자)이 그 표시행위에 대하여 실제로 이해한 의미의 확인을 해석의 목표로 삼을 수도 없는 것이다. 만약 수령자가 실제로 이해한 의미를 해석의 목표로 한다면, 수령자가 그 표시행위를 오해하게 되는 경우의 위험을 表意者가 부담하게 된다. 그러므로 표시행위에 대하여 表意者가 부여한 의미와 수령자가 이해한 의미가 상이한 경우에는 표시행위의 객관적·규범적 의미만이 解釋의 목표가 되어야 한다. 즉, 그러한 경우에는 意思表示는 수령자가 그에게 기대되는 주의를 다하여 계약교섭과정, 意思表示의 시간과 장소, 거래관행 등 여러 가지 사정을 고려하였더라면 이해할 수 있었던 바대로 그 내용이 확정된다.[14] 이처럼 수령자의 視界 내지 수령자의 理解可能性을 고려하여 표시행위의 의미를 객관적·규범적으로 해석하는 것을「規範的 解釋(normative Auslegung)」이라고 한다. 이러한 해석은 위에서 이미 소개한 바 있는 다음의 판례에서도 찾아볼 수 있다.[15]

> "계약을 체결하는 행위자가 타인의 이름으로 法律行爲를 한 경우에 행위자 또는 명의인 가운데 누구를 계약의 당사자로 볼 것인가에 관하여는, 우선 행위자와 상대방의 의사가 일치한 경우에는 그 일치한 의사대로 행위자 또는 명의인을 계약의 당사자로 확정해야 하고, 행위자와 상대방의 의사가 일치하지 않는 경우에는 그 계약의 성질·내용·목적·체결 경위 등 그 계약 체결 전후의 구체적인 제반사정을 토대로 상대방이 합리적인 사람이라면 행위자와 명의자 중 누구를 계약 당사자로 이해할 것인가에 의하여 당사자를 결정하여야 한다."

이렇게 하여 확정된 의사표시의 의미내용은 표시행위에 대하여 表意者가 부여한 의미와 일치할 수도 있고 불일치할 수도 있지만, 그 불일치에 대한 불이익은 表意者가 부담할 수밖에 없다. 表意者에게는 의사표시를 함에 있어서 受領者의 이해가능성을 고려하여 표시행위를 할 신의칙상의 의무가 있기 때문이다. 그런데 이러한 규범적 해석에 있어

14) Rüthers, 위의 책, 146면; Schwab, 위의 책, 230면. 그러나 표의자의 실제적 의사와 수령자의 실제적 理解가 상이한 경우에 어느 쪽이 정당한 것인가를 판단하여 정당한 의사 또는 理解를 의사표시의 내용으로 확정해야 한다는 견해도 있다(嚴東燮, 「법률행위의 해석에 관한 연구」, 서울대학교 박사학위논문, 1992, 147면 이하 참조).

15) 大判 1998. 3. 13, 97다22089. 同旨: 大判 1998. 5. 15, 97다53045; 大判 1995. 9. 29, 94다4912; 大判 1995. 10. 13, 94다55385; 大判 1996. 7. 30, 95다1019; 大判 1996. 11. 26, 96다32003 등.

서는 보통은 표시행위의 통상적이고 객관적인 의미가 의사표시의 내용으로 확정될 것이다. 그러나 개별적인 경우에 수령자에게 인식가능한 여러 가지 사정을 기초로 하여 수령자가 충분한 주의를 하였더라면 表意者의 진의를 알 수 있었을 경우에는 表意者의 진의가 표시행위의 통상적 의미에 우선하여 의사표시의 내용으로 된다.[16] 수령자에게도 인식가능한 모든 사정을 참작하여 表意者가 의도한 바를 바르게 이해하려고 노력할 신의칙상의 의무가 있기 때문이다.[17] 이렇게 되면 表意者와 수령자 어느 한쪽의 신뢰나 이해관계만을 보호하거나 어느 한쪽의 신뢰나 이해관계만이 희생되는 일은 없게 된다. 민법이 제107조에서 진의 아닌 의사표시의 효력을 인정하면서도, 「상대방이 表意者의 진의 아님을 알 수 있었을 경우에는」 그 의사표시를 무효로 하는 것 역시 바로 이러한 사고에 근거하고 있다고 볼 수 있을 것이다.

그런데 이렇게 규범적 解釋에 의하여 그 의미내용이 확정된 의사가 表意者의 실제의사(眞意)와 불일치할 경우 表意者는 착오를 이유로 제109조에 의하여 意思表示의 取消를 시도하게 된다. 그러한 점에서 제109조의 규정은 상대방 있는 意思表示에 있어서는 表意者의 眞意만이 解釋의 목표가 될 수 없음을 말해주는 것이다. 즉, 이 규정은 意思表示는 표시행위대로 그 내용이 확정되지만 일정한 요건하에 取消할 수 있도록 하고 있다. 만일 표시행위의 객관적 의미대로 의사표시의 내용이 확정되지 않고 表意者의 실제의 의사대로만 그 내용이 확정된다면, 意思表示의 取消를 인정하는 이 규정은 필요 없을 것이다.[18]

3) 規範的 解釋에 있어서의 解釋의 표준(解釋의 보조수단)

위와 같은 규범적 해석을 함에 있어서는 다음과 같은 것들이 해석의 표준 내지 보조수단이 된다.

가) 표시행위에 수반되는 제반사정

당사자가 기도하는 목적, 계약교섭과정, 표시행위의 시간과 장소, 수령자에게 이해가능한 表意者의 언어습관 등은 표시행위의 의미를 밝히는 표준이 된다.

---

16) Larenz, 위의 책, 339면; Schwab, 위의 책, 230면.
17) Larenz, 위의 책, 340-341면; Rüthers, 위의 책, 146면.
18) Larenz, 위의 책, 338면.

나) 慣習

일반적인 사회경험에 비추어 당사자는 보통 관습 내지 거래관행에 따라 행동하는 것이 일반적이고, 의사표시 역시 관습 내지 거래관행에 따라 하는 것이 일반적이기 때문에, 관습 내지 거래관행은 표시행위가 가진 객관적이고 규범적인 의미를 확인하는 데에 적합한 기준이 될 수 있다.[19] 민법은 제106조에서 "법령중의 선량한 풍속 기타 사회질서에 관계 없는 규정과 다른 관습이 있는 경우에 당사자의 의사가 명확하지 않는 경우에는 그 관습에 의한다"고 규정하여 관습이 法律行爲 해석의 표준이 됨을 밝히고 있다. 그리고 이 규정은 관습이 임의규정(선량한 풍속 기타 사회질서에 관계 없는 규정)에 우선하여 法律行爲의 해석의 표준이 됨을 명시하고 있다. 민법이 관습을 임의규정에 우선하여 法律行爲의 해석표준으로 삼는 것은, 관습이 임의규정보다 사회생활 내지 거래생활과 더 밀착되어 있기 때문인 것이다.[20] 그런데 관습이 法律行爲의 해석표준이 되는 것은 당사자의 의사가 명확하지 않은 경우에 한해서이다. 따라서 당사자의 의사가 분명한 경우에는 그 의사에 따라 法律行爲의 내용을 확정하면 된다.

다) 任意規定

任意規定은 선량한 풍속 기타 사회질서에 관계없는 규정이다. 민법은 제105조에서 당사자가 임의규정과 다른 의사표시를 하면 그 의사에 따라 법률효과가 발생하도록 규정하고 있다. 즉, 사적 자치를 허용하고 있는 것이다. 그러나 민법 제105조와 제106조의 반대해석에 의하면, 法律行爲의 당사자가 任意規定과 다른 의사표시를 하지 않거나 당사자의 의사표시가 명확하지 않은 경우에, 任意規定과 다른 관습이 없으면 任意規定이 적용된다. 그러고 보면 任意規定은 法律行爲에 있어서 당사자의 특별한 의사표시가 없거나 분명하지 않은 경우에 이를 보충하거나 해석하기 위해서 적용되는 규정이라고 볼 수 있다.[21] 따라서 任意規定의 적용은 당사자의 의사표시가 흠결되어서 이를 보충하거나, 당사

---

19) Köhler, 위의 책, 177면.

20) 그런데 여기서 한 가지 지적할 것은, 제106조의 관습(즉 사실인 관습)이 任意規定에 우선하여 法律行爲의 해석이나 法律行爲의 흠결보충의 표준이 된다면, 그보다 더 慣行性이 강한 관습법도 마찬가지로 任意規定에 우선하여 法律行爲의 해석이나 法律行爲의 흠결보충의 표준이 되어야 한다는 점이다. 그렇게 되면 민법 제1조의 규정상 관습법에 우선하여 적용되는 법률규정은 강행규정뿐이고 임의규정은 관습법에 우선하여 적용될 수 없게 된다. 그리고 그렇게 되면 종래 일부 견해가 문제시하여 왔던 민법 제1조와 제106조 사이의 법적용상의 모순은 존재하지 않는 것으로 된다. 이에 대해서는 徐光民, 「慣習法과 사실인 慣習」, 考試界, 1991. 8, 112면 이하 참조.

21) 任意規定은 이러한 보충적 기능과 해석적 기능에 따라서 보충규정과 해석규정으로 구분하기도

자의 의사가 명확하지 않아서 이를 해석하는 경우에만 인정되는 것이고, 당사자의 의사표시의 보충이나 해석을 떠나서 任意規定이 적용되는 경우가 따로 있는 것이 아니다.[22)]

라) 信義誠實의 원칙 내지 條理

표시행위의 의미를 확인할 수 있는 위와 같은 표준이 없는 경우에는 마지막으로 信義誠實의 원칙 내지 條理가 해석의 표준이 된다. 독일민법은 제157조에서 「계약은 거래의 관행을 고려하여 신의성실의 요구에 따라서 해석하여야 한다」고 함으로써 이를 명문으로 규정하고 있다. 우리민법에는 이러한 규정이 없지만 위와 같은 표준에 의해서 표시행위의 의미를 확인할 수 없을 경우에 마지막으로 신의칙이나 條理에 의하여 표시행위의 의미를 밝히는 것은 지극히 당연한 이치라고 할 것이다. 조리는 법의 근본 이념이요, 신의칙은 민법이 요구하는 행동원리이기 때문이다.

4. 不特定多數人에 대한 意思表示의 解釋

어음이나 수표상의 意思表示나 현상광고처럼 그 意思表示를 기초로 하여 불특정다수인이 이해관계를 맺게 될 意思表示의 解釋에 있어서는 불특정다수인의 이익이 고려되어야 한다. 따라서 이러한 意思表示에 이해관계를 맺게 될 「불특정다수인의 일반적 이해가능성」을 고려하여 解釋하여야 한다. 그 결과 원칙적으로 「증서 내지 문서로부터 나타나는 전형적인 의미」만이 解釋의 표준이 된다. 그 이외의 사항은 제3자들에게도 알려져

한다. 그리고 법조문의 형식상 보충규정은 대체로 「다른 약정이 있는 경우에는」 또는 「다른 약정이 없는 한」등으로 표현되고 있고(민법 제42조, 제292조, 제297조, 제334조, 제358조, 제394조, 제565조 제1항, 제711조 제1항, 제829조 제1항 등 참조), 해석규정은 대체로 「···로 추정한다」라고 표현되고 있는 점(민법 제262조 제2항, 제398조 제4항, 제424조, 제565조, 제579조 제1항, 제585조, 제709조, 제711조 제2항 등 참조)이 지적되기도 한다. 그러나 모든 임의규정이 법조문상으로 항상 이렇게 구별되어 표현되고 있는 것은 아니다. 예컨대 민법 제100조 제2항, 제375조 제1항, 제570조 이하 등의 규정은 임의규정임에는 틀림이 없지만, 이와 같은 표현형식을 철저히 따르고 있지는 않다. 그리고 이들 규정이 어떤 규정에 해당하는지를 단정하기도 어렵다. 또 그렇게 구별할 실익도 별로 없다.

22) 任意規定에 의한 法律行爲의 해석이나 보충은 법률의 적용일 뿐이고 法律行爲의 해석이나 보충이 아니라는 견해가 있으나(金學東, 「법률행위의 해석」, 考試界, 1994. 2, 168면; 白泰昇, 民法總則, 373, 376면; 宋德洙, 「법률행위의 해석」, 경찰대학 논문집 제6집(1987), 263, 271면; 李英俊, 위의 책, 280, 289-290면 등), 任意規定은 法律行爲의 해석이나 法律行爲의 보충을 떠나서 따로 적용되는 경우가 없기 때문에 任意規定도 法律行爲의 해석 내지 보충의 표준으로 볼 수 있다.

있거나 별다른 어려움 없이 그들에게도 인식가능한 것만이 고려된다.[23)]

5. 그 밖의 해석원칙으로서의 「문자에 구속된 해석의 금지」

法律行爲의 해석은 표시행위에 사용된 표현 내지 용어로부터 출발하지만, 그 표현이 통상적인 언어사용과 상이한 의미로 사용되었다는 것을[24)] 알 수 있는 경우에는 그 진실한 의미로 해석하여야 하고, 표시행위에 사용된 표현의 문자적 의미대로만 해석을 하여서는 안된다. 표시행위에 사용된 표현의 통상적 의미 내지 문자적 의미와 다른 진실한 의미는 계약교섭과정이라든지(이른바 역사적 해석), 거래목적이라든지(이른바 목적론적 해석), 또는 그 표현이 의사표시 전체에서 차지하는 위치(이른바 체계적 해석) 등을 고려하면 밝혀질 것이다.[25)] 예컨대 계약서에 「解除」라고 표현되어 있지만 그것이 계속적 계약관계를 장래에 대하여 해소하려는 의도로 사용된 용어라면 이 용어를 「解止」의 의미로 해석하여야 한다.

독일민법은 제133조에서 「의사표시의 해석에 있어서는 실제의 의사가 탐구되어야 하고 표현의 문자적 의미에 구속되어서는 안된다」고 규정하여 이러한 해석원칙을 밝히고 있다. 우리민법에는 이러한 규정이 없지만 마찬가지로 이러한 원칙이 요구된다 할 것이다. 다음의 판례 역시 이 원칙에 입각하고 있는 것으로 보인다.[26)]

> "계약의 해석은 그 계약서의 문구에만 구애될 것이 아니라 그 문언의 취지에 따름과 동시에 논리법칙과 경험률에 따라 당사자의 진의를 탐구하여 해석하여야 하는 것이다"

그런데 이 원칙은 어떤 경우에나 적용될 수 있는 해석원칙은 아니다. 이 원칙이 그대로 타당한 것은 우선 상대방 없는 의사표시의 경우이다. 즉, 상대방 없는 의사표시의 해석(이른바 자연적 해석)에 있어서는 앞에서 살핀 바와 같이 해석의 목표가 表意者의 진의를 밝히는 데 있기 때문이다. 한편 상대방 있는 의사표시에 있어서도 양당사자가 일치하여 어떠한 표현 내지 용어를 통상적인 의미와 다른 일정한 의미로 이해하고 있는 경

---

23) Köhler, 위의 책, 176면; Larenz, 위의 책, 346-347면.

24) 그러한 용어의 사용은 의도적일 수도 있고, 表意者 특유의 언어습관 때문일 수도 있고, 용어의 의미를 정확히 몰라서 생길 수도 있을 것이다.

25) Köhler, 위의 책, 176-178면; Brox, 위의 책, 66면 참조.

26) 大判 1977. 6. 7, 75다1034. 同旨: 大判 1960. 7. 7, 4292民上819.

우에는 역시 자연적 해석에 의하여 양당사자가 이해한 의미대로 해석을 하여야 한다. 그러나 表意者가 표시행위에 부여한 의미와 의사표시의 受領者가 표시행위를 이해한 의미가 상이한 경우에는, 이른바 규범적 해석에 의하여 수령자가 그에게 인식가능한 여러 가지 사정을 고려하여 주의를 하였더라면 이해될 수 있었던 바대로 표시행위의 의미내용이 확정되므로, 항상 表意者의 진의만을 밝힐 수는 없는 것이다. 물론 규범적 해석의 경우에도 受領者가 그러한 주의를 다하였더라면 表意者의 진의를 알 수 있었을 경우에는 表意者의 진의대로 표시행위의 의미가 확정된다. 그러나 受領者가 아무리 주의를 하여도 表意者가 의도한 바대로 표시행위의 의미를 이해할 수 없었던 경우에는, 표시행위의 의미는 통상적인 의미로 확정된다. 결국 이 마지막 경우에는 위의 원칙이 적용될 수가 없고, 표시행위에 사용된 용어의 통상적 의미대로 확정할 수밖에 없는 것이다.[27] 다음의 판례도[28] 그러한 취지를 밝히고 있다고 볼 수 있다. 그러고 보면 위의 원칙은 모든 경우에 아무런 제한 없이 적용할 수 있는 해석원칙은 아니라고 볼 수 있다.

> "法律行爲의 해석은 당사자가 그 표시행위에 부여한 객관적인 의미를 명백하게 확정하는 것으로서, 서면에 사용된 문구에 구애받는 것은 아니지만 어디까지나 당사자의 내심적 의사의 여하에 관계 없이 그 서면의 기재 내용에 의하여 당사자가 그 표시행위에 부여한 객관적 의미를 합리적으로 해석하여야 하는 것이고, 당사자가 표시한 문언에 의하여 그 객관적인 의미가 명확하게 드러나지 않는 경우에는 그 문언의 내용과 그 法律行爲가 이루어진 동기 및 경위, 당사자가 그 法律行爲에 의하여 달성하려는 목적과 진정한 의사, 거래의 관행 등을 종합적으로 고려하여 사회정의와 형평의 이념에 맞도록 논리와 경험의 법칙, 그리고 사회일반의 상식과 거래의 통념에 따라 합리적으로 해석하여야 한다."

VI. 法律行爲의 欠缺의 補充

1. 法律行爲의 해석과 欠缺의 補充

法律行爲가 성립하였으나 일정한 사항(분쟁이 되고 있는 사항)에 대해서 약정이 필

27) Larenz, 위의 책, 340-341면 참조.

28) 大判 1996. 10. 25, 96다16049. 同旨: 大判 1994. 3. 25, 93다32668; 大判 1995. 6. 30, 94다51222; 大判 1990. 11. 13, 88다카15949.

요함에도 불구하고 약정되지 않은 경우, 즉 法律行爲에 欠缺(Lücke)이 생긴 경우에, 분쟁을 해결하기 위해서는 이 흠결의 보충이 필요하게 된다. 法律行爲의 보충은 유언과 같은 단독행위에서도 문제될 수 있지만 주로 계약에서 문제된다. 독일민법학에서는 이를 흔히 法律行爲의 補充的 解釋(ergänzende Auslegung)이라고 부르고 있고, 우리나라에서도 이를 본받아 法律行爲의 보충적 해석이라고 부르는 것이 일반적이나,[29] 이는 엄격히 말하면 法律行爲의 해석이 아니고 해석에 의하여 그 내용이 확인된 法律行爲의 흠결을 보충하는 것이므로, 「法律行爲의 흠결의 보충」이라고 부르는 것이 정확한 표현이 될 것이다.[30] 法律行爲의 欠缺은 자연적 해석이나 규범적 해석에 의하여 法律行爲 내지 계약의 성립과 내용이 확인되고 난 후에야 발견될 수 있고, 欠缺이 발견된 후에야 비로소 欠缺의 보충이 문제되기 때문이다.[31] 이러한 계약의 欠缺은 약정을 필요로 하는 사항에 대하여 당사자가 약정이 필요없다고 생각하여 의식적으로 약정을 하지 않음으로써 생길 수도 있고, 그러한 사항에 대한 약정을 간과함으로써 생길 수도 있다. 그리고 이러한 欠缺은 이처럼 원시적으로만 생기는 것이 아니고 후발적으로도 생긴다. 즉, 어떠한 사항에 대한 약정의 필요성이 계약체결시에는 생기지 않았다가 나중에 가서야 그러한 필요성이 발생함으로써, 계약의 欠缺이 후발적으로도 생길 수도 있다.

2. 欠缺補充의 표준

法律行爲의 欠缺의 보충은 제106조의 규정상 任意規定과 다른 관습이 있으면 관습에 의하고 그러한 관습이 없는 경우에는 任意規定에 의하게 된다.[32] 그리고 欠缺을 보충

29) 金學東, 위의 논문, 167면; 白泰昇, 위의 책, 372면; 宋德洙, 위의 논문, 268면; 李英俊, 위의 책, 279면 등 참조.

30) 同旨: 星野英一, 民法概論 I(序論・總則), 1979, 178면.

31) Brox, 위의 책, 72면.

32) 우리민법 제106조와 같은 규정이 없는 독일민법 하에서는 계약에 欠缺이 있는 경우에 우선 任意規定을 적용하여 欠缺을 보충하고, 任意規定에 의한 欠缺의 보충이 적절치 않은 경우에 법관에 의한 보충적 해석이 행하여지는 것으로 이론구성하는 것이 일반적이고(Brox, 위의 책, 72면; Köhler, 위의 책, 179면), 우리민법하에서도 이렇게 해석하는 견해가 있으나(金學東, 위의 논문, 168면; 白泰昇, 위의 책, 373면; 李英俊, 위의 책, 280면 등 참조), 제106조와 같은 규정이 있는 우리민법하에서는 任意規定에 앞서서 관습에 의하여 계약의 欠缺이 보충되어야 하는 것이다(同旨: 宋德洙, 위의 논문, 243, 270-271면). 판례 역시 "사실인 관습은 사적 자치가 인정되는 분야 즉, 그 분야의 제정법이 주로 임의규정일 경우에는 법률행위의 해석기준으로서 또는 의사를 보충하는 기능으로서 이를 재판의 자료로 할 수 있을 것이나 이 이외의 즉 그 분야의 제정법이 주로 강행규정일 경우에는 그 강행규정 자체에 결함이 있거나 강행규정 스스로가 관습에

할 任意規定도 없는 경우에는 신의성실의 원칙이나 조리에 의하여 欠缺을 보충할 수밖에 없다. 欠缺을 보충하는데 있어서 관습이 任意規定에 우선하여 표준이 되어야 하는 이유는 이미 위에서 언급한 바와 같이 관습이 任意規定보다도 사회생활 내지 거래생활과 더 밀착되어 있기 때문에 당사자의 의사에 더 잘 부합될 수 있기 때문이다.

3. 欠缺補充의 한계

法律行爲의 欠缺을 보충하는 데 있어서는 당사자의 이해관계에 적합한 규율(Regelung)을 찾아내는데 충실하여야 하고, 이를 벗어나서 구체적 계약과 그 계약속에 나타난 당사자의 의사를 무시해서는 안된다. 즉, 계약의 보충은 당해계약을 내용적으로 변형한다든지 확대한다든지 또는 무효화하는 데 이용되어서는 안된다.[33]

Ⅶ. 法律行爲의 解釋에 있어서의 立證責任과 해석결과에 대한 上告可能性 여부

1. 立證責任의 문제

민사소송에 통용되는 변론주의 원칙상 법원은 당사자가 제시하는 사실만을 재판에서 고려할 수 있다. 당사자는 그에게 유리한 사실을 주장할 수 있고, 상대방이 그러한 사실의 존재에 대하여 다투는 경우에는 이에 대한 입증책임도 그러한 사실을 주장하는 자가 부담한다. 이러한 사실문제와는 달리 제시된 사실의 법적 의미와 법적 효과에 대한 문제, 즉 법률문제는 법원이 직권으로 결정한다. 이는 法律行爲의 해석에 있어서도 마찬가지이다. 따라서 상대방도 表意者의 表示行爲를 동일한 의미로 이해하였다는 사실, 계약교섭과정에서 당사자가 주고 받은 대화내용, 일정한 거래관행의 존재와 表意者나 受領者가 그러한 거래권에 존재한다는 사실, 그 밖에 의사표시의 해석을 위하여 도움이 되는 사정의 존재, 그러한 사정을 의사표시의 受領者도 알고 있었다는 사실 등은 이를 주장하는

따르도록 위임한 경우 등 이외에는 법적 효력을 부여할 수 없다"고 함으로써 이러한 점을 밝히고 있다(大判 1983. 6. 14, 80다3231 참조).

33) Köhler, 위의 책, 180면 참조.

자가 입증하여야 한다. 그러나 이러한 사실을 기초로 表示行爲의 법률적 의미를 확정하는 것은 법원이 직권으로 결정한다.

2. 解釋結果에 대한 上告可能性

일반적으로 法律問題는 上告가 가능하나 事實問題는 상고이유가 되지 못한다. 따라서 法律行爲의 해석에 있어서도 위와 같은 사실확인에 해당하는 문제(사실문제)를 이유로 해서는 상고를 할 수 없게 된다. 그러나 확인된 여러 가지의 사실을 표준으로 하여 表示行爲의 법률적 의미를 규범적으로 확정하는 작업은 법률문제이다.[34] 따라서 규범적 해석의 결과에 대해서는 상고를 할 수 있게 된다. 그러나 유언의 해석(자연적 해석)은 유언자의 실제의사를 확인하는 작업이므로 사실문제이다. 다만 유언의 해석에 있어서도 유언이 일정한 방식으로 행하여졌는가를 확인하는 것은 법률문제이므로[35] 이에 대해서는 上告가 가능하게 된다. 한편 法律行爲의 欠缺의 보충은 관습, 任意規定, 信義則 등을 적용하여 규범적 가치판단을 내리는 작업이므로 법률문제로 볼 수 있다. 따라서 흠결보충의 결과에 대해서는 上告가 인정되어야 한다.

* 考試界 2001년 12월호, 33면 이하 게재

---

34) 同旨: Larenz, 위의 책, 352면.
35) 同旨: Larenz, 위의 책, 353면.

物權的 請求權에 관한 一考察

- 物權的 請求權의 내용에 관한 논의의 매듭을 위하여 -

Ⅰ. 문제의 제기

物權은 물건을 직접 지배하여 이익을 얻는 것을 본질적 내용으로 하는 권리이다. 이러한 물권의 내용실현이 어떠한 사정으로 인하여 방해를 받는다든지 방해를 받을 염려가 있는 경우에 물권자가 그 妨害者 또는 방해의 위험을 유지하고 있는 자에 대하여 방해의 제거 또는 방해의 예방을 청구할 수 있는 권리가 物權的 請求權이다. 민법은 이와 같은 物權的 請求權을 占有權과 所有權에 관하여 직접 규정하고 있고[1] 所有權에 기한 物權的 請求權을 다른 物權에 준용하고 있다.[2] 그리고 민법이 규정하고 있는 이들 物權的 請求權은 物權에 대한 방해의 모습에 따라서 物權的 返還請求權, 物權的 妨害除去請求權, 物權的 妨害豫防請求權의 세가지로 구분된다.

그런데 이러한 物權的 請求權에 대해서 종래 우리나라의 학설이 특히 그 입장의 대

1) 제204조 내지 제207조 및 제213조 내지 제214조 참조.

2) 제290조, 제301조, 제319조, 제370조 참조.

립을 보였던 것은 방해제거나 방해예방의 비용부담과 관련하여 物權的 請求權의 내용을 어떻게 파악할 것인가에 관한 것이었다. 즉, 物權的 請求權을 상대방에 대한 積極的 行爲請求權으로 보고 방해제거나 방해예방에 필요한 노력과 비용을 상대방이 부담하도록 할 것인가, 아니면 이를 消極的 忍容請求權으로 보아 청구자의 노력과 비용으로 방해제거나 방해예방을 하고 상대방에 대해서는 이를 인용하여 줄 것만을 청구할 수 있는 것인가에 관한 것이었다. 그러나 이와 같은 학설의 대립은 物權的 請求權에 관한 명문규정을 두고 있지 않았던 依用民法(따라서 일본민법)하에서의 학설의 대립을 답습한 것으로서, 이에 대하여 명문규정을 두고 있는 우리 민법하에서는 그러한 학설대립의 가능성 자체가 의심스럽다.

주지하는 바와 같이 일본민법에는 占有權에 기한 物權的 請求權에 대해서는 규정이 있으나, 所有權 등의 本權에 기한 物權的 請求權에 대해서는 규정이 없고 학설과 판례상으로만 이 권리가 인정되고 있기 때문에, 物權的 請求權의 본질이나 그 이론적 근거 등에 대한 논의가 활발하게 행하여져 왔던 것이고, 物權的 請求權의 내용 내지 비용부담의 문제에 대해서도 대체로 종래 우리나라에 있어서와 같은 견해의 대립이 있었다.[3] 그러나 우리 민법은 占有權뿐만 아니라 所有權 등의 本權에 대해서도 物權的 請求權에 관한 규정을 두고 있다. 그리고 우리 민법에 규정되어 있는 物權的 請求權들은 그 法條文의 표현으로 보아 어떠한 경우에도 消極的 忍容請求權으로 해석될 여지가 없다.[4] 즉, 物權的 請求權에 관한 대표적인 규정이라 할 수 있는 제213조와 제214조의 규정을 보면, 物權的 返還請求權에 관해서는 「그 所有에 속한 物件을 占有한 者에 대하여 返還을 청구할 수 있다」고 규정되어 있고, 物權的 妨害除去請求權에 관해서는 「所有權을 妨害하는 者에 대하여 妨害의 除去를 請求할 수 있다」고 규정되어 있고, 物權的 妨害豫防請求權에 관해서는 「所有權을 妨害할 念慮가 있는 行爲를 하는 者에 대하여 그 豫防이

3) 이에 대해서는 水邊芳郎, 「物權的請求權と費用の負擔」 民法の爭點, シュリスト 增刊 1978, 80-81면 참조.

4) 독일민법도 物權的 請求權에 관하여 규정하고 있는데 동민법 제985조에서는 소유물반환청구권(Herausgabeanspruch)을, 제1004조에서는 소유물에 대한 妨害除去請求權(Beseitigungsanspruch)과 妨害中止請求權(Unterlassungsanspruch)을 규정하고 있으며, 이 규정들은 다른 물권에 대해서도 준용되고 있다(同民法 제1027조, 제1065조, 제1227조 등 참조). 그리고 이 세가지 권리는 모두가 積極的 行爲請求權으로 인정되고 있다(Baur, Lehrbuch des Sachenrechts, 14. Aufl., 1987, 106면; Staudinger-Gursky §985 Rn. 31 및 §1004 Rn. 95 참조). 그런데 독일민법은 우리 민법의 경우와는 달리 이상의 세가지 積極的 行爲請求權 이외에 消極的 忍容請求權으로서 所有物追跡權(Verfolgungsrecht)도 제1005조에서 별도로 규정하고 있다. 이 권리는 자기의 物件(動産)이 타인의 토지에 들어가 있는 경우에 토지의 점유자에게 그 물건의 收去에 대한 허용을 요구하는 권리이다.

나 損害賠償의 擔保를 請求할 수 있다」고 규정되어 있다. 따라서 物權的 請求權이 이들 규정상의 세가지 권리를 가리키는 것이 분명하다면, 우리 민법상의 物權的 請求權은 그 法條文上의 표현으로 보아 積極的 行爲請求權이라고 해석하는 것이 지극히 자연스럽다.

그리고 이론적 타당성의 측면에서 생각하더라도 이들 法條文에 규정된 바의 「그 所有에 속한 物件을 占有하는 者」, 「所有權을 妨害하는 者」 및 「所有權을 방해할 염려가 있는 행위를 하는 者」를 상대로 하는 物權的 請求權은 消極的 忍容請求權이 아니고 積極的 行爲請求權이어야 한다. 이러한 자들을 상대로 物權的 請求權을 행사하는 경우에 상대방의 積極的 妨害除去行爲 내지 妨害豫防行爲를 청구할 수 없고, 청구자 스스로 하는 방해제거행위나 방해예방행위를 인용해 줄 것만을 청구할 수 있다는 것은 사회의 일반적인 법관념 내지 정의관념에 반하기 때문이다.

물론 우리 민법에서도 뒤에서 보듯이,[5] 자기의 物件(動産)이 어떠한 사정으로 타인의 토지에 들어가 있으나 토지의 所有者가 그 물건을 점유하고 있다고 할 수 없는 경우에는, 물건의 소유자에게 消極的 忍容請求權이 인정될 수도 있을 것이다. 그러나 이러한 忍容請求權은 우리 민법에 규정된 物權的 請求權에는 해당되지 않고 그 인정 근거나 요건도 위의 규정들에서는 찾을 수 없는 것이다. 그럼에도 불구하고 종래의 학설은 우리 민법상의 物權的 請求權에 포함될 수 없는 消極的 忍容請求權까지를 物權的 請求權에 포함시켜 논의함으로써 혼란이 야기되고 있다. 이러한 혼란은 결국 우리 민법상의 物權的 請求權이 어떠한 요건을 전제로 하여 인정되는 어떠한 권리인가를 분명히 확인하지 않은 상태에서, 依用民法下에서의 논의를 그대로 답습하여 物權的 請求權의 내용을 파악하려는 데서 야기된 것이라고 볼 수 있다.

이 글은 이러한 점을 고려하여 物權的 請求權의 내용에 관한 종래의 학설을 비판적으로 검토한 후 物權的 請求權의 내용과 요건을 분명히 하고, 아울러 消極的 忍容請求權의 요건과 근거도 분명히 함으로써, 物權的 請求權의 내용에 관한 논의에서 계속되고 있는 혼란을 해소하려는 것이다.

---

5) 뒤의 Ⅳ 참조.

Ⅱ. 物權的 請求權의 內容

1. 物權的 請求權의 내용에 관한 종래의 학설 검토

(1) 積極的 行爲請求權說

이 학설은 物權的 請求權을 상대방에 대하여 그의 비용과 노력으로 목적물의 반환 또는 방해의 제거나 예방에 필요한 조치를 할 것을 청구할 수 있는 권리로 본다.[6)]

그런데 종래 이 학설에 대해서는 返還請求權과 妨害除去請求權이 충돌하는 경우에는 부당한 결과가 초래된다는 비판이 있어 왔다. 즉 예컨대 장마로 돌담이 이웃토지에 무너진 때나 도둑이 물건을 훔치고 가다가 타인의 토지에 버리고 간 때에는, 이 학설에 의하면 돌담의 所有者나 물건의 所有者는 返還請求權을 가지게 되고, 토지의 所有者는 妨害除去請求權을 가지게 됨으로써 兩 請求權이 衝突하게 되는데, 이러한 경우에는 어느 쪽이든지 먼저 原告로 되면 상대방이 항상 비용을 부담하는 결과가 되어 부당하다는 것이다.[7)]

(2) 行爲請求權 修正說 ①

이 학설은 원칙적으로 積極的 行爲請求權說의 입장을 취하면서도, 行爲請求權說에 대한 비판이 지적하는 위와 같은 불합리를 제거하기 위해서 物權的 返還請求權에 대해서는 약간의 수정을 가한다. 즉, 예컨대 바로 위에서 든 예에 있어서와 같이 반환청구의 상대방인 현재의 占有者가 자기의 意思로써 점유를 취득한 것이 아닌 경우에는, 상대방이 목적물에 대한 자기의 지배를 중지하고 所有者가 스스로 목적물을 수거해 가는 것을 忍容하는 것만으로도 반환청구의 목적은 달성되므로, 이러한 경우에는 반환청구의 상대

---

6) 金基善, 韓國物權法, 1985, 182면; 民法注解 V(梁彰洙), 192면; 李銀榮, 物權法, 1998, 67면; 白泰昇, 「物權的 請求權」, 考試硏究 1995. 5, 134면; 李英俊, 物權法, 1996, 54-56면. 李英俊변호사는 物權的 請求權은 物權의 보호를 위하여 物權의 본질상 인정된 권리로서 이는 비용부담의 문제와는 평면을 달리하여 파악하여야 한다고 한다. 그래서 그는 物權的 請求權은 積極的인 行爲請求權으로 보아야 한다고 하면서도 비용부담의 문제는 민법 제473조의 類推適用에 의하여 해결하여야 한다고 한다. 즉 비용은 원칙적으로는 제473조 본문에 따라 상대방의 부담으로 할 것이나 상대방의 행위와 전혀 관계없이 물권의 침해상태가 발생한 경우에는 同條 但書의 법정신에 따라 物權者가 부담하여야 한다고 한다.

7) 郭潤直, 物權法, 1998, 46면.

방이 비용을 부담하는 것은 공평하지 않다고 한다. 따라서 이러한 경우에 있어서의 物權的 返還請求權은 消極的 忍容請求權이라고 한다.8)

이 학설에 대해서는 返還請求의 경우에만 이처럼 예외를 인정하는 이론적 근거가 분명치 않다는 비판이 있다.9)

(3) 忍容請求權說

이 설은 物權的 請求權을 物權者 스스로 하는 妨害排除行爲의 忍容을 상대방에게 청구할 수 있는 권리로만 파악하고, 비용에 관한 문제는 責任原理에 의하여 결정하여야 한다고 한다. 따라서 비용은 歸責事由가 있는 당사자가 부담하여야 하고, 양 당사자의 어느 쪽에도 歸責事由가 없는 경우에는 제거행위는 原告가 하고 비용은 공평의 원리에 의하여 原告와 被告의 공동부담으로 하는 것이 타당하다고 한다.10)

(4) 行爲請求權 修正說 ②

이 학설은 物權的 請求權을 積極的 行爲請求權으로 파악한다. 그러나 이러한 입장을 관철하는 경우에 발생하는 불합리는 過失責任의 원칙에 의하여 해결하는 것이 타당하다고 한다. 즉, 妨害狀態가 상대방의 歸責事由에 의하여 생긴 때에는 상대방에 대하여 적극적인 배제행위를 청구할 수 있으나, 妨害狀態가 天災나 제3자의 행위와 같이 상대방의 책임없는 사유로 생긴 때에는, 物權者 자신이 자기 비용으로 妨害狀態를 배제하는 것을 상대방이 인용하여 줄 것만을 청구할 수 있다고 한다.11)

2. 종래의 學說의 입장에 대한 비판

살피건대 위의 학설들은 일부학설을 제외하고는 다음과 같은 몇가지 문제점을 지니고 있다.

첫째, 위의 학설들은 대체로 物權的 請求權의 내용을 이 청구권 행사시의 비용부담

8) 金曾漢·金學東, 物權法, 1997, 26면; 金相容, 物權法, 1993, 59면.

9) 郭潤直, 위의 책, 47면; 金容漢, 物權法論, 1985, 53면 참조.

10) 金容漢, 위의 책, 54면.

11) 郭潤直, 위의 책, 47-48면.

이 공평 타당하게 될 수 있도록 파악하려고 하고 있다. 그렇게 하여 상대방이 비용을 부담하는 것이 타당한 경우에는 物權的 請求權의 내용을 積極的 行爲請求權으로 파악하고, 상대방이 비용을 부담하는 것이 부당하다고 생각되는 경우에는 消極的 忍容請求權으로 파악하고 있다. 그러나 物權的 請求權은 경우에 따라 그 내용이 변할 수 있는 권리는 아니다. 다시 말해서 우리 민법상의 物權的 請求權은 법조문의 표현에서 보듯이, 어떠한 경우에나 積極的 行爲請求權이지 消極的 忍容請求權으로 볼 수 있을만한 근거를 발견할 수가 없다.12) 따라서 物權的 請求權이 인정되는 한 그 비용은 항상 상대방이 부담하여야 한다.

둘째, 종래의 학설은 物權的 請求權을 모두 적극적 行爲請求權으로 파악하게 되면, 예컨대 장마로 돌담이 이웃 토지에 무너진 경우에는 돌담의 所有者는 物權的 返還請求權을 가지고, 토지의 所有者는 物權的 妨害除去請求權을 가지게 됨으로써 양 청구권이 충돌할 수 있는 것처럼 생각하고 있다. 그러나 이러한 경우에 토지의 所有者는 돌담으로 인하여 土地所有權이 방해를 받고 있으므로, 돌담의 所有者에 대하여 物權的 妨害除去請求權을 행사할 수 있겠지만, 돌담의 所有者는 특별한 사정이 없는 한 토지의 所有者에 대하여 物權的 返還請求權을 가진다고 할 수 없다. 따라서 두가지 청구권의 충돌도 일어날 수 없다. 왜냐하면 이러한 경우의 土地所有者는 무너진 돌담을 수거하기 위해서 그 토지에 들어가는 것을 허용해 달라는 돌담소유자의 부탁 내지 要請을 거부한다든지, 그 밖에 그 돌담에 대한 事實上의 支配를 시작하는 것으로 인정될만한 어떠한 행위를 하지 않는 한, 돌담이 그 토지에 존재한다는 사실만으로는 제213조에 규정된 바의 「타인의 물건을 점유한 자」라고 할 수가 없고, 따라서 돌담所有權이 土地所有者에 의해서 방해를 받고 있다고 할 수 없기 때문이다. 그러면 이 경우에 왜 토지소유자를 돌담의 占有者라고 할 수 없는가? 그 이유는 다음과 같다.

민법은 제192조 제1항에서 「物件을 事實上 支配하는 者는 占有權이 있다」고 규정하고 있다. 따라서 우리 민법상 占有가 성립하기 위해서는, 물건에 대한 「事實上의 支配」라는 객관적인 사실만 있으면 되고 그 밖에 주관적인 요소로서 占有者의 占有意思까지 요구되는 것은 아니다. 그러나 점유가 성립하는데 이처럼 占有者의 占有意思는 필요

12) 判例 역시 타인의 토지위에 건립된 건물을 철거할 의무가 그 건물을 법률상 사실상 처분할 지위에 있는 사람에게 있다고 함으로써 物權的 請求權이 積極的 行爲請求權임을 전제로 하고 있고(大判 1991. 6. 11, 91다11278 참조) 이를 消極的 忍容請求權으로 취급한 예는 찾아 볼 수가 없다. 物權的 請求權은 이처럼 積極的 行爲請求權이므로 법원이 原告의 청구를 認容하는 경우에는 判決主文에서 被告에게 물건의 인도, 방해의 제거, 방해의 예방 등을 命하게 된다.

없지만 占有者에게 사실적 지배관계를 가지려는 意思, 즉 어떤 법률효과를 의욕하는 의사가 아니고 自然的 意思로서의 占有設定意思(Besitzbegründungswille)는 있어야 한다는 것이 일반적인 견해이다.13) 그리고 이러한 견해는 타당한 것으로 생각된다. 占有가 물건에 대한 事實上의 支配를 의미한다면 물건을 사실상 支配하려는 意思도 없는 支配, 즉 無意識的인 支配는 事實上의 支配라고도 할 수 없기 때문이다. 예컨대 잠자는 사람의 호주머니에 제3자가 어떤 물건을 집어넣은 경우에도 그가 깨어나서 그 물건이 있음을 알고 그 물건을 그냥 보유하기로 결심할 때 까지는 그 사람이 그 물건에 대한 점유를 취득하였다고 할 수 없다. 그렇다면 돌담이 이웃 토지로 무너진 경우에도 토지소유자에게 그러한 占有設定意思가 인정되기 까지는 그 돌담에 대한 점유를 취득하였다고 할 수 없다. 그리고 설사 占有의 成立에 이와 같은 占有設定意思 마저도 필요없고 물건에 대한 「事實上의 支配」만 있으면 된다고 하더라도, 이러한 경우의 토지소유자는 그 돌담에 대한 점유를 취득하였다고 할 수 없다. 왜냐하면 물건에 대한 「事實上의 支配」가 있는가 없는가 하는 판단은 결국 사회의 일반적 관념에 따라 할 수 밖에 없는데, 자기토지에 타인의 돌담이 무너져 있다는 사실만으로는 사회일반적 관념에 비추어 토지소유자가 돌담에 대한 「事實上의 支配」를 시작하였다고 볼 수 없기 때문이다. 물론 이 경우 그 돌담이 토지소유자가 이미 점유를 취득한 돌담이라면, 그의 토지위에 그 돌담이 존재한다는 사실만으로도 그가 그 돌담을 사실상 지배하고 있는 것으로 볼 수 있고, 따라서 토지소유자를 돌담의 占有者로 볼 수 있을 것이다. 그러나 여기서 문제 삼는 이웃토지로 무너진 돌담은 그때까지 토지소유자가 점유하지 않았던 돌담이므로, 이에 대한 점유의 취득을 인정하기 위해서는 「그 토지에 돌담이 존재한다는 사실」만으로는 부족하고 그 이상의 支配關係가 형성되어야 한다. 이는 다음과 같은 例에서 보더라도 이해할 수 있다. 즉 농부가 농장에서 사용하던 농기계를 농장에 그냥 놔두고 귀가한 경우에는, 그 농장에 농기계가 놓여 있기만 하면 그가 여전히 그 물건에 대한 占有者로 인정된다. 그러나 그의 농장에 타인의 가축이 침범한 경우에는, 그가 가축을 사실상 지배하는 것으로 볼 수 있는 어떤

13) 郭潤直, 위의 책, 247면; 金曾漢·金學東, 위의 책, 192면; 金相容, 위의 책, 274면; 金容漢, 위의 책, 176면; 李英俊, 위의 책, 264면 등 참조. 점유가 성립하는데 이처럼 占有設定意思가 필요하다는 것은 독일민법학에 있어서도 지배적인 견해이다. 즉 독일민법(제854조) 역시 물건에 대한 점유는 그 물건을 사실상 지배함으로써(durch die Erlangung der tatsächlichen Gewalt über die Sache) 취득한다고 규정하고 있으나, 점유가 성립하기 위해서는 자연적 의사로서의 占有設定意思는 필요하다는 것이 독일민법학에 있어서의 지배적인 견해이다. Baur, Lehrbuch des Sachenrechts, 1987, 52면; Soergel,-Mühl §854 Rn. 7-9; MünchKomm-Hasse §854 Rn. 36 등 참조.

한 행위나 사정이 없는 한, 그 가축이 그의 농장에 들어와 있다는 사실만으로는 아직 그가 가축에 대한 점유를 취득하였다고 볼 수 없다. 요컨대 「占有의 取得」에 필요한 事實上의 支配는 「이미 취득한 占有의 維持」에 필요한 事實上의 支配보다 강하여 占有의 取得이 외부로부터 인식가능할 정도가 되어야 한다.[14)]

이상과 같은 점으로 보아 돌담이 이웃토지로 무너진 경우에 특별한 사정이 없는 한 토지의 소유자는 돌담의 占有者라고 할 수 없다.[15)] 그러므로 돌담소유자는 토지소유자에 대하여 물권적 반환청구권을 가질 수가 없다. 따라서 이러한 경우에는 두개의 積極的 行爲請求權(返還請求權과 妨害除去請求權)의 충돌현상이 발생할 수 없다.[16)]

셋째, 위의 학설 중 특히 行爲請求權修正說②는 物權에 대한 妨害狀態가 상대방의 歸責事由로 발생하였는가 아닌가에 따라 物權的 請求權의 내용을 달리 파악하고 그에 따라 비용부담의 문제도 해결하려고 하고 있다. 그러나 이는 物權的 請求權制度가 物權에 대한 방해로 발생한 損害의 賠償責任(不法行爲責任)을 묻는 제도가 아니고, 物權에 대한 위법한 현재의 妨害狀態나 우려되는 장래의 妨害狀態의 배제만을 목적으로 하는 제도라는 것을 분명하게 인식하지 못한 견해라고 아니 할 수 없다. 物權的 請求權은 상대방의 歸責事由를 요건으로 하여 성립하는 권리가 아니며, 따라서 상대방의 歸責事由의 유무에 따라 그 내용이 달라지는 것도 아니다. 歸責事由는 物權에 대한 방해로 발생한 損害에 대한 賠償責任을 묻는 경우에 필요한 요건이다.

物權的 請求權의 내용을 파악함에 있어서 종래의 학설이 지니고 있는 이상과 같은 문제점은 아래에서 物權的 請求權의 요건을 검토함으로써 더욱 분명하게 드러나게 될 것이다.

Ⅲ. 物權的 請求權의 요건

物權的 請求權의 요건에 대해서는 物權的 請求權에 대한 규정 중 대표적인 규정이라 할 수 있는 所有權에 基한 物權的 請求權 규정을 중심으로, 그리고 이를 所有物返還請求權과 所有物妨害除去請求權 및 所有物妨害豫防請求權으로 구분하여 검토하기로 한다.

---

14) Baur, 위의 책, 53면; Soergel-Mühl §854 Rn. 5 참조.
15) 同旨: 民法注解(V)(梁彰洙), 194, 217면; 李銀榮, 위의 책, 69면; 白泰昇, 위의 논문, 133면.
16) 同旨: 白泰昇, 위의 논문, 133면; 於保不二雄, 「物權的請求權の本質」, 法學論叢 20卷 2號, 20면; 注釋民法(6)(好美淸光), 70-71면 참조.

1. 物權的 返還請求權의 요건

所有物返還請求權은 제213조의 규정상 물건의 所有者가 「그 所有에 속한 物件을 占有한 者」를 상대방으로 하여 행사할 수 있는 권리이다. 즉, 所有物返還請求權은 所有者가 소유물에 대한 占有를 상실한 반면 상대방은 그 물건을 점유하고 있는 경우에 인정되는 物權的 請求權이다. 다시 말해서 所有物返還請求權은 소유자가 물건에 대한 점유를 상실하였다는 사실만으로 성립하는 것이 아니고, 소유자가 점유하여야 할 물건을 타인이 점유하고 있는 경우에만 성립한다.[17] 따라서 占有者에게 地上權, 傳貰權, 賃借權, 質權, 留置權 등 물건을 점유할 권리가 있는 경우에는 返還請求權이 인정되지 않는다(제213조 단서). 이처럼 이 청구권은 물건의 所有者 아닌 자가 물건을 점유할 정당한 권리 없이 점유함으로써 所有者의 所有權이 방해를 받고 있는 경우에, 그러한 占有者를 상대로 하는 所有者의 권리이다. 따라서 현재 점유를 하고 있는 자이면 점유를 침탈한 자가 아니라도 이 청구권의 상대방이 되며, 한편 점유를 침탈한 자라고 하더라도[18] 현재 그 물건을 점유하고 있지 않으면 이 청구권의 상대방이 되지 못한다.[19]

이와 관련하여 종래의 일부 학설은, 物權的 返還請求權이 성립하기 위해서는 그 상대방인 占有者가 점유를 취득함에 있어서 故意나 過失을 요하지 않는다고 하면서, 예컨대 도둑이 훔친 물건을 남의 토지에 놓고 간 경우나 바람에 날아온 물건이 이웃 토지에 떨어진 경우에, 이 물건의 주인에게 土地所有者를 상대로 하는 物權的 返還請求權을 인정하고 있다.[20] 그런가 하면 또 다른 학설은 도둑이 놓고 간 물건이나 바람에 날아온 물건의 경우는, 土地所有者에게 故意나 過失이 없다고 하더라도 인간의 행위에 귀착하는 것이므로 물건의 所有者에게 返還請求權이 인정되지만, 폭우로 바위가 굴러 타인의 토지로 들어간 경우는 자연현상에 귀착하는 것이므로 物件所有者의 返還請求權이 성립하지 않는다고 한다.[21]

---

17) Picker, Der negatorische Beseitigungsanspruch, 1972, 54면; Staudinger-Gursky §1004 Rn. 72.

18) 그러나 이 경우 占有侵奪로 물건의 소유자에게 발생한 손해에 대한 賠償責任(不法行爲責任)은 占有侵奪者가 부담하여야 한다.

19) 大判 1970. 9. 29, 70다1508. 그리고 判例는 「소유물을 불법점거하고 있는 자에 대하여는 그 불법점거의 형태가 어떠하든, 즉 대리로서 점유하든 또는 어느 단체의 기관으로서 점유하든 사실상의 지배를 하고 있는 한 그 사실상의 지배자를 상대로 소유자는 불법점거물의 물권적 반환청구를 할 수 있다」고 한다(大判 1962. 4. 12, 4294民上1300).

20) 郭潤直, 위의 책, 355면; 金曾漢·金學東, 위의 책, 291면; 金相容, 위의 책, 438면 등 참조.

21) 李英俊, 위의 책, 557면.

생각건대 物權的 請求權은 物權에 대한 현재의 위법한 妨害狀態를 제거하여 物權 본래의 상태를 회복하려는 제도이므로, 物權의 침해 내지 방해로 발생한 損害의 賠償請求權의 경우와는 달리 상대방의 점유가 정당한 권원없는 占有, 즉 위법한 占有이기만 하면 되고 占有者의 故意 過失을 요건으로 하지는 않는다. 그러나 위와 같은 경우의 土地所有者는 앞에서도 언급한 바와 같이 그 물건을 사실상 지배하거나 物件所有者가 그 물건을 收去해가려는 것(收去許容請求)을 거부하지 않는 한, 그의 토지에 타인의 물건이 존재한다는 사실만으로는 타인의 물건을 점유함으로써 타인의 所有權의 행사를 방해하고 있는 자라고 할 수 없다. 물론 위의 경우들에 있어서도 물건의 주인은 물건에 대한 점유를 상실하였고, 그로 인하여 자기의 물건에 대한 所有權의 행사에 장해가 생기고 있는 것은 사실이다. 그러나 所有物返還請求權은 위에서도 언급한 바와 같이 소유자의 占有喪失만 있으면 성립하는 권리가 아니고, 상대방이 그 물건을 권원없이 점유함으로써 所有者의 소유권 행사를 방해하는 경우에만 성립하는 권리이다. 그런데 이러한 경우의 土地所有者는 그의 토지에 타인의 물건이 존재한다는 사실만으로는 그 물건의 占有者라고 한다든지 그 물건의 所有權에 대한 妨害者라고 할 수는 없는 것이다. 따라서 이러한 土地所有者에 대해서는 積極的 行爲請求權으로서의 物權的 返還請求權이 성립할 수 없다. 오히려 이러한 경우에는 타인의 토지에 놓여 있는 물건의 所有者가 그 타인의 土地所有權에 대한 妨害者라고 할 수 있으며, 따라서 物權的 請求權(妨害除去請求權)은 土地所有者에게 인정되어야 한다.[22] 물론 이러한 경우에 물건의 所有者가 스스로 물건을 收去하는 것을 허용하여줄 것을 土地所有者에게 요구하면 土地所有者는 이를 허용하여야 할 것이다. 그러나 이 경우에 문제되는 所有物收去許容請求權은 민법 제213조나 제214조의 物權的 請求權이 아니다. 독일 민법(제1005조)은 위에서 언급한 바와 같이[23] 이러한 권리를 所有物追跡權(Verfolgungsrecht)으로서 별도로 규정하고 있으나,[24] 우리 민법에는 이러한 收去許容請求權을 인정하는 직접적인 규정이 없으므로 이 收去許容請求權의 인정근거는 별도로 검토하여야 한다.[25]

---

22) 同旨: 民法注解(Ⅴ)(梁彰洙) 194면; 白泰昇, 위의 논문, 133면.

23) 위의 註4 참조.

24) 독일민법 제1005조에 의하면 타인의 토지에 어떠한 물건이 들어가 있는 경우에는 물건의 소유자는 토지의 점유자에게 물건의 搜索과 收去에 대한 허용을 청구할 수 있다. 이 경우 토지점유자는 물건의 搜索과 收去로 발생한 損害의 배상을 청구할 수 있다. 그리고 토지점유자는 손해의 발생이 우려되는 경우에는 담보가 제공될 때까지 搜索과 收去의 허용을 거절할 수 있다. 그러나 搜索과 收去를 연기하면 어떠한 위험이 생기는 경우에는 이를 거절하지 못한다.

25) 이에 대해서는 뒤의 Ⅳ 참조.

2. 物權的 妨害除去請求權의 요건

(1) 妨害의 意義

민법은 제214조 전단에서 「所有者는 所有權을 방해하는 자에 대하여 방해의 제거를 청구할 수 있다」고 하여 所有物妨害除去請求權을 규정하고 있다. 所有物妨害除去請求權은 所有權이 점유의 상실 이외의 방법으로 방해를 받는 경우에 인정되는 物權的 請求權이다. 여기서 방해라는 것은 소유물에 대한 완전한 支配權으로서의 所有權의 내용에 배치되는 「事實上의 狀態」로서 占有의 喪失 이외의 狀態를 의미한다.[26] 그리고 이러한 상태는 현재 存續하고 있는 것이어야 한다. 그러한 상태가 存續하고 있지 않으면 제거되어야 할 방해가 존재하지 않으므로 妨害除去請求權이 성립하지 않는다.

(2) 妨害의 類型

所有權에 대한 이러한 방해는 상대방의 행위나 상대방의 물건의 상태로 인하여 소유물에 대한 所有者의 완전한 지배가 영향을 받는 경우에 발생한다. 따라서 방해는 크게 다음과 같은 두가지 유형으로 구분하여 볼 수 있다.[27]

1) 行爲에 의한 妨害

이는 상대방이 방해제거청구자의 토지에 무단침입한다든지 방해제거청구자의 물건을 무단 사용하는 경우, 또는 상대방에 의하여 운영되는 시설로부터 방출되는 물질이나 상대방의 토지이용에 수반되는 현상에 의하여 방해제거청구자의 토지의 이용이 방해를 받는 경우처럼, 상대방의 行爲 자체가 방해청구자의 所有權에 대한 妨害狀態를 이루고 있는 경우를 말한다.[28] 따라서 이 유형의 방해에 있어서는 妨害行爲 자체가 계속되고 있어야 제거대상인 방해(방해상태)가 존속한다고 볼 수 있고, 방해행위가 중단되면 이제는 妨

---

26) 제213조가 所有權에 대한 妨害 중에서 占有의 喪失이라는 특수한 형태의 방해를 규정하고 있다면, 제214조는 소유권에 대한 妨害 一般을 규정하고 있다고 볼 수 있다.

27) 소유권에 대한 방해를 이렇게 두가지 유형으로 구분하는데 있어서 필자와 기본적으로 그 입장을 같이 하는 견해로서는 우리 민법 제214조와 유사한 규정인 독일민법 제1004조의 해석과 관련된 Gursky의 견해(Staudinger-Gursky §1004 Rn. 8 이하)를 들 수 있다.

28) 이 類型의 妨害에 있어서도 방해의 원인은 상대방의 「行爲」이지만 「妨害」는 그 행위에 의하여 소유권의 내용 실현이 원만하게 되지 못하고 있는 「狀態」이다.

害除去請求權도 발생하지 않는다. 그러나 이 경우 그러한 방해행위로 손해가 발생하였다면, 방해행위가 중단되었다 하더라도 그 손해에 대한 損害賠償請求權은 발생할 수 있다.[29)]

2) 物件의 狀態에 의한 妨害

이는 물건의 공간적인 위치 내지 상황에 기인하는 방해로서, 土地所有者의 토지위에 어떤 물건이 존재함으로써 土地所有者의 토지에 대한 완전한 지배가 방해를 받는 경우가 여기에 속한다. 그런데 이러한 妨害狀態는 예컨대 못쓰게 된 가구를 그 所有者가 타인의 토지에 몰래 버린 경우나, 가축관리를 게을리 함으로써 가축이 타인의 토지에 들어간 경우처럼, 방해물의 所有者 자신의 作爲나 不作爲로 인하여 야기될 수도 있고, 강도가 자동차를 탈취하여 타고 가다 도로변 토지위로 전복되자 그대로 두고 도주한 경우처럼, 방해물의 所有者 이외의 자의 행위에 의하여 야기될 수도 있다. 그런가 하면 태풍으로 인하여 정원수나 건물이 이웃토지로 쓰러진 경우처럼 自然力에 의하여 妨害狀態가 야기될 수도 있다. 그리고 소유권에 대한 방해는 이와 같은 적극적인 의미에서의 방해에 한정되는 것이 아니고 소극적인 의미에서의 방해, 즉 이른바 소극적 방해(negative Einwirkungen)도 포함된다.[30)] 예컨대 자기의 토지위에 건물을 건축함으로써 이웃토지의 채광이나 전망 또는 텔레비전의 시청에 장애가 되는 경우가 여기서 말하는 소극적 방해에 해당한다. 이처럼 妨害狀態는 여러 가지 원인에 의하여 야기될 수 있지만, 이들 어느 경우에 있어서나 土地所有者의 土地所有權을 방해하는 것은 방해물의 현재의 상태이다.

(3) 妨害의 違法性

妨害除去請求權이 인정되기 위해서는 방해가 객관적으로 위법한 것이어야 한다. 즉, 방해가 위법한 것이 아니면 所有者는 그러한 방해를 인용하여야 하고 妨害除去請求權을 행사할 수가 없다. 그러면 어떠한 경우에 所有權에 대한 방해가 위법하다고 할 수 있는가? 제1유형의 방해, 즉 行爲 자체에 의한 방해의 경우는 그러한 행위의 계속이 허용될

---

29) 判例도 "과거에 경작을 방해한 사실이 있다고 하더라도 현재 방해를 하고 있지 않은 이상 과거의 방해로 인한 손해배상을 청구함은 모르되 경작방해배제를 청구함은 무의미한 것이다"라고 한다든지(大判 1963.1.31, 62다878), "소유물방해제거청구권을 행사함에는 사실심의 변론종결 당시에 방해하는 사실이 있어야 하므로 그로부터 약 1년 전에 방해한 사실이 있다는 것만으로는 방해제거청구를 할 수 없다"고 함으로써(大判 1971. 1. 26, 70다2600) 이를 분명히 하고 있다.

30) 同旨: 李英俊, 위의 책, 562면; 民法注解(Ⅴ)(梁彰洙), 245면.

수 있는 법률상의 근거가 없는 한, 그러한 방해는 위법하다고 할 수 있다. 소유물에 대한 支配權能은 법률상의 특별한 근거가 없는 한 所有者에게만 부여되어 있기 때문이다. 마찬가지 이유로 제2유형의 방해, 즉 물건의 상태에 의한 방해의 경우에도, 그러한 妨害狀態의 계속이 허용될 수 있는 법률상의 근거가 없는 한 그러한 방해는 위법한 것이다. 여기서 방해행위 내지 방해상태가 계속될 수 있는 법률상의 근거로서는, 공용부담과 같은 공법상의 근거와 민법의 상린관계규정이나[31] 타인에게 자기의 부동산의 이용을 허용하는 당사사간의 계약과 같은 사법상의 근거를 들 수 있다.

그런데 방해의 위법성판단과 관련하여 특히 유의할 것은 민법 제217조의 규정이다. 민법은 제217조 제1항에서 "토지소유자는 매연, 열기체, 음향, 진동, 기타 이에 유사한 것에 의한 이웃 토지의 사용을 방해하거나 이웃거주자의 생활에 고통을 주지 않도록 적당한 조치를 취할 의무가 있다"고 규정하면서 제2항에서는 "이웃 거주자는 전항의 사태가 이웃 토지의 통상의 용도에 적당한 것인 경우에는 이를 인용할 의무가 있다"고 규정하고 있다(동조 제2항). 따라서 매연, 열기체, 음향, 진동과 기타 이에 유사한 것에 의한 방해에 대하여, 이웃토지사용자가 이 규정상의 적당한 조치(결국 방해제거조치나 방해예방조치)를 청구할 수 있기 위해서는, 그러한 방해가 이웃토지 사용자로서 용인할 한도, 즉 受忍限度를 초과하여야 한다. 만약 그러한 방해가 受忍限度를 초과하지 않는다면 이웃 토지사용자는 이를 인용하여야 한다. 이는 제217조에 규정된 방해는 受忍限度를 초과하지 않는 한 법률상 허용된다는 것을 의미하고, 따라서 위법하지 않다는 것을 의미한다. 그러고 보면 제217조에 규정된 방해의 受忍限度 초과여부는 바로 그러한 방해가 위법한가 또는 적법한가를 판단하는 기준에 다름 아닌 것이다.

이처럼 제217조에 규정된 방해가 위법한가 적법한가는 그러한 방해가 受忍限度를 초과하였는가 초과하지 않았는가에 따라 결정된다. 그러면 受忍限度는 어떻게 결정할 것인가? 민법은 제217조에서 受忍限度를 「방해사태가 이웃 토지의 통상의 용도에 적당한 것인 때」로 규정하고 있으나, 그러한 방해사태가 토지의 통상의 용도에 적당한 것인지 아닌지는 결국 토지의 주위상황 등 여러 가지 사정을 고려하여 일반적인 사회통념에 따라 판단할 수밖에 없다.[32] 그런데 受忍限度의 초과여부에 의한 위법성판단은 반드시 제

31) 제216조, 제218조, 제219조, 제222조, 제226조, 제227조 등 참조.

32) 이에 관한 최근의 판례(大判 1997. 10. 28, 95다15599)를 소개하면 다음과 같다. "의료법인이 운영하는 종합병원의 부지와 인근 주민들이 거주하는 연립주택의 부지는 모두 도시계획법에 의하여 일반상업지역으로 지정된 지역 내에 위치하고 있기는 하지만, 그 지역의 현황은 상가 등 근린생활시설과 주택이 혼재하여 있고, 그 연립주택의 전면이 그 병원의 부지쪽을 향하여 건축된 다음 상당한 기간이 지난 후에 그 병원이 건축되었으며, 그 연립주택부지와 병원부지 사이

217조에 규정된 요인들에 의한 방해에 있어서만 요구되는 것은 아니다. 즉, 제217조에 규정된 요인 이외의 것에 의하여 방해를 받는 경우에는, 방해를 받는 토지 소유자는 제214조의 일반규정에 따라 妨害除去請求權이나 妨害豫防請求權을 행사하게 되는데,[33] 이러한 경우에 있어서도 방해의 受忍限度 초과여부가 때로는 방해의 위법성판단의 기준이 될 수 있다. 이는 특히 인접한 토지 상호간에 있어서 어느 토지의 이용으로 다른 토지의 이용이 이른바 소극적 방해를 받지만, 그러한 소극적 방해가 제217조에 규정된 요인에 의한 것은 아닌 경우에 찾아볼 수 있을 것이다. 그러한 소극적 방해가 위법한지 적법한지는 제217조의 방해의 경우와 마찬가지로 방해를 받는 자의 受忍限度를 고려함이 없이 바로 판단할 수 없기 때문이다. 이와 관련하여 최근의 대법원판례는 국립대학교인 부산대학교의 인근에 24층아파트의 신축공사가 시작되자 국가가 공사중지가처분을 신청한 사건에서, 다음과 같이 판시함으로써 제214조에 의한 방해제거청구권의 행사요건으로서 방해의 受忍限度 초과여부를 문제 삼고 있다.[34]

"이 사건 아파트가 24층까지 완공되는 경우 신청인 산하 부산대학교 구내의 그 판시 첨단과학관에서의 교육 및 연구활동에 커다란 지장이 초래되고 위 첨단과학관 옥상에 설치된 자동기상

의 경계로부터 그 병원의 3층 산부인과 입원실의 연립주택쪽 창문까지의 직선거리는 차면시설의무가 있는 법정거리인 2m에 미치지 못하는 경우, 비록 그 병원이 그 부지의 도로계획상 용도에 적합한 시설이고 그 병원과 같은 종합병원은 공익시설이며 이를 운영함에 있어서 응급실과 영안실의 설치가 필수적이라고 하더라도, 그 병원 및 연립주택의 현황과 그 위치한 지역의 형태, 토지이용의 선후관계, 의료법인으로서는 그 병원의 운영에 지장을 초래하지 않는 범위내에서 인근 주민들의 생활방해를 방지하거나 감소시키기 위한 조치를 할 수 있었을 것으로 보이는 점 등 제반 사정에 비추어 볼 때, 의료법인이 그와 같은 조치를 하지 아니함으로써 발생한 생활방해는 인근주민들에게 사회통념상 요구되는 受忍限度를 넘은 것이라고 봄이 상당하다." 大判 1974. 12. 24, 68다1489도 同旨.

33) 민법 제217조는 제214조에 대한 특별규정이라고 할 수 있다. 즉 일반적으로 소유권이 위법한 방해를 받거나 방해를 받을 염려가 있으면 소유자는 제214조에 의하여 妨害除去請求權이나 방해예방청구권을 행사할 수 있다. 이 점은 제217조의 방해에 있어서도 마찬가지이다. 즉 제217조의 방해가 受忍限度를 초과하는 위법한 방해가 되는 경우에는 방해를 받는 이웃토지사용자는 방해가 발생하고 있는 토지소유자에게 제217조에 규정된 바의 「이웃토지의 사용을 방해하거나 이웃거주자의 생활에 고통을 주지 않도록 적당한 조치」를 취할 것을 청구할 수 있는데, 이러한 청구는 결국 제214조에 규정된 바의 妨害除去請求權이나 방해예방청구권 행사의 구체적 모습에 불과한 것이다. 그러한 점에서 제217조에 의하여 「적당한 조치」를 청구할 수 있는 권리가 제214조에 규정된 바의 妨害除去請求權이나 방해예방청구권과는 성질이 다른 별개의 청구권으로 이해해서는 안 될 것이다. 다만 제217조가 제214조의 규정에 대하여 특수한 것은 ① 방해의 요인이 매연, 열기체, 액체, 음향, 진동, 기타 이에 유사한 것에 한정된다는 점, ② 방해제거나 방해예방을 청구할 수 있는 자가 이웃 토지사용자나 이웃 거주자라는 점, ③ 방해의 위법성판단에 受忍限度가 그 기준이 된다는 점뿐인 것이다.

34) 大判 1995. 9. 15, 95다23378.

관측장비 등의 본래의 기능 및 활용성이 극도로 저하되며, 위 부산대학교의 대학교로서의 경관, 조망이 훼손되고, 조용하고 쾌적한 교육환경이 저하되며, 소음의 증가 등으로 교육 및 연구시설로서 활용하는 것을 방해받게 된다면 위 부산대학교의 부지 및 건물을 교육 및 연구시설로서 사용하는 것을 방해받게 되는 그 소유자인 신청인으로서는 위와 같은 방해가 사회통념상 일반적으로 수인할 정도를 넘어선다고 인정되는 한 그것이 민법 제217조 제1항 소정의 매연, 열기체, 액체, 음향, 진동 기타 이에 유사한 것에 해당하는지 여부를 떠나 그 소유권에 기하여 그 방해의 제거나 예방을 청구할 수 있다."

이상에서 본 것처럼 妨害除去請求權이 인정되기 위해서는 방해가 객관적으로 위법한 것이어야 하지만 방해가 故意나 過失로 야기된 것임을 요하지는 않음은 所有物返還請求權에 있어서와 마찬가지이다. 이 두가지 청구권 모두가 所有權에 대한 현재의 위법한 妨害狀態를 제거하여 所有權의 내용에 부합되는 상태를 회복하려는 제도이고, 방해로 인하여 所有者에게 발생한 損害에 대한 賠償責任을 묻는 제도가 아니기 때문이다.

(4) 妨害除去請求權의 相對方

1) 민법 제214조의 妨害者의 의미

민법 제214조는 所有權을 「방해하는 자」, 즉 妨害者가 妨害除去請求權의 상대방임을 규정하고 있다. 그러나 어떠한 자가 「妨害者」에 해당하는가에 대해서는 민법은 규정하지 않고 있다. 따라서 어떠한 자가 이 규정상의 妨害者인가는 이론적으로 밝힐 수밖에 없으나 그것이 그렇게 용이하지는 않다. 이는 특히 현재 妨害狀態를 지배하는 자와 妨害狀態를 야기한 자가 동일하지 않거나, 妨害狀態가 自然力에 의해서 야기된 경우에 있어서 그러하다. 예컨대 타인의 토지에 무단으로 건물을 건축하고 이를 제3자에게 양도한 경우나, 강도가 승용차를 탈취하여 몰고 가다 도로변 토지위로 전복되자 그대로 버리고 도주한 경우나, 폭풍으로 축대나 정원수가 이웃토지로 무너지거나 넘어진 경우 등에 있어서 누구를 妨害者로 볼 것인가는 어려운 문제이다. 우선 이에 대한 우리나라의 판례 및 학설과 독일의 학설을 개관한 다음 私見을 피력하기로 한다.

(가) 우리나라의 판례와 학설

판례는 "타인의 지배에 속하는 사정으로 인하여 방해를 받거나 받을 염려가 있는 경우에 그 방해하는 사정을 지배하는 지위에 있는 자에게 대하여 그 방해의 제거 내지 예방을 청구할 수 있는 것이다"라고 함으로써 妨害除去請求權이나 妨害豫防請求權의 상대방은 「妨害하는 사정을 支配하는 地位에 있는 者」로 본다.[35] 다른 판례 역시 타인의 토지에 권원없이 설치된 분묘의 철거를 청구하는 경우에 분묘의 설치자와 현재의 관리처분권자가 다르다면, 분묘의 설치자를 상대로 분묘의 철거청구를 할 수 없고 현재의 관리처분권자를 상대로 하여 철거청구를 하여야 한다고 하여, 앞의 판례와 같은 입장을 취하고 있다.[36]

다음으로 학설을 보면 판례와 입장을 같이 하는 학설이 있는가 하면 판례와 입장을 달리하는 학설도 있다. 우선 판례와 입장을 같이하는 견해는 판례와 마찬가지로 「妨害하는 사정을 지배하는 地位에 있는 者」를 妨害者로 본다.[37] 이 견해는 과거에 방해를 발생케 한 자이더라도 현재 그 방해상태를 지배하는 지위에 있지 않은 때(예컨대 토지소유권을 방해하는 건물을 타인에게 양도하고 있는 때)에는 청구권의 상대방이 되지 않는다고 한다. 그리고 상대방은 객관적으로 방해하는 사정을 지배하는 지위에만 있으면 되고 故意나 過失같은 歸責事由가 있어야 하는 것은 아니기 때문에, 방해가 타인의 행위로 생긴 경우(예컨대 타인의 토지위에 무단으로 건물을 건축한 자로부터 그 건물을 양수한 때)이든, 또는 자연력으로 생긴 경우(예컨대 폭풍으로 상대방이 소유하는 수목이 이웃토지에 쓰러진 경우)이든, 현재 방해물을 소유하는 등으로 방해상태를 발생케 하고 있으면 청구권의 상대방이 된다고 한다. 그런데 이 견해는 「妨害者」 내지 妨害除去請求權의 상대방 파악에 있어서는, 이처럼 방해가 타인의 행위로 생긴 경우이든 자연력으로 생긴 경우이든 현재 방해하는 사정을 지배하는 지위에 있는 자이면 妨害除去請求權의 상대방이 된다고 하면서도, 妨害除去請求權의 내용 파악에 있어서는 위에서 이미 살핀 바와 같이, 방해상태가 상대방의 歸責事由 없이 발생한 경우에는 妨害除去請求權을 적극적인 行爲請求權이 아니고 消極的인 忍容請求權으로 파악함으로써,[38] 「妨害者」 파악에 있어서의 이 견해의 주장은 그 의의를 상실하고 있다. 왜냐하면 객관적으로 보아 현재 방해하는 사정을 지배하는 지위에 있는 자이면 妨害者, 즉 妨害除去請求權의 상대방이 된다고 하는 주장은, 妨害除去請求權을 積極的 行爲請求權으로 파악하는 경우에 의미가 있는 것이고, 妨害除去請求權을 消極的 忍容請求權으로 파악하는 경우에는 아무런 의미가 없는 주장이기 때문이다.

---

35) 大判 1966. 1. 31, 65다218.

36) 大判 1967. 12. 26, 67다2073.

37) 郭潤直, 위의 책, 357-358면; 金曾漢 · 金學東, 위의 책, 296-297면.

38) 위의 Ⅱ. 1.에서 소개한 行爲請求權修正說② 참조..

한편 판례와 입장을 달리하는 학설은 「침해에 대하여 意思的 행위를 하는 자」만을 妨害者로 본다.[39] 이 견해는 妨害者의 의미를 이렇게 파악함으로써 妨害者의 意思的 행위에 귀착될 수 있는 방해에 대해서만 妨害除去請求權을 인정하려고 한다.[40]

(나) 독일의 학설

우리민법 제214조와 비슷한 규정인 독일민법 제1004조[41] 제1항의 妨害者(Störer)의 의미와 관련하여 종래의 독일의 판례와 지배적인 학설에 의하면 妨害者는 방해에 대하여 책임을 져야할(zugerechnet werden) 자이고 그러한 자는 다음과 같다고 한다.[42] 우선 방해가 어떠한 사람의 作爲나 不作爲로 야기된 경우에는 그 사람이 行爲妨害者(Handlungsstörer)로서 行爲責任(Handlungshaftung)을 부담한다고 한다. 그리고 스스로 妨害惹起行爲를 하지는 않았다고 하더라도 방해상태가 비록 간접적으로라도 그의 意思에 기인하고, 따라서 방해상태의 제거도 그의 意思에 달려있는 경우에는, 그러한 자가 狀態妨害者(Zustandsstörer)로서 狀態責任(Zustandshaftung)을 부담하여야 한다고 한다. 이러한 입장에 의하면 妨害物의 前權利者에 의하여 방해상태가 야기된 경우에도 현재의 소유자가 妨害除去義務를 부담하게 된다. 그러나 방해상태가 自然力이나 전쟁 등으로 인하여 발생한 경우에는 방해물의 소유자는 妨害除去義務를 면한다. 그런가 하면 이러한 종래의 견해와 그 기본적 입장을 같이 하면서도, 상태책임의 인정폭을 보다 넓혀 방해가 인간의 손에 의하여 만들어진 시설(Anlage)로부터 나온 작용이기만 하면 이에 대해서는 상태책임이 인정되어야 한다는 견해도 있다.[43]

그런데 이러한 견해들은 모두가 妨害者를 결정함에 있어서 妨害와 인간의 意思活動과의 關聯을 최소한도의 요건으로 함으로써 妨害惹起를 중시하는 견해들이라고 할 수 있다. 이에 대하여 妨害除去請求權制度의 취지를 중요시함으로써 누구에 의하여 방해가

---

39) 李英俊, 위의 책, 560면.

40) 李英俊, 위의 책, 563면.

41) 독일민법 제1004조의 규정을 소개하면 다음과 같다.
① 소유권이 점유의 침탈 또는 유치(Entziehung oder Vorenthaltung) 이외의 방법에 의하여 침해되는 경우에는 소유자는 방해자에 대하여 침해의 제거(Beseitigung)를 청구할 수 있다. 계속하여 침해될 염려가 있는 경우에는 그 중지(Unterlassung)를 소구할 수 있다.
② 소유자에게 침해를 인용할 의무가 있는 경우에는(wenn der Eigentümer zur Duldung verpflichtet ist) 전항의 청구권이 인정되지 않는다.

42) 독일에 있어서의 종래의 이러한 견해들에 대해서는 Sorgel-Mühl §1004 Rn. 86-89 및 Staudinger-Gursky §1004 Rn. 68-69 참조.

43) Baur, 위의 책, 105면 참조.

야기되었는가에 관계없이, 그 行爲나 그 物件을 통하여 현재 타인의 소유권을 방해하고 있는 자를 妨害者로 파악하는 견해도 있다.[44]

(다) 私見

생각건대 누구를 妨害除去請求權의 상대방인 妨害者로 볼 것인가는 妨害除去請求權制度의 취지를 고려하여 결정하여야 할 것이다. 妨害除去請求權은 거듭 말하지만 妨害狀態를 야기한 자에게 惹起行爲에 대한 責任, 즉 妨害狀態 야기로 被妨害者에게 발생한 損害에 대한 賠償責任을 묻는 제도가 아니고, 정당한 근거없이 所有權을 방해하고 있는 현재의 妨害狀態의 제거를 청구하는 제도이다. 예컨대 좁은 골목길을 달리던 자동차가 길가 甲의 집 울타리와 충돌하여 甲의 집 울타리가 乙의 토지로 무너지면서 乙의 토지에 있던 乙의 물건이 파손된 경우에는, 乙의 토지소유권에 발생한 방해상태의 제거문제와 아울러 乙의 물건의 파손에 대한 손해배상 문제가 제기된다. 그러나 이 경우 乙에게 인정되는 妨害除去請求權은 오직 자기토지에 현존하는 妨害狀態(무너진 울타리)의 제거만을 목적으로 하는 제도이고 물건파손에 대한 損害賠償을 청구하는 제도와는 별개의 제도이다. 따라서 양 청구권의 상대방 결정 문제에 있어서도 손해배상청구권의 경우에는 「누가 이미 故意나 過失로 타인에게 損害를 加하였는가」 하는 것이 중요하지만,[45] 妨害除去請求權의 경우에는 「누가 현재 정당한 근거없이 타인의 소유권을 방해하고 있는가」 하는 것이 문제로 된다. 그렇다면 妨害除去請求權의 상대방인 妨害者는 妨害狀態의 惹起者 보다는 妨害狀態의 支配者이어야 한다. 즉, 妨害狀態를 야기한 자라고 하더라도 현재 妨害狀態를 지배하고 있지 않으면, 제214조에서 의미하는 바의 妨害者라고 할 수 없는 반면, 妨害狀態의 惹起者가 아니라고 하더라도 현재의 妨害狀態를 지배하고 있거나 지배할 수 있는 자이면, 이 규정상의 妨害者로 보아야 할 것이다.

2) 妨害狀態를 지배하는 자

제214조의 妨害者를 이렇게 이해한다면, 제1유형의 妨害(행위에 의한 방해)의 경우

---

44) Picker, 위의 책(註 17), 129면; Staudinger-Gursky §1004 Rn. 73 이하 참조.

45) 따라서 이 事例에 있어서 乙의 손해에 대한 배상책임은 손해발생에 過失이 있는 자동차운행자가 부담하게 된다. 그리고 만약 甲의 울타리가 자동차의 충돌사고로 무너진 것이 아니고 그 設置 保存上의 瑕疵로 인하여 장마철에 무너졌다면, 甲은 민법 제758조에 규정된 工作物所有者의 책임을 부담하게 될 것이다. 한편 甲의 울타리가 그러한 設置 保存上의 瑕疵로 무너진 것이 아니고 地震과 같은 불가항력적인 사유로 무너진 경우에는 甲은 乙의 손해에 대한 배상책임을 부담하지 않게 된다.

에는 방해행위를 하고 있는 자가 바로 이러한 妨害者에 해당된다. 한편 제2유형의 妨害(물건의 상태에 의한 방해)에 있어서는 원칙적으로 방해물의 所有者가 妨害者가 될 것이다. 방해가 방해물의 상태에 의하여 발생하고 있고, 방해물을 지배하거나 지배할 수 있는 자는 원칙적으로 그 所有者이기 때문이다. 말하자면 방해물의 所有者는 그의 지배하에 있는 방해물을 통하여 타인의 所有權을 방해하고 있다고 볼 수 있다. 따라서 타인의 토지에 무단으로 건물을 건축한 자가 이 건물을 제3자에게 양도한 경우에, 양도하기 전까지는 讓渡人이 土地所有權의 妨害者이지만 양도한 후에는 건물의 讓受人이 妨害者이다. 강도가 승용차를 탈취하여 몰고 가다 도로변 토지위로 전복되자 버리고 도주한 경우에 土地所有權에 대한 현재의 妨害者는 강도가 아니고 승용차의 所有者이다.[46] 그리고 폭풍우로 축대가 이웃 토지로 무너지거나 정원수가 이웃토지로 쓰러진 경우에도 축대나 정원수의 所有者가 妨害者인 것이다.[47]

방해물에 의한 방해에 있어서 妨害狀態를 지배하는 자는 이처럼 원칙적으로 所有者이지만, 그렇다고 방해물의 所有者만이 항상 妨害狀態를 지배하는 자는 아니다. 즉, 방해물의 질권자 또는 그 밖의 占有者도 방해물을 지배하는 자이고, 따라서 妨害狀態를 지배하는 자이다. 그러므로 방해물을 현실적으로 지배하는 이러한 자들이 있는 경우에는, 이들도 제214조에서 의미하는 妨害者에 해당된다. 따라서 친구의 자동차를 빌려 타고 가다 도로변 토지위로 자동차가 전복된 경우에는, 자동차를 빌려 타고 가던 자도 방해상태를 지배하는 자가 된다. 判例 역시 타인의 토지에 불법건축된 건물에 세 들어 살고 있는 者에 대한 토지소유자의 退去請求를 인정함으로써 이러한 입장을 취하고 있다[48]

3) 妨害狀態를 지배하는 자의 妨害除去義務

방해물을 지배하는 위와 같은 자들이 妨害者에 해당된다면 이들은 被妨害者인 物權者의 청구에 응하여 방해를 제거할 의무를 부담하게 된다. 妨害除去請求權은 소극적인

46) 同旨: Picker, 위의 책, 130면; Staudinger-Gursky §1004 Rn. 73.

47) 우리나라의 학설 중에도 이와 같은 점에서 私見과 같은 입장을 취하는 견해, 즉 방해가 타인의 행위로 생긴 경우이든 자연력으로 생긴 경우이든 현재 방해하는 사정을 지배하는 지위에 있는 자이면 妨害者로 되어 妨害除去請求權의 상대방이 된다는 견해(郭潤直, 위의 책, 358면; 金曾漢·金學東, 위의 책, 296-297면)가 있음은 위에서 이미 보았다. 그러나 이들 견해는 妨害除去請求權의 내용에 대해서는 방해상태가 상대방의 歸責事由 없이 발생한 경우에는 적극적인 행위청구권이 아니고 소극적인 인용청구권으로 파악한다(특히 郭潤直, 위의 책, 47-48면 참조). 그러한 점에서 이들 견해의 입장은 私見과 다를 뿐만 아니라 「妨害者」에 대한 이들의 주장은 실제로는 별 의미가 없는 것이 되고 있다.

48) 大判 1965. 9. 28, 65다1751; 大判 1967. 11. 28, 67다2155 등 참조.

忍容請求權이 아니고 적극적인 行爲請求權이기 때문이다. 그런데 이와 관련하여 妨害狀態가 自然力으로 인하여 야기된 경우에도 방해물의 支配者(원칙적으로 방해물의 所有者)가 妨害除去義務를 부담하는 것이 과연 타당한가 하는 의문이 제기될 수 있다. 위에서 본 우리나라의 학설 중에 妨害狀態가 상대방의 책임없는 사유로 생긴 때에는 방해를 받는 物權者는 상대방에게 방해제거를 청구하지는 못하고, 物權者가 妨害狀態를 自費로 스스로 제거하는 것을 상대방이 인용하여 줄 것만을 청구할 수 있다는 학설, 즉 行爲請求權修正說②도 바로 이러한 의문에 근거하고 있다고 생각된다. 그리고 위에서 소개한 독일의 종래의 지배적인 견해들도 자연력에 의하여 야기된 경우에는 방해물 소유자의 방해제거의무를 인정하지 않는다. 그러나 방해물의 所有者에게 책임없는 사유로 방해가 발생한 경우에도 방해물의 所有者가 妨害除去義務를 부담하는 것이 타당하고, 따라서 이러한 학설들의 입장은 옳지 않다고 본다. 그 이유는 다음과 같다.

우선 여기서 말하는 妨害除去義務는 위법한 妨害狀態 자체의 제거의무이고, 妨害狀態 惹起로 발생한 損害에 대한 배상의무가 아니다. 따라서 妨害狀態 惹起에 대한 歸責事由를 논할 필요가 없고, 누가 위법한 妨害狀態를 현재 지배하고 있는가를 문제삼아야 한다. 妨害狀態 야기에 대한 歸責事由는 妨害狀態로 인하여 발생한 損害에 대한 賠償責任을 묻는 경우에 필요한 요건이다. 그러한 점에서 妨害狀態를 지배하고 있는 자라고 할 수 있는 所有者는 妨害狀態의 야기원인을 불문하고 방해를 제거하여야 한다. 그리고 공평의 관념에 비추어 보더라도 방해물의 所有者가 妨害除去義務를 부담하는 것이 타당하다. 즉, 물건의 所有者는 자기의 소유물에 대하여 전면적 支配權能을 보유하고 있고 또 그러한 권능을 향유하고 있는 자이므로, 비록 妨害狀態가 그의 책임없는 사유로 발생하였다 하더라도 자기 소유물의 상태에 대해서는 책임을 지는 것이 타당하다. 만약 이 경우 방해물의 所有者가 妨害除去義務를 부담하지 않게 되면 방해를 받는 자가 스스로 방해를 제거할 수 밖에 없는데, 이는 방해물의 所有者가 妨害除去義務를 부담하는 것보다 훨씬 더 부당한 결과가 된다.[49] 따라서 방해물의 所有者는 그 妨害狀態가 自然力과 같이 그에게 책임없는 사유로 발생한 경우에도 그 방해물을 지배하는 자로서 妨害除去義務를 부담하는 것이 타당하다.[50]

---

49) 자연력으로 인한 결과에 대해서는 방해자에게 어떤 행위의무를 부담시키기 보다는 방해자의 책임범위를 사회적으로 타당성있게 한정하고, 그 이상의 피해는 자연적 위험으로서 방해를 받는 소유자 스스로가 부담하도록 하는 것이 옳다는 견해(李銀榮, 위의 책, 451면)가 있다. 그러나 방해물의 소유자와 방해받는 토지의 소유자 모두에게 귀책사유 없는 방해사태에 대하여, 방해를 받는 자가 스스로 그러한 위험을 부담하는 것이 방해물의 소유자가 위험을 부담하는 것보다 과연 어떠한 근거에서 더 타당하다고 볼 수 있는지 의문스럽다.

방해물의 所有者가 이처럼 자기에게 책임없는 妨害狀態에 대하여도 妨害除去義務를 부담해야 함은, 妨害狀態가 제3자에 의해서 야기된 경우에 있어서도 마찬가지이다. 즉, 방해물의 所有者는 妨害狀態가 제3자에 의하여 야기된 경우에도 妨害除去義務를 부담하여야 한다. 다만 이 경우에는 방해물의 所有者는 妨害除去義務를 부담하게 됨으로써 받는 不利益(방해제거비용 등)을 妨害狀態를 야기한 자로부터 塡補받을 수도 있다는 점이 自然力에 의하여 야기된 방해의 경우와 다를 뿐이다.[51)]

3. 物權的 妨害豫防請求權의 요건

物權的 妨害豫防請求權은 「所有權을 방해할 염려가 있는 행위를 하는 자에 대하여 그 예방이나 損害賠償의 擔保를 청구」하는 권리이다(제214조 제2항). 法文上으로는 방해의 염려가 상대방의 「行爲」에 있는 경우에만 이 규정이 적용되는 것처럼 되어 있으나, 방해의 염려가 상대방의 지배하에 있는 「物件의 狀態」에 있는 경우도 여기에 포함된다고 보아야 한다. 방해는 인간의 행위로부터만 생기는 것이 아니기 때문이다. 따라서 예컨대 축대가 무너진다든지 건물이 무너짐으로써 所有權이 방해받을 염려가 있는 경우에도 妨害豫防請求權이 인정된다. 어느 경우에나 방해의 염려 내지 개연성은 객관적으로 크고 강한 것이어야 할 것이다. 그러나 우리 민법상의 방해예방청구권은 독일민법 제1004조 제1항의 방해중지청구권과는 달리, 이미 방해상태가 발생하고 그러한 방해상태가 계속 발생할 우려가 있는 경우에만(weitere Beeinträchtigungen sind zu besorgen) 인정되는 것이 아니고, 아직 방해상태가 발생한 일은 없더라도 장래에 방해상태가 발생할 우려가 있으면 인정된다.

---

50) 이러한 입장에 대해서는 전쟁으로 인한 건물붕괴나 지진으로 인한 건물붕괴시의 붕괴된 건물의 철거의무자의 결정문제와 관련하여 그 타당성에 다시 의문이 제기될런지도 모른다. 이 입장에 의하면 이러한 경우에도 건물의 소유자가 철거의무를 부담하게 되는데, 그러한 결과가 과연 타당한가 하는 의문이 생길 수 있기 때문이다. 생각건대 이와 같은 전쟁이나 지진과 같은 재난시에는 국가의 행정적 차원에서 재난복구조치가 취하여 질 것이므로 누가 붕괴된 건물의 철거의무를 부담할 것인가 하는 것이 실제로는 크게 문제되지 않을 것이다. 그러나 이와 같은 재난의 경우에도 그러한 국가적 비상조치를 떠나서 토지소유자와 붕괴된 건물의 소유자 중 누가 妨害除去義務를 부담하는 것이 더 타당한가를 생각하면, 역시 방해를 받고 있는 토지소유자 보다는 붕괴된 건물의 소유자가 방해제거의무를 부담하는 것이 타당하다고 할 수 있다.

51) 이 경우에 방해상태 야기로 인하여 被妨害者에게 현재의 방해상태 이외에 어떠한 손해가 발생하였다면, 이 손해에 대한 배상책임은 방해상태를 야기한 제3자가 부담하여야 한다. 그리고 그러한 손해배상책임을 묻기 위해서는 방해상태의 야기에 대하여 제3자에게 고의나 과실이 있어야 할 것이다.

Ⅳ. 所有物收去許容請求權

1. 意 義

所有物收去許容請求權은 자기의 物件(動産)이 타인의 토지에 들어가 있음으로써 그 물건에 대한 支配權 행사에 사실상 장애가 생겼으나, 土地所有者가 그 물건을 점유하고 있다고 할 수는 없는 경우에, 이 장애의 제거(물건의 收去)를 위하여 그 물건의 所有者에게 인정될 필요가 있는 권리이다. 이러한 경우에 물건의 所有者가 직접 그 물건을 收去하려면 그 토지에 들어갈 수밖에 없는데, 이는 타인의 土地所有權에 대한 침해가 된다. 그렇다고 앞에서도 언급한 바와 같이 土地所有者가 그 물건을 사실상 지배하고 있지 않는 한, 그의 토지에 그 물건이 존재한다는 사실만으로는 그를 물건의 占有者라고 할 수가 없으므로, 물건의 所有者는 토지의 所有者에 대하여 제213조의 所有物返還請求權을 행사할 수도 없다. 결국 이러한 경우에 물건의 所有者가 물건을 收去하려면 土地所有者에 대하여 물건의 收去行爲, 즉 그 토지의 일시적인 사용을 허용하여 줄 것을 요구할 수밖에 없다. 물건의 所有者에게 인정될 필요가 있는 이와 같은 許容請求權이 바로 所有物收去許容請求權이다. 종래 우리나라의 많은 학설은 이러한 권리도 민법에 규정된 物權的 請求權의 내용인 것처럼 파악하여 왔으나, 앞에서도 지적한 바와 같이 우리 민법상의 物權的 請求權에는 이러한 권리는 포함되어 있지 않다. 그리고 우리 민법상 이러한 권리는 달리 규정되어 있지도 않다. 그러나 물건에 대한 支配權으로서의 所有權의 내용 실현이 보장되기 위해서는, 민법에 규정된 3가지 종류의 物權的 請求權 외에 이러한 권리도 所有者에게 인정되어야 할 필요가 있다. 그럼에도 불구하고 이에 대한 법률규정이 없으므로, 결국 이러한 권리에 관한 한 우리 민법에는 法律의 欠缺(Gesetzeslücke), 즉 法律(民法)의 規律計劃에 반하는 不完全(planwidrige Unvollständigkeit des Gesetzes)이[52] 존재한다고 볼 수 있다.

2. 所有物收去許容請求權의 인정방법

우리 민법상 所有物收去許容請求權에 대해서 法律의 欠缺이 존재한다면, 이 권리는

52) Larenz, Methodenlehre der Rechtswissenschaft, 4. Aufl., 1979, 358면.

法律의 欠缺을 보충함으로써 인정될 수 있을 것이다. 그리고 그 경우에 인정되는 欠缺補充方法으로서는 민법 제1조의 條理에[53] 의하여 이 권리를 인정하는 방법을 생각할 수 있다. 그리고 相隣者 사이에서 이 권리가 요청되는 경우에는 민법 제216조의 隣地使用請求權에 관한 규정을 類推適用하는 방법도 가능할 것이다.[54] 어떠한 방법에 의하여 이 권리를 인정하든, 이 권리의 구체적인 내용은 자기의 물건을 搜索 및 收去하기 위하여 그 물건이 존재하고 있는 토지를 일시적으로 사용하는 것에 대한 許容을 청구하는 것이다.

이렇게 하여 물건의 所有者에게 收去許容請求權이 인정되면 토지의 소유자(또는 占有者)는 물건 소유자의 토지사용청구에 응하여 이를 허용하여야 한다. 만일 토지소유자가 이를 허용하지 않는 경우에는 물건의 소유자는 허용의 의사표시에 갈음하는 判決을 구할 수가 있을 것이다.[55] 그리고 토지소유자가 이를 허용하지 않게 되면 그때부터는 토지소유자가 그 물건을 占有한다는 것을 의미하게 되고, 그렇게 되면, 이제 물건소유자에게는 민법 제213조의 所有物返還請求權이 생기게 되므로,[56] 토지소유자에게는 이를 不許할 실익도 없을 것이다. 다만 土地所有者가 물건의 所有者가 자기 토지에 들어오는 것을 원치 않는 경우에는, 자기가 직접 그 물건을 찾아 물건의 所有者에게 인도할 수는 있을 것이다.[57] 한편 물건소유자가 물건을 收去하는 경우, 그로 인하여 土地所有者에게 어떠한 損害가 발생한 때에는 이 損害는 물건의 所有者가 보상하여야 함은 물론이다.[58]

Ⅴ. 맺는 말

이 글은 이상에서 민법에 규정된 세가지 종류의 物權的 請求權 및 민법에 규정되어 있지 않은 所有物收去許容請求權의 내용과 요건을 검토하였다. 그러한 검토작업을 수행함에 있어서 필자는 다음과 같은 몇가지 점에 유의하였다.

---

53) 이 경우에 條理의 구체적인 내용은 支配權으로서의 物權의 本質이나 信義則 같은 것이 될 것이다.

54) 同旨: 民法注解(Ⅴ)(梁彰洙), 194-195면; 李銀榮, 위의 책, 70면.

55) 민법 제389조 제2항 참조.

56) Staudinger-Gursky §1005 Rn. 5 참조.

57) Staudinger-Gursky §1005 Rn. 3 참조.

58) 민법 제216조 제2항 참조.

첫째, 物權的 請求權의 내용파악에 있어서는 이에 대한 법률규정이 없었던 依用民法下의 학설들을 무비판적으로 답습할 것이 아니고 현행민법 규정을 직시하여야 한다.

둘째, 物權的 請求權의 요건을 확인함에 있어서는 이 제도는 물권의 방해로 발생한 損害에 대한 賠償責任(不法行爲責任)을 묻는 제도와는 본질적으로 다르다는 것을 분명히 인식하여야 한다.

셋째, 物權的 返還請求權이 발생하기 위해서는 상대방이 반환대상 물건을 점유하고 있어야 하고, 또 점유가 성립하기 위해서는 점유자의 占有意思는 필요없다고 하더라도 事實的 支配關係는 형성되어 있어야 한다. 만약 사실적 지배관계의 형성조차 인정할 수 없는 경우에는 점유의 성립을 인정할 수 없고, 따라서 물권적 반환청구권도 발생할 수 없다.

넷째, 이른바 消極的 忍容請求權은 우리민법에 규정된 권리가 아니다.

이상과 같은 몇가지 점을 유의하면서 수행한 검토작업의 결과 확인된 사항을 요약하면 다음과 같다.

민법에 규정된 세가지 종류의 物權的 請求權은 모두 積極的 行爲請求權이고 消極的 忍容請求權이 아니다. 따라서 이들 物權的 請求權이 행사되면 상대방이 항상 妨害除去義務 내지 妨害豫防義務를 부담한다. 消極的 忍容請求權은 어떤 경우에도 우리 민법상의 物權的 請求權의 내용이 될 수 없다.

이러한 物權的 請求權은 物權에 대한 현재의 부당한 방해상태나 우려되는 장래의 방해상태를 배제하여 物權 본래의 상태를 회복하려는 제도로서, 物權妨害 내지 物權侵害로 物權者에게 발생한 損害에 대한 賠償責任을 묻는 制度(不法行爲責任制度)와는 다르다. 그러므로 物權的 請求權은 妨害狀態가 위법한 것이기만 하면 되고, 그 妨害狀態에 발생에 대하여 妨害狀態를 지배하고 있는 자에게 歸責事由가 있을 것을 요건으로 하지 않는다. 따라서 상대방이 방해상태를 지배하고 있는 자이기만 하면, 방해상태가 자연력이나 제3자에 의하여 야기되었다 하더라도 상대방이 妨害除去義務 내지 妨害豫防義務를 부담한다.

이러한 이유로 物權的 返還請求權의 경우에도 상대방에게 그 물건을 점유함에 있어서 故意나 過失이 있을 필요가 없다. 그러나 物權的 返還請求權은 물건의 占有者를 상대방으로 하는 권리이므로 상대방은 적어도 그 물건을 점유는 하고 있어야 한다. 따라서 물건이 物權者의 점유를 이탈하였다고 하더라도 상대방이 그 물건을 占有(사실상 支配)한다고 볼 수 없는 경우, 예컨대 어떠한 물건이 타인의 토지에 놓여 있기는 하지만 토지소유자가 그 물건을 사실상 지배한다고 할 수 없는 경우에는, 그에게 소유물반환청구권을 행사할 수가 없다. 즉, 이러한 경우에는 土地所有者가 물건의 所有者에게 物權的 妨害除去請求權을 행사할 수는 있어도, 물건의 所有者가 土地所有者에게 物權的 返還請求權을 행사할 수는 없다.

이러한 경우에 물건의 所有者에게 인정될 수 있고 또 인정될 필요가 있는 권리가 있다면, 그것은 物權的 返還請求權이 아니고 收去許容請求權이다. 그러나 收去許容請求權은 민법에 규정되어 있는 권리는 아니고 민법 제1조의 條理에 의하거나 제216조의 類推適用 등에 의하여 인정될 수 있는 권리에 불과하다.

* 民事法學 제17호(1999), 478면 이하 게재

特定物債權

Ⅰ. 意義 및 그 考察方法

特定物債權은 特定物의 引渡를 목적으로 하는 債權을 말한다. 여기서 特定物의 引渡라 함은 具體的으로 特定되어 있는 물건에 대한 占有를 이전하는 것이다. 그리고 占有의 이전은 물건에 대한 占有만을 이전하는 경우뿐만 아니라 占有와 동시에 물건에 대한 소유권을 이전하는 경우도 포함한다. 特定物債權은 贈與, 交換, 賣買, 賃貸借, 使用貸借, 任置 등의 계약관계에 많이 발생하지만 법률의 규정에 의하여 발생할 수도 있다.[1]

이러한 特定物債權과 관련하여 생길 수 있는 법률문제로서는, 우선 特定物債務者에게는 어떠한 의무가 있으며 채무자가 그러한 의무를 위반한 경우에는 어떠한 법률효과가 발생하는가 하는 문제를 들 수 있다. 그런가 하면 賣買와 같은 有償契約에 있어서는, 계약의 목적물인 特定物에 계약시에 발견하지 못하였던 瑕疵가 原始的으로 존재하고 있었던 경우에, 당사자간의 이해관계를 어떻게 조정할 것인가 하는 것도 중요한 문제로 된다.

1) 事務管理에 있어서의 취득물의 引渡義務(제738조)나 不當利得返還義務에 있어서의 原物返還(제741조)의 경우를 생각하라.

그 밖에 債權發生後에 特定物로부터 생긴 果實은 누구에게 귀속하는가 하는 문제도 생긴다. 그런데 民法은 特定物債權과 관련하여 발생할 수 있는 이러한 문제들을 어느 한곳에서 집중적으로 규율하지 않고, 그 문제들이 관련된 여러 곳에 분산하여 규율하고 있다. 즉, 債權의 목적과 관련된 제374조에서는 特定物債務者의 보존의무를 규정하고 있고, 債務의 辨濟와 관련된 규정인 제462조에서는 特定物의 現狀引渡義務에 대하여 규정하고 있다. 마찬가지로 債務의 변제와 관련된 규정인 제467조에서는 特定物債務의 변제장소에 대하여 규정하고 있다. 한편 유상계약의 목적물인 特定物에 原始的인 瑕疵가 있는 경우의 特定物債務者의 責任에 대해서는, 賣渡人의 瑕疵擔保責任에 관련된 규정인 제580조에서 규정하고 있다. 그 밖에 賣買契約후 特定物로부터 생긴 과실의 귀속문제에 대해서는 賣買에 관한 규정인 제587조에서 규정하고 있다. 그리고 雙務契約으로 발생한 特定物債務가 채무자에게 責任없는 사유로 履行不能이 된 경우의 反對給付債權의 존속여부 문제는, 제537조와 제538조에 따라서 해결하게 된다. 特定物債權에 관한 규정이 이렇게 분산되어 있기 때문에 特定物債權에 대한 법률문제도 자칫하면 개별적으로만 검토되기 쉽다. 그러나 特定物債權·債務에 대한 올바른 파악은 特定物債權·債務에 관련된 법률규정을 전체적으로 그리고 상호관련하에 검토함으로써만 가능한 것이다. 예컨대 제462조의 現狀引渡義務나 제580조의 特定物賣渡人의 瑕疵擔保責任도 제374조의 特定物債務者의 보존의무와 관련시켜 검토하여야 그 올바른 파악이 가능하게 된다. 이 글은 이러한 점을 고려하여 特定物債權과 관련된 문제들을 종합적으로 검토하려는 것이다.

Ⅱ. 債務者의 保存義務

特定物債務者에게는 特定物의 保存義務와 特定物의 引渡義務가 있으나, 債權의 목적에 관한 채권편 제1장 제1절에 위치하고 있는 제374조에서는 채무자의 보존의무에 대해서만 규정하고 있다. 즉, 제374조는 "特定物의 인도가 債權의 목적인 때에는 채무자는 그 물건을 인도하기까지 선량한 관리자의 注意로 보존하여야 한다"고 규정함으로써, 特定物債權의 채무자는 목적물을 선량한 관리자로서의 注意를 하여 보존하도록 하고 있다. 이 규정은 여러 가지 원인으로 발생할 수 있는 特定物債權에 일반적으로 적용될 수 있는 통칙적 규정이라고 할 수 있다. 그러나 特定物債權이 계약에 의하여 발생하는 경우에는, 계약당사자는 물건의 보관의무의 내용에 대해서도 개별적인 약정을 할 수가 있을 것이다. 따라서 제374조의 규정은 계약상 물건의 보존의무에 대하여 당사자 사이에 특별한 약정이 없는 경우에 적용될 수 있는 보충적이고 일반적인 任意規定인 것이다. 아래에서 이 의무의 구체적인 내용에 대하여 살펴보기로 한다.

1. 保存의 意味

제374조에서 의미하는 「保存」이라 함은, 물건이 滅失 또는 毁損되지 않도록 보호함으로써 그 물건이 현재 가지고 있는 경제적 가치를 유지하는 것을 말한다. 보존을 위하여 어떠한 행위를 하여야 하는가는, 개별적인 경우에 물건의 성질이나 경제적 효용을 고려하여 사회통념에 따라 具體的으로 결정하여야 할 것이다.

2. 善良한 管理者의 注意(보존시에 요구되는 注意의 정도)

特定物債務者는 特定物을 보존하되 善良한 管理者의 注意로 보존하여야 한다. 선량한 관리자의 注意라 함은 채무자의 직업, 그가 속한 사회적 경제적 지위 등에 있어서 일반적·객관적으로 요구되는 정도의 注意를 말한다. 이는 로마법이나 프랑스민법(제1374조)의 「善良한 家父의 注意」(diligentia boni patris familias, les soins d'un bon père de famille)에서 유래하는 것으로서, 독일民法(제276조 제1항)의 거래상 요구되는 注意(die im Verkehr erforderliche Sorgfalt)와 동일한 의미로 이해되고 있다. 이러한 정도의 注意를 게을리하는 것을 抽象的 過失(culpa in abstracto)이라고 한다. 그런데 제374조에 규정된 이러한 주의의무는 特定物債務者에게만 요구되는 것이 아니고, 민법상 요구되는 주의의무는 원칙적으로 이러한 정도의 주의의무다. 民法은 이러한 정도의 注意보다 注意의 정도를 경감하여 행위자의 구체적·주관적 능력에 따른 注意만을 요구하는 특별한 경우에는, 「自己財産과 同一한 注意」(제695조), 「自己財産에 관한 行爲와 同一한 注意」(제922조), 「固有財産에 대한 것과 同一한 注意」(제1022조) 등과 같은 표현을 사용하고 있다. 이처럼 행위자의 구체적·주관적 능력에 따른 注意를 게을리 하는 것을 具體的 過失(culpa in concreto)라고 한다.

그러고 보면 민법상의 과실은 이처럼 抽象的 過失과 具體的 過失로 구분할 수 있다. 그런데 여기서 추상적 과실과 구체적 과실은 과실의 전제가 되는 「注意의 정도」 내지 「주의의무의 정도」를 기준으로 한 구분이다. 한편 과실은 輕過失(culpa levis)과 重過失(culpa lata)로 구분하기도 한다. 이는 과실에 있어서의 「주의의무 위반의 정도」, 즉 「不

注意의 정도」에 따른 구분이다. 重過失은 輕過失, 즉 보통의 과실에 비하여 주의의무 위반의 정도(不注意의 정도)가 심한 경우를 말한다.[2] 민법상 過失이라고 하면 일반적으로 輕過失을 의미하고, 특히 重過失을 요건으로 하는 경우에는 民法은 「重大한 過失」이라고 표현하고 있다(제109조 제1항, 제401조, 제518조, 제735조, 제757조 등 참조).

민법상의 過失은 이상과 같이 구분할 수 있지만, 일반적으로 過失이라고 하면 법률에 달리 정한 규정이 없는 한 抽象的 輕過失을 의미하게 된다.

3. 保存義務의 存續期間

채무자가 위와 같은 선량한 관리자의 注意로 특정물을 보존할 의무는 「그 물건을 인도하기까지」 존속한다(제374조). 즉, 그러한 보존의무는 債務의 履行期까지가 아니고 목적물을 인도할 때까지 존속한다. 그러나 履行遲滯後(채무자의 귀책사유로 債務를 이행함이 없이 履行期를 도과한 후)에는, 채무자의 책임이 가중되어 채무자는 자기에게 과실이 없이 발생한 손해에 대해서도 책임을 부담하게 된다(제392조). 따라서 선량한 관리자의 주의로 목적물을 보존하였음에도 불구하고 목적물이 훼손되거나 멸실된 경우에도 채무자가 그 책임을 지게 된다. 한편 채권자가 수령지체에 빠진 때(채무자가 履行의 제공을 하였음에도 불구하고 채권자가 이행을 받을 수 없거나 받지 아니한 때)에는 채무자의 責任이 경감되어 채무자는 고의나 중대한 과실이 없는 한 선량한 관리자의 注意를 다하지 못하였다고 하더라도 보존의무 不履行으로 인한 책임을 지지 않는다(제401조). 따라서 履行期 후에도 채무자가 선량한 관리자의 주의의무를 부담하고, 또 그러한 注意로 목적물을 보존하면 그 책임을 면할 수 있는 경우는 履行遲滯도 受領遲滯도 되지 않는 경우이다. 예컨대 채무자가 이행기에 과실없이 채무를 이행할 수 없는 경우라든가, 채무자가 留置權(제320조)이나 同時履行의 抗辯權(제536조)과 같이 履行의 遲延을 정당화하는 사유가 존재하는 경우가 그러한 경우이다.

---

2) 판례는 失火責任에 관한 법률에 규정된 바의 「중대한 과실」과 관련하여 重過失을 "통상인에게 요구되는 정도 상당의 주의를 하지 않더라도 약간의 주의를 한다면 손쉽게 위법 유해한 결과를 예견할 수가 있는 경우임에도 이를 간과함과 같은 거의 고의에 가까운 현저한 주의를 결여한 상태"로 파악하고 있다(大判 1983. 2. 8, 81다428; 大判 1991. 4. 9, 11509 등 참조)

4. 保存義務違反(目的物의 滅失이나 毁損)의 效果

特定物債務者가 보존의무를 위반한다는 것은 목적물이 멸실되거나 훼손되는 것을 말한다. 목적물이 멸실되거나 훼손된 경우에 발생하는 법률효과는 채무자가 선량한 관리자의 注意를 다하였는가, 아니면 그러한 注意를 게을리하였는가에 따라 달라진다. 아래에서 목적물이 멸실한 경우와 훼손된 경우를 구분하고, 멸실・ 훼손된 시기가 이행기 이전인가 이행기 이후인가를 구분하여 살펴보기로 한다.

(1) 履行期前에 目的物이 滅失한 경우

채무자가 선량한 관리자의 注意를 게을리함으로써 목적물이 멸실된 경우에는 채무자는 債務不履行으로 인한 손해배상책임을 진다(제390조).[3] 그러나 채무자가 선량한 관리자의 注意를 다하였음에도 불구하고 목적물이 멸실된 경우에는 채무자에게는 손해배상책임이 없고(제390조 단서) 特定物의 引渡債務는 소멸한다. 따라서 이 경우에 목적물의 멸실로 인한 불이익은 채권자가 부담하는 것이 된다. 이를 가리켜 特定物債務에 있어서의 위험(Gefahr), 즉 給付危險(Leistungsgefahr)을 채권자가 부담한다고 한다. 그런데 이 경우 特定物債務가 雙務契約으로부터 발생한 債務인 경우에는 당사자에게 責任없는 사유로 인한 特定物債務의 소멸이 反對給付債務의 존립에 어떠한 영향을 미치는가 하는 문제가 생긴다. 이것이 이른바 雙務契約에 있어서의 危險負擔의 문제이다. 그리고 쌍무계약에 있어서 문제되는 위험은 給付의 危險이 아니고 反對給付의 危險(Gegenleistungsgefahr) 내지 對價의 危險(Preisgefahr)이다. 그러므로 特定物債務에 있어서 급부위험을 부담하는 위험부담의 문제와 쌍무계약에 있어서의 위험부담의 문제는 구별하여야 한다. 우리 民法은 쌍무계약에 있어서 일방의 債務가 쌍방의 책임없는 사유로 이행할 수 없게 된 때에는 채무자는 상대방의 이행을 청구할 수 없도록 함으로써, 반대급부의 위험을 채무자가 부담하도록 하고 있다(제537조 참조). 따라서 쌍무계약으로 발생한 特定物債務가 쌍방에게 책임없는 사유로 목적물이 멸실된 경우에는, 급부위험은 채권자가 부담하지만 反對給付의 위험은 채무자가 부담하게 되므로, 特定物債務者는 그 채무를 면하는 반면 상대방에게 반대급부를 청구할 수도 없게 된다.

---

3) 이 경우의 債務不履行은 保存義務의 不履行일뿐만 아니라 特定物의 引渡債務 자체의 不履行(履行不能)이기도 하다.

(2) 履行期前에 目的物이 毁損된 경우

채무자가 선량한 관리자의 注意를 게을리 함으로써 목적물이 훼손된 경우에는, 채무자는 목적물을 履行期의 現狀대로 引渡하되(제462조) 毁損으로 인하여 발생한 손해에 대하여는 債務不履行責任(保存義務不履行責任)을 진다(제390조). 그러나 채무자가 선량한 관리자의 注意를 다 하였음에도 불구하고 목적물이 훼손된 경우에는, 채무자는 목적물을 履行期의 현상대로 인도하면 되고[4] 損害賠償責任을 지지 않는다(제390조 단서). 그러나 特定物債務가 쌍무계약으로부터 발생한 債務인 경우에는 채무자는 제537조의 규정의 취지에 따라 상대방에게 목적물의 훼손으로 인한 가치감소율만큼 반대급부를 청구할 수가 없게 된다.[5]

(3) 履行期後에 目的物이 滅失·毁損된 경우

채무자가 보존의무를 위반한 경우 중 위에서 본 두가지 경우는 債務發生時부터 履行期까지의 기간에 보존의무를 위반한 경우이다. 그러나 목적물의 인도는 항상 債務의 履行期에 행하여지는 것이 아니고 履行期가 지난 후에 행하여 질 수도 있는 것이고, 보존의무 역시 목적물의 인도시까지(즉 特定物引渡債務의 현실적인 履行時까지) 존속하도록 규정되어 있다. 따라서 보존의무의 위반으로서의 목적물의 멸실이나 훼손 역시 債務의 履行期가 지난 후에 발생할 수도 있다. 그런데 債務의 履行期가 지난 후에는 경우에 따라 채무자의 責任이 加重되기도 하고 輕減되기도 하므로, 履行期 후에 목적물이 멸실·훼손되는 경우의 법률효과는 다음과 같은 세가지 경우로 구분하여 검토하여야 할 것이다.

첫째, 履行遲滯인 경우에는 목적물의 멸실·훼손이 채무자의 과실로 인한 것이 아닌 경우에도 채무자는 멸실·훼손에 대한 책임을 면하지 못한다(제392조).

둘째, 受領遲滯인 경우에는 채무자는 목적물의 멸실이나 훼손이 그의 故意나 重過失로 인한 경우에만 損害賠償責任을 부담한다(제401조).

---

4) 履行期전에 목적물이 훼손된 경우에 있어서 목적물의 인도시기는 履行期와 같은 시점이 될 것이다.

5) 이러한 경우에 매도인의 瑕疵擔保責任이 생기는 것으로 보는 견해(金亨培, 債權總論, 1992, 65면)도 있으나, 瑕疵擔保責任은 목적물에 이와 같이 後發的인 훼손 내지 瑕疵가 발생한 경우에 문제되는 것이 아니고, 계약체결시에 매수인이 발견하지 못하였던 原始的인 瑕疵가 있는 경우에 문제된다고 생각한다. 이에 대해서는 뒤에서 다시 언급하게 될 것이다.

셋째, 履行遲滯도 受領遲滯도 아닌 경우, 즉 채무자가 이행기에 불가항력으로 인하여 債務를 이행할 수 없었던 경우라든가, 채무자가 留置權이나 同時履行의 항변권과 같이 履行의 遲延을 정당화하는 사유가 존재하는 경우에는, 채무자는 선량한 관리자의 注意를 게을리한 경우에만 목적물의 멸실이나 훼손에 대하여 그 責任을 진다.

그런데 債務의 履行期後에 있어서도, 목적물이 멸실한 때에는, 목적물의 引渡債務는 경우에 따라 소멸되거나 또는 손해배상채무로 그 모습을 달리하여 존속하겠지만, 목적물이 멸실되지는 않고 훼손만 된 때에는, 채무자는 경우에 따라 손해배상과 함께 또는 손해배상을 함이 없이 훼손된 목적물을 그대로 인도하여야 한다.

Ⅲ. 特定物의 引渡義務

特定物債務者에게는 履行期에 特定物을 인도할 의무가 있다. 이와 관련하여 民法은 特定物이 훼손된 경우에 채무자는 特定物을 어떻게 인도할 것인가 하는 문제와 特定物의 인도의 장소는 어디로 할 것인가에 대하여 규정을 두고 있다.

1. 特定物의 現狀引渡義務

民法은 辨濟에 관련된 규정인 제462조에서 "特定物의 인도가 債權의 목적인 때에는 채무자는 이행기의 現狀대로 그 물건을 인도하여야 한다"고 하여 特定物債務者의 목적물의 현상인도의무를 규정하고 있다. 그러나 이 규정은 목적물을 履行期의 「現狀대로」 인도하기만 하면, 목적물이 어떠한 상태에 있든 채무자는 아무런 책임도 부담하지 않는다는 것을 의미하지는 않는다. 이 규정은 特定物債務에 있어서는 목적물이 特定되어 있기 때문에, 그 물건이 훼손된다든지 하는 경우에도 그 물건을 그대로 인도하여야 한다는 것을 규정하고 있을 뿐, 그 물건의 현상에 대한 책임문제까지를 규정하고 있는 것은 아니다. 물건의 현상에 대한 책임문제는 위에서 본 제374조의 목적물보존의무의 위반여부와 관련하여 해결할 문제이다. 즉, 特定物債務者에게는 제462조의 목적물의 현상인도의무 외에 제374조의 목적물보존의무가 있기 때문에, 목적물의 현상에 대한 책임문제는 제374조와 제390조에 의하여 해결되어야 한다. 이 두 규정에 의하면, 채무자가 선량한 관리자의 注意를 게을리하여 목적물이 훼손된 경우(보존의무를 위반한 경우)에는 이에 대한 손해배상책임은 져야 한다(제390조). 결국 이 경우에는 채무자는 손해배상과 함께 훼손된 물건을 그 현상대로 인도하여야 한다. 그러나 채무자가 선량한 관리자의 注意를 다하였음에도 불구하고 목적물이 훼손된 경우에는, 채무자는 보존의무 위반에 대한 손해배상의무를 부담함이 없이 목적물을 그 현상대로 인도하면 된다. 한편 보존의무 위반으로 목적물이 멸실된 경우에는, 목적물의 현상인도의무는 이행이 불가능하게 된다. 그리고 이 경우에는 現狀引渡義務의 이행만이 불가능한 것이 아니라 特定物引渡債務 자체가 이행불능으로 되고, 이 特定物引渡債務는 채무자가 선량한 관리자의 注意를 다하였는가의 여부에 따라, 소멸되거나 손해배상채무로 모습을 달리하여 존속하거나 한다.

그런데 목적물을 履行期의 현상대로 인도하여야 한다는 제462조의 이상과 같은 규정은, 실은 목적물이 特定되어 있기 때문에 特定物債務에 있어서는 목적물이 훼손되어도 다른 물건으로 대체할 수 없는데서 초래되는 당연한 결과를 규정한 것에 불과하다.[6] 그리고 이 규정에는 「履行期의 現狀대로」라고 되어 있지만, 앞에서도 본 바와 같이 履行期후에 목적물이 훼손된 경우에도 채무자는 결국 損害賠償과 함께 또는 손해배상을 함이 없이 훼손된 목적물을 그대로 인도할 수밖에 없으므로, 「履行期의 現狀」과 「引渡時의 現狀」을 구별할 특별한 실익은 없다고 볼 수 있다.[7] 즉, 特定物의 引渡債務에 있어서 목적물이 훼손된 때에는 목적물이 履行期전에 훼손되었든 履行期후에 훼손되었든, 목적물을 債務의 履行期에 인도하든 履行期후에 인도하든, 채무자는 경우에 따라 損害賠償과 함께, 또는 損害賠償을 함이 없이 목적물을 「引渡時의 現狀대로」 인도하면 되는 것이다.

2. 特定物의 引渡場所

特定物의 引渡(特定物債務의 辨濟)는 債務의 성질 또는 당사자의 意思表示로 달리 정함이 없는 한 債權 성립당시에 그 물건이 있던 장소에서 하여야 한다(제467조 제1항).

Ⅳ. 瑕疵擔保責任

賣買契約으로 발생한 特定物債務에 있어서 목적물에 숨은 瑕疵가 계약체결시부터 原始的으로 있었던 경우에는, 채무자는 제580조에 따라 瑕疵擔保責任을 부담한다. 즉,

6) 同旨: 於保不二雄, 債權總論(法律學全集 20), 1972, 31면.
7) 同旨: 위의 책, 31면.

매매의 목적물에 原始的인 瑕疵가 있는 것을 계약시에 過失없이 알지 못했던 매수인은 瑕疵로 인하여 발생한 손해의 배상을 청구할 수 있고, 瑕疵로 인하여 계약의 목적을 달성할 수 없는 경우에는 계약을 해제하고 아울러 손해배상을 청구할 수 있다(제580조 제1항 및 제575조 제1항 참조). 賣渡人의 瑕疵擔保責任에 관한 이러한 규정은 賣買 이외의 다른 有償契約에도 준용된다(제567조). 그리고 이러한 瑕疵擔保責任은 賣渡人의 과실을 요건으로 하지 않는 無過失責任이다. 그런데 瑕疵擔保責任의 내용은, 경우에 따라 賣渡人이 손해배상을 청구하거나 또는 계약해제와 함께 손해배상을 청구하는 것이지만, 여기에 있어서의 손해배상이 어떠한 손해에 대한 배상을 의미하는 것인가가 분명치 않다. 종래의 통설은 이를 信賴利益의 배상으로 해석하여 왔으나 이는 근거없는 해석이다.[8] 賣渡人의 瑕疵擔保責任으로서의 손해배상의 내용은, 결국 目的物의 瑕疵로 인하여 買受人에게 발생하는 손해에는 어떠한 것들이 있을 수 있는가 하는 점과, 그 중에서 賣渡人의 過失을 요건으로 함이 없이 제580조에 의하여 그 배상청구가 가능한 손해는 어떠한 손해이어야 하는가를 검토함으로써만 밝혀질 수 있다. 그러한 관점에서 생각하건대 여기서 의미하는 손해배상은 계약을 해제함이 없이 손해배상만 청구하는 경우에는 목적물의 代金減額에 해당할 것이고, 목적물의 瑕疵 때문에 계약의 목적을 달성할 수 없어 계약을 해제함과 동시에 이를 청구하는 경우에는 계약체결비용 정도가 될 것이다. 瑕疵로 인하여 발생하는 그 밖의 손해는 제580조에 의해서는 배상청구가 불가능하고, 제390에 따라 賣渡人의 귀책사유를 요건으로 해서만 청구가 가능하다고 하여야 한다. 이러한 손해까지 제580조에 의하여 賣渡人의 과실을 불문하고 배상청구를 하게 되면, 賣渡人에게 너무 가혹하게 되어 부당한 결과로 되기 때문이다.[9]

特定物에 原始的인 瑕疵가 있는 경우에는 이처럼 瑕疵擔保責任이 인정되지만,[10] 瑕疵가 계약체결후에 생긴 경우, 즉 後發的 瑕疵인 경우에는 앞에서 검토한 바와 같이 제374조의 보존의무 위반의 문제로 처리되고, 瑕疵擔保責任의 문제로 처리될 것이 아니다.[11] 그런데 이러한 구분이 이론적으로는 가능하지만 이와 관련하여 다음과 같은 의문

8) 이에 대해서는 徐光民, 「賣渡人의 瑕疵擔保責任으로서의 損害賠償責任의 내용과 요건」, 고시연구, 1994, 34면 이하 참조.

9) 이러한 私見의 좀더 상세한 점에 대해서는 徐光民, 위의 논문, 25면 이하 참조.

10) 매도인의 하자담보책임은 매매목적물에 원시적인 하자가 있는 경우에만 문제된다는 점은, 민법이 제580조 제1항 단서에서 "그러나 매수인이 瑕疵있는 것을 알았거나 과실로 인하여 이를 알지 못한 때에는 그러하지 아니하다"라고 규정하고 있는 것을 보더라도 알 수 있다.

11) 特定物에 존재하는 瑕疵가 原始的인 瑕疵인가 또는 後發的인 瑕疵인가에 따라 그 瑕疵에 대한 법률상의 취급이 이렇게 다르게 된다는 점을 분명히 인식한다면 최근에 논란이 되고 있는 特

이 제기될 수 있다. 즉, 瑕疵는 原始的인 瑕疵이든 後發的인 瑕疵이든 나중에 발견되기 마련인데, 그 경우 그 瑕疵가 原始的인 것인지 後發的으로 생긴 것인지를 어떻게 구별하는가 하는 의문이다. 그러나 이러한 의문은 그렇게 우려할 만한 것은 못된다. 왜냐하면 瑕疵擔保責任에 있어서 문제되는 原始的인 瑕疵라는 것은 계약체결시에 채권자가 과실 없이도 발견하지 못하였던 숨은 瑕疵만을 의미하는 반면, 여기서 문제삼는 後發的인 瑕疵라는 것은, 계약체결후에야 비로소 생긴 瑕疵로서 이는 일반적으로는 계약체결 후에 생긴 물건의 훼손에 해당할 것이고 보면, 계약체결전부터 있었던 숨은 瑕疵와 계약체결 후에 비로소 생긴 물건의 훼손과는 그 구별이 그렇게 어렵지 않으리라고 생각되기 때문이다. 따라서 賣買 등 特定物의 인도를 목적으로 하는 유상계약에 있어서의 特定物에 原始的인 瑕疵가 있는 경우에는, 채권자는 제580조에 따라 채무자에 대하여 無過失責任으로서의 瑕疵擔保責任을 물을 수 있을 것이고, 後發的인 훼손이 있는 경우에는 위에서 본 바와 같이 제374조의 보존의무 위반의 문제로 처리하면 될 것이다. 그리고 이 후자의 경우에는 채무자의 過失의 유무에 따라 그 법률효과가 달라진다. 즉, 채무자의 過失(善管注意義務 違反)로 인하여 물건이 훼손된 경우에는, 채권자는 훼손된 대로의 特定物의 인도청구(제462조)와 함께 債務不履行(保存義務의 不履行)으로 인한 손해배상을 요구할 수 있는 것이고, 채무자의 과실없이 물건이 훼손된 경우에는, 채권자는 훼손된 대로의 特定物의 인도만을 청구할 수 있으나(제462조), 그 상대방인 채무자도 제537조의 취지에 따라 목적물의 훼손으로 인한 가치감소율만큼의 반대급부는 청구할 수 없다고 하여야 한다.[12)]

한편 特定物에 後發的인 훼손이 있는 경우에도 그 훼손으로 인하여 매매계약의 목적을 달성할 수 없는 경우에는, 채권자는 훼손된 목적물의 수령을 거절하고 채무자의 과

定物賣渡人의 瑕疵擔保責任의 성질을 파악하는데도 도움이 될 것이다. 즉, 特定物에 原始的인 瑕疵가 있는 경우에 賣渡人이 부담하는 瑕疵擔保責任은, 그가 瑕疵의 존재를 알면서 이를 買受人에게 고지하지 않았거나 또는 瑕疵가 없다는 것을 보증한 경우가 아닌 한 유상계약에 있어서 급부와 반대급부간의 등가관계의 유지를 위하여 법률이 특별히 인정한 責任이라고 보아야 할 것이고, 이를 무조건 債務不履行責任으로 볼 것은 아니다. 원시적 하자의 경우에는 매도인이 하자가 있는 것을 알면서 고지하지 않거나 하자가 없다는 것을 보증하지 않는 한, 後發的 瑕疵의 경우에 있어서와는 달리 매도인이 어떠한 의무를 不履行한 일이 없기 때문이다. 그럼에도 불구하고 특정물에 대한 매도인의 하자담보책임을 굳이 채무불이행책임으로 파악하려면, 매도인이 하자가 없음을 묵시적으로 보증하였다고 이론구성할 수밖에 없을 것이다.

12) 이 경우 채무자의 過失의 유무에 대한 立證責任은 채무자에게 있으므로(제390조 참조), 채권자로서는 목적물의 훼손이 채무자의 過失로 인한 것인지 아닌지를 불문하고 일단 목적물의 인도청구와 함께 損害賠償을 청구하면, 채무자에게 過失이 없는 경우에는 채무자가 물건의 훼손이 자기의 과실로 인한 것이 아님을 입증하여 그 법률효과를 다투게 될 것이다

실의 유무에 따라 損害賠償과 함께, 또는 損害賠償의 청구없이 계약을 해제할 수 있다고 해석하여야 할 것이다. 이 경우에는 履行不能의 경우와 마찬가지로 취급하여야 되기 때문이다. 그런데 목적물이 훼손됨으로써 계약의 목적을 달성할 수 없는 경우에는, 채무자에게 과실이 없는 경우에도 채권자가 이렇게 계약을 해제하는 것이 이론적으로는 타당하지만, 그렇게 해석하는데는 현행민법상 어려움이 없지 않다. 민법은 제546조에서 履行不能의 경우에 채권자에게 契約解除를 인정하면서도 「채무자의 責任있는 事由」의 존재를 그 요건으로 하고 있기 때문이다. 민법이 채무불이행시의 損害賠償請求權에 대해서뿐만 아니라 契約解除權에 대해서도 채무자의 歸責事由를 요건으로 하고 있는 것은, 立法政策的으로 부당한 규정이 아닐 수 없다. 契約解除權의 인정여부는 채무자의 歸責事由의 유무에 따라서 결정할 것이 아니고, 채권자가 받아야 할 給付가 행하여지지 않고 있거나 또는 이행불능임에도 불구하고 채권자가 계속 그 계약에 구속되는 것이 타당한가에 따라 결정되어야 하기 때문이다.[13]

V. 果實의 歸屬

特定物을 인도할 때까지 그 목적물에서 생긴 天然果實은 누구에게 귀속하는가? 天然果實은 元物로부터 분리하는 때에 이를 수취할 권리자에게 귀속한다. 따라서 과실의 수취권자가 원래 채무자인 경우에는[14] 履行期까지는 채무자가 목적물로부터 분리한 과실을 수취할 수 있음은 당연하다. 履行期까지 목적물로부터 분리한 과실을 수취할 권리가 채권자에게 인정될 수 있는 근거가 없기 때문이다. 그러나 履行期 이후에 분리한 과실은 원물과 함께 채권자에게 인도하여야 한다. 履行期 이후엔 채권자가 원래 목적물을 사용수익할 수 있었던 것이었고, 따라서 과실수취권도 가질 수 있었던 것이었으므로, 履行期 이후에 분리한 과실은 채권자에게 귀속시키는 것이 타당하기 때문이다. 다만 民法은 제587조 전단에서 "賣買契約이 있은 후에도 인도하지 아니한 목적물로부터 생긴 과실은 賣渡人에게 속한다"고 규정함으로써, 賣買契約에 있어서는 履行期가 지난 후에도 인도하지 않은 목적물로부터 생긴 과실은 목적물 引渡債務의 채무자인 賣渡人에게 귀속시키

13) 이러한 점에서 1991년의 독일채권법개정위원회의 최종보고서에 나타난 독일민법전 개정안(제323조)이 채권자의 契約解除權을 채무자의 歸責事由의 有無와는 무관하게 인정하고 있는 것은 바람직한 일이다.

14) 제3에게 사용·수익시키고 있는 特定物을 타인에게 인도하는 경우에는 채무자가 과실의 수취권자가 아닐 수도 있다.

고 있다. 그리고 이 규정은 다른 有償契約에도 準用된다(제567조). 그러나 이는 履行期가 지난 후에도 인도시까지는 買受人 역시 賣買代金의 이자를 지급할 의무가 없는 것(제587조 후단)을 전제로 하고, 이에 대응하여 賣渡人에게 과실수취권을 인정하는 규정이다. 따라서 買受人이 대금을 지급하였음에도 불구하고 목적물을 인도하지 않는 賣渡人은 과실을 수취하지 못한다고 하여야 한다.

* 法政考試 1997년 1월호, 28면 이하 게재

利子制限法의 解釋 適用上의 문제점

Ⅰ. 머 리 말

利子制限法은 소비신용에 있어서는 경제적 약자인 借主의 보호를 위하여, 생산신용에 있어서는 利率이 국가경제에 미치는 영향을 고려하여, 金錢貸借上의 이율을 제한하고 규제하기 위하여 제정된 법률로서 생산신용과 소비신용에 공히 적용되는 金錢貸借의 이율에 관한 일반법이다. 따라서 이 法은 이 법률이나 다른 법률에 특별한 규정이 있는 경우를[1] 제외하고는 모든 金錢貸借의 이율에 적용된다. 금융기관의 金利는 한국은행법(제64조, 제65조)에 의해서 금융통화위원회에서 정하도록 되어 있으나, 이 경우에도 이자제한법의 적용을 받기 때문에 이자제한법上의 制限最高利率을 초과할 수는 없다. 현재 이 法上의 制限最高利率은 年 2割 5分이다.

그런데 이 法은 불과 4개조의 조문으로 구성되어 있음에도 불구하고 그 해석 적용과 관련해서는 많은 쟁점을 드러내고 있는 法이다. 종래 이 法의 해석 적용과 관련해서

1) 同法 제1조 제2항, 전당포영업법 제7조 등 참조.

특히 논란이 되어 왔던 것은 다음과 같은 문제들에 관해서이다. 즉 金錢 이외의 代替物의 貸借에도 이 法이 類推適用될 수 있는가 하는 문제, 債務者가 이 법의 제한을 초과한 利子를 임의로 지급하였을 경우 그 반환을 청구할 수 있는가 하는 문제, 先利子約定의 효력은 어떠한가 하는 문제 등이 이 법의 해석 적용과 관련하여 쟁점이 되어 왔다. 그런데 종래의 논의에서 제시된 논거들 중에는 부당하게 생각되는 것들도 더러 발견된다.

이 글은 이러한 점을 고려하여 종래의 논의들을 비판적으로 검토함으로써 이 문제점들에 대한 보다 타당한 해답을 찾아보려는 것이다.

II. 利子制限法은 金錢 이외의 代替物의 貸借에 類推適用될 수 있는가?

이 법은 「金錢」의 貸借, 즉 「金錢」의 消費貸借나 準消費貸借에 적용된다. 이는 이 법 제1조의 규정상 명백하다. 그러면 이 법은 金錢의 貸借關係에만 적용되고 穀物이나 그 밖의 代替物의 貸借關係에는 유추적용도 될 수 없는가? 이에 대하여 종래 일부 학설은, 이 법이 명문으로 「金錢貸借」라고 규정하고 있는 점과 金錢 이외의 代替物의 貸借關係는 민법 제104조의 규정에 의하여 규율될 수 있다는 점을 이유로, 유추적용에 반대하는 입장을 취하고 있다.[2] 그런가 하면 다른 학설은 이자제한법의 입법취지가 경제적 약자의 보호에 있다는 점을 이유로 金錢 이외의 代替物의 貸借關係에도 이 법의 유추적용이 가능한 것으로 보고 있다.[3] 한편 판례는 유추적용을 인정하지 않는 입장을 취하고 있다. 즉, 판례는 國債의 貸借에 있어서의 사용료,[4] 正租(벼) 貸借에 있어서의 利子,[5] 인삼의 貸借[6] 등의 경우에 이 법의 적용을 인정하지 않고 있다. 그런데 金錢 이외의 代替物의 貸借關係에 이 법을 유추적용하는 것에 반대하는 견해도, 金錢貸借에 있어서 利子를 金錢 이외의 代替物로 지급하는 경우에는 이 법의 적용을 인정한다.[7] 판례 역시 마

2) 郭潤直, 債權總論, 1994, 75~76면; 金基善, 韓國債權法總論, 1975, 71면; 金曾漢, 債權總論, 1988, 40면; 李銀榮, 債權總論, 1991, 79면.

3) 金錫宇, 債權法總論, 1976, 67면; 金容漢, 債權法總論, 1983, 70면; 金亨培, 債權總論, 1992, 93~94면; 林正平, 債權總論, 1989, 89면; 玄勝鍾, 債權總論, 1975, 70면.

4) 大判 1959. 9. 24, 4291民上679.

5) 大判 1965. 11. 25, 65다1422. 大判 1977. 5. 24, 77다271도 金錢貸借에 관한 계약에서만 이자를 제한하고 있음이 法文上 명백한 이자제한법을 금전 이외의 貸借關係에 유추적용할 수는 없다고 판시하고 있다.

6) 大判 1980. 6. 10, 80다669.

찬가지 입장이다.[8]

생각건대 法律의 유추적용은 같은 것은 같게 취급하여야 한다는 正義의 요구에 그 정당성이 있는 것으로서, 법률에 규율되어 있지 않은 事案에 대해서 이와 「法的 평가상 중요한 점에서 유사한 事案」을 규율하고 있는 법률규정을 적용하는 것을 말한다. 이처럼 법률의 유추적용은 원래 법률에 규정되어 있지 않은 事案에 대하여 特定法律規定을 적용하는 것이라면, 法文上 「金錢貸借」에 적용되는 법률임이 명백하기 때문에 이자제한법이 金錢 이외의 代替物의 貸借關係에는 적용될 수 없다는 주장은 설득력이 없다. 다만 이 法이 엄격히 金錢貸借에만 적용된다는 것이 立法者의 명백한 의도인 경우에는, 이 법은 金錢 이외의 代替物의 貸借에는 유추적용될 수 없을 것이다. 그러나 그와 같은 立法者의 의도를 확인할 수 없는 한 유추적용의 허용 여부는 유추적용의 필요성[9] 내지 유추적용 결과의 타당성 유무와 유추적용 요건의 충족 여부에 따라 결정되어야 할 것이다. 그러한 관점에서 판단한다면 유추적용은 가능하다고 생각된다. 즉, 이자제한법은 경제적 약자인 借主의 보호에 그 주된 목적이 있는 것이다. 그리고 곡물 등의 借主의 지위도 金錢貸借에 있어서의 借主와 마찬가지로 그 보호가 필요한 경제적 약자이다. 그렇다면 곡물 등의 貸借關係에도 이자제한법의 규정을 유추적용하는 데 필요한 요건인, 「法的 평가상 중요한 점에 있어서의 유사성」으로서의 「借主의 약한 경제적 지위」와 「高利로부터 보호의 필요성」이 충족되어 있다고 볼 수 있다. 그리고 이자제한법의 유추적용에 의하여 경제적 약자인 곡물 등의 借主를 보호하는 것은 결과적으로도 타당하다. 유추적용을 반대하는 학설은 金錢 이외의 代替物의 貸借의 경우에는 민법 제104조에 의하여 경제적 약자를 보호할 수 있다는 점도 그 이유로 들고 있으나, 제104조는 그 객관적 요건 및 주관적 요건이 엄격하고 그 효과에 있어서도 貸借契約 전체를 무효로 하기 때문에, 이 규정에 의해서는 이자제한법에 있어서처럼 借主保護가 용이하지도 않을 뿐만 아니라, 제한을 초과한 부분의 利子만을 무효로 할 수도 없다. 이상과 같은 이유에서 위에서 언급한 바와 같은 유추적용의 要件이 충족되는 한, 곡물 등의 貸借에 대해서도 이자제한법을 유추적용하는 것이 타당하다고 생각한다. 다만 현재 우리 사회의 거래실정상 金錢 이외의 代替物의 貸借去來가 얼마나 성행하고 있는지는 의문이다.

---

7) 郭潤直, 위의 책, 76면.

8) 大判 1959. 4. 16, 4290民上714.

9) 玄勝鍾, 위의 책, 70면.

III. 債務者가 利子制限法上의 제한을 초과한 利子를 임의로 지급한 경우의 返還請求可能性

계약상의 利子로서 이 법에 정한 제한을 초과하는 부분은 無效이다(同法 제2조). 따라서 債務者는 超過部分의 利子를 지급할 의무가 없고, 債權者는 超過部分의 利子를 청구할 권리가 없다. 따라서 超過部分에 대해서는 債權者의 청구가 있어도 債務者는 지급을 거절할 수 있다.10) 뿐만 아니라 超過部分의 利子를 지급하지 않고 元金에 산입시키는 계약이나11) 이를 다시 消費貸借의 목적으로 하는 계약도12) 無效이고, 債權이 양도된 경우에도 讓受人은 超過部分의 利子는 청구할 수 없다.13) 그리고 超過部分의 利子에 대한 債權을 自動債權으로 하여 相計의 의사표시를 하여도 그 효력이 발생하지 않는다.14) 그러면 초과이자를 債務者가 임의로 지급을 한 경우에는 어떠한 법률효과가 발생하는가? 즉, 債務者는 지급한 초과이자의 반환을 청구할 수 있는가?

이에 대한 종래의 판례와 학설의 입장을 우선 검토하기로 한다.

1. 判 例

판례는 이자제한법의 제한을 초과한 利子도 債務者가 임의로 債權者에게 지급한 때에는 유효하여 債務者는 그 반환을 청구할 수 없다는 입장을 일관되게 취하고 있다.15) 판례는 이에 대한 근거로서 임의로 지급된 制限초과이자는 민법 제746조의 不法原因給與에 해당하고, 또 그 不法原因이 債權者와 債務者 쌍방에 있는 경우에 해당한다는 점을 들고 있다.16) 그리고 판례는 債務者가 制限초과이자를 이렇게 현실적으로 지급한 경우뿐만 아니라, 相計의 合意, 즉 相計契約으로 反對債權과 相計하기로 한 경우에도 반환청구를 부인하고 있다.17)

---

10) 大判 1959. 7. 30, 4291民上567.
11) 大判 1955.10.20, 4288民上150; 大判 1957.3.23, 4289民上659.
12) 大判 1955. 10. 20, 4288民上150.
13) 大判 1968. 4. 16, 67다2624.
14) 大判 1963. 11. 21, 63다429.
15) 大判 1960. 6. 30, 4292民上838; 大判 1961. 7. 20, 4293民上617; 大判 1988. 9. 27, 87다카422, 423.
16) 大判 1961. 7. 20, 4293民上617.

2. 學 說

債務者가 임의로 지급한 초과이자의 반환청구가능 여부와 관련하여 반환청구를 인정하는 학설은[18] 반환청구를 부정하게 되면 이자제한법의 實效性이 확보될 수 없다는 이유로 초과이자의 반환청구를 인정한다. 그리고 이 학설은 반환청구를 인정하기 위하여, 초과이자의 지급을 不法原因이 債權者에게만 있는 不法原因給與로 보고, 이에 대하여 민법 제746조 但書를 적용한다. 한편 판례와 마찬가지로 반환청구를 부정하는 학설은[19] 이자제한법의 실효성 확보도 중요하지만 반환청구를 인정하게 되면 신용을 제공하지 않으려는 경향이 생겨 소비신용과 생산신용의 길이 두절된다는 점, 임의로 지급한 초과이자의 반환청구를 허용한다는 것은 신의칙에 반한다는 점, 이자제한법 제2조에 말하는 초과부분의 「無效」는 裁判上의 無效를 의미할 뿐 實體法上의 無效는 아니라는 점 등을 이유로, 임의로 지급한 초과이자의 반환청구를 부정한다. 그리고 이 학설은 초과이자의 지급을 不法原因이 債權者와 債務者 쌍방에 있는 不法原因給與로 보고 이에 대하여 제746조 本文을 적용한다.

3. 判例와 學說 비판

制限超過利子의 반환청구를 인정할 것인가 부정할 것인가 하는 논의는, 현행법의 해석상 초과이자의 반환청구가 가능한가 또는 불가능한가 하는 해석론적 논의이지, 반환청구를 인정하는 것이 바람직한가 또는 반환청구를 부정하는 것이 바람직한가 하는 입법론적 논의는 아니다. 따라서 반환청구를 인정하거나 또는 부정하는 논거도 해석론적 논거이어야 하고 입법론적 논거이어서는 안된다. 그런데 위의 학설이 제시하는 논거들 중 利子制限法의 실효성 유지상 반환청구를 인정하여야 한다든지, 소비신용이나 생산신용의 길이 두절되는 것을 방지하기 위하여 반환청구를 부정하여야 한다든지 하는 정책적 논거는 立法論的 논거로서, 해석론적 논거가 되지 못한다. 다만 그러한 정책적 논거도 일정한 해석이 입법정책적으로도 바람직하다는 것을 뒷받침해 줄 수는 있다. 그러나 그러한

---

17) 大判 1962. 4. 18, 4294民上1543; 大判 1963. 2. 28, 63다501.

18) 郭潤直, 위의 책, 81면; 金基善, 위의 책, 73면; 金亨培, 위의 책, 98~99면; 李銀榮, 위의 책, 81면; 林正平, 위의 책, 93면 등.

19) 金曾漢, 위의 책, 42면; 金錫宇, 위의 책, 69면; 金容漢, 위의 책, 74면; 玄勝鍾, 위의 책, 74~75면 등.

정책적 논거는 일정한 해석을 도출하거나 도출된 해석을 뒤집을 정도로, 일정한 해석 자체에 대한 논거, 즉 해석론적 논거가 될 수는 없다. 현행법의 해석상 초과이자의 반환청구가 가능하면, 비록 반환청구를 부정하는 것이 입법정책적으로 바람직스럽다고 하더라도, 해석론으로서는 반환청구를 긍정하여야 할 것이고, 현행법의 해석상 초과이자의 반환청구가 불가능하면 비록 반환청구를 인정하는 것이 입법정책적으로 바람직하더라도 해석론으로서는 반환청구를 부정할 수밖에 없기 때문이다.[20] 물론 그러한 정책적 논거도 초과이자의 반환청구가 현행법상 가능한 것으로 해석될 수도 있고 불가능한 것으로 해석될 수도 있다면, 어느 한쪽으로의 해석이 더 바람직하다고 주장하기 위한 해석론적 논거가 될 수 있을 것이다. 그러나 양쪽으로 해석될 수 있는 여지가 없고 어느 한쪽으로의 해석만이 가능하다고 한다면, 그러한 정책적 논거는 해석론적 논거가 될 수는 없다. 그런데 위에서 본 학설이나 판례는 모두 어느 한쪽으로의 해석만을 주장하고 있기 때문에, 그러한 정책적 논거는 해석론적 논거로서는 타당성이 없다. 그럼에도 불구하고 위 학설들은 그와 같은 政策的 논거를 해석론적 논거들과 특별히 구별함이 없이 제시함으로써 논의의 초점을 흐리게 하고 있다. 따라서 여기서는 위 학설이나 판례가 제시하는 논거 중 초과이자의 返還請求可能性 有無에 대한 해석론적 논거가 될 수 있는 것들만을 우선 검토하고, 立法論的 논거에 불과한 것에 대해서는 나중에 필요한 범위에서만 언급하기로 한다.

우선 返還請求否定說이 제시하는 해석론적 논거로서 초과이자는 裁判上 無效에 불과하고 實體法上의 無效로는 볼 수 없다는 논거를 보기로 하자.[21] 여기서 「裁判上 無效」라는 것이 무엇을 의미하는지 분명치 않으나, 아마도 債務者가 임의로 변제하면 유효하지만 債權者가 재판에 의하여 청구할 수는 없는 債務, 이른바 「自然債務」를 의미하는 것으로 짐작된다.[22] 그러나 이는 근거 없는 주장이다. 이자제한법의 입법취지에서 보거나, 이 법 제2조 法文의 표현에서 보거나, 이 규정의 無效가 그러한 의미의 裁判上 無效에 불과하다고 해석할 수 있는 여지는 전혀 없기 때문이다. 이 규정상의 無效는 일반적인 無效와 마찬가지로 法律上의 無效이지 어떤 특별한 의미의 無效를 의미하지 않는다.[23]

---

20) 그러한 政策的 논거는 이자제한법에 초과이자의 返還請求不可 規定을 두자든지 또는 그러한 규정을 두어서는 안된다든지 하는 立法論의 논거로서는 얼마든지 가능하다. 日本의 利殖制限法은 반환청구를 否認하는 규정(同法 제1조 제2항)을 두고 있다.

21) 玄勝鍾, 위의 책, 75면.

22) 玄勝鍾, 위의 책, 90면 참조.

23) 「裁判上 無效」라는 표현은 일본의 舊利殖制限法의 표현에서 유래한다. 즉 同法은 制限초과이자를 「裁判上 無效」라고 표현하고 있었고, 판례는 이를 채권자가 재판에 의하여 청구할 수는 없다는 의미로 보고, 債務者가 임의로 지급한 경우에는 그 반환을 청구할 수 없다고 해석하고 있

따라서 초과이자는 裁判上 無效에 불과하다는 논거는 타당하지 않다.

다음으로 초과이자의 반환청구는 信義則에 반한다는 返還請求否定說의 논거를 보면,[24] 이 학설이 주장하는 바는 요컨대 초과이자는 이자제한법상 무효이므로 민법 제741조에 따라 부당이득으로서 원래 반환청구가 가능한 것이지만, 반환청구를 하게 되면 신의칙에 반하기 때문에 반환청구를 부정하여야 한다는 것이라고 짐작된다. 그러나 債務者保護法이라고도 할 수 있는 이자제한법의 제한을 초과함으로써 무효가 된 超過利子를 반환청구하는 것이 과연 신의칙에 반하는지는 의문이다. 그리고 그러한 의문을 떠나서 생각하더라도, 민법 제741조의 不當利得返還請求權의 행사에 대한 부인은 제742조나 제744조 및 제746조의 규정에 따라서 검토되어야 하는 것이지, 막연히 信義則을 근거로 법률상 인정된 不當利得返還請求權을 부인할 수는 없는 것이다.[25] 따라서 返還請求否定說이 제시하는 이 논거 역시 타당하다고 할 수 없다. 마지막으로 초과이자의 지급이 민법 제746조의 不法原因給與에 해당한다는 논거를 보면, 양 학설과 판례는 모두 초과이자의 지급이 민법 제746조의 不法原因給與에 해당한다는 논거를 제시하면서도, 다만 不法原因이 누구에게 있는가 하는 점에 대해서만 견해를 달리하고 있다. 그러나 초과이자의 지급을 不法原因給與로 보는 이러한 견해는 다음과 같은 이유에서 부당하다.

제746조의 不法原因給與에서 의미하는 「不法原因」은 민법 제103조에 규정된 바의 「善良한 風俗 기타 社會秩序」의 위반을 의미하고 强行法規의 위반을 포함하는 것이 아니라는 것이 일반적 견해이고,[26] 또 그것은 타당하다. 제746조의 不法原因給與制度는 무효인 法律行爲의 결과를 복구하려는 자가 국가에 대하여 助力을 청구하는 경우에 국가

었다. 그러나 대부분의 학설은 판례의 이러한 태도에 반대하여 반환청구를 인정하고 있었다(我妻 榮, 債權總論, 1990, 51면 참조). 그런데 일본의 현행 利殖制限法은 초과부분을 그냥 「無效」라고 규정하면서도(同法 제1조 제1항), 초과부분을 채무자가 임의로 지급한 때에는 반환을 청구할 수 없다고 규정하고 있다(同法 제1조 제2항). 그러나 우리의 이자제한법에는 「裁判上 無效」라는 규정도 없을 뿐만 아니라 초과부분의 返還不可規定도 없다. 따라서 일본법의 경우라면 몰라도 우리의 이자제한법上 制限초과이자가 裁判上 無效에 불과하다는 주장은 그 근거가 없는 주장이다.

24) 金容漢, 위의 책, 74면; 玄勝鍾, 위의 책, 74면 참조.

25) 信義則은 어떠한 법률규정을 그대로 적용하게 되면 구체적 타당성이 실현될 수 없는 특수한 경우에는 이 법률규정상 인정된 권리의 행사를 부정하는 기능, 즉 法修正的 기능을 하기도 한다. 그러나 이는 극히 예외적인 경우에만 인정되는 信義則의 기능이고, 또 문제된 事案에 대하여 적용할 수 있는 법률규정이 따로 존재하는 경우에는 그 법률규정을 우선 적용하여야 하는 것이고 추상적인 信義則부터 적용하여 문제를 해결할 수는 없는 것이다. 이에 대해서는 徐光民, 「信義誠實의 원칙의 適用要件과 適用限界」, 考試硏究, 1993. 6, 80면 이하 참조.

26) 판례 역시 마찬가지 입장이다. 大判 1960. 12. 27, 4293民上359; 大判 1969. 11. 11, 69다925; 大判 1981. 7. 28, 81다145 등 참조.

는 이에 조력을 하여야 함이 원칙임에도 불구하고,[27] 그 無效의 원인이 조력을 구하는 자 자신의 公序良俗에 반하는 행위에 있는 경우에는, 스스로 公序良俗에 반하는 행위를 한 자가 그러한 행위의 결과를 복구시키려 한다는 점을 탓하여 국가가 이에 대한 助力을 거부하는 제도이다. 다시 말해서 이 제도는 국가가 개인에 대하여 당연히 베풀어야 할 法的인 조력을, 그의 조력요구가 괴씸함을 이유로 거부하는 예외적인 제도이다. 그런데 이 제도에 있어서는 국가의 助力拒否로 법률상 원인이 없는 이익(즉 不當利得)을 보유하는 자가 생기게 된다. 그러나 이는 어디까지나 국가의 助力拒否로 초래되는 반사적 효과에 불과한 것이지, 그러한 受益이 정당하거나 바람직한 것은 아니다. 그렇다면 이처럼 국가로 하여금 당연히 베풀어야 할 조력을 예외적으로 거부하게 함으로써, 부당한 이득의 보유자가 생기게 되는 제도인 不法原因給與에서 의미하는 「不法原因」은, 가능한 한 좁게 해석하여 公序良俗에 반하는 行爲에 한정시킬 필요가 있다.

그리고 强行法規는 국가가 일정한 法律行爲에 대한 구체적인 제한의도 내지 규제의도를 가지고 立法政策的 결단에 의하여 제정한 法規이다.[28] 이러한 强行法規에 위반한 法律行爲가 無效임은 물론이며, 그러한 法律行爲로 사실상 어떠한 결과가 생겼다면 强行法規의 취지상 그 결과의 복구가 요청된다. 따라서 스스로 强行法規를 위반하여 法律行爲를 한 자가 그 행위의 결과를 복구하려고 하는 경우에도, 국가는 제103조를 위반한 행위에 있어서와는 달리 助力을 거부하여서는 안된다. 이러한 경우 국가가 조력을 거부한다면, 국가 스스로 그 제한의도 내지 規制意圖를 가지고 마련한 법률의 취지에 반하는 행위를 하는 것이 되기 때문이다. 이러한 점으로 보더라도 민법 제746조의 「不法原因」에 强行法規 위반은 포함되지 않는다. 그렇다면 이자제한법의 제한을 초과한 利子의 지급을 제746조의 不法原因給與로 볼 수 없다. 따라서 양 학설이나 판례가 제시하는 논거는 모두 타당치 않다.

---

27) 이것이 不當利得返還請求制度이다.

28) 强行法規도 제105조의 해석상 흔히 「善良한 風俗 기타 社會秩序에 관계있는 규정」으로 설명되고 있기 때문에, 强行法規의 위반과 제103조의 「善良한 風俗 기타 社會秩序」의 위반과는 동일한 것으로 오해될 수도 있다. 그러나 강행법규에 위반한 행위가 無效로 되는 것은, 국가의 구체적인 규제의도와 입법정책적 결단에 의하여 제정된 特定法規의 강행적 성격 때문이다. 따라서 그러한 法規가 없는 경우에는 그러한 행위는 일반적으로 유효하게 된다. 예컨대 현행 이자제한법上 연 2割 5分을 초과함으로써 무효가 되는 利子도, 이자제한법의 규정이 없다면 반드시 무효로 되는 것은 아니다. 이에 반하여 제103조의 善良한 風俗 기타 社會秩序에 위반한 행위는 어떤 구체적인 법규에 대한 위반이 없더라도 당연히 무효이다. 그러한 점에서 强行法規 위반과 제103조의 위반을 동일하게 볼 수가 없다.

4. 私 見

생각건대 이자제한법의 제한을 초과하는 利子의 返還請求가 가능한가 아니면 불가능한가 하는 판단은, 민법 제746조에서 그 근거를 찾을 것이 아니고 不當利得返還請求에 관한 원칙규정인 제741조에서 그 근거를 찾아야 할 것이다. 强行法規인 이자제한법의 제한을 초과하는 利率에 관한 약정은 무효이고, 무효인 약정에 의하여 지급된 초과이자는 제741조에 규정된 바의 法律上 原因 없는 이익에 해당할 뿐, 그러한 利子의 지급이 제746조의 不法原因給與로 볼 수는 없기 때문이다. 그렇다면 초과이자는 제741조에 따라서 반환청구가 가능하게 된다. 다만 이 경우에도 다음과 같은 의문이 제기될 수는 있다. 즉, 초과이자의 지급은 債務者가 그러한 利子의 무효를 안 경우에는 제742조의 非債辨濟에 해당하고, 債務者가 그것의 無效를 모른 경우에는 제744조의 「道義觀念에 적합한 非債辨濟」에 해당되어, 반환청구가 불가능하게 되지 않겠는가 하는 의문이다. 그러나 다음과 같은 점에서 초과이자의 지급을 제742조의 非債辨濟나 제744조의 도의관념에 적합한 非債辨濟에 해당하는 것으로 볼 수 없다.

우선 債務者가 초과이자가 무효임을 모르고 이를 지급한 경우부터 보면, 强行法規인 이자제한법에 위반한 利子의 지급을 도의관념에 적합한 非債辨濟라고 할 수는 없을 것이다. 도의관념에 적합한 非債辨濟가 되기 위해서는, 辨濟者의 변제뿐만 아니라 受領者가 이를 수령하여 보유하는 것도 도의관념에 적합하여야 할 것인데, 債權者가 이자제한법上의 제한을 초과하는 利子를 수령하여 보유하는 것은 도의관념에 적합하다고 할 수 없기 때문이다. 한편 초과이자가 無效임을 알면서 이를 지급하는 경우는 文理的으로만 보면 일단 債務 없음을 알면서 변제하는 행위에 해당하여 제742조에 포섭된다고 볼 수 있다. 그러나 제742조의 非債辨濟에 있어서 반환청구를 부정하는 취지 내지 이유는, 債務 없음을 알면서도 自意로 변제를 한 경우에는 辨濟者를 보호할 필요가 없다는 점에 있다. 그렇다면 제742조의 규정상 반환청구를 할 수 없는 辨濟者는 「債務 없음을 알면서 변제한 모든 辨濟者」를 의미하는 것이 아니고, 「債務 없음을 알면서 自意로 변제하였기 때문에 보호할 필요성이 없는 辨濟者」에 한정된다고 縮小解釋 내지 목적론적 制限解釋을 하는 것이 이 규정의 입법취지에 부합하는 해석이 된다.[29] 제742조를 이렇게 입법취지에 부합하게 縮小解釋하면 초과이자가 무효임을 알면서 변제한 이자제한법上의 債

29) 우리는 이러한 縮小解釋의 예를 민법 제107～110조에 규정된 「第3者」에 대한 해석과 관련하여 쉽게 찾아볼 수 있다.

務者는 이 규정에 포섭될 수 없다고 하여야 한다.[30] 이자제한법上의 債務者는 비록 自意에 의하여 초과이자를 지급하였다 하더라도 마지못해서 이를 지급하는 자로서, 高利의 압박으로부터 보호할 필요가 있는 債務者이기 때문이다. 따라서 초과이자가 무효임을 알면서 변제한 債務者는 제741조에 따라 이미 지급한 초과이자를 반환청구할 수 있게 된다.

이상에서 검토한 바와 같이 民法이나 이자제한법上 초과이자의 반환청구를 부정할 수 있는 타당한 논거는 찾을 수가 없다. 그렇다면 日本 利殖制限法에 있어서처럼 초과이자의 반환청구를 부정하는 규정이 없는 우리 이자제한법下에서는 초과이자의 반환청구를 인정하여야 한다.[31] 그리고 그것이 입법정책적으로도 바람직하다. 즉 입법론적으로도 債務者의 보호를 주된 목적으로 하는 이자제한법의 실효성을 확보하기 위하여 초과이자의 반환청구를 인정하는 것이 바람직하다. 초과이자의 반환청구를 인정하면 신용을 제공하지 않으려는 경향이 생겨 消費信用과 生産信用의 길이 두절되지 않겠는가 하는 우려가 있을 수 있다. 그러나 그러한 우려는 반환청구를 인정하였을 때 비로소 생기는 것이 아니고 利子制限法의 입법 자체에 대해서도 생길 수 있다. 따라서 이는 금융제도의 보완으로 해결할 문제이지 초과이자의 반환청구를 부정함으로써 해결할 문제는 아니다.

5. 超過利子의 元金充當

초과이자의 반환청구를 부정하는 판례는, 초과이자의 지급 후 債權者가 元金을 청구한 경우에 債務者는 초과부분의 利子를 元金에 충당할 것을 주장할 수 있는가 하는 문제에 대해서도, 다음과 같은 입장을 취하고 있다. 즉 판례는 "이자제한법 소정의 제한이율을 초과한 금액을 제한초과의 약정이자 지급에 충당하기로 당사자간에 합의가 있는 때

30) 제742조에 대한 目的論的 制限解釋은 返還請求肯定說을 취하는 金亨培교수도 시도하고 있으나 그 이론 구성은 다음과 같이 하고 있다. 즉, 債務者는 債務 없음을 알면서도 초과이자를 지급하는 것이 일반적이기 때문에 제742조에 의하면 초과이자의 반환청구가 불가능하게 되므로, 民法에 대한 특별법으로서의 이자제한법의 취지를 기초로 초과이자의 반환청구에 대해서는 민법 제742조의 적용을 배제하여야 한다고 한다. 그런데 金亨培교수는 초과이자의 반환청구를 인정하기 위하여 이러한 방법 이외에 제746조 단서를 적용하는 방법도 제시한다(金亨培, 위의 책, 99면 참조).

31) 日本 利殖制限法 제1조 제2항은 債務者가 임의로 지급한 초과이자의 반환청구를 부인하고 있으나, 이 규정은 뒤에서 보는 바와 같이 판례가 초과이자의 元本充當을 인정하고, 더 나아가 元本充當하다가 남은 금액의 반환청구를 인정하기에 이르자 실제로는 유명무실하게 되었다(뒤의 註 34 참조).

에는 물론 그와 같은 합의가 없다 하여도 채권자가 제한초과의 약정이자 지급에 충당하는데 대하여 채무자 또는 변제자가 승낙을 한다거나 묵인하였을 때에는 그 제한초과의 약정이자로서의 변제충당을 무효라 할 수 없다"고 한다.[32]

그런가 하면 "이자제한법 소정의 제한이율을 넘는 이자약정이 있는 금전대차채무를 변제함에 있어서 이자나 원금 어느 쪽의 변제에 충당한다는 명백한 지정 없이 금전이 수수되었을 때에는 먼저 이자제한법의 제한 내에서 이자에 충당한 다음 나머지를 원금의 변제에 충당하여야 한다"고 한다.[33] 요컨대 판례는 변제를 위하여 지급한 金錢을 초과이자의 변제에 충당하는 데 대하여 당사자의 합의가 있을 때에는 그 金錢은 초과이자의 변제에 충당이 되지만, 그러한 합의가 없는 때에는 그 金錢은 우선 이자제한법上의 제한 내의 利子에 충당되고, 나머지는 元金에 충당되는 것으로 보고 있다. 초과이자의 元金充當 여부를 당사자의 의사에 따라 판단하는 판례의 이러한 태도는 債務者가 임의로 지급한 초과이자의 반환청구를 부정하는 그 기본입장에 따른 것이겠지만 부당하다고 아니할 수 없다.[34] 超過部分의 利子가 이자제한법上 무효라면, 무효인 利子의 변제에 충당하는 합의나 의사표시도 무효이기 때문이다. 그렇다면 당사자 사이에 초과이자의 辨濟充當에 대한 합의나 의사표시가 있더라도 그것은 무효이고, 따라서 지급된 金錢은 항상 法定限度內의 利子에 辨濟充當되고 나머지는 元金의 변제에 충당된다고 보아야 한다. 그리고

---

32) 大判 1966. 10. 25, 66다1058.

33) 大判 1966. 5. 24, 66다578; 同旨: 大判 1969. 10. 28, 69다2229; 大判 1962. 5. 3, 4294民上971.

34) 日本 利殖制限法은 明文 規定으로 초과이자의 반환청구를 부인하고 있음에도 불구하고,판례는 이미 오래 전에 당사자의 意思에 관계없이 초과이자의 元本充當을 인정하기에 이르렀다(最高裁大法廷判決 昭39.11.18. 民集 18. 9. 1868). 그리고 그 후의 판례(最高裁大法廷判決 昭43. 11. 13. 民集 22. 12. 2526)는 지급된 초과이자의 계속적인 元本充當결과 계산상 元本이 完濟된 후에 지급된 금전은 元本債務가 없는데도 債務者가 이를 모르고 그 변제로서 지급한 것이 되기 때문에 이에 대해서는 利殖制限法 제1조 제2항이 적용되지 않아 民法上의 不當利得으로서 반환청구가 가능하다고 하였다(판례가 이러한 경우에 利殖制限法 제1조 제2항이 적용되지 않는 것으로 본 이유는, 이 규정은 元本債務의 존재를 전제로 하고 임의로 지급한 초과이자의 반환을 부인하고 있는 규정인데 반하여, 계속적인 元本充當 결과 계산상 元本이 完濟된 후에는 元本債務 자체가 소멸되어 버려서 이자가 발생할 여지가 없기 때문이다). 그런데 그 1년 후에 있었던 判決(最高裁判決 昭44. 11. 25. 民集 23. 11. 2137)은 이와 같은 이론 구성의 결과 元本이 잔존한 債務者와 元本이 잔존하지 않은 債務者間에 생기는 불균형을 해소하고 利殖制限法 제1조 제2항에 대한 解釋上의 통일을 위하여, 이러한 이론 구성을 債務者가 利子와 元本을 순차적으로 지급하지 않고 동시에 지급한 경우에도 적용함으로써, 元本과 利子로서 동시에 지급한 금액 중 利殖制限法의 제한 내의 元利合計金을 초과하는 금액은 民法上의 不當利得으로서 반환청구가 가능하다고 하기에 이르렀다. 이렇게 되자 초과이자의 반환청구를 부인하는 利殖制限法의 규정은 유명무실하게 되었다. 注釋民法(10)(山下末人), 151면 이하 참조.

이렇게 해석하는 것이 경제적 약자인 債務者의 보호가 그 주된 목적인 이자제한법의 입법취지에 합치한다.

IV. 先利子約定의 효력

先利子란 消費貸借에 있어서 당사자간의 약정에 따라 元金으로부터 미리 공제하는 利子를 말한다. 그러한 先利子約定이 있는 경우에는 債權者는 約定元金額으로부터 先利子를 공제한 잔액만을 債務者에게 교부하고, 債務者는 변제기에 約定元金額을 반환하게 된다. 예컨대 100만원을 月 4分으로 1개월 貸借하는 경우에 債權者는 1개월분의 利子 4만원을 미리 공제하고 96만원만을 債務者에게 교부하면 債務者는 1개월 후에 100만원을 반환하기로 약정하는 경우이다. 先利子約定이 있는 消費貸借가 통상의 消費貸借와 다른 점은 利子가 元金에서 미리 공제되기 때문에 債務者가 실제로 사용하는 금액(債務者의 實受領額)은 元金額이 아니고 元金額에서 利子를 공제한 금액이 된다는 점이다. 그리고 그 결과 利率이 동일하다고 하더라도 先利子인 경우에는 利子 後給인 경우에 비하여 사실상 利率이 높아지게 된다.

그러면 이러한 先利子約定은 유효한가? 생각건대 先利子約定 자체를 금하는 법률규정이 없는 한, 이러한 약정도 이자제한법上의 제한을 초과하지 않는 한도 내에서는 契約自由의 원칙상 유효하지만, 이 한도를 넘는 利子는 無效라고 하여야 한다. 이와 관련하여 판례는 "이자제한법의 제한을 초과하는 이자를 선이자로 공제한 경우에 그 제한초과부분은 무효이므로 채무자는 실지로 교부받은 대여금액에다가 이 금액에 대한 변제기까지의 이자제한법 제한범위 내의 이자액을 합산한 금액만을 변제기일에 대여원금으로서 변제할 의무가 있고, 이 금액과 약정대여원금과의 차액부분에 대한 소비대차는 무효라고 할 수밖에 없다"고 한다.[35] 그래서 100만원을 利子 月4分으로 대여하기로 하고, 1개월분의 先利子 4만원을 공제한 96만원을 교부한 경우, 판례는 이 금액과 이 금액에 대한 이자제한법의 제한범위 내의 利子 2만원(96만원×0.25×1/12)의 합산액 98만원이 변제기에 변제할 貸與金額이고 消費貸借契約은 이 98만원에 대해서만 성립하는 것으로 본다.[36]

先利子約定에 대한 판례의 입장은 다음과 같은 몇 가지 점으로 요약할 수 있다. 첫째, 利子算出의 기초가 되는 금액은 約定元金額이 아니고 債務者가 실제로 수령한 금액

35) 大判 1989. 1. 17, 87다카2824.
36) 大判 1981. 1. 27, 80다2694.

이다. 따라서 利子는 債務者가 실제로 수령하여 사용한 금액에 대해서만 발생한다. 둘째, 이자제한법의 제한을 초과하는 부분의 利子는 無效이다. 셋째, 변제기일에 변제할 貸與元金은 약정한 貸與元金額이 아니고 실제로 수령한 금액과 이에 대한 利子의 合算額이다. 消費貸借는 이 合算額에 대해서만 성립하고 約定貸與元金과 이 合算額과의 差額部分에 대해서는 消費貸借는 無效이다.

요컨대 판례는 先利子를 미리 공제하는 消費貸借에 있어서는, 債務者는 실제로 수령한 금액과 이 금액에 대한 이자제한법의 제한범위 내의 利子의 合算額만 변제기에 변제하면 된다는 입장을 취하고 있다. 따라서 消費貸借는 실질적으로는 債務者가 실제로 수령한 금전에 대해서만 성립하는 셈이다. 판례의 이와 같은 입장에 따르면 원래 약정이율 자체가 이자제한법上의 제한을 초과하지는 않지만, 이 이율에 따라 산출한 先利子額이 債務者가 실제로 수령한 금액에 대해서는 이자제한법의 制限利率을 초과하는 경우에도, 초과부분의 利子는 무효로 된다. 예컨대 約定元金 100만원을 대여하면서 年 2割 5分의 1년분 先利子 25만원을 공제하여 75만원만 교부하고 1년 후에 約定元金 100만원을 변제하기로 한 경우, 年 2割 5分의 利率 자체는 이자제한법의 제한을 초과하지 않지만, 이 先利子 25만원은 債務者가 실제로 수령한 75만원에 대해서는 약 3割 3分이나 되어 이자제한법의 制限利率을 초과한다. 그러므로 이 경우에도 75만원에 대하여 年 2割 5分의 利子額 187,500원을 초과하는 부분의 利子는 무효이고, 債務者는 실제로 교부받은 75만원과 이에 대한 이자제한법의 제한범위 내의 利子 187,500원의 합산액 937,500원만을 변제기에 변제하면 된다.

판례의 이와 같은 입장은 기본적으로는 타당한 것으로 생각된다. 金錢消費貸借契約의 利率과 利子는 법률에 특별한 규정이 있는 경우를 제외하고는 이자제한법上의 제한의 범위 내에서만 유효한 것이고, 이자제한법이 利子算出의 기초로서 전제하는 元金은 債務者가 債權者로부터 실제로 수령하여 사용하는 금액이라고 볼 수 있기 때문이다.[37)]

따라서 모든 先利子約定은 이자제한법의 제한의 한도 내에서만, 즉 債務者가 실제로 수령한 금액에 대한 先利子의 비율이 이자제한법上의 制限利率을 초과하지 않는 한도에서만, 유효하다고 보아야 한다. 다만 여기서 한가지 의문스러운 것은 債務者가 변제기에 변제하여야 하는 금액(債務者의 수령액을 기초로 계산한 元利合計金額)을 貸與元

37) 債務者의 실수령액을 기초로 하여 利子를 산출하는 판례의 태도에 대해서는 의문을 제기하는 견해도 있으나(郭潤直, 위의 책, 83면; 金亨培, 위의 책, 102면 참조), 先利子約定도 이자제한법의 제한을 받는 것은 당연한 일이고 보면, 채무자의 실수령액을 이자산출의 기초로 삼은 것은 타당하다고 본다.

金으로 보고 이에 대해서만 消費貸借가 성립하는 것으로 보는 판례의 이론구성이 과연 타당한가 하는 점이다. 先利子約定에 있어서 債務者가 변제기에 변제하여야 할 금액은 債務者의 수령액을 기초로 제한이율의 한도 내에서 산출한 원리합계금액이므로, 消費貸借 역시 실질적으로는 債務者의 수령액에 대해서만 성립하는 셈이지만, 당사자의 의사상으로는 어디까지나 約定元金에 대하여 소비대차가 성립하고 있기 때문이다. 따라서 先利子約定의 효력을 利子制限法上의 제한한도 내에서만 인정한다고 하더라도, 約定元金이 아닌 금액을 貸與元金으로 볼 필요는 없고, 약정원금을 그대로 대여원금으로 인정하되 변제기에 변제할 금액만을 이자제한법상의 제한한도 내로 제한하면 될 것이다. 그렇다면 판례처럼 債務者가 변제기에 변제하여야 할 금액을 대여원금으로 보고 이 금액에 대해서만 消費貸借가 성립하는 것으로 보는 것보다는, 원래의 약정원금 자체를 대여원금으로 그대로 인정하되, 先利子額 중 債務者의 실수령액을 기초로 이자제한법상의 제한의 한도 내의 이율에 따라 산출한 금액(실수령액에 대한 利子)을 초과하는 부분은, 약정원금의 변제에 충당되는 것으로 보는 것이 당사자의 의사에 더 잘 부합되어 타당할 것이다.[38)]

* 考試界 1996년 5월호, 128면 이하 게재

38) 일본의 利殖制限法 제2조에서는 미리 공제한 先利子額이 債務者의 受領額을 기준으로 하여 同法의 制限利率에 따라 계산한 利子額을 초과하는 경우에는 초과부분은 約定元金의 지급에 충당되는 것으로 보고 있다. 따라서 일본법에서는 約定元金전액에 대하여 消費貸借가 성립하되 先利子 중 초과부분의 금액은 約定元金이 지급에 충당되는 것으로 보고 있다.

債務不履行에 있어서의 歸責事由

Ⅰ. 머 리 말

債務不履行責任으로서의 손해배상책임의 성립요건으로서 종래 「채무자의 歸責事由」라는 요건, 즉 「채무불이행이 채무자의 귀책사유에 기인하여야 한다」는 요건이 일반적으로 요구되어 왔다. 그러나 「귀책사유」라는 용어는 채무불이행책임의 요건을 정하고 있는 민법 제390조에 직접 규정되어 있는 용어는 아니다. 원래 이 용어는 依用民法(따라서 일본민법) 제415조(현행민법 제390조)를 비롯하여 제191조(현행민법 제202조), 제536조 제1항(현행민법 제537조), 제536조 제2항(현행민법 제538조 제1항), 제648조 제3항(현행민법 제686조 제3항), 제693조 제1항(현행민법 제729조 제1항) 등에서 사용되던 「…의 책임에 돌아갈 사유」, 또는 「…의 책임에 돌아가지 않을 사유」라는 표현 중에서 「…의 책임에 돌아갈 사유」라는 표현을 줄인 용어로서 일본민법학과 우리민법학에서 종래 일반적으로 사용되고 있지만, 현행 민법에서는 제538조와 제729조의 제목에서만 「귀책사유」라는 용어가 사용될 뿐 대부분의 규정에서는 귀책사유라는 용어 대신에 「…의 책임있는 사유」 또는 「…의 책임없는 사유」라는 표현이 사용되고 있다. 그러고 보면 민법학상 채무불이행책임의 요건으로서 사용되고 있는 「채무자의 귀책사유」라는 용어는, 우리 민법전의 여기저기에 규정되어 있는 「채무자의 책임 있는 사유」라는 용어와 동일한 의미라는 것은 일단 알 수 있다. 한편 「채무자의 귀책사유」 내지 「채무자의 책임 있는 사유」의 의미내용은 제390조와 제391조에 의하여 밝혀지고 있다. 즉 민법 제390조에서는 依用民法 제415조에서 사용되던 「채무자의 귀책사유(정확히 말하면 채무자의 책임에 돌아갈 사유)」라는 용어 대신에 「채무자의 故意나 過失」이라는 표현이 사용되고 있다. 그리고 현행 민법에서 신설된 규정인 제391조에서는 채무자의 이행보조자의 故意나 過失을 채무자 자신의 故意나 過失과 동일시하고 있다.[1)] 따라서 민법상 「채무자의 귀책사유」 내지 「채무자의 책임 있는 사유」는 채무자 본인의 故意·過失과 그 이행보조자의 故意나 過失을 포괄하는 개념임을 알 수 있다. 그렇다면 「채무자의 귀책사유」는 채무자의 故意·過失만을 의미하는 「채무자의 有責性(Verschulden)」보다는 넓은 개념인 것이다.[2)] 그러나 「귀책사유」는 독일민법이나 민법학에서 흔히 사용되고 있는 「zu vertreten(책임을 져야 한다)」이나 「Vertretenmüssen(책임을 져야 하는 것)」이라는 표현보다는 좁은 개념이다. 독일민법상 이 표현은 채무자가 책임을 지는 사유로서의 채무자 자신의 故意·過失이나 이행보조자의 故意·過失을 포괄하는 의미로도 사용되지만(독일민법 제275조 제1항, 제285조, 제280조 제1항, 제285조, 제323조 제1항, 제324조 제1항 참조), 채무자나 이행보조자의 故意나 過失을 전제로 하지 않고 채무자가 책임을 지는 경우에 있어서 「책임을 진다」는 의미로도 사용되기 때문이다(독일민법 제279조 및 제462조 참조).[3)]

채무불이행책임이 성립하기 위해서는 채무불이행에 대한 이와 같은 의미의 채무자의

---

1) 이는 依用民法하에서 학설이 채무자의 귀책사유를 「채무자의 故意·過失 또는 信義則上 이와 동일시되는 사유」로 해석하고, 신의칙상 채무자의 故意·過失과 동일시되는 사유로서 이행보조자의 고의나 과실을 들고 있었는데(我妻 榮, 新訂債權總論, 1990, 105-106면), 민법이 이러한 학설의 입장을 제390조와 제391조에 받아들여 명문화한 것으로 짐작된다.

2) 「귀책사유」라는 용어가 우리민법에 규정된 「…의 책임있는 사유」를 의미한다면 이 용어보다는 「有責事由」라는 표현이 더 적절하다는 견해(郭潤直, 債權總論, 1994, 131면)가 있다. 그러나 「有責事由」라는 표현은 「有責性(Verschulden)」이라는 용어와 혼동될 염려가 있으므로 귀책사유라는 용어를 그냥 사용하는 것이 좋다고 생각한다.

3) 우리나라의 민법학자 중에는 귀책사유를 독일민법학상의 「Verschulden」과 동일한 의미로 새기는 견해(郭潤直, 위의 책, 131면)가 있는가 하면 귀책사유를 독일민법학상의 「Vertretenmüssen」과 동일한 의미로 새기는 견해(金亨培, 債權總論, 1992, 168면)도 있다. 그러나 귀책사유는 이 두가지 용어의 어느 것과도 완전히 일치하는 개념이 아니다. 독일민법학상 「Vertretenmüssen」이라는 용어가 채무자 자신의 고의·과실이나 이행보조자의 고의·과실을 요건으로 함이 없이 채무자가 책임을 지는 경우(受給人의 擔保責任, 履行遲滯中의 이행불능에 대한 책임 등)에 「책임을 진다」는 의미로도 사용되는 用例에 대해서는 Schlechtriem, Schuldrecht Allgemeiner Teil, 1992, 128면 이하(특히 132면) 참조.

귀책사유가 있어야 하지만, 이와 같은 귀책사유와 관련해서는 채무자의 故意・過失이나 이행보조자의 故意・過失을 구체적으로 어떻게 해석할 것인가 하는 문제, 어떠한 자를 이행보조자로 보아야 할 것인가 하는 문제, 제390조의 규정이 채무자의 귀책사유를 履行不能에 한해서만 필요한 요건으로 규정하고 있는가 하는 문제, 채무자의 귀책사유가 인정되기 위해서는 채무자의 책임능력이 요구되는가 하는 문제, 채무불이행책임이 성립하기 위해서는 채무자의 귀책사유 이외에 違法性의 요건이 다시 필요한가 하는 문제 등이 제기된다. 이 글은 귀책사유와 관련하여 제기되는 이러한 문제들을 검토함으로써 채무불이행책임의 요건으로서의 귀책사유의 의미 내용을 분명히 하려는 것이다.

Ⅱ. 歸責事由의 종류

채무자의 귀책사유는 바로 위에서 보았듯이 채무자의 故意・過失이나 이행보조자의 故意・過失을 의미한다.

1. 債務者의 故意・過失

(1) 故意・過失의 의미

채무자는 우선 자기의 故意나 過失로 인한 채무불이행에 대해서 책임을 져야 한다(제390조). 여기서 故意라 함은 채무불이행이라는 결과가 발생한다는 것을 인식하면서도 이를 의욕하거나 또는 적어도 이를 시인하면서 일정한 행위(작위 또는 부작위)를 하는 것을 말한다. 따라서 단순히 결과를 인식만 하였다고 하여 故意라고 할 수는 없다. 결과의 인식만은 過失의 일종인 認識있는 過失(bewußte Fahrlässigkeit)에 있어서도 존재하기 때문이다. 따라서 고의적인 채무불이행이라고 할 수 있으려면 적어도 채무불이행이라는 결과가 발생하는 것을 시인 내지 용인을 하면서 그러한 행위를 하였어야 한다. 채무자가 이와 같은 故意에 의하여 채무의 내용에 좇은 이행을 하지 않은 경우에, 이에 대하여 책임을 져야 한다는데 대해서는 특별한 설명이나 근거제시가 필요없을 것이다.

다음으로 過失이라 함은 선량한 관리자로서의 주의의무(제374조), 즉 채무자가 속한 직업이나 채무자가 참여하는 거래권에서 평균인에게 요구되는 주의의무를 게을리하는 것이다. 독일민법(제276조 제1항 2문)에서는 이러한 주의의무를 거래상 요구되는 주의(die im Verkehr erforderliche Sorgfalt)라고 부르고 있고, 그러한 주의를 게을리하는 것을 過失로 보고 있다.

원래 過失에 대하여 비난을 가하고 過失로 인한 加害에 대하여 책임을 지도록 하는 것은, 행위자가 필요한 적절한 주의를 하였더라면 자기의 행위의 결과로 타인에게 손해를 가하게 된다는 것을 알 수 있었고, 따라서 달리 행위를 하여 그러한 加害를 회피할 수 있었는데도 불구하고, 필요한 주의를 하지 않음으로써 그러한 결과를 야기하였다는 점에 있다. 따라서 過失에 대한 비난의 핵심은 필요한 적절한 주의를 하였더라면 법적으로 용인되지 않는 결과의 발생을 예견가능하였고 회피가능하였다는 점에 있다.[4] 그런데 우리나라에서 흔히 過失責任의 原則이라고 불리우고 있는 有責性原則(Verschuldensprinzip)은 원래는 위법한 가해행위자를 개인적으로 비난할 수 있는 경우에만 그에게 책임을 묻는 원칙이다. 여기서 有責性(Verschulden)이란 일반적으로 위법행위자에 대한 개인적 비난가능성을 의미하는데, 위법행위자에 대한 개인적인 비난가능성은 위법행위자가 일정한 상황에서 위법하게 행위하지 않을 수 있었음에도 불구하고 위법하게 행위를 한 경우에만 인정된다.[5] 따라서 有責性은 책임능력이 있는 자에 한해서 인정될 수 있고 책임능력이 없는 자에 대해서는 전혀 인정될 수가 없다. 그리고 이러한 有責性은 過失行爲에 있어서는 결과의 발생을 인식하고 회피하기 위하여 요구되는 정도의 注意를 위법행위자가 할 수 있었고, 따라서 그러한 결과가 발생하지 않도록 행위할 수 있었음에도 불구하고 그러한 注意를 하지 못함으로써 결국 그러한 결과가 발생하지 않도록 행위하지 못한 경우에만 인정되는 것이다. 그러므로 過失行爲에 있어서는 過失行爲者가 결과발생을 방지하기 위하여 필요한 주의를 할 수 있었는가 없었는가를 묻지 않은채 단지 그가 그러한 注意를 하지 못했다는 사실만으로서는 그를 개인적으로 비난할 수 없는 것이다. 그렇다면 만약 過失行爲者가 그가 할 수 있는 최선의 주의를 다하였지만 그의 정신적 육체적 능력이 모자라 그에게 요구되는 정도의 주의는 할 수 없었던 경우에는, 過失行爲者에 대한 個人的 非難可能性(有責性)은 인정할 수가 없게 되고, 결과적으로 그에게 손해배상책임을 물을 수가 없게 된다. 이것이 有責性原則을 엄격하게 취하는 경우에 나오는 본래적인 결과이다.

그러나 違法行爲者에게 刑罰을 과하는 것이 목적이 아니고 違法行爲로 발생한 손해를 정당하게 조정 내지 분담시키는 것이 목적인 민법에 있어서는, 이와 같이 엄격하게

4) Larenz, Lehrbuch des Schuldrecht Allgemeiner Teil, 14. Aufl., 1987, 282면.
5) Larenz, 위의 책, 276면; Esser, Schuldrecht Allgemeiner Teil, 4. Aufl., 1970, 69면.

개인적인 비난가능성으로서의 有責性을 기준 내지 근거로 하여 손해를 조정하게 되면 극히 부당한 결과가 초래된다. 형벌의 경우에는 위법행위자에게 有責性이 인정되지 않는 경우에 그를 처벌하지 않으면 그것으로 끝나지만, 손해배상책임에 있어서는 위법행위를 한 가해자에게 有責性이 인정되지 않는다고 하여 손해배상책임을 묻지 않게 되면, 有責性은 커녕 위법행위조차 한 일이 없는 피해자가 그 손해를 부담하여야 하는 부당한 결과가 되기 때문이다.[6] 그리고 모든 거래관계의 당사자는 서로가 상대방이 그 거래권에서 요구되는 평균적인 주의능력을 가지고 있다는 것을 신뢰하여 거래관계를 형성하기 마련인데, 만약 당사자가 자기에게는 그러한 평균적인 능력이 결여된다고 하여 평균인에게 요구되는 주의를 다하지 못한데 대하여 면책을 주장하게 된다면, 오늘날 대부분의 거래관계는 형성되거나 유지될 수가 없을 것이다.

이와 같은 이유로 민법상의 過失에 있어서는, 가해행위자가 당해 거래분야나 직업의 평균인에게 요구되는 주의의무를 위반하였다면, 그의 개인적인 능력으로도 그러한 주의를 할 수 있었는가의 여부는 더 이상 묻지 않고, 그러한 객관적인 주의의무 위반을 손해배상책임의 근거로 하여 바로 過失行爲에 대한 책임을 묻게 되는 것이다. 이러한 현상으로 인하여 위에서 언급한 본래적인 의미의 有責性原則은 적어도 過失行爲에 있어서는 상당히 완화 내지 空洞化되었다고 말할 수 있다.[7] 따라서 有責性原則(또는 過失責任의 원칙)이라는 용어는 너무도 일반적으로 사용되어온 관행 때문에 앞으로도 계속 사용되는 것은 부득이 하다고 하더라도 본래적인 의미(개인적인 비난가능성을 歸責根據로 하는 責任原則의 의미)로 사용되어서는 안될 것이고 기껏해야 「故意와 過失로 인한 加害에 대해서만 책임을 지는 원칙」의 의미로 사용되고 이해되어야 할 것이다.

그런데 有責性原則을 이러한 새로운 의미로 사용하고 또 그러한 의미로 이해한다고 하더라도, 채무불이행책임에 있어서는 이와 같은 의미의 有責性原則만을 그 귀책근거로 하는 것도 아님을 주의할 필요가 있다. 즉, 민법상 채무자는 자기의 故意나 過失에 대해서만 책임을 지는 것이 아니고 타인의 故意나 過失에 대해서도 책임을 지는가 하면(제391조), 경우에 따라서는 누구의 故意나 過失을 전제로 하지 않고 책임을 지는 경우도 있다(제392조, 제570조 이하 및 제667조 이하). 따라서 채무불이행책임은 어떠한 의미에서든 단순히 有責性原則(過失責任의 원칙)에만 입각하는 책임은 아닌 것이다.

---

6) Esser, 위의 책, 248면; Wiethölter, Der Rechtfertigungsgrund des Verkehrsrichtigen Verhaltens, 1960, 49면.

7) 물론 不法行爲責任에 있어서는 민법이 責任無能力者에게는 책임을 인정하지 않고 있기 때문에 (제753조, 제754조) 그러한 한도에서는 有責性原則이 유지되고 있다고 볼 수 있다.

2. 履行補助者의 故意 · 過失

민법은 「이행보조자의 故意 · 過失」이라는 표제의 제391조에서 "채무자의 法定代理人이 채무자를 위하여 이행하거나 채무자가 타인을 사용하여 이행하는 경우에는 法定代理人 또는 피용자의 故意나 過失은 채무자의 故意나 過失로 본다"고 규정하고 있다. 이 규정은 依用民法에는 없었으나 독일민법 제278조와 스위스채무법 제101조 등을 본받아, 당시의 학설 판례에 의하여 信義則上 채무자의 故意 · 過失과 동일시되던 이행보조자의 故意 · 過失을 민법에서 명문화한 규정이다.[8] 그런데 이 규정과 관련하여 종래 통설은 法定代理人이나 피용자의 故意 · 過失을 依用民法하에서의 설명과 마찬가지로 信義則上 채무자의 故意 · 過失과 동일시 할 수 있는 귀책사유라고 설명하고 있다.[9] 그러나 이러한 설명은, 제391조와 같은 규정이 없던 依用民法하에서 法定代理人이나 피용자의 故意 · 過失을 채무자의 귀책사유로 취급하기 위한 설명으로서는 필요한 것이었는지 모르지만, 法定代理人이나 피용자의 故意 · 過失을 채무자의 故意 · 過失과 동일하게 취급하는 규정을 두고 있는 현행 민법하에서는 불필요한 설명이다. 현행 민법상 法定代理人이나 피용자의 故意 · 過失이 채무자 자신의 故意 · 過失과 동일시되어 채무자의 귀책사유가 되는 것은, 어디까지나 민법 제391조의 규정에 근거하는 것이고 신의칙에 근거하는 것이 아니기 때문이다.[10] 물론 현행민법하에서도 信義則을 제391조에 대한 이론적 근거로서는 제시할 수 있을런지 모른다. 그러나 제391조에서 이행보조자의 故意 · 過失을 채무자 자신의 故意 · 過失과 동일시하는 것은, 뒤에서 검토하는 바와 같이 信義則이 아닌 다른 독자적인 근거에 의한 것이다. 따라서 이행보조자의 故意 · 過失을 信義則上 채무자 자신의 故意 · 過失과 동일시되는 귀책사유로 파악하는 것은 어떠한 점에서도 부정확한 파악이다.

민법은 제391조에서 「履行補助者의 故意 · 過失」이라는 표제하에서 채무자의 法定代理人과 피용자의 故意 · 過失을 함께 규정하고 있으나 일반적으로 이행보조자

---

8) 제391조의 法文은 엄격한 의미에서는 정확한 표현이 되지 못한다. 왜냐하면 고의 · 과실은 채무불이행을 전제로 하는 것인데, 채무자의 法定代理人이나 被用者와 債權者 사이에는 아무런 債權關係가 없으므로 이들의 채무불이행이라는 것은 있을 수 없고, 따라서 이들의 고의나 과실을 논할 수 없기 때문이다. 따라서 제391조의 法文은 「法定代理人이나 被用者의 행위는 채무자 자신의 행위처럼 취급된다」는 의미로 이해하여야 할 것이다. Medicus, Schuldrecht Ⅰ, 8. Aufl., 1994, 161면; Esser/Schmidt, Schuldrecht Allgemeiner Teil, 6. Aufl., 1984, 397면.

9) 郭潤直, 위의 책, 141면; 金曾漢, 債權總論, 1988, 53면; 玄勝鐘, 債權總論, 1975, 113면.

10) 同旨: 民法注解(Ⅸ)(梁彰洙), 제390면

(Erfüllungsgehilfe)라고 하면 채무자가 채무의 이행을 위하여 사용하고 있는 자, 즉 피용자만을 의미하고 채무자의 法定代理人은 여기에 포함되지 않는다. 따라서 여기서도 法定代理人의 故意・過失과 이러한 좁은 의미에서의 이행행보조자의 故意・過失을 구별하여 살피기로 한다.

(1) 法定代理人의 故意・過失

채무자의 法定代理人이 채무자의 채무를 이행함에 있어서 故意나 過失로 채무불이행이 된 때에는, 法定代理人의 故意나 過失은 채무자 자신의 故意나 過失과 동일하게 취급되어 채무자가 채무불이행책임을 지게 된다. 法定代理人의 故意나 過失로 인한 채무불이행에 대하여 채무자가 그 책임을 부담하는 이론적 근거는, 채무자는 法定代理人의 활동을 통하여 이익을 얻고 있으므로 그의 故意나 過失로 인한 불이익도 부담하는 것이 타당하다는데서 찾을 수 있다.[11]

法定代理人의 故意나 過失은 채무자의 채무를 이행하는데 있어서의 故意나 過失이므로, 法律行爲를 代理하는데 있어서의 故意나 過失(채무자를 대리하여 의사표시를 하거나 의사표시를 수령하는데 있어서의 故意나 過失)만을 의미하는 것이 아니고, 물건의 인도나 수선과 같은 단순한 사실행위를 하는데 있어서의 故意나 過失도 여기에 포함된다.[12] 그리고 원래 法定代理人이라 함은 법률의 규정에 의하여 포괄적인 대리권이 주어진 친권자, 후견인 등을 의미하나, 제391조의 대리인은 좀더 넓게 파악되어, 법원에 의하여 선임된 不在者財産管理人(제24조), 破産管財人(파산법 제7조 이하), 日常家事代理權을 가지는 부부(제827조), 遺言執行者(제1093조, 제1103조), 相續財産管理人(제1023조, 제1040조, 제1047조, 제1053조 등) 등도 여기에 해당되는 것으로 보아야 한다. 한편 法人의 機關에 대해서는 제391조가 적용되지 않는다. 法人의 機關은 法人을 대표하기 때문에, 法人의 기관이 法人의 채무를 이행함에 있어서 故意나 過失로 채무불이행이 발생하면, 그것은 바로 法人 자신의 故意나 過失이 되어 제391조가 적용될 여지가 없기 때문이다.

---

11) 同旨 : Larenz, 위의 책, 295면.
12) Medicus, 위의 책, 162면.

(2) 狹義의 履行補助者의 故意・過失

1) 履行補助者의 故意・過失에 대하여 채무자가 책임을 지는 근거

민법은 제391조에서 채무자가 채무의 이행을 위하여 사용하는 자, 즉 이행보조자의 故意나 過失을 채무자의 故意나 過失과 동일시함으로써, 채무의 이행에 있어서의 이행보조자의 故意나 過失에 대하여 채무자가 책임을 지도록 하고 있다. 일반적으로 자기 자신의 故意나 過失이 있는 행위의 결과에 대해서만 책임을 지도록 하고 있는 근대민법의 기본원칙하에서, 민법이 이처럼 이행보조자의 故意나 過失에 대하여 채무자 자신의 故意나 過失을 묻지 않고 바로 채무자에게 그 책임을 인정하는 이유는, 이행보조자를 사용하여 스스로 거래범위 내지 활동범위를 확대함으로써 위험범위(Risikobereich)를 확대한 채무자는, 이행보조자의 故意・過失로 인한 채무불이행에 대하여도 책임을 지는 것이 타당하다는데 있다.[13] 채무자는 원래 당사자의 의사표시나 채무의 성질에 의하여 채무자가 직접 이행하여야만 되는 경우가 아닌 한, 자기가 부담하는 채무를 자기 스스로 직접 이행하여야 하는 것은 아니고 타인, 즉 이행보조자를 사용하여 이행할 수도 있는 것이다. 그리고 이렇게 이행보조자를 사용함으로써 채무자는 그 활동범위를 넓히게 되고, 따라서 이익획득의 가능성 역시 확대하게 된다. 이처럼 이행보조자의 사용에 의한 채무의 이행은, 오늘날 기업거래의 경우에서 보듯이 채무자가 취급하는 거래의 규모가 클수록 일반적인 현상으로 나타난다. 그런데 이행보조자를 사용하여 채무를 이행하는 것은 채무자에게는 이렇게 유리하지만, 만약 채무자가 이행보조자의 故意나 過失로 채무불이행이 되더라도 자기 자신에게 어떠한 故意나 過失이 없는 한 이에 대하여 책임을 지지 않게 되면, 債權者에게는 매우 불리하게 된다. 이행보조자는 債權者와의 사이에 직접적인 채권관계가 없기 때문에, 債權者는 이행보조자를 상대로 채무불이행책임을 물을 수가 없기 때문이다. 물론 특별한 경우에는 이행보조자를 상대로 不法行爲責任을 물을 수 있을런지는 모르나, 그 경우에도 이행보조자는 경제적 능력(배상능력)이 약한 것이 일반적이기 때문에 債權者는 역시 충분한 구제를 받을 수가 없게 된다. 이는 결국 채무자의 편의 내지 이익을 위하여 債權者를 희생시키는 것이 된다. 그리고 채무자와 거래하는 상대방은 일반적으로 채무의 이행을 채무자 자신이 하든 그 이행보조자가 하든, 채무자의 신용과 능력을 신뢰하고 채무의 이행이 정상적으로 이루어질 것을 기대하면서 거래를 하게 된다. 따라서 이행보조자의 정상적인 행위에 대한 채무자의 보증이 전제되지 않으면 오늘날의

---

13) Larenz, 위의 책, 297면; Leßmann, Haftung für schädigendes Drittverhalten, JA 1980, 193면.

거래관계의 성립은 불가능하게 된다. 여기에 채무자가 채무를 이행하기 위하여 이행보조자를 사용하는 경우에 있어서, 이행보조자의 故意나 過失에 대하여 채무자가 바로 책임을 져야 할 필요와 이유가 있는 것이다.

이상에서 본 바와 같이 이행보조자의 故意나 過失에 대하여 채무자가 바로 책임을 지게 하는 근거는, 이행보조자의 사용을 통하여 활동범위를 확대하면 그가 부담하는 위험범위(Risikobereiches)도 확대되는 것이 타당하다는데 있다. 다시 말해서 이행보조자의 故意나 過失에 대하여 채무자가 책임을 지는 근거는, 채무자 자신의 어떠한 잘못된 행위(예컨대 부적절한 이행보조자를 사용하였다든지 또는 그의 履行補助行爲에 대한 지시나 감독을 잘못하였다든지 하는 것)에 있는 것이 아니고, 채무자가 스스로 이행보조자를 사용함으로써 그의 활동범위를 확대하였다는 점 자체에 있는 것이다.[14] 이러한 점에서 제391조의 이행보조자의 행위에 대한 채무자의 책임은, 제756조의 被用者의 不法行爲에 있어서의 사용자의 책임의 경우와 그 근거를 달리하고 있는 것이다. 즉, 제756조의 使用者責任은 被用者의 선임 및 사무감독에 대한 使用者 자신의 過失에 그 근거를 두고 있고, 따라서 적어도 법률규정상으로는 사용자에게 면책의 가능성이 인정되어 있다.[15] 이에 반하여 제391조의 채무자의 책임은 채무자 자신의 이러한 過失을 요건으로 하지 않기 때문에, 채무자는 자기에게 이행보조자의 선임 및 사무감독에 대한 過失이 없음을 이유로 면책을 주장할 수가 없다.

2) 履行補助者의 요건

이행보조자는 채무자의 의사에 의하여 채무의 이행을 위하여 끌어 들인 자이어야 한

---

14) 이행보조자의 고의나 과실에 대한 책임은 채무자가 자기의 채무의 이행을 위하여 개입시킨 이행보조자에 대한 일종의 擔保責任(Garantiehaftung)이요, 이행보조자를 개입시킨데 대한 책임(Einschaltungshaftung)이라고도 할 수 있다. Leßmann, 위의 논문, 194면; Westermann, Haftung für fremdes Handeln, JuS 1961, Heft 11, 334면 이하 참조.

15) 민법이 제756조에서 使用者 자신의 이러한 과실이 없는 경우에 使用者에게 免責을 인정함으로써 被用者의 不法行爲에 대하여 使用者가 책임을 지는 근거를 使用者 자신의 過失에 두고 있는 것은, 근대민법의 기본원칙이라고 할 수 있는 自己責任의 원칙 내지 過失責任의 원칙에 충실하기 위한 것일 뿐 입법정책적으로는 타당하다고 할 수 없다. 원래 使用者責任의 근거는 「이익이 있는 곳에 손해도 있다(Qui sentit commodum debet sentire et onus)」는 報償責任의 원리에 있는 것이지 사용자의 어떠한 잘못된 행위에 있는 것이 아니기 때문이다. 다행히 우리 判例는 이제까지 사용자의 면책주장을 전혀 인정하고 있지 않기 때문에 그러한 한도에서 이와 같은 立法政策的 不當性은 다소 극복되고 있다고 볼 수 있다. 이에 대해서는 徐光民, 「民法 제756조의 立法政策的 不當性 및 그 적용한계의 극복방법에 관한 小考」, 黃迪仁教授華甲記念論文集, 1990, 200면 이하 참조.

다. 채무자의 명시적 또는 묵시적 의사(부탁과 같은 명시적 의사 또는 용인과 같은 묵시적 의사)에 의하여 개입된 자가 아닌 자는, 사실상 채무자의 채무의 이행을 보조하고 있다고 하더라도 여기서 의미하는 이행보조자라고 할 수 없다. 이러한 경우는 채무자가 스스로 이행보조자를 사용함으로써 그 활동범위를 확대하였다고 할 수가 없기 때문이다. 그러나 채무자의 의사에 의하여 개입된 자라고 하기 위해서는, 채무자와의 사이에 반드시 고용과 같은 법률관계가 있어야 하는 것은 아니고 채무자의 양해하에 채무자의 채무의 이행을 사실상 보조하는 자이면 된다. 따라서 채무자의 양해하에 호의로 채무의 이행을 보조하는 자도 여기서 말하는 이행보조자에 해당된다.16)

이행보조자라고 할 수 있기 위해서는 채무자의 이행보조자에 대한 선임, 지휘, 감독 등의 간섭가능성이 있어야 하는 것으로 보는 견해도 많으나,17) 그러한 간섭가능성이 없는 경우에도 여기에서 의미하는 바의 이행보조자가 될 수 있다고 본다.18) 채무자의 간섭가능성이 필요하다는 견해에 의하면, 채무자가 채무의 이행을 위하여 우편이나 철도 등을 이용하는 경우에는, 우체국 집배원이나 철도원 등은 이들에 대한 채무자의 간섭가능성이 없기 때문에 이행보조자가 아니고, 따라서 이들의 故意나 過失로 인한 채무불이행에 대해서는 채무자가 책임을 부담하지 않는다고 한다. 그러나 채무의 이행을 위하여 우편이나 철도를 이용하는 경우의 집배원이나 철도원의 故意나 過失에 대하여 채무자가 책임을 지는가 아닌가 하는 문제는, 그 채무가 持參채무인가 또는 送付채무인가를 고려하면서 해결할 문제이지, 단순히 간섭가능성의 유무에 따라서 이행보조자인가 아닌가를 판단함으로써만 해결될 문제는 아니다. 즉, 持參채무의 경우에는 채무자가 債權者의 주소나 영업소에서 現實提供을 하여야 한다(제460조, 제467조 참조). 여기서 現實提供은 채무자가 직접할 수도 있고 운송기관을 통하여 할 수도 있겠지만, 어쨌든 그것은 채무자가 책임을 져야 할 사항이다. 그렇다면 채무자가 직접 현실제공을 하지 않고 비록 간섭가능성이 없는 철도나 우편을 통하여 현실제공을 한다고 하더라도, 채무자는 이들의 故意나 過失에 대하여 자기 자신의 故意·過失에 대해서와 마찬가지로 책임을 지는 것이 마땅하고, 이들의 故意나 過失로 인한 불이익을 債權者에게 떠넘기는 것은 부당하다고 아니

16) Leßmann, 위의 논문, 194면.

17) 郭潤直, 위의 책, 143면; 金錫宇, 債權總論, 1976, 111면; 金容漢, 債權總論, 1983, 132면; 林政平, 債權總論, 1989, 145면; 玄勝鐘, 위의 책, 114면 등.

18) 同旨: 高翔龍, 「履行補助者의 過失」, 法學硏究 제3집(延大法律問題硏究所), 1983, 72면 이하; 金亨培, 위의 책, 177면; 李銀榮, 위의 책, 195면; Leßmann, 위의 논문, 194면; Medicus, 위의 책 159.

할 수 없다. 따라서 이들 운송기관은 채무자의 이행보조자로 보아야 한다.[19] 그러나 送付채무인 경우에는[20] 채무자는 목적물을 우편이나 철도 등 운송기관편에 발송하면 채무의 이행에 필요한 채무자의 행위는 완료되기 때문에, 이들 운송기관을 채무자의 이행보조자라고 할 수가 없고, 따라서 이들의 故意나 過失에 대해서는 채무자가 책임을 지지 않는다고 보아야 한다.[21]

이처럼 채무자의 간섭가능성은 이행보조자의 요건이 아니기 때문에, 경우에 따라서는 사용자와 종속관계에 있지 않은 독립된 기업이나 기관도 이행보조자가 될 수 있다. 그런데 이행보조자 중에는 단순히 채무의 이행을 보조하는 것이 아니고 채무자에 갈음하여 채무의 전부 또는 일부를 이행하는 자가 있다. 예컨대 受置人에 갈음하여 任置物을 보관하는 제3수치인이나, 운송인에 갈음하여 운송물의 전부 또는 일부를 운송하는 제3운송인은, 각각 수치인이 부담하는 목적물보관의무나 운송인이 부담하는 목적물운송의무를 이들을 갈음하여 이행하는 자라고 할 수 있다. 이처럼 채무자의 채무의 이행을 단순히 보조하는 자가 아니고 채무자에 갈음하여 채무자의 의무를 이행하는 자를 흔히 履行代行者라고 한다.[22] 이러한 履行代行者가 있는 경우에도, 본래의 채무자가 그 채무를 면하지

---

19) 同旨: 金亨培, 위의 책, 177면; Fikentscher, Schuldrecht, 8. Aufl., 317면; Larenz, 위의 책, 299면.

20) 여기서 送付債務라 함은 「債權者의 주소로든 제3의 장소로든 당사자가 합의하여 정한 장소로 채무자가 목적물을 분리하여 운송기관편에 발송하면 이행에 필요한 채무자로서의 행위가 완료되는 채무」를 의미한다. 종래 통설은 種類債務의 特定時를 밝히는 문제와 관련하여 送付債務를 「債權者의 요청과 채무자의 호의에 의하여 본래의 채무의 履行地가 아닌 제3의 장소로 목적물을 송부하는 채무」로 이해하여 왔으나(郭潤直 위의 책, 55면; 金曾漢, 위의 책, 28면; 金亨培, 위의 책, 73면 등) 送付債務를 이처럼 한정적으로 파악하여야 할 근거가 없다. 따라서 送付債務는 여기서 이해하듯이 이 용어가 가진 일반적인 의미대로 파악하여야 할 것이다(同旨: 宋德洙, 「種類債權(下)」, 考試硏究, 1989. 8, 81면; 李銀榮, 위의 책, 63면).

21) Larenz, 위의 책, 299면; Fikentscher, 위의 책, 317면.

22) 종래 일반적인 견해는 이행보조자는 채무자가 채무를 이행함에 있어서 手足과 같이 사용하는 자로 파악하고, 履行代行者는 단순히 채무자의 행위에 협력하는데 그치지 않고 독립하여 채무의 전부 또는 일부를 채무자에 갈음하여 이행하는 자로 파악함으로써, 이행보조자와 履行代行者를 구별하여 왔다. 그러나 이러한 구별이 항상 정확하다고 할 수는 없다. 왜냐하면 철도나 우체국은 채무자가 그의 手足과 같이 사용하는 자는 아니고 채무자와는 독립된 자이지만, 위에서 본 바와 같이 경우에 따라서 이행보조자로 볼 수 있기 때문이다. 따라서 이행보조자와 履行代行者의 구별은, 이러한 기준에 의하는 것 보다는 오히려 채무의 이행을 단순히 보조하는 자이냐, 또는 채무의 이행에 대한 단순한 보조자가 아니고 채무의 일부 또는 전부를 채무자에 갈음하여 이행하는 자이냐에 따라 구별하여야 할 것이다. 예컨대 본래의 채무가 持參채무로서의 특정물의 引渡채무인 경우에, 채무자를 위하여 그 물건의 운반이나 운송만을 해주는 운송기관은 채무자가 特定物 引渡채무를 이행하는데 있어서의 보조자에 불과하지만, 본래의 채무 자체가 일정한 물건의 운송이나 보관인 경우에, 채무자를 위하여 그 물건의 일부나 전부에 대한 운송이나 보관을 해주는 자는, 運送채무나 保管채무의 단순한 이행보조자가 아니고 履行代行者라

않고 또 履行代行者와 債權者와의 사이에 어떠한 계약관계가 생기는 것도 아니기 때문에, 채무引受가 생기는 것은 아니다. 즉, 이행대행자는 채무자에 대해서만 대행의무를 부담하고 채권자에 대한 관계에 있어서는 보통의 이행보조자와 다를 것이 없다.

그러면 이행보조자와 履行代行者를 구별하는 이유는 무엇인가? 이행대행자를 사용하는 경우에는 다음과 같은 두가지 점을 고려하여야 하기 때문이다. 첫째, 履行代行者의 경우에는 그 사용 자체가 금지되는 경우가 있다(제120조, 제657조 제2항, 제682조 제1항, 제701조, 제1103조 제2항 등). 그러한 경우에 이행대행자를 사용하면 그것만으로도(즉, 履行代行者에게 故意나 過失이 있는가를 묻지 않고) 바로 채무불이행이 되어 채무자의 책임이 생긴다. 둘째, 법률상 履行代行者의 사용이 허용되는 경우 중 부득이한 사유가 있는 경우(제122조) 또는 부득이한 사유가 있거나 채권자의 승낙이 있는 것을 전제로 하여 이행대행자의 사용이 허용되는 경우(제120조 제682조 제1항, 제701조, 제1103조 제2항)에는, 채무자는 이행대행자의 선임 감독에 대하여 過失이 있는 경우에만 그 책임을 진다(제121조 제1항, 제682조 제2항, 제701조, 제1103조 제2항 참조). 따라서 그러한 경우에는 채무자의 책임이 경감된다. 이와 같은 두가지 경우 이외의 경우(즉, 법률의 규정이나 특약에 의하여 이행대행자의 사용이 허용되어 있지도 않고, 그렇다고 금지되어 있지도 않은 경우)에는, 채무의 성질상 이행대행자의 사용이 불가능하지 않은 한 이행대행자의 사용이 가능할 것이고, 그러한 경우의 履行代行者는 이행보조자와 마찬가지의 취급을 받게 될 것이다. 따라서 그러한 경우의 이행대행자의 고의나 과실에 대해서 채무자는 제391조에 따라 책임을 지게 될 것이다.

3) 利用補助者

不動産賃借人과 같이 타인의 목적물에 대한 利用權(즉, 목적물에 대한 使用 收益權)을 가지는 자는, 그러한 권리를 가지는 한편 그 목적물을 선량한 관리자의 주의로써 보존하다가 임대차관계가 종료하면 목적물을 반환할 의무도 부담한다. 이 경우 賃借人의 가족이나 동거인은 賃借人과 마찬가지로 목적물을 이용하게 되는 반면, 이용권자의 목적물보존의무나 목적물반환의무와 관련해서는 일종의 이행보조자라고 할 수 있다. 따라서 이러한 의무의 이행과 관련된 이들의 故意나 過失은 이용권자 자신의 故意나 過失과 동일시된다. 이처럼 타인의 물건에 대하여 이용권을 가지는 자의 목적물보존의무나 목적물반환의무와 관련하여 이행보조자로 취급되는 자를 흔히 利用補助者라고 부른다. 그러면 賃借人이 그 목적물을 제3자에게 다시 전대한 경우에 있어서의 轉借人은 어떻게 취급될 수 있는가? 여기서 賃借人이 임대인의 동의를 얻지 않고 목적물을 전대한 경우에는, 無

고 할 수 있는 것이다.

斷轉貸 자체가 임대인에 대한 의무위반이 되어(제629조) 賃借人은 轉貸에 대한 모든 책임을 부담하게 되므로 별문제가 생기지 않는다. 문제는 임대인의 동의를 얻고 목적물을 전대한 경우이다. 이 경우에는 제630조 제1항의 규정상 轉借人은 임대인에 대하여 직접 의무를(따라서 목적물의 보존의무도) 부담하기 때문에 轉借人을 과연 賃借人(轉貸人)의 이용보조자로 취급할 수 있는가 하는 의문이 생긴다. 그러나 전대차의 경우에 轉借人은 임대인에 대하여 직접 의무를 부담하지만, 이는 어디까지나 임대인의 보호를 위하여 인정되는 것일 뿐, 전대차로 인하여 임대인과 轉借人 사이에 임대차관계가 성립하는 것은 아니고,[23] 전대차후에도 임대인과 賃借人(轉貸人)사이의 임대차계약은 그대로 존속한다(제630조 제2항). 그렇다면 賃借人은 轉借人의 故意나 過失로 목적물이 훼손되거나 멸실된 경우에 아무런 책임을 지지 않는다는 것은 타당하다고 할 수 없다. 그러나 한편 이 경우의 賃借人은 목적물을 전대함에 있어서 임대인의 동의를 얻었으므로, 轉借人의 故意나 過失에 대하여 무조건 책임을 지게 하는 것도 타당하지 못하다. 왜냐하면 민법은 委任人의 승낙을 얻고 受任人이 受任事務를 제3자에게 처리하게 한 경우(제682조 제2항)나 受置人이 任置人의 승낙을 얻고 임치물을 제3자로 하여금 보관하게 한 경우(제701조)에, 受任人이나 受置人은 그 제3자의 選任 監督에 過失이 있는 경우에만 책임을 지도록 하고 있는데, 賃貸人의 동의를 얻고 賃借人이 목적물을 제3자에게 轉貸한 경우는 이들 경우와 비슷하기 때문에, 법률상의 취급도 이들 경우와 비슷하게 하는 것이 타당하기 때문이다. 따라서 賃借人은 轉借人의 선정이나 감독에 過失이 있는 경우에만 그의 故意나 過失에 대하여 책임을 진다고 하여야 한다.[24]

4) 履行補助者의 過失 有無 판단기준

이상에서 본 것처럼 이행보조자의 故意나 過失은 채무자 자신의 故意나 過失과 동일시되어, 그로 인한 채무불이행에 대하여 채무자가 책임을 지게 된다. 그런데 여기서 이행보조자에게 過失이 있는가 없는가 하는 過失 유무의 판단은 이행보조자 개인의 주의능

---

23) 轉借人은 賃貸人에 대하여 제630조 제1항의 규정에 의하여 직접 의무를 부담할 뿐 권리는 가지지 않는다.

24) 金亨培, 위의 책, 179면; 金錫宇, 위의 책, 114면; 林正平, 위의 책, 147면; 玄勝鐘, 위의 책, 116면 등도 이론구성에 있어서는 私見과 다소 차이가 있으나 결론에 있어서는 同旨. 異見: 民法注解(IX)(梁彰洙), 421면. 郭潤直 교수는 債權總論(146면)에서는 轉借人을 일반이용보조자로 봄으로써 轉借人의 고의나 과실에 대하여 賃借人의 책임을 인정하는 한편, 債權各論(337면)에서는 轉借人의 선임감독에 과실이 있는 경우에만 賃借人의 책임을 인정하고 있어서 그 입장이 분명치 못하다.

력을 기준으로 하는 것이 아니고, 채무자가 속한 거래권이나 채무자의 직업에 있어서의 평균인에게 요구되는 주의의무의 정도를 기준으로 하여 판단하게 된다.[25] 즉, 이행보조자가 보조하는 행위는 채무자가 부담하는 채무의 이행행위이고, 채무의 이행행위는 이를 채무자 자신이 하든 이행보조자가 하든 채무자 본인의 책임에 속하는 사항이므로, 그러한 이행행위를 이행보조자가 하는 경우에도, 채무자 본인이 직접 하는 경우에 있어서와 마찬가지의 주의의무가 요구된다. 만약 채무자가 부담하는 채무의 이행행위를 채무자 본인이 직접하지 않고 이행보조자를 통하여 한다고 하여 그 주의의무의 정도가 달라진다면, 그것은 債權者에게는 결코 용납될 수 없는 부당한 결과가 될 것이다. 따라서 만약 이행보조자가 숙련공이 아니어서 그 직종의 평균적인 숙련공에게 요구되는 정도의 주의의무를 준수하지 못한 경우에는, 비록 그 자신으로서는 그러한 정도의 주의를 하는 것이 불가능하였다 하더라도, 이행보조자에게 過失이 있는 것으로 인정되어 채무자가 채무불이행책임을 지게 된다.

(3) 履行補助者의 故意·過失과 債務不履行과의 관련성

채무자가 이행보조자의 故意나 過失에 대하여 책임을 진다는 것은, 이행보조자의 故意나 過失로 인하여 발생한 채무불이행에 대하여 책임을 진다는 것을 의미하고, 채무이행과 관련된, 또는 채무이행의 기회에 있었던 이행보조자의 故意나 過失로 인하여 債權者가 입은 모든 손해에 대하여 책임을 진다는 것을 의미하지는 않는다. 예컨대 집수리업자는 그 종업원이나 그 밖의 보조자가 집수리를 하다가 잘못하여 그 집의 유리를 파손한데 대해서는 채무불이행책임(불완전이행책임)을 지지만, 그러한 보조자가 집수리를 하고 나오면서 그 집의 물건을 훔치고 나온데 대해서는 채무불이행책임을 지지 않는다. 전자의 경우에는 이행보조자의 過失로 인하여 채무불이행(不完全履行)이 발생하였으나, 후자의 경우에는 이행보조자의 故意로 債權者의 재산이 침해되기는 했으나 채무불이행이 발생하지 않았기 때문이다. 즉 전자의 경우에는 이행보조자가 過失로 채무자가 부담하는 의무 중에서 부수적 의무의 일종으로서의 保護義務, 즉 집수리시에 그 집의 다른 물건이 파손되지 않도록 주의하여야 할 의무를 위반함으로써 채무불이행(불완전이행)이 발생하였으나, 후자의 경우에는 이행보조자가 채무자인 집수리업자가 부담하는 의무를 위반한 일이 없고 따라서 채무불이행도 발생하지 않았다.[26] 물론 집수리업자가 부담하는 의무 중

25) 同旨: BGHZ 31, 358, 367; Medicus, 위의 책, 161면; Schlechtriem, 위의 책, 129면; Fikentscher, 위의 책, 318면; Leßmann, 위의 논문, 195면.

에는 주된 의무로서의 給付義務(집수리의무)만 있는 것이 아니고 바로 지금 언급한 바와 같은 부수적 의무로서의 보호의무도 포함되어 있지만 그 집의 물건을 훔치지 말아야 할 의무는 이러한 보호의무속에도 포함될 수가 없다. 여기서 말하는 부수적 의무로서의 보호의무는 그러한 급부의무에 특유하게 부수하는 의무, 즉 그러한 계약에 특유한 保護義務(vertragsspezifische Schutzpflicht)를 의미하는 것이고[27] 그러한 계약관계를 전제로 함이 없이 일반적으로도 인정되는 의무까지를 의미하는 것은 아닐진대, 남의 물건을 훔치지 말아야 할 의무는 계약관계를 전제로 함이 없이 일반적으로도 인정되는 의무에 속하기 때문이다.[28] 그렇다면 이행보조자의 절도행위는 민법상 不法行爲로는 되지만 집수리업자가 부담하는 의무를 위반한 것으로는 되지 않는다. 따라서 집수리업자는 이행보조자의 절도행위에 대하여 제756조에 의한 사용자책임을 질런지는 모르지만, 제391조에 의한 채무불이행책임을 지지는 않는다.[29]

---

26) 이행보조자의 故意나 過失에 대하여 채무자가 책임을 지는 범위와 관련하여, "채무자는 채무의 이행과 내적으로 관련된 이행보조자의 故意·過失에 대해서만 책임을 지고 이행보조자가 보조행위의 기회를 이용하여 행한 모든 일탈행위에 대하여 책임을 지지는 않는다"고 설명하는 견해(金亨培, 위의 책, 180면. 李銀榮, 위의 책, 196면도 이행보조자의 故意·過失과 채무의 이행행위와의 관련성을 강조하고 있다)가 있고 또 이러한 견해는 독일에 있어서도 지배적이나(Larenz, 위의 책, 302면의 註 78 참조), 어떠한 행위가 채무의 이행과 내적으로 관련이 있고 어떠한 행위는 그러하지 않는지를 구별하기가 그렇게 용이한 것이 아니다. 따라서 그러한 기준보다는 "이행보조자의 고의나 과실로 채무자에게 채무불이행이 생긴 경우에만 채무자가 그 책임을 부담하고, 이행보조자의 고의나 과실로 채권자에게 일정한 손해가 발생하였다고 하더라도 그것을 채무불이행이라고 할 수 없는 경우에는, 채무자는 그러한 손해에 대하여 채무불이행책임을 부담하지 않는다"고 하는 것이 더 분명하고 타당한 설명이 될 것이다. 왜냐하면 여기서 말하는 채무자의 책임은 제391조와 제390조에 의한 채무불이행책임이고, 따라서 채무자는 이행보조자의 고의나 과실로 채무불이행이 생긴 경우에만 채무불이행책임을 부담하게 되기 때문이다.

27) Larenz, 위의 책, 302면.

28) 남의 물건을 훔치지 말아야 할 의무가 집수리계약에 특유한 의무가 아니라는 점에 대해서는 이론이 없지만, 집수리시에 그 집의 유리를 파손하지 않도록 주의하여야 할 의무를 집수리계약에 특유한 보호의무로 볼 것인가, 아니면 그러한 계약관계가 없는 자 사이에서도 일반적으로 인정될 수 있는 불법행위법상의 의무로 볼 것인가에 대해서는 견해의 대립이 있을 수 있다. 만약 이를 불법행위법상의 의무로 보게 되면, 집수리업자의 이행보조자가 집수리작업중에 부주의로 그 집의 유리창을 파손한 경우에도 집수리업자는 제391조가 아니고 제756조에 의하여 사용자책임을 부담하여야 할 것이다.

29) 최근에 독일에 있어서는 이행보조자가 집수리를 하고 나오면서 그 집의 물건을 훔친 경우처럼 이행보조자가 계약에 특유한 의무를 침해한 것이 아니고 채무이행의 기회에 債權者의 다른 법익을 침해한 경우라고 하더라도, 그러한 법익침해가 계약상의 給付義務의 이행(집수리작업)을 통하여 현저히 용이하게 된 경우에는, 채무자는 이행보조자의 그러한 절도행위에 대해서도 채무불이행책임을 져야 한다는 견해가 유력하게 주장되고 있다(Medicus, 위의 책, 160면 참조). 그러나 과연 이러한 경우에 채무자가 부담하는 책임을 채무불이행책임이라고 할 수 있는지는 매우 의심스럽다.

Ⅲ. 歸責事由와 민법 제390조의 해석

채무자의 귀책사유로서의 채무자의 故意·過失이나 이행보조자의 故意·過失은 어떠한 유형의 채무불이행에도 필요한 요건이다. 그런데 종래 학설은 제390조 본문은 채무불이행의 모습에 대한 포괄적인 규정이지만 제390조 단서는 履行不能에 대해서만 귀책사유를 요구하는 규정으로 봄으로써,[30] 履行遲滯 등 다른 유형의 채무불이행에 있어서도 채무자의 귀책사유가 필요한지가 이 규정으로부터는 자명하지 않은 것으로 해석하여 왔다. 즉, 종래의 학설은 履行遲滯 등 다른 유형의 채무불이행에 있어서도 채무자의 귀책사유가 필요한지가 제390조로부터는 자명하지 않으나, 민법이 過失責任을 원칙으로 하고 있다는 점, 履行不能과 履行遲滯를 달리 취급하여야 할 이유가 존재하지 않는다는 점, 그리고 제392조나 金錢채무에 관한 특칙을 규정하고 있는 제379조 제2항의 규정 등에 비추어, 채무자의 귀책사유는 履行不能 이외에 다른 유형의 채무불이행에 있어서도 필요한 요건으로 보아 왔다.[31] 그리고 일부 학설은 履行遲滯 등 다른 유형의 채무불이행에 있어서 채무자의 귀책사유가 필요한지가 민법 규정상 자명하지 않음은, 민법이 履行不能으로 인한 계약해제에 관한 규정인 제546조에서는 「채무자의 책임 있는 사유」를 요건으로 하면서도 履行遲滯로 인한 계약해제에 관한 규정인 제544조에서는 채무자의 귀책사유에 대한 언급이 없는 점에서도 나타나고 있다고 한다.[32]

살피건대 민법이 제546조에서는 채무자의 귀책사유를 계약해제의 요건으로 규정하면서도,[33] 제544조에서는 채무자의 귀책사유가 그 요건인지에 대하여 명백한 언급을 하

30) 郭潤直, 앞의 책, 127면; 金錫宇, 앞의 책, 103면; 金容漢, 앞의 책, 121면; 金曾漢, 앞의 책, 53면; 金亨培, 앞의 책, 168면; 玄勝鐘, 앞의 책, 112면 등 참조.

31) 郭潤直, 앞의 책, 141면; 金錫宇, 앞의 책, 109면; 金容漢, 앞의 책, 129면; 金亨培, 앞의 책, 168면; 金曾漢, 앞의 책, 53면; 玄勝鐘, 앞의 책, 112면 등 참조.

32) 金曾漢, 위의 책, 53면; 民法注解(Ⅸ)(梁彰洙), 351면.

33) 그러나 민법이 제546조에서 채무자의 귀책사유에 기인한 履行不能의 경우에만 債權者로 하여금 계약을 해제할 수 있도록 규정하고 있는 것이 입법정책적으로 타당한 것인지는 의문이다. 이 규정에 따른다면 채무자의 귀책사유에 기인하지 않은 履行不能의 경우에는 상대방 債權者는 손해배상도 청구하지 못하는 상태에서 계약을 해제하지도 못하게 됨으로써 契約關係의 구속으로부터는 벗어나지 못하게 되는데, 이러한 결과는 결코 타당하다고 볼 수 없다. 물론 雙務契約에 있어서는 이러한 경우에 채무자도 상대방의 채무이행을 청구할 수 없으므로(제537조), 상대방이 자기의 채무의 이행을 강요당할 우려는 없다. 그러나 그러한 경우에도 제546조에 따르면 상대방은 계약을 해제할 수는 없기 때문에 契約關係는 계속하여 존속한다는 기이한 결과가 된다. 요컨대 민법이 제546조에서 履行不能으로 인한 계약해제의 요건을 履行不能으로 인한 손해배상책임의 요건과 동일하게 취급하여, 채무자의 귀책사유를 계약해제의 요건으로 규정한 것은

지 않고 있음은 시인할 수 있지만, 적어도 제390조 단서의 규정이 마치 履行不能에 대해서만 채무자의 귀책사유를 요구하는 규정인 것처럼 해석하는 위와 같은 통설의 견해에 대해서는 찬성할 수가 없다. 제390조 단서에서 「故意나 過失없이 이행할 수 없게 된 때」라는 法文은 채무자의 故意나 過失없는 「履行不能」만을 가리키는 것이 아니고, 同條 본문에 규정된 「채무의 내용에 좇은 이행」을 故意나 過失없이 할 수 없는 때를 의미하는 것으로 해석하는데 전혀 무리가 없을 뿐만 아니라, 그렇게 해석하는 것이 오히려 가장 자연스러운 해석이리고 생각되기 때문이다. 이처럼 제390조 단서의 내용이 「故意나 過失없이 채무의 내용에 좇은 이행을 할 수 없게 된 때」를 의미한다면 그것은 결국 모든 유형의 채무불이행을 의미하는 것이 된다. 「채무의 내용에 좇은 이행을 할 수 없는 때」란 여러 가지 모습의 채무불이행의 경우를 포괄하는 것이기 때문이다. 그리고 모든 유형의 채무불이행에 채무자의 귀책사유가 필요하다는 것을 제390조의 규정 자체에서 인정할 수 있다면, 이제 채무자의 귀책사유가 모든 유형의 채무불이행에 요구된다는 것을 주장하기 위하여 여타의 이론적 근거는 제시하지 않아도 될 것이다. 아마도 통설이 위와 같은 근거를 제시하는 것은, 민법 제390조에 해당하는 依用民法 제415조(일본민법 제415조)를 해석함에 있어서 일본의 학설과 판례가 취하여 온 입장에 영향을 받은 것으로 생각되지만, 依用民法 제415조는 法文의 표현형식에 있어서 민법 제390조와는 상이함을 유의할 필요가 있다. 즉, 依用民法 제415조는 민법 제390조처럼 원칙규정과 단서규정으로 구성되어 있지 않고, "채무자가 그 채무의 본지에 좇은 이행을 하지 않은 때에는 그 손해의 배상을 청구할 수 있다. 채무자의 귀책사유로 인하여 이행을 할 수 없게 된 때에도 역시 그러하다"라고 하여 제1文과 제2文으로 되어 있다. 그런데 이 依用民法 규정의 法文구조를 보면, 이 규정의 제2文은 履行不能의 경우를 가리킨다고 볼 수 있기 때문에, 귀책사유는 履行不能의 경우에만 요구되는 것처럼 해석될 소지가 확실히 있다. 그러나 그렇게 해석하게 되면 결과적으로 부당하게 되기 때문에, 依用民法하의 학설과 판례는 채무자의 귀책사유가 履行不能뿐만 아니라 채무불이행 전반에 요구된다는 것을 주장하기 위하여 현재의 통설이 제시하는 위와 같은 근거를 제시하여 왔던 것이다.[34] 그러나 민법 제390조는 위에서 언급한 바와 같이 法文의 구조가 依用民法 제415조와 다르므로, 依用民法 제415조와 같이 해석될 가능성이 희박할 뿐만 아니라 오히려 그렇게 해석하게 되

잘못된 것이다. 이와 관련하여 독일채권법개정위원회는 1992년에 공표된 최종보고서에서 (개정안 제323조 참조), 쌍무계약의 채무자가 채무를 위반하는 경우 채권자는 채무자의 귀책사유를 전제로 함이 없이 계약을 해제할 수 있도록 제안하고 있음을 유의할 필요가 있다.

34) 我妻 榮, 新訂債權總論, 1990, 100면; 奧田昌道, 債權總論(上), 124면 등 참조.

면 부자연스러운 해석이 된다. 그렇다면 현행민법하에서는, 채무불이행 전반에 귀책사유가 요구된다는 것은 통설이 제시하는 바와 같은 근거에 의존하지 않고도, 제390조의 法文의 표현상 무리없이 인정될 수 있는 것이다.

Ⅳ. 歸責事由와 債務者의 책임능력

종래의 다수설은 채무자의 귀책사유와 관련하여, 채무자에게 故意나 過失이 있다고 하기 위해서는 채무자에게 행위의 결과를 인식할만한 능력, 즉 책임능력이 있어야 한다고 함으로써,[35] 채무불이행책임이 성립하는데 마치 채무자의 책임능력이 요구되는 것처럼 설명하고 있다. 이에 대하여 다른 견해는 무상임치에 있어서의 수치인, 무상소비대차나 사용대차에 있어서의 貸主, 증여에 있어서의 증여자 등이 채무불이행으로 인한 책임을 부담하는 경우처럼, 책임의 요건으로서 具體的 過失이 요구되고 따라서 그 귀책근거가 채무자의 의사에 있는 意思責任的 채무불이행책임의 경우에는, 채무자의 책임능력이 논리필연적으로 필요하지만, 추상적 過失을 그 요건으로 하는 有償契約上의 채무불이행책임에 있어서는 그 귀책근거를 거래상 일반적으로 요구되는 주의의무 위반에서 찾아야 하기 때문에 채무자의 책임능력이 요구되지 않는다고 한다.[36] 그런가 하면 無能力者의 채무의 부담이 대리인에 의한 계약체결의 방법으로 허용되는 이상, 그의 계약채무의 불이행에 따른 책임을 채무자 자신의 책임능력이 결여되었다는 이유로 부정하는 것은, 형평에 맞지 않기 때문에 채무자의 책임능력이 요구되지 않는다는 견해도 있다.[37]

살피건대 이 문제는 채무자가 책임무능력자이면서 동시에 行爲無能力者인 경우와 채무자가 행위능력자이면서도 채무불이행당시에 책임능력을 가지지 못한 경우를 나누어 검토할 필요가 있다. 우선 채무자가 책임무능력자이면서 동시에 행위무능력자(미성년자나 한정치산자나 금치산자)인 경우에는 그에게 法定代理人이 있게 마련이고, 그러한 경우에는 법정대리인이 債務負擔行爲와 債務履行行爲를 모두 대리 또는 대신하게 될 것이다. 그리고 그러한 경우에는 법정대리인의 故意나 過失을 채무자의 故意나 過失로 보게 되어, 법정대리인의 故意나 過失에 대하여 책임무능력자인 채무자가 책임을 부담하게 될

35) 郭潤直, 위의 책, 146면; 金錫宇, 위의 책, 114면; 金容漢, 위의 책, 135면; 民法注解(Ⅸ)(梁彰洙), 369면 이하; 林正平, 위의 책, 148면; 玄勝鐘, 위의 책, 117면 등.

36) 金亨培, 위의 책, 188-189면.

37) 李銀榮, 위의 책, 192면.

것이다. 따라서 그러한 경우에는 채무자는 책임능력이 있어야 하는가가 특별히 문제되지 않을 것이다. 결국 채무자에게 책임능력이 있어야 하는가가 문제되는 경우는, 채무자가 행위능력자임에도 불구하고 채무불이행 당시에 책임을 변식할 능력을 사실상 가지지 못했거나 상실한 경우에 한한다. 그러면 이러한 경우에는 채무자의 채무불이행책임이 부정되는가, 아니면 이러한 경우에도 채무자에게 채무불이행책임이 인정되는가? 私見으로는 다음과 같은 이유에서 채무자는 이러한 경우에도 채무불이행책임을 부담하여야 한다고 본다.

첫째, 원래 손해배상책임의 발생요건으로서의 책임능력은, 책임을 묻는 근거(歸責根據)가 손해를 부담하는 자에 대한 개인적인 비난가능성(有責性)에 있는 경우에 필요한 요건이다. 책임능력이 없는 자는 개인적으로 비난할 수가 없으므로, 손해배상책임의 歸責根據가 책임을 부담하는 자에 대한 개인적 비난가능성에 있는 경우에는, 책임을 부담하는 자가 책임능력이 있어야 그에게 손해배상책임을 물을 수 있기 때문이다. 그런데 채무자는 앞에서 본 바와 같이 자기 자신의 故意나 過失로 인한 채무불이행에 대해서만 책임을 부담하는 것이 아니고, 그 法定代理人이나 이행보조자의 故意나 過失에 대해서도 책임을 부담한다. 즉, 채무자의 귀책사유는 채무자자신의 故意나 過失만이 아니고 法定代理人이나 이행보조자의 故意·過失도 포함한다. 이는 채무불이행책임의 귀책근거가 채무자 개인에 대한 개인적 비난가능성에 있지 않다는 것을 말하여 주는 것이다. 그렇다면 채무자의 책임능력은 채무자에게 채무불이행책임을 묻기 위해서 반드시 필요한 요건은 아니다. 즉, 채무자는 책임능력이 없는 경우에도 채무불이행에 대하여 그 책임을 부담하여야 한다.

둘째, 민법은 不法行爲責任의 경우에는 제753조와 제754조에서 가해자의 책임능력을 요구하면서도, 채무불이행책임의 경우에는 채무자의 책임능력을 요구하는 규정을 두고 있지 않다. 이 역시 민법이 不法行爲責任의 경우에는 그 귀책근거를 책임을 부담하는 자에 대한 개인적 비난가능성에 두고 있으나[38] 채무불이행책임의 경우에는 그렇지 않음을 말하여 주는 것이라고 볼 수 있다.

38) 不法行爲責任에 있어서도 판례와 통설이 過失基準을 객관화함으로써 행위자의 개인적 능력을 고려하지 않고 있기 때문에, 적어도 過失不法行爲에 관한 한 개인적 비난가능성에 귀책근거를 두는 有責性原則은 상당히 空洞化되었음은 이미 앞에서 지적한 바이다.

Ⅴ. 免責約款(免責特約)의 효력

채무자는 이상에서 본 바와 같이 그의 귀책사유로 인한 채무불이행에 대하여는 제390조에 따라 손해배상책임을 부담하여야 한다. 그러면 채무자의 귀책사유로 인한 채무불이행에 대해서도 채무자가 책임을 지지 않기로 하는 내용의 당사자간의 특약(約款)의 효력은 어떠한가? 법률에 특별히 이를 금지하는 규정(상법 제790조 참조)이 없는 이상 이러한 약관의 효력은 원칙적으로는 유효하다고 하여야 할 것이다. 그러한 점에서 제390조의 규정은 임의규정인 것이다. 그러나 채무자의 故意로 인한 채무불이행에 대해서도 채무자가 책임을 지지 않는다는 내용의 특약은 민법 제103조에 반하여 무효라고 할 것이다.[39] 그러면 이행보조자의 故意로 인한 채무불이행에 대하여 책임을 지지 않는다는 약정은 유효한가? 이러한 약정은 신의칙에 반하지 않는다는 점과 독일민법(제278조)이나 스위스채무법(제101조 제2항)에서도 이러한 약정의 유효를 인정하고 있다는 점을 들어 그 유효성을 인정하려는 견해도 많으나,[40] 우리민법에는 그와 같은 규정도 없을 뿐만 아니라, 대부분의 거래가 이행보조자에 의하여 이루어지고 있는 오늘날의 현실에 비추어, 그러한 약정의 유효성을 인정하는 것은 오히려 신의칙에 반하고 나아가서 공서양속에 반한다고 할 것이다. 따라서 이행보조자의 故意로 인한 채무불이행에 대하여 채무자의 면책을 인정하는 약정은 무효라고 할 것이다.[41]

개별적인 계약에 있어서 당사자간에 행하여진 면책특약의 효력에 대해서는 민법에 이를 규율하는 특별한 규정이 없기 때문에 위와 같이 견해의 대립이 있지만, 오늘날 동일한 내용의 계약을 반복적으로 체결하게 되는 대량거래에서 널리 이용되고 있는 普通去來約款에 포함된 면책조항의 효력에 대해서는 「約款의規制에관한法律」에 특별규정이 있다. 즉, 이 법률 제7조 제1호에 따르면 사업자(普通去來約款을 미리 작성하여 이를 계약의 내용으로 할 것을 거래 상대방에게 제안하는 자를 말한다), 이행보조자 또는 被用者의 故意 또는 중대한 過失로 인한 법률상의 책임을 배제하는 조항은 無效이다. 그 밖에 이 법률은 상당한 이유없이 사업자의 손해배상의 범위를 제한하거나, 사업자의 擔保責任

---

39) 민법 제584조에서는 매도인의 擔保責任을 면하는 특약을 하는 경우에도, 매도인이 알고 고지하지 아니한 사실 및 제3자에게 권리를 설정 또는 양도한 행위에 대해서는 책임을 면할 수 없도록 규정하고 있다.

40) 郭潤直, 위의 책, 146면; 金錫宇, 위의 책, 114면; 金容漢, 위의 책, 135면; 金曾漢, 위의 책, 55면; 玄勝鍾, 위의 책, 117면 등.

41) 同旨: 金亨培, 위의 책, 187면; 民法注解(IX)(梁彰洙), 374면; 李銀榮, 위의 책, 205면.

을 배제 또는 제한하거나 그 담보책임에 따르는 고객의 권리행사의 요건을 가중하는 조항도 무효로 하고 있다(동법 제7조 제2호 및 제3호 참조).

VI. 歸責事由와 違法性

종래 우리나라의 다수설은 이상에서 검토한 바와 같은 채무자의 귀책사유 이외에 모든 채무불이행에 공통적인 객관적 요건으로서 違法性을 들고 있다. 그런데 이들 학설은 그러한 違法性은 채무불이행의 각 유형의 객관적 요건이 충족되는 경우에 인정되는 것으로 보고, 違法性의 요건을 적극적으로 논하지는 않고 당해 채무불이행을 정당한 것으로 하는 특별한 사유(위법성조각사유)를 검토함으로써, 違法性의 요건을 소극적으로 검토하고 있다.[42] 그러나 사견으로는 채무불이행에 있어서는 다음과 같은 이유에서 귀책사유 이외에 違法性의 요건을 특별히 논할 필요가 없다고 본다.[43]

채무불이행이란 채무자가 자기가 부담하는 채무의 내용에 좇은 이행을 하지 않은 것으로서 채권법상의 의무를 위반하는 것이다. 일반적으로 법질서의 명령과 금지에 위반하는 것을 違法 내지 違法性이라고 한다면, 채무불이행은 이러한 법질서의 명령금지에 위반하는 것으로서 그것 자체가 위법하다고 볼 수 있다. 그렇다면 그러한 의무위반으로서의 채무불이행에 있어서 구태여 違法性의 요건을 별도로 논할 필요는 없는 것이다. 不法行爲에 있어서는 모든 加害行爲를 그 자체로서 위법하다고 할 수 없으므로, 가해행위의 違法性을 별도로 검토할 필요가 있다고 하더라도, 채무불이행에 있어서는 채무불이행 자체가 위법한 행위이기 때문에 채무불이행의 違法性을 별도로 논할 필요가 없다. 민법이 不法行爲責任의 경우에는 加害行爲의 違法性을 그 요건으로 규정하면서도(제750조), 채무불이행책임의 경우에는 채무자의 귀책사유 이외에 채무불이행의 違法性을 그 요건으로 별도로 규정하고 있지 않는 것도, 이를 말하여 주는 것이라고 볼 수 있다. 그리고 채무불이행책임의 요건으로서 違法性을 요구하는 위의 학설 역시 違法性은 채무불이행의 각 유형에 따른 객관적 요건이 모두 충족되는 경우에는 자동적으로 인정되는 것으로 봄으로써, 違法性의 요건을 적극적으로 검토하지는 않고 違法性이 조각되는 경우만을 소극적으

42) 郭潤直, 위의 책, 132-134, 148면; 金錫宇, 위의 책, 115, 122면; 金容漢, 위의 책, 121, 136면; 玄勝鐘, 위의 책, 118면 등.

43) 그 근거제시에 있어서는 다소의 차이가 있으나 결론에 있어서 同旨인 견해로는 金亨培, 위의 책, 189-191면; 民法注解(IX)(梁彰洙), 112면 및 229면; 李銀榮, 위의 책, 192-193면.

로 검토하고 있을 뿐이다. 게다가 이 학설은 그러한 違法性阻却事由로서 履行遲滯와 관련해서는 채무자에게 留置權이나 同時履行의 抗辯權 또는 辨濟猶豫의 항변권이 있는 경우를 들고 있고, 履行不能과 관련해서는 타인의 동물을 보관하는 자가 긴급피난으로 그 동물을 살해하는 경우를 들고 있다. 그러나 전자의 경우에 채무자에게 그러한 항변권이 있으면 履行遲滯는 성립하되 그 違法性만 조각되는 것이 아니고, 履行遲滯 자체가 성립하지 않는다고 보아야 한다. 채무자에게 그러한 항변권이 있는 경우에는 채무의 이행기가 도래하였다고 하더라도 채무자에게는 아직 급부해야 할 의무가 없으므로 채무자가 채무를 불이행하고 있다고 할 수가 없기 때문이다.[44] 한편 후자의 경우에 있어서의 긴급피난은 확실히 違法性阻却事由가 될 수 있을 것이다. 그러나 그 경우에 違法性이 조각되는 것은 타인의 동물을 살해하는 행위 자체이고, 그로 인하여 발생한 履行不能상태는 아니다. 즉, 그러한 경우라고 하여 履行不能이 위법하지 않게 되는 것은 아니라고 생각된다.[45] 다만 이러한 履行不能에 대해서는 다음과 같은 이유에서 채무자의 귀책사유가 없다고 하여야 할 것이다. 즉, 채무자의 귀책사유는 채무불이행에 대한 채무자 자신의 故意·過失이나 이행보조자의 故意·過失을 의미하는데, 이와 같이 긴급피난으로 인하여 초래된 履行不能의 경우에는 긴급피난행위(타인의 동물의 살해행위)에 대한 故意는 인정되지만 履行不能에 대한 故意까지 있다고 할 수는 없기 때문이다. 따라서 그러한 경우의 履行不能은 채무자의 귀책사유에 기인하지 않은 履行不能으로 보면 될 것이다.

Ⅶ. 歸責事由에 대한 立證責任

귀책사유의 존재에 대한 立證責任은 누가 부담하는가? 債權者가 그 立證責任을 부담하는가 아니면 채무자가 부담하는가? 원래 立證責任이라 함은 소송상 증명을 요하는 사실(要證事實)의 存否가 확정되지 않은 경우에, 이러한 불확정으로 인하여 재판이 불가능하게 되는 것을 방지하기 위하여 당해사실이 존재하지 않은 것으로 취급됨으로써 당사자 일방이 받는 불이익 내지 위험을 말한다.[46] 따라서 立證責任을 부담한다는 것은 곧 要證事實의 불확정으로 인한 불이익을 부담한다는 것을 의미한다. 여기서 어떠한 요증사실에 대한 立證責任을 누구에게 부담시킬 것인가 하는 立證責任의 분배문제가 발생하게

44) 同旨: 民法注解(Ⅸ)(梁彰洙), 115, 229면.
45) 同旨: 民法注解(Ⅸ)(梁彰洙), 229면.
46) 吳錫洛, 立證責任論, 1996, 3-4면; 李時潤, 民事訴訟法, 1995, 569면.

된다. 그런데 이와 같은 立證責任을 분배하는 법칙 내지 기준에 대해서는 일치된 견해는 없다. 다만 종래의 지배적인 견해라고 할 수 있는 法律要件分類說은, 立證責任의 분배기준을 要證事實이 그 法律要件으로 되어 있는 법규의 구조에서 찾으려고 한다. 즉, 이 학설은 법률요건을 규정하고 있는 법규를 그 규율형식상 權利關係의 발생을 근거지우는 규정(權利根據規定 내지 權利發生規定)[47], 權利關係의 발생을 방해하는 규정(權利障碍規定 내지 權利發生防止規定)[48], 權利關係가 발생한 후에 그 權利關係의 소멸을 가져오는 규정(權利消滅規定 내지 權利滅却規定)[49], 權利關係의 발생 후 그 행사를 저지 또는 배제하는 규정(權利行使沮止規定)[50]으로 구별하고, 권리근거규정의 요건사실은 그 규정의 법률효과를 주장하는 자가 立證責任을 부담하고, 나머지 규정들의 요건사실은 상대방이 부담하여야 한다고 한다. 요컨대 法律要件分類說에 의하면 權利關係의 발생에 필요한 법률요건을 구성하는 사실은 그 權利關係의 존재를 주장하는 자가 立證責任을 부담하고, 權利關係의 발생을 방해하거나 그 행사를 저지하거나 그 소멸을 가져오는 법률요건을 구성하는 사실은, 그와 같은 法律效果를 주장하는 자가 立證責任을 부담하게 된다.[51]

그런데 이상과 같은 法律要件分類說에 대해서는 단순히 법규의 규율형식에 의존하여 立證責任을 분배하는 것보다는 실질적 근거에 입각하여 立證責任을 분배하여야 한다는 학설이 최근에 주장되고 있다. 그러한 학설로서는, 우선 손해의 원인이 가해자의 위험영역(사실상 또는 법률상 지배가능한 생활영역)에서 발생한 경우에는, 가해자가 책임의 객관적 요건 및 주관적 요건의 부존재에 대하여 立證責任을 져야 한다는 이른바 危險領域說이 있다.[52] 그런가 하면 어떤 요건사실의 입증에 필요한 증거에 가까운 자가 立證責任을 부담하여야 하고, 증거와의 거리가 동등한 경우에는 입증의 난이도에 의하여 요건사실에 대한 立證責任을 부담하여야 한다는 證據距離說도 주장되고 있다.[53]

---

47) 예컨대 賣買契約의 성립에 관한 제563조나 不法行爲 成立에 관한 제750조 등.

48) 예컨대 反社會的인 法律行爲에 관한 제103조나 不公正한 法律行爲에 관한 제104조 등.

49) 예컨대 辨濟, 供託, 相計 등에 관한 규정.

50) 예컨대 留置權이나 同時履行의 抗辯權에 관한 규정.

51) 吳錫洛, 위의 책, 73면 이하; 李時潤, 위의 책, 571면 이하 참조.

52) 危險領域說은 독일의 Prölss에 의하여 체계화된 이론으로서 다음과 같은 점에 그 이론적 근거를 두고 있다. 첫째, 피해자는 가해자의 위험영역(Gefahrenbereich)에서 발생한 사건의 경위를 알아내기가 극히 어려우므로 항상 입증곤란상태에 놓이게 되는 반면, 가해자는 그의 위험영역 내에서 발생된 사실관계를 손쉽게 해명할 수 있는 위치에 있다. 둘째, 손해배상책임규범에는 손해의 발생을 예방하는 목적도 있는바, 가해자가 입증책임을 부담하지 않으면 이러한 목적이 달성될 수가 없다. 吳錫洛, 위의 책, 83면 참조.

53) 石田 穣, 證據法の再構成, 1980, 143면 이하 참조.

살피건대 法律要件分類說을 엄격히 적용하게 되는 경우에 부당한 결과가 초래될 수 있음은, 오늘날 특히 환경소송이나 의료과오소송, 제조물책임소송 등에서는 부정하기 어렵다. 그러나 法律要件分類說의 문제점이나 부당성은 적어도 일반적인 경우에 있어서는 이 학설의 적용을 전적으로 배척할 정도는 아니라고 생각된다. 따라서 이 학설에 의존하는 경우에 부당한 결과가 초래되는 경우라면 몰라도 그렇지 않은 한 이 학설을 무조건 배척할 일은 아니라고 생각된다. 즉, 종래의 法律要件分類說에 따른 立證責任의 분배가 부당한 결과로 되지 않는 경우에는 이 학설에 따라 立證責任을 분배하여도 될 것이다. 그러면 이 立證責任의 분배기준으로서 法律要件分類說의 적용여부와 관련하여 이 학설의 문제점이나 부당성에 대한 판단기준은 어디에서 찾아야 하는가? 그것은 결국 立證責任 分配의 이념이라고 할 수 있는 公平性(당사자의 소송진행상의 지위를 가급적 대등하게 하는 것)에 비추어 판단하여야 할 것이다.[54] 危險領域說이나 證據距離說 역시 결국은 立證責任의 분배를 공평하게 실현하기 위한 이론에 다름 아닌 것이다. 그렇다면 어떤 요증사실에 대한 立證責任의 분배는 일단은 法律要件分類說에 따라서 시도하되, 만약 그에 따른 결과가 공평치 못하게 되는 경우에는 위험영역설이나 증거거리설 등의 이론을 빌려 해결하는 것이 타당하리라고 본다.

이상에서 언급한 점들을 고려하여 이제 귀책사유의 유무에 대한 立證責任의 소재를 결정하면, 귀책사유에 대한 立證責任은 채무자가 부담하는 것이 타당하다고 본다. 즉, 채무자는 채무불이행이 자기의 귀책사유로 인한 것이 아니라는 것을 입증하지 못하는 한 채무불이행책임을 면하지 못한다. 귀책사유에 대한 立證責任을 이처럼 채무자가 부담한다는 것은 우선 제390조의 法文의 구조에서 찾을 수 있다. 즉 제390조의 본문과 단서의 法文은 「債權者는 채무자가 채무의 내용에 좇은 이행을 하지 아니한 때에는 손해배상을 청구할 수 있지만 채무자의 故意나 過失 없이 그러한 이행을 할 수 없게 된 때에는 이를 청구할 수 없다」는 내용으로 이해될 수 있다. 따라서 이 규정에 따르면 채무자의 귀책사유에 대한 立證責任은 債權者 보다는 채무자가 부담하는 것으로 해석하는 것이 자연스럽다.[55] 그리고 채무자는 債權者에 대하여 채무의 내용에 좇은 이행을 하여야 할 의무를 부담하고 있는 자이므로, 不履行이 자기의 귀책사유에 기인한 것이 아니라는 것을

54) 吳錫洛, 위의 책, 20-21면 참조. 立證責任分配의 이념으로서는 公平性 이외에 「政策的 考慮」도 지적되고 있으나, 이는 주로 입법자가 명문규정에 의하여 입증책임을 분배하는 경우에 문제될 것이고, 그러한 규정이 없는 상태에서 일정한 要證事實에 대한 입증책임을 누가 부담하는 것이 타당한가를 해석상 결정함에 있어서는 公平性만이 주로 문제될 것이다.

55) 郭潤直, 위의 책, 147면에서는 "민법 제390조의 규정상으로는 債權者가 채무자의 有責을 입증하여야 하는 것 같이 보인다"고 하고 있으나 私見으로는 오히려 그 반대라고 생각한다.

입증하지 못하는 한 그 책임을 면할 수 없다고 하는 것이 공평하기도 하다. 판례 역시 채무자가 귀책사유에 대한 立證責任을 부담한다는 입장을 취하고 있다.[56] 이러한 점에서 채무자의 귀책사유에 대한 立證責任에 관한 한, 채무불이행의 경우는 일반적으로 피해자가 가해자의 故意·過失까지를 입증하여야 하는 不法行爲의 경우와는 다른 것이다.

Ⅷ. 요 약

채무불이행에 기한 손해배상책임의 성립요건으로서의 채무자의 歸責事由와 관련하여 이상에서 검토한 바를 요약하면 다음과 같다.

歸責事由는 민법전의 여기저기에 규정되어 있는 「…의 책임있는 사유」와 同義語로서, 채무자 본인의 故意·過失과 이행보조자의 故意·過失을 포괄하는 개념이고 채무자 본인의 故意·過失만을 의미하는 「有責性」보다는 넓은 개념이다.

이행보조자란 넓게는 채무자의 法定代理人과 피용자를 포괄하나, 좁은 의미로는 피용자만을 가리킨다. 法定代理人의 故意·過失을 채무자 자신의 故意·過失과 동일시하는 근거는, 法定代理人의 활동을 통하여 이익을 얻는 채무자는, 法定代理人의 故意나 過失로 인한 불이익도 부담하는 것이 타당하다는 데에 있다. 협의의 이행보조자(피용자)의 故意나 過失을 채무자 자신의 故意나 過失과 동일시하는 근거는, 이행보조자를 사용하여 스스로 거래범위 내지 활동범위를 확대함으로써 위험범위를 확대한 채무자는, 이행보조자의 故意나 過失로 인한 채무불이행에 대해서도 책임을 지는 것이 타당하다는 데에 있다. 채무자의 명시적 또는 묵시적 의사에 따라 채무의 이행을 위하여 끌어들인 자이기만 하면, 채무자의 간섭가능성이 없는 독립된 기업이나 기관도 여기서 의미하는 바의 이행보조자가 될 수 있다. 이행보조자의 過失 유무의 판단기준은, 채무자가 속한 거래권이나 채무자가 종사하는 직종에 있어서의 평균인에게 요구되는 주의의무의 정도를 기준으로 한다. 채무자가 채무이행과 관련하여 이행보조자의 故意·過失에 대하여 책임을 진다는 것은, 이행보조자의 故意나 過失로 채무불이행이 된 경우에 그 책임을 진다는 것을 의미하고, 이행보조자의 故意나 過失로 인하여 債權者에게 발생한 모든 손해에 대하여 책임을 진다는 것을 의미하지는 않는다.

귀책사유를 인정하기 위한 전제로서 채무자에게 책임능력이 있어야 하는 것은 아니

56) 大判 1964. 4. 28, 63다617; 大判 1984. 11. 27, 80다177; 大判 1980. 11. 25, 80다508; 大判 1987. 11. 24, 87다카1575; 大判 1994. 10. 14, 94다38182 등.

다. 그리고 채무불이행책임의 요건으로서 귀책사유 이외에 違法性의 요건이 별도로 필요한 것은 아니다. 귀책사유에 대한 立證責任은 채무자가 부담한다.

* 저스티스 1997년 9월호(제30권 제3호), 44면 이하 게재

不完全履行論

Ⅰ. 不完全履行과 不完全履行論

債務의 이행행위로서 일정한 행위가 있었으나 그것이 債務者의 귀책사유로 債務의 내용에 좇은 이행이 되지 못하는 것을 일반적으로 不完全履行이라고 한다. 履行遲滯는 債務者가 履行期에 債務를 이행할 수 있음에도 불구하고 이행을 하지 않고 履行期를 넘긴 경우이고, 履行不能은 債務者가 債務를 이행할 수 없게 된 경우임에 반하여, 不完全履行은 債務者가 債務의 이행으로서 일정한 행위를 하긴 하였으나 그것이 債務의 내용에 좇은 완전한 것이 되지 못한 경우이다. 예컨대 병아리공급업자가 전염병에 걸린 병아리를 공급한 경우(또는 이로 인하여 매수인이 사육하던 건강한 병아리까지 병에 걸린 경우), 지붕수리공사를 맡은 업자가 지붕수리를 불완전하게 하여 비가 새는 경우(또는 이로 인하여 방안에 있던 古書畵가 훼손된 경우), 사용방법이 복잡한 기계를 팔면서 사용방법에 대한 설명을 게을리 하거나 설명을 잘못함으로써 기계사용 중에 기계가 파손되거나 매수인이 다친 경우 등이 不完全履行에 해당한다. 이러한 不完全履行은 우리 민법학에서도 履行遲滞나 履行不能과 구별되는 제3의 債務不履行類型으로 일반적으로 인정되고 있다. 한편 不完全履行에 관한 이론, 즉 不完全履行論은 제3의 債務不履行類型으로서의 不完全履行의 구조와 徵表를 밝히고, 不完全履行에 대한 법적인 구제수단과 그 근거를 제시하는 이론이다. 그런데 不完全履行論은 주지하다시피 우리나라에서 자생한 이론이 아니고, 우리 민법과는 다른 債務不履行法體系를 가진 독일민법하에서 학설과 판례에 의하여 생성 발전되어온 積極的 債權侵害(positive Forderungsverletzung) 내지 不完全履行(Schlechterfüllung od. Schlechtleistung)에 관한 이론이, 依用民法時代부터 일본민법학을 거쳐 우리 민법학에 도입되어 우리 민법의 해석론으로서 전개되고 있는 이론이다. 즉, 不完全履行論은 不完全履行이라는 債務不履行類型을 포섭할 만한 규정이 없는 독일민법학에서 생성 발달된 이론을, 不完全履行을 포함하여 債務不履行 전반이 포섭될 수 있는 포괄적인 규정(제390조)을 가지고 있는 우리 민법에 있어서도 그 해석론으로서 도입되어 전개되고 있는 이론이다. 그런데 不完全履行論이 이처럼 우리 민법과는 債務不履行法체계가 다른 독일의 민법학에서 형성된 이론인 반면, 不完全履行은 우리 민법에서도 인정될 수 있는 債務不履行類型이라면, 우리 민법학에 있어서의 不完全履行에 대한 논의에 있어서는, 독일에 있어서의 積極的 債權侵害論 내지 不完全履行論의 단순한 援用보다는, 이 이론에 대한 비판적 검토를 바탕으로 우리 민법의 규정에 부합하는 不完全履行論을 정립하는 것이 중요한 과제인 것이다. 이와 관련하여 종래 우리나라의 민법학에서는 不完全履行의 구조적 체계(특히 독일민법학에 있어서의 積極的 債權侵害와의 관계), 不完全履行의 속성, 不完全履行의 포섭범위, 不完全履行에 대한 구제수단 등에 대하여 다양한 견해가 주장되고 있다. 그런가 하면 不完全履行이라는 제3의 債務不履行類型을 인정할 필요가 있는가 하는 의문도 제기되고 있다.

이 글은 이러한 점을 고려하여 독일에 있어서의 不完全履行論의 형성과정과 不完全履行에 대한 종래 우리나라에 있어서의 논의들을 검토하여, 우리 민법의 債務不履行 규정에 부합하는 不完全履行理論을 구성해 보려는 것이다.

Ⅱ. 不完全履行論의 연혁(독일에 있어서의 積極的 債權侵害理論)

주지하는 바와 같이 독일민법은 債務不履行에 대하여 우리 민법 제390조처럼 포괄적 규정을 두지 않고 履行不能(동법 제280조 이하 및 제325조)과 履行遲滯(동법 제284조 이하 및 제326조)에 대해서만 개별적으로 규정하고 있다. 그러나 독일민법이 시행된 직후인 1902년에 Hermann Staub가 독일민법에는 債務者가 행하여야 할 것을 행하지 않은 경우(Fälle, wo jemand unterläßt, was er tun soll), 즉 不作爲에 의한 의무위반의 경우인 履行遲滯나 履行不能에 대해서는 규정이 있으나, 하지 말아야 할 것을 한 경우(Fälle, wo jemand tut, was er unterlassen soll)나 給付義務를 이행하기는 하였으나 瑕疵가 있는 경우처럼, 적극적 행위(positives Tun)에 의하여 의무를 위반하는 경우에 대해서는, 이를 규율할 법률규정이 흠결되어 있다는 점을 지적하였다. 그는 그러한 경우들로서 램프를 산 매수인이 그 물건을 프랑스로 다시 팔지 않기로 약속하였는데도 이를 어기고 다시 팔아버린 경우, 폭발성 성분이 내포된 발광물질을 제조하여 타인에게 공급하면서, 폭발성 성분에 대하여 주의를 시키지 않았기 때문에 그 물질의 폭발로 매수인의 상점에 큰 피해가 발생한 경우, 대리상이 고객의 지급능력에 관하여 부주의로 잘못 보고한 탓으로 손해가 발생한 경우, 벌레먹은 사과를 공급함으로써 매수인의 성한 사과에 전염되어 매수인이 큰 손해를 본 경우, 석탄공급업자가 목욕탕업자에게 양질의 석탄을 계속적으로 공급하기로 계약을 하고서 조악한 석탄을 공급하였기 때문에 목욕탕이 정상적인 영업을 하지 못한 경우 등을 들었다. 이러한 경우들을 그는 積極的 契約侵害(positive Vertragsverletzung)라고 불렀다. 그리고 그는 이러한 경우에 대해서는 履行遲滯의 책임에 관한 규정(제286조)을 類推適用하여 債務者에게 손해배상책임을 인정할 것과 쌍무계약에 있어서의 履行遲滯時의 契約解除에 관한 규정(제326조)을 類推適用하여 債權者에게 契約解除權을 인정할 것을 주장하였다.[1)]

1) Staub는 이러한 주장을 원래 1902년에 발행된 제26차 독일법률가대회기념논문집에 게제된 「Über die positiven Vertragsverletzungen und ihre Rechtsfolgen」이라는 논문에서 발표하였는데, 그는 이 논문을 증보하여 1904년에 「Die Positiven Vertragsverletzungen」이라는 제목의 단행본으로 발간하였다. 그런데 1969년에 Eike Schmidt는 이 논문을 Jhering의 「culpa in contrahendo」라는 논문과 함께 묶어 자신의 평석을 붙여 「Rudolf von Jhering, culpa in contrahendo-Hermann Staub, Die Positiven Vertragsverletzungen mit einem Nachwort von Eike Schmidt」라는 제목의 한 권의 책으로 다시 발간하였다. 본문에서 소개한 Staub의 견해에 대해서는 이 책의 93면 이하, 100면 이하, 105면 이하 참조.

Staub의 이와 같은 주장은 그 후 판례와 학설의 지지를 받게 되었으나, 그러한 지지는 그가 예시하는 위의 모든 경우에 미치는 것은 아니었고, 주로 벌레먹은 사과를 공급한 경우나 폭발성 성분이 내포된 발광물질을 팔면서 이에 대한 주의를 환기시키지 않은 경우처럼 債務者가 給付를 실현하기는 하였으나 그 給付에 瑕疵가 있어서(fehlerhaft), 그로 인하여 給付利益 이외의 債權者의 다른 法益에까지 확대손해(Begleitschaden) 내지 부가적 손해(zusätzlicher Schaden)가 발생하는 경우들에 한정되었다. 즉, 그 후의 판례나 학설들은 여타의 경우들에 대해서는 履行遲滯나 履行不能의 제도로도 해결될 수 있다는 비판적인 입장을 취하였으나, 이러한 경우의 손해는 履行遲滯나 履行不能으로 인한 손해가 아니기 때문에 이러한 경우들은 履行遲滯나 履行不能에 관한 규정에 포섭될 수 없고, 따라서 이러한 제3의 債務不履行類型에 관한 한 독일민법에는 欠缺이 있음을 일반적으로 시인하였다. 물론 독일민법에도 瑕疵 있는 給付의 경우에 대하여 법률규정이 전혀 없는 것은 아니고 개별적인 계약과 관련하여 瑕疵擔保責任에 관한 규정들이 더러 있기는 하다. 예컨대 매도인의 瑕疵擔保責任에 관한 규정(동법 제459조 이하), 임대인의 瑕疵擔保責任에 관한 규정(동법 제537조 이하), 受給人의 瑕疵擔保責任에 관한 규정(동법 제633조 이하) 같은 것들이 그것이다. 그러나 이처럼 개별적인 계약과 관련하여 인정되는 하자담보책임은 그 내용이 瑕疵있는 給付로 인하여 발생한 확대손해에 대한 구제수단으로서는 충분하지 못하게 되어 있다. 예컨대 매도인의 瑕疵擔保責任에 관한 규정은 매도인이 목적물에 瑕疵가 없음을 보증하였거나 瑕疵를 악의로 숨긴 경우(제463조)가 아닌 한, 매수인은 代金減額(Minderung) 또는 매매의 해제(Wandelung)를 청구하거나, 종류물매매인 경우에는 瑕疵없는 물건의 인도(제480조)를 청구할 수는 있어도, 瑕疵있는 물건의 인도로 야기된 그 밖의 손해에 대한 배상은 청구할 수 없도록 되어 있다. 따라서 독일민법상의 매도인의 瑕疵擔保責任 규정에 의해서는, 매도인이 목적물에 瑕疵가 없음을 보증하였거나 악의로 瑕疵를 숨긴 경우가 아닌 한, 매도인에게 瑕疵있는 목적물의 인도로 인하여 야기된 확대손해에 대한 책임을 묻기는 어려운 것이다. 그러한 점에서 이들 계약에 있어서도 瑕疵 있는 給付로 발생한 확대손해에 대한 책임에 관한 한 법률규정이 흠결되어 있는 것이다.

그런데 瑕疵 있는 給付로 인하여 확대손해가 발생하는 경우는, 계약상의 채권관계에 있어서만 문제가 되는 것이 아니고 事務管理나 不當利得 또는 不法行爲로 인한 債權처럼 법률의 규정에 의해서 발생하는 債權에 있어서도 문제가 되므로, 나중에는 「積極的 契約侵害」를 「積極的 債權侵害(positive Forderungsverletzung)」라고도 부르게 되었다. 이렇게 하여 적극적 계약침해 내지 積極的 債權侵害는 독일민법학에서 履行遲滯 및 履行不能과 구별되는 제3의 債務不履行類型으로 인정되기에 이른 것이다.[2] 그리고 積極的 債權侵害에 대하여 피해구제를 하는 법적 근거도 현재는 Staub의 주장처럼 단순히 履行遲滯에 관한 제286조와 제326조의 규정의 유추적용에서만 찾는 것이 아니고, 이들 규정과 더불어 履行不能에 관한 제280조와 제325조의 규정도 함께 類推適用함으로써 적극적 채권침해시의 손해배상과 계약해제를 위한 법적 근거를 도출해 내고 있다.[3] 그리고 또 이러한 제3의 유형의 債務不履行은 원래 Staub가 생각하였듯이 債務者의 적극적인 행위에 의해서만 생기는 것이 아니고, 폭발성성분이 내포된 발광물질을 팔면서 매도인이 매수인에게 이에 대하여 주의를 환기시키지 않음으로써 매수인에게 손해가 발생한 경우에서 보듯이, 소극적 행위에 의해서도 생길 수 있기 때문에, 積極的 債權侵害라는 용어는 적절치 못한 것으로 생각되어 不完全給付(Schlechtleistung)[4] 또는 不完全履行(Schlechterfüllung)[5]이라는 용어도 일반적으로 쓰이고 있다. 따라서 이러한 용어들은 모두가 同義語인 셈이다.

그런데 현재 독일민법학에서 제3의 債務不履行類型으로서의 積極的 債權侵害 내지 不完全履行에 해당되는 것으로 취급하는 경우들을 보면, 履行遲滯나 履行不能에 속하는 것이 아니라는 점에서는 공통적인 속성을 가지고 있을런지 모르지만, 그 밖의 점에서는 반드시 공통적인 특징을 지니고 있다고 볼 수 없는 경우들도 포함되어 있다. 예컨대 이행기 전의 履行拒絶(Erfüllungsverweigerung vor Fälligkeit)이 그것이다.[6] 履行拒絶은 이행 자체를 미리 거절하는 것이기 때문에 積極的 債權侵害라고도 할 수 없고 不完全履行이라고도 할 수 없는 형태의 債務不履行인 것이다. 따라서 독일 민법학에서 인정되는 積極的 債權侵害 내지 不完全履行에 대하여 공통적인 특징을 정확히 지적하기는 어려운 형편이다. 그런가 하면 적극적 채권침해 내지 不完全履行과 같은 債務不履行類型에 관해서는 민법규정이 흠결되었다고 보는 종래의 일반적인 학설이나 판례의 입장 자체에 대하여서도 독일학자들간에 반론과 의문이 전혀 없는 것은 아니다. 즉, 독일민법전에 과연 그러한 흠결이 존재하는가 하는 반론이 독일의 일부학자에 의하여 과거에도 제기되었고 현

2) Larenz, Schuldrecht Allgemeiner Teil, 14. Aufl., 1987, 367면; Schlechtriem, Schuldrecht Allgemeiner Teil, 1992, 159면; Medicus, Schuldrecht Allgemeiner Teil, 8. Aufl., 1994, 197면; Fikentscher, Schuldrecht, 8. Aufl., 1992, 259면 등 참조.

3) Larenz, 위의 책, 367면; Schlechtriem, 위의 책, 159면; Medicus, 위의 책, 197면 등 참조.

4) Medicus, 위의 책, 193면; Schlechtriem, 위의 책, 157면.

5) Fikentscher, 위의 책, 258면 이하; Emmerich, Das Recht der Leistungsstörungen, 3. Aufl., 1991, 218면.

6) Schlechtriem, 위의 책, 163면; Medicus, 위의 책, 195면 참조.

재에도 제기되고 있다.[7] 이들은 독일민법전의 규정을 제대로 이해하면 不完全履行에 속하는 경우들도 履行不能(Unmöglichkeit)이나 一部不能(Teilunmöglichkeit)에 관한 규정에 포섭될 수 있다고 주장한다. 이들은 그 근거로서, 給付(Leistung)의 개념이나 이행불능의 개념은 일반적으로 이해되는 것보다 훨씬 폭넓은 것이어서 質的인 요소(Qualität)도 給付의 개념에 포함될 수 있기 때문에, 不完全履行은 質的인 면에 있어서의 일부불능에 불과하다는 점을 든다.

이러한 점으로 보아 不完全履行論은 독일민법학에 있어서도 아무런 의문과 異論의 여지가 없을 정도로 완성된 이론이라고는 볼 수 없는 것이다.[8]

Ⅲ. 不完全履行의 構造와 徵表

不完全履行은 이상에서 본 것처럼 독일민법학에서 형성 발전되어온 積極的 債權侵害 내지 不完全履行에 관한 이론이 일본민법학을 거쳐 우리 민법학에 도입됨에 따라 우리 민법학에서도 인정되기에 이른 제3의 債務不履行類型이다. 그러나 積極的 債權侵害理論은 독일민법학에서 형성 전개되어온 이론인 반면, 不完全履行은 독일민법에서만 인정될 수 있는 債務不履行類型이 아니다. 그렇다면 이제 우리 민법에 있어서의 不完全履行의 구조와 성격을 어떻게 파악하고, 不完全履行의 포섭범위를 어떻게 설정하고, 不完全履行의 법률적인 근거를 어디서 찾을 것이며, 또 이에 대하여 어떠한 구제수단을 인정할 것인가 하는 문제는 전적으로 우리 민법학의 독자적인 몫이요 과제이다. 그리고 이러한 과제를 수행함에 있어서 중요한 것은, 積極的 債權侵害理論이 독일민법학에서 어떻게 형성 전개되어 왔든 우리 민법에 부합하는 不完全履行理論을 구성하는 일이다. 아래에서는 이러한 관점에서 우선 不完全履行의 체계적 구조와 不完全履行이라는 債務不履行類型에 특유한 徵表에 대하여 검토하기로 한다.

1. 不完全履行의 構造

종래 우리 민법학의 不完全履行에 관한 논의에 있어서는 독일민법학의 영향으로 積

---

7) Himmelschein, Erfüllungzwang und Lehre von den positiven Vertragsverletzungen, AcP 135(1932), 255면 이하; Emmerich, 위의 책, 216면 이하 참조.

8) 同旨: 曺圭昌, 「民法 제390조와 積極的 債權侵害」, 郭潤直敎授華甲紀念論文集, 1985, 352면.

極的 債權侵害라는 용어도 흔히 사용되어 왔다. 그러나 不完全履行과 積極的 債權侵害와의 관계를 이해하는 입장은 일정하지 않다. 즉, 일부 학설은 不完全履行 중 확대손해가 발생한 경우를 특히 積極的 債權侵害로 보고, 不完全履行이 있긴 하지만 확대손해가 발생하지 않은 경우를 협의의 不完全履行으로 봄으로써, 積極的 債權侵害를 不完全履行 일반과는 일단 구별하려고 한다.[9] 그런가 하면 다른 학설은 독일민법학에 있어서처럼 不完全履行과 積極的 債權侵害를 동의어로 보고 이를 구별하지 않으려고 한다.[10]

살피건대 不完全履行에 있어서 확대손해가 발생한 경우와 확대손해가 발생하지 않은 경우를 구별할 수는 있고, 또 독일민법학에 있어서의 不完全履行理論 역시 확대손해가 발생하는 경우를 중심으로 생성 발전되어온 것도 사실이다. 그러나 확대손해는 不完全履行의 경우에만 발생하는 것이 아니고 履行遲滯나 履行不能의 경우에도 발생할 수 있고,[11] 또 동일한 不完全履行 행위로부터도 확대손해가 발생할 수도 있고 발생하지 않을 수도 있기 때문에, 확대손해가 생긴 경우라고 하여 이를 보통의 不完全履行과 그 성질상 다른 것처럼 특별히 구별할 필요는 없을 것이다. 확대손해가 발생한 경우에는 이에 대한 배상책임만 더 논하면 될 것이다. 그리고 「積極的 債權侵害」라는 용어 자체도 그 의미상 적절치 못하다. 「積極的」債權侵害라는 용어는 履行遲滯나 履行不能처럼 하여야 할 어떤 행위를 소극적으로 하지 않는 것이 아니고, 하지 말아야 할 행위를 적극적으로 함으로써 손해를 야기시킨다는 것을 의미하는 용어이겠지만, 이러한 구분이 항상 정확한 것은 아니기 때문이다. 예컨대 매도인이 매매목적물인 도자기를 깨버리거나 파손해 버리거나 타인에게 양도하여 버림으로써 소유권이전이 불가능하게 된 경우는, 履行不能에 해당함에도 불구하고 이 履行不能은 매도인의 소극적 행위에 의해서 생긴 것이 아니고 적극적 행위에 의해서 생긴 것이다. 그런가 하면 매도인이 매매목적물의 사용방법에 대한 설명의무를 다하지 않음으로써 그 물건을 사용하던 매수인에게 확대손해가 발생한 경우는, 흔히 말하는 積極的 債權侵害에 속한다고 볼 수 있는 경우이지만, 이러한 積極的 債權侵害는 매도인이 소극적 義務를 적극적으로 위반함으로써 생긴 것이 아니고, 적극적 義務를 소극적으로 위반함으로써 생긴 것이다. 따라서 積極的 債權侵害를 반드시 「消極

9) 玄勝鍾, 債權總論, 1975, 129면; 金容漢, 債權總論, 1983, 159면 참조.

10) 金曾漢, 債權總論, 1988, 68면; 郭潤直, 債權總論, 1994, 162면; 金亨培, 債權總論, 1998, 220면; 李銀榮, 債權總論, 1992, 183면.

11) 예컨대 가옥의 완공이 늦어짐으로써 입주예정자가 가건물에서 임시로 거주하다가 독감에 걸린 경우를 생각하라. 확대손해는 不完全履行뿐만 아니라 다른 유형의 債務不履行에서도 발생할 수 있다는 점에 대해서는 Fikentscher, 위의 책, 262면도 同旨.

的 義務에 대한 積極的 違反」으로 파악할 수가 없는 것이다. 이러한 점으로 보아 「積極的 債權侵害」라는 용어는 독일민법학에서는 不完全履行理論의 형성 발전과 관련하여 연혁적인 의의가 있을런지는 모르지만, 不完全履行을 가리키는 용어로서는 비록 확대손해가 발생한 경우만을 가리킨다고 하더라도 적절치 못하다.[12] 그렇다면 그러한 연혁적인 사정조차도 없는 우리 민법학에서는 이 용어를 사용할 필요가 없을 것이다.[13]

2. 不完全履行의 徵表

不完全履行이 履行遲滯나 履行不能과는 다른 제3의 債務不履行類型이라면 다른 유형의 債務不履行과 구별될 수 있는 不完全履行의 徵表는 무엇인가? 이와 관련하여 일부 학설은 不完全履行 내지 積極的 債權侵害의 본질을 부수적 의무(Nebenpflicht) 내지 基本債務 이외의 容態義務(weitere Verhaltenspflichten)의 위반으로 본다. 즉, 이 학설에 의하면 債務者는 債務의 내용에 좇은 이행을 하여야 할 의무를 부담함과 동시에 債務의 내용에 좇지 않은 給付行爲를 해서는 아니되는 의무도 부담하는바, 前者의 「積極的 義務에 대한 消極的 위반」이 履行遲滯와 履行不能이고, 後者의 「消極的 義務에 대한 積極的 위반」이 不完全履行 내지 積極的 債權侵害라고 한다.[14] 이에 대하여 다른 학설은 不完全履行 내지 積極的 債權侵害는 給付義務를 위반하여 생길 수도 있고, 부수적 의무나 保護義務를 위반함으로써 발생할 수도 있다고 한다.[15]

살피건대 不完全履行의 본질을 부수적 의무 위반으로 파악하는 것은 다음과 같은 점에서 타당하다고 할 수 없다. 즉, 不完全履行은 지붕수리를 불완전하게 함으로써 비가 새는 경우에서 보듯이, 債務者가 主된 의무로서의 給付義務 자체를 제대로 이행하지 않음으로써 생길 수도 있고, 위험한 기계를 팔면서 사용방법을 잘못 설명함으로써 매수인이 그 기계를 사용하다가 다치는 경우에서 보듯이, 債務者가 부수적 의무를 위반함으로써 생길 수도 있기 때문이다.[16] 그렇다면 債務者가 위반한 의무의 종류에 의하여 不完全

12) 「적극적(positive) 계약침해」 또는 「적극적 채권침해」라는 용어가 부적절한 용어라는 점은 독일민법학에서도 일반적으로 지적되고 있다. Larenz, Schuldrecht Ⅰ, 368면; Medicus, Schuldrecht Ⅰ, 193면; Schlechtriem, Schudrecht Ⅰ, 157면; Fikentscher, 위의 책, 259면 등 참조. 그럼에도 독일민법학에서 이 용어가 그냥 사용되고 있는 것은 이 용어가 이미 널리 사용되어 버렸기 때문인 것이다. Larenz, Schuldrecht Ⅰ, 368면 참조.

13) 同旨: 民法注解 Ⅸ(梁彰洙), 299면.

14) 郭潤直, 위의 책, 160면; 金錫宇, 債權總論, 1976, 125면 등 참조.

15) 金亨培, 위의 책, 220면.

履行을 履行遲滯나 履行不能과 구별할 수는 없는 것이다. 다른 유형의 債務不履行과 구별될 수 있는 不完全履行의 徵表는 단지 「債務의 이행으로서 債務者의 일정한 행위가 있었으나 그것이 債務者의 귀책사유로 인하여 債務의 내용에 좇은 이행이 되지 못하는 것」이라고 하여야 할 것이다. 따라서 그러한 경우이기만 하면, 그것이 給付義務 위반에 기인한 것인가 또는 부수적 의무 위반에 기인한 것인가를 묻지 않고, 그리고 그로 인하여 확대손해가 발생하였는가 아닌가를 묻지 않고, 不完全履行이 성립한다고 보아야 할 것이다. 그러면 이러한 徵表를 지닌 不完全履行에 대하여 우리 민법은 어떻게 규율하고 있는가? 이하에서는 이에 대하여 살피기로 한다.

Ⅳ. 不完全履行에 관한 民法의 規定과 民法의 立法態度

1. 不完全履行에 관한 民法規定

우리 민법도 개별적인 계약과 관련된 몇몇 담보책임에 관한 규정들을 제외하고는 不完全履行에 대하여 특별히 별도의 규정을 두고 있지는 않다. 그러나 우리 민법은 債務不履行으로 인한 손해배상청구권의 성립요건을 정하고 있는 제390조에서는, 독일민법에 있어서처럼 債務不履行을 유형별로 규정하지 않고, 「債務者가 債務의 내용에 좇은 이행을 하지 않은 때」라고 하여 포괄적으로 규정하고 있다. 따라서 不完全履行이 「債務者가 債務의 내용에 좇은 이행을 하지 않은 때」에 해당된다면 우리 민법하에서는 不完全履行도 포괄적인 규정인 제390조에 포섭된다고 볼 수 있다. 따라서 우리 민법상 不完全履行의 법률상의 근거는 이 규정에서 찾을 수 있는 것이다. 다음 항에서 보듯이 不完全履行에 대하여 우리 민법의 입법자가 어떠한 의도를 가지고 있었는가 하는 점에 대해서는 학자들간에 견해가 갈리지만, 不完全履行의 법률상의 근거를 민법 제390조의 규정에서 찾는데 있어서는 이견이 없다. 이와 같이 우리 민법이 債務不履行에 관하여 포괄적인 규정을 두고 있는 점에서, 우리 민법에는 不完全履行에 관하여 독일민법에서와 같은 欠缺이 존재한다고는 할 수 없다. 그러나 한편 민법은 不完全履行의 구체적인 효과(不完全履行時의 구제수단)에 대해서는, 제390조에 규정된 손해배상책임을 제외하면 履行遲滯나 履行不能의 경우와는 달리 아무런 규정도 두고 있지 않다.[17] 이 점에 관한 한 민법에는 흠

16) 이러한 입장에 대해서는 Larenz, 위의 책, 364면 참조.

17) 민법은 履行遲滯의 효과에 대해서는 제390조 말고도 제389조, 제392조, 제395조, 제397조, 제

결이 있는 것이다. 다만 개별적인 계약상의 債務와 관련하여 不完全履行에 속한다고 볼 수 있는 몇몇 경우에 있어서는 민법은 그 효과를 개별적으로 규정하고 있다. 즉, 민법은 증여의 목적물에 瑕疵가 있는 경우의 贈與者의 擔保責任(제559조), 매매의 목적물에 瑕疵가 있는 경우의 매도인의 瑕疵擔保責任(제580조, 제581조), 利子있는 消費貸借의 목적물에 瑕疵가 있는 경우의 貸主의 擔保責任(제602조), 都給契約에서 완성된 목적물에 瑕疵가 있는 경우의 受給人의 瑕疵擔保責任(제667조 이하) 등에 대해서는 개별적인 규정을 두고 있다. 따라서 이상과 같은 경우에 있어서는 각각 위의 규정들에 의하여 그 구제수단이 결정된다. 그러나 이들 개별적인 규정에서 인정하고 있는 債務者의 책임은 거의가 債務者의 귀책사유를 요건으로 하지 않고 인정되는 이른바 무과실책임이어서, 이들 규정에 의해서 債務者에게 부담시킬 수 있는 손해배상책임에는 한계가 있다. 즉 이들 개별적인 규정에 의해서는 瑕疵있는 급부 내지 不完全履行으로 발생한 손해 중 給付利益을 초과하는 확대손해에 대한 책임은 추궁할 수가 없다.[18] 이러한 손해에 대한 책임은 결국 제390조에 의하여 물을 수 밖에 없다.

요컨대 민법은 개별적으로 瑕疵擔保責任에 대한 규정을 두고 있는 증여, 매매, 소비대차, 도급 등의 계약의 경우를 제외하고는, 債務의 不完全履行時의 구제수단으로서는 손해배상청구권에 관해서만 포괄적으로 규정하고 있는 셈이고, 손해배상 이외의 구제수단에 대해서는 履行遲滯나 履行不能의 경우와는 달리 아무런 규정을 두고 있지 않기 때문에, 이러한 구제수단에 관한 한 민법에는 欠缺이 있는 것이다.

2. 不完全履行에 대한 民法의 立法態度

不完全履行에 대하여 이와 같이 불완전하게 규율하고 있는 민법의 입법태도 때문에, 과연 우리 민법이 債務不履行類型으로서 不完全履行을 예정하였는가, 아니면 履行遲滯나 履行不能만을 예정하고 不完全履行은 예정하지 않았는가에 대하여 학자들간에 견해가 대립하고 있다. 즉, 郭潤直 교수는 "우리 민법도 기본적으로는 母法인 독일민법에서

544조, 제545조, 제548조, 제551조 등의 규정을 두고 있으며, 履行不能의 효과에 대해서도 제390조 이외에 제546조, 제548조, 제551조 등의 규정을 두고 있다.

18) 債務者의 귀책사유를 요건으로 하지 않는 瑕疵擔保責任의 범위가 이러한 손해에까지 미치게 되면, 債務者의 귀책사유를 요건으로 하는 一般債務不履行責任에 비추어 이들 瑕疵擔保責任을 부담하는 자의 책임이 너무 무거워지는 부당한 결과가 된다. 이에 대해서는 나중에 不完全履行에 대한 구제수단을 논할 때(뒤의 Ⅶ 참조) 다시 언급하게 될 것이다.

와 마찬가지로 역시 債務不履行의 유형으로서 履行遲滯와 履行不能의 양자를 예정하고, 이행이 불완전한 경우는 이를 瑕疵擔保責任으로 해결하려는 것이라고 보아야 할 것이다" 라고 주장한다.[19] 이와 입장을 같이 하는 金亨培 교수 역시 우리 민법이 履行遲滯와 履行不能의 효과에 대해서는 개별적인 규정을 두면서도 不完全履行에 대해서는 그와 같은 개별적인 규정을 두지 않은 점을 들어 "우리 민법의 입법자는 履行遲滯와 履行不能을 債務不履行의 전형적 형태로서 규율하고 있을 뿐이며 不完全履行이라는 제3의 債務不履行形態를 의식하지 않았던 것은 명백하다"고 주장한다.[20] 그러면서도 金 교수는 不完全履行의 법률적 근거는 제390조 본문에서 구하고 있고, 또 그렇게 하는 것이 입법자의 주관적 의도에는 맞지 않으나 이 규정의 객관적 입법취지 내지 내재적 목적에는 부합한다고 주장한다.[21]

이에 대해서 高翔龍 교수는, 우리 민법 제390조가 모델로 삼았을 것이라고 추측되는 일본민법 제415조의[22] 입법시에 일본민법의 기초위원들은 일본민법 제415조의 前段(우리 민법 제390조 본문에 해당)을 마련하면서 履行遲滯만을 예정한 것이 아니고 同條後段의 履行不能을 제외한 債務不履行 전반을 예정하고 있었다는 점을 근거로, 제390조 본문은 履行不能을 제외한 債務不履行 전반을 의미하는 것이라고 보아야 한다고 주장한다.[23] 한편 梁彰洙 교수는 우리 민법 제정 당시의 「民法典編纂要綱」이 不完全履行에 대하여 분명히 언급하고 있었다는 점과[24] 우리 민법의 제정당시 그 주요한 배경이 되는 일본민법학에서 不完全履行이 이미 인정되고 있었다는 점에 비추어, 우리 민법의 입법자가 不完全履行을 인식하지 못하였다고는 상상되지 않는다고 한다.[25]

살피건대 우리 민법의 입법자가 민법제정 당시에 不完全履行을 예정하였는가 아니하였는가 하는 물음은, 입법자가 입법당시에 不完全履行이라는 債務不履行類型에 대하

19) 郭潤直, 위의 책, 167면.

20) 金亨培, 위의 책, 220면.

21) 金亨培, 위의 책, 221면.

22) 일본민법 제415조는 우리민법 제390조에 해당하는 규정이지만 그 法文의 구조는 우리민법 제390조의 경우와는 달리 "債務者가 債務의 본지에 좇은 이행을 하지 않은 때에는 債權者는 그 손해의 배상을 청구할 수 있다. 債務者의 책임으로 돌아갈 사유로 인하여 이행할 수 없게 된 때에도 또한 같다"고 되어 있다.

23) 高翔龍, 民法特講, 1995, 469면.

24) 이 견해가 소개하는 民法典編纂要綱 債權總則 제11항에는 "金錢債務 이외의 債務에 관하여 履行遲滯 또는 不完全履行이 있는 때에는 債務者의 故意·過失이 있는 경우에 한하여 損害賠償義務를 인정하도록 할 것"이라고 기재되어 있다.

25) 民法注解 Ⅸ(梁彰洙), 300면.

여 알고 있었는가 아니면 모르고 있었는가 하는 물음이 아니고, 입법자가 不完全履行을 債務不履行의 한 유형으로 규율하려고 하였는가 아니하였는가 하는 물음, 즉 입법자의 의도가 어떠하였는가 하는 물음이다. 그렇다면 우리 민법의 입법자가 不完全履行을 예정하였었다고 단정하기는 확실히 어렵다고 생각된다. 입법자가 不完全履行을 債務不履行의 한 유형으로서 예정하였다면, 왜 이에 대한 구제수단에 대해서는 履行遲滯나 履行不能의 경우와는 달리 개별적인 규정을 두지 않았는가 하는 의문이 생기기 때문이다. 그러나 그렇다고 입법자가 제390조와 같은 포괄적인 규정을 두었음에도 불구하고 굳이 입법자는 독일민법에서와 마찬가지로 履行遲滯와 履行不能만을 예정하였고 不完全履行은 예정하지 않았다고 단정하는 것도 문제이다. 우리 민법의 입법자가 不完全履行도 포섭될 수 있는 민법 제390조와 같은 포괄적인 규정을[26] 둔 사실 자체의 意義 역시 무시할 수 없기 때문이다.

不完全履行에 대한 우리 민법 입법자의 規律意圖에 대해서는 이처럼 어떠한 단정을 하기가 확실히 어렵지만, 한 가지 확실한 것은 우리 민법의 입법자가 不完全履行에 대해서는 불완전하게 규율하였다는 사실이다. 즉 민법의 입법자는 不完全履行이 포섭될 수 있는 포괄적인 규정은 두었으면서도 不完全履行의 구제수단에 대해서는 제390조의 손해

26) 제390조는 일본 민법 제415조의 영향을 받은 규정이긴 하나 일본민법 제415조의 내용을 그대로 옮긴 규정이 아니고 이 조문과는 그 法文의 구조를 달리하는 규정으로서, 일본 민법 제415조보다도 더 포괄적인 내용을 담고 있는 규정임을 주시할 필요가 있다. 즉, 일본 민법 제415조의 法文은 "債務者가 債務의 본지에 좇은 이행을 하지 않은 때에는 債權者는 그 손해의 배상을 청구할 수 있다. 債務者의 책임에 돌아갈 사유로 인하여 이행할 수 없게 된 때에도 또한 같다"라고 하여 前段과 後段으로 되어 있다. 그러나 우리 민법 제390조의 法文은 "債務者가 債務의 내용에 좇은 이행을 하지 아니한 때에는 債權者는 손해배상을 청구할 수 있다. 그러나 債務者의 고의나 과실없이 이행할 수 없게 된 때에는 그러하지 아니하다"라고 하여 원칙과 단서규정으로 되어 있다. 따라서 민법 제390조의 본문은 일본민법 제415조 前段의 내용보다도 더 포괄적인 내용을 담고 있다고 볼 수 있다. 즉, 일본 민법 제415조 後段의 "債務者의 책임에 돌아갈 사유로 인하여 이행할 수 없게 때"라는 것은 이 규정의 法文의 구조상 履行不能을 의미하는 것으로 해석될 수밖에 없고, 따라서 그 前段의 "債務者가 債務의 본지에 좇은 이행을 하지 않은 때"는 履行不能을 제외한 그 밖의 債務不履行을 가리키는 것으로 해석되는 것이다. 그러나 우리 민법 제390조의 法文은 원칙과 단서규정으로 구성되어 있기 때문에 동조 단서의 "債務者의 고의나 과실없이 이행할 수 없게 된 때"라는 것은 履行不能만을 가리키는 것으로 해석할 수가 없고(종래 대부분의 학설은 이 단서조항이 이행불능만을 의미하는 것으로 해석하여 왔으나 이는 일본민법 제415조의 法文과 우리민법 제390조의 法文의 구조가 상이한 것을 간과하고, 일본민법 제415조에 대한 해석을 우리민법 제390조의 해석에 그대로 받아 들인데서 오는 잘못이 아닌가 짐작된다.), 同條 本文에서 말하는 "債務의 내용에 좇은 이행"을 "債務者의 故意나 過失없이 할 수 없는 때"라고 해석하여야 法文에 부합하는 것이다. 따라서 제390조 본문의 "債務者가 債務의 내용에 좇은 이행을 하지 않은 때"라는 것은 履行遲滯나 履行不能을 포함하여 債務不履行 전반을 포함하는 것이라고 해석하여야 한다.

배상청구권을 제외하고는 아무런 규정도 두지 못한 것이다. 그렇다면 이제 중요하고 필요한 것은 不完全履行에 대한 입법자의 의도 파악이 아니고, 不完全履行에 대한 입법자의 불완전한 규율을 어떻게 보충하여 不完全履行에 대한 구제수단과 그 근거를 제시하는가 하는 문제이다. 그리고 이는 不完全履行에 대한 입법자의 의도를 어떻게 파악하든 마찬가지이다.

V. 제3의 債務不履行類型으로서의 不完全履行의 인정필요성

종래 우리나라의 일부 학자는, 不完全履行에 해당하는 사례들은 경우에 따라 履行遲滯나 履行不能으로 취급하거나 債務者에게 瑕疵擔保責任이나 不法行爲責任을 물으면 되기 때문에, 不完全履行이라는 제3의 債務不履行類型을 인정할 필요가 없다는 견해를 취하고 있다.[27] 즉, 李太載 교수는 種鷄 메매계약에 있어서 매도인이 전염병에 걸린 닭을 인도한 경우를 예로 들면서, 첫째, 매도인이 병든 닭을 인도한 것은 債務의 내용에 좇은 이행이 아니므로 아직 債務의 이행이 전혀 없었다고 본다. 따라서 매도인이 이행기가 지나도록 건강한 종계를 인도하지 않으면 매도인은 履行遲滯에 빠지게 되고, 債權者인 매수인이 상당한 기간을 정하여 최고하여도 매도인이 완전한 債務를 이행하지 않거나 지체 후의 이행이 매수인에게 이익이 없는 때에는, 이행에 갈음한 손해배상청구권(제395조)과 契約解除權(제544조)이 생긴다고 한다. 둘째, 매수인은 병든 種鷄를 인도한 매도인에 대하여 제581조에 따라 瑕疵擔保責任을 물을 수 있고, 셋째, 매도인이 인도한 種鷄의 전염병이 전염되어 매수인이 사육하던 다른 닭들이 죽은 경우는 민법 제750조의 不法行爲에 해당하므로 매도인에게 不法行爲責任을 물을 수 있다고 한다. 이러한 이유로 李 교수는 병든 닭을 인도한 것과 같은 경우의 법률문제의 해결을 위하여 不完全履行이라는 제3의 債務不履行類型을 인정할 필요는 없다고 한다.

그러면 이와 같은 경우는 이 견해가 주장하듯이 不完全履行이라는 債務不履行 유형을 별도로 인정하지 않더라도 모두 기존의 다른 제도에 의하여 해결이 가능한가? 살피건대 우선 병든 닭을 인도한 것은 債務의 내용에 좇은 이행이 아니므로 아직 債務의 이행이 전혀 없는 것으로 보아 履行遲滯로 취급하면 된다는 이 견해의 주장에는 찬성할 수 없다. 매수인이 병든 닭의 引渡를 수령하기 전이라면 이 견해가 주장하듯이 매수인은 병

27) 李太載, 「不完全履行論에 대한 再考」, 考試界, 1972. 5, 37면 이하; 張庚鶴, 「不完全履行의 검토」, 考試研究, 1987. 5, 58면 이하 참조.

든 닭의 수령을 거부하고 건강한 닭의 인도를 청구할 수 있고, 만약 매도인이 이행기가 도과하기까지 건강한 닭을 인도하지 않으면 履行遲滯가 되기 때문에 매수인은 履行遲滯 제도에 의하여 구제받을 수 있을 것이다. 그러나 매수인이 일단 병든 닭의 引渡를 수령하였다면, 이를 債務의 이행이 전혀 없는 경우인 履行遲滯와 동일시할 수는 없는 것이다. 물론 이 경우에도 매수인은 완전물의 인도를 청구할 수 있고, 이행기내에 완전물의 인도가 없으면 履行遲滯의 문제도 생기겠지만, 완전물의 인도를 청구하기 위해서는 매수인은 수령한 물건이 瑕疵있는 물건임을 증명하여 이를 반환하여야 한다. 이러한 점에서 병든 닭의 인도와 같이 瑕疵있는 물건을 인도한 경우는 단순히 履行遲滯의 경우와 동일하게 취급할 수가 없다.

한편 병든 닭을 매매한 경우에 매수인이 매도인에 대하여 제581조의 瑕疵擔保責任을 추궁할 수 있다는데 대해서는 반론의 여지가 없다. 그런데 문제는 이 규정의 瑕疵擔保責任은 매도인이 인도한 닭의 전염병이 매수인이 사육하는 다른 닭들에 전염되어 발생한 손해(확대손해)에 대한 책임까지를 포함하지 않는다는 점에 있다. 李 교수는 이러한 손해에 대해서는 민법 제750조에 의하여 매도인에 대하여 不法行爲責任을 물으면 되므로, 이러한 손해가 발생한 경우를 위해서도 不完全履行이라는 債務不履行類型을 인정할 필요가 없다고 한다. 즉, 李교수는 債務者가 債務의 내용에 좇은 履行義務를 위반하는 것은 제750조에 규정된 바의 違法行爲이기 때문에 債務不履行은 넓은 의미의 不法行爲에 포함된다고 보고, 병든 닭의 인도로 인하여 확대손해가 발생한 경우에는 不法行爲責任을 물으면 되고 不完全履行을 논할 필요가 없다고 한다.[28)]

살피건대 우리 민법 제750조는 不法行爲의 성립요건에 대하여 독일민법(제823조 이하)처럼 일정한 권리나 法益의 침해를 요건으로 하는 개별적 성립요건주의를 취하지도 않고, 일본민법(제709조)처럼 「權利侵害」를 요건으로 하지도 않고, “故意 또는 過失로 인한 違法行爲로 타인에게 손해를 가한 자는 그 손해를 배상할 책임이 있다”고 규정하여 일반적 성립요건주의를 취하고 있다. 따라서 우리 민법에 있어서는 「故意·過失로 인한 違法行爲」와 「損害發生」 사이에 因果關係만 있으면 不法行爲가 성립한다. 그런데 債務不履行도 「違法行爲」임에 틀림이 없다면 우리 민법에 있어서는 債務不履行으로 인하여 손해가 발생하면 債務不履行은 동시에 不法行爲도 되는 것이다. 그러한 점에서 債務不履行은 넓은 의미의 不法行爲에 포함된다는 李 교수의 주장은 부당한 것은 아니다. 그러나 그렇게 되면 우리 민법에 있어서는 병든 닭의 인도로 확대손해가 발생한 위와 같은

28) 李太載, 위의 논문, 38-39면.

경우 뿐만 아니라, 심지어는 履行遲滯나 履行不能을 포함하여 모든 債務不履行의 경우에 債務不履行責任과 不法行爲責任이 경합하는 결과가 된다. 이점은 請求權競合 문제를 논함에 있어서 결코 간과해서는 안될 문제이지만,[29] 어쨌든 적어도 우리 민법하에서는 債務不履行으로 인하여 발생한 손해에 대해서는 不法行爲責任은 물을 수 없고 債務不履行責任만을 물을 수 있도록 이론구성하여야 될 것이다. 그렇지 않으면 심지어 履行遲滯로 인한 지연배상까지 민법 제750조에 의해서도 청구할 수 있는 현상이 초래되기 때문이다. 이러한 점에 비추어 병든 닭의 인도로 인한 확대손해에 대하여 不法行爲責任을 물으면 된다는 위의 견해에는 찬성할 수 없다.

그리고 不完全履行에 속하는 사례에는, 이처럼 瑕疵있는 물건의 인도 (또는 그로 인한 확대손해 발생)와 같은 경우 외에도 지붕수리가 잘못되어 비가 새는 경우라든지, 기계나 의약품을 팔면서 필요한 설명의무를 게을리하거나 설명을 잘못하여 매수인에게 손해가 발생한 경우라든지, 결혼식때 촬영한 비디오가 조잡하게 나온 경우 등과 같이 다른 제도에 의해서는 債權者의 구제가 충분치 못한 경우들이 있음을 부정할 수 없다.

이상의 몇가지 점에 비추어 보아 不完全履行이라는 제3의 債務不履行類型을 인정할 필요는 충분히 있다고 본다.

29) 종래 우리나라에서는 債務不履行으로 인한 손해배상청구권과 不法行爲로 인한 손해배상청구권의 경합문제를 논함에 있어서, 受置人이 任置物을 멸실하여 반환할 수 없거나 賃借人이 賃貸目的物을 실화로 인하여 반환할 수 없게 된 경우처럼, 債務者의 어떠한 행위가 債務不履行이 되는 동시에 債權者의 일정한 權利나 일정한 法益에 대한 침해가 되는 경우에만 兩 請求權이 동시에 발생할 수 있는 것처럼 想定하여 왔다. 그러나 이는 일정한 「權利나 法益의 침해」를 不法行爲 성립요건으로 하는 독일민법이나 일본민법과 같은 법제하에서나 가능한 想定이고, 우리 민법 제750조처럼 故意나 過失로 인한 違法行爲로 타인에게 손해를 가하면 不法行爲가 성립하는 법제하에서는 적합하지 않는 想定이다. 우리 민법에 있어서는 債務不履行으로 인하여 손해가 발생하면 그것은 곧 不法行爲에도 해당된다는 점을 想定하면서 請求權의 경합문제를 다루어야 할 것이다. 이 문제는 다른 기회에 좀더 심도있게 다룰 수밖에 없지만, 어쨌든 不法行爲 성립요건에 관하여 제750조와 같은 규정을 두고 있는 우리 민법에 있어서는, 債務不履行으로 인한 손해배상청구권과 不法行爲로 인한 손해배상청구권이 동시에 발생하는 경우에는, 請求權의 경합을 부정하고 債務不履行으로 인한 請求權만을 인정하는 쪽으로 이론구성하여야 할 것이다.

Ⅵ. 不完全履行의 포섭범위와 유형

1. 不完全履行의 포섭범위

不完全履行이 다른 유형의 債務不履行과 구별될 수 있는 徵表가 앞에서 언급한 것처럼 「債務의 이행으로서 債務者의 일정한 행위가 있었으나 그것이 債務者의 귀책사유로 인하여 債務의 내용에 좇은 이행이 되지 못하는 것」이라면 그러한 徵表를 가진 경우는 모두가 不完全履行에 해당하게 된다. 거기에는 債務者가 給付義務를 위반한 경우도 있고 부수적 의무를 위반한 경우도 있다. 그리고 확대손해가 발생한 경우도 있고 확대손해는 발생하지 않는 경우도 있다. 그러나 여기서 한 가지 지적해야 할 것은 不完全履行은 履行遲滯나 履行不能 이외의 모든 형태의 債務不履行을 다 포섭하는 것은 아니고 이와 같은 徵表를 가진 형태의 債務不履行만을 포섭한다는 점이다. 따라서 債務不履行의 유형으로서는 不完全履行 이외에 다시 제4, 제5의 債務不履行類型도 있을 수 있는 것이다.[30] 그러한 점에서 민법 제390조의 규정은 債務不履行의 유형을 포괄적으로 규정하고 있을 뿐만 아니라 개방적으로 규정하고 있다고 볼 수 있다.

2. 不完全履行의 유형

不完全履行은 다른 유형의 債務不履行과 구별되는 하나의 債務不履行類型이지만, 不完全履行 역시 그 모습이 여러 가지이고 그 모습에 따라 그 구제수단도 동일하지 않기 때문에, 不完全履行을 다시 몇가지 유형으로 분류해 볼 필요가 있다. 그런데 不完全履行의 모습을 유형화하는 방법도 견해에 따라 일정하지 않다. 즉, 不完全履行을 ① 給付의 목적물 내지 給付된 행위의 내용에 흠이 있는 경우, ② 이행의 방법이 불완전한 경

---

30) 同旨: 金亨培, 위의 책, 221-222면; 民法注解 Ⅸ(梁彰洙), 224면; 金俊鎬, 「不完全履行論의 유용성과 한계」, 考試界, 1993. 4, 51면. 不完全履行 이외에 다시 생각할 수 있는 債務不履行類型으로는 우선 履行拒絶을 들 수 있을 것이다. 履行拒絶은 이행이 가능함에도 불구하고 債務者가 이행기 전에 이행을 분명하게 거절하고 있어서 債權者로 하여금 債務者의 임의의 이행을 기대할 수 없게 하는 債務者의 행태를 말한다. 履行拒絶은 그 모습에 있어서 履行不能, 履行遲滯 및 不完全履行의 어느 債務不履行 유형과도 상이한 徵表를 가지고 있고, 그 구제수단에 있어서도 다른 유형의 債務不履行과는 달리 債權者로 하여금 이행기전에 계약을 해제하고 손해배상을 청구할 수 있게 할 필요가 있는 債務不履行類型이다. 履行拒絶의 구체적인 내용과 효과에 대해서는 民法注解 Ⅸ(梁彰洙), 311면 이하 참조.

우, ③ 給付할 때 필요한 주의를 게을리한 경우 등으로 분류하는 견해가 있는가 하면,[31] ① 給付義務 위반의 不完全履行, ② 附隨的 注意義務 위반의 不完全履行, ③ 保護義務 위반의 不完全履行, ④ 安全配慮義務 위반의 不完全履行의 네가지 경우로 분류하는 견해도 있다.[32] 그런가 하면 不完全給付(즉 主된 給付를 행하였으나 그것이 債務의 내용에 좇은 이행이 되지 못하는 경우)만을 不完全履行으로 파악하고 부수적 의무 위반은 독자적 債務不履行 유형으로 파악하는 견해도 있다.[33] 여기서는 不完全履行을 「給付義務 위반의 不完全履行(給付 자체가 불완전한 不完全履行)」의 경우와 「부수적 의무 위반의 不完全履行」의 경우로 구분하기로 한다. 不完全履行의 유형을 이렇게 구분하는 이유는, 이 두가지 경우 모두가 不完全履行으로서의 徵表, 즉 「債務의 이행으로서 債務者의 일정한 행위가 있었으나 그것이 債務者의 귀책사유로 인하여 債務의 내용에 좇은 이행이 되지 못하는 것」이라는 徵表를 가지고 있으면서도 不完全履行이 되는 모습이나 그 구제수단에 있어서는 양자간에 차이가 있기 때문이다.[34] 그리고 保護義務나 安全配慮義務는 뒤에서 보듯이 부수적 의무와 구별되는 별개의 의무가 아니고 부수적 의무의 구체적 모습 내지 내용으로 볼 수 있으므로 保護義務 위반이나 安全配慮義務 위반의 경우를 별도의 유형으로 취급할 필요가 없다고 생각되기 때문이다.

(1) 給付義務 위반의 不完全履行(給付 자체가 불완전한 不完全履行)

여기에 해당하는 不完全履行은 병아리를 공급하는 계약에서 전염병에 걸린 병아리를 인도한 경우(또는 그로 인하여 매수인이 사육하는 다른 병아리에 전염병이 감염된 경우)라든지 지붕수리업자가 지붕수리를 불완전하게 하여 비가 새는 경우(또는 이로 인하여 집안에 있던 古書畵가 훼손된 경우) 등에서 보듯이 給付 자체에 瑕疵가 있어서 債務의 내용에 좇은 이행이 되지 못하는 모습의 不完全履行이다. 이와 같은 不完全履行은 「주는 給付」에 있어서도 있을 수 있고 「하는 給付」에 있어서도 있을 수 있다.

---

31) 郭潤直, 위의 책, 168면 참조. 郭교수는 不完全履行의 유형은 이렇게 분류하면서도 不完全履行의 효과에 대해서는 완전이행이 가능한 경우와 완전이행이 불가능한 경우로만 구분하여 일반적으로 검토하고 있다.

32) 金亨培, 위의 책, 222면 이하 참조.

33) 民法注解 Ⅸ(梁彰洙), 295면 이하 및 343면 이하 참조.

34) 예컨대 追完請求나 契約解除 같은 구제수단은 앞의 不完全履行에 있어서만 의미가 있고 뒤의 不完全履行에 있어서는 별로 의미가 없다.

(2) 부수적 의무 위반의 不完全履行

1) 부수적 의무의 意義

債務者는 주된 의무로서의 給付義務 이외에 부수적 의무도 부담한다는 것은 일반적으로 인정되는 바이다. 이 부수적 의무를 위반함으로써 債務者에게 손해가 발생한 경우도 「債務의 이행으로서 債務者의 일정한 행위가 있었으나 그것이 債務者의 귀책사유로 債務의 내용에 좇은 이행이 되지 못한 경우」에 해당하여 不完全履行이 된다. 여기서 부수적 의무란 信義則上 債務者에게 요구되는 作爲 또는 不作爲의 배려의무로서, 債權의 목적 내지 給付利益의 원만한 실현을 도모하고 給付利益의 실현과 관련하여 발생할 수 있는 위험으로부터 債權者의 이익을 보호하기 위하여 요구되는 의무이다. 예컨대 기계나 약품을 파는 매도인이 그 기계의 사용방법 또는 약품의 복용방법에 대하여 매수인에게 설명을 해줄 의무라든지, 숙박업자가 화재와 같은 비상시에 투숙객이 신속하게 대피할 수 있도록 조치를 취하여야 할 의무 같은 것들이다. 이러한 부수적 의무는 구체적으로는 說明義務, 保護義務, 誠實義務, 協力義務, 安全配慮義務 등의 여러 가지 모습으로 나타난다.[35] 이러한 부수적 의무는 賃借人의 忍容義務(민법 제624조)나 通知義務(민법 제634조)처럼 법률에 규정되는 경우도 있지만 법률이나 계약에 의하여 명시적으로 규정되거나 약정되지 않더라도 信義則上 인정된다.[36]

부수적 의무는 主된 의무인 給付義務의 내용실현과 관련하여 인정되는 의무이고 給付義務와 무관하게 독자적으로 인정되는 의무는 아니다. 그리고 이러한 부수적 의무는 給付義務처럼 계약성립과 동시에 항상 그 내용이 확정되는 것이 아니고, 채권관계가 존

---

35) 이러한 의무를 독일에서는 학자에 따라 부수적 의무(Nebenpflicht), 基本債務외의 容態義務(weitere Verhaltenspflicht), 保護義務(Schutzpflicht) 등으로 부르고 있어서 이를 표현하는 용어가 일정치 않다. Larenz, 위의 책, 10-11면; Brox, Schuldrecht I, 9면; Esser, Schuldrecht I, 26-27면 등 참조.

36) 曺圭昌 교수는 債務의 구조를 포괄적 單一體로서 파악하고 債務者가 부담하는 의무를 여러 가지로 구분하는 것에 반대하는 나머지, 부수적 의무를 債務者가 債務의 내용에 좇아 급부를 이행하여야 할 履行義務(Erfüllungspflicht)속에 내재된 포괄적 의무의 구체적 표현으로 보고 이를 「履行義務」에 부수된 별개의 의무는 아니라고 한다. 그래서 그는 債務에 있어서는 債務者가 債務내용에 좇아 거래관행과 信義則에 따라 급부를 이행하여야 할 「履行義務」가 있을 뿐 부수적 의무나 기타의 容態義務는 존재하지 않는다고 한다(曺圭昌, 위의 논문, 363면). 그러나 여기서 曺교수가 말하는 「履行義務」라는 것은 결국 債務者가 부담하는 「債務」 그 자체를 의미할진대, 필자가 말하는 부수적 의무 역시 「債務」 이외에 별개로 인정되는 의무가 아니고, 포괄적 일체로서의 「債務」의 구성부분으로서의 부수적 의무고 債務의 구체적 한 내용으로서의 부수적 의무를 의미하는 것이고 보면, 曺교수의 견해와 필자의 견해 사이에 본질적인 차이가 있는 것은 아니다.

속하는 과정에서 전개되는 그때그때의 사정을 고려하여 그 내용이 구체화된다. 債務者가 이러한 부수적 의무를 제대로 이행하지 못함으로써 債權者에게 손해가 발생하면 이 역시 「債務의 이행으로서 일정한 행위가 있었으나 그것이 債務者의 귀책사유로 債務의 내용에 좇은 이행이 되지 못한 경우」가 되기 때문에 不完全履行의 문제가 발생한다. 이와 관련하여 대법원은 여관화재로 투숙객이 사망한 사건에서 다음과 같이 여관숙박업자에게 信義則上의 부수적 의무 위반으로 인한 不完全履行責任을 인정하고 있다.[37]

> "숙박업을 영위하는 자가 투숙객과 체결하는 숙박계약은 숙박업자가 고객에게 숙박을 제공하여 고객으로 하여금 이를 사용할 수 있도록 하고 고객으로부터 그 대가를 받는 일종의 일시사용을 위한 임대차계약으로서 원심이 적절하게 판시하고 있는 바와 같이 여관의 객실 및 관련시설 공간은 오로지 숙박업자의 지배아래 놓여 있는 것이므로 숙박업자는 통상의 임대차와 같이 단순히 여관의 객실 및 관련시설을 제공하여 고객으로 하여금 이를 사용수익하게 할 의무를 부담하는 것에서 한걸음 더 나아가 고객에게 위험이 없는 안전하고 편안한 객실 및 관련시설을 제공함으로써 고객의 안전을 배려하여야 할 보호의무를 부담하며, 이러한 의무는 앞서 본 숙박계약의 특수성을 고려하여 신의칙상 인정되는 부수적인 의무로서 숙박업자가 이를 위반하여 고객의 생명, 신체를 침해하여 동인에게 손해를 입힌 경우 불완전이행으로 인한 채무불이행책임을 부담한다 할 것이다."

그런데 이와 같은 부수적 의무는 반드시 계약이 성립되고 난 후에만 요구되는 것이 아니고 계약이 성립되기 전 단계에서도 요구된다고 보아야 한다. 예컨대 기계나 의약품의 매매시에 요구되는 사용방법 내지 복용방법에 대한 설명의무는 반드시 매매계약 성립 후에만 요구되는 것이 아니고, 계약성립되기 전 단계에서도 요구되는 것이다. 그리고 어느 단계에서 요구되든 계약이 성립된 이상 계약상의 의무로 볼 수 있는 것이다.[38] 따라서 그러한 설명의무를 계약체결 전에 위반하였는가 아니면 계약체결 후에 위반하였는가에 따라 법률상 취급을 달리하여, 전자의 경우에는 이른바 계약체결상의 과실책임을 문제삼고, 후자의 경우에는 不完全履行責任을 문제삼는 것은 타당하다고 할 수 없다. 설명의무를 위반한 것 자체가 중요한 것이고, 그 위반한 시기가 계약체결 전인가 계약체결 후인가 하는 것은 실질적으로 아무런 차이가 없기 때문이다. 따라서 계약이 성립한 이상 그러한 의무를 위반한 시기가 계약체결 전이든 계약체결 후이든, 그러한 의무를 위반함으로써 발생한 손해에 대해서는 不完全履行責任을 물을 수 있고 또 不完全履行責任을

---

37) 大判 1994. 1. 28, 93다43590; 大判 1997. 10. 10, 96다47302도 同旨.

38) 同旨: 民法注解 IX(梁彰洙), 344면; Fikentscher, 위의 책, 260면.

물으면 족한 것이다.

2) 부수적 의무와 保護義務의 관계

給付義務 이외에 債務者가 부담하는 의무와 관련하여 독일민법학에서는 債務者가 부담하는 의무를 給付義務(Leistungspflicht)와 保護義務(Schutzpflicht)로 구분하고, 保護義務를 계약목적의 실현 내지 給付利益과는 직접적인 관계가 없는 상대방의 그 밖의 法益(특히 상대방의 신체나 물건, 경우에 따라서는 그 밖의 재산상의 이익)이 침해되거나 위태롭게 되지 않도록 배려하여야 할 의무로 파악하는 견해가 있다.[39] 즉, 이 견해에 따르면 給付義務는 給付利益(Leistungsinteresse) 내지 履行利益(Erfüllungsinteresse)의 보호를 위한 의무인데 반하여 保護義務는 保存利益(Erhaltungsinteresse)의 보호를 위한 의무라고 한다. 우리나라의 학설 중에도 이러한 의미의 保護義務를 인정하는 견해가 있다. 즉 金亨培 교수는 債務者는 給付義務와 부수적 의무 이외에 이러한 의미의 保護義務도 부담한다고 보고, 債務者가 이러한 保護義務를 위반한 경우를 不完全履行의 한 유형으로 파악하고 있다.[40] 그리고 이러한 예로서는 가구판매자가 판매한 가구를 매수인의 집안으로 운반하다가 매수인의 다른 가구를 훼손한 경우 또는 병든 가축을 매수인에게 인도함으로써 매수인의 다른 가축에 병이 전염된 경우를 들고 있다.

살피건대 독일민법학의 일부 견해는 이와 같이 債務者가 부담하는 의무를 給付義務와 위와 같은 의미의 保護義務로 구분하고 있지만, 그러한 의미의 保護義務는 그 의미가

---

39) Heinrich Stoll, Die Lehre von den Leistungsstörungen, 1936, 26면 이하; Canaris, Ansprüche wegen positive Vertragsverletzung und Schutzwirkung für Dritte bei nichtigen Verträgen, JZ 1965, 475면 이하; Thiele, Leistungsstörung und Schutzpflichtverletzung, JZ 1967, 649면 이하 등 참조. 이러한 의미의 保護義務는 엄격히 계약당사자 사이에서만 인정되는 것이 아니고 계약체결을 위한 협상단계 내지 거래상의 접촉단계에 있는 당사자 사이에서도 인정되어 왔다. 즉 이러한 당사자 사이에도 給付義務없는 債權關係가 성립하고 이를 기초로 하여 保護義務가 발생한다는 것이다. 이와 같은 保護義務를 계약체결 전단계에서 위반한 경우에는 이른바 契約締結上의 過失(culpa in contrahendo)로 인한 책임이 발생하고, 계약체결후에 위반한 경우에는 이른바 積極的 債權侵害로 인한 책임이 발생한다. 그리고 이러한 給付義務 없는 債權關係와 이를 기초로 하는 保護義務는, 계약의 보호효과가 제3자에게까지 미치는 일정한 계약에 있어서는, 계약상의 債務者와 계약상대방은 아니면서도 그 계약의 保護效가 미치는 제3자 사이에도 인정되어 왔다. 이른바 제3자保護效를 가진 契約(Vertrag mit Schutzwirkung zugunsten Dritter) 이론은 바로 이러한 債權關係의 인정을 그 기초로 한다. 독일민법학에 있어서의 保護義務에 관한 이론의 소개와 비판에 대해서는 Ulrich Huber, Leistungsstörung, Gutachtung und Vorschläge zur Überarbeitung des Schuldrechts, Band I, 1981, 736면 이하; Medicus, Verschulden bei Vertragsverhandlungen, 같은 책 488면 이하 등 참조.

40) 金亨培, 위의 책, 231-232면 참조. 權五乘, 民法特講, 1994, 306면도 同旨.

너무 협소하여 給付義務 이외에 債務者가 부담하는 부수적 의무를 총칭하는 용어로서는 적절하지 못하다.[41] 債務者는 給付義務 이외에 給付利益의 실현 내지 계약목적의 실현에 기여하는 信義則上의 여러 가지 부수적 의무를 부담하는데, 여기서 말하는 保護義務는 給付利益 내지 계약목적의 실현과는 상관이 없고 契約外 法益의 보호를 목적으로 하는 의무로만 파악되고 있기 때문이다. 그렇다면 이러한 의미의 保護義務는 給付義務와 부수적 의무 이외에 債務者가 부담하는 또 다른 의무가 되는 셈이다. 金亨培 교수는 保護義務를 바로 그러한 의무로 파악하고 있는 것이다. 그러나 保護義務를 이처럼 부수적 의무 이외에 債務者가 부담하는 또 다른 종류의 의무로 이해한다고 하더라도 문제는 있다. 給付利益과는 무관한 契約外 法益을 보호하는 의무로서의 保護義務와 給付利益의 원만한 실현을 위하여 요구되는 의무로서의 일반적인 부수적 의무가 항상 분명하게 구별될 수 있는 것이 아니기 때문이다. 예컨대 위험한 기계의 매매시에 매도인에게 부수적 의무로서 인정되는 기계의 사용방법에 대한 설명의무는, 기계 자체의 기능유지나 파손방지 같은 給付利益을 위한 의무인가 하면, 기계의 잘못 사용으로 매수인의 신체 재산 등 다른 法益에 손해가 발생하는 것을 방지하기 위한 의무이기도 하여, 부수적 의무로서의 성격과 이른바 保護義務로서의 성격을 모두 가지고 있는 것이다.[42] 保護義務와 부수적 의무가 분명하게 구별될 수 없음은 의약품매매의 경우에 인정되는 설명의무에서도 찾아볼 수 있다. 즉, 의약품 매도인의 부수적 의무로서의 의약품 복용방법에 대한 설명의무는 약효가 제대로 발생하도록 하기 위한 것이기도 하고, 의약품을 잘못 복용함으로써 복용자의 생명, 신체, 건강 등에 발생할 수 있는 사고 내지 위험을 방지하기 위한 것이기도 하다. 保護義務와 부수적 의무가 이처럼 항상 분명하게 구별될 수 있는 것이 아니라면, 굳이 부수적 의무와 保護義務를 구별하여 양자를 별개의 의무로 파악할 필요는 없다고 본다. 즉, 부수적 의무를 「債權의 목적 내지 給付利益의 원만한 실현을 도모하고 給付利益의 실현 내지 給付義務의 이행과 관련하여 발생할 수 있는 위험으로부터 債權者의 이익을 보호하기 위하여 信義則上 요구되는 의무」를 총칭하는 용어로 파악하고, 保護義務는 그러한 부수적 의무의 구체적 내용 내지 구체적 발현형태로 이해하면 족할 것이다.

---

41) 이러한 비판은 독일민법학에서도 가하여지고 있다. Larenz, 위의 책, 11면 참조.

42) 保護義務는 이처럼 부수적 의무와의 구별이 어려울 뿐만 아니라 경우에 따라서는 給付義務 자체와도 분명히 구별되지 않는다. 예컨대 경호계약, 자문계약, 진료계약, 임치계약, 운송계약 등에 있어서는 상대방의 신체나 물건 등의 法益에 대한 보호가 給付義務와 별개의 의무가 아니고 給付義務의 내용이거나 給付義務와 불가분의 관계에 있는 의무라고 할 수 있다. 이러한 관점에 대해서는 Thiele, 위의 논문, 650면; Medicus, 위의 책, 195면 및 독일법무부에서 발행한 Abschlußbericht der Kommission zur Überarbeitung des Schuldrechts, 1992, 11면 참조.

3) 保護義務의 地位

保護義務는 이상에서 본 바와 같이 債務者가 부담하는 부수적 의무의 내용 내지 구체적 발현형태로 파악할 수 있지만, 保護義務를 이처럼 債務者가 부담하는 부수적 의무로서 파악하는 것에 대해서는 반대의 입장을 취하는 견해도 있다. 최근의 우리나라의 일부 견해는 保護義務는 債權關係가 없는 사회일반인 사이에서도 인정되는 의무이므로, 이러한 의무 위반으로 인한 손해에 대해서는 不法行爲責任을 물으면 되고 이를 債務不履行責任으로 취급할 필요가 없다고 한다. 그리고 이들 반대견해는 주장하기를 독일민법학에서 그러한 保護義務를 債務者가 부담하는 의무 속에 포함시키는 것은, 獨逸不法行爲法이 지니고 있는 특수한 결함 때문에[43] 加害者에게 不法行爲責任을 추궁하기가 곤란한 경우에, 債務不履行責任을 인정함으로써 피해구제를 용이하게 하기 위하여 그렇게 하는 것이므로, 그와 사정이 다른 우리 민법하에서는 그렇게 할 필요가 없다는 것이다.[44]

살피건대 계약상의 債務者에게 요구되는 부수적 의무로서의 保護義務 중에는 그러한 계약관계가 없는 일반 사회인 사이에서도 요구되는 주의의무에 불과한 것도 있을 수 있다. 예컨대 피아노 운반작업을 맡은 자가 피아노 운반시에 집안에 있는 다른 가구가 손상되지 않도록 주의할 의무라든가, 집수리업자가 집수리작업시에 그 집 유리창이 깨지지 않도록 주의할 의무 같은 것은, 그러한 계약에서만 인정되는 의무가 아니고 계약관계가 없는 사회일반인 사이에서도 요구되는 의무인 것이다. 따라서 그러한 의무 위반으로 발생한 손해에 대해서는 契約責任을 묻는 것보다 不法行爲責任을 묻는 것이 책임체계상 더 적합할 것이다.[45] 그러한 점에서 위의 반대의견의 주장은 일면의 타당성이 있다. 그러나 계약관계가 없는 일반인 사이에서는 인정되지 않고 일정한 계약관계가 있는 당사자 사이에서만 인정되는 保護義務라면, 그러한 의무는 비록 그것이 급부이익 이외의 이익을

---

43) 獨逸不法行爲法이 지니고 있는 결함이란 독일민법이 제823조 이하에서 不法行爲成立要件을 개별적으로 규정하고 있기 때문에, 特定權利나 特定法益에 대한 침해없이 재산일반에 발생한 손해에 대해서는 그 구제가 어렵게 되어 있다는 점, 소유권과 같은 絶對權이나 생명, 신체 같은 特定法益을 직접 침해하지는 않았으나 사회생활상 요구되는 주의의무를 게을리한 先行行爲로 인하여 나중에 이와 같은 權利나 法益이 침해되는 경우에 대해서는 법률규정이 없다는 점, 使用者責任을 규정하고 있는 제831조에서는 사용자의 면책가능성이 인정되고 있다는 점 등이다.

44) 民法注解 Ⅸ(梁彰洙), 218면 이하; 李銀榮, 위의 책, 174면 이하; 金俊鎬, 위의 논문, 59면 이하.

45) 債務者가 부담하는 의무로서 保護義務를 인정하는 분들은 保護義務 위반의 예로서 가구판매자가 판매한 가구를 매수인의 집안으로 운반하다가 집안의 다른 가구를 파손한 경우 또는 집수리업자가 집수리를 하다가 그 집 유리창을 깬 경우를 들고 있으나(金亨培, 위의 책, 231-232면; 權五乘, 위의 책, 306면), 이러한 保護義務는 이러한 계약관계에서도 요구되기는 하지만 이러한 계약관계에 있어서만 특히 요구되는 의무가 아니므로 不法行爲法上의 의무로 취급하는 것이 더 적합할 것이다.

보호하는 의무라고 하더라도 계약상의 의무로 취급하여야 할 것이다. 위에서 본 여관화재사건의 판결에서 대법원이 숙박업자에게 인정한 信義則上의 부수적 의무로서의 保護義務가 바로 그러한 의무에 해당하는 것이다. 대법원은 근로계약에 있어서의 使用者에게도 그와 같은 의무를 인정하고 있다. 즉 대법원은 "사용자는 근로계약에 수반되는 신의칙상의 부수적 의무로서 피용자가 노무를 제공하는 과정에서 생명, 신체, 건강을 해치는 일이 없도록 물적 환경을 정비하는 등 필요한 조치를 강구하여야 할 보호의무를 부담하고 이러한 보호의무를 위반함으로써 피용자가 손해를 입은 경우 이를 배상할 책임이 있다"고 판시하고 있다.[46]

대법원은 여행계약과 관련해서도 마찬가지의 입장을 취하고 있다. 즉 대법원은 여행계약에 있어서의 여행업자의 부수적 의무에 대하여 다음과 같이 언급하고 있다.[47]

> "여행업자는 기획여행계약의 상대방인 여행자에 대하여 기획여행계약상의 부수의무로 여행자의 생명, 신체, 재산 등의 안전을 확보하기 위하여 여행목적지, 여행일정, 여행서비스기관의 선택 등에 관하여 미리 충분히 조사 검토하여 전문업자로서의 합리적인 판단을 하고, 또한 그 계약내용의 실시에 관하여 조우할지 모르는 위험을 미리 제거할 수단을 강구하거나 또는 여행자에게 그 뜻을 고지하여 여행자 스스로 그 위험을 수용할 지 여부에 관하여 선택의 기회를 주는 등의 합리적 조치를 취할 신의칙상의 주의의무를 진다."

대법원이 숙박계약상의 숙박업자나 여행계약상의 여행업자나 고용계약상의 사용자에게 위와 같은 부수적 의무로서의 保護義務를 인정하는 것은 정당하다. 숙박업자나 여행업자나 사용자가 계약상의 상대방에 대하여 주된 의무로서의 급부의무 외에 부수적 의무로서 그러한 保護義務를 부담하는 것은 신의칙상 당연하다고 생각되기 때문이다. 그리고 그러한 의무는 그와 같은 契約關係가 있기 때문에 인정되는 의무로서 契約에 特有한(vertragsspezifisch) 의무인 것이다.[48] 즉 그러한 의무는 그와 같은 계약관계를 떠나서는 인정되지 않는다. 그렇다면 그러한 의무는 계약상의 의무임에 틀림이 없고, 계약관계를 전제로 함이 없이 사회일반인 사이에서도 요구되는 불법행위법상의 의무는 아닌 것이다. 따라서 그러한 의무는 비록 그것이 給付利益 이외의 이익을 보호하는 의무라고 하더라도 계약상의 의무로 취급하는 것이 자연스러운 것이고, 不法行爲法上의 의무로 취급해서는

46) 大判 1998. 11. 27, 97다10925.
47) 大判 1998. 11. 24, 98다25061.
48) Larenz, 위의 책, 302면.

안될 것이다. 요컨대 給付利益 이외의 법익을 보호하는 의무라고 하여 이를 모두 不法行爲法上의 의무로 취급할 것은 아니다. 즉, 계약관계가 없는 사회일반인 사이에서도 요구되는 의무가 아니고, 계약상의 급부의무의 이행과 관련해서만 특유하게 요구되는 부수적 의무로서의 保護義務라면, 그러한 의무는 계약상의 의무로 취급하여야 할 것이다.

Ⅶ. 不完全履行에 대한 구제수단

1. 不完全履行에 대한 구제수단의 검토방법

不完全履行에 대한 구제수단(不完全履行의 효과)을 검토하는 방법으로는 不完全履行을 완전이행이 가능한 경우와 완전이행이 불가능한 경우로만 크게 구분하고, 각 경우에 대한 구제방법을 일반적으로 제시하는 방법이 있을 수 있다.[49] 이러한 방법에 의하면 前者의 경우에는 完全履行請求權 내지 追完請求權이 인정되고, 이에 응해 債務者가 완전이행을 하는 과정에서 履行遲滯가 되면 遲延賠償도 인정된다. 債權者가 상당한 기간을 정하여 完全履行을 催告하였음에도 불구하고 債務者가 完全履行을 하지 않으면 債權者에게 契約解除權이 인정된다. 한편 後者의 경우에는 塡補賠償이 인정되고, 확대손해가 발생하였으면 이에 대해서도 손해배상청구가 인정된다. 그러나 不完全履行의 모습은 다양하고 그 구체적이 모습에 따라 구제방법이 상이할 뿐만 아니라 瑕疵擔保責任에 관한 규정이 우선 적용되어야 할 경우도 있기 때문에, 不完全履行에 대한 구제수단은 완전이행이 가능한 경우와 불가능한 경우로만 구분하여 일반적으로 검토하는 것보다는, 不完全履行의 유형에 따라 좀더 구체적으로 검토하는 것이 더 적절하다고 생각된다. 따라서 여기서는 위에서 분류해 본 不完全履行의 유형에 따라 不完全履行을 크게 給付義務 위반의 不完全履行과 부수적 의무 위반의 不完全履行으로 구분하고, 다시 그 법률효과가 다를 수 있는 경우들을 필요한 정도에 따라 구분하여 그 구제수단을 검토하기로 한다.

---

49) 金曾漢, 위의 책, 69면 이하; 郭潤直, 위의 책, 173면 이하; 金容漢, 위의 책, 165면 이하; 金基善, 韓國債權法總論, 1975, 144면 이하 등 참조.

2. 給付義務 위반의 不完全履行(給付 자체가 불완전한 不完全履行)에 대한 구제수단

給付 자체가 불완전한 경우도 그 給付가 「주는 給付」인가 또는 「하는 給付」인가에 따라 그 위반의 모습과 그 효과가 다르기 때문에 이를 구분하여 검토하여야 한다.

(1) 「주는 給付」의 경우

「주는 給付」의 경우에 給付가 불완전하다는 것은 결국 給付의 목적물에 瑕疵가 있다는 것을 의미한다.[50] 그런데 목적물의 瑕疵는 특정물의 瑕疵인가 또는 불특정물의 瑕疵인가에 따라 그 법률효과가 다르게 되고, 또 특정물의 瑕疵는 債權發生時부터 원시적으로 존재하는 瑕疵인가 또는 債權成立 후에 債務者가 목적물의 보존의무(제374조)를 위반함으로써 비로소 생긴 瑕疵인가에 따라 그 법률상의 취급이 달라진다. 그리고 어느 경우에나 瑕疵로 인하여 확대손해가 발생한 경우와 그렇지 않은 경우는 그 법률효과가 다르다. 이러한 점들을 고려하면서 목적물에 瑕疵가 있어서 不完全履行이 된 경우를 검토하기로 한다.

1) 特定物에 瑕疵가 있는 경우

特定物의 引渡債務에 있어서 특정물에 원시적인 瑕疵가 있는 경우에는 債務者가 瑕疵없음을 보증한 경우가 아닌 한, 그리고 債務者가 瑕疵의 존재를 알면서 이를 숨긴 경우가 아닌 한, 엄격히 말해서 不完全履行이라고 할 수가 없다. 特定物引渡債務에 있어서의 債務者의 의무는 계약당시의 그 물건을 그대로 인도하는 것인바 債務者는 그 물건을 그대로 인도했을 뿐 債務의 내용에 반하는 행위를 한 일이 없기 때문이다.[51] 따라서

---

50) 「주는 給付」에 있어서의 일부불능이나 일부지체도 給付 자체가 불완전한 경우에 해당하지만, 그러한 경우는 履行遲滞나 履行不能의 문제로 취급할 수 있기 때문에 특별히 不完全履行의 문제로 다룰 필요가 없는 것이다.

51) 종래 다수의 견해(郭潤直, 위의 책, 169-170면; 金錫宇, 위의 책, 127면; 金容漢, 위의 책, 162면; 金曾漢, 위의 책, 67면; 玄勝鐘, 위의 책, 131면 등)는 이 경우에 不完全履行이 안되는 이유를 특정물의 現狀引渡義務를 규정하고 있는 제462조에서 찾고 있으나 이는 수긍할 수 없다. 민법이 제462조에서 特定物債務者로 하여금 목적물을 「履行期의 現狀대로」인도하도록 규정한 것은 목적물이 대체불가능한 특정물이어서 다른 물건으로 인도할 수가 없기 때문에 그렇게 한 것이다. 따라서 이 규정 때문에 特定物債務者가 목적물을 瑕疵있는 상태로 인도하여도 不完全履行이 되지 않는 것은 아니다. 즉, 이 규정이 있다고 하더라도 특정물에 후발적인 瑕疵가 발

이 경우에는 不完全履行의 문제가 발생하지 않는다. 다만 그 債務가 매매계약과 같은 有償契約上의 債務라면 債務者는 瑕疵擔保責任(제580조)을 부담하게 된다. 즉, 매매계약에 있어서는 매수인은 제580조에 따라 매도인의 귀책사유의 유무를 불문하고 손해배상으로서 代金減額을 청구하거나, 瑕疵로 인하여 계약의 목적을 달성할 수 없는 경우에는 계약을 해제함과 동시에 계약체결비용을 손해배상으로서 청구할 수 있다.[52] 그런데 목적물에 존재하는 원시적인 瑕疵로 인하여 매수인에게 확대손해가 발생하면 이러한 손해에 대해서는 제580조의 담보책임규정은 적용될 수가 없고, 매수인은 매도인의 귀책사유를 요건으로 하여[53] 제390조에 따라 그 책임을 물어야 할 것이다.[54] 제580조의 瑕疵擔保責任은 매도인의 귀책사유를 요건으로 하지 않는 이른바 무과실책임이므로, 이러한 확대손해에 대해서까지 이 규정에 의한 瑕疵擔保責任을 묻게 되면, 債務者의 귀책사유를 요건으로 하는 債務不履行責任의 일반원칙에 비추어 賣渡人에게 너무 가혹하게 되기 때문이다.[55]

한편 계약당시에는 없었던 瑕疵가 계약성립 후에 매도인의 목적물의 보존의무(제374

생한 경우에는 不完全履行이 생길 수 있는 것이다. 그리고 瑕疵가 후발적으로 발생함으로써 不完全履行이 되는 경우에도 債務者는 제462조에 규정한 바와 같이 목적물을 이행기의 현상대로 인도할 수밖에 없는 것이다. 따라서 제462조는 원시적인 瑕疵가 있는 특정물을 인도하여도 不完全履行이 성립하지 않는다는 것을 뒷받침하여 주는 근거규정이 되지 못한다.

52) 제580조에서 의미하는 손해배상의 의미에 대해서는 종래 신뢰이익의 배상이라는 견해가 지배적이었으나 이는 그 근거가 타당치 않은 견해로서 찬성할 수 없다. 이 규정에서 말하는 손해배상의 내용은, 이 규정상의 손해배상책임이 무과실책임이라는 점과 또 이 규정상의 손해배상은 계약을 해제함이 없이 청구하는 경우도 있고, 계약해제와 더불어 청구하는 경우도 있다는 점을 고려하면서 밝혀야 한다. 그러한 관점에서 검토하건대 계약을 해제하지 않고 손해배상만 청구하는 경우의 손해배상은 瑕疵로 인하여 목적물의 가치감소에 대한 배상, 즉 代金減額에 한정된다고 보아야 한다. 한편 瑕疵로 인하여 계약의 목적을 달성할 수 없어서 계약을 해제하면서 청구하는 손해배상은 계약체결비용정도에 한정된다고 보아야 한다. 이에 대해서는 徐光民, 「賣渡人의 瑕疵擔保責任」, 民事法學 11·12 합병호(1995), 177면 이하 참조.

53) 이 경우의 귀책사유란 債務者가 瑕疵있음을 알았거나 알 수 있었음을 의미한다.

54) 확대손해에 대한 책임은 제580조에 의해서는 물을 수가 없고 債務者의 귀책사유를 요건으로 하여 一般債務不履行責任으로 물어야 한다는 점에 대해서는 金亨培, 債權總論, 225-226면도 同旨.

55) 그러한 점에서 제580조에 따라 손해배상을 청구할 수 있는 손해는 瑕疵로 인하여 발생한 모든 손해가 아니고 위 본문에서 언급한 바와 같은 손해에만 한정된다고 볼 수 있는 것이다(徐光民, 위의 논문, 174면 이하 참조). 이에 대하여 李銀榮 교수는 瑕疵擔保責任에 관한 민법규정에는 배상범위에 관하여 언급이 없기 때문에 확대손해도 瑕疵擔保責任규정에 의하여 물어야 한다고 주장한다(債權各論, 228면 및 法律新聞 1997. 6. 23, 14면 참조). 그러나 瑕疵擔保責任은 무과실책임인데 무과실책임을 확대손해에 대해서 까지 인정하게 되면, 債務者의 귀책사유를 요건으로 하는 민법의 一般債務不履行責任(390조)에 비추어 유독 매도인의 瑕疵擔保責任만 과중하게 되는 부당한 결과가 된다. 同旨: 安法榮, 「賣買目的物의 瑕疵로 인한 損害賠償」, 民事法學 11·12호(1995), 220면.

조) 위반으로 인하여 후발적으로 발생한 경우는 不完全履行에 해당한다. 따라서 이러한 瑕疵에 대해서는 제580조를 적용할 것이 아니고 제390조에 의하여 不完全履行責任을 물어야 할 것이다. 즉 이러한 경우에는 매수인은 瑕疵있는 목적물의 인도와 함께 손해배상을 청구하게 될 것이고, 瑕疵로 인하여 계약의 목적을 달성할 수 없는 경우에는 목적물의 수령을 거절하고 계약해제와 동시에 塡補賠償을 청구하게 될 것이다(제546조의 類推適用). 그런데 매도인의 보존의무 위반으로 인하여 매매의 목적물에 瑕疵가 후발적으로 생긴 경우에는, 이론적으로는 이렇게 제390조에 의하여 不完全履行責任을 물어야 하는 것이지만, 瑕疵가 목적물의 인도 후에야 비로소 발견되는 경우에는 그 瑕疵가 원시적인 瑕疵인지 후발적으로 생긴 瑕疵인지를 판별하기 어려운 경우가 많을 것이다. 따라서 매수인은 일반적으로는 인도받은 목적물에 瑕疵가 있으면, 그 瑕疵가 계약당시부터 있었던 것인가 아니면 후발적으로 생긴 것인가를 묻지 않고, 제580조에 의하여 매도인에게 무과실책임인 瑕疵擔保責任을 묻게 될 것이다. 물론 그러한 경우에도 목적물의 瑕疵로 인하여 발생한 확대손해에 대해서는 제390조에 의하여 매도인의 귀책사유를 요건으로 하여 그 책임을 물어야 할 것이다.

2) 種類物에 瑕疵가 있는 경우

종류물의 引渡債務에 있어서 인도된 목적물에 瑕疵가 있으면, 債務의 내용에 좇은 이행이라고 할 수가 없으므로 不完全履行이 된다. 따라서 債務者는 瑕疵로 인한 손해에 대하여 제390조에 의한 不完全履行責任을 부담하여야 한다. 그러나 민법은 매매와 같은 유상계약으로 생긴 종류물의 引渡債務에 있어서 인도된 목적물에 瑕疵가 있는 경우에 대해서는, 債務者로 하여금 그 귀책사유의 유무에 관계없이 瑕疵擔保責任을 부담하도록 하는 특별규정(제581조 이하)을 두고 있다. 따라서 이 규정이 적용되는 한도 내에서는 債權者는 債務者에게 이 규정에 의한 瑕疵擔保責任만을 물을 수 있고 제390조에 의한 債務不履行責任은 물을 수가 없다.[56] 그런데 제581조의 瑕疵擔保責任은 제580조의 瑕疵擔保責任과 마찬가지로 債務者의 귀책사유를 요건으로 하지 않는 반면 그 범위가 한정

56) 제581조의 瑕疵擔保責任이 적용되는 경우에도 제390조의 一般債務不履行責任이 병존적으로 적용될 수 있다는 견해(金亨培, 248면; 民法注解 Ⅸ(梁彰洙), 231면; 徐敏, 「賣渡人의 擔保責任과 債務不履行責任의 競合」, 民事判例硏究 17(1995), 133면이하 등)도 있으나, 제581조의 瑕疵擔保責任은 債務者의 귀책사유를 불문하고 인정되는 책임으로서 제390조의 一般債務不履行責任에 대한 特則이라고 볼 수 있다. 따라서 제581조에 의해서는 배상청구가 불가능한 확대손해가 발생한 경우가 아닌 한, 제581조가 적용되는 경우에는 제390조의 적용은 배제된다고 보아야 한다.

되는 책임으로서, 목적물의 瑕疵로 발생한 모든 손해를 배상하는 책임이 아니고 일정한 손해만을 배상하도록 하는 책임이다. 즉, 매수인은 제581조에 의해서는 매도인에게 ① 손해배상으로서 代金減額을 청구하거나, ② 瑕疵로 인하여 계약의 목적을 달성할 수 없으면 계약을 해제하고 계약체결비용을 손해배상으로서 청구하거나, ③ 또는 이러한 청구에 갈음하여 瑕疵없는 물건의 인도를 청구할 수 있을 뿐 그 밖의 손해에서는 대해서는 그 책임을 물을 수 없다.[57] 따라서 목적물의 瑕疵로 발생한 그 밖의 확대손해에 대한 책임은 제390조에 의하여 물을 수밖에 없다. 그리고 그 경우에는 債務者의 귀책사유가 그 요건으로 됨은 물론이다. 예컨대 가축 매도인이 병든 가축을 인도함으로써 매수인이 사육하던 다른 가축이 병에 전염되어 발생한 손해에 대한 책임은, 제581조에 의하여 물을 수 없고 제390에 의하여 매도인의 귀책사유를 요건으로 하여 물어야 하는 것이다.[58] 대법원 역시 농업용 난로의 부품인 커플링(coupling)의 瑕疵로 인하여 발생한 확대손해에 대한 부품판매업자의 책임문제와 관련하여 "매매목적물의 瑕疵로 인하여 확대손해 내지 2차 손해가 발생하였다는 이유로 매도인에게 그 확대손해에 대한 배상책임을 지우기 위하여는 債務의 내용으로 된 瑕疵없는 목적물을 인도하지 못한 의무위반 사실 외에 그러한 의무위반에 대하여 매도인에게 귀책사유가 인정될 수 있어야만 할 것이다"라고 함으로써[59] 이와 같은 입장을 취하고 있다.

(2) 「하는 給付」의 경우

「하는 給付」에 있어서 給付가 불완전하다고 하는 것은 예컨대 건축업자가 건축공사를 부실하게 함으로써 완공된 건물에 瑕疵가 생긴 경우, 집수리업자가 지붕을 불완전하게 수리함으로써 비가 새는 경우, 맞춤양복을 고객의 체격보다 작게 만든 경우, 사진관에서 결혼식 장면을 제대로 녹화하지 못하여 영상재생이 선명치 않은 경우,[60] 鑑定人이 감정을 부정확하게 함으로써 감정의뢰인이 피해를 본 경우, 컨설팅회사에서 잘못된 정보를

57) 제581조의 책임은 매도인의 귀책사유를 요건으로 하지 않는 무과실책임이어서, 그 밖의 손해에 대해서까지 이러한 책임을 묻게 되면 債務不履行責任의 일반원칙에 비추어 매도인에게 너무 가혹하게 되기 때문이다.

58) 金亨培 교수께서는 위에서 본 바와 같이 병든 가축을 매수인에게 인도함으로써 매수인의 다른 가축에 병이 전염된 경우를 保護義務 위반의 不完全履行으로 취급하고 있으나, 이러한 경우는 給付 자체가 불완전한 경우, 즉 給付義務 자체를 위반한 不完全履行으로 보아야 할 것이다.

59) 大判 1997. 5. 7, 96다39455.

60) 법원은 이와 같은 사건에서 사진관으로 하여금 신혼부부에게 위자료를 지급하도록 하고 있다. 서울民地判 1990. 2. 7, 89가합54840 참조.

제공함으로써 그것을 신뢰한 고객이 피해를 본 경우, 의사의 적절치 못한 진료로 환자가 사망하거나 신체에 손상을 입은 경우 등이 여기에 해당된다. 이와 같은 不完全履行에 대한 구제수단으로서는 다음과 같은 것들을 들 수 있다.

1) 完全履行請求權(追完請求權)

완전이행이 가능하면 債權者는 完全履行請求權을 행사할 수 있다. 그런데 완전이행에는 이행을 새로 하여야 하는 경우(예컨대 양복이 체격보다 작게 만들어진 경우)가 있는가 하면 이행을 새로이 할 필요는 없고 이미 한 불완전한 이행을 보완하면 되는 경우(예컨대 불완전한 지붕수리의 경우)도 있다. 후자의 경우에는 債權者는 信義則上 보완만을 청구할 수 있고 이행을 새로이 할 것을 청구하지는 못한다고 해석하여야 한다. 그런데 完全履行請求權을 행사하는 데 있어서는 不完全履行에 대한 債權者의 귀책사유를 요하지 않는다. 완전이행청구는 不完全履行으로 발생한 손해에 대한 債務者의 책임을 묻는 제도가 아니기 때문이다.

2) 損害賠償請求

債權者는 다음과 같은 경우에는 損害賠償을 청구할 수 있다. 즉, 不完全履行에 대한 追完이 가능한 경우에는 債權者는 상술한 바와 같이 追完을 청구할 수 있으나, 追完으로 인하여 履行遲滯가 생기면 履行遲滯로 인한 損害賠償(遲延賠償)을 청구할 수 있다. 追完이 불가능한 경우에는 결국 履行不能이 되므로 債權者는 塡補賠償을 청구할 수 있다. 追完이 불가능하지만 不完全履行상태로도 債權의 목적을 달성할 수는 있는 경우에는, 債權者는 不完全履行으로 인한 給付利益의 가치감소에 해당하는 손해에 대한 배상만을 청구할 수 있다고 하여야 한다. 不完全履行으로 확대손해가 발생하면 이 손해에 대해서도 배상청구가 가능하다. 이 모든 손해배상은 제390조에 의한 것이므로 不完全履行에 대한 債務者의 귀책사유를 그 요건으로 한다.

3) 契約解除權

계약으로 발생한 債務의 不完全履行의 경우에 債權者가 상당한 기간을 정하여 추완청구를 하였음에도 불구하고 그 기간 내에 追完하지 않거나, 追完이 債權者에게 아무런 이익이 되지 못하거나, 不完全履行 狀態로는 계약의 목적을 달성할 수 없음에도 불구하고 追完이 불가능한 경우에는, 債權者는 계약을 해제할 수 있다. 그런데 不完全履行時에 계약해제를 인정하는 직접적인 규정은 없으므로 이 경우의 契約解除權의 법적 근거는 履行遲滯와 履行不能時의 契約解除權을 규정하고 있는 제544조 내지 제546조의 類推適用에서 찾아야 할 것이다. 그리고 이렇게 계약을 해제하는 경우에도 이미 발생한 손해에 대한 배상청구는 가능하다(제551조).

4) 都給契約에 있어서의 特則

「하는 給付」에 있어서 債務者가 給付義務를 불완전하게 이행한 경우에 일반적으로는 위와 같은 법률효과가 발생하지만, 그 給付義務가 都給契約上의 給付義務인 경우에는 위와 같은 일반적 효과에 우선하여 민법 제667조 이하의 受給人의 瑕疵擔保責任에 관한 특별규정이 적용된다. 즉, 都給人은 受給人에게 이들 규정에 따라 瑕疵補修를 청구하거나 瑕疵의 보수에 갈음하여 또는 瑕疵의 보수와 함께 손해배상을 청구할 수 있다(제667조). 그리고 완성된 목적물의 瑕疵로 인하여 계약의 목적을 달성할 수 없는 때에는 계약을 해제할 수 있다(제668조 본문). 다만 완성된 목적물이 건물 기타 토지의 공작물인 경우에는 계약을 해제할 수 없다(제668조 단서). 그런데 受給人의 瑕疵擔保責任은 그 성질상 不完全履行責任이면서도, 위에서 본 매도인의 瑕疵擔保責任과 마찬가지로 受給人의 귀책사유를 요건으로 하지 않는 이른바 무과실책임이다. 따라서 受給人의 瑕疵擔保責任에 있어서의 손해배상책임은, 都給契約에 있어서의 본래적인 給付利益 내지 계약이익에 발생한 손해만을 배상하는 책임이어야 하고 그 밖의 확대손해까지 배상할 수는 없다. 그러한 손해에 대해서까지 受給人이 귀책사유를 요건으로 하지 않고 배상책임을 부담하게 되면 그 책임이 一般債務不履行責任에 비추어 부당하게 무겁게 되기 때문이다. 따라서 이러한 확대손해에 대해서는 제390조의 일반원칙에 따라 債務者의 귀책사유를 요건으로 하여 배상책임을 물을 수밖에 없다.

3. 부수적 의무 위반의 不完全履行에 대한 구제수단

이미 앞에서 본 바와 같이 일정한 債權關係에서 債務者는 給付義務만을 부담하는 것이 아니고 信義則에 의하여 요구되는 부수적 의무, 즉 債權의 목적 내지 給付利益의 원만한 실현을 도모하고 給付利益의 실현과 관련하여 발생할 수 있는 위험으로부터 債權者의 이익을 보호할 의무도 부담한다. 債務者가 이러한 부수적 의무를 위반한 경우의 구제수단은 주로 손해배상청구권이다. 債務者가 그러한 의무를 위반한 경우에 그러한 의무에 대한 이행청구 내지 강제이행이나 계약해제 등은 별로 문제가 안되고, 주로 그러한 의무의 위반으로 발생한 손해에 대한 책임이 문제로 되기 때문이다. 따라서 債權者는 이러한 의무 위반으로 인하여 발생한 손해에 대하여 제390조에 따라 손해배상을 청구할 수 있다.

Ⅷ. 맺는 말

이상에서 필자는 不完全履行에 대한 종래의 논의들을 비교적 비판적인 시각에서 검토하여 보았다. 그러한 검토의 결과 얻은 내용을 정리하면 다음과 같이 요약할 수 있을 것 같다.

不完全履行은 「債務의 이행으로서 債務者의 일정한 행위가 있었으나 그것이 債務者의 귀책사유로 債務의 내용에 좇은 것이 되지 못하는 것」이라는 徵表를 지닌 債務不履行類型으로서, 이러한 不完全履行은 債務者가 부담하는 의무 중 給付義務를 불완전하게 이행함으로써 생길 수도 있고, 부수적 의무를 위반함으로써 생길 수도 있다. 不完全履行으로 인하여 발생하는 손해 역시 給付利益에만 발생할 수 있는가 하면, 給付利益 이외의 法益에까지 미칠 수도 있다. 즉 不完全履行으로 인하여 확대손해도 발생할 수 있는가 하면, 확대손해는 발생하지 않을 수도 있다. 따라서 債務者가 위반한 의무의 종류나 확대손해의 발생 여부는 不完全履行의 성립여부를 결정하는 요인이 되지 못한다. 不完全履行에 대해서는 종래 독일민법학의 영향으로 積極的 債權侵害라는 용어도 사용되어 왔으나, 이는 독일민법학에서 不完全履行理論이 생성 발전되는 과정에서 연혁적인 의의가 있는 용어이긴 하지만 오해의 소지가 많은 부정확한 용어이므로, 적어도 우리 민법학에서는 사용할 필요가 없다.

不完全履行은 제3의 債務不履行類型이지만 그렇다고 不完全履行이 履行遲滯나 履行不能 이외의 모든 債務不履行을 총괄하는 개념은 아니다. 즉 不完全履行은 어디까지나 「債務의 이행으로서 일정한 행위가 있었으나 그것이 債務者의 귀책사유로 債務의 내용에 좇은 것이 되지 못하는 것」이라는 徵表를 지닌 債務不履行類型을 의미할 뿐이고, 그 밖의 다른 특징을 가진 債務不履行類型까지 포섭하는 것은 아니다. 따라서 債務不履行類型으로서는 履行遲滯, 履行不能 및 不完全履行 이외에 다른 유형의 債務不履行도 있을 수 있는 것이다.

不完全履行을 履行遲滯나 履行不能과는 다른 제3의 債務不履行類型으로 취급할 필요는, 不完全履行이 履行遲滯나 履行不能과는 다른 특징을 가지고 있어서, 履行遲滯나 履行不能의 제도에 의해서는 이에 대한 구제를 충분히 할 수 없다는 점에 있다. 그런데 우리 민법은 이와 같은 不完全履行에 대하여 규율하기는 하면서도 불완전하게 규율하고 있다. 즉, 민법은 債務不履行으로 인한 손해배상책임의 발생요건과 관련해서는 不完全履行도 포섭될 수 있는 포괄적인 규정(제390조)을 두고 있으면서도, 不完全履行에 대한 손해배상청구 이외의 구제수단에 대해서는, 履行遲滯나 履行不能의 경우와는 달리 개별적인 규정을 두고 있지 않아서, 不完全履行에 대한 규율은 불완전하게 되어 있다. 不完全履行에 대한 이와 같은 민법의 불완전한 규율 내지 欠缺은 履行遲滯나 履行不能에 관한 규정의 유추적용 또는 條理 내지 信義則에 의하여 보충하여 나갈 수밖에 없다.

不完全履行에 대한 구제수단으로는 제390조에 의한 손해배상청구 이외에도 완전이행청구나 계약해제 등 여러 가지가 있을 수 있지만, 어쨌든 不完全履行 전반에 대하여 그 구제수단을 일반적으로 검토하는 것보다는, 不完全履行의 모습 내지 유형에 따라 검토하는 것이 적절하다. 그리고 不完全履行을 유형화하는 방법도 여러가지가 있을 수 있지만 「給付義務 위반의 不完全履行」과 「부수적 의무 위반의 不完全履行」의 경우로 구분하는 것이 타당하다고 생각한다. 이 兩者가 모두 不完全履行으로서의 공통적인 徵表 내지 특징을 지니고 있으면서도 그 구제수단에 있어서는 차이가 있을 수 있기 때문이다. 이와 관련하여 債務者가 부담하는 의무로서, 급부의무와 부수적 의무 이외에 이와 구별되는 또 다른 의무로서의 保護義務를 별도로 인정하는 견해도 있으나, 그러한 의무를 별도로 인정할 필요는 없다. 그러한 保護義務는 부수적 의무의 구체적 발현형태로 이해하면 될 것이다. 그리고 그러한 保護義務가 일정한 債權關係에 特有하게 요구되는 부수적 의무인 한 이러한 保護義務는 계약상의 의무인 것이다. 따라서 그러한 의무인 경우에는 최근의 일부 견해처럼 이를 不法行爲上의 의무로 보고 계약상의 의무로부터 배제해서도 안될 것이다.

이상 요약한 내용은 독일민법학의 積極的 債權侵害理論의 영향하에 그동안 전개되어 온 우리 민법학의 不完全履行理論에 나타난 결함이나 문제점들을 검토하고 보완하여, 우리의 민법규정과 체계에 부합하게 독자적으로 구성하여 본 不完全履行理論의 골자라고 할 수 있다. 끝으로 지적하고 싶은 것은, 다른 법률문제에 있어서도 마찬가지이지만 不完全履行에 관한 논의에 있어서도, 독일민법학의 積極的 債權侵害理論의 원용이 필요불가결한 것이 아닌 이상, 이 이론을 빌림이 없이 우리 민법에 부합하는 독자적인 이론을 구성할 것이 요망된다는 점이다.

* 韓國民法理論의 發展(李英俊博士華甲記念論文集 1999), 498면 이하 게재

債權法上의 保護義務

Ⅰ. 머 리 말

債權關係에서 채무자가 부담하는 의무는, 단일하지 않고 그 성질이나 그 위반시의 법률효과가 동일하지 않은 의무들로 구성된 복합적인 구조로 되어 있다. 예컨대 컴퓨터를 고객에게 판매한 상인에게는 목적물의 소유권이전의무와 목적물의 인도의무만 있는 것이 아니고, 컴퓨터의 사용방법과 취급상의 주의사항을 고객에게 정확하게 설명하여 줄 의무도 있다. 전자의 의무는 給付義務(Leistungspflicht)로서 債權關係에서 채무자가 부담하는 주된 義務(Hauptpflicht)에 해당한다. 한편 후자의 의무는 主된 義務인 給付義務를 제대로 이행하고 債權關係의 목적을 제대로 실현하기 위하여 요구되는 의무로서 부수적인 義務(Nebenpflicht)라고 할 수 있다.

給付義務는 채무자가 부담하는 의무 중에서 가장 중요한 핵심적인 의무에 해당한다.

給付義務의 내용은 계약이나 법률의 규정에 의하여 정하여진다. 채무자가 어떠한 내용의 給付義務를 부담하는가에 따라서 그 債權關係가 어떠한 유형의 債權關係인가가 결정된다. 즉, 당해 債權關係가 매매인가 임대차인가, 또는 고용인가 도급인가 하는 것은 그 債權關係에서 채무자가 부담하는 給付義務의 내용이 어떠한 것인가에 따라서 결정된다.[1) 한편 부수적 의무는 給付義務 이외에 신의칙에 의하여 요구되는 작위 또는 부작위의 배려의무로서, 채권의 목적 내지 給付利益의 원만한 실현을 도모하고, 給付利益의 실현 내지 給付義務의 이행과 관련하여 발생할 수 있는 위험으로부터 채권자의 이익을 보호하기 위하여 요구되는 의무이다. 이러한 부수적 의무는 구체적으로는 설명의무, 보호의무, 성실의무, 협력의무 등의 여러 가지 모습으로 나타난다.[2) 그리고 부수적 의무는 그 구체적인 내용이나 범위나 강도는 동일하지 않다고 하더라도, 어떤 특정한 債權關係에만 인정되는 의무가 아니고 모든 債權關係에 인정되는 의무이다. 이 의무는 법률이나 계약에 의하여 명시적으로 규정되거나 약정되지 않더라도 신의칙상 인정되는 의무이다.[3) 부수적 의무는 일반적으로는 주된 의무인 給付義務의 내용실현과 관련하여 인정되는 의무이고, 給付義務와 무관하게 독자적으로 인정되는 의무는 아니다. 그리고 이 의무의 내용은 처음부터 확정되는 것이 아니고, 債權關係가 전개되는 구체적인 상황에 따라 그때 그때 신의칙상 필요한 일정한 내용의 부수적 의무가 요구되는 것이다. 따라서 채권자는 원칙적으로 이러한 부수적 의무의 이행만을 요구할 수는 없는 것이다. 그러나 채무자가 이러한

---

1) 給付義務는 다시 주된 給付義務와 부수적인 給付義務로 구분해 볼 수 있다. 여기서 부수적인 給付義務란 債權關係의 유형이나 성질과 관련하여 주된 給付義務처럼 중요한 의미를 가진 의무는 아니지만, 당사자가 일정한 행위를 구체적으로 명시하여 확정함으로써 이를 債務의 내용으로 끌어올린 의무로서, 급부소송의 대상이 될 수 있는 給付義務를 말한다. 예컨대 매매계약에 있어서 매도인이 매매목적물을 매수인의 주소까지 운반하여 주기로 하는 약정이나, 일정한 기간 동안은 사용 중의 고장에 대하여 매도인이 무료로 수리를 하여 주기로 하는 약정, 또는 점포의 임대차계약에 있어서 임차인이 일정한 수리를 하기로 하는 약정이나, 그 점포의 근처에서 임대인이 임차인의 영업과 동일종류의 영업을 하지 않기로 하는 약정 등을 들 수 있다.

2) 이러한 의무를 독일에서는 학자에 따라 부수적 의무(Nebenpflicht), 其他의 行態義務(weitere Verhaltenspflicht), 보호의무(Schutzpflicht) 등으로 부르고 있어서 이를 표현하는 용어가 일정치 않다. Larenz, Schuldrecht I, 10-11면; Brox, Schuldrecht I, 9면; Fikentscher, Schuldrecht, 8. Aufl., 1992, 36-37면; Esser, Schuldrecht I, 4. Aufl., 26-27면 등 참조.

3) 이러한 의무의 정도와 범위는 채권관계의 종류에 따라 일정하지 않다. 예컨대 길거리에서 신문을 파는 자에게 요구되는 배려의무보다, 복잡한 구조를 가진 기계나 의약품을 파는 자에게 요구되는 배려의무가 훨씬 높은 정도의 것임은 말할 필요가 없다. 이 후자의 경우의 매도인에게는 전자의 매도인과는 달리 매매목적물인 기계의 사용방법이나 약품의 복용방법 및 그 밖의 주의사항을 자세하게 설명하여 주어야 할 의무가 있기 때문이다. 그리고 임대차 등의 계속적인 債權關係에 있어서나 조합이나 고용과 같이 인적 신뢰관계가 중요시되는 債權關係에 있어서는, 더욱 높은 정도와 넓은 범위의 배려의무가 요구된다.

의무를 제대로 이행하지 못함으로써 채권자에게 손해가 발생한 경우에는, 이른바 不完全履行의 문제로서 채무자가 그 손해를 배상하여야 한다.

그런데 給付義務 이외에 채무자가 부담하는 의무와 관련하여 우리나라 일부 견해는, 채무자가 부담하는 給付義務 이외의 의무로서 부수적 의무(이 견해는 이를 부수적 注意義務라고 부른다)외에 다시 보호의무를 독립적으로 인정하고 있다.[4] 즉, 金亨培 교수는 채무자가 부담하는 給付義務 이외의 의무를 부수적 의무와 보호의무로 구분하고, 부수적 의무는 給付利益(Leistungsinteresse)의 보호를 위한 의무로서 給付義務에 부수하는 의무인데 반하여, 보호의무는 給付義務와 나란히 채권관계당사자 상호간의 이른바 현상이익(Erhaltungsinteresse) 내지 완전성이익(Integritätsinteresse)을 보호하기 위하여 요청되는 의무로 파악한다. 즉, 給付義務를 중심으로 결합관계를 갖게 되는 채권자와 채무자는, 서로 상대방의 인신과 재산에 대하여 영향을 줄 수 있게 되는 바, 이들은 서로 상대방의 생명, 신체, 소유권, 기타 재산적 이익을 침해하지 않도록 배려하여야 할 의무를 신의칙상 부담하는데, 이러한 의무를 부수적 의무와 구별하여 보호의무라고 한다. 그리고 이러한 보호의무는 계약이 체결되어 給付義務가 성립한 다음에야 인정되는 것이 아니고, 양당사자가 계약체결을 위한 준비 교섭단계에 들어가면 이미 인정되며, 계약의 성립후 이행의 단계를 거쳐 契約關係 종료후의 단계에까지 인정된다고 한다. 뿐만 아니라 이와 같은 보호의무는 당사자와 일정한 신분관계에 있는 제3자에 대해서도 인정된다고 한다. 이러한 보호의무는 채권관계의 성립을 그 요건으로 하여 인정되는 의무가 아니고, 채권관계의 존립과 상관없이 당사자 사이에 일정한 사회적 접촉이 있으면 성립하는 의무이므로, 給付義務에 부종하는 부수적 의무로 파악하는 것은 옳지 않다고 한다.

金亨培 교수의 이상과 같은 견해는 독일의 학설과 판례에서 인정되어온 보호의무이론과 대체로 그 입장을 같이 하는 견해이다. 독일민법학에서는 뒤에서 보는 바와 같이 이러한 보호의무이론을 기초로 하여 積極的 債權侵害(positive Forderungsverletzung), 契約締結上의 過失(culpa in contrahendo) 및 제3자 保護效力을 가진 契約(Vertrag mit Schutzwirkung zugunsten Dritter)에 관한 이론이 형성되어 온 것이다. 그런데 우리나라에서는 이러한 견해에 대하여 찬성하는 견해가 있는가 하면[5] 반대의 입장을 취하는 견해도

4) 金亨培, 債權總論, 1998, 35면 이하 참조.

5) 權五乘, 民法特講, 1994, 306면. 李英俊 교수 역시 이와 같은 의미의 보호의무를 인정하지만, 李교수는 보호의무를 주된 의무로서의 給付義務이외에 채무자가 信義則에 의하여 부담하는 부수적 의무의 한 유형으로서 파악한다. 즉, 李교수에 의하면 채무자는 給付義務 이외에 부수적 의무로서 광범위한 행위의무(weitere Verhaltenspflicht)를 부담하는데, 이 행위의무에는 배려의무, 敎示義務, 설명의무, 협동의무, 보호의무 등이 포함된다고 한다. 그러나 보호의무는 단순한 거래

있다.[6] 반대의 입장을 취하는 견해는 위와 같은 의미의 보호의무는 債權關係가 없는 사회일반인 사이에서도 인정되는 注意義務에 불과하므로, 이러한 의무 위반으로 인한 손해에 대해서는 不法行爲責任을 물으면 되고 이를 債務不履行責任으로 취급할 필요가 없다고 한다. 이들 반대 견해는 보호의무를 인정함으로써 본래의 급부와 동떨어진 손해를 억지로 債務不履行責任에 편입시키는 것은, 債務不履行責任과 不法行爲責任의 체계를 혼란시키는 결과가 된다고 한다. 그리고 독일민법학에서 그러한 보호의무를 채무자가 부담하는 의무 속에 포함시키는 것은, 독일불법행위법이 지니고 있는 특수한 문제점 때문에 加害者에게 不法行爲責任을 추궁하기가 곤란한 경우에, 債務不履行責任을 인정함으로써 피해구제를 용이하게 하기 위하여 그렇게 하는 것이므로, 그와 사정이 다른 우리 민법하에서는 그렇게 할 필요가 없다고 한다.

보호의무이론은 독일민법학에서 적극적 채권침해(불완전이행), 계약체결상의 과실책임 및 제3자보호효력을 가진 계약이론의 기초가 되어온 이론이므로, 보호의무의 인정여부는 이 세 가지 이론의 타당성 여부나 우리 민법학에의 수용여부를 검토하는데 있어서도 중요한 의미를 가지게 된다. 여기에 우리 민법학에 있어서도 채권관계상의 보호의무의 인정가능성 여부를 검토할 필요가 있는 것이다. 이 글은 이러한 점을 고려하여 몇 가지 민법이론의 이러한 이론적 기초가 되고 있는 보호의무라는 것이, 우리 민법에 있어서도 契約關係에서 채무자가 부담하는 의무로서 인정될 수 있는지를 검토하고, 만약 인정할 수 있다면 어떠한 경우에 인정할 수 있으며 부수적 의무와는 어떠한 관계에 있고, 그 인정의 효용성은 무엇인가를 검토하려는 것이다. 그런데 보호의무이론은 우리 민법학에서 자생한 이론이 아니고 독일 민법학의 영향을 받은 이론이므로, 우리민법에 있어서의 보호의무에 대한 논의를 위해서는, 우선 독일민법학에 있어서 인정되는 보호의무가 어떠한 것이고 어떠한 필요에서 인정되어 왔는지를 먼저 검토하는 것이 필요하다고 생각된다. 따라서 여기서도 보호의무에 대한 독일민법학에 있어서의 논의를 우선 검토한 후에 우리 민법학에서의 인정가능성과 그 효용성을 검토하기로 한다.

관계적인 사회접촉만 있으면 발생하기 때문에 給付義務는 보호의무의 구체화에 특별한 의미를 갖지 못한다고 한다. 따라서 보호의무는 다른 유형의 행위의무와는 달리 給付義務로부터 먼거리에 있는 행위의무라고 한다. 李英俊, 「신의성실의 원칙에 관한 소고」, 金曾漢교수화갑기념논문집, 1981, 44면 이하 참조.

6) 民法注解(IX)(梁彰洙), 218면 이하; 李銀榮, 債權總論, 174면 이하; 金俊鎬, 「不完全履行論의 유용성과 한계」, 考試界, 1993. 4, 59면 이하 및 「債權法上의 보호의무의 전개」, 月刊考試 1990. 6, 110면 등 참조.

Ⅱ. 독일민법학상의 保護義務理論

1. 保護義務의 내용

독일민법학에서 채무자는 給付義務 이외에 보호의무도 부담한다는 것을 처음으로 주장한 학자는 Heinrich Stoll이다. 즉, 그는 일찌기 계약상의 채무자는 給付義務(Leistungspflicht) 이외에 신의칙상 보호의무(Schutzpflicht)도 부담한다고 주장하였다.7) 그가 의미하는 바의 채무자가 부담하는 보호의무란 給付義務와는 달리 급부결과(Leistungserfolg) 내지 給付利益(Leistungsinteresse)과는 직접적으로 상관이 없고, 계약의 준비과정 또는 수행과정에서 발생할지도 모르는 상대방에 대한 가해(Schädigung)를 방지할 의무이다. 그리고 이러한 보호의무는 채무자에게만 인정되는 것이 아니고 채권자에게도 마찬가지로 인정된다. 무엇이 給付義務에 속하는가는 계약의 내용에 의하여 정해지는데 반하여 보호의무는 계약의 내용과는 관련이 없다. 보호의무의 위반이 있으면 급부결과를 침해하게 되는 것이 아니고 상대방의 그 밖의 법익을 침해하게 된다. 給付義務는 오직 給付利益의 보호만을 위한 것이기 때문에, 계약이 취소되거나 해제됨으로써 계약의 효력이 없어져 계약이익이 탈락되면 그 존재의의를 상실하게 된다. 그러나 보호의무는 계약의 효력에 상관없이 존재한다. 따라서 보호의무 위반의 효과는 계약이 소급적으로 그 효력을 상실하는 경우에도 그대로 남게 된다. 예컨대 도자기 매매계약에서 매수인의 피용자가 도자기 포장시 부주의로 도자기를 파손한 경우에는, 착오를 이유로 매매계약이 취소가 되는 경우에도 매도인은 매수인에 대하여 손해배상청구권을 행사할 수 있게 된다. 그리고 전기제품점에서 종업원이 실수로 하자있는 물건을 매수인에게 인도한 결과 그 하자 때문에 매수인이 부상을 입었다면, 매수인이 하자를 이유로 매매계약을 해제하여 매매계약이 소급적으로 실효가 된 경우에도, 매도인은 매수인의 부상에 대해서는 손해배상책임을 부담하여야 한다.

이처럼 계약상의 보호의무는 給付義務와는 달리 유효한 계약을 전제로 하여 인정되는 의무는 아니지만 不法行爲法上의 일반적인 의무와는 다르다고 한다. 계약상의 보호의무는 당사자간에 신뢰관계 내지 법적인 특별관계가 형성되어 상대방의 법익에 대한 침해의 가능성이 생김으로써 비로소 인정되는 의무이기 때문이다.8)

---

7) Heinrich Stoll, Die Lehre von den Leistungsstörungen, 1936, 26면 이하 참조.

8) Stoll, 위의 논문, 28면.

Canaris 역시 보호의무의 본질을 Stoll과 마찬가지로 파악하고, 각 당사자는 상대방이 계약교섭을 계기로 자기의 영향권 내에 들어오면 그의 법익에 손해가 발생하지 않도록 보호할 의무를 부담하는데, 이러한 보호의무는 당사자의 의사와 무관하게 성립하는 法定의 성격(gesetzliche Natur)을 가진 특별한 계약교섭의 법률관계(Rechtverhältnis der Vertragsverhandlungs)에 그 법적 근거가 있다고 한다. 그리고 그러한 특수한 법적관계를 인정하는 내적인 정당성은 당사자간의 신뢰관계에서 찾을 수 있고 그 실정법적인 근거는 독일민법 제242조에 찾을 수 있다고 한다.[9] 그리고 당사자간의 이러한 신뢰관계는 계약체결전에만 존재하는 것이 아니고 계약체결후에 더 강해진다. 계약체결 후에도 상대방의 법익에 대한 침해의 가능성이 있기 때문이다. 이처럼 그러한 신뢰관계는 여기서도 상대방에 대한 침해가능성이라는 당사자간의 사실적인 관계에 기초하고 있는 것으로서, 당사자의 의사와 무관하게 성립하는 法定의 성격을 갖는다. 따라서 계약이 무효가 되거나 취소되는 경우에도 이러한 신뢰관계는 아무런 영향을 받지 않고 존재한다고 한다. 그 결과 계약이 무효가 되거나 취소되어 給付義務가 소멸하는 경우에도 이러한 신뢰관계에 기초하는 보호의무는 그대로 존속한다고 한다. 요컨대 보호의무는 계약이전단계, 계약단계, 계약후단계의 어느 단계에서도 당사자 사이에 상호침해가능성이 존재하기만 하면 성립하는 통일적인 보호관계(einheitliches Schutzverhältnis)에서 그 근거를 찾을 수 있는데, 이러한 보호관계는 이들 단계의 진전에 따라 점점 강화되지만 어느 단계에 있어서도 당사자의 의사와는 무관하고, 따라서 法定의 성격을 갖는 관계라고 한다.[10] 그리고 당사자간의 보호의무의 근거가 이처럼 당사자의 의사표시와 무관한 法定의 성격을 가진 신뢰관계에 있다면, 이는 계약당사자가 아닌 제3자에 대한 보호의무에 있어서도 마찬가지라고 한다. 즉, 제3자에 대한 보호의무도 給付義務 없는 法定債權關係에 근거하고 있으며, 이러한 법정채권관계는 주된 당사자 사이에 존재하는 채권관계에 비추어 요구되는 신뢰관계에서 그 정당성을 찾을 수 있다고 한다.[11] 그리고 계약당사자 사이에 인정되는 보호의무가 이처럼 계약의 有·無效에 상관없이 인정된다면, 제3자에 대하여 인정되는 보호의무 역시 주된 당사자 사이의 계약의 有·無效에 상관없이 인정되어야 한다고 한다.[12]

Thiele도 이와 비슷한 견해를 취하고 있다. 즉, Thiele 역시 給付義務나 부수적 給付

9) Canaris, Ansprüche wegen positive Vertragsverletzung und Schutzwirkung für Dritte bei nichtigen Verträgen, JZ 1965, 476-477면 참조.

10) Canaris, 위의 논문, 479면.

11) Canaris, 위의 논문, 478면.

12) Canaris, 위의 논문, 477-478면.

義務는 이행이익을 위한 의무로서 유효한 급부관계를 전제로 하고 급부관계의 내용 여하에 의존하는 의무인데 반하여, 보호의무는 당사자의 현상보존이익(Erhaltungsinteresse)을 위한 의무로서, 給付利益(Leistungsinteresse)이나 급부청구권과는 무관하게 존재하는, 상대방의 그 밖의 법익이 침해되지 않도록 보호하여야 할 의무라고 한다. 그에 의하면 이러한 보호의무는 당사자 사이에 유효한 契約關係가 있어야만 생기는 것이 아니고, 상대방의 법익에 대한 특별한 침해를 유발시킬 수 있는 사실적인 접촉만 있게 되면 생기게 된다. 따라서 이러한 의미의 보호의무는 계약체결을 위한 협상단계 내지 거래상의 접촉단계에 있는 당사자 사이에서도 인정된다. 그리고 이러한 보호의무는 상대방에 대하여 어떠한 침해를 유발시킬 수 있는 특정인간의 의도된 특별한 결합(gewollte und gezielte Sonderverbindung)을 전제로 하여 인정된다는 점에서, 그러한 결합관계를 전제로 함이 없이 특정인에게 인정되는 不法行爲法上의 사회생활안전의무(Verkehrssicherungspflicht), 즉 특정인이 자신이 처한 일정한 상황에서 그의 영향권 내에 들어오는 임의의 제3자의 권리나 법익을 침해하거나 위태롭게 하는 일이 없도록 행위할 의무와는 구별된다.[13] 다만 Thiele는 이러한 보호의무의 인정근거를 Stoll이나 Canaris처럼 신뢰의 원칙에서 찾지 않고 거래윤리(Verkehrsmoral)에서 찾는다.[14]

이상에서 본 바와 같이 독일민법학상 채무자에게 인정되어온 보호의무는, 給付義務와는 무관한 별개의 의무이고 給付義務를 전제로 하지 않는 의무이다. 따라서 보호의무는 주된 의무인 給付義務에 부수하는 부수적 의무가 아닌 독립된 의무인 것이다. 그리고 보호의무는 給付義務처럼 계약이 성립되고 난 다음에만 인정되는 의무가 아니고, 계약체결 전에도 계약체결을 위한 사회적 접촉단계에만 들어가면 생기는 의무이다. 즉, 그러한 사회적 접촉단계에 들어가면, 「給付義務 없는 法定債權關係(ein gesetzliches Schuldverhältnis ohne primäre Leistungspflicht)」[15]로서의 신뢰관계가 생기고, 이를 기초로 하여 보호의무가 생긴다. 이와 같은 사회적 접촉단계에서 생긴 보호의무를 위반함으로써 상대방의 신체나 물건에 손해를 입히면, 보호의무를 위반한 자는 이른바 계약체결상의 과실(culpa in contrahendo)에 대한 책임을 부담하게 된다.[16] 종래 우리나라 민법교과서에도 널리 소개

13) Thiele, Leistungsstörung und Schutzpflichtverletzung, JZ 1967, 650-651면 참조.

14) Thiele, 위의 논문, 652면.

15) Larenz, Schuldrecht Allgemeiner Teil, 14. Aufl., 1987, 14면 참조.

16) 독일의 유력한 학설에 의하면 이 제도는 이미 관습법적으로 승인되어 있다고 한다(Larenz, 위의 책, 108-109면; Fikentscher, Schuldrecht, 8. Aufl., 1992, 69면; Brox, Allgemeines Schuldrecht, 11. Aufl., 1983, 39면 등 참조).

된 바 있는 바나나껍질사건(Bananenschalefall)[17]이나 융단두루말이 사건(Linoleumrollefall)[18]에 있어서도, 계약교섭단계에 있어서의 보호의무의 위반을 이유로 상점주인에게 배상책임이 인정되었던 것이다. 한편 계약체결후에 이러한 보호의무를 위반함으로써[19] 상대방이 손해를 본 경우에는 이른바 積極的 債權侵害(positive Forderungsverletzung) 내지 不完全履行(Schlechterfüllung)의 책임을 부담한다.[20] 그리고 이러한 給付義務 없는 債權關係와 이를 기초로 하는 보호의무는, 계약의 당사자 또는 계약교섭 당사자 사이에서만 인정되는 것이 아니고, 그러한 당사자와 일정한 관계에 있는 제3자 사이에도 인정되어 왔다. 예컨대 건물 임대차계약의 경우 임차인의 가족이나 피용자처럼 계약상의 채권자인 임차인과 일정한 관계에 있는 자는, 임대인에 대하여 계약상의 급부청구권은 가지고 있지 않지만, 채무자인 임대인은 이들에 대하여도 보호의무는 부담하기 때문에, 임대인(또는 집수리업자와 같은 임대인의 이행보조자)이 보호의무를 위반하여 이들에게 손해가 발생하면, 이들에 대하여 계약책임의 원칙에 따른 손해배상책임을 부담한다.[21] 이것이 이른바 제3자保護效力을 가진 契約(Vertrag mit Schutzwirkung zugunsten Dritter) 이론이다.[22] 그리고 제3자에 대한 보호의무도 반드시 주된 당사자 사이에 계약이 성립한 다음에만 인

17) 이 사건은 백화점에 들어온 고객이 바닥에 떨어져 있던 바나나껍질에 미끄러져 다친 사건이다. BGHZ 62, 32.

18) 이 사건은 융단 상점에서 계약교섭 중에 안전하지 못하게 세워놓았던 융단두루말이가 쓰러져 고객이 다친 사건이다. RGZ 78, 239.

19) 계약체결후에도 보호의무가 존속한다는 데 대해서는 異見이 없지만 계약전에 성립된 법정채권관계인 보호관계가 계약이 체결되면 어떻게 되는가에 대해서는 견해가 일정하지 않다. 즉, 계약이 체결되더라도 이제까지의 法定債權關係인 보호관계는 給付義務關係와는 별도로 이와 병행하여 그대로 존속한다는 견해가 있는가 하면(Canaris, 위의 논문, 476면 이하; Thiele, 위의 논문, 653면 이하), 계약이 체결되면 이제까지의 法定債權關係인 보호관계는 포괄적인 契約關係로 흡수되고 이 포괄적인 契約關係는 계약체결이전단계에서 인정되었던 보호의무를 수용할 뿐만 아니라 그 밖의 보호의무까지를 발생시킨다는 견해도 있다(Larenz, 위의 책, 117-118면; Michalski, Das Rechtsinstitut der "culpa in contrahendo" ,Jura 1993 Heft 1, 24면).

20) 주지하는 바와 같이 독일민법은 채무불이행에 대하여 우리민법 제390조와 같은 포괄적 규정을 두지 않고 履行不能(동법 제280조 이하 및 제325조)과 履行遲滯(제284조 이하 및 제326조)에 대해서만 개별적인 규정을 두고 있다. 積極的 債權侵害 내지 不完全履行은 이 두가지 유형의 채무불이행 이외에 독일의 학설과 판례에 의하여 인정된 제3의 채무불이행 유형이다. 이에 대해서는 徐光民, 「不完全履行論」, 李英俊博士華甲記念論文集 1999, 499면 이하 참조.

21) BGHZ 49, 350, 353.

22) 이에 대해서는 Larenz, 위의 책, 225면 이하 및 Medicus, Schuldrecht Allgemeiner Teil, 8. Aufl., 1995, 362면 이하 참조. 독일민법에 있어서의 제3자보호효력을 가진 계약이론을 상세히 소개한 국내문헌으로는 崔興燮, 「독일법의 제3자 보호효력을 가진 계약과 우리법에서의 의미」, 李時潤博士華甲記念論文集(上), 1995, 350면 이하 및 宋德洙, 「제3자保護效力 있는 契約」, 郭潤直教授華甲記念論文集, 1985, 454면 이하 참조.

정되는 것이 아니고, 주된 계약의 당사자가 계약체결을 위한 상의에 들어가면 이미 생긴다. 따라서 제3자에 대해서도 계약체결상의 과실책임이 인정될 수 있다는 것이다. 그리하여 어머니가 아들을 데리고 물건을 사러 상점에 들어가면 상점 주인은 그 아들에 대하여도 보호의무가 생기기 때문에, 상점 종업원의 부주의로 아들이 넘어져 다친 경우에는 이 아들에 대하여도 계약체결상의 과실책임을 부담하게 된다.[23)]

2. 독일민법학에 있어서 保護義務를 인정하게 된 사정

독일민법학에서 인정되는 보호의무는 계약의 내용과는 상관이 없는 의무로서 계약이 성립하기 전에도 인정되고, 계약의 有·無效에 상관없이 인정되고, 契約關係가 없는 당사자 사이에서도 인정되는 의무로 파악되고 있다. 그렇다면 이러한 보호의무의 위반으로 손해가 발생한 경우에는, 적어도 그것이 契約關係가 없는 당사자 사이에서 발생한 사고이거나 또는 계약교섭단계에서 발생한 사고인 한, 계약책임을 묻는 것보다는 不法行爲責任을 묻는 것이 더 적절한 것이다. 계약책임은 원래 契約關係가 있는 자 사이에서 당사자 일방이 계약상의 의무를 위반한 경우에 문제되는 책임이기 때문이다. 그럼에도 불구하고 독일에 있어서는 보호의무를 당사자간의 특별한 신뢰관계를 전제로 하는 의무라는 점에서, 당사자간에 특별한 결합관계를 전제로 하지 않는 不法行爲法上의 의무와 구별하여, 이러한 보호의무의 위반에 대한 책임을 계약책임의 원리에 의하여 묻고 있다. 그러면 독일민법학에서 이와 같은 보호의무를 不法行爲法上의 의무와 굳이 구별하는 이유는 무엇인가?

이에 대해서는 보호의무를 처음으로 주장한 Stoll 자신도 다음과 같은 점을 들고 있다. 즉, 그는 不法行爲法上의 일반적인 의무 이외에 이러한 계약상의 보호의무를 인정하는 실제적인 의의는, 독일민법이 불법행위의 성립에 관하여 개별적 성립요건주의를 취하고 있고, 사용자 책임에 있어서도 사용자에게 면책가능성을 인정하고 있기 때문에, 不法行爲法에 의해서는 피해자의 구제가 불가능한 경우에도, 계약상의 보호의무를 인정하게 되면 피해자의 구제가 가능하게 된다는 점에 있다고 지적하고 있다.[24)] 그리고 이러한 점은 그 후의 다른 학자들에 의해서도 지적되고 있다.[25)] 요컨대 보호의무이론은 독일불법

23) Michalski, 위의 논문, 25면; BGHZ 66, 51, 56ff.

24) Stoll, 위의 논문, 28면 참조.

25) Ulrich Huber, Leistungsstörung, Gutachtung und Vorschläge zur Überarbeitung des Schuldrechts, Band I, 1981, 736-8면; Dieter Medicus, Verschulden bei Vertragsverhandlungen, 같은 책,

행위법의 구조상 不法行爲法에 의한 피해구제에는 일정한 한계가 있기 때문에, 이를 債務不履行責任의 法理에 의하여 극복하기 위해서 학설과 판례에 의하여 발전되어 온 것이다. 그러면 不法行爲로 인한 피해의 구제에 있어서 독일민법의 不法行爲規定上의 한계는 구체적으로 어떠한 것인가? 그러한 문제점으로서는 우선 使用者責任에 관한 제831조의 규정을 들 수 있다. 이 규정에는 우리민법 제756조에서도 그러하듯이 사용자의 免責立證의 가능성이 인정되어 있다. 따라서 被用者의 不法行爲에 대하여 사용자가 면책의 입증에 성공하게 되면 피해자는 사용자로부터는 손해배상을 받지 못하는 경우가 생기게 된다. 그리고 또 독일불법행위법은 不法行爲의 성립요건을 규정함에 있어서, 우리민법 제750조와 같이 故意 또는 過失로 인한 違法行爲와 손해발생 사이에 인과관계만 있으면 不法行爲가 성립하도록 하는 일반적 성립요건주의를 취하지 않고, 不法行爲의 성립요건을 개별적으로 규정하는 이른바 개별적 성립요건주의를 취하고 있다. 즉, 독일불법행위법은 不法行爲의 성립요건을 세 가지 유형으로 나누어 다음과 같이 규정하고 있다.

제823조 제1항의 不法行爲: 고의 또는 과실로 타인의 생명, 신체, 건강, 자유, 소유권, 기타의 권리를 위법하게 침해한 자는 그 타인에 대하여 이로 인하여 발생한 손해를 배상할 의무를 진다.

제823조 제2항의 不法行爲: 타인의 보호를 목적으로 하는 법률에 위반한 자도 동일한 의무를 진다. 그 법률의 내용상 유책성(Verschulden)이 없이도 그 법률에 위반할 수 있는 경우에는 손해배상의 의무는 유책성이 있는 경우에만 발생한다.

제826조의 不法行爲: 선량한 풍속에 반하는 방법으로 고의로 타인에게 손해를 가한 자는 그 타인에 대하여 손해를 배상할 의무를 진다.

不法行爲 성립요건에 관한 이러한 立法方式 때문에, 독일민법에는 구체적 법익에 대한 침해는 없지만 과실로 인하여 타인의 재산 일반에 손해가 발생한 경우라든지, 故意나 過失로 타인의 일정한 생명, 신체 등의 법익이나 소유권과 같은 권리를 직접 침해한 경우가 아니고, 사회생활상 요구되는 注意義務의 違反(즉 過失)으로 볼 수 있는 어떠한 先行行爲로 인하여 나중에 타인의 그러한 법익이나 권리가 침해되는 경우(간접적 침해의 경우)에 적용할 법규정은 흠결되어 있다. 이러한 점들이 不法行爲로 인한 피해를 구제하

488-491면; Michalski, 위의 논문, 22면 등 참조.

는데 있어서 독일불법행위법이 지니고 있는 한계이다.

보호의무이론은 독일불법행위법이 지닌 이러한 한계때문에 不法行爲責任을 인정하기가 어려운 경우에 있어서 債務不履行責任을 인정함으로써 피해를 구제하기 위한 이론으로서 학설과 판례에 의하여 형성·발전된 이론이다.[26] 바나나껍질사건이나 융단두루마리 사건도 契約이 체결되기 전에 발생한 사건이고 契約利益이 침해된 경우도 아니기 때문에, 원래는 不法行爲法에 의하여 처리되어야 할 사건이었지만, 不法行爲法에 의하는 경우 독일불법행위법이 지닌 위와 같은 한계 때문에 상점주인에게 배상책임을 묻기가 어렵게 된다. 그래서 독일법원은 보호의무이론에 근거하여, 이 두 사건을 모두 契約締結을 위한 준비단계 내지 사회적 접촉단계에서 상점주인에게 인정되는 보호의무를 상점의 被用者가 위반한 경우로 보고, 상점주인에게 契約締結上의 過失에 대한 책임으로서 債務不履行責任을 인정하였던 것이다. 법원은 상점주인에게 이렇게 보호의무 위반에 기한 債務不履行責任을 인정함으로써, 不法行爲責任을 인정하려고 하는 경우에 있을 수 있는 제831조(우리민법 제756조에 해당)에 의한 상점주인의 免責主張도 제278조(우리민법 제391조에 해당)에 의하여 차단할 수가 있었던 것이다. 그리고 이러한 사정은 제3자 보호효력을 가진 계약 이론에 있어서도 마찬가지이다. 즉, 보호의무의 인정범위를 계약의 당사자가 아닌 제3자에게까지 확대하는 제3자보호효력을 가진 계약 이론이 형성되게 된 데에도, 독일 불법행위법이 지니고 있는 위와 같은 문제점 때문에 不法行爲責任에 의해서는 피해자의 구제가 충분치 못하게 되는 사정이, 결정적인 역할을 하였음이 일반적으로 지적되고 있다.[27]

---

26) 보호의무이론은 이처럼 不法行爲法의 구조상 不法行爲責任을 묻기가 곤란한 경우에 債務不履行責任을 인정함으로써 피해를 구제하려는 이론인데 반하여, 독일의 판례는 독일불법행위법의 구조상의 흠결을 사회생활안전의무(Verkehrsversicherungspflicht) 위반이라는 독자적인 불법행위유형을 형성함으로써 불법행위법적으로 보완하기도 하였다. 즉, 독일의 판례는 독일불법행위법에 영미법상의 Negligence에 해당하는 불법행위 유형(過失에 해당한다고 볼 수 있는 어떠한 先行行爲의 결과 나중에 이로 인하여 법익이 간접적으로 침해되는 경우)에 관한 규정이 흠결되어 있음을 알고, 이를 사회생활안전의무의 위반이라는 불법행위 유형을 형성함으로써 보완하여 왔다. 그런데 사회생활안전의무는 처음에는 일정한 시설 내지 공작물과 같은 危險源을 일반인이 접근할 수 있도록 개방한 자가 이들에게 손해가 발생하지 않도록 필요한 조치를 취하여야 할 의무로서 인정되기 시작하였으나, 나중에는 그밖의 다른 여러 분야에까지 인정되었다. 예를 들면 의사, 약사, 건축기사 등 일정한 직업에 종사하는 자에게 요구되는 주의의무, 물품의 생산자가 소비자의 피해를 방지하기 위하여 결함있는 물품을 유통과정에 투입하지 않을 의무 등도 이러한 사회생활안전의무로서 인정되었다. 이에 대해서는 徐光民, 不法行爲의 歸責構造研究, 1987, 48-49면 참조.

27) Larenz, 위의 책, 225면; Medicus, 위의 책, 362면 참조.

Ⅲ. 우리 民法에 있어서의 保護義務의 인정가능성

1. 契約關係에 특유한 부수적 의무로서의 保護義務

앞에서도 보았듯이 우리나라의 일부 견해는 보호의무는 債權關係가 없는 사회일반인 사이에서도 인정되는 의무이므로, 이러한 의무 위반으로 인한 손해에 대해서는 不法行爲責任을 물으면 되고 이를 債務不履行責任으로 취급할 필요가 없다고 한다. 즉, 이들은 독일민법학에서 그러한 보호의무를 채무자가 부담하는 의무속에 포함시키는 것은, 독일불법행위법의 특수한 구조 때문에 加害者에게 不法行爲責任을 추궁하기가 곤란한 경우에, 債務不履行責任을 인정함으로써 피해구제를 용이하게 하기 위한 것이므로, 그와 사정이 다른 우리 민법하에서는 그렇게 할 필요가 없다고 한다. 보호의무이론이 독일불법행위법의 특수한 구조하에서 발생하는 피해자 구제의 한계를 극복하기 위하여 형성된 이론인 것은 보호의무를 처음으로 주장한 Stoll 자신을 포함하여 독일의 여러 학자들에 의해서도 인정되는 바이다. 그리고 우리 不法行爲法은 그 운용이나 구조가 독일불법행위법의 경우와는 다른 것도 사실이다. 즉, 우리 민법에 있어서는 독일법의 경우와는 달리 사용자책임에 있어서도 법원이 사용자의 면책주장을 좀처럼 인정하지 않고, 또 불법행위 성립요건 역시 개별적 성립요건주의를 취하고 있는 독일불법행위법과는 달리 일반적 성립요건주의를 취하고 있기 때문에, 독일불법행위법에서와 같은 문제점도 없다고 볼 수 있다. 그러면 독일불법행위법의 경우와는 사정이 다른 우리법제하에서는 계약상의 보호의무를 인정할 필요가 전혀 없는가?

살피건대 계약상의 채무자는 앞에서도 언급한 바와 같이 주된 의무로서의 給付義務만 부담하는 것이 아니고 신의칙상 그 밖의 부수적 의무도 부담한다. 그런데 이러한 부수적 의무에는 반드시 給付利益의 원만한 실현을 도모하는 의무만 포함되어 있는 것이 아니고, 給付利益의 실현과 관련하여 給付利益 이외의 채권자의 법익에 어떠한 危害가 발생하지 않도록 보호할 의무도 포함되어 있다고 볼 수 있다. 給付義務의 이행과 관련하여 채무자가 상대방에게 어떠한 危害가 발생하지 않도록 보호 내지 배려를 한다든지, 상대방에게 발생가능한 위험요인에 대하여 상세한 설명을 해준다든지, 그러한 사항에 대하여 주의를 환기시킨다든지 할 의무가 여기서 말하는 보호의무에 해당할진대, 채무자가 급부의무 이외에 그러한 의무를 부담하는 것은 신의칙상 당연하다고 생각되기 때문이다. 따라서 이러한 내용의 보호의무는 계약상의 부수적 의무로 볼 수 있을 것이다. 다만 계약상의 채무자에게 요구되는 보호의무 중에는 그러한 契約關係가 없는 사회일반인 사이에서도 요구되는 注意義務에 불과한 것도 있을 수 있다. 예컨대 피아노 운반작업을 맡은 자가 피아노 운반시에 집안에 있는 다른 가구가 손상되지 않도록 주의할 의무라든가, 집수리업자가 집수리작업시에 그 집 유리창이 깨지지 않도록 주의할 의무 같은 것은, 그러한 계약에서만 인정되는 의무가 아니고 契約關係가 없는 사회일반인 사이에서도 요구되는 의무인 것이다. 따라서 그러한 의무 위반으로 발생한 손해에 대해서는 契約責任을 묻는 것보다 不法行爲責任을 묻는 것이 책임체계상 더 적합할 것이다.[28] 그러나 契約關係가 없는 일반인 사이에서는 인정되지 않고 일정한 契約關係가 있는 당사자 사이에서만 인정되는 보호의무라면, 그러한 의무는 그것이 비록 給付利益 이외의 이익을 보호하는 의무라고 하더라도 계약상의 부수적 의무로 취급하여야 할 것이다.

이와 관련하여 대법원은 아래에서 보듯이 숙박계약상의 숙박업자나 여행계약상의 여행업자나 고용계약상의 사용자에게 附隨的 義務로서 보호의무를 인정하고 있다. 즉, 대법원은 여관화재로 투숙객이 사망한 사건에서 다음과 같이 여관숙박업자에게 信義則上의 보호의무 위반으로 인한 不完全履行責任을 인정하고 있다.[29]

> "공중접객업인 숙박업을 경영하는 자가 투숙객과 체결하는 숙박계약은 숙박업자가 고객에게 숙박을 할 수 있는 객실을 제공하여 고객으로 하여금 이를 사용할 수 있도록 하고 고객으로부터 그 대가를 받는 일종의 일시 사용을 위한 임대차계약으로서 객실 및 관련 시설은 오로지 숙박업자의 지배 아래 놓여 있는 것이므로 숙박업자는 통상의 임대차와 같이 단순히 여관 등의 객실 및 관련 시설을 제공하여 고객으로 하여금 이를 사용·수익하게 할 의무를 부담하는 것에서 한 걸음 더 나아가 고객에게 위험이 없는 안전하고 편안한 객실 및 관련 시설을 제공함으로써 고객의 안전을 배려하여야 할 보호의무를 부담하며 이러한 의무는 숙박계약의 특수성을 고려하여 신의칙상 인정되는 부수적인 의무로서 숙박업자가 이를 위반하여 고객의 생명, 신체를 침해하여 동인에게 손해를 입힌 경우 불완전이행으로 인한 채무불이행책임을 부담하고, 이 경우 피해자로서는 구체적 보호의무의 존재와 그 위반 사실을 주장·입증하여야 하며 숙박업자로서는 통상의 채무불이행에 있어서와 마찬가지로 그 채무불이행에 관하여 자기

28) 채무자가 부담하는 의무로서 보호의무를 인정하는 분들은, 보호의무 위반의 예로서 가구판매자가 판매한 가구를 매수인의 집안으로 운반하다가 집안의 다른 가구를 파손한 경우 또는 집수리업자가 집수리를 하다가 그 집 유리창을 깬 경우를 들고 있으나(金亨培, 위의 책, 231-232면; 權五乘, 위의 책, 306면), 이러한 보호의무는 이러한 계약관계에서도 요구되기는 하지만 이러한 계약관계에 있어서만 특히 요구되는 의무가 아니므로 不法行爲法上의 의무로 취급하여야 할 것이다.

29) 大判 1997. 10. 10, 96다47302. 同旨: 大判 1994. 1. 28, 93다43590.

에게 과실이 없음을 주장·입증하지 못하는 한 그 책임을 면할 수는 없다고 할 것이고(대법원 1994. 1. 28. 선고 93다43590 판결 참조), 이와 같은 법리는 장기투숙의 경우에도 마찬가지라고 보아야 할 것이다."

대법원은 근로계약에 있어서의 使用者에게도 그와 같은 의무를 인정하고 있다. 즉 대법원은 "사용자는 근로계약에 수반되는 신의칙상의 부수적 의무로서 피용자가 노무를 제공하는 과정에서 생명, 신체, 건강을 해치는 일이 없도록 물적 환경을 정비하는 등 필요한 조치를 강구하여야 할 보호의무를 부담하고 이러한 보호의무를 위반함으로써 피용자가 손해를 입은 경우 이를 배상할 책임이 있다"고 판시하고 있다.[30] 이 점은 다음의 판례에 있어서도 마찬가지이다.[31]

"건축공사의 일부분을 하도급받은 자가 구체적인 지휘·감독권을 유보한 채 재료와 설비는 자신이 공급하면서 시공 부분만을 시공기술자에게 재하도급하는 경우와 같은 노무도급의 경우에, 그 도급인과 수급인의 관계는 실질적으로 사용자와 피용자의 관계와 다를 바가 없으므로, 그 도급인은 수급인이 노무를 제공하는 과정에서 생명 신체 건강을 해치는 일이 없도록 물적 환경을 정비하고 필요한 조치를 강구할 보호의무를 부담하며, 이러한 보호의무는 실질적인 고용계약의 특수성을 고려하여 신의칙상 인정되는 부수적 의무로서 구 산업안전보건법시행령(1995. 10. 19. 대통령령 제14787호로 개정되기 전의 것) 제3조 제1항에 의하여 사업주의 안전상 조치의무를 규정한 산업안전보건법 제23조가 적용되지 아니하는 사용자일지라도 마찬가지로 인정된다고 할 것이고, 만일 실질적인 사용관계에 있는 노무도급인이 고의 또는 과실로 이러한 보호의무를 위반함으로써 그 노무수급인의 생명, 신체를 침해하여 손해를 입힌 경우 그 노무도급인은 노무도급계약상의 채무불이행책임과 경합하여 불법행위로 인한 손해배상책임을 부담한다."

---

30) 大判 1998. 11. 27, 97다10925.

31) 大判 1997. 4. 25, 96다53086. 이 판결에서 대법원은 勞務都給契約의 都給人에게 신의칙상 부수적 의무로서의 보호의무를 인정하면서도, 그러한 보호의무 위반에 대하여는 債務不履行責任만을 인정하지 않고 債務不履行責任과 경합하여 不法行爲責任도 인정하고 있다. 물론 이러한 경우에 不法行爲責任을 인정하는 것이 우리민법 제750조의 구조상 불가능한 것은 아니다. 그러나 이러한 경우에 부수적 의무로서의 보호의무를 위반한 것을 이유로 하여 勞務都給人에게 不完全履行責任을 물으면, 수급인의 생명이나 신체에 발생한 손해에 대하여도 배상을 받는데 지장이 없는 것이다. 그럼에도 불구하고 대법원이 도급인에게 債務不履行責任과 경합하여 不法行爲責任을 인정하는 이유가 무엇인지는 분명치 않다. 살피건대 이러한 경우에 굳이 不法行爲責任을 경합적으로 인정할 필요를 찾는다면 제752조에 의하여 피해자의 유족도 위자료를 청구할 수 있다는 점에서 찾을 수 있지 않을까 한다.

여행계약과 관련해서도 대법원은 마찬가지의 입장을 취하고 있다. 즉 대법원은 여행계약에 있어서의 여행업자의 附隨的 義務에 대하여 다음과 같이 언급하고 있다.[32]

> "여행업자는 기획여행계약의 상대방인 여행자에 대하여 기획여행계약상의 부수의무로 여행자의 생명, 신체, 재산 등의 안전을 확보하기 위하여 여행목적지, 여행일정, 여행서비스기관의 선택 등에 관하여 미리 충분히 조사 검토하여 전문업자로서의 합리적인 판단을 하고, 또한 그 계약내용의 실시에 관하여 조우할지 모르는 위험을 미리 제거할 수단을 강구하거나 또는 여행자에게 그 뜻을 고지하여 여행자 스스로 그 위험을 수용할 지 여부에 관하여 선택의 기회를 주는 등의 합리적 조치를 취할 신의칙상의 주의의무를 진다."

이상의 판례에서 보듯이 대법원이 숙박업자나 여행업자나 사용자에 대하여 부수적 의무로서 보호의무를 인정하는 것은 극히 자연스럽고 정당하다고 본다. 계약상의 상대방에 대하여 주된 의무로서의 給付義務 외에 附隨的 義務로서 그러한 보호의무를 부담하는 것은 신의칙상 당연하다고 생각되기 때문이다. 그리고 그러한 의무는 그와 같은 契約關係가 있기 때문에 인정되는 의무로서 契約에 特有한(vertragsspezifisch) 의무인 것이다.[33] 즉 그러한 의무는 그와 같은 契約關係를 떠나서는 인정되지 않는다. 그렇다면 그러한 의무는 계약상의 의무임에 틀림이 없고, 契約關係를 전제로 함이 없이 사회일반인 사이에서도 요구되는 不法行爲法上의 의무는 아닌 것이다. 그리고 이는 의약품이나, 잘못 사용하면 위험한 기계를 파는 경우에 있어서 매도인에게 요구되는 의약품의 복용방법이나 기계의 사용방법에 대한 설명의무의 경우도 마찬가지이다. 따라서 그러한 의무는 비록 그것이 給付利益 이외의 이익을 보호하는 의무라고 하더라도 계약상의 의무로 취급하는 것이 자연스러운 것이고, 不法行爲法上의 의무로 취급해서는 안될 것이다. 요컨대 給付利益 이외의 법익을 보호하는 의무라고 하여 이를 모두 不法行爲法上의 의무로 취급할 것은 아니다. 즉, 契約關係가 없는 사회일반인 사이에서도 요구되는 의무가 아니고 계약상의 給付義務의 이행과 관련해서만 특유하게 요구되는 附隨的 義務로서의 보호의무라면, 그러한 의무는 계약상의 의무로 취급하여야 할 것이다. 그러나 給付義務의 이행과 관련하여 상대방의 보호를 위하여 당사자 사이에서 특히 요구되는 의무가 아니고 그러한 契約關係를 떠나서도, 즉 契約關係가 없는 일반인 사이에서도 일반적으로 요구되는 의무라면, 그것은 不法行爲法上의 注意義務에 불과하므로 이를 굳이 계약상의 의무로

---

32) 大判 1998. 11. 24, 98다25061.

33) Larenz, 위의 책, 302면.

취급할 필요가 없을 것이다. 따라서 이 후자의 의무를 위반함으로써 상대방에게 손해가 발생한 경우에는 債務不履行責任을 묻기보다는 不法行爲責任을 물어야 할 것이다.

2. 보호의무의 체계적 지위

위의 판례에서 인정되는 보호의무는 일정한 계약에 특유하게 인정되는 의무이고, 그러한 계약을 떠나서도 일반적으로 인정되는 의무는 아니다. 그러한 점에서 위의 보호의무는 신의칙상 인정되는 계약상의 의무라고 할 수 있다. 그러면 이러한 보호의무는 독일민법학에서 이해하듯이 給付義務나 給付利益의 실현과는 상관없이 給付利益 이외의 법익만을 보호하는 독립된 의무로 파악하여야 하는가? 살피건대 일정한 계약에 있어서 그 계약에 특유한 보호의무를 인정한다고 하더라도, 그 보호의무를 독일민법학에서 이해하듯이 給付義務와 독립한 별개의 의무로 파악하거나, 給付義務에 부수하는 부수적 의무에도 속하지 않는 별개의 의무로 파악하는 것은 옳지 않고, 給付義務와 밀접하게 관련되어 있는 부수적 의무의 일종으로 파악하는 것이 옳다고 본다. 그러한 보호의무는 그러한 계약이나 그러한 계약상의 給付義務를 전제로 하여 인정되는 의무이지 그러한 계약을 떠나서 인정되는 의무가 아니기 때문이다.[34] 그리고 보호의무를 給付利益 이외의 법익만을 보호하는 의무로 보고, 이를 給付利益의 실현을 위하여 인정되는 일반적인 부수적 의무와 구별하는 것은 다음과 같은 점에서도 적절하다고 볼 수 없다.

즉, 보호의무를 일반적인 부수적 의무와 구별하는 입장에서는, 일반적인 부수적 의무는 給付利益의 실현을 위하여 인정되는 의무인데 반하여 보호의무는 給付利益 이외의 이익의 보호를 위하여 인정되는 의무라는 점에서 양자를 구별하지만, 이 양자가 항상 분명하게 구별될 수 있는 것은 아니다. 예컨대 위험한 기계의 매매시에 요구되는 매도인의 부수적 의무로서의 사용방법에 대한 설명의무는, 기계자체의 기능유지나 파손방지 같은 給付利益을 위한 의무인가 하면, 기계의 잘못 사용으로 매수인의 신체·재산 등 다른 법익에 대한 피해가 발생하지 않도록 보호하기 위한 의무이기도 하여, 부수적 의무로서의 성격과 독일민법학에서 말하는 보호의무로서의 성격을 모두 가지고 있는 것이다.[35] 이 양자의 의무가 분명하게 구별될 수 없음은 의약품매매의 경우에 인정되는 설명의무에서

34) 同旨: 崔興燮, 위의 논문, 365면.

35) 同旨: Abschußbericht der Kommission zur Überarbeitung des Schuldrechts, 1992, 113면; Thiele, 위의 논문, 650면; Canaris, 위의 논문, 477면.

도 찾아볼 수 있다. 즉, 의약품 매도인의 부수적 의무로서의 의약품 복용 내지 사용방법에 대한 설명의무는 약효가 제대로 발생하도록 하기 위한 것이기도 하지만, 의약품을 잘못 사용함으로써 복용자의 생명, 신체, 건강 등에 발생할 수 있는 사고 내지 위험을 방지하기 위한 것이기도 하다.

여기서 보듯이 보호의무와 보호의무 아닌 부수적 의무가 항상 분명하게 구별될 수 있는 것이 아니라면, 구태여 보호의무와 부수적 의무를 구별하여 양자를 별개의 의무로 파악할 필요가 없을 것이다. 따라서 부수적 의무를 「債權의 목적 내지 給付利益의 원만한 실현을 도모하고 給付利益의 실현 내지 給付義務의 이행과 관련하여 발생할 수 있는 위험으로부터 채권자의 이익을 보호하기 위하여 신의칙상 요구되는 의무」를 총칭하는 용어로 파악하고, 보호의무는 그러한 부수적 의무의 구체적 발현형태 내지 구체적 내용, 또는 부수적 의무의 일종으로 이해하면 족할 것이다.

3. 契約關係에 있어서 보호의무가 인정되는 시점

보호의무를 契約關係에서 신의칙상 요구되는 부수적 의무의 구체적 내용 내지 발현형태로 파악한다면 보호의무가 발생하는 시점은 언제인가? 즉, 계약이 성립하고 난 후에야 비로소 이러한 보호의무가 발생하는가, 아니면 독일민법학에서 인정되듯이 당사자 사이에 아직 契約關係가 성립되지 않았다고 하더라도 당사자가 계약교섭단계에만 들어가면 인정되는가? 생각건대 이러한 의무는 반드시 계약이 체결된 다음에만 인정된다고 할 필요는 없다. 예컨대 의약품이나 기계 등과 같은 물건의 매매시에 요구되는 설명의무, 그러한 물건의 사용시에 주의해야 할 사항을 설명할 의무는, 매매계약이 체결되고 나서만 요구되는 것이 아니고 매매계약의 체결을 위한 교섭단계에서도 요구된다. 그리고 그러한 설명의무는 어느 단계에서 요구되든 계약이 성립된 이상 계약상의 의무로 볼 수 있다.[36] 따라서 그러한 의무를 위반함으로써 매수인에게 손해가 발생한 경우에는, 그 위반이 계약체결과정에서 있었든 계약체결 후에 있었든 매도인은 결과적으로 不完全履行責任을 부담하게 된다. 종래 독일민법학에서는 많은 견해가 계약체결시점을 기준으로 하여, 계약체결전에 보호의무를 위반한 경우에는 이른바 계약체결상의 과실(culpa in contrahendo)의 문제로 취급하고, 계약체결후에 보호의무를 위반한 경우에는 이른바 적극적 채권침해(positive Foderungsverletzung)의 문제로 취급하여 왔으나,[37] 이러한 취급은 너무 형식논리

---

36) 同旨: 民法注解(IX)(梁彰洙), 344면; Fikentscher, 위의 책, 260면.

적이어서 타당하다고 할 수 없다. 의약품이나 복잡한 기계의 매매와 같은 경우에, 매도인이 그러한 의약품의 복용방법이나 기계의 사용방법에 대한 설명을 잘못함으로써 매수인이 나중에 의약품을 복용하거나 기계를 사용하다가 피해를 입었다면, 매도인이 그에게 요구되는 보호의무(설명의무)를 위반하여 필요한 설명을 하지 않았거나 설명을 잘못한 것 자체가 중요한 것이지, 그러한 설명의무의 위반을 계약체결전에 하였는가 계약체결후에 하였는가 하는 것은 손해의 발생과 관련하여 아무런 차이가 없기 때문이다. 따라서 계약이 성립한 이상 어느 단계에서 설명의무를 위반하든, 그러한 의무를 위반함으로써 발생한 손해에 대해서는 不完全履行責任을 물을 수 있는 것이고, 또 불완전이행책임을 물으면 족한 것이다.

그런데 보호의무적 성질을 가진 부수적 의무가 이와 같이 계약교섭단계에 있어서도 인정된다고 하더라도, 계약교섭단계 내지 사회적 접촉단계에서 요구되는 보호의무를 모두 바로 계약상의 의무로 보기는 어렵다. 예컨대 기계나 의약품의 매매시에 요구되는 설명의무는 계약체결전에서부터 계약체결후에 이르기까지 요구되는 계약상의 의무로 볼 수 있지만, 백화점에 들어온 고객이 바닥에 버려진 바나나 껍질을 밟고 미끄러지지 않도록 할 백화점측의 의무나, 벽에 세워 놓은 양탄자 두루말이가 쓰러져 고객이 다치는 일이 없도록 할 백화점측의 의무를 계약상의 의무로 보는 것은 타당하지 않다. 前者의 의무는 계약체결전의 단계에서 요구되든 계약체결후에 요구되든 계약상의 구체적인 給付義務와 불가분의 관계에 있는 의무로서 신의칙상 요구되는 부수적 의무이지만, 後者의 의무는 給付義務와 직접적인 관계가 없는 의무로서, 백화점을 개설한 자에게 일반적으로 요구되는 注意義務이기 때문이다. 따라서 이 후자의 의무는 계약상의 부수적 의무라고 하기 보다는 不法行爲法上의 의무라고 할 수 있다. 그럼에도 불구하고 독일의 판례나 학설이 백화점에 들어온 고객이 바닥에 버려진 바나나 껍질을 밟고 미끄러져 다친 경우나, 백화점 매장 벽에 세워 놓은 양탄자 두루말이가 쓰러져 고객이 다친 경우에 있어서도, 계약상의 보호의무를 위반한 경우로 보아 백화점측에 이른바 계약체결상의 과실책임을 인정한 것은, 앞에서도 보았듯이 독일불법행위법에 의한 피해자 구제의 한계를 극복하기 위해서였던 것이다.

---

37) Canaris, 위의 논문, 476면 註14; Michalaski, 위의 논문, 24면 및 같은 면의 註25의 문헌 참조.

4. 계약교섭단계에서 일방의 過失로 발생한 事故損害에 대한 책임의 法理 검토

종래 우리나라의 일부학설은 계약의 교섭단계에서 일방당사자의 과실로 상대방이 부상을 당한 경우에, 보호의무 위반을 이유로 계약체결상의 과실을 인정하여 이에 대한 책임을 債務不履行責任으로 구성하여 왔다.[38] 그러나 그러한 이론구성은 타당하다고 볼 수 없다. 그러한 사고는 契約關係가 없는 상태에서 발생한 事故이어서 계약상의 보호의무를 위반함으로써 발생한 사고라고 볼 수가 없고, 따라서 이를 債務不履行責任으로 구성하는 것은 자연스럽지 못하기 때문이다. 물론 그러한 사고도 상점 측의 注意義務 내지 보호의무의 위반으로 발생한 사고임에는 틀림이 없다. 그러나 그러한 의무는 상점을 개설한 자에게는 특별한 채권관계를 전제로 하지 않고도 일반적으로 인정되는 의무라고 할 수 있다. 즉, 상점을 개설한 자에게는 특별히 보호의무의 이론을 빌리지 않더라도 그 상점을 방문하는 고객의 신체나 재산과 같은 법익이 침해되지 않도록 필요한 조치를 취할 일반적 注意義務가 요구된다고 할 것이다. 그러고 보면 종래 독일민법학에서 계약의 성립을 전제로 하지 않고 계약교섭단계에서도 인정되는 것으로 보아온 보호의무는, 不法行爲法上 인정되는 이러한 注意義務와 차이가 없는 것이다.

그런데 계약교섭단계에서 인정되는 이와 같은 보호의무는 不法行爲法上의 일반적 注意義務와 사실상 다르지 않다는 이러한 私見에 대해서는, 다음과 같은 반론이 있을 수 있다. 즉, 보호의무는 契約은 체결되지 않았다고 하더라도 적어도 계약교섭을 위해서 사회적 접촉단계에 들어간 당사자 사이에서 인정되는 의무인데 반하여, 不法行爲法上 일반적으로 요구되는 주의의무는 이러한 관계를 전제로 하지 않고 인정되는 의무이기 때문에, 이 점에서 兩者는 상이하다는 반론이 있을 수 있다.[39] 그러나 不法行爲法上 인정되는 一般的 注意義務, 즉 사회생활상 요구되는 注意義務 역시 막연히 일반적인 사람에게 일반적으로 요구되는 注意義務만을 의미하는 것은 아니다. 즉 不法行爲法上의 注意義務에는 그러한 일반적인 注意義務도 있지만, 어떠한 직업이나 활동을 수행하는 사람에게 요구되는 注意義務로서 그 분야의 평균적인 사람을 기준으로 하여 요구되는 注意義務도 있는 것이다. 그리고 그러한 注意義務는 막연히 모든 사람에 대하여 주의할 의무가 아니

---

38) 金曾漢, 債權各論, 1989, 50면 이하; 郭潤直, 債權各論, 1998, 91면 이하; 金錫宇, 債權法各論, 1978, 68면; 金顯泰, 新稿 債權法各論, 1982, 16면 등 참조.

39) Thiele, 위의 논문, 651면 참조.

고, 그러한 직업이나 활동과 관련된 사람에 대하여 주의를 할 義務인 것이다. 그러한 점에서 상점을 개설한 자에게 不法行爲法上 요구되는 주의의무는, 물건을 구입하기 위해서나 기타 그 상점에 용무가 있어서 들어온 자에 대하여 요구되는 注意義務이지, 그러한 용무없이 단순히 비를 피하여 그 상점에 들어온 사람에 대해서까지 요구되는 注意義務는 아니다. 이러한 점에서도 契約締結의 준비단계에서 상대방의 법익에 손해가 발생하지 않도록 할 보호의무는 不法行爲法上의 일반적 注意義務와 차이가 없는 것이다.

이상과 같은 점에 비추어 계약교섭단계에서 일방의 주의의무 위반으로 발생한 사고에 대하여 不法行爲責任을 인정할 수 있다면, 우리 민법하에서는 이를 굳이 이론적으로 無理가 있는 契約締結上의 過失責任 理論에 의하여 해결할 필요는 없을 것이다.[40] 물론 우리 민법하에서도 이러한 사고를 不法行爲法에 의하여 해결하는 경우에 제756조의 使用者責任과 관련하여 사용자의 免責主張에 따르는 어려움이 적어도 법률규정상으로는 존재한다. 즉, 이러한 사고가 상점의 종업원의 과실로 발생한 경우에는, 사용자는 제756조 제1항 단서에 따라 免責主張을 할 가능성이 있고, 使用者가 免責立證에 성공하면 피해자는 사용자를 상대로 해서는 배상책임을 청구하지 못하게 될 우려가 있다. 그러나 우리나라 판례는 사용자의 選任 및 事務監督에 대하여 高度의 注意義務를 요구함으로써 사용자의 면책입증을 허용한 적이 아직까지는 없다. 민법이 제756조에서 被用者의 不法行爲에 대하여 사용자에게 免責事由를 인정한 것 자체가 立法政策的으로는 부당하다고 할 수 있으므로[41] 우리 판례의 이러한 태도는 제756조의 立法政策的 不當性을 해석론적으로 극복하려는 것으로서 타당하다고 본다. 따라서 被用者의 過失로 인한 사고를 不法行爲責任으로 해결하는 경우에 제756조의 사용자의 免責主張과 관련하여 봉착할 수 있는 어려움도 우리나라에 있어서는 크게 문제될 것이 없다.

그리고 계약교섭단계에서 일방당사자의 과실로 상대방이 부상당한 경우의 책임을 계약체결상의 과실책임으로 구성하는 일부학설의 입장은 다음과 같은 점에서도 문제가 있

---

40) 同旨: 金亨培, 債權各論(契約法), 1997, 123면; 李銀榮, 債權各論, 1997, 107면; 梁彰洙, 「契約締結上 의 過失」, 民法硏究 Ⅰ, 391면; 崔興燮, 「契約交涉段階에서의 責任과 민법 제535조의 의미」, 裵慶淑教授華甲記念論文集, 1991, 557면 등.

41) 使用者責任의 근거가 원래 이익이 있는 곳에 손해도 귀속되어야 한다(Qui sensit commodum debet sentire et onus)는 報償責任의 원리에 있음에도 불구하고(이 점은 民法案審議錄 445면에서도 지적되고 있다). 민법이 이 규정에서 被用者의 選任 및 事務監督에 상당한 注意를 다한 경우에는 使用者가 면책될 수 있도록 한 것은, 近代民法의 기본원칙인 過失責任의 原則 내지 自己責任의 原則에 충실하기 위한 것일 뿐 立法政策的인 妥當性은 없다. 이에 대해서는 徐光民, 「민법 제756조의 立法政策的 不當性 및 그 適用限界의 극복방법에 관한 小考」, 黃迪仁教授華甲記念論文集, 1990, 196면 이하 참조.

다. 즉, 이 학설은 계약교섭단계에서 일방의 과실로 인하여 상대방이 부상을 입은 경우에 契約締結上의 過失責任을 인정하고 있으나, 그러한 責任을 인정하는 법률상의 근거에 대해서는 분명한 언급을 하지 않고 있다. 아마도 계약체결상의 과실책임에 관한 제535조의 규정을 확대적용 내지 類推適用하는 방법을 염두에 두고 있는 것으로 짐작된다.[42] 그러나 법률의 類推適用의 法理上 제535조의 類推適用에는 일정한 한계가 있기 때문에 이 규정을 계약교섭단계에서 발생한 부상사고에 대해서까지 類推適用할 수는 없다. 원래 法律의 類推適用은 같은 것은 같게 취급하여야 한다는 正義의 요구에 따른 것으로서, 法的 規律이 필요함에도 불구하고 法的 規律(법률규정)이 흠결된 어떠한 事案이 존재하는 경우에, 그 事案과 法的 評價上 중요한 점에서 유사한 事案을 규율하는 法律規定을 그 事案에 적용함으로써 法律의 欠缺을 보충하는 것이다. 따라서 類推適用이 가능하기 위해서는 법률에 규정이 있는 事案과 법률에 규정이 없는 事案간에 法的 평가상 중요한 점에서 유사점 내지 공통점이 있어야 한다.[43] 이 점은 제535조의 규정을 類推適用하는 데 있어서도 마찬가지이다. 그런데 제535조가 규율하는 事案에 있어서 法的 평가상 중요한 점은, ① 契約締結過程 중에 당사자 일방에게 過失이 있을 것, ② 契約이 무효로 될 것, ③ 상대방이 信賴利益에 대한 손해를 입을 것 등이다. 따라서 제535조의 규정을 이 규정이 규정하고 있는 사안(계약의 목적이 원시적 불능인 경우) 이외의 事案에 대하여 類推適用하기 위해서는, 그 事案이 이러한 세 가지 요소를 포함하고 있어야 한다. 그런데 계약체결의 단계에서 발생한 부상사고의 경우에는 위의 세 가지 요소 중 고작해야 첫째 요소만이 포함되어 있고 나머지 요소는 결여되어 있다. 따라서 이러한 경우에 대해서는 제535조의 類推適用이 불가능하다. 혹시 제535조의 유추적용이 가능한 경우가 있다면, 그것은 당사자 일방의 과실로 계약이 무효로 되거나 취소됨으로써 상대방이 신뢰이익에 대한 손해를 입은 경우, 또는 계약성립이 확실시 된 후에 당사자 일방이 정당한 이유없이 계약체결을 거부함으로써 상대방이 신뢰이익에 대한 손해를 입은 경우 등에 한할 것이다. 이러한 경우들은 위의 세 가지 요소를 포함하고 있다고 볼 수 있기 때문이다. 종래의 학설은 바로 이러한 점을 간과하고 막연히 契約締結上의 過失責任에 관한 제535조의 규정을 계약교섭단계에서 발생한 부상사고에 대해서도 확대적용하려고 하고 있는 것이다. 이러한 점에서도 계약교섭단계에서 발생한 부상사고에 대하여 계약체결상의 과실책

42) 李英俊 교수는 제535조의 규정이 이와 같은 경우에도 유추적용될 수 있는 것으로 보고 있다. 「契約締結上의 過失責任의 法的 성질에 관한 연구」, 玄勝鍾敎授華甲記念論文集, 1979, 321면 참조.

43) Larenz, Methodenlehre der Rechtswissenschaft, 6. Aufl., 1991, 381면 참조.

임을 인정하려는 것은 타당하다고 할 수 없다. 다행히 이러한 경우에 제535조를 類推適用한 判例는 아직까지는 찾아볼 수 없다.

IV. 附隨的 義務로서의 보호의무 인정의 효용성

우리 민법하에서도 일정한 계약에 특유하게 요구되는 보호의무는 계약상의 의무로 인정될 수 있음은 이상의 고찰을 통하여 확인하였다. 그리고 그러한 보호의무는 給付義務와 무관한 의무이거나 給付義務와 독립된 의무가 아니고, 給付義務에 부수하는 부수적 의무에 속한다는 것도 확인하였다. 한편 給付義務와 무관하게 인정되는 보호의무는 계약상의 의무로 파악할 필요가 없고 不法行爲法上의 注意義務로 취급하면 된다는 것도 확인하였다. 그러면 우리민법학에서 채무자에게 부수적 의무로서 보호의무를 인정하는 실익은 무엇인가? 이러한 의무를 인정하는 실익은 채무자가 이를 위반하면 제390조에 규정된 바의 債務의 내용에 좇은 이행을 한 것이 되지 못하여 債務不履行責任, 즉 불완전이행 책임이 발생한다는 점에 있다. 不完全履行은 債務의 이행으로서 채무자의 일정한 행위가 있었으나 그것이 채권자의 귀책사유로 債務의 내용에 좇은 것이 되지 못하는 것을 의미하는 바, 보호의무를 위반한 경우도 이에 해당되기 때문이다. 不完全履行은 예컨대 지붕수리공사를 맡은 집수리업자가 지붕수리를 불완전하게 한 경우처럼, 채무자가 給付義務를 위반함으로써(급부 자체를 불완전하게 함으로써) 생길 수도 있고, 복잡한 기계를 팔면서 기계의 조작 방법 내지 사용방법을 잘못 설명하여 매수인이 그 기계를 사용하다가 다친 경우처럼, 부수적 의무로서의 보호의무를 위반함으로써 생길 수도 있다.[44] 따라서 채

---

44) 종래 일부 학설은 不完全履行의 본질을 부수적 의무(Nebenpflicht) 내지 기본채무 이외의 容態義務(weitere Verhaltenspflichten)의 위반으로 본다. 즉 이 학설에 의하면 채무자는 채무의 내용에 좇은 이행을 하여야 할 의무를 부담함과 동시에 채무의 내용에 좇지 않은 급부행위를 해서는 아니되는 의무도 부담하는 바, 前者의 「적극적 의무에 대한 소극적 위반」이 이행지체와 이행불능이고, 後者의 「소극적 의무에 대한 적극적 위반」이 불완전이행 내지 적극적 채권침해라고 한다(郭潤直, 債權總論, 160면; 金錫宇, 債權總論, 1976, 125면 등 참조). 그러나 불완전이행은 지붕수리를 불완전하게 함으로써 비가 새는 경우에서 보듯이 채무자가 主된 의무로서의 급부의무 자체를 제대로 이행하지 않음으로써 생길 수도 있고, 위험한 기계를 팔면서 사용방법을 잘못 설명함으로써 매수인이 그 기계를 사용하다가 다치는 경우에서 보듯이 채무자가 부수적 의무를 위반함으로써 생길 수도 있기 때문에, 불완전이행의 본질을 부수적 의무 위반으로 파악하는 것은 타당하다고 할 수 없다(Larenz, 위의 책(註2), 364면 참조). 따라서 채무자가 위반한 의무의 종류에 의하여 불완전이행을 이행지체나 이행불능과 구별할 수는 없는 것이다. 다른 유형의 채무불이행과 구별될 수 있는 불완전이행의 徵表는 단지 「채무의 이행으로서 채무자의 일정한 행위가 있었으나 그것이 채무자의 귀책사유로 인하여 채무의 내용에 좇은 이행이 되지

무자가 부수적 의무로서의 보호의무를 위반함으로써 상대방에게 손해가 발생하면, 그 손해가 비록 給付利益에 대한 손해가 아니고 상대방의 人身이나 그 밖의 재산에 발생한 손해라고 하더라도, 피해를 입은 상대방은 債務不履行責任의 원칙에 따라 손해배상을 청구할 수 있는 것이다. 위에서 본 대법원 판례도 숙박업자나, 여행업자나, 고용계약상의 사용자에게 계약상의 부수적 의무로서의 보호의무를 인정하고 이러한 의무의 위반을 근거로 하여 손해배상책임을 인정하고 있는데, 그 경우의 손해배상책임은 바로 불완전이행책임으로서 債務不履行責任인 것이다. 이와 같은 점에서 우리 민법하에서도 계약상의 부수적 의무로서 보호의무를 인정하는 실익을 찾을 수가 있을 것이다.

V. 附隨的 義務로서의 보호의무의 효력범위(제3자 保護效力 있는 契約 理論의 援用可能性 검토)

채무자가 그가 부담하는 부수적 의무로서의 보호의무를 위반하여 상대방에게 손해가 발생하면, 상대방은 채무자에 대하여 債務不履行責任(불완전이행책임)을 물을 수 있음은 바로 위에서 본 바이지만, 그 손해가 계약상대방에게 발생하지 않고 상대방의 가족이나 피용자와 같이 계약상대방과 일정한 관계에 있는 제3자에게 발생하였다면, 제3자는 채무자에 대하여 어떠한 책임을 물을 수 있는가? 예컨대 복잡한 기계를 팔면서 매도인이 사용방법을 잘못 설명한 경우에, 그 기계를 매수인이 직접 사용하다가 부상을 입은 것이 아니고 매수인의 가족이나 피용자가 그 설명대로 사용하다가 부상을 당하였다면, 이들은 기계의 매도인에게 어떠한 책임을 물을 수 있는가? 만약 이러한 경우에 부수적 의무로서의 보호의무의 효력이 계약 당사자 이외의 제3자에게도 미친다고 본다면, 매수인의 가족이나 피용자도 매도인을 상대로 하여 債務不履行責任을 추궁할 수가 있을 것이다. 그러나 부수적 의무로서의 보호의무의 효력이 계약당사자에게만 미친다면, 매수인의 가족이나 피용자는 매도인에게 부수적 의무로서의 보호의무 위반을 이유로 하여 불완전이행책임을 물을 수는 없고, 不法行爲責任을 물을 수밖에 없을 것이다. 독일민법학에 있어서 형성된 제3자보호효력 있는 계약(Vertrag mit Schutzwirkung zugunsten Dritter) 이론은 바로 이러

못하는 것」이라고 하여야 할 것이다. 따라서 그러한 경우이기만 하면 그것이 급부의무 위반에 기인한 것인가 또는 부수적 의무 위반에 기인한 것인가를 묻지 않고, 그리고 그로 인하여 확대손해가 발생하였는가 아닌가를 묻지 않고 불완전이행이 성립한다고 보아야 할 것이다. 불완전이행의 징표에 대한 이러한 私見에 대해서는 徐光民, 위의 논문(註20), 505면 이하 참조.

한 경우에 보호의무의 효력이 계약당사자 이외의 가족이나 피용자에게도 미치는 것으로 보고 있다. 즉, 이 이론에 의하면 위와 같은 경우에 피해를 입은 제3자는 계약당사자가 아니기 때문에 매도인에 대하여 급부청구권은 행사할 수 없지만, 매도인이 부담하는 보호의무는 매수인의 가족이나 피용자에게도 미친다. 보호의무는 당사자 사이에 상대방의 법익에 대한 침해가능성만 주어지면 給付義務를 전제로 함이 없이도 성립하는 法定債權關係인 保護關係(Schutzverhältnis)에 근거한다고 보기 때문이다.[45] 따라서 이 이론에 의하면 피해를 입은 매수인의 가족이나 피용자는 매도인에 대하여 보호의무위반을 이유로 債務不履行責任을 물을 수 있다는 것이다.

그러면 이러한 이론을 여기서 말하는 부수적 의무로서의 보호의무와 관련하여서도 원용할 수 있는가? 다음과 같은 점에서 원용할 수 없다고 본다. 즉, 독일민법학에 있어서의 제3자보호효력있는 계약 이론은 앞에서도 본 바와 같이 보호의무를 私見과 같이 給付義務에 부수하는 부수적 의무로 想定하면서 형성된 이론이 아니고, 보호의무를 給付義務와는 상관이 없는 별개의 독립된 의무, 즉 法定債權關係(保護關係)에 근거하는 의무로 상정하면서 형성된 이론이다. 따라서 보호의무를 給付義務에 부수하는 부수적 의무의 일종으로 파악하는 私見과 같은 입장에서는 제3자보호효력있는 계약의 이론을 여기에 그대로 원용할 수가 없는 것이다. 보호의무를 부수적 의무의 일종으로 파악한다면, 부수적 의무의 효력 역시 주된 의무인 給付義務의 효력에 부종한다고 할 수밖에 없기 때문이다. 즉, 給付義務의 효력이 미치지 않는 제3자에게 부수적 의무의 효력만이 미친다고 할 수는 없는 것이다. 따라서 위의 예에서 매도인의 설명의무 위반으로 피해를 입은 매수인의 가족이나 피용자는 매도인에게 계약상의 부수적 의무위반을 이유로 불완전이행책임을 물을 수는 없고, 不法行爲責任을 물어 구제를 받을 수밖에 없는 것이다.

VI. 맺는 말

이상의 고찰을 통하여 확인한 바를 요약하면 다음과 같다. 우리 민법에서도 계약상 채무자가 부담하는 부수적 의무의 일종 또는 그 구체적 내용으로서 보호의무가 인정될 수 있고, 판례 역시 그러한 의무를 인정하고 있다. 그러나 그러한 보호의무는 일정한 契約關係에 특유하게 인정되는 의무이어야 하고, 契約關係가 없는 일반인 사이에서도 인정

45) Canaris, 위의 논문, 478면; Thiele, 위의 논문, 653면 이하.

되는 注意義務이어서는 안된다. 그리고 계약상의 보호의무는 給付義務를 전제로 한 의무이고 給付義務와 무관하게 성립하는 독자적인 의무는 아니다. 契約關係를 전제로 하지도 않고 給付義務와도 무관한 의무라면, 사회일반인에 대하여서도 인정되는 不法行爲法上의 注意義務로 취급하면 될 것이고 이를 구태여 계약상의 보호의무로 취급할 필요가 없다. 따라서 계약체결전에 거래를 위한 사회적 접촉단계에서 일방 당사자의 과실로 발생한 사고에 대한 책임은 不法行爲責任으로 취급하여야 할 것이다. 그러나 한편 일정한 契約關係에 특유하게 인정되는 보호의무라면, 비록 그것이 給付利益 이외의 법익의 보호를 목적으로 한다고 하더라도, 계약상의 의무로 보아야 하고 이를 단순히 不法行爲法上의 의무로 보아서는 안될 것이다. 따라서 보호의무라고 하여 이를 모두 계약상의 義務로 취급하거나 또는 不法行爲法上의 의무로 취급하는 태도는 옳지 않다. 계약상의 보호의무를 인정하는 실익은 보호의무 위반으로 인하여 給付利益 이외의 채권자의 다른 법익에 손해가 발생한 경우에도 이에 대하여 債務不履行責任(불완전이행책임)을 인정할 수 있다는 점에 있다. 그러나 보호의무는 給付義務에 부수하는 부수적 의무의 일종이기 때문에, 그 효력도 給付義務와 마찬가지로 계약당사자에게만 미치고 계약당사자가 아닌 제3자에게는 미치지 않는다. 따라서 보호의무 위반으로 채권자의 가족이나 피용자와 같은 제3자에게 손해가 발생한 경우에는, 피해자인 제3자는 채무자에 대하여 債務不履行責任은 물을 수 없고 不法行爲責任을 물어야 할 것이다.

* 社會變動과 私法秩序(金亨培教授停年記念論文集 2000), 70면 이하 게재

債權者遲滯의 法理構成上의 문제점

Ⅰ. 머 리 말

債務에는 그 내용에 따라 不作爲債務와 같이 債務者 단독으로 이행할 수 있는 債務도 있지만, 매도인의 目的物引渡債務나 의사의 診療債務 또는 피아노개인교습 교사의 교습채무처럼, 債權者의 受領이나 그 밖의 債權者의 협력이 없으면 債務者 단독으로는 履行을 할 수 없는 債務도 있다. 이처럼 그 履行에 債權者의 협력이 필요한 債務에 있어서는, 債務者가 履行期에 債務의 내용에 좇은 履行의 提供을 다하더라도, 債權者의 협력이 없으면 債務는 이행되지 못하게 되므로 債務의 이행은 지연되게 된다. 물론 이러한 給付障碍 상태는 債務者의 歸責事由로 발생한 것은 아니다. 따라서 債務者가 債務不履行責任, 즉 履行遲滯의 책임을 부담하지는 않는다. 이 점에 대해서는 민법 역시 제461조에서 "辨濟의 提供은 그 때로부터 債務不履行의 責任을 면하게 한다"고 규정하고 있다.[1] 그러나 이 경우 債務者는 債務를 면하는 것은 아니고 債務를 계속하여 부담하기 때문에, 債務者에게는 여러 가지 손해 내지 불이익이 발생할 수가 있다. 예컨대 債務의 履行의 지연 때문에 債務의 목적물을 계속 보관하여야 한다든지, 債務의 履行의 지연 때문에 제3자와 맺은 다른 계약을 이행할 수 없게 되거나 제3자로부터의 請約에 응할 수 없게 되었다든지, 보관중인 목적물의 부패로 인하여 債務者의 다른 물건도 손상된다든지 하는 불이익 내지 손해가 債務者에게 발생할 수 있다. 그러나 이러한 不利益 내지 損害를 債務의 내용에 좇은 履行의 제공을 성실하게 하였으면서도 오직 債權者側의 受領이나 그 밖의 협력의 결여 때문에 債務의 履行을 하지 못하고 있는 債務者가 부담하여야 한다는 것은, 불공평하고 부당하다고 아니할 수 없다. 債權者遲滯制度는 바로 이러한 不公平으로부터 債務者를 구제하려는 제도이다.

민법은 이러한 債權者遲滯에 대하여 제400조에서 "債權者가 履行을 받을 수 없거나 받지 아니한 때에는 履行의 제공 있는 때로부터 遲滯責任이 있다"고 하여 그 요건을 규정함과 동시에 債權者遲滯가 성립하는 경우에 債權者에게 遲滯責任이 발생함을 밝히고 있다. 그런가 하면 제401조 내지 제403조에서는, 債權者遲滯의 효과로서 債務者의 책임의 경감, 利子의 정지, 增加費用의 債權者 부담에 대하여 규정하고 있다. 그리고 제538조 제1항 後段에서도 債權者遲滯의 효과로서 雙務契約에 있어서의 危險의 移轉에 대해서 규정하고 있다.

그런데 종래 이러한 債權者遲滯制度와 관련하여 특히 다음과 같은 두 가지 문제에 대하여 논란이 있어 왔다. 즉 첫째, 債權者遲滯時에 債權者에게 발생하는 이와 같은 효과 내지 책임의 성질이 債務不履行責任인가 아니면 法定責任인가 하는 문제, 즉 債權者에게 受領義務 내지 협력의무가 있는가 없는가 하는 문제이다. 이른바 債權者遲滯의 法的 性質의 문제이다. 둘째는 債權者遲滯의 요건으로서 민법이 제400조에서 "債權者가 이행을 받을 수 없거나 받지 아니한 때"라고 규정함으로써 受領不能이나 受領拒絶을 요구하고 있는데, 이 受領不能과 履行不能의 구별의 기준에 관한 문제이다. 물론 이 규정에서 말하는 受領不能은 債務의 이행이 가능함에도 불구하고 수령이 불능한 경우를 의미한다는 데 대해서는 異論이 있을 수 없다. 그러나 경우에 따라서는 履行이 가능함에도 불구하고 受領이 불가능하다고 하여야 할런지, 아니면 履行 자체가 불가능하다고 보아야 할런지가 분명하지 않은 경우가 있다. 이러한 경우에 과연 이를 受領不能, 즉 債權者遲滯로 취급할 것인가, 아니면 履行不能으로 처리할 것인가가 문제된다. 이 문제는 특히

1) 이 규정에서 말하는 「債務不履行의 責任」은 履行遲滯의 責任을 의미하는 것으로 보아야 한다.

雙務契約에서 발생한 債務의 受領不能時에 反對給付의 危險負擔 문제와 관련하여 논의되어 왔다. 이 두 가지 문제는 債權者遲滯의 法理構成과 관련해서 그 해결을 요하는 핵심적인 문제라고 할 수 있다. 이 글은 債權者遲滯의 法理構成上 이처럼 핵심적인 위치에 있는 이 두 가지 문제에 대한 검토와 고찰을 통하여 債權者遲滯의 法理를 보다 명백히하려는 것이다.

II. 債權者遲滯의 法的 性質

1. 意 義

債權者遲滯의 法的 性質이란 債權者遲滯가 債權者의 債務不履行인가 아닌가 하는 문제이다. 즉, 債權者遲滯는 債權者의 受領義務 내지 협력의무를 위반한 債務不履行이고, 따라서 債權者遲滯時에 그 효과로서 債權者가 부담하는 책임을 債權者의 債務不履行責任으로 볼 것인가, 아니면 債權者에게는 受領義務 내지 협력의무는 없으므로 債權者遲滯時에 그 效果로서 債權者가 부담하는 責任 역시 債權者의 債務不履行責任은 아니고, 성실한 債務者를 보호하고 債務者와 債權者간의 利害의 공평한 조정을 위하여 법률이 특별히 인정한 책임, 즉 法定責任으로 볼 것인가 하는 문제이다. 이는 결국 債權者에게 受領義務 내지 협력의무가 있는가, 아니면 債權者에게는 受領義務 내지 협력의무가 없는가 하는 문제로 귀착된다.

2. 法的 性質에 대한 論議의 實益

債權者遲滯의 法的 性質에 관한 논의는 현행민법에 있어서 보다도 依用民法下에서 더 그 실익이 있었다. 원래 구민법, 즉 依用民法은 債權者遲滯에 관하여 현행민법 제400조와 같은 규정(의용민법 제413조)을 두었을 뿐 「遲滯責任」의 내용에 대해서는 아무런 규정을 두지 않아서, 이 「遲滯責任」의 내용이 어떠한 것인가 하는 것은 학설과 판례에 맡겨져 있었기 때문이다. 그런데 이 遲滯責任의 내용을 밝히기 위해서는 債權者遲滯의 성질이 무엇인가 하는 문제, 즉 債權者遲滯는 債權者의 債務不履行인가 아닌가 하는 문제, 구체적으로는 債權者에게 受領義務 내지 협력의무가 있는가 없는가 하는 문제를 검

토할 필요가 있었던 것이다. 이렇게 하여 債權者遲滯의 성질에 관한 논의가 행하여져 왔던 것이다.[2)]

그런데 현행민법은 의용민법의 위 규정을 제400조에 그대로 받아들임과 동시에 독일민법의 債權者遲滯에 관한 규정을 본받아 제401조 내지 제403조와 제538조 제1항 後段에 債權者遲滯의 효과에 관하여 새로이 규정하고 있다.[3)] 따라서 현행민법의 해석으로는 의용민법상 학설과 판례에 맡겨졌던 「遲滯責任」의 내용이 일단 이 네 개의 규정에 구체화되었다고 볼 수 있다.[4)] 그렇다면 의용민법과는 달리 債權者遲滯의 효과를 구체화한 현행민법하에서의 債權者遲滯의 본질에 관한 논의는 어떠한 의미를 갖는가? 그것은 결국 債權者遲滯의 효과로서 위의 규정들에 규정된 것 이외에 損害賠償請求權이나 契約解除權과 같은 것이 더 인정될 수 있는가 하는 점의 검토를 위하여 필요하다고 볼 수 있다.

3. 債權者遲滯의 法的 性質에 관한 학설

종래 우리나라에서는 債權者遲滯의 성질에 관하여 소수설인 法定責任說, 다수설인 債務不履行說로 학설이 갈리어 왔었으나 최근에 와서는 절충적 입장을 취하는 학설이 유력하게 주장되고 있다.

(1) 法定責任說

이 학설은 債權者에게는 受領義務 내지 협력의무는 없다고 한다. 즉, 債權者는 권리를 가질 뿐이지 義務를 부담하는 것은 아니라고 한다. 다시 말해서 권리의 행사·불행

2) 이에 대해서는 注釋民法(10)(奥田昌道), 239면 이하 참조.

3) 우리 민법 제401조, 제402조, 제403조 및 제538조 제1항 後段은 각각 독일민법 제300조 제1항, 제301조, 제304조, 제324조 제2항에 해당한다.

4) 민법의 이 규정들에 규정된 債權者遲滯의 효과를 모두 債權者의 遲滯責任이라고 표현하는 것은 물론 정확하지 못하다. 제401조나 제402조에 규정된 효과는 債權者의 遲滯責任이라기 보다는 債務者의 책임이 경감되는 것에 불과하기 때문이다. 이와 같은 부정확은 현행민법이 한편에서는 제400조에서 의용민법 제413조의 法文을 그대로 옮기면서 다른 한편에서는 독일민법을 본받아 債權者遲滯의 효과에 관한 규정을 신설한 데에 기인하는 것이다. 민법이 債權者遲滯의 효과에 관한 규정을 신설할 때 제400조의 표현도 "……履行의 提供 있는 때로부터 遲滯責任이 있다"라고 하지 말고, 독일민법 제293조의 표현(Der Gläubiger kommt in Verzug, wenn er die ihm angebotene Leistung nicht annimmt)처럼 "……履行의 提供 있는 때로부터 債權者遲滯에 빠진다"로 바꾸었으면 더 좋을 뻔하였다.

사는 債權者의 자유이므로 特約이나 관습이 없는 한 債權者에게는 受領義務가 없고, 따라서 債權者遲滯의 경우에 債權者가 부담하는 책임은, 債權者遲滯로 인하여 債務者에게 발생하는 불이익을 공평의 원칙에 따라 受領遲滯에 빠진 債權者가 부담하도록 法이 특별히 인정한 책임이라고 한다. 따라서 이 학설은 債權者遲滯의 효과로서 민법에 규정된 것만을 인정하고 그 밖의 다른 효과를 인정하지 않는다. 그리고 債權者遲滯가 債權者의 歸責事由에 기인할 것을 요구하지도 않는다.

이 학설은 이처럼 受領義務를 일반적으로는 인정하지 않으나 그렇다고 하여 債務者에게 특별히 불이익이 생기지는 않는다고 하면서 다음과 같은 이유를 들고 있다. 즉, 雙務契約關係에 있어서는 受領遲滯에 있는 債權者는 동시에 자기가 부담하는 反對給付義務에 대해서도 履行遲滯에 빠져 있는 경우가 많을 것이므로, 이 履行遲滯의 효과로서 債務者는 契約解除와 損害賠償請求에 의하여 보호를 받을 수 있으며, 또 供託이나 自助賣却權의 행사에 의하여 대처할 수 있다고 한다. 이 학설은 과거 일본의 通說이기도 하였으나,[5] 우리나라에서는 순수하게 이 설을 취하는 학자는 극히 소수이다.[6] 그러나 최근에 와서 절충적 입장을 취하는 분들이 뒤에서 보듯이 다소의 제한을 가하여 이 설을 지지하고 있다.

(2) 債務不履行說

이 학설은 종래 우리나라에 있어서의 다수설로서 債權者의 受領義務 내지 협력의무를 인정하고, 따라서 債權者遲滯는 債權者가 이러한 義務를 不履行한 債務不履行으로 파악한다. 이 설은 그 근거로서 다음과 같은 점을 들고 있다.[7] 즉 債權·債務의 관계는 양 당사자의 신뢰를 기초로 하는 것이며, 양 당사자는 공동의 목적의 달성을 위하여 협력하여야 할 일종의 協同體를 이루는 것이므로, 債權者도 給付의 실현에 협력하여야 할 義務를 부담한다는 것이다. 이 학설은 일본에 있어서의 法定責任說 이후에 지배적이었던 학설의 영향을 받은 것으로 짐작된다.[8] 의용민법 시대에는 우리나라 판례도 "債權者는

5) 注釋民法(10)(奧田昌道), 239면 참조.

6) 崔式, 新債權總論, 1963, 209면.

7) 郭潤直, 債權總論, 1991, 159면; 金錫宇, 債權法總論, 1976, 133면; 金容漢, 債權總論, 1983, 170면; 金曾漢, 債權總論, 1988, 73면; 玄勝鍾, 債權總論, 1975, 138면 등 참조.

8) 일본에 있어서의 債務不履行說의 대표적 주장자라고 할 수 있는 我妻 榮 교수는 債權은 債權을 발생시킨 사회적 목적의 달성을 공동목적으로 하는 하나의 法律關係중에 포함되는 것으로서 양 당사자는 信義則을 기초로 하여 給付의 실현에 협력하여야 한다고 한다. 그리고 그는 이러한 주

債務者의 債務履行의 제공을 受領하여야 할 義務가 있고 만약 債權者가 위 義務에 위배하여 그 수령을 遲滯한 경우에는 그 이후에 있어서의 不可抗力에 의한 履行不能에 대하여도 債權者에게 책임이 있다고 해석함이 信義誠實의 원칙상 타당하다"고 하여 債權者의 受領義務를 인정하고 있다.[9] 이 학설은 이처럼 債權者遲滯를 債權者의 債務不履行으로 파악함으로써 債權者遲滯의 효과로서 민법에 규정된 것 외에 損害賠償請求權과 契約解除權을 더 인정한다. 그리고 債權者遲滯의 요건으로서 債權者의 歸責事由를 요구한다.

(3) 折衷說

절충적 입장을 취하는 학설들은 모두 그 견해가 동일한 것이 아니고, 일정한 경우에만 債權者의 受領義務를 인정할 뿐 일반적으로는 이를 인정하지 않는 학설들과, 債權者의 受領義務를 일반적으로 인정하되 민법에 규정된 債權者遲滯의 효과와 債務不履行責任의 중첩적 적용을 주장하는 학설로 크게 구분해 볼 수 있다. 前者를 "修正法定責任說" 또는 "制限的 債務不履行說", 後者를 "法定責任 債務不履行責任 重疊的 認定說"이라 부르기로 하고 아래에서 이에 대하여 살펴보기로 한다.

1) 修正法定責任說(制限的 債務不履行說)

이 설을 취하는 분들도 그 견해가 조금씩은 상이하다. 이에 속하는 견해로서는 우선 일정한 계약관계에서만 債權者에게 受取義務(Abnahmepflicht)를 인정하고 일반적으로는 受領義務를 인정하지 않는 견해를 들 수 있다.[10] 이 견해는 債權者遲滯의 本質論은 추상적·일반적으로 그쳐서는 아니되고 債權關係의 개별적 유형에 비추어 공평성을 유지할 수 있는 것이어야 한다는 전제하에, 일반적으로는 債權者에게 受領義務를 인정함이 없이 債權者遲滯의 효과에 관한 민법의 규정이 적용되는 것이 타당하나, 賣買·都給·任置와 같은 계약유형에 있어서는 信義則上 買受人·都給人·任置人의 受取義務를 인정하는 것이 타당하다고 한다. 여기서 受取라 함은 有體物의 收去를 의미하는 것으로서 일체의 협력행위를 뜻하는 受領과는 다르다고 한다. 이러한 受取義務의 不履行에 대해서는 債權者

장의 기초로서 債權者와 債務者 사이를 단순히 형식적인 權利義務의 대립관계가 아니고 信義則에 의하여 지배되는 일개의 協同體로 파악한다. 我妻 榮, 新訂債權法, 1990, 238면 참조.

9) 大判 1958. 5. 8, 4290民上372.

10) 金亨培, 債權總論, 1992, 332-333면.

의 歸責事由를 요건으로 하여 損害賠償이 인정되지만, 契約解除는 이러한 義務의 違反으로 인하여 債權關係를 유지하는 것이 信義則上 기대될 수 없는 경우에만 인정된다고 한다. 요컨대 이 견해는 바로 뒤에서 살피게 될 독일민법 및 독일민법학의 이론과 그 기본적인 입장을 같이 한다고 볼 수 있다.

다음으로는 債權者의 협력이 계약의 본질적 부분을 이루는 경우에만 예외적으로 債權者의 受領義務를 인정하여야 하고, 이러한 경우의 受領義務는 부수적 義務가 아니고 主된 義務로 보아야 하며, 이러한 義務의 위반에 대해서는 損害賠償請求權과 아울러 契約解除權이 인정되어야 한다는 견해를 들 수 있다.[11] 이 견해 역시 독일민법학의 영향을 받은 견해로서 債權者의 受領義務가 계약의 본질적 부분을 이루는 예외적인 경우로서 다음과 같은 경우들을 들고 있다.

① 都給, 委任, 雇傭, 任置 등의 勞務供給契約에서 노무공급이라는 급부의 중요한 부분이 債權者의 협력(재료제공, 구체적인 일의 청탁·지시 등)에 의존하고 있는 경우.
② 부패하기 쉬운 물건의 매매나 폐기물이나 재고품의 收去契約에 있어서처럼 債權者의 引受 자체가 債務者의 履行에 중요한 의미를 갖는 경우.
③ 債權者의 受領義務에 관해서 당사자간에 약정이 있는 경우.
④ 거래관행이나 계약성질에 비추어 債權者의 受領義務를 인정하여 債務者의 이익을 보호하여야 한다고 판단되는 경우.

그리고 이 견해는 이와 같이 受領義務가 인정되는 경우는 債務不履行의 문제로 되고 債權者遲滯의 문제는 아니라고 한다.

이 밖에도 修正法定責任說에 속한다고 볼 수 있는 견해로는, 債權者의 受領 내지 협력은 責務(Obliegenheit)이고 法的 義務(rechtliche Pflicht)는 아니지만 계약의 내용이나 信義則에 따라 예외적으로 債權者가 수령 내지 협력할 法的 義務를 부담하는 경우가 있다는 견해를[12] 들 수 있는데, 이는 바로 위의 견해와 그 기본적 입장을 같이하는 견해라 할 수 있다. 이 견해 역시 法的 義務가 인정되는 예외적인 경우는 債權者遲滯에는 포함시키지 않고 이와는 별도의 債務不履行責任으로 구성하려고 한다.

11) 李銀榮, 「債權者遲滯」, 郭潤直敎授華甲記念論文集, 1985, 382-383면 참조. 그러나 李 교수는 그의 債權總論(1992), 339면에서는 法定責任說의 입장을 취하고 있다.
12) 權五乘, 「債權者遲滯」, 民法의 爭點, 1990, 247면 이하.

2) 法定責任 債務不履行責任 重疊的 認定說

이 설은 信義則에 입각해서 債權者에게 受領義務를 인정하되, 債務者의 履行의 제공이 있음에도 불구하고 債權者쪽의 사정으로 給付가 수령되지 않음으로써 履行이 지연되는 경우에는, 債權者의 歸責事由의 유무를 불문하고 債權者遲滯가 성립하여 민법에 규정된 바의 債權者遲滯의 효과는 발생한다고 하고, 만일에 債權者에게 歸責事由가 있는 경우에는 이러한 효과에 부가하여 契約解除權과 損害賠償請求權이 발생한다고 한다.[13)]

이상에서 살핀 여러 학설 중 특히 최근에 유력하게 주장되는 修正法定責任說(制限的 債務不履行說)에 속하는 견해들은, 모두가 독일민법상의 債權者遲滯制度와 이에 관한 이론의 영향을 받은 학설들이다. 따라서 위에서 소개한 우리나라의 학설들에 대한 검토에 앞서서 우선 독일민법상의 債權者遲滯制度를 살펴보기로 한다.

4. 독일민법상의 債權者遲滯制度

독일민법은 債權者遲滯의 요건과 효과에 관한 일반적 규정(제293조 내지 제304조 및 제324조 제1항)을 두면서 동시에 債權各則에서는 賣買, 都給, 雇傭에 관하여 각각 특별규정을 두고 있다. 우선 일반적 규정을 보면, 제293조는 "債權者는 그에게 제공된 給付를 수령하지 않으면 遲滯에 빠진다"고 함으로써 債權者遲滯의 요건에 관하여 규정하고 있다. 그리고 債權者遲滯의 효과에 관해서는 債務者의 責任輕減(제300조 제1항), 利子의 정지(제301조), 收益償還義務의 제한(제302조), 토지나 등기된 선박 등의 引渡債務에 있어서의 점유포기권(제303조), 증가비용의 배상(제304조), 雙務契約에 있어서의 위험의 移轉(제324조 제2항) 등에 대하여 규정하고 있다.

다음으로 특별규정들을 보면 賣買에 있어서 買受人은 목적물을 引受할(abnehmen) 義務를 부담하며(제433조 제2항), 都給에 있어서는 都給人이 완성된 물건을 인수할 義務를 부담하는 것으로 규정하고 있다(제640조 제1항). 그리고 일의 완성을 위하여 都給人의 행위가 필요한 경우에 都給人이 그러한 행위를 하지 않음으로써 受領遲滯에 빠진 때에는 受給人은 상당한 보수를 청구할 수 있도록 하고 있다(제642조 제1항). 이 경우에 受給人은 都給人에게 협력행위의 追完을 위한 상당한 기간을 정하여 解約의 예고와 함

---

13) 李好珽, 「債權者遲滯」, 月刊考試, 1984. 2, 41면.

께 협력행위를 催告할 수 있고, 그 기간이 지나면 계약은 해약된다(제643조). 한편 雇傭에 있어서는 使用者가 受領遲滯에 있는 때에는 勞務者는 추후의 給付義務를 부담함이 없이 약정된 보수를 청구할 수 있도록 규정되어 있다(제615조).

그런데 독일민법에서는 특별규정이 있는 이와 같은 경우가 아닌 한 債權者에게는 受領義務 내지 협력의무는 없는 것으로 일반적으로 인정되고 있다. 즉, 債務者의 債務의 履行에 필요한 債權者의 협력은 債權者의 "Obliegenheit"일 뿐이고[14] 본래적인 의미의 義務(Pflicht)는 아니라고 한다. 따라서 債務者는 債權者에 대하여 협력을 청구할 수 있는 권리를 가지지 아니하고, 債權者가 협력을 하지 않을 경우에는 자신이 일정한 불이익을 받는 데 불과하다는 것이다.[15] 그 결과 債權者遲滯 자체로부터는 민법에 규정된 효과만이 발생하고 그 밖에 損害賠償請求權이나 契約解除權은 발생하지 않는다. 그리고 債權者遲滯의 발생이 債權者의 歸責事由에 기인할 것을 요구하지도 않는다.[16] 한편 특별규정에 의하여 목적물의 引受義務(Abnahmepflicht)가 개별적으로 인정되고 있는 매매나 都給에 있어서는, 買受人이나 都給人이 목적물의 인수를 지체하면 引受義務의 履行遲滯로서 債務不履行이 되고 債權者遲滯와 병존하게 된다.[17] 그런데 이 買受人의 引受義務[18]의 遲滯에 대해서는 訴求나 損害賠償의 청구가 인정되지만 契約解除는 일반적으로 인정되지 않는다. 그 이유는 引受義務는 買受人의 義務이긴 하지만 相對方(賣渡人)의 給付

14) "Obliegenheit"는 독일민법학에서 인정되는 개념으로서 이는 法的 義務(rechtliche Pflicht)로서의 債務와는 달리 이에 대해서는 履行請求權, 訴求 및 執行可能性, 또는 그 不履行時의 損害賠償請求權이 인정되지 않고, 不履行時에는 일정한 法律上의 不利益만을 받을 뿐이다. 그러한 의미에서 「强度가 약한 義務」(Pflicht geringerer Intensität)라고 정의되고 있다(Reimer Schmidt, Die Obliegenheiten, 1953, 104면; Fikentscher, Schuldrecht, 7. Aufl., 1985, 29면; Münchener Rechts-Lexikon Bd. II, 1987, 1116-1117면 등 참조). 우리의 法制에 있어서는 商法 제69조의 買受人의 목적물의 檢査와 瑕疵通知義務 및 商法 제651조의 保險契約者의 告知義務나 민법 제528조 제2항의 請約者의 承諾延着의 通知義務 같은 것이 이에 해당된다고 볼 수 있다. 우리나라에서는 학자에 따라 이를 「責務」또는 「間接義務」로 새기고 있으나 實定法律에서는 지금 소개한 규정들에서 보듯이 그냥 「義務」라는 용어를 사용하고 있다.

15) Fikentscher, 위의 책, 261면; Larenz, Lehrbuch des Schuldrecht, Allg. Teil, 14. Aufl., 1987, 388면 참조.

16) Fikentscher, 위의 책, 262-265면 ; Larenz, 위의 책, 389면; Esser-Schmidt, Schuldrecht, Allg. Teil, 6. Aufl., 1984, 320면; Brox, Allgemeines Schuldrecht, 11. Aufl., 1983, 170면 등 참조.

17) Fikentscher, 위의 책, 264, 410, 555면; Larenz, Schuldrecht, Band II Halbband I, 13. Aufl., 1986, 94면; MünchKomm-Emmerich §324 BGB Rn. 43 등 참조.

18) 買受人의 引受義務의 성질에 대해서는 이를 從된 義務(Nebenpflicht)로 보면서도 訴求가능한 義務로 보는 견해(Larenz, 위의 책(註 17), 94면)가 있는가 하면, 이를 訴求가능한 義務, 즉 主된 義務(Hauptpflicht)로 보는 견해(Fikentscher, Schuldrecht, 410면)도 있어서 그 견해가 일정치 않다. 그러나 이 引受義務 위반의 효과에 대해서는 본문에서 보듯이 같은 입장을 취하고 있다.

義務에 대한 反對給付義務에 해당할 정도의 義務는 아니기 때문이라고 한다.19) 그러나 부패하기 쉬운 물건의 賣買나, 철거를 위한 건물의 賣買나, 비워야 할 창고에 있는 물건의 賣買의 경우처럼, 買受人의 목적물인수에 매도인이 특별한 이해관계를 가지고 있고 買受人이 이러한 사실을 알고 있는 경우에는, 買受人의 引受義務의 지체가 있으면 賣渡人의 契約解除가 인정된다.20) 그런가 하면 都給에 있어서는 보수청구와 관련하여 受給人은 都給人의 완성물 인수에 중요한 이해관계를 가지므로, 都給人의 引受義務의 지체가 있으면 買受人의 引受義務의 지체의 경우와는 달리 訴求나 損害賠償의 請求외에 契約解除도 일반적으로 인정되고 있다.21)

5. 우리나라 학설에 대한 비판적 검토

(1) 法定責任說 검토

法定責任說에 대해서는 다음과 같은 몇 가지 비판이 가능하다.

첫째, 이 학설은 債權者는 權利를 가질 뿐이고 義務를 부담하는 것은 아니어서 債權을 행사하고 안하고는 債權者의 자유라고 한다. 물론 債權의 행사를 법률상 강요할 수는 없고 債權者는 債權을 포기할 수도 있다. 그러나 債權者遲滯에 있어서는 債權者가 債務者를 給付義務로부터 해방시키는 것이 아니고, 債務者가 給付義務를 여전히 부담하는 상태에서 여러 가지 불이익을 받게 되는 것이다. 바로 이러한 債務者를 구제하려는 것이 債權者遲滯制度인 것이다. 따라서 債權의 行使·不行使는 債權者의 자유이다라는 논거는 債權者에게 受領義務가 없다는 주장에 대한 논거로서는 설득력이 없다.

둘째, 이 학설은 債權者遲滯의 효과로서 민법에 규정된 것만을 인정하지만, 이 규정만에 의해서는 債務者를 효과적으로 구제할 수가 없는 경우들이 있다. 예컨대 부패하기 쉬운 물건의 매매에 있어서 매수인이 목적물을 제때에 수령하지 않는다든지, 任置人이 受置人의 창고에 보관시킨 任置物을 제때에 찾아가지 않음으로써 受置人이 제3자와의 任置契約을 履行할 수 없게 되었다든지, 都給契約에 있어서 都給人의 협력이 필요함에도 불구하고 都給人이 협력하지 않기 때문에 受給人이 일의 완성을 못한다든지 하는 경

19) Larenz, 위의 책(註 17), 94면; Fikentscher, 위의 책, 264면 및 410면 참조.

20) Larenz, 위의 책(註 17), 94면; Fikentscher, 위의 책, 264면 및 410면 참조.

21) Larenz, 위의 책(註 17), 363면; Fikentscher, 위의 책, 554면; MünchKomm-Soergel §640 BGB Rn. 20 등 참조.

우에는, 債權者遲滯의 효과에 관한 민법의 규정만으로는 債務者의 구제가 충분치 못하고, 이 밖에 損害賠償請求權이나 契約解除權과 같은 구제수단도 債務者에게 인정되어야 할 것이다. 債權者遲滯制度의 취지가 債權者遲滯狀態에서 여러 가지 불이익을 받는 성실한 債務者를 구제하는 데 있다면, 이 제도를 구성하는 法律規定도 이러한 취지에 부합하도록 마련되어야 할 것이고, 法律規定이 거기에 미흡하다면[22] 해석론에 의해서라도 이를 보완하여야 할 것이다. 그렇다면 債務의 履行에 債權者의 협력이 필요한 債務에 있어서는, 債權者의 협력의무를 인정함으로써 法制度의 미비를 보완할 수가 있을 것이다.

셋째, 이 학설은 雙務契約에 있어서는 受領遲滯에 빠져 있는 債權者는 그의 反對給付債務에 대해서도 履行遲滯에 빠져 있는 경우가 많을 것이므로, 이 履行遲滯의 효과로서의 損害賠償請求나 契約解除에 의하여 債務者가 보호를 받을 수 있으며, 또 供託이나 自助賣却權의 행사에 의해서 대처할 수도 있다고 한다. 그러나 賣渡人이 먼저 급부를 하도록 되어 있는 경우라든지 賣買代金을 미리 받은 경우에는, 債權者(買受人)가 그의 反對給付債務의 履行遲滯에 있는 것도 아니다. 그리고 이른바 「주는 給付」가 아니고 「하는 給付」의 受領遲滯에 있어서는 供託이나 自助賣却에 의한 債務者의 구제는 불가능한 것이다. 스위스債務法이 물건의 給付 이외의 급부를 목적으로 하는 債務에 있어서, 債權者가 受領遲滯에 빠진 경우에는 債務者에게 契約解除權을 인정한 것도[23] 이러한 사정을 고려한 것이라고 볼 수 있다. 따라서 受領遲滯의 경우에는 항상 契約解除나 損害賠償請求가 필요없다는 주장은 무리이다.

(2) 債務不履行說 검토

債務不履行說에 대해서는 다음과 같은 비판이 가능하다.

첫째, 이 학설은 債權者의 受領義務를 인정하고 債權者遲滯를 債權者의 債務不履行으로 파악한 나머지, 債權者遲滯의 요건으로서 債權者의 歸責事由를 요구하지만, 민법은 債權者遲滯의 성립요건으로서 債權者의 歸責事由를 요구하고 있지 않다. 그리고 債權者遲滯의 성립요건으로서 債權者의 歸責事由를 요구하게 되면 債務者에게 심히 부당한 결과가 초래된다. 즉, 債權者遲滯狀態는 債權者의 歸責事由에 의해서만 발생하는 것

---

22) 독일민법은 일반적으로는 債權者의 受領義務를 인정하지 않는 것으로 이해되고 있지만, 개별적인 규정에 의하여 債權者의 引受義務나 협력의무를 인정함으로써 債務者의 구제가 보완되고 있다.

23) 스위스債務法은 제95조에서 "물건의 給付 이외의 債務에 있어서는 債務者는 債權者遲滯의 경우에 債務者遲滯에 관한 규정에 따라 契約을 解除할 수 있다"고 규정하고 있다.

이 아니고 債權者의 歸責事由 없이도 발생할 수 있는데, 이 後者의 경우엔 이 학설에 의한다면, 債務者는 민법 제401조 내지 제403조 및 제538조 제1항에 의한 구제도 받지 못하게 된다. 그러나 債權者遲滞狀態가 債權者의 受領拒絶이나 受領不能으로 발생하였고 債務者는 이에 대하여 아무런 잘못이 없는데도, 債權者遲滞狀態에 대하여 債權者의 歸責事由가 없으면 債務者는 이들 규정에 의한 구제도 받지 못한다는 것은 타당하다고 할 수 없다.[24] 따라서 債權者遲滞는 債務者가 債務의 내용에 좇은 履行의 提供을 하였음에도 불구하고, 債務의 履行에 필요한 債權者의 受領이나 그 밖의 협력이 없어서 債務의 履行이 지연되는 경우이기만 하면, 債權者에게 歸責事由가 있든 없든 항상 성립하고 이러한 債權者遲滞狀態가 발생하면 歸責事由와 같은 요건을 필요로 함이 없이 민법에 규정된 위의 효과들은 발생한다고 보아야 한다. 즉, 債權者의 受領義務를 인정한다고 해서 債權者遲滞狀態가 債權者의 歸責事由를 요건으로 해서만 발생한다든지, 민법에 규정된 債權者遲滞의 효과가 債權者의 歸責事由를 요건으로 해서만 발생하는 것은 아니다. 債權者遲滞의 경우에 債權者의 受領義務가 인정되면 민법이 규정하고 있는 효과 이외에 債權者의 歸責事由를 요건으로 하여 損害賠償請求나 契約解除가 문제될 수 있다는 점이 受領義務를 인정하지 않는 경우와 다를 뿐이다.

둘째, 이 학설은 債權者의 受領義務를 인정하고 債權者遲滞를 債權者의 債務不履行으로 파악함으로써, 債權者遲滞의 효과로서 契約解除權도 인정하고 있지만, 債權者에게 受領義務를 인정한다고 해서 債權者遲滞의 경우에 債務者에게 항상 契約解除權이 인정된다고 할 수는 없다. 그 이유는 다음과 같다. 즉, 債務者의 債務의 履行에 債權者의 협력이 필요한 債務에 있어서 債權者에게 受領義務를 인정한다고 하더라도, 이를 인정하는 명문의 규정이 없는 우리 민법하에서는 당사자간의 약정이 없는 한 결국 信義則上 인정하는 것이다. 그런데 信義則上 인정되는 이 受領義務는 債務者의 給付義務와 대등한 성질의 것으로 볼 수는 없다. 물론 雙務契約에 있어서는 債權者도 債務者의 給付義務와 對價的인 관계에 있는 反對給付義務를 부담하겠지만, 여기서 말하는 債權者의 受領義務는 그와 같은 성질의 주된 의무(Hauptpflicht)가 아니고 일종의 부수적 의무(Nebenpflicht)에 불과하다. 따라서 이처럼 부수적 의무라고 할 수 있는 受領義務의 불이행인 債權者遲滞의 경우에 債務者의 債務不履行이나 債權者의 反對給付義務의 불이행의 경우에 인정되는 契約解除權을 항상 인정할 수는 없는 것이다. 그러나 한편 이 受領義務가 부수적 의무라고 하여 債權者遲滞의 경우에는 契約解除權이 전혀 인정될 수 없

24) 同旨: 金亨培, 위의 책, 332면.

다는 것도 타당하지 않다. 그렇게 되면 債務者는 供託이나 自助賣却이 불가능한 債務에 있어서는 민법에 규정된 효과와 損害賠償請求에 의존할 수 있을 뿐, 債務의 구속으로부터는 계속 벗어나지 못하게 되기 때문이다. 생각건대 契約解除權은 결국 다른 방법으로는 債權者遲滯狀態에서 債務者가 받는 불이익을 공평하고 효과적으로 조정할 수 없는 경우에만 인정되어야 할 것이다. 그렇다면 受領義務를 인정한다고 하여 그것이 바로 契約解除權의 인정을 의미하는 것으로는 볼 수 없는 것이다.

셋째, 이 학설에 대해서는 이 밖에도 최근에 다음과 같은 비판이 가해지고 있다. 즉, 債務不履行說의 근거가 되고 있는 협동체이론은 독일에 있어서의 나치시대의 법이데올로기의 산물로서, 구체적 債權·債務를 중심으로 결합되어 있는 債權者·債務者간의 관계에 부합될 수 없다는 것이다.[25] 즉, 給付義務를 중심으로 하는 債權關係에 있어서, 양당사자 사이에 공통된 목적은 있을 수 있으나 그 공통성은 자기 자신의 이익과 기대에 따라 행위한다는 것에 지나지 않기 때문에, 공동이익 내지 전체이익이라는 것은 債權關係에 존재하지 않는다고 한다. 따라서 공동목적을 달성하기 위하여 협력하여야 할 일종의 협동체를 이루고 있다는 협동체이론을 근거로 債權者의 受領義務를 인정하는 것은 타당치 않고, 특히 片務契約에 있어서는 더욱 그러하다는 것이다.[26]

(3) 折衷說 중의 修正法定責任說(制限的 債務不履行說) 검토

修正法定責任說에 속한다고 볼 수 있는 위의 견해들은 모두가 독일민법학 이론의 영향을 받은 것으로서, 일정한 契約類型 또는 일정한 경우에만 受領義務를 인정할 뿐 원칙적으로는 債權者의 受領義務를 인정하지 않는다. 그러면 이 견해들이 원칙적으로는 債權者의 受領義務를 인정하지 않으면서도 이렇게 일정한 경우에는 債權者의 受領義務를 인정하는 이유는 무엇인가? 그것은 결국 민법에 규정된 債權者遲滯의 효과만에 의해서는 債權者遲滯로 債務者가 받는 불이익을 충분히 구제할 수 없는 경우에 대처하려는 것이라고 볼 수밖에 없다. 그렇다면 賣買에 있어서의 買受人, 都給에 있어서의 都給人, 任置에 있어서의 任置人에게만 受取義務를 인정하는 위의 첫번째 견해는 그 밖의 경우에는 민법에 규정된 債權者遲滯의 효과에 관한 규정만으로 債務者의 구제가 충분하다는 것을 의미하는 것이 된다. 그러나 그 밖의 경우에 있어서도 민법의 규정만으로는 債務者의 구제가 충분하지 못한 경우가 있음을 부인할 수가 없다. 예컨대 이 견해가 債權者에게 완

25) 金亨培, 위의 책, 331면; 李銀榮, 위의 책, 336면; 林良平·石田·高木, 債權總論, 1982, 225면.
26) 金亨培, 위의 책, 331면.

성된 물건의 受取義務만을 인정하고 일반적인 협력의무 내지 受領義務는 인정하지 않는 都給契約에 있어서 조차도, 債權者의 협력이 없으면 債務者가 완성된 물건의 引渡는 물론이고 給付의 내용 자체를 실현할 수 없는 경우가 있는 것이다. 이러한 경우에 있어서는 債務者에게 契約解除權이나 損害賠償請求權을 인정할 필요가 있을 수 있고,[27] 따라서 債權者의 협력의무가 전제되어야 하는 것이다. 이는 委任과 같은 경우에도 마찬가지이다. 이러한 점으로 보아 債權者의 협력의무를 受取義務에 한정한다든지 債權者의 受領義務를 일정한 계약유형에 한정하는 것은, 실제에 있어서 타당치 못한 결과를 초래하게 될 우려가 있는 것이다.

그리고 債權者의 협력이 契約의 본질적 부분을 이루는 경우에만 예외적으로 債權者의 受領義務를 인정하는 한편, 이러한 受領義務를 부수적 義務가 아닌 主된 義務로 파악함으로써, 이러한 義務의 위반에 대해서는 損害賠償請求權과 아울러 契約解除權을 인정하려는 견해에는 다음과 같은 난점이 있다. 즉, 이 견해는 債權者의 협력이 계약의 본질적 부분을 이루는 경우에만 債權者의 受領義務를 인정하려고 하지만, 債權者遲滯라는 것은 원래가 債權者의 협력이 없으면 債務의 履行이 불가능하거나 債務의 履行이 완료될 수 없을 정도로 債權者의 협력이 필요한 경우에만 문제되는 것이어서, 어떠한 협력은 본질적이고 어떠한 협력은 비본질적이라고 단정하기가 어려운 것이다. 그리고 우리 민법상 債權者의 受領義務는 당사자간에 특별한 약정이 없는 한 信義則에 근거해서 인정할 수밖에 없는데, 이렇게 信義則上 인정되는 受領義務를 債務者의 給付義務나 債權者의 反對給付義務처럼 항상 主된 義務로 보는 것도 문제이다. 이 견해는 債權者의 협력이 계약의 본질적 부분을 이루는 경우에만 受領義務를 인정하기 때문에 그렇게 보는지, 아니면 受領義務의 위반으로 損害賠償請求나 契約解除權이 인정되려면 그 義務가 主된 義務이어야 한다는 생각에서 그렇게 보는지 모르지만, 信義則上 인정되는 受領義務를 主된 義務로 파악하는 것은 무리라고 아니할 수 없다. 그렇다고 損害賠償의 請求나 契約의 解除는 반드시 主된 義務를 위반한 경우에만 인정되는 것도 아님은 앞에서 언급한 바이다. 또 하나 지적할 것은, 이 견해는 債權者의 受領義務가 인정되는 경우에는 債務不履行의 문제로 될 뿐 債權者遲滯의 문제는 안된다고 하나, 그렇게 되면 債務者에게 부당한 결과를 초래하게 된다. 왜냐하면 이 견해가 의미하는 債務不履行은 歸責事由를 요건으로 하여 성립할텐데, 債權者에게 受領義務가 있으면서도 歸責事由가 없이 債權者

27) 家屋內部 工事를 의뢰한 집주인이 장기여행을 떠나게 됨으로써 工事가 불가능하게 되었다든지, 債權者가 제공하는 재료에 加工하여야 할 債務에 있어서 債權者가 재료의 제공을 하지 않는다든지 하는 경우를 생각하라.

遲滯의 상태가 발생한 경우에는 債權者에게 債務不履行責任을 물을 수 없고, 그렇다고 債權者遲滯의 문제도 안되므로 민법上의 債權者遲滯의 효과도 발생하지 않게 되기 때문이다. 따라서 債權者遲滯의 문제는 債權者遲滯狀態가 발생하면 受領義務의 유무에 관계없이 제기되고, 債權者遲滯狀態가 발생하면 민법에 규정된 債權者遲滯의 효과 역시 受領義務나 歸責事由의 유무를 불문하고 발생한다고 보아야 한다.[28)]

마지막으로 債權者의 受領 내지 협력은 法的 責務이고 法的 義務는 아니지만, 계약의 내용이나 信義則에 따라 예외적으로 債權者가 受領義務 내지 협력의무를 부담하는 경우가 있다는 견해에 대해서 살피건대, 이 견해는 독일의 학설과[29)] 그 입장을 같이하는 것이지만, 債務의 履行에 債權者의 협력이 필요한 경우에 있어서의 협력을 경우에 따라 責務(Obliegenheit)와 法的 義務로 구분하는 것이 과연 타당한지 의심스럽다. 왜냐하면 債務者의 債務의 履行에 필요한 債權者의 협력이라는 점에서는 어느 경우의 협력이나 마찬가지이기 때문이다. 경우에 따라 차이가 있다면, 그것은 협력의 法的 性質에 있는 것이 아니고 협력이 없음으로 인해서 債務者에게 발생하는 불이익의 정도에 있는 것이다. 물론 우리 법제하에서도 商法 제69조의 買受人의 목적물의 검사와 하자통지의무 및 상법 제651조의 보험계약자의 告知義務나 민법 제528조 제2항의 請約者의 承諾延着의 통지의무와 같이 독일민법학에서 인정하는 「Obliegenheit」에 해당하는 의무가 없는 것은 아니다. 그러나 이들 「Obliegenheit」에 해당하는 의무는, 위에서 본 바와 같이[30)] 그 不履行時에 불이행자에게 불리한 일정한 법률상의 효과가 발생할 뿐 履行請求나 손해배상의 청구는 문제되지 않는 의무인데 반하여, 여기서 문제삼는 債權者의 협력은 그 不履行時에는 경우에 따라 이행의 청구[31)]나 손해배상의 청구[32)]가 인정되어야 하는 점에서 양자를 동일시할 수가 없는 것이다.

---

28) 債權者의 引受義務(Abnahmepflicht)를 개별적으로만 인정하는 독일민법에 있어서도, 위에서 본 바와 같이 이 의무에 대한 불이행이 있으면 債權者遲滯의 효과와 債務不履行責任이 병존하는 것으로 이해되고 있다. 앞의 II. 4. 참조.

29) 특히 Larenz, 위의 책(註 15), 389면.

30) 위의 註 14) 참조.

31) 買受人이나 都給人이나 任置人이 목적물을 수령하지 않으면 경우에 따라 受領請求의 訴가 인정되어야 할 것이다. 예컨대 창고를 비우고 다른 물건을 보관하려는 경우를 생각해 보라.

32) 민법 제403조에서 債權者遲滯로 물건의 보관비용 또는 辨濟費用이 증가한 경우 이를 債權者가 부담하도록 하는 것도, 歸責事由를 요건으로 하지 않을 뿐이지 손해배상의 성격이 없다고는 할 수 없다.

6. 私 見

이상에서 債權者遲滯의 성질에 관한 학설들을 비판적으로 검토하였다. 이제 필자의 사견을 말한다면, 우선 債務者의 債務의 履行에 債權者의 수령 내지 협력이 필요한 債務에 있어서는, 당사자간의 약정이 없더라도 信義則上 債權者의 受領義務 내지 협력의무를 인정하여야 한다고 생각한다. 그러나 그렇다고 하여 종래의 債務不履行說처럼 반드시 債權者와 債務者간의 協同體理論에서 그 근거를 찾는 것은 아니다. 서로의 利害가 대립하는 債權者와 債務者간에 그와 같은 協同體가 존재한다고 할 수 있을런지는 앞에서 본 일부 학설도 지적하듯이 의문이다. 그러나 債權者의 수령 내지 협력이 필요한 債務에 있어서는, 債權者의 협력이 없으면 債務者는 債務의 구속으로부터 벗어나지 못하는 상태에서 여러 가지 불이익을 받게 되므로, 반드시 協同體理論에 의존하지 않더라도 이러한 경우에 債權者에게 信義則上 受領義務 내지 협력의무를 인정하는 것은, 적어도 給付의 실현이 양 당사자의 공동의 목적임을 인정하는 한, 그리고 債權關係가 信義則의 지배를 강하게 받는 법률관계라는 것을 인정하는 한 지극히 자연스러운 일이다. 그리고 우리나라에서 債權者의 受領義務를 일반적으로 인정하지 않고 제한적으로만 인정하려는 위의 견해들도, 이러한 의무의 인정근거는 이를 인정하는 당사자간의 계약이 없는 한, 결국은 信義則에서 찾고 있으며 또 信義則에서 찾을 수밖에 없는 것이다.

그렇다면 債務 일반이 아니고 그 債務의 履行에 債權者의 협력이 반드시 필요한 債務, 즉 債權者遲滯가 문제되는 債務에 있어서도 굳이 債權者의 협력의무를 부정한다든지, 제한된 경우에만 인정한다든지 할 이유는 없다고 본다. 賣買, 都給 등 특별한 계약관계에 한정하여 債權者의 引受義務나 또는 협력의무를 인정하는 독일민법에서는, 그와 같은 입법태도 때문에 債權者의 受領義務를 일반적으로 인정하지 않으려는 학설의 입장에 수긍이 간다고 하더라도, 그와 같은 한정적인 개별규정이 없는 우리 민법에서까지 그렇게 제한적으로 해석할 이유는 없는 것이다. 거듭 말하지만 원래 債權者遲滯가 문제되는 債務는 債務 일반이 아니고 그 이행에 債權者의 수령 내지 협력이 필요한 債務에 한정된다. 따라서 이 경우 信義則上 요구되는 債權者의 受領 내지 협력은 그 法的 性質이 동일한 것이다. 그렇다면 이처럼 성질이 같은 債權者의 수령 내지 협력을 責務(Obliegenheit)와 法的 義務(rechtliche Pflicht)로 구분하여, 어떠한 경우에는 전자로 보고 어떠한 경우에는 후자로 보는 것은 타당하다고 할 수 없다.

이와 같은 점에도 불구하고 債權者의 受領義務 내지 협력의무를 제한적으로만 인정하려고 한다면 그 제한적 인정의 이유나 필요성은 다음과 같은 우려에서 찾을 수 있을런지 모른다. 즉 만약 그러한 의무를 제한적으로 인정하지 않게 되면 債權者遲滯의 경우에는 항상 損害賠償請求權과 契約解除權이 인정되어 부당한 결과로 되지 않겠는가 하는 우려가 있을 수 있다. 그러나 앞에서도 지적한 바와 같이 신의칙상 인정되는 債權者의 受領義務는 부수적 의무일 뿐이어서, 그것이 인정된다고 하더라도 항상 損害賠償請求權과 契約解除權이 인정되는 것은 아니다. 즉, 受領義務를 인정한다고 하더라도 債權者遲滯의 경우에 민법의 규정(제401조 내지 제403조 및 제538조 제1항)에 의하여 債務者의 구제가 충분한 경우에는 損害賠償請求나 契約解除의 필요가 없고, 또 민법의 규정외에 손해배상의 청구만으로 債務者의 구제가 가능하고 契約解除의 필요가 절실하지 않다면 契約解除權은 인정되지 않는 것이다. 따라서 債權者에게 受領義務가 인정된다고 하여 債權者遲滯狀態가 발생하면 민법이 규정하고 있는 효과 이외에 항상 損害賠償請求權과 契約解除權이 인정되는 것으로 생각할 수는 없다. 그렇다면 독일민법과 같이 引受義務나 협력의무를 한정적으로 인정하는 개별적인 규정이 없는 우리 민법하에서는, 債權者의 受領義務 내지 협력의무를 한정적으로 인정하는 것보다 일반적으로 인정하되 이 義務의 不履行時에 損害賠償請求權과 契約解除權을 한정적으로 인정하는 쪽이, 각종의 契約關係에 있어서 성실한 債務者의 구제에 보다 탄력적으로 대처하는 길이 될 것이다.

그런데 여기서 한 가지 지적할 것은, 이상과 같이 債權者의 受領義務 내지 협력의무를 인정한다고 하여 債權者遲滯가 債務不履行說이 주장하는 것처럼 債權者의 歸責事由를 요건으로 해서만 성립하는 것은 아니라는 점이다. 다시 말해서 債權者의 受領義務를 인정하고 債權者遲滯時에 債權者가 지는 책임의 성질을 債務不履行責任으로 파악한다고 해서, 이 책임이 債權者의 歸責事由를 요건으로 해서만 발생하는 것은 아니다. 債權者에게 受領義務가 인정된다고 하더라도 債權者遲滯는 債權者의 歸責事由를 요건으로 함이 없이 성립하고, 따라서 민법 제400조 이하의 효과는 債權者는 歸責事由를 불문하고 발생한다. 달리 말하자면 제400조 이하의 債權者遲滯責任은 이른바 無過失責任으로서의 債務不履行責任인 것이다. 만일 제400조 이하의 효과도 債權者의 歸責事由를 요건으로 해서만 발생한다고 한다면, 債權者의 歸責事由 없이 발생한 債權者遲滯時에는 그로 인한 모든 불이익을 債務의 내용에 좇은 이행의 제공을 한 債務者 스스로가 부담하여야 하는 불공평한 결과가 야기된다. 그리고 債務不履行責任이라고 해서 항상 歸責事由를 요건으로 해서만 인정되는 것은 아니고, 歸責事由를 불문하고 그 책임을 묻는 것이 타당한 경우에는 이른바 無過失責任을 인정할 수도 있는 것이다. 우리는 민법상 그러한 경우를 제570조 이하의 賣渡人의 擔保責任이나 제667조 이하의 受給人의 擔保責任의 경우에서도 찾아볼 수 있다. 그러므로 債權者의 受領義務 내지 협력의무를 인정한다고 하여, 債權者遲滯가 성립하기 위해서나 민법 제400조 이하의 효과가 발생하기 위해서도 債權者의 歸責事由가 요구되는 것은 아니다. 債權者의 협력의무를 인정하게 되면, 債務者가 민법 제400조 이하의 효과를 주장하는 이외에, 債權者의 歸責事由를 요건으로 하여 경우에 따라 손해배상을 청구하거나 계약을 해제할 수 있게 된다는 점이, 債權者의 受領義務 내지 협력의무를 인정하지 않는 경우와 다를 뿐이다.

그런데 이상과 같이 제400조 이하의 효과외에 債權者의 歸責事由를 요건으로 하여 損害賠償請求나 契約解除를 인정한다는 점에서는, 필자의 견해도 위에서 소개한 바 있는 法定責任과 債務不履行責任을 중첩적으로 인정하는 견해와 그 기본적 입장을 같이 하는 것 같지만, 필자는 민법 제400조 이하의 책임도 法定責任이 아니고 債務不履行責任이지만 단지 債權者의 歸責事由를 요건으로 하지 않는 無過失責任으로 보기 때문에, 그 점에서 필자의 견해는 法定責任과 債務不履行責任의 중첩적 적용설과는 다르다고 볼 수 있다. 따라서 굳이 필자의 입장을 특징지운다면, 歸責事由를 요건으로 하지 않는 債務不履行責任과 歸責事由를 요건으로 하는 債務不履行責任을 중첩적으로 인정하는 견해라고 할 수 있을 것이다.

Ⅲ. 債權者遲滯에 있어서의 債權者의 受領不能

1. 債權者遲滯의 요건으로서의 債權者의 受領不能

위에서 살핀 바와 같은 債權者遲滯가 성립하기 위해서는, 債務者가 債務의 내용에 좇은 履行의 提供을 하였음에도 불구하고 債權者가 履行의 제공을 수령하지 않거나 수령할 수 없어야 한다. 이 受領拒絶이나 受領不能은 債權者의 歸責事由에 기인할 것을 요하지 않고 객관적으로 존재하면 된다. 통설은 受領拒絶이나 受領不能이 債權者의 歸責事由에 기인할 것을 요구하나 債權者遲滯는 앞에서도 언급하였듯이 債權者의 受領拒絶이나 受領不能이 있기만 하면 그 이유는 묻지 않고 성립한다고 하여야 한다. 그런데 이 受領拒絶이나 受領不能은 債務의 이행이 가능할 것을 전제로 하다. 즉, 債權者의 협력이 요구되는 시점에서 債務의 이행이 불가능한 경우에는 債權者遲滯는 성립하지 않는다.[33] 예컨대 推尋債務에 있어서 債權者가 약속한 시간에 수령하러 가지 않았거나 갈 수 없었다고 하더라도, 債務者가 그 물건을 그 시간에 인도할 수 없었던 경우에는 債權者遲滯가 되지 않는다.

2. 受領不能(債權者遲滯)과 履行不能의 구별

債權者遲滯의 요건으로서의 受領不能은 바로 위에서 언급한 것처럼 이행이 가능함을 전제로 한다. 그러나 수령이 불가능한 어떤 구체적인 경우에, 그것이 이행이 가능함에도 불구하고 수령이 불가능한 경우(즉 債權者遲滯의 경우)에 해당하는가, 아니면 이행 자체가 불가능한 履行不能의 경우에 해당하는가를 구별하는 것은 그렇게 쉬운 일이 아니다. 예컨대 왕진을 의뢰한 환자가 의사가 도착하였을 때 이미 사망한 경우라든지, 공장이 소실됨으로써 취업이 불가능한 경우 등에 있어서, 이러한 경우들이 債權者遲滯에 해당하는가, 아니면 債務者에게 책임 없는 履行不能에 해당하는가의 판별이 어렵다. 이러한 문제는 종래 反對給付請求權과 관련하여 논의되어 왔다.

(1) 종래의 통설의 입장

종래의 우리나라의 통설은 給付障碍를 초래한 사정이 債權者와 債務者의 어느 쪽의 영향범위 내지 지배영역에서 발생한 것인가를 기준으로 하여 이를 구별하려고 한다. 즉, 이른바 영역설(Sphärentheorie)에 입각하여 債權者遲滯와 履行不能을 구별하려고 한다. 그래서 고용계약의 경우 근로자의 질병, 교통기관의 파업 등에 의한 債務의 불이행은 履行不能으로서 근로자가 그 불이익을 부담하고, 원료, 석탄, 전기 등의 공급불능, 공장의 소실, 기계의 파손 등에 의한 취업불능은 債權者遲滯로서 사용자가 책임을 부담하여야 한다고 한다.[34)]

(2) 債權者의 行態에 기인하는 給付障碍와 當事者外的 事情에 기인하는 給付障碍를 구분하여 고찰하는 견해

이 견해는 구체적인 給付障碍가 受領不能(즉 債權者遲滯)에 해당하는가 또는 履行

---

33) Larenz, 위의 책(註 15), 392-393면.

34) 郭潤直, 위의 책, 161면; 金基善, 위의 책, 149면; 金錫宇, 위의 책, 135면; 金容漢, 위의 책, 173면; 金疇洙, 위의 책, 130면; 金曾漢, 위의 책, 74면; 玄勝鍾 위의 책, 140면 등.

不能에 해당하는가 하는 문제를, 위의 통설의 입장과는 달리 그 給付障碍가 債權者의 行態에 기인하는 경우와 當事者外的 사정에 기인하는 경우로 구분하여 검토하려고 한다.[35] 그래서 이 견해는 債權者의 수령·협력행위의 장애가 債權者의 身上의 容態에 기인한 것이고, 그로 인하여 債務者의 급부가 종국적으로 불능이 된 경우에는 給付不能으로 평가되고, 債權者의 受領上의 장애가 일시적인 것이어서 債務者의 給付가 그 후에 실현가능한 것이면 債權者遲滯로 보아야 한다고 한다. 예컨대 피아노 교습생이 손가락의 부상으로 더 이상 피아노를 칠 수 없게 된 경우에는 제537조의 履行不能이 되고, 단순히 독감에 걸려 며칠 동안 교습을 받을 수 없을 때는 債權者遲滯로 보아야 한다고 한다. 그리고 定期行爲(Fixgeschäft)에 있어서는, 絶對的 定期行爲의 경우에는 債權者가 履行期에 급부를 수령하지 않으면 제538조 제1항 전단의 履行不能으로 보아야 하지만, 相對的 定期行爲에 있어서는 債權者가 履行期에 급부를 수령하지 않으면 債權者遲滯가 된다고 한다.[36]

한편 給付障碍가 當事者外的 사정에 기인하는 경우에 대해서는, 이 견해는 債務者의 給付를 債權者의 활용가능성과 관련하여 판단할 때와 給付 자체의 實現可能性을 기준으로 하여 판단할 때에 그 평가는 달라지므로, 어느 한편에 치우친 판단은 공평성과 타당성을 상실할 우려가 있다는 점만 지적할 뿐, 어떠한 경우에는 債權者遲滯로 되고 어떠한 경우에는 履行不能으로 된다는 것을 구체적으로 밝히고 있지는 않다.[37]

(3) 통설의 문제점

종래의 통설은 위에서 본 바와 같이 영역설에 의하여 債權者遲滯와 履行不能을 구별함으로써[38] 일방의 給付에 장애가 발생한 雙務契約에 있어서의 反對給付의 문제를 해

35) 金亨培, 위의 책, 335면 이하 참조.

36) 金亨培, 위의 책, 336면.

37) 金亨培, 위의 책, 337면 참조.

38) 영역설은 원래 독일에서 형성된 이론으로서, 履行不能이라고 하기도 곤란하고 債權者遲滯라고 하기도 곤란한 經營障碍에 있어서, 그와 같은 구분을 포기하고 그러한 經營障碍가 사용자와 근로자 어느 편의 영향범위(Einflußbereich)에서 발생하였는가를 기준으로 하여, 反對給付의 危險을 부담시키려는 이론이다. 따라서 이 이론은 우리나라 통설이 이해하듯이 어떠한 給付障碍에 대하여 그것이 履行不能에 속하는가 債權者遲滯에 속하는가를 구분하는 이론은 아니다. 물론 독일에서도 민법제정 초기에는 債權者遲滯와 양 당사자에게 책임 없는 履行不能을 구분하는 기분으로 영역설이 주장되기도 하였으나, 이 이론은 그러한 구분의 기준을 제공하는 이론으로서 발전한 것이 아니고, 그러한 구분이 어려운 經營障碍時에 그러한 구분을 포기하고 經營障碍가 발생한 영역에 따라 反對給付의 위험(經營危險)을 부담시키려는 이론으로서 발전한 것이다. 이

결하려고 한다. 즉, 통설은 이러한 이론에 의하여 어떠한 給付障碍가 債權者遲滯로 구분되면, 債權者로 하여금 反對給付義務를 부담하게 하려고 한다. 그런데 통설이 제시하는 이러한 기준으로는, 債權者遲滯와 履行不能을 적절하게 구분하여 주지도 못할 뿐만 아니라, 이러한 기준에 의하여 양자를 구별한다고 하더라도 反對給付義務의 문제가 제대로 해결될 수도 없다. 위와 같은 기준에 의하여 구체적인 어떠한 경우가 債權者遲滯에 해당하는 것으로 취급된다고 하더라도, 민법은 債權者遲滯責任으로서 반대급부지급의무를 규정하고 있지 않으므로[39] 債權者에게 債權者遲滯責任으로서 반대급부지급의무를 당연히 인정할 수가 없기 때문이다.

예컨대 往診依賴를 받은 의사가 환자의 집에 도착하였으나 의사가 도착하기 전에 환자가 이미 사망한 경우는 통설의 입장에 의하면 債權者遲滯로 되고, 따라서 이러한 경우에는 환자측에서 債權者遲滯의 책임을 져야 하는 것으로 된다. 그러나 이러한 경우 환자측에 債權者遲滯의 책임을 물을 수 있는가 하는 점부터 우선 의문시된다. 債權者遲滯는 履行遲滯와 마찬가지로 債務의 이행이 가능한 것을 전제로 하여 인정되는 것인데[40] 이러한 경우에는 債務의 이행(환자의 진료)이란 것이 도대체 불가능하기 때문이다. 그리고 이러한 경우에 설사 환자측에 債權者遲滯를 인정한다 하더라도, 민법상 債權者遲滯의 책임으로서 반대급부(진료비)지급의무는 규정되어 있지 않으므로 의사가 진료비를 당연히 청구할 수는 없는 것이다.[41] 이 경우 혹시 債權者遲滯를 債權者의 債務不履行으로 파악하는 債務不履行責任說의 입장에서는 반대급부를 債務不履行에 기한 손해배상으로 청구할 수 있을런지 모른다. 그러나 이러한 입장에서 손해배상을 청구할 수 있기 위해서는, 위에서 언급한 바와 같이 債權者遲滯가 債權者의 歸責事由에 기인하여 발생하여야 하고, 債權者의 歸責事由 없이 발생한 債權者遲滯에 있어서는 민법 제400조 내지 제403

에 대해서는 河京孝, 「雇傭契約에 있어서의 反對給付危險의 負擔」 民事法學 9·10호, 1993, 309면, 314면 참조. 그리고 독일에 있어서의 領域說의 생성과 발전에 대해서는 MünchKomm-Schaub §615 BGB Rn. 93ff. 참조.

39) 민법은 제538조 제1항 후단에서 雙務契約에 있어서 一方의 債務가 債權者遲滯 중에 양 당사자에게 책임 없는 사유로 履行不能이 된 경우에 있어서의 危險負擔의 문제로서 反對給付請求權의 존속에 대해서는 규정하고 있으나, 債權者遲滯의 효과 내지 책임에 관한 제400조 이하의 규정에서는 債權者遲滯時의 雙務契約에 있어서의 反對給付請求權의 문제까지 예정하여 규정하고 있지는 못하다.

40) Larenz, 위의 책(註 15), 392면.

41) 이 경우는 민법 제538조 제1항 후단의 債權者遲滯 중에 양 당사자에게 책임 없는 사유로 발생한 履行不能의 경우에 해당한다고도 할 수 없기 때문에, 이 규정에 의하여 反對給付를 청구할 수도 없다.

조의 효과만 발생하고 손해배상책임은 발생하지 않는다. 따라서 領域說에 입각하여 위와 같은 경우를 債權者遲滯로 취급한다 하더라도, 그리고 債權者遲滯의 성질에 대하여 債務不履行說의 입장을 취한다고 하더라도, 그러한 경우에 債權者의 歸責事由가 인정될 수 없는 한 反對給付는 損害賠償으로서도 청구할 수가 없는 것이다.

이처럼 통설과 같이 領域說에 입각하여 債權者遲滯와 履行不能을 구별하는 것은 구별 자체도 타당하게 되지 않을 뿐만 아니라, 그러한 구별을 통해서 달성하려는 목적도 제대로 실현될 수가 없다. 이는 雇傭契約의 경우에 있어서도 마찬가지이다. 즉 통설은 고용계약의 경우에도 위에서 본 바와 같이 領域說에 의하여 근로자의 질병, 교통기관의 파업 등에 의한 給付障碍는 勤勞者가 책임을 져야 하는 履行不能으로 파악하고, 원료, 석탄, 전기 등의 공급불능이나 공장의 소실, 기계의 파손 등에 의한 就業不能은 債權者遲滯로 파악하여, 이에 대해서는 使用者가 책임을 져야 한다고 한다. 그러나 이 경우에도 勞務給付는 定期行爲로서의 성질을 가진 것으로서, 일단 給付障碍가 생기면 勤勞者의 급부행위는 영원히 追後履行이 불가능하게 된다. 그렇다면 원료, 석탄, 전기 등의 공급불능이나 공장의 소실, 기계의 파손 등에 의한 就業不能의 경우라고 하여 이를 債權者遲滯로 파악하는 것이 정당한가 하는 의문이 우선 제기된다.

물론 이에 대해서는, 이러한 경우는 勤勞者에게는 給付能力과 給付意思가 있음에도 불구하고 使用者의 不受領으로 인하여 勞務가 급부되지 못하는 경우이기 때문에 債權者遲滯로 보아야 한다는 반론이 있을 수도 있다. 이러한 반론은 독일민법上의 고용계약에 있어서, 계약당사자의 歸責事由 없이 발생한 원료의 공급부족, 기계의 고장이나 파손, 공장의 소실 등과 같은 經營障碍(Betriebsstörung)로 인하여 취업이 불가능한 경우의 賃金支給請求 문제와 관련하여 최근에 있어온 주장이다.[42] 그런데 이러한 經營障碍를 債權者遲滯로 보는 것은 독일에 있어서는 중요한 의미를 가진다. 이를 債權者遲滯로 보게 되면 독일민법 제615조에 의하여 勤勞者가 經營障碍로 취업이 불가능했던 기간에 대해서도 賃金을 청구할 수가 있기 때문이다. 즉 독일민법 제615조는 使用者가 受領遲滯에 빠진 경우에는, 勤勞者는 나중에 다시 勞務給付를 할 의무를 부담함이 없이 그 기간 동안의 勞務에 대한 賃金을 청구할 수 있도록 규정하고 있다. 독일민법上의 고용계약에 대해서는 이러한 규정이 있기 때문에, 經營障碍의 경우를 債權者遲滯로 취급하지 않게 되면 계속적 債權關係인 고용계약관계에 있어서는 債權者遲滯라는 개념은 파악할 수가 없게 되고, 따라서 同法 제615조는 적용될 여지가 없게 되므로 經營障碍를 債權者遲滯로 보

42) 河京孝, 위의 논문, 304-305면 참조.

아야 한다는 주장이 나오게 되는 것이다.[43)]

이상에서 본 바와 같이, 독일의 최근의 학설이 고용계약에 있어서 당사자의 歸責事由 없는 經營障碍로 인한 就業不能을 債權者遲滯로 보려는 시도는, 제615조와 같은 규정을 두고 있는 독일민법하에서는 그 실익이 있을 뿐만 아니라 이 규정의 존재의의로 보아 타당한 것이기도 하다. 그러나 그러한 규정을 두고 있지 않은 우리 민법하에서는 이러한 경우를 통설처럼 債權者遲滯로 취급한다 하여도, 使用者의 受領遲滯責任에 反對給付義務(賃金支給義務)기 포함되는 것이 아니기 때문에 勤勞者가 使用者에게 賃金을 청구할 수가 없는 것이다. 혹시 債權者遲滯를 債權者의 債務不履行으로 보는 債務不履行說의 입장에서는, 反對給付의 청구가 損害賠償의 청구로서 가능할런지 모르나 이 역시 債權者의 歸責事由에 기인한 債權者遲滯의 경우에만 가능한 것이기 때문에, 양 당사자에게 책임 없는 經營障碍의 경우에는 불가능한 것이다. 결국 우리 민법하에서는 양 당사자에게 책임 없는 經營障碍로 인한 就業不能을 債權者遲滯로 취급한다 하더라도, 경영장애시의 반대급부위험의 부담문제를 債權者遲滯의 法理에 의하여 해결할 수 있는 것이 아니다. 그렇다면 독일민법 제615조와 같은 규정이 없는 우리 민법에 있어서는, 경영장애시에 아무리 근로자로서는 급부의사와 급부능력을 가지고 있었다고 하더라도, 勞務給付는 定期行爲로서의 성질을 가지고 있고, 따라서 일단 수령이 불가능하게 된 勞務給付는 추후이행이 불가능하게 되는 것이므로, 구태여 이를 使用者의 受領遲滯, 즉 債權者遲滯로 취급할 필요가 없는 것이다.

(4) 受領不能이 一時的인 것인가 終局的인 것인가에 따른 구별

우리 민법에 있어서는 이상에서 본 바와 같이 어떠한 給付障碍가 債權者遲滯에 해당하는가 아니면 履行不能에 해당하는가를 판단함에 있어서, 追後履行이 불가능하게 된 給付障碍를 굳이 債權者遲滯로 취급할 필요가 없는 것이다. 그렇다면 債權者遲滯와 履行不能의 구별도 우리 민법에 있어서는 債權者의 受領不能이 일시적인 것인가 종국적인 것인가를 기준으로 하여야 한다고 생각한다. 즉, 어떠한 給付障碍가 債權者遲滯로 되기 위해서는 債權者의 受領不能이 일시적인 것이어야 하고, 종국적인 것이 되어서는 안 된다고 본다. 債權者遲滯는 이행지체와 마찬가지로 일시적인 給付障碍의 상태를 규율하는 제도로서 그 상태가 해소되면 債務의 이행이 가능한(nachholbar) 것을 전제로 하는데,[44)]

---

43) 이에 대해서는 金亨培, 위의 책, 342면; 河京孝, 위의 논문, 305-6면 참조.

44) Larenz, 위의 책(註 15), 392면; Esser-Schmidt, Schuldrecht, Bd. I, 6. Aufl., 1984, 323면.

受領不能이 종국적인 경우에는 도대체 추후의 履行이란 것을 생각할 수가 없어서 履行 역시 불능으로 되기 때문이다. 따라서 예컨대 往診을 의뢰받고 의사가 환자의 집에 도착하였으나 환자가 이미 사망한 경우라든지, 家屋修理를 의뢰받고 수리업자가 수리를 시작하였으나 수리가 완성되기 전에 가옥이 燒失되어 버린 경우 등은, 이제 단순히 受領不能으로 인한 債權者遲滯의 문제로 취급할 수가 없고 履行不能으로 취급하여 履行不能에 관한 규정이 적용되어야 한다.

그러고 보면 受領不能은 債權者遲滯의 성립요건이지만, 受領不能의 경우라고 하여 다 債權者遲滯가 되는 것이 아니고, 受領不能에는 債權者遲滯가 되는 受領不能과 履行不能으로 취급하여야 하는 受領不能이 있는 것이고, 양자의 구별은 受領不能이 종국적인 것이어서 給付의 이행도 종국적으로 불가능한 것이냐, 아니면 受領不能이 일시적이어서 給付의 이행이 나중에 가능한 것이냐를 기준으로 하여야 하는 것이다. 그러한 점에서 위의 두 번째 견해가 債權者의 行態에 기인하는 給付障碍에 있어서 이와 같은 기준에 의하여 債權者遲滯와 履行不能을 구별함으로써, 피아노 교습생이 손가락의 부상으로 더 이상 피아노를 칠 수 없게 된 경우는 履行不能으로 보고, 단순히 독감에 걸려 며칠 동안 교습을 받을 수 없게 된 경우는 債權者遲滯로 보는 것은 타당하다고 본다. 피아노 교습이 定期行爲가 아닌 한 독감으로 며칠 동안 받지 못한 교습은 추후에 보충이 가능하기 때문이다. 한편 이 견해는 위에서 본 바와 같이 當事者外的 사정에 기인하는 給付障碍에 대해서는, 債務者의 급부를 債權者의 활용가능성과 관련하여 판단할 때와 급부 자체의 실현가능성과 관련하여 판단할 때에 그 평가가 달라지므로 어느 한편에 치우친 판단은 공평성과 타당성을 상실할 염려가 있다고 함으로써 債權者遲滯와 履行不能의 구별기준을 給付障碍가 債權者의 행태에 기인하는 경우와 當事者外的 사정에 기인하는 경우에 따라 달리 정하여야 하는 것처럼 보는 입장을 취하고 있다. 그런데 當事者外的 사정에 기인하는 給付障碍에 대하여 이 견해가 이러한 입장을 취하는 것은 給付障碍時의 反對給付의 부담문제를 공평하게 해결하기 위한 고려 때문이라고 생각된다. 그러나 위에서도 언급한 바와 같이, 적어도 우리 민법에 있어서는 이러한 점을 고려하여 추후이행이 불가능한 給付障碍를 債權者遲滯로 취급한다고 하더라도, 反對給付의 부담문제가 곧바로 해결되지는 않는다. 그렇다면 給付障碍가 債權者의 행태에 기인하는가 아니면 當事者外的 사정에 기인하는가에 따라 債權者遲滯와 履行不能을 구별하는 기준을 달리할 필요가 없다고 본다. 따라서 當事者外的 사정에 기인하는 給付障碍에 있어서도 受領不能이 일시적이어서 추후에 급부의 이행이 가능한가, 아니면 受領不能이 종국적이어서 추후이행이 불가능한가를 기준으로 하여, 그 給付障碍를 債權者遲滯 또는 履行不能으로 취급하여야 할 것이다. 反對給付의 부담문제는 일단 그러한 기준에 의하여 債權者遲滯와 履行不能이 구별되고 난후에 별도로 해결하면 될 것이다. 그렇다면 定期行爲的 성질상 追後履行이 불가능한 勞務給付의 給付障碍를 초래하는 經營障碍의 경우도, 일단은 履行不能으로 취급하는 것이 타당할 것이다.

3. 債權者遲滯로 볼 수 없는 受領不能時의 反對給付의 危險負擔

(1) 基本原則

債權者의 受領不能이 일시적이어서 급부의 追後履行이 가능한 債權者遲滯의 경우에는, 債務者의 債務가 그대로 존속하는 것이므로 이 債務가 雙務契約上의 債務라면 상대방의 反對給付債務도 그대로 존속하는 것은 당연하다. 그러나 受領不能이 종국적이어서 급부의 追後履行이 불가능한 경우, 즉 履行不能으로 취급되는 경우에는 債務者의 債務는 소멸한다. 이 경우의 履行不能은 債務者의 歸責事由로 인한 履行不能이 아니기 때문이다. 따라서 이 경우에는 상대방의 債務, 즉 債權者의 反對給付義務의 존속 여부만이 문제로 된다. 이는 결국 雙務契約에 있어서의 危險負擔의 문제로서 履行不能이 債權者의 歸責事由에 기인하는가 아닌가에 달려 있다(제537조, 제538조 참조). 그런데 여기서의 履行不能은 債權者의 受領不能으로 인한 것이므로 履行不能에 대한 歸責事由란 결국 受領不能에 대한 債權者의 歸責事由를 의미하는 것이다. 그렇다면 債權者의 反對給付의 존속 여부 역시 受領不能에 대한 債權者의 歸責事由의 유무에 달려 있는 것이다. 즉, 受領不能에 대하여 債權者의 歸責事由가 있으면 債務者는 債權者에게 反對給付를 청구할 수 있으나(제538조 제1항), 受領不能에 대하여 債權者의 歸責事由가 없으면 債務者는 債權者에게 反對給付를 청구할 수 없게 된다(제537조). 그러나 이러한 기본원칙만으로는 反對給付의 문제에 대한 공평타당한 해결이 곤란한 경우가 있다. 이는 특히 債權者의 歸責事由에 기인하지 않은 受領不能의 경우에 찾아볼 수 있다. 이하에서 그러한 몇 가지 경우를 살펴보기로 한다.

(2) 債務者가 債務履行을 위한 비용을 지출한 후에 受領不能이 된 경우

債權者의 종국적인 受領不能이 債務者가 債務履行을 위하여 아무런 비용을 지출하지 않은 상태에서 발생하면, 제537조의 債務者危險負擔의 원칙에 따라 해결할 수 있고 또 그렇게 하는 것이 결과적으로도 부당하지 않다. 그러나 債務者가 이미 債務履行을 위한 비용을 지출한 후에 종국적인 受領不能事由가 발생하면, 단순히 제537조의 원칙에 따른 해결이 그렇게 공평한 결과로 되지 않는다. 이를 위의 往診 도중에 환자가 사망한 사건의 경우에서 보기로 하자. 이 경우에 의사의 診療債務는 종국적인 受領不能이 됨으로써 履行不能이 되었다. 그리고 受領不能 및 履行不能은 債權者측의 歸責事由에 기인한 것이 아니다. 따라서 제537조가 적용될 수 있는 경우라고 볼 수 있다. 그런데 이 경우에 단순히 제537조를 적용하면 의사는 往診料를 청구할 수 없고, 따라서 往診을 위하여 이미 지출한(교통비 등)도 청구할 수 없게 된다. 그러나 往診料 전부를 청구할 수 없다는 것은 수긍이 가지만, 往診을 위하여 이미 지출한 경비조차 청구할 수 없다면 공평타당하다고 할 수 없다. 그러므로 이러한 경비지출은 履行不能 전에 이미 債務의 일부를 이행한 것으로 보고 지출된 경비는 이행된 부분의 債務에 대한 反對給付로서 청구할 수 있다고 하여야 할 것이다. 물론 이렇게 되면 往診債務를 마치 分割債務처럼 취급하는 것이 되어 이론적으로 문제가 없지 않지만, 위의 경비는 往診債務의 이행과정에서 지출된 것이므로 履行不能 전에 債務의 일부를 이행한 것으로 볼 수 있을 것이다. 그렇다면 이미 이행된 부분에 대한 反對給付의 價額算定이 가능한 한 債務者는 이를 債權者에게 청구할 수 있다고 하여야 할 것이다. 그리고 이는 집수리를 의뢰받아 수리공사에 착수한 집이 양 당사자에게 책임 없는 사유로 소실하여 수리공사를 더 이상 할 수 없게 된 경우에도 마찬가지이다.[45)]

(3) 雇傭契約에 있어서의 反對給付의 危險負擔

雇傭契約에 있어서 원료, 석탄, 전기 등의 공급불능이나 공장의 소실, 기계의 파손 등으로 인하여 취업이 불가능한 경우는, 勞務給付債務가 지닌 定期行爲로서의 성질상 債權者遲滯로 취급될 수 없고, 履行不能으로 취급되어야 한다는 점은 위에서 이미 밝혀진 바이다. 그리고 이 경우의 履行不能은 債務者인 勤勞者에게는 歸責事由가 없는 履行

---

45) 給付가 불가능하게 되었지만 債務者가 이미 급부를 위한 준비를 하고 비용도 지출한 경우에 대하여 독일의 Fikentscher도 이와 같은 주장을 하지만, 그는 그 경우 債權者가 그러한 反對給付를 부담하는 근거로서는 영역설을 원용하고 있다. 그러나 그는 그러한 경우에 대해서만 영역설을 원용하여 反對給付의 문제를 해결하려고 하고, 나머지 경우에 대해서는 給付의 이행이 가능한가, 給付의 이행이 불가능한가를 기준으로 하여 前者에 대해서는 債權者遲滯에 관한 규정, 後者에 대해서는 履行不能에 관한 규정을 적용하려고 한다. Fikentscher, 위의 책, 267면 참조.

不能이어서, 債務者의 債務는 소멸하고 履行不能에 대하여 債務者는 아무런 책임을 부담하지 않음은 물론이다. 이 경우에는 雙務契約인 雇傭契約上의 反對給付의 危險負擔問題, 즉 勤勞者가 취업이 불가능한 기간에 대한 賃金을 使用者에게 청구할 수 있는가 하는 문제만이 남는다.

이 문제의 해결을 위해서는 우선 민법 제537조 및 제538조의 규정이 적용될 수 있다. 따라서 위와 같은 經營障碍가 使用者의 歸責事由에 기인한 경우에는 勤勞者는 제538조 제1항 前段에 의하여 賃金請求를 할 수 있는 것이다. 한편 민법 제538조 제1항에 규정된 바의 債權者의 歸責事由에 기인함이 없이 발생한 經營障碍의 경우에는, 이 규정에 의한 勤勞者의 賃金請求權은 인정될 수가 없다. 혹시 이러한 經營障碍를 민법 제538조 제1항 後段의 受領遲滯 중에 당사자 쌍방의 책임 없는 사유로 발생한 履行不能으로 보고, 勤勞者에게 賃金請求權을 인정하는 방법을 생각하여 볼 수 있을런지 모른다. 그러나 제538조 제1항 후단은 문자 그대로 受領遲滯 중에 양 당사자에게 책임 없는 사유로 발생한 履行不能의 경우를 의미하는 것이어서, 經營障碍로 인한 就業不能의 경우처럼 受領遲滯와 동시에 발생하는 履行不能의 경우에는 적용될 수 없다고 본다.

그런데 雇傭契約에 있어서 使用者의 歸責事由로 인한 履行不能 문제와 관련해서는 勤勞基準法도 규정을 두고 있다. 즉, 이 법률은 제38조에서 "使用者의 歸責事由로 인하여 休業하는 경우에는 使用者는 휴업기간중 당해 勤勞者에 대하여 平均賃金의 100분의 70 이상의 手當을 지급하여야 한다. 다만 부득이한 사유로 사업계속이 불가능하여 勞動委員會의 승인을 얻은 경우에는 그 범위 이하의 休業支拂을 할 수 있다"고 규정하고 있다. 따라서 經營障碍가 勤勞基準法에 규정된 바의 使用者의 歸責事由에 기인한 경우에는 勤勞者는 勤勞基準法에 의해서도 休業手當을 청구할 수가 있는 것이다. 그런데 여기서 야기되는 한 가지 문제는 민법 제538조 제1항과 勤勞基準法 제38조의 규정에 의하면, 債權者에게 歸責事由가 있는 經營障碍로 인하여 취업이 불가능하게 된 경우에, 勤勞者는 勤勞基準法에 의하여 休業手當을 청구하는 것이 민법에 의하여 賃金을 청구하는 것보다 불리하게 된다는 점이다. 이러한 결과는 勤勞者의 보호를 위한 特別法으로서의 勤勞基準法의 성질과 정신에 비추어 보아 부당하다고 아니할 수 없다. 그래서 勤勞基準法 제38조의 使用者의 歸責事由는 민법 제538조 제1항에 규정된 바의 債權者의 책임 있는 사유보다는 넓은 개념으로서, 공장의 燒失, 기계의 파손, 原資材의 부족, 注文의 감소, 판매부진에 의한 조업의 정지 등 使用者의 支配領域내에서 발생한 經營障碍를 모두 포함하는 개념으로 勞動法上 해석되고 있다.[46] 經營障碍時에 근로자보호를 위한 특별법으로서의 勤勞基準法을 적용하는 것이 민법을 적용할 때보다 勤勞者에게 더 불리해서는 안 된다는 점에 비추어 이 규정에 대한 이러한 해석은 부득이하고 타당한 해석이라고 아니 할 수 없다. 물론 민법 제538조 제1항과의 관계에서 모순된 것처럼 보이는 근로기준법 제38조의 내용 내지 法文의 표현이 입법론적으로 과연 타당한가 하는 점에 대해서는 확실히 비판과 의문의 여지가 있다.[47] 그러나 이 규정의 존재를 전제로 하는 한 이 규정 및 민법 제538조 제1항의 규정에 대한 이러한 해석은 부득이하고 불가피한 일이라 아니 할 수 없다.

그런데 종래 일부의 견해는 위와 같은 經營障碍로 인한 就業不能의 경우에 민법 제538조 제1항의 「債權者의 책임 있는 事由」의 의미를 넓게 해석함으로써 勤勞者에게 賃金請求權을 인정하려고 한다.[48] 이 견해는 債權者의 歸責事由를 債務者의 歸責事由처럼 엄격하게 해석하지 않고 넓게 해석함으로써, 經營障碍의 원인이 使用者의 영역에서 발생한 것이면 그 경영장애를 널리 使用者의 歸責事由에 기인한 經營障碍로 보려는 견해로서, 민법 제538조 제1항 자체에 대한 해석으로서는 가능할런지도 모른다. 그리고 이는 엄격한 의미에서 使用者의 歸責事由에 기인하였다고 볼 수 없는 經營障碍에 있어서도 反對給付의 위험을 가능한 한 경제적으로 약한 勞動者보다는 강한 使用者로 하여금 부담하게 하려는 것으로서, 그 자체로서는 經營障碍時의 反對給付危險負擔의 타당한 방법일 수도 있다.[49] 그러나 이러한 해석은 위에서 본 勤勞基準法 제38조 규정과의 관계로 보아 수긍하기 어렵다. 즉, 勤勞者의 특별보호법이라고 할 수 있는 勤勞基準法 제38조에서 조차도 使用者의 歸責事由로 휴업하는 경우에 평균임금의 70% 이상만을 휴업수당으로서 지급하도록 하고 있다. 그러므로 만약 민법 제538조 제1항의 「債權者의 책임있는 사유」를 넓게 해석하여 勤勞基準法 제38조의 사용자의 귀책사유와 같은 의미로 해석하게 되면, 經營障碍로 인한 就業不能의 경우에 勤勞者保護를 위한 특별법에 의한 해결이

---

46) 金亨培, 勞動法, 1992, 280-1면; 朴相弼, 韓國勞動法, 1988, 239면 참조.

47) 勤勞基準法 제38조는 日本勞動基準法 제26조의 규정의 표현형식을 그대로 본받은 규정이지만, 이 규정은 입법 당시에 日本法의 규정을 무비판적으로 그대로 받아들일 것이 아니고, 민법 제538조 제1항과의 관계를 고려하여 法文의 표현을 달리 하였어야 했다.

48) 李銀榮, 債權各論, 1989, 142-143면.

49) 이러한 해석은 우리 민법 제538조 제1항 전단에 해당되는 독일민법 제324조 제1항에 대한 독일 일부학자들의 견해에서도 찾아볼 수 있다. 즉, 독일의 일부견해는 독일민법 제324조 제1항의 債權者의 歸責事由(Vertretenmüssen)의 개념을 使用者에게 잘못이 없는 經營障碍의 경우까지 포함하는 것으로 확대해석함으로써, 사용자에게 經營障碍時의 反對給付의 위험을 부담시키려고 한다. 그러나 이 견해도 債權者의 歸責事由를 그의 행위나 위험영역에 기인하지 않은 外部的 給付障碍까지 포함하는 것으로 확대해석하려고 하지는 않는다. Esser-Schmidt, 위의 책, 324면.

민법에 의한 해결보다도 勤勞者에게 더 불리하게 되는 이상한 결과가 된다. 따라서 經營障碍로 인한 就業不能과 관련하여 민법 제538조 제1항을 적용하는 경우에 있어서, 이 규정상의 「債權者의 책임 있는 사유」는 근로기준법 제38조의 使用者의 귀책사유처럼 넓은 의미로 해석될 수가 없는 것이다.[50]

민법 제537조 및 제538조와 勤勞基準法 제38조의 의미내용이 이상과 같다면 經營障碍時의 勤勞者와 賃金請求문제는 다음과 같이 해결하게 될 것이다.

첫째, 經營障碍에 대하여 使用者에게 민법 제538조 제1항에 규정된 바의 歸責事由가 없으면, 勤勞者는 민법에 의해서는 賃金을 청구할 수가 없다. 그러나 使用者에게 勤勞基準法 제38조에서 의미하는 바의 歸責事由가 있으면, 勤勞基準法이 적용되는 사업장의 勤勞者는 이 규정에 규정된 바의 休業手當을 청구할 수가 있다. 한편 勤勞基準法이 적용되지 않는 雇傭關係(즉 상시 4인 이하의 勤勞者를 사용하는 사업장에 있어서의 雇傭關係)에[51] 있어서는 이 규정에 의한 休業手當도 청구할 수 없게 되나 이는 부득이한 일이나.

둘째, 經營障碍에 대하여 使用者에게 勤勞基準法上의 歸責事由도 인정될 수 없는 경우, 예컨대 天災地變이나 전쟁과 같은 不可抗力的인 사유로 인한 休業의 경우에는 勤勞者는 勤勞基準法上의 賃金請求도 할 수 없다.

셋째, 使用者에게 민법 제538조 제1항에 규정된 바의 歸責事由가 인정되면, 민법에 의한 賃金請求權과 勤勞基準法에 의한 賃金請求權이 경합하게 된다. 따라서 勤勞者는 勤勞基準法上의 休業手當을 받은 후 민법에 근거하여 나머지 賃金을 마저 청구할 수가 있을 것이다.[52]

V. 맺 는 말

이상에서 債權者遲滯의 法理構成上 핵심적인 문제라고 할 수 있는 債權者遲滯의 法的 性質과 債權者遲滯의 요건으로서의 受領不能의 의미내용을 검토하였다. 이제 그 검토의 결과를 요약하면 다음과 같다.

---

50) 同旨: 金亨培, 위의 債權總論, 344면.

51) 勤勞基準法 제10조 참조.

52) 同旨: 金亨培, 위의 勞動法, 283면.

1. 債務의 履行에 債權者의 협력이 필요한 債務에 있어서는 債權者의 受領義務 내지 협력의무가 信義則上 일반적으로 인정된다. 債權者遲滯는 債權者가 이러한 義務를 履行하지 않거나 履行할 수 없는 경우에 성립한다. 그러나 債權者遲滯는 이러한 義務의 不履行이 債權者의 歸責事由에 기인한 경우에만 성립하는 것은 아니고, 債務者가 債務의 내용에 좇은 履行의 제공을 하였음에도 불구하고 債務의 履行에 필요한 債權者의 협력이 없어서 債務의 履行이 지연되는 경우이기만 하면, 그러한 협력의 不在가 債權者의 歸責事由에 기인하였는가의 여부를 불문하고 항상 성립한다. 따라서 이러한 경우이기만 하면 민법에 규정된 바의 債權者遲滯의 효과는 바로 발생한다. 한편 債權者遲滯가 債權者의 歸責事由에 기인하여 발생한 경우에는 민법에 규정된 효과 외에 損害賠償請求權과 契約解除權도 발생할 수 있다. 그러나 債權者遲滯가 債權者의 歸責事由에 기인하여 발생하였다고 하여 항상 損害賠償請求權과 契約解除權이 발생하는 것도 또한 아니다. 즉, 損害賠償請求는 제400조 내지 제403조의 규정에 의하여 債務者가 받은 損害 내지 不利益이 모두 구제되지 못한 경우에만 인정될 수 있을 것이다. 그리고 契約解除權은 그것이 債權者遲滯狀態에서 債務者가 받는 불이익을 공평하고 효과적으로 조정할 수 있는 최선의 방법인 경우에만 인정된다고 보아야 한다.

2. 위와 같은 法的 性質을 가진 債權者遲滯는 受領不能을 그 성립요건으로 하지만, 受領不能은 債權者遲滯로 되는 受領不能과 履行不能으로 취급되어야 하는 受領不能으로 구분된다. 그리고 이 兩者의 구별은 受領不能이 일시적이어서 給付의 이행이 추후에 가능한 것인가, 아니면 受領不能이 종국적인 것이어서 給付의 이행도 종국적으로 불가능한가를 기준으로 하여야 한다. 그리고 履行不能으로 취급되는 受領不能에 있어서, 雙務契約上의 反對給付의 危險負擔 문제는 원칙적으로는 제537조와 제538조 제1항의 규정에 따라 해결된다. 그러나 제537조가 적용되는 경우에도 債務者가 債務의 이행을 위하여 이미 비용을 일부 지출한 후에 債務의 이행이 불능하게 된 경우에는 그 비용은 債權者가 부담한다.

雇傭契約上의 勞務給付는 定期行爲的 성질을 지니기 때문에 雇傭契約에 있어서의 사용자의 受領不能도 결국 履行不能으로 취급되어야 하며 그 경우 反對給付의 危險負擔 문제(임금청구문제)는 민법 제537조와 제538조 제1항의 규정에 따라 해결된다. 다만 勤勞基準法이 적용되는 勤勞關係에 있어서는 勤勞基準法 제38조가 경합적으로 적용된다. 이 경우 勤勞基準法 제38조의 「使用者의 귀책사유」는 민법 제538조의 「債權者의

責任 있는 사유」보다 넓은 의미로 해석되어야 한다.

* 債權法에 있어서의 自由와 責任(金亨培教授華甲記念論文集 1994), 314면 이하 게재

債權者取消權의 法的 構成

Ⅰ. 머 리 말

債權者取消權은 채무자가 債權의 共同擔保(채무자의 一般財産 내지 責任財産)에 부족이 생기는 것을 알면서 재산의 감소행위를 하는 경우에, 이러한 행위의 효력을 부인하고 그 재산을 원상으로 회복시킬 수 있도록 채권자에게 인정된 권리이다. 민법은 제406조에서 "채무자가 채권자를 害함을 알면서 재산권을 목적으로 하는 행위를 한 때에는 채권자는 그 취소 및 原狀回復을 법원에 청구할 수 있다. 그러나 그 행위로 인하여 이익을 받은 자나 轉得한 자가 그 행위 또는 轉得당시에 채권자를 害함을 알지 못한 경우에는 그러하지 아니하다"고 하여 債權者取消權을 규정하고 있다. 債權者取消權은 債權者代位權과 마찬가지로 채무자의 責任財産의 보전을 목적으로 하는 제도이다. 그러나 債權者取消權은 본래 있어야 할 상태를 실현하는 債權者代位權과는 달리, 채무자와 제3자와의 사이에 유효하게 성립한 法律行爲의 효력을 부인함으로써 본래 있어서는 안될 상태를 만들어 내는 것이기 때문에 채무자 및 제3자에게 미치는 영향이 크다. 따라서 그 성립요건이나 행사방법이 엄격하게 된다. 그리고 債權者取消權에 있어서는 여러 가지 대립된 가치 내지 利害의 조정도 요청된다. 즉, 근대법상 채무자에게는 파산선고가 있거나 강제 집행이 행하여진 경우가 아닌 한 자기재산에 대한 독점적 지배가 인정되기 때문에, 채권자라고 하더라도 채무자의 재산처분행위에 간섭할 수는 없는 것이다. 그럼에도 불구하고 민법이 責任財産의 보전을 위하여 일정한 요건하에 채권자에게 그러한 간섭을 인정한 것이 債權者取消權제도인 것이다. 그러므로 이 제도에는 責任財産保全(채권자의 보호)의 필요, 채무자의 재산관리의 자유의 보호필요, 거래안전의 보호필요 등의 여러 가지 이해가 대립하고 있는 것이다. 그리고 債權者取消權은 이러한 여러 가지 이해의 대립을 조정하는 작용과 기능을 하는 제도라고 볼 수 있다.[1] 이와 같은 기능과 작용을 하는 債權者取消權을 어떠한 성질을 가진 권리로 보며, 누구를 상대방으로 하여 행사하며 또 행사의 효과는 어떠한가 등의 문제가 債權者取消權의 法的構成의 문제이다. 그런데 이 문제에 대해서는 依用民法시대에는 形成權說, 請求權說, 折衷說 등 여러 가지 견해가 있어 왔으나 현행민법하에 와서는 판례와 통설이 折衷說의 입장에서 相對的 無效論을 취하여 왔었다. 그러다가 최근에 와서는 이 판례와 통설의 입장에 대한 비판과 더불어 責任說과 같은 새로운 학설이 주장되고 있다. 그런데 종래의 견해가 비판을 받고 있지만 새로운 학설 역시 입법론이 아닌 해석론으로서 민법 제406조의 法文에 부합하고 또 현행민사소송제도내에서 타당할런지는 의문이다. 이 글은 이러한 학설과 판례의 입장을 비판적으로 검토 분석함으로써, 위에서 언급한 바와 같은 여러 가지 이해의 조정적 기능을 하는 제도로서의 債權者取消權의 法理를, 민법 제406조의 法文에도 부합하고 현행민사소송제도의 한계도 고려하면서 구성해 보려는 것이다. 그러기 위해서 이해의 편의상 구체적인 사례, 즉 채권자 A의 채무자 B가 다른 재산이 없음에도 불구하고 유일한 부동산을 수익자 C에게 贈與(또는 헐값으로 賣渡)하고, C는 다시 이를 전득자 D에게 매도하여 각각 移轉登記를 마치게 되자, A가 債權者取消權을 행사하는 경우를 중심으로 이 문제를 검토하기로 한다.

Ⅱ. 依用民法시대의 학설과 판례

依用民法시대에 있어서 債權者取消權의 법적 구성에 관한 견해는 債權者取消權의 본질적 내용을 詐害行爲의 효력의 부인에 있다고 볼 것인가, 詐害行爲에 의해서 일탈한

1) 基本法コンメンタ-ル 債權總論, (下森 定), 66면.

재산의 반환에 있다고 볼 것인가, 아니면 양자의 결합에 있다고 볼 것인가에 따라 달랐다.[2)]

그런데 여기서 한가지 지적할 것은 현행민법 제406조 제1항 본문에 해당하는 依用民法(따라서 현행일본민법) 제424조 제1항 본문은 "채권자는 채무자가 그 채권자를 害할 것을 알고 한 法律行爲의 취소를 법원에 청구할 수 있다"고 규정함으로써 현행민법 제406조 제1항 본문이 "債務者가 債權者를 害함을 알고 財産權을 목적으로 한 法律行爲를 한 때에는 그 取消 및 原狀回復을 법원에 청구할 수 있다"고 규정한 것과는 그 표현이 다르다는 점이다. 즉 현행민법은 「詐害行爲의 取消 및 原狀回復」을 청구할 수 있도록 규정하고 있는데 대하여 依用民法은 「詐害行爲의 取消」를 청구할 수 있도록 규정하고 있다. 따라서 이러한 점을 염두에 두면서 依用民法下에 있어서의 학설과 판례의 입장을[3)] 살펴보기로 한다.

1. 形成權說

이 설은 債權者取消權의 본질적 내용을 詐害行爲의 취소에 있다고 보고 債權者取消權을 사해행위를 취소하여 그 효력을 절대적으로 무효로 하는 形成權이라고 한다. 그리고 이 취소를 구하는 訴를 形成의 訴라고 한다. 이 설에 있어서는 사해행위의 절대적 무효를 구하는 것이기 때문에 소송의 피고는 詐害行爲의 당사자인 채무자(B)와 수익자(C)이다(필요적 공동소송). 그리고 취소의 결과 전득자(D) 역시 惡意인 경우에는 무권리자 C로부터 권리를 취득한 것이 되고, 결국 C나 D는 법률상 원인없이 B의 재산을 보유하고 있는 것이 된다.[4)] 그런데 이 재산의 반환을 위해서는 취소소송과는 별도로 B가 C를 상대로, 또는 惡意의 D가 있는 경우에는 D를 상대로 不當利得返還請求權을 행사하여야 한다. 이 경우 B 스스로 반환청구권을 행사하지 않으면 A가 B를 代位하여 반환청구권을 행사하게 된다. 그런데 이 설에 대해서는 채권자가 取消訴訟외에 債權者代位權까지 행사하여야 하는 불편이 있고, 취소의 효과가 절대적이 됨으로써 거래의 안전을 해치게 된다는 점이 결점으로 지적되어 왔다.

---

2) 依用民法시대의 학설과 일본판례에 대해서는 注釋民法(10)(下森 定), 785면 이하 참조.

3) 일제시대의 조선고등법원 판례의 입장은 일본판례의 절대적인 영향하에 있었기 때문에 일본판례의 입장이 바로 依用民法시대의 판례의 입장이라고 할 수 있다.

4) 이 경우 D도 취소의 訴의 피고로 되는가에 대해서는 形成權說 중에서도 견해가 갈리어 있었다. 注釋民法(10)(下森 定), 786면 참조.

2. 請求權說

이 설은 債權者取消權의 목적은 채무자의 責任財産의 보전에 있기 때문에, 債權者取消權의 본질적 내용을 詐害行爲로 일탈한 재산의 반환에 있다고 보고, 취소는 반환청구의 논리적·관념적 전제에 불과하다고 보아, 취소권과 취소에 기한 반환청구권과의 구별을 인정하지 않고 債權者取消權을 순수한 債權的 請求權이라고 한다. 따라서 취소소송의 법적 성질은 履行의 訴이고, 訴의 피고는 전득자(D)가 없는 경우에는 수익자(C), 전득자가 있는 경우에는 수익자(C) 또는 전득자(D)여서 채무자(B)를 피고로 할 필요는 없다고 한다. 그리고 債權者取消權을 행사한다고 하더라도, B와 C사이의 法律行爲나 C와 D사이의 法律行爲의 효력에는 직접 영향을 미치지 않는다.

이 설에 대해서는 債權者取消權을 곧 반환청구권으로 보는 것이 "法律行爲의 取消를 법원에 청구할 수 있다"고 한 依用民法 제424조 제1항 규정에 부합될 수 없다는 점과, 사해행위가 債務의 면제인 경우와 같이 사해행위의 취소만으로도 債權者取消權의 목적이 달성될 수 있는 경우에 있어서는, 이 설에 의한 설명이 곤란하다는 점 등이 결점으로 지적되어 왔다.

3. 折衷說

이 설은 詐害行爲의 효력을 부인하는 것과 일탈한 재산을 반환하는 것의 두가지를 債權者取消權의 본질적 내용으로 보는 견해이다. 즉, 債權者取消權을 詐害行爲를 취소하고 일탈한 재산의 반환을 청구하는 권리로 본다. 이 折衷說은 依用民法시대에 있어서의 판례와 통설의 입장이었고 지금도 일본에 있어서의 판례와 통설의 입장이기도 하다. 그런데 이 설에는 사해행위의 취소와 일탈재산의 반환 중 어느 것에 중점을 두는가에 따라 판례에 비하여 취소에 중점을 두는 견해[5]와 판례에 비하여 일탈재산의 반환에 중점을 두는 견해[6]가 있으나 판례의 입장이 일반적으로 지지되어 왔다. 일본에 있어서의 이러한

---

5) 이 설은 특히 鳩山에 의하여 주장되는 것으로서 詐害行爲의 취소는 어디까지나 詐害行爲의 당사자 사이에서 그 효력이 없게 하는 것이라고 하고(취소의 절대적 효과), 따라서 詐害行爲의 당사자도 항상 피고로 하여야 한다고 한다.

6) 이 설은 주로 일본의 加藤政治에 의하여 주장된 설로서, 債權者取消訴訟을 재산반환을 청구할 자만을 상대방으로 하는 소송으로 보는 점에서는 판례와 입장을 같이 하나, 취소를 재산이나 이득의 반환을 청구하는 소송의 전제에 지나지 않는 것으로 보고, 채권자로서는 재판상 취소의 의사를 표명하면 충분하므로 소송은 給付訴訟이고, 따라서 判決主文으로 취소를 명할 것은 아니라

판례의 입장에 의하면, 債權者取消權은 詐害行爲를 취소하고 이를 근거로 일탈한 재산의 반환을 청구할 수 있는 권리라고 한다. 이 경우에 소송의 성질은 形成의 訴와 履行의 訴가 결합한 것이고, 判決主文에는 사해행위의 취소와 일탈재산의 반환을 명하여야 한다. 그러나 채권자는 재산의 반환을 청구하지 않고 사해행위의 취소만을 청구할 수도 있다. 그런데 어느 경우에도 사해행위의 취소는 채권자가 수익자 또는 전득자로부터 재산의 반환을 청구하는데 필요한 범위에서, 채권자와 이들에 대한 관계에서만 효력이 있다. 즉, 사해행위는 채권자와 이들에 대한 관계에서 상대적으로만 무효로 된다는 것이다. 따라서 訴의 피고는 이득반환의 상대방, 즉 수익자(C) 또는 전득자(D)이고 채무자(B)는 아니라고 한다.[7]

Ⅲ. 현행민법하의 판례와 학설

1. 現行民法의 입장(折衷說의 立法化)

현행민법 제406조는 위에서 본 바와 같이 "債權者는 그 取消 및 原狀回復을 법원에 청구할 수 있다"고 규정함으로써 "法律行爲의 취소를 법원에 청구할 수 있다"고 한 依用民法의 규정과는 표현을 달리하고 있다. 그런데 민법의 이러한 태도는 依用民法시대에 판례와 통설이 취하던 절충설을 입법에 받아들인 것으로 일반적으로 이해되고 있다.[8] 그러나 현행민법이 절충설을 받아들였다는 것은, 債權者取消權을 詐害行爲의 취소와 일탈재산의 반환을 청구할 수 있는 내용의 권리로 규정하였다는 것을 의미할 뿐이고 「取消의 상대적 효력」 등 절충설의 모든 입장과 이론을 그대로 입법화하였다는 것을 의미한다고는 볼 수 없다. 왜냐하면 현행법상의 債權者取消權이 사해행위의 취소와 일탈재산의 반환을 청구할 수 있는 권리로 규정되었다 하더라도, 취소소송의 피고나 취소소송의 효과 등에 대해서는 위 절충설 중의 판례의 입장과는 다른 法理를 구성할 수가 있기 때문이다. 어쨌든 우리 민법상 債權者取消權은 사해행위의 취소나 일탈재산의 반환의 어느 하나만을 청구할 수 있는 권리가 아니라 이 양자를 청구할 수 있는 권리라는 것은, 이제

고 한다.

7) 일본판례의 이러한 입장은 明治 44년 3월 24일의 連合部判決이래 현재까지 유지되고 있다. 注釋民法(10)(下森 定), 788-789면 참조.

8) 金曾漢·安二濬, 新債權總論, 1970, 150면; 郭潤直, 債權總論, 1991, 232면.

다툼의 여지가 없게 되었다. 따라서 依用民法시대에 소수설로서 주장되었던 형성권설이나 청구권설은 현행민법하에서는 실정법적으로 더 이상 그 주장의 타당성을 유지할 수가 없게 되었다. 아래에서 현행민법상의 債權者取消權의 법리구성에 관한 판례와 학설의 입장을 살펴보기로 한다.

2. 判例와 通說의 입장(相對的 無效論)

현행민법하의 판례는 依用民法시대의 판례의 이론을 그대로 따르고 있다. 즉, 채권자는 詐害行爲의 취소를 청구하는 동시에 일탈한 재산의 반환을 청구할 수 있다.[9] 그리고 소송의 상대방은 수익자(C) 또는 전득자(D)이고 채무자(B)는 피고로 할 필요는 없다고 한다.[10] 그리고 詐害行爲의 취소는 채권자가 惡意의 수익자 또는 전득자로부터 재산의 반환을 청구하는데 필요한 범위에서, 즉 그들에 대한 관계에서 상대적으로만 효력이 있다고 한다.[11] 종래의 통설 역시 이 제도의 목적을 달성하는데 필요한 범위 내에서만 취소의 효과를 국한시키는 판례의 이러한 입장은 타당한 것으로 받아들이고 있다.[12] 따라서 債權者取消權의 法的 構成에 관한 판례와 통설의 입장은 같다고 볼 수 있다.

이러한 판례와 통설의 입장에 따르면, 취소의 효과는 상대적이므로 취소판결의 효력은 소송에 참가하지 않은 자에게는 미치지 않는다. 즉 詐害行爲(채무자와 수익자간의 法律行爲)는 소송당사자인 채권자(A)와 수익자(C) 사이, 또는 채권자(A)와 전득자(D)사이에서만, 즉 상대적으로만 무효인 것으로 취급되는 것이고,[13] 다른 당사자들에 대해서까지 무효인 것으로 취급되거나 다른 법률관계에까지 영향을 미치는 것이 아니다. 따라서 채무자와 수익자, 수익자와 전득자간의 법률관계는 취소판결에 관계없이 여전히 유효하게

---

9) 大判 1962. 2. 15, 4294民上378; 大判 1962. 1. 25, 4294民上529; 大判 1980. 7. 22, 80다795 등 참조.

10) 大判 1961. 11. 9, 4293民上263; 大判 1962. 1. 25, 4294民上529; 大判 1963. 8. 22, 63다299; 大判 1965. 2. 24, 64다1541; 大判 1967. 12. 26, 67다1839; 大判 1988. 2. 23, 87다카1586 등 참조.

11) 大判 1961. 11. 9, 4293民上263; 大判 1962. 2. 15, 4294民上378; 大判 1967. 12. 26, 67다1839; 大判 1988. 2. 23, 87다카1989 등 참조.

12) 金曾漢, 債權總論, 1988, 120면; 郭潤直, 위의 책, 234면; 金基善, 韓國債權法總論, 1975, 166면; 金容漢, 債權法總論, 1983, 255면; 玄勝鐘, 債權總論, 1975, 201면 등.

13) 채권자가 전득자(D)를 상대로 債權者取消權을 행사하였을 경우에는, 채권자와 전득자에 대한 관계에 있어서는 채무자(B)와 수익자(C)간에 행하여진 사해행위는 무효인 것으로 되고, 그렇게 되면 전득자(D)는 무권리자(C)로부터 권리를 취득한 것이 되어, 채권자는 전득자(D)로부터 재산의 반환을 청구할 수 있게 된다.

존속하는 것으로 된다. 그리고 詐害行爲의 취소에 따르는 原狀回復도 채권자만이 청구할 수 있는 것이고, 또 채권자와 수익자 또는 전득자 사이의 상대적 관계에서만 발생하는 것이므로, 채무자가 原狀回復에 대한 권리나 原狀回復된 재산에 대한 권리를 취득하는 것이 아니다. 즉, 채권자가 債權者取消權을 행사한다고 하여 채무자가 수익자나 전득자에 대하여 재산의 반환을 청구할 수 있는 것이 아니다. 따라서 채권자가 회복재산으로 변제를 받은 나머지는 취소권행사의 상대방인 수익자 또는 전득자에게 복귀한다.[14]

이제 이러한 이론을 위의 사례에 구체적으로 적용하는 경우에 있어서의 債權者取消權의 행사에 따르는 법률관계를 보기로 하자. ① 우선 위의 사례에 있어서 수익자(C)와 전득자(D)가 모두 惡意라면 채권자는 C를 상대로 B C사이의 詐害行爲를 취소하고 재산의 반환에 갈음하여 가격배상을 청구하거나, D를 상대로 B C사이의 詐害行爲를 취소하고 일탈한 재산의 반환을 청구할 수 있다. ② 만약 C가 惡意이고 D가 善意라면 C를 상대로 B C사이의 詐害行爲를 취소하고 재산반환에 갈음하여 가격배상을 청구할 수 있다. ③ 반대로 C가 善意이고 D가 惡意이라면 채권자는 D를 상대로 B C간의 詐害行爲를 취소하고 재산의 반환을 청구할 수 있다.[15]

여기서 한가지 지적할 것은 D를 상대로 취소권을 행사하여 재산의 반환을 청구하는 경우에, 그 재산이 D의 명의로 移轉登記가 되어 있는 부동산이라면 등기 역시 原狀回復하여야 하는데, D만을 상대로 하는 소송에서는 C D간의 移轉登記의 抹消는 가능하지만 B C간의 移轉登記의 말소는 불가능하므로, 原狀回復이 안된다는 점이다. 그래서 판례는 이처럼 등기가 수익자인 C의 명의로 남아 있지 않고 전득자인 D에게로 이전되어 있는 경우에는, 수익자와 전득자를 공동피고로 하여 移轉登記를 전부 말소하여야 한다고 한다.[16]

그런데 위의 어느 경우에 있어서도, B C간의 법률관계나 C D간의 법률관계는 아무런 영향을 받지 않으며,[17] 또 일탈재산이 B에게 原狀回復되었다고 하지만 그것은 어디까

14) 金曾漢, 위의 책, 130면; 郭潤直, 위의 책, 248면; 金容漢, 위의 책, 170면; 玄勝鐘, 위의 책, 216면 등 참조.

15) 金曾漢, 위의 책 128면; 郭潤直, 위의 책, 246면; 金容漢, 위의 책, 267면; 玄勝鐘, 위의 책, 213면 등 참조. 그러나 이 경우에는 수익자가 善意이기 때문에 취소의 대상인 詐害行爲가 성립하지 않고 따라서 전득자에 대해서도 취소의 訴를 제기할 수 없다는 반론이 있을 수 있다. 위의 注釋民法(10)(下森 定), 838면 참조.

16) 大判 1962. 1. 25, 4294民上529. 그런데 이 경우 일본에 있어서는 이러한 방법에 의하지 않고 D를 상대로 B에게로의 이전등기를 청구함으로써 원상회복을 실현하는 편법이 인정되고 있다. 注釋民法(10)(下森 定), 837면 참조.

17) B C간의 법률관계(사해행위)는 소송의 당사자 사이에서만 무효로 취급된다.

지나 채권자와 수익자 또는 채권자와 전득자 사이의 상대적 관계에 있어서만 그렇게 취급되는 것이기 때문에, 원상회복된 재산에 대하여 B가 어떤 권리를 취득하지도 않는다. 따라서 가격배상을 하거나 재산을 반환한 C나 D는 그로 인하여 손실을 보게 되지만, B나 C에 대하여 이들과의 法律行爲에 기하여 급부한 물건이나 그 代償의 반환을 청구할 수가 없다.[18] 다만 B에게 원상회복된 재산에 대하여 채권자의 집행이 있게 되면 그 집행으로 인하여 B가 부당이득을 보게 되므로, 이 단계에 가서야 損失者인 C나 D는 B에 대하여 부당이득의 반환을 청구할 수는 있다. 그러나 손실자의 이러한 不當利得返還請求權도 詐害行爲 당시의 B의 채권자에게는 대항하지 못한다고 한다.[19]

3. 通說과 判例의 입장 비판

통설과 판례의 위와 같은 相對的 無效의 이론은, 취소권행사의 효력을 절대적으로 하는 경우 취소권의 행사가 거래의 안전상 수익자라든지 전득자에게 미치는 영향이 크기 때문에, 취소의 효과를 수익자나 전득자로부터 일탈재산의 반환을 청구하는데 필요한 범위에 그치게 하려는데 그 의도가 있음은 물론이다. 그러나 이 이론에 대해서는 상대적 효력이라는 것이 민법상의 근거가 없는 점, 아무런 제한도 없이 취소만을 목적으로 하는 訴의 제기까지 인정하는 것은 소송경제상 의문이 있다는 점 등이 통설 자체에 의해서도 지적되어 왔다.[20] 이 밖에도 이 이론에 대해서는 종래 일본에서 많은 문제점이 지적되어 왔고, 최근에는 우리나라에서도 일부학자에 의하여 비판이 가해지고 있다. 아래에서 이 이론이 가지고 있는 문제점에 대하여 살펴보기로 한다.[21]

첫째, 판례는 判決의 旣判力과 실체법상의 효력을 혼동하고 있다는 점이다. 즉, 판결의 旣判力이 소송의 당사자 이외의 자에게 미치지 않는 것은 실체법상의 취소의 효력을 받을 것인가 아닌가와는 관계가 없다는 점이다.

둘째, 취소의 효력이 채무자에게는 미치지 않는다면 취소의 결과 일탈된 재산은 도대체 누구에게 속하는가? 취소의 효력이 채무자에게는 미치지 않는다고 한다면, 그 재산은 채무자와의 관계에서는 여전히 수익자 또는 전득자의 재산인 것이다. 그렇게 되면 채

---

18) 취소에 절대적 효력을 인정하게 되면 이러한 청구가 가능하게 된다.
19) 郭潤直, 위의 책, 248면.
20) 郭潤直, 위의 책, 234면.
21) 이 이론에 대한 일본의 비판적 견해들의 소개에 대해서는 林 錫璋, 「債權者取消權」, 民法講座(星野英一 編) 4, 153면 이하 참조.

권자는 반환받은 재산을 채무자의 재산으로서 押留한다든지, 채무자의 상대방에 대한 청구권을 轉付받는다든지 하는 것이 불가능하게 된다.[22]

셋째, 취소의 효력이 채권자와 수익자 또는 전득자간에만 미친다면, 취소권자 이외의 채권자는 반환받은 재산으로부터 배당을 받는 것도 불가능하게 되어, "취소와 원상회복은 모든 채권자의 이익을 위하여 그 효력이 있다"는 민법 제407조의 규정과도 모순된다. 반면 수익자나 전득자의 채권자는 취소권이 행사된 경우에도 그 재산을 압류하는 것이 가능하게 된다.

넷째, 판례가 취소의 相對的 效力(相對的 無效)를 주장하면서 전득자에게 이전등기된 부동산의 회복에 있어서는 수익자와 전득자를 피고로 하여 수익자로의 이전등기 및 전득자로의 이전등기에 대한 말소를 인정하게 되면, 취소에 절대적 효력을 인정하는 것과 실제에 있어서 차이가 없다.

다섯째, 상대적 무효론에 의하면 수익자 또는 전득자가 파산한 경우, 취소권자가 破産債權者에 대하여 還取權을 가지고 대항하지 못하게 된다. 그렇다면 채권자가 모처럼 債權者取消權을 행사하여도 그 실익이 적어 취소권자의 보호에 미흡하다.

여섯째, 수익자가 행한 反對給付가 채무자의 재산 중에 현존하는 경우 이 이론에 의하면 그 급부행위는 채권자와 수익자간에서만 무효로 될 뿐이고 수익자의 채무자에 대한 관계는 유효하기 때문에, 채권자는 수익자의 반대급부물 및 반환물 양쪽에 대하여 변제받을 수 있게 되는 불합리가 생긴다. 이는 破産法 제70조가 파산법상의 否認權의 행사로 破産者의 행위가 부인된 경우에, 그 반대급부가 破産財團중에 현존하는 때에는 상대방이 그 반환을 청구하거나, 또는 그 반대급부로 인하여 생긴 이익이 현존하는 경우에는 그 이익의 한도에서 財團債權者로서 권리를 행사할 수 있도록 규정하고 있는 것과 비교하여 균형을 잃게 되는 결과가 된다.

일곱째, 이 이론에 의하면 채권자가 수익자나 전득자를 상대로 취소소송을 제기하여도 채무자와 수익자간의 법률관계나 수익자와 전득자간의 법률관계는 그대로 유효하므로, 수익자나 전득자는 각각 채무자나 수익자에게 부당이득을 이유로 그 급부한 물건이나 代償의 반환을 청구할 수가 없다고 한다. 그러나 이 경우 수익자나 전득자는 그들의 재산취득행위가 유상이었던 경우에는 각각 민법 제570조를 근거로 채무자나 수익자를 상대로

22) 실무상 이러한 이론적 결함이 표면화되지 않는 이유는 집행법원이 형식적인 名義를 가지고 집행하고 실체관계를 심사하지 않는다는 節次法上의 이유와 취소판결의 결과 수익자나 전득자 역시 이 집행을 배제하기 위하여 第3者異議의 訴를 제기할 수 있는 지위에 있지 않다는 우연한 사정에 기인하는 것이다. 平井宜雄, 債權總論, 1987, 212면; 金亨培, 債權總論, 1992, 425면.

擔保責任을 물을 수 있지 않을까 하는 의문이 있다.[23] 만약 擔保責任의 추궁을 부인할 수 없다면, 취소에 상대적 효력을 인정하여도 결과적으로는 취소에 절대적 효력을 인정하는 것과 차이가 없게 된다. 그렇다면 구태여 복잡한 상대적 무효의 이론을 주장할 이유가 없는 것이다.

4. 責任說과 그 문제점

판례와 통설의 相對的 無效論이 지니고 있는 위와 같은 문제점을 직시하고 최근에 일부 학자에 의하여 새로이 주장되는 이론이 責任說이다. 이 학설은 독일의 Paulus가 제창한 責任說[24]의 영향을 받아 일본학자들[25]에 의하여 주장되었고, 이의 영향을 받은 우리나라 일부 학자들이 주장하는 견해이다.[26] 이 학설은 債權者取消權을 채무자의 責任財産으로부터 일탈한 재산에 대하여 强制執行을 하기 전에 하는 준비적 제도로 봄으로써, 債權者取消權을 責任法的 무효를 생기게 하는 일종의 形成權이라고 한다. 즉, 債權者取消權을 일탈된 責任財産의 귀속을 회복시키려는 제도가 아니고, 그 재산의 責任法的 地位를 회복시키려는 제도로 이해한다. 이 설에 의하면 채무자의 처분행위에 의하여 일탈된 재산은 責任財産으로부터 배제되어 책임이 그 한도에서 소멸하는데, 이 경우 채권자가 받는 불이익은 재산 자체의 변동보다도 오히려 채무자가 책임을 면하게 되는 것, 즉 責任法的 反射效(haftungsrechtliche Reflexwirkung)에 있다는 것이다. 따라서 責任說은 債權者取消權制度를 이 責任法的 反射效를 제거함으로써 이 불이익을 구제하려는 제도로 본다. 다시 말해서 責任法的 無效는 사해행위 그 자체의 효력을 빼앗는 것을 의미하는 것이 아니고 사해행위의 責任法的 反射效만을 배제하는 것이어서 일탈한 재산은 취

---

23) 이에 대해서는 제570의 담보책임은 본질상 채무불이행책임으로서 매도인에게 권리 자체 내지 처분권이 없었기 때문에 매수인에게 권리를 취득시키지 못하는 경우의 책임인데 반하여, 여기에 있어서는 특히 수익자가 선의이고 전득자가 악의인 경우에는 수익자로서는 완전한 권리를 취득하여 전득자에게 이전하였지만 채권자로부터의 반환청구에 의하여 전득자가 권리를 추탈당하는 것은, 전득자의 사정에 의한 것이기 때문에 追奪擔保責任이 생기지 않는다는 견해가 있다. 奧田昌道, 債權總論(上), 1982, 315면; 注釋民法(10)(下森 定), 838면 참조.

24) Paulus의 견해에 대해서는 G. Paulus, Sinn und Formen der Gläubigeranfechtung, AcP 155 (1956), 277면 이하 및 高翔龍, 「債權者取消權의 法的 性質」, 考試界 1981. 4, 27-28면 참조.

25) 대표적인 학자로는 下森 定, 「債權者取消權に關する一考察(一)(二)」, 法學志林 제57卷 2號(1959), 176면 이하, 3-4號(1960), 44면 이하; 中野貞一郎, 「채권자取消訴訟と强制執行」, 民事訴訟法雜誌 6號(1960), 53면 이하.

26) 金亨培, 債權總論, 1992, 428면; 高翔龍, 위의 논문, 29면,

소의 상대방의 소유 그대로의 상태에서 이전에 채무자가 소유하였을 때와 마찬가지로 取消債權者의 債權의 責任財産으로 된다. 이 이론에 의하면 우리민법 제406조에 규정된 「原狀回復」은 일탈재산이 채무자의 재산으로 현실적으로 회복되는 것을 의미하지 않고, 수익자의 명의로 있는 상태에서 채무자의 責任財産으로서의 지위를 회복하는 것으로 이해한다.[27] 그리고 이와 같은 債權者取消權을 행사하는 소송은 形成의 訴로서, 訴의 상대방은 수익자(C) 또는 전득자(D)이며 채무자(B)를 피고로 할 필요는 없다고 한다. 즉, 責任說에 있어서는 취소의 효과가 채무자(B)의 지위에 직접 영향을 미치지는 않기 때문에 B를 피고로 할 필요는 없다고 한다. 그래서 채권자(A)는 C를 상대로 하여 가격배상을 청구하든가(이 경우의 소송은 D를 상대로 취소소송을 제기할 때처럼 책임법적 무효를 구하는 소가 아니고 단순히 詐害行爲의 취소를 청구하는 形成의 訴와 가격배상을 청구하는 履行의 訴가 결합하게 된다), D를 상대로 하여 취소소송을 제기하면 된다. 이 경우 취소판결이 확정되면 B C간의 法律行爲가 책임법적으로 무효가 되므로, 일탈재산은 C의 명의하에 있으면서 B의 責任財産을 구성하고 있는 것이 되고, 그 지위를 D가 승계한 것이 된다. D는 그 재산에 대한 소유권을 위의 折衷說에 있어서처럼 상대적으로라도 상실하는 일이 없이 B의 채무에 대하여 物上保證人과 같은 지위(物的有限責任의 부담)에 놓이게 된다.[28] 이것으로 責任財産의 회복의 목적은 달성되고 일탈재산의 채무자에게로의 현실적 반환을 구하는 소송은 필요가 없게 된다는 것이다. 그런데 債權者取消權의 행사에 따라 채권자가 그 재산에 대하여 강제집행을 할 수 있기 위해서는, 詐害行爲의 취소판결 이외에 취소소송의 상대방(일탈재산이 C에게 머물러 있으면 C, D에게 이전되었으면 D)에 대하여 그에게 일탈되어 있는 재산에 대하여 强制執行이 가능하다는 취지를 선언하는 責任判決(强制執行忍容의 판결)을 받아야 한다. 즉 詐害行爲取消의 訴의 判決主文에는 詐害行爲를 취소한다는 내용만이 표시될 것이기 때문에 이러한 판결이 債務名義로서 필요하다. 이러한 責任判決을 구하는 訴(强制執行忍容의 訴)는 사해행위취소소송 확정후 별개로 제기하는 것도 가능하지만 장래 급부의 訴로서 사해행위취소소송과 병합하는 것도 가능하다. 그리고 일탈재산에 대한 강제집행을 위해서는 취소소송의 상대방에 대한 이러한 强制執行忍容判決 이외에 채무자를 상대로 한 이행판결도 역시 債務名義로서 필요하게 된다.

이 학설은, 기존의 여러 학설이 債權者取消權制度의 목적실현을 위한 수단으로서,

27) 金亨培, 위의 책, 462면.

28) 注釋民法(10)(下森 定), 791면.

詐害行爲를 物權的으로 취소한다든지 일탈재산을 현실적으로 복귀시키는 것의 필요성을 의문시하고, 債權者取消權制度의 법적 목적은 재산구성상의 현실적 원상회복보다도 責任財産으로서의 지위회복과 유지에 있다는 점을 중시한다. 이렇게 함으로써 채권자의 詐害行爲取消가 거래안전에 미치는 영향을 최소화하면서 책임재산 보전의 목적도 실현하려고 한다. 그런데 이 학설에도 다음과 같은 문제점이 있다.

첫째, 이 학설에 의하면, 詐害行爲의 취소판결에 의하여 채무자의 責任財産으로 회복된 재산에 대하여 强制執行을 하기 위해서는 責任判決(强制執行忍容判決)을 받아야 하는데, 우리민사소송법상 독일법에서 인정되고 있는 바와 같은 强制執行忍容의 訴(die Klage der Duldung der Zwangsvollstreckung)가 인정되고 있지 않기 때문에, 이 학설의 주장은 立法論으로서는 몰라도 解釋論으로서는 논란의 여지가 있다는 점이다.

둘째, 이 학설이 債權者取消權을 일종의 形成權으로 보는 것은 依用民法하에서라면 몰라도, 적어도 "取消 및 原狀回復을 법원에 청구할 수 있다"고 명백히 규정하고 있는 현행민법 제406조의 法文에는 어긋나는 해석이라고 아니할 수 없다.

셋째, 이 학설에 있어서도 전득자(D)가 善意여서 채권자가 수익자(C)를 상대로 가격배상을 청구하는 경우에는 위에서 본 바와 같이 단순히 詐害行爲를 취소하고 가격배상을 청구(形成의 訴와 履行의 訴의 결합)하게 되는데 이러한 경우에는 責任說에서 말하는 책임법적 무효라는 것은 의미가 없게 된다.

넷째, 이 설에 의하면, 일탈재산이 수익자에게 머물러 있어서 수익자가 취소의 상대방으로 된 경우에는, 취소권의 행사결과 수익자가 타인(B)의 채무에 대하여 책임을 부담하는 物上保證人的 지위에 있게 된다. 따라서 수익자는 채권자가 수익자 명의로 되어 있는 일탈재산에 강제집행을 하여 만족을 얻게 되면, 사해행위가 有償行爲인 한 매매의 목적물에 저당권 등이 설정되어 있던 경우의 매도인의 擔保責任에 관한 민법 제576조의 규정을 유추적용하여 채무자에 대하여 담보책임을 물을 수 있을 것이다. 그리고 이는 전득자가 취소권의 상대방인 경우에도 마찬가지이다. 즉, 전득자가 취소권의 상대방인 경우에도 전득자는 수익자에 대하여 마찬가지로 담보책임을 물을 수가 있다.[29] 이렇게 되면 責任說에 의한다고 하여 채무자와 수익자간의 관계나 수익자와 전득자간의 관계가 영향을 안받는다고 할 수가 없게 된다. 즉, 責任說에 의하더라도 거래의 안전이 철저하게 보호되는 것은 아니다.

---

29) 注釋民法(10)(下森 定), 425면. 그리고 이들 경우에 수익자나 전득자는 자기의 재산으로 채무자(B)의 채무를 변제한 것이 되므로 채무자에 대하여 부당이득반환청구권의 성질을 가지는 求償權도 취득하게 된다.

Ⅳ. 私見 및 맺는 말

債權者取消權의 法的 構成에 관한 통설과 판례의 입장인 상대적 무효론이나 최근에 주장되고 있는 責任說은, 모두가 채무자의 責任財産을 보전하면서도 그것이 거래의 안전에 미치는 영향을 최소화하려는 이론들이다. 그러나 상대적 무효론은 위에서 살핀 바와 같이 많은 문제점을 내포하고 있었을 뿐만 아니라, 이 이론을 취한다고 하여 거래안전이 의도한 대로 보호된다고 볼 수도 없다. 한편 責任說 역시 민법의 法文上 그리고 현행민사소송법상 그대로 받아들이기에는 어려움이 있다. 그렇다면 통설과 판례의 상대적 무효이론을 포기하고 취소의 절대적 효력을 인정할 수밖에 없다. 앞에서도 보았듯이 우리 민법이 依用民法下에서 판례와 통설의 입장이던 이른바 折衷說의 입장을 성문화한 것은 사실이다. 즉, 민법 제406조의 債權者取消權은 法文상으로 보아 「詐害行爲의 취소」 및 「일탈재산의 原狀回復」의 양자를 청구할 수 있는 권리임은 부인할 수 없을 정도로 분명하고, 따라서 訴의 성질을 形成의 訴와 履行의 訴가 결합된 것으로 보는 것도 자연스럽다. 그러나 이러한 사실이 취소권의 행사가 취소권자와 상대방과의 상대적 관계에서만 그 효력을 발생하여야 하는 것에 대한 논리필연적인 이유는 되지 못한다. 相對的 無效論은 거래의 안전의 필요상 折衷說을 취하던 依用民法하의 판례에 의하여 구성되고 통설의 지지를 받던 이론일 뿐 折衷說과 필연적인 관계에 있는 이론은 아니다. 相對的 無效論의 이론적 실제적 결함이 밝혀진 이상 우리 민법이 折衷說의 입장을 받아들였다고 하여 相對的 無效論까지 그대로 추종할 필요는 없다. 그리고 相對的 無效論에 의존하지 않는다고 하여 거래의 안전이 전혀 도외시되는 것은 아니다. 민법 제406조 제1항의 규정 자체가 그 但書에서 "그러나 그 行爲로 인하여 利益을 받은 者나 轉得한 자가 그 行爲 또는 轉得당시에 債權者를 害함을 알지 못한 경우에는 그러하지 아니하다"고 규정하여, 善意의 수익자나 전득자에 대해서는 債權者取消權을 행사하지 못하게 함으로써 거래의 안전을 보호하고 있다. 따라서 善意의 수익자나 전득자에 대한 한 취소의 相對的 無效論을 취하지 않더라도 거래의 안전은 보호되고 있는 것이다. 그리고 민법의 이 규정은 債權者取消權이 책임재산의 보전의 필요성과 거래의 안전의 보호 필요성을 조화시키고 조정하는 기능을 하는 제도임을 말해 주는 규정이기도 한 것이다. 그렇다면 아무런 문제점 없이 이 보다 더 잘 거래의 안전을 보호할 수 있는 이론의 구성이 불가능한 한 債權者取消權 행사에 대해서는 절대적 효력을 인정하고[30] 거래안전의 보호는 민법이 직접 규정하고 있는 善意의 수익자와 전득자 보호로 만족할 수밖에 없는 것이다.

그러면 통설과 판례의 相對的 無效論을 포기하는 경우에 있어서의 債權者取消權의 행사에 따르는 법률관계를 이하에서 보기로 한다. 詐害行爲로 인한 일탈재산이 惡意의 수익자(C)에게 머물러 있으면 채권자(A)는 채무자(B)와 수익자(C)를 상대로 B C간의 사해행위를 취소하고, C에 대하여 일탈재산의 B에게로의 반환을 청구할 수 있다. 詐害行爲가 債務免除이거나 아직 이행되지 않은 贈與契約 등인 경우에는 詐害行爲의 취소만을 청구할 수도 있다. 어느 경우에나 B와 C가 공동피고가 된다.[31] 그리고 취소의 효과는 절대적이어서 B C간의 詐害行爲는 처음부터 무효인 것으로 된다. 따라서 A외에 B도 C에게 不當利得返還請求權(혹은 소유권에 기한 반환청구권)으로서의 일탈재산의 반환청구권을 가지고, C는 B에게 일탈재산의 반환의무를 부담한다. C 역시 자기가 급부한 것(詐害行爲가 有償인 경우)은 물론 부당이득으로 반환청구할 수 있다.

일탈재산이 惡意의 D에게 이전된 경우에는 A는 B C 간의 詐害行爲를 취소하고 D에 대하여 일탈재산의 B에게로의 반환을 청구할 수 있다. 이 경우에는 B와 C와 D가 모두 피고가 된다. B C간의 詐害行爲가 취소되면 D는 무권리자 C로부터 권리를 취득한 것이 되어, 아무런 권리없이 B의 재산을 보유하고 있는 것이 된다. 따라서 A외에 B도 D에게 재산의 반환청구권을 가지게 된다. 이렇게 되면 C가 D에게 양도한 권리는 타인의 권리였던 것이 되므로, 재산을 반환한 D는 C에게 민법 제570조를 근거로 擔保責任을 물을 수 있다. 그렇게 되면 C는 다시 B에 대하여 擔保責任을 부담한 한도에서 不當利得返還請求權을 가지게 된다.

한편 수익자(C)가 善意이고 전득자(D)가 惡意인 경우에는 債權者取消權은 행사할 수 없다고 하여야 한다. 왜냐하면 이 경우에도 취소의 대상은 채무자(B)와 수익자(C)간의 詐害行爲인데 수익자가 善意이기 때문에 B C간의 법률행위는 詐害行爲로서의 주관적 요건이 충족되지 못하기 때문이다.

* 考試界 1993년 4월호, 62면 이하 게재

---

30) 우리나라에서 취소에 절대적 효력을 인정하는 견해로는 李銀榮, 債權總論, 1991, 383-384면 참조.

31) 同旨: 李銀榮, 위의 책, 384면.

제3자에 의한 債權侵害

Ⅰ. 머 리 말

제3자에 의한 債權侵害라 함은 債務者 이외의 자의 행위에 의하여 債權의 목적의 실현이 불가능하게 되거나 방해를 받는 것을 말한다. 이 경우에 제기되는 문제는 이러한 침해에 대하여 債權者가 어떠한 보호를 받을 수 있는가 하는 것이다. 이는 구체적으로는 이러한 행위가 不法行爲가 되는가 하는 문제, 따라서 債權者는 제3자를 상대로 不法行爲로 인한 손해배상을 청구할 수 있는가 하는 문제와, 그러한 침해행위가 계속되는 경우에 債權者는 그 침해의 배제를 청구할 수 있는가 하는 문제이다. 앞의 문제가 제3자의 債權侵害에 의한 不法行爲 성립여부의 문제이고, 뒤의 문제는 제3자에 의한 債權侵害時의 債權者의 妨害排除請求權의 성립여부의 문제이다. 제3자에 의해서 物權이 침해되었을 경우에는 不法行爲가 성립하고, 또 침해를 배제할 수 있는 權利(物權的 請求權)도 발생한다는데 대하여 이론이 없는데 반하여, 제3자에 의한 債權侵害의 경우에는 이러한 권리의 발생여부가 문제시 되는 이유는, 근대민법이 物權과 債權을 본질상 상이한 권리로 준별하고 있는 점에 기인한다. 즉 근대민법상 物權은 특정물건에 대한 직접적·배타적 支配權인데 반하여, 債權은 특정인에 대한 對人的 給付請求權으로서 相對權이며 배타성도 없고 그 상호간에 우선적 효력도 없는 권리로서 양자는 준별되고 있다. 따라서 특정인에 대한 對人的 給付請求權에 불과한 이러한 債權이 제3자에 의하여 침해된 경우에도, 物權侵害의 경우와 마찬가지로 不法行爲가 성립하며 또 妨害排除請求權이 인정될 수 있는가 의문이 제기된다. 그리고 이러한 債權의 본질상의 이유 외에 특히 不法行爲 성립여부 문제가 논의되게 된 또 다른 사정은 연혁적인 것으로서, 不法行爲 成立要件에 관한 依用民法 제709조의 규정의 구조에 연유한다. 依用民法 제709조는 不法行爲 성립요건으로서 현행민법 제750조가 「故意나 過失로 인한 違法行爲로 타인에게 損害를 가할 것」을 규정하고 있는 것과는 달리, 「故意 또는 過失로 인하여 타인의 權利를 침해할 것」을 규정하고 있었는데, 당시 초기의 일반적인 견해는 이 규정의 「權利侵害」는 絶對權의 침해를 의미하고 債權과 같은 相對權의 침해는 의미하지 않는다고 보았고, 따라서 제3자에 의한 債權侵害는 不法行爲가 되지 않는다고 보았다. 그러다가 권리의 通有性으로서의 권리의 不可侵性을 이유로 債權侵害도 不法行爲가 된다는 견해, 不法行爲가 성립하는 경우를 債權侵害의 유형별로 고찰하는 견해 등이 등장하였고, 이러한 논의는 현행민법하에서도 계속되었다. 그런데 종래의 우리나라 학설은 제3자에 의하여 債權이 침해된 경우에, 不法行爲 성립이나 妨害排除請求權의 발생을 일정한 요건을 전제로 하여 제한적으로 인정한다는 점에 있어서는 입장을 같이 하면서도, 그 이론구성이나 이와 같은 권리를 인정하는 요건에 있어서는 그 견해가 일정하지 않다. 그리고 특히 不法行爲 성립여부와 관련해서는 依用民法 제709조의 不法行爲 성립요건과 현행민법 제750조의 요건이 동일하지 않음에도 불구하고, 주로 債權의 불가침성의 유무를 중심으로 不法行爲 성립여부를 논의해 왔던 依用民法下의 논쟁을 그대로 답습해 온 감도 없지 않다. 그러나 적어도 현행민법하에 있어서의 제3자에 의한 채권침해의 不法行爲 성립여부에 대한 논의는, 우선 그러한 침해행위가 민법 제750조의 요건을 충족시키는가 하는 관점, 특히 그러한 행위가 민법 제750조의 위법행위에 해당하는가 하는 관점에서 출발하여야 할 것이다. 한편 妨害排除請求權의 발생여부문제에 대한 종래의 학설은 그 침해가 權原없는 제3자의 침해인가, 아니면 債權者 상호간의 우선적 효력의 문제인가를 구별하지 않고 논의를 전개하여 왔다. 그러나 이러한 구별이 없으면 논의에 혼선을 초래하게 되고 논점도 분명치 않게 되므로 이를 구분하여 검토하여야 할 것이다. 그리고 妨害排除請求權의 경우에 있어서는, 그 이론적인 근거 외에 실정법적인 근거, 즉 法源的인 근거도 검토하여야 할 것이다. 민법에는 物權이 침해된 경우에 대해서는 그 침해를 배제할 수 있는 권리, 즉 物權的 請求權을 명문으로 규정하고 있지만 債權侵害에 대해서는 이러한 규정을 전혀 두고 있지 않기 때문이다. 이 글은 이상과 같은 관점에서 제3자에 의한 債權侵害로 야기될 수 있는 위의 두가지 문제에 대한 그동안의 학설과 判例의 입장을 비판적으로 검토하면서 필자의 견해를 피력하려는 것이다.

Ⅱ. 제3자에 의한 債權侵害와 不法行爲의 성립

1. 종래의 학설 개관

제3자에 의한 債權侵害로 불법행위가 성립하는가에 대하여 학설의 입장은 변천해 왔다. 당시의 일본의 학설이라고도 할 수 있는 依用民法시대의 학설은 처음에는 債權은 특정 債務者에 대한 相對權이어서 그 성질상 債務者에 의해서만 침해될 수 있고 제3자에 의해서는 침해될 수 없다는 이유로 不法行爲의 성립을 부정하였다. 그러다가 권리의 불가침성은 權利의 通有性이라 하여 債權도 이를 침해하면 不法行爲가 된다는 것이 당시의 지배적인 학설과 판례의 입장으로 되었다.[1]

한편 현행민법하의 종래의 학설은 모두 일정한 경우에 대해서는 不法行爲의 성립을

---

1) 그후에도 일본에 있어서는 불법행위 성립을 부정하는 학설로부터 긍정론에 대한 비판과 반론이 없지 않았다. 그러나 大學湯事件에 대한 大審院判決(大正 14. 11. 28, 民集4卷, 670면 참조)을 계기로 일본민법 제709조의 「權利侵害」의 요건을 「위법성」으로 확대해석하게 되자, 債權이 제3자에 의하여 침해될 수 있는가 하는 문제보다는, 債權侵害가 발생한 어떠한 경우에 불법행위가 성립하는가 하는 문제를 중심으로 한 불법행위 성립의 유형적 고찰이 일반적으로 행하여지기 시작하였다. 일본에 있어서의 이 문제에 대한 判例와 학설의 변천과정에 대해서는 三島宗彦, 「第三者の債權侵害」, 總合判例硏究叢書 民法(18), 68면 이하; 新美育文, 「第三者による債權侵害」, 民法講座(星野英一 編) 4, 477면 이하; 吉田 豊, 「賃借權の 妨害排除」, 現代契約法大系 第3卷, 1983, 84면 이하; 森泉章 외 6人 共著, 民法講義 4, 1977, 12-13면 등 참조.

인정하면서도, 그 이론구성에서는 상이한 입장을 취하고 있다.

첫째, 物權은 絶對權, 債權은 相對權이라는 구별을 부정하고, 債權도 絶對權으로서 對世的인 불가침성을 가지기 때문에 제3자에 의한 채권침해는 不法行爲가 된다는 견해가 있다. 그리고 이 견해는 債權을 이렇게 絶對權으로 보는 이유로서, 만약 債權을 相對權으로 보게 되면, 債務者 이외의 제3자는 채권을 침해하여서는 아니될 의무를 부담하지 않으므로 제3자에 의한 債權의 침해는 있을 수 없는 것이 되고, 따라서 제3자의 채권침해로 인한 不法行爲는 성립하지 않게 된다는 점을 들고 있다.[2] 그러나 이 견해도 제3자의 債權侵害의 모든 경우에 不法行爲의 성립을 인정하는 것이 아니고, 債權에는 支配權인 物權과는 달리 배타성이 없으므로 物權의 침해의 경우와는 달리 위법성의 유무를 판단하여 한정적으로만 不法行爲의 성립을 인정하려고 한다.[3]

둘째, 債權을 相對權으로 보면서, 相對權인 債權에 있어서는 絶對權에 있어서와는 달리 제3자에 대한 不可侵性은 論理必然的인 것이 아니고 입법정책적인 문제인데, 우리 민법은 債權의 不可侵性에 대한 특별규정을 두고 있지 않으므로 債權을 어느 정도로 보호할 것이냐 하는 정책의 문제는, 결국 債權의 성질과 관련하여 해석을 통해서 해결할 수밖에 없다는 견해가 있다. 그리하여 이 견해는 제3자에 의한 債權의 侵害可能性은 債權의 성질상 예외적으로 인정되고, 다시 그것이 위법한 경우에 한하여 不法行爲가 성립한다고 한다.[4]

셋째, 債權을 相對權으로 보면서 이러한 債權에 대해서는 일반 제3자가 모든 경우에 불가침의 의무를 부담하고 있다고는 볼 수 없고, 따라서 제3자에 의한 債權侵害의 경우 不可侵性을 근거로 不法行爲가 성립한다고는 할 수 없고, 그러한 침해가 위법한 경우에 한하여 不法行爲가 성립한다고 보는 견해이다.[5]

넷째, 債權의 객관적 성질상 제3자에 의한 침해가 가능한 때에는, 그러한 債權에 대한 권한없는 침해는 위법한 것이 되어 不法行爲가 된다는 견해가 있다.[6]

2) 玄勝鍾, 債權總論, 1975, 97면.
3) 玄勝鍾, 위의 책, 99면 이하 참조.
4) 郭潤直, 債權總論, 1991, 110-111면 참조.
5) 黃迪仁, 現代民法論 Ⅲ, 1981, 45면; 林正平, 債權總論, 1989, 115면.
6) 金亨培, 債權總論, 1992, 352면.

2. 判例의 입장

이 문제에 관한 判例는 많지 않으나 依用民法시대의 한 判例는 "채권도 법률이 보호하는 권리인 이상 일반인은 이를 존중하여야 하며 정당한 이유없이 이를 침해치 못할 법률상의 의무가 있다. 그러므로 정당한 이유없이 타인의 채권을 침해한 자는 채권자에 대한 불법행위가 성립하고 채권자는 그 제3자에 대하여 이로 인하여 받은 손해의 배상을 청구할 권리가 있다"고 판시하고 있다.[7)]

한편 현행민법 시행후의 判例는 "제3자에 의한 채권침해가 불법행위를 구성할 수 있다 함은 시인되지만 제3자의 채권침해가 반드시 언제나 불법행위가 되는 것은 아니고 채권침해의 모습에 따라 그 성립여부를 구체적으로 검토하여 정하여야 할 문제이다"라고 판시하고 있다.[8)]

3. 종래의 학설에 대한 비판: 不法行爲 성립요건에 관한 依用民法 규정과 現行民法 규정의 구조상의 차이에 대한 명확한 인식의 부족

살피건대 위에서 본 종래의 학설들은, 그 어느 것도 현행민법 제750조의 구조를 분명히 하지 않고 依用民法의 不法行爲 성립에 관한 규정의 구조에서 출발하고 있다. 不法行爲 성립요건에 관한 依用民法 제709조는 "故意 또는 過失로 인하여 타인의 權利를 침해한 자는 이로 인하여 생긴 손해를 배상할 책임이 있다"고 규정함으로써, 不法行爲의 성립요건으로서 「權利侵害」를 요구하고 있다. 그리고 당시 초기의 일반적인 견해는 여기서 말하는 「權利」를 生命, 身體, 所有權 같은 絶對權을 의미하는 것으로 해석하여 왔다. 따라서 相對權인 債權의 침해는 不法行爲가 되지 않는다고 보았던 것이다. 그런데 이러한 해석은 不法行爲성립요건에 관하여 일본민법 제709조와 그 구조상 비슷한 규정을 두고 있는 독일민법의 영향을 받은 것이다. 즉, 독일민법은 一般不法行爲의 성립요건과 관련하여 제823조 제1항과 제2항 및 제826조의 규정을 두고 있는데 제823조 제1항에서는 "故意 또는 過失로 타인의 생명, 신체, 건강, 자유, 소유권, 그밖의 권리를 위법하게 침해한 자는 그로 인하여 타인에게 발생한 손해를 배상할 의무가 있다"고 규정하고 있다. 그

7) 大判 1953. 2. 21, 4285民上129.
8) 大判 1975. 5. 13, 73다1244.

런데 여기서 「그밖의 權利(sonstige Rechte)」는 그 앞에서 예시한 소유권과 같은 성질을 가진 권리, 즉 絶對權을 의미하고 債權과 같은 相對權은 포함하지 않는 것으로 보는 것이 종래 독일에 있어서의 일반적인 견해였다.[9] 따라서 독일민법에 있어서는 제3자에 의한 債權侵害는 同條 제2항의 「타인의 보호를 목적으로 하는 법률을 위반한 경우」에 해당하거나 同法 제826조에 규정된 바의 「선량한 풍속에 반하는 방법으로 타인에게 손해를 가한 경우」에 해당하지 않는 한 不法行爲가 되지 않는다는 것이 종래 일반적인 견해였다.[10] 일본민법 제709조의 「權利侵害」에는 債權侵害는 포함되지 않아서 제3자에 의한 債權侵害는 不法行爲가 성립되지 않는다는 위와 같은 견해는, 바로 이러한 독일민법 제823조 제1항의 규정과 이에 대한 해석의 영향을 받은 것이었다.[11] 한편 이러한 不法行爲 성립 否認論에 대해서 제3자에 의한 債權侵害도 不法行爲가 된다고 하기 위하여 내세운 이론이, 權利의 通有性으로서의 債權의 不可侵性論이었던 것이다.[12]

그러나 현행민법 제750조는 依用民法 제709조와는 달리 "故意 또는 過失로 인한

---

9) BGH NJW 1970, 137면 이하; Larenz, Schuldrecht Ⅱ, 11. Aufl., 534면; Fikentscher, Schuldrecht, 7. Aufl., 726-728면; Kötz, Deliktsrecht, 4. Aufl., 1988, 30면; Münchener Kommentar-Mertens, §823 Rn.109 등 참조.

10) 그러나 독일에 있어서도 그동안 이와 같은 侵害法益을 列擧하고 있는 입법규정의 한계를 극복하고 債權侵害에 대하여도 독일민법 제823조 제1항의 규정을 적용함으로써 不法行爲法的 구제가 가능하도록 하기 위한 여러가지 시도가 행하여 왔다. 그 중 대표적인 시도로서는 Larenz의 債權歸屬(Forderungszuständigkeit)의 보호이론, Fabricius의 社會典型的 公示性(sozialtypische Offenkundigkeit)理論 등을 들 수 있다. 前者는 특정인에 대한 給付請求權으로서의 債權에는 배타적인 효력(Ausschlußwirkung)을 부인하지만 債權의 財産의 對象(Vermögensgegenstand)으로서의 債權者에의 귀속에는 배타적인 효력을 인정함으로써, 이 債權의 귀속은 제823조 제1항의 「그 밖의 權利」에 속하는 것으로 보아, 이에 대한 침해로부터는 債權도 보호를 받아야 한다는 이론이다(Larenz, 위의 책, 534-5면 참조). 한편 後者는 어떠한 권리가 제823조 제1항에 규정된 「그 밖의 權利」에 속하는가 아닌가는 그 權利가 모든 사람에 의하여 침해가능한가 아닌가에 의하여 결정되는 것이 아니고, 그 權利에 있어서의 法益(Rechtsgut)이 社會典型的 公示性, 즉 社會典型的 認識可能性(사회적 문화적 관념을 기초로 한 인식가능성)을 가지고 있는가 아닌가에 의하여 결정된다고 하는 이론으로서, 債權에는 이와 같은 社會典型的 公示性 내지 認識可能性이 없으므로 債權은 제823조 제1항의 「그밖의 권리」에 속하지 않는다고 한다. 그러나 債權도 어음 수표와 같이 有價證券化함으로써 社會典型的 公示性 내지 認識可能性을 갖추면 「그밖의 權利」에 속하여 제823조 제1항의 보호를 받는다고 한다(Fabricius, Zur Dogmatik des "sonstiges Rechts" gemäß §823 Abs. 1 BGB, AcP 160, 291면 이하 및 303면 참조). 독일에 있어서의 이러한 이론들에 대해서는 金亨培, 「第3者에 의한 債權侵害」, 民法學硏究, 1989, 363면 이하 참조.

11) 新美育文, 위의 논문, 480면 참조.

12) 債權의 不可侵性을 주장한 일본의 末弘은 債權의 財産權으로서의 중요성을 강조하고, 債權도 권리인 이상 不可侵性을 가지고 있으므로 이 不可侵性을 침해한 제3자의 행위는 違法한 것이고 따라서 不法行爲의 다른 요건을 갖추면 不法行爲가 된다고 주장하였다. 末弘嚴太郞, 「第三者ノ債權侵害ハ不法行爲トナルカ」, 法曹記事 24卷 3號, 47면 이하 및 5號, 27면 이하 참조.

違法行爲로 他人에게 損害를 加한 者는 그 損害를 賠償할 責任이 있다" 고 규정하고 있다. 따라서 현행민법하에서는 不法行爲가 성립하기 위해서는, 「權利侵害로 인한 손해의 발생」이 그 요건으로 요구되는 것이 아니고, 「違法行爲로 인한 손해의 발생」이 그 요건으로 요구되고 있는 것이다.[13] 즉 민법은 손해가 위법한 행위로 인하여 발생한 것이기만 하면, 그것이 絶對權의 침해로 인한 것이든 相對權의 침해로 인한 것이든 불문한다. 더 나아가서 민법은 어떠한 구체적인 권리에 대한 침해 자체를 요구하고 있지 않고 「故意 또는 過失로 인한 위법한 행위로 손해가 발생할 것」만을 요구한다. 그렇다면 현행민법하에서는 제3자에 의한 債權侵害로 不法行爲가 성립하는가 하는 문제에 있어서도, 제3자에 의한 債權侵害가 이 違法行爲에 해당되는가 하는 것이 검토를 요하는 핵심적인 문제로 될 것이다. 따라서 제3자에 의하여 債權의 목적의 실현이 방해를 받았거나 불가능하게 되어 債權者에게 손해가 발생한 경우, 제3자의 그러한 침해행위가 민법 제750조의 違法行爲에 해당된다면, 그러한 침해행위는 이 규정상의 다른 요건을 갖추는 한 不法行爲가 되겠지만, 違法行爲에 해당되지 않는다면, 그러한 침해행위는 비록 그로 인하여 債權者가 피해를 입었더라도 不法行爲로 되지는 않을 것이다.

이처럼 현행민법하에서는, 제3자에 의한 債權侵害의 不法行爲 성립여부는 제3자에 의한 債權侵害行爲의 違法性 유무를 포함하여 민법 제750조의 요건의 충족여부를 검토함으로써 밝혀질 수 있는 것이다. 그럼에도 불구하고 종래의 대부분의 학설은 이러한 점을 분명히 하지 않은 채 주로 債權의 不可侵性 내지 제3자에 의한 침해가능성의 검토를

---

13) 우리민법이 不法行爲 成立要件으로서 依用民法의 「權利侵害」 대신 「違法行爲」를 규정하게 된 것은, 연혁적으로는 일본민법 제709조에 대한 비판과 반성에서 나온 일본에서의 違法性 이론에 연유한다. 원래 일본민법이 불법행위 성립요건으로서 「權利侵害」를 규정한 것은, 개인의 자유로운 활동으로 타인에게 손해를 가하는 일이 있어도 타인의 권리를 침해하지 않는 한은 배상책임을 인정하지 않음으로써, 不法行爲 제도를 개인의 활동에 대한 최소한의 제한으로 하여 개인의 자유로운 활동을 최대한으로 보장하려는 것이었다(加藤一郎, 不法行爲, 1982, 31면 참조). 그러다가 雲右衛門 레코드 사건을 계기로 이 권리침해의 요건을 엄격히 해석하게 되면 불법행위 제도에 의한 피해자 구제의 범위가 너무 협소하게 되므로 이 규정의 「權利」를 넓게 해석하여 「法的으로 보호할 가치가 있는 利益」으로 보려는 경향이 나타났다. 그러던 중 大學湯 사건을 계기로 판례의 입장이, 그리고 이 사건을 전후하여 학설이, 「權利侵害」의 요건을 「違法性」의 의미로 확대 해석하기 시작하였다. 이 위법성 이론에 의하면 불법행위는 보호할 가치가 있는 이익을 위법하게 침해하면 성립하며, 민법이 「權利侵害」라고 한 것은 이러한 위법성을 나타내는 하나의 수단이라는 것이다. 따라서 「權利侵害」는 「違法性」의 徵表, 즉 위법성의 대표적인 경우를 표현한 것으로 보아야 하고, 더 나아가 「權利侵害」라는 표현은 오히려 「違法性」의 의미로 바꾸어 해석하여야 한다는 것이다. 이렇게 하여 일본에서는 일본 민법 제709조의 「權利侵害」의 요건을 「違法性」의 의미로 일반적으로 해석하기에 이르렀는데(加藤一郎, 위의 책, 30면 이하 참조), 우리 민법은 제정당시 이러한 점을 고려하여 제750조에서 「權利侵害」 대신 「違法行爲」를 그 요건으로 규정하였던 것이다.

중심으로 不法行爲의 성립여부를 검토하고, 違法性의 요건은 그 다음 단계에서 추가적으로 요구하고 있다. 이는 依用民法하에서의 검토방법을 그대로 유지하면서 현행민법상의 違法性의 요건만을 하나 더 요구하는 것으로서 민법 제750조의 구조상 타당하다고 할 수 없다. 다만 위의 대법원판례는 “제3자의 債權侵害가 반드시 언제나 不法行爲가 되는 것은 아니고 債權侵害의 모습에 따라 그 성립여부를 구체적으로 검토하여 정하여야 할 문제”라고 함으로써, 학설의 입장과는 달리 이 규정의 구조에 일응 부합하는 입장을 취하고 있다. 그러나 이 判例 역시 현행민법하에서는 모든 債權侵害가 不法行爲를 성립시키는 것이 아니고 우선 위법한 債權侵害라야 不法行爲를 성립시킬 수 있다는 점을 분명히 밝히지 못하고 있는 점에 아쉬움이 있다.

요컨대 현행민법하에서는 違法性의 요건은 債權侵害에 있어서나 物權侵害에 있어서나 不法行爲가 성립하기 위한 대전제가 되는 요건이다. 따라서 제3자에 의한 債權侵害의 不法行爲 성립여부를 밝히기 위해서는, 우선 그러한 침해행위가 위법한가를 검토하여야 하는 것이고, 債權의 不可侵性이나 제3자에 의한 침해가능성의 유무에 초점을 맞추어 不法行爲 성립여부를 결정하는 것은 적절하지 못하다. 이처럼 현행민법하에서는 債權에 不可侵性이 있는가 없는가 하는 문제는, 債權侵害의 불법행위 성립여부의 문제해결에 있어서 先決問題는 아니지만 債權侵害行爲의 違法性 판단과 무관하지는 않기 때문에 이에 대한 私見을 잠깐 피력하기로 한다.

4. 債權의 侵害可能性 및 債權의 不可侵性 검토

「제3자에 의한 債權侵害」를 제3자에 의한 「부당하거나 위법한 債權侵害」로 해석하고[14] 「不可侵性」을 「부당하거나 위법한 침해를 허용하지 않는다」는 의미로나 또는 「부당하거나 위법한 침해로부터 보호를 받아야 한다」는 의미로 해석하는 한 相對權인 債權에도 不可侵性은 있다고 본다. 위에서 소개한 依用民法시대의 判例도 인정하듯이 債權도 법률이 인정하고 법률에 의해서 보호를 받는 權利이기 때문이다. 즉 債權도 단순히

14) 제3자에 의하여 債權이 사실상 침해된 경우에 있어서도 부당하거나 위법한 債權侵害라고 할 수 없는 경우가 있을 수 있다. 예컨대 二重賣買나 二重賃貸借契約으로 인하여 제1의 買受人 또는 제1의 賃借人의 債權이 사실상 침해를 받는 결과가 발생한다 하더라도, 제2의 매수인이나 제2의 임차인이 詐欺나 强迫 또는 그 밖의 反社會的인 방법을 사용한 경우가 아닌 한 원칙적으로 위법한 債權侵害라고 할 수 없다. 債權去來에는 자유경쟁이 허용되고, 또 債權에 있어서는 동일 내용의 債權이 동시에 둘 이상 존재할 수 있으며, 이러한 경우 債務者가 어느 債權者에게 債務를 이행할 것인가는 債務者의 자유의사에 달렸기 때문이다.

특정 債權者와 특정 債務者간의 관계(Beziehungen zwischen einem Schuldner und einem Gläubiger)[15)]에 불과한 것이 아니고 그 재산적 가치가 인정되는 法律上의 權利라면, 債權과 物權사이에 보호의 가치 내지 보호의 필요성에 차이가 있을 수 없다.

이에 대해서 혹시 債權은 債務者에게만 주장할 수 있는 相對權이기 때문에, 絶對權인 物權의 경우와는 달리 第3者에 의한 침해가능성이 없다든지,[16)] 第3者에 대한 不可侵性이 없다고 하는 반론이 있을런지도 모른다.[17)] 그러나 債權侵害라는 用語가 債務者에 의한 債權侵害(즉 債務不履行)만을 의미하지 않고, 第3者가 債權者로 하여금 債權 자체를 상실하게 한다든지, 債權의 목적물을 훼손한다든지, 債務者의 債務의 이행을 방해한다든지 하는 경우에도 사용될 수 있는 用語인 한, 債務者 이외의 第3者에 의해서 債權이 침해되는 경우는 뒤에서 보게 되듯이 결코 없지 않다. 따라서 債權은 相對權이기 때문에 第3者에 의해서는 침해될 수 없다는 주장은 우선 實在하는 事實을 무시하는 주장이다. 그리고 債權이 相對權이라는 것은 특정 債務者에게만 給付를 청구할 수 있고 債務者 이외의 第3者에게는 이를 청구할 수 없는 權利라는 것을 의미할 뿐이고, 第3者에 의해서는 침해를 받을 수 없는 권리라든지, 第3者에 의하여 부당하게 침해되는 경우에 그러한 부당한 침해로부터도 보호받지 못하는 權利라는 것을 의미하지는 않는다. 즉, 특정인에 대한 對人的 給付請求權인 債權도 경우에 따라 第3者에 의하여 침해를 받을 수가 있으며, 그러한 침해가 부당한 경우에는 당연히 보호를 받아야 한다.

이와 관련하여 주목할 것은, 독일민법에 있어서도 債權은 第823조 第1항에 의해서만 보호를 받지 못할 뿐이고, 第823조 第2항 및 第826조에 의한 보호까지 못받는 것은 아니라는 점이다. 즉, 독일민법에 있어서도 第823조 第1항에 열거된 法益이나 權利는 이에 대한 침해가 있으면, 특별한 違法性阻却事由가 없는한 전통적 입장(즉 結果不法論)에 의하면 바로 違法性이 인정되는데 반하여, 債權에 대한 침해의 경우는 第823조 第2항이나 第826조의 요건을 갖춤으로서 違法性이 인정된다는 점에서 차이가 있을 뿐이고, 債權侵害라고 하여 不法行爲가 전혀 안되는 것은 아니다.[18)] 그리고 債權侵害의 경우에 대해

15) Esser-Weyers, Schuldrecht II, 1984, 464면에서는 債權을 이렇게 파악하고 있다.

16) 독일민법 第823조 第1항의 「그 밖의 權利」에 債權은 포함되지 않는다는 이유의 하나로서, 相對權인 債權은 債務者에 의해서만 침해될 수 있고 第3者에 의서는 침해될 수 없다는 점을 드는 것이 독일에 있어서의 일반적인 견해이다. Larenz, 위의 책, 34면; Kötz, 위의 책, 30면; Brox, Besonderes Schuldrecht, 10. Aufl., 1983, 287면 등 참조.

17) 이 점이 제3자에 의한 채권침해는 불법행위가 되지 않는다는 일본학설이 제시하는 중요한 논거 중의 하나였다. 新美育文, 위의 논문, 481면 참조.

18) Fabricius, 위의 논문, 284-285면 참조. 그리고 독일민법 第823조 第1항의 「그 밖의 權利」에 債

서도 이처럼 제823조 제2항이나 제826조의 요건이 충족되면 불법행위 성립을 인정하고 손해배상책임을 인정하는 한, 독일민법에 있어서도 제3자에 의한 債權侵害의 가능성을 부정할 수가 없는 것이다.[19] 여기서 보듯이 不法行爲成立要件에 대하여 個別的 成立要件主義를 취하고 있는 독일민법에서도 債權侵害에 대한 不法行爲의 성립이 전혀 부정되고 있는 것은 아니다. 그렇다면 不法行爲 成立要件에 대하여 독일민법과는 달리 一般的 成立要件主義를 취하고 있는 우리민법상 제3자의 부당한 債權侵害에 대하여 不法行爲法的 보호 내지 구제를 인정하는 것은 너무도 당연한 것이다.

이상과 같은 점에 비추어 보아 債權이 相對權이므로 不可侵性이 없다고 한다든지 債權侵害는 불법행위가 될 수 없다고 하는 주장은 부당하다. 그렇다면 위의 첫번째 견해(현승종 교수)처럼 債權의 不可侵性을 주장하기 위하여 굳이 債權도 絶對權이라고 할 필요는 없다. 債權을 相對權이라고 하더라도 제3자에 의하여 침해될 수 있고, 제3자에 대하여 不可侵性이 있다. 그리고 그것은 위의 두번째 견해(곽윤직 교수)가 주장하듯이 결코 입법정책적인 문제가 아니고, 當爲의 문제이고 正義의 요구이다. 만약 그것이 입법정책적 문제라면 제3자의 부당한 침해로부터 債權을 보호할 수도 있고 보호하지 않을 수도 있을 것이나 이는 정의의 요구에 반한다.

문제는 제3자에 의한 어떠한 債權侵害가 부당한 債權侵害, 즉 위법한 債權侵害인가 하는 것이다. 이 문제의 해결을 위해서는 債權에는 排他性도 없고, 公示方法도 없고, 상호간에 우선적 효력도 없는 점이라든지, 債權이 이중으로 존재하는 경우에 어느 債權이 만족을 얻는가는 債務者의 자유의사에 좌우되는 점 등 債權의 성질이 고려되어야 한다. 그 결과 債權侵害行爲의 違法性은 物權侵害의 경우와는 달리 제한적으로 인정될 것이다. 이처럼 債權侵害의 違法性을 판단하는 단계에 와서는 債權의 성질이 고려된다. 그러나 債權의 성질은 이러한 단계에 와서야 비로소 고려되는 것이지 처음부터 고려되어야 하는 것이 아니다. 따라서 債權은 相對權이어서 제3자에 의한 침해가능성이 없다든지, 제3자에 대한 不可侵性이 없으므로 침해를 하여도 不法行爲가 되지 않는다든지 하는 주

權이 속하지 않는 이유도 종래의 견해처럼 債權의 相對權的 성질에서 찾지를 않고, 債權에는 소유권에서 보는 바와 같은 社會典型的 公示性(sozialtypische Offenkundigkeit)이 없기 때문에 제3자의 인식가능성이 없다는 점에서 찾는 유력한 견해가 있다. 즉, 이 견해는 어떠한 권리가 이 조항에 규정된 「그 밖의 權利」에 속하는가 아닌가를 그 권리가 絶對權이냐 相對權이냐에 따라서 결정하는 것에 반대하고, 그 권리의 公示性 내지 그 권리에 대한 인식가능성의 유무를 가지고 결정하여야 한다고 한다. Fabricius, 위의 논문, 294면; Esser, Schuldrecht II, 4. Aufl., 1971, 403면; Esser-Weyers, 위의 책, 464면; Münchener Kommentar-Mertens §823 Rn. 109 등 참조.

19) Fabricius, 위의 논문, 284면.

장은, 그 주장자체의 타당성도 없을 뿐만 아니라, 우리민법 제750조의 구조하에서는 이러한 단정을 기초로 하여 처음부터 不法行爲 성립여부를 결정하는 것도 잘못이다.

5. 不法行爲 성립요건으로서의 債權侵害의 違法性: 위법한 債權侵害의 모습

위에서 강조한 바와 같이 債權侵害가 不法行爲로 되려면 우선 그 債權侵害行爲가 위법한 행위로 인정되어야 한다. 즉 당해 債權侵害行爲의 違法性이 인정되어야 한다. 그런데 민법은 不法行爲 成立要件으로서 「違法行爲」를 규정하고 있으나 이 違法行爲 내지 違法性은 추상적인 用語이기 때문에 구체적으로 어떠한 행위가 違法行爲로 인정될 수 있는가는 해석에 맡겨져 있다.[20] 그러나 그것이 구체적으로 어떠한 행위가 되든 그 행위가 違法行爲로 인정되려면, 적어도 그 행위가 법질서 내지 법규범의 견지에서 보아 허용될 수 없는 것이어야 한다. 타인의 권리나 법익을 직접 침해하는 행위가 이러한 행위의 主種을 이루겠지만, 타인의 권리나 법익에 대한 직접적인 침해가 없더라도 어떠한 행위가 법질서의 禁止規範이나 命令規範에 위반하면 그 행위는 위법한 행위라고 할 수 있다. 따라서 그러한 행위로 인하여 결과적으로(간접적으로) 손해가 발생하면 불법행위가 성립할 수 있다. 예컨대 각종의 團束法規 위반행위라든지, 사회생활상 요구되는 주의의무 내지 행위의무에 위반한 행위는, 어떤 法益에 대한 직접적인 侵害는 없었다고 하더라도 위법한 행위이고,[21] 따라서 그러한 행위와 손해발생 사이에 인과관계가 있으면 불법행위

20) 종래 우리나라의 학설은 민법 제750조의 違法行爲 내지 違法性의 의미를 이론적으로 구명함이 없이 違法性의 發現形態를 침해된 法益의 측면과 侵害行爲의 측면의 두가지 관점에서 개별적·실증적으로 검토하여 왔다. 그래서 被侵害法益의 측면에서는 각종의 財産的 法益과 非財産的 法益의 침해의 경우에 있어서의 違法性을 검토하고 있다. 侵害行爲의 측면에서는 刑罰法規違反, 團束法規違反, 社會秩序違反, 權利濫用 등의 경우에 있어서의 違法性을 검토하고 있다. 違法性의 발현형태에 대한 이와 같은 검토방법은 일본 민법 제709조의 權利侵害의 요건이 違法性으로 확대해석하게 됨에 따라 이 違法性判斷의 구체적 방법으로 제시된 일본의 我妻 榮 교수의 이른바 相關關係的 判斷(我妻 榮, 事務管理·不當利得·不法行爲, 1937, 125면 참조)에 의하여 영향을 받은 것으로 생각된다. 그리고 違法性에 대한 我妻 榮 교수의 相關關係的 판단방식은 不法行爲 성립요건에 관한 독일민법 제823조 제1항과 제2항 및 제826조의 규정방식에서 영향을 받은 것이라고 한다. 澤井 裕, 「不法行爲法の昏迷と展望」, 法學セミナ- 1979. 10 vol. 23, No. 11, 74-75면 참조.

21) 물론 이 경우에 違法한 행위가 있어도 그 위법한 행위로 인하여 손해가 발생하지 않을 수는 있다. 그리고 그렇게 되면 不法行爲도 성립하지 않는다. 그러고 보면 행위에 대한 違法性 판단은 不法行爲 성립시에만 가능한 것은 아니다. 다시 말해서 不法行爲 성립을 위해서는 행위의 違法性 판단이 요구되지만 행위의 違法性 판단은 불법행위시에만 가능한 것은 아니다.

가 성립한다. 그런가 하면 타인의 權利나 法益을 침해하였다고 하더라도 違法性이 인정되지 않는 경우도 있을 수 있다. 예컨대 사회생활상 요구되는 注意義務를 다하였는데도(過失이 없는데도) 타인의 權利나 法益에 대한 침해의 결과가 발생한 경우에는 비록 그 행위로 인하여 법익침해의 결과가 발생하였다고 하더라도 注意義務를 다한 그러한 행위를 위법한 행위라고 할 수 없다.[22]

그리고 특히 債權侵害에 있어서는 債權의 성질상 違法性이 인정될 수 없는 경우가 적지 않다. 즉 債權에는 排他性이 없어서 동일한 내용의 債權이 동시에 여러 개 존재할 수 있고, 그 결과 어느 債權이 만족을 얻는가는 債務者의 의사에 달려 있는 것이다. 그리고 債權去來에는 자유경쟁이 허용된다. 그러므로 예컨대 二重賣買나 二重雇傭契約 같은 경우에는 비록 그로 인하여 먼저 발생한 債權이 침해를 받는다 하더라도 원칙적으로는 違法性이 인정되지 않는다.[23] 그러나 제3자의 債權取得行爲가 不正競爭行爲라고 인정되는 경우거나,[24] 사기나 强迫 또는 이와 유사한 수단에 의하여 행하여짐으로써 債務者의 자유로운 의사결정을 방해한 경우에는 違法性이 인정된다.[25] 그리고 債權에는 公示方法이 없으므로 뒤에서 지적하게 되듯이 고의적인 침해가 아닌 한 債權侵害에 대한 違法性을 인정하기가 어려울 수 있다.

그렇다면 구체적으로 어떠한 경우들이 위법한 債權侵害로 되는가? 이는 결국 債權

22) 이러한 행위는 전통적인 結果不法論에 의하면 일단 法益侵害의 결과가 발생하였으므로 위법하기는 하지만 有責性만 없는 行爲가 될 것이다. 그러나 법규범이 요구하는 注意義務를 다한 행위는 비록 그 행위로 인하여 法益侵害의 결과가 발생하였다고 하더라도, 그리고 그 법익이 생명, 신체, 소유권 등과 같이 중요한 법익이라 하더라도, 위법하다고 할 수 없다. 타인의 법익을 침해하지 말도록 하는 법질서의 禁止나 命令도 무조건적인 禁止나 무조건적인 命令이 아니라 故意나 過失(사회생활상 요구되는 注意義務의 위반)에 의해서 타인의 법익을 침해하지 말도록 하는 禁止 또는 命令이기 때문이다. 물론 故意나 過失이 없는 행위로 발생한 손해에 대해서도 가해자가 손해배상책임을 부담하는 경우가 있다. 이른바 危險責任으로서의 無過失責任이다. 그러나 그 경우의 가해자가 손해배상책임을 부담하는 이유는 加害行爲의 違法性에 있는 것이 아니고 加害行爲의 危險性 등 다른 근거에 있는 것이다. 違法性에 대한 이러한 이해 내지 파악은 종래의 結果不法論과는 다른 입장, 즉 行爲不法論的 입장에 그 기초를 두고 있는 것이다. 이 두 입장에 대해서는 徐光民, 不法行爲의 歸責構造 硏究, 1988, 34면 이하 참조.

23) 예컨대 월50만의 보수를 받고 있는 피용자를 그 보다 유리한 고용조건을 제시하여 고용한다든지, 100만원에 매매계약이 되어 있는 물건을 130만원에 매수하는 경우 등은 원칙으로는 위법하지 않다.

24) 不正競爭防止法 제2조 참조.

25) 판례도 2중매매의 경우 매수인이 매도인에게 2중으로 매도할 것을 적극적으로 권유하는 등으로 매도인의 배임행위에 적극적으로 가담하여 이루어진 매매계약은, 사회정의관념에 반하는 反社會的 法律行爲로서 違法性을 띠게 되어 무효라고 한다(大判 1970. 10. 23, 70다2038; 大判 1975. 11. 25, 75다1311; 大判 1977. 2. 22, 75다226·227; 大判 1977. 4. 26, 76다2419; 大判 1978. 1. 14, 77다766; 大判 1978. 1. 24, 77다1804; 大判 1980. 6. 10, 80다569 등 참조).

侵害의 모습에 따라 개별적으로 검토할 수밖에 없으나 대체로 다음과 같은 유형의 債權侵害行爲를 들 수 있을 것이다.[26] 종래의 통설은 이러한 유형의 債權侵害행위를 不法行爲가 성립될 수 있는 경우로서 들고, 違法性의 요건은 별도로 검토하고 있으나, 이러한 유형의 債權侵害행위 자체가 바로 위법한 債權侵害에 해당되는 경우들이라고 할 수 있다.

(1) 債權의 歸屬 자체를 침해한 경우(債權者로 하여금 債權 자체를 상실하게 한 경우)

예컨대 타인의 無記名債權證書를 毁滅하거나 또는 횡령하여 善意의 제3자에게 취득케 한 경우, 債權을 양도하고서 對抗要件(제450조)을 갖추기 전에 二重으로 양도하여 제2의 讓受人에게 대항요건을 갖추게 한때, 債權의 準占有者(제470조) 또는 영수증소지자(제471조)로서 유효한 辨濟를 받은 경우, 表見代理人으로서 債權을 처분한 경우 등에 있어서는 제3자는 債權의 귀속 자체를 침해하고 있는 것이다. 즉, 제3자의 이러한 침해행위로 인하여 債權者는 債權을 상실하게 된다. 그런데 이와 같은 경우에 債權을 소멸케 한 제3자와 債權者 사이에 내부적 법률관계가 있으면, 債權者는 그 내부적 법률관계에 의하여 그 제3자에 대하여 債務不履行責任을 물을 수도 있고, 또 이와 관계없이 不當利得에 의한 구제도 받을 수 있다. 그러나 債權侵害행위의 違法性이 인정되는 한, 이러한 구제수단이 있다고 해서 債權을 침해한 자에 대하여 不法行爲責任을 묻지 못하는 것은 아니다.

반면 제3자가 指名債權의 債權證書를 훼멸하거나 債務者에게 반환한 경우에는, 그것만으로는 債權은 소멸하지 않으므로 不法行爲가 되지 않으며, 二重賣買 기타의 二重契約 역시 不正競爭行爲가 되거나 사기·강박 등의 수단에 의하지 않은 한 원칙적으로 不法行爲가 되지 않음은 위에서 지적한 바와 같다.

(2) 債權의 목적인 給付를 침해한 경우

債權의 목적인 給付를 제3자가 침해함으로써 給付의 전부 또는 일부가 불능으로 되

26) 債權侵害에 대한 이러한 유형적 고찰은 원래 일본에서 제3자에 의한 채권침해의 불법행위 성립부정론과 긍정론의 논쟁과 대립이 있은 후 일본의 勝本 교수가 제창하였고 我妻 교수가 발전시킴으로서 일본의 일반적 견해로 된 이론이다. 勝本正晃, 債權總論(上), 1930, 43면 이하; 我妻榮, 新訂債權總論, 1964, 76면 이하 참조.

는 경우이다. 그런데 이 경우에는 제3자의 침해행위에 대하여 債務者에게는 歸責事由가 없느냐 아니면 債務者에게도 귀책사유가 있느냐에 따라, 債權이 소멸하기도 하고 債權이 소멸하지 않고 損害賠償請求權으로 변하여 그대로 존속하기도 한다. 이를 구분하여 살피기로 한다.

1) 給付의 침해로 債權이 소멸하는 경우

예컨대 特定物의 引渡를 목적으로 하는 債權에 있어서 제3자가 그 목적물을 멸실시키거나, 債務者의 행위를 목적으로 하는 債權에 있어서 제3자가 債務者를 납치·감금함으로써(예컨대 어느 극장에서 공연하기로 예정되어 있는 가수나 배우를 납치 감금하는 경우 등), 債務의 이행이 債務者에게 책임없는 사유로 불가능하게 되어 債務가 소멸하는 경우가 여기에 속한다. 이 경우에는 債務者도 침해자에 대하여 물건의 훼손이나 인격권의 침해나 反對給付債權의 침해(公演料債權의 상실) 등을 이유로 不法行爲로 인한 損害賠償請求權을 가지게 되고, 또 債權者는 債務者에게 이 損害賠償請求權의 양도를 청구할 수도 있으나,[27] 이와 관계없이 債權者는 자기의 債權에 대한 침해를 이유로, 제3자에 대하여 직접 不法行爲로 인한 손해배상을 청구할 수 있다. 다만 여기서 이와 같은 給付의 침해가 위법한 債權侵害가 될려면 給付를 침해할 당시 침해자가 債權의 존재를 알고 있어야 할 것이다. 만약 債權의 존재를 알지 못한 상태에서 이와 같은 특정물을 멸실시키거나 債務者를 감금시켰을 경우에는, 債務者 자신에게는 위법한 침해가 되지만 債權者의 債權에 대한 위법한 침해라고 할 수는 없을 것이다.

2) 給付의 침해로 債權이 소멸하지 않는 경우

제3자가 債務者 또는 履行補助者와 共謀하여 債權의 목적물을 파괴하거나 제3자가 債務者를 교사 또는 방조하여 債務를 불이행하게 한 경우에는, 債務者에게 귀책사유가 인정되기 때문에 債務者의 債務는 소멸하지 않고 損害賠償債務로 변하여 여전히 존속한다. 그러면 이러한 경우에도 제3자의 債權侵害로 인한 不法行爲가 성립하는가? 일반적인 견해와 마찬가지로 이를 긍정하는 것이 다음과 같은 이유에서 타당하다. 즉, 損害賠償請求權은 이론상 본래의 債權에 갈음하는 것이기는 하지만 債權 본래의 내용은 아니며, 債權者에게 損害賠償請求權이 인정된다고 하더라도 債務者의 자력이 불충분한 경우에는

27) 이는 독일민법 제281조에 규정된 이른바 代償請求權(Ersatzanspruch)으로서 우리민법에는 이에 대한 명문의 규정이 없으나 이행불능의 효과로서 인정될 수 있을 것이다.

의미가 없으므로, 이러한 경우에도 債權者의 보호를 위하여 제3자의 不法行爲를 인정하는 것이 타당하다.[28] 그런데 이 유형의 債權侵害에 있어서도 침해자의 共謀, 敎唆, 幇助 등의 침해자의 주관적인 사정이 침해행위의 違法性 인정에 불가결의 요소가 된다.

3) 債務者와 共謀하여 債務者의 一般財産을 감소시키는 경우

제3자가 債務者와 공모하여 허위의 債權證書를 작성하여 債務者의 재산을 假押留함으로써 債權者의 집행을 불가능하게 하거나,[29] 제3자가 債務者와 공모하여 債務者의 유일한 재산을 은닉함으로써 債權者로 하여금 辨濟를 받을 수 없게 하는 경우에는[30] 不法行爲가 인정될 수 있다. 이러한 경우에는 債權의 존재 자체는 소멸되지 않지만 책임재산이 감소됨으로써 債權의 실질적 가치가 손상되므로, 債權侵害가 있다고 할 수 있을 뿐만 아니라 책임재산을 감소시키는 행위의 수단 내지 방법에 있어서도 違法性이 인정되기 때문이다. 그러나 일반재산을 감소시키는 행위라고 하더라도 그것이 이와 같은 방법에 의하지 않은 정당한 거래행위라면 비록 그로 인하여 債權의 실질적 가치가 감소되더라도, 그리고 그러한 사실을 제3자가 알고 있었다고 하더라도 그 행위의 違法性이 인정되지 않는다.[31] 따라서 이러한 경우에는 不法行爲責任을 물을 수는 없고 債權者取消權(제406조)으로 대처할 수밖에 없을 것이다.[32]

6. 不法行爲성립요건으로서의 제3자의 故意·過失

일반적으로 不法行爲가 성립하려면 가해자에게 故意·過失이 있어야 한다. 따라서 제3자의 債權侵害로 인한 不法行爲의 성립에 있어서도 債權侵害에 대한 제3자의 故意나 過失이 있어야 한다. 그런데 종래 일반적인 학설은 이 故意·過失을 不法行爲 성립의 주관적 요건으로 보고 違法性은 그 객관적 요건으로 봄으로써 違法性과 故意·過失

---

28) 원래 일본에 있어서 유형적 고찰의 제창자인 勝本 교수는 이 유형의 채권침해에 대하여 불법행위의 성립을 부정하였으나 我妻 교수는 이를 긍정하였다.

29) 日大判 大正 4. 3. 20 民錄 21輯 395면 참조.

30) 日大判 大正 5. 11. 21 民錄 22輯 2250면 참조.

31) 同旨: 郭潤直, 위의 책, 114면; 金容漢, 債權總論, 1983, 115면; 金疇洙, 債權總論, 1988, 84면; 林正平, 위의 책, 117면; 黃迪仁, 위의 책, 49면.

32) 일본의 한 判例는 債務者가 債權者의 强制執行을 면하기 위하여 合資會社를 설립하고 자기가 無限責任社員이 되어 자기의 재산을 출자한 경우에, 불법행위의 성립을 부정하고 債權者取消權에 의한 구제만을 인정하였다(日大判 昭和 8. 3. 14 法律新聞 3531號 12면).

을 준별하여 왔다. 그러나 違法性과 故意·過失이 그렇게 준별될 수 있는지 자체도 의문일 뿐만 아니라,[33] 제3자의 債權侵害로 인한 不法行爲에 있어서는 위에서 보았듯이 특히 그러한 구별이 곤란한 경우들이 많다. 즉 二重매매 내지 二重계약이나 債務者의 일반재산감소행위 같은 경우들은, 제3자의 故意가 있어야 함은 물론이고 그밖에 반사회적인 수단 방법을 사용하였을 때에만, 그 침해행위의 違法性이 인정될 수 있는 것이다. 이는 제3자가 債務者와 공모하여 債權의 목적물을 파괴하거나 債務者를 교사하여 債務를 불이행하게 만든 경우에 있어서도 마찬가지이다. 그런가 하면 債權의 목적인 給付를 침해하는 경우에도 위에서 지적한 바와 같이 침해자가 債權의 존재를 알면서 침해한 경우에만 위법한 債權侵害라고 할 수 있는 것이다. 그리고 이와 관련하여 지적할 것은, 제3자의 債權侵害로 인한 不法行爲는 주로 故意에 의한 債權侵害의 경우에 한정된다는 점이다. 物權과는 달리 債權에는 일반적으로 公示方法이 없기 때문에 債權의 침해가 있어도 가해자가 債權의 존재를 알지 못하기 쉬운데 그러한 경우에 가해자에게 債權의 존재를 알 수 있었는데도 알지 못했다고 하여 알지 못한데 대한 過失을 인정하기가 어렵기 때문이다.

Ⅲ. 債權侵害와 妨害排除請求權

1. 종래의 학설

제3자가 債權者의 權利行使를 방해하는 경우에, 債權者가 이 제3자에 대하여 방해의 배제를 청구할 수 있는가에 대해서도 依用民法 시대의 학설은 처음에는 債權의 相對性을 이유로 부정하는 입장이었다. 그러다가 이 문제에 대해서도 權利의 不可侵性理論에 입각하여 債權者의 妨害排除請求를 인정하는 것이 지배적으로 되었었다. 그러나 현행민법하에 와서는 학설이 다음과 같은 몇가지 입장으로 갈리어 왔다.

첫째, 債權의 不可侵性을 일반적으로 인정하면서 그 논리필연적 귀결로서 妨害排除請求權을 인정하는 견해이다.[34] 즉 이 견해는 妨害排除請求權 역시 債權의 不可侵性이

33) 故意·過失과 違法性을 준별하는 종래의 이러한 견해는 이른바 結果不法論에 입각한 견해이지만 이른바 行爲不法論에 있어서는 故意나 過失도 不法要素로서 違法性判斷에 관련된다. 이에 대해서는 徐光民, 위의 책, 52면 이하 참조.

34) 玄勝鐘, 위의 책, 103-104면 참조. 同旨: 金疇洙, 위의 책, 86면.

라는 債權의 일반적 성질로부터 인정하려고 한다. 그런데 이 견해는 이러한 妨害排除請求權이 인정되기 위해서는, 債權의 침해가 있거나 있을 염려가 있어야 할 뿐만 아니라 그 밖에 그 침해행위가 위법하고 침해자에게 故意나 過失이 있어야 한다고 한다. 왜냐하면 債權에는 物權과 달리 排他性이 없으며 따라서 公示方法도 없으므로, 침해자의 주관을 따지지 않고 物權에서와 같이 강력한 請求權을 인정한다면 제3자의 이익을 해칠 염려가 있기 때문이라고 한다. 이러한 점에서 債權이 어떠한 형식으로든지 公示方法을 갖추고 있는가 아닌가 하는 것이 妨害排除請求權의 성립여부와 관련하여 중요한 의미를 가지게 된다고 한다. 그러나 이 견해는 公示方法이 마련되어 있지 않은 債權이나 公示方法을 취하지 않은 債權이라고 하여 언제나 妨害排除請求權이 생기지 않는다고 단정할 수는 없다고 한다. 예컨대 고용계약상의 사용자의 債權 등에 관하여 제3자의 침해가 있을 경우에 妨害排除請求權을 인정할 필요가 있다는 것이다.

둘째, 債權의 일반적 성질로서는 妨害排除請求權을 부정하고 정책적·예외적으로만 妨害排除를 인정하려는 견해이다.[35] 즉, 이 견해는 債權에 있어서의 不可侵性은 物權의 경우와는 달리 논리필연적 귀결은 아니며, 따라서 妨害排除請求權 역시 債權의 일반적 성질로서는 인정될 수 없고, 다만 債權을 보호하기 위하여 필요한 경우에 정책적·예외적으로 인정하는 것은 무방하다고 한다. 그래서 현행법상 물건의 이용을 목적으로 하는 債權으로서 公示方法을 갖춤으로써 物權化하고 있는 債權에 대해서만 妨害排除請求權을 인정하려고 한다. 公示方法을 구비하지 않은 債權의 침해에 대해서까지 妨害排除請求權을 인정하면 거래의 안전을 해하게 되어 부당하다고 한다. 한편 占有만을 취득한 賃借權이 제3자에 의하여 침해를 받는 경우에는, 債權者(賃借權者)는 占有保護請求權에 의하여 보호를 받을 수 있으므로, 債權에 기한 妨害排除請求權은 인정할 필요가 없다고 한다. 그런가 하면 賃借人이 아직 占有를 취득하지 않은 경우에는 債權者代位權에 의하여 賃貸人이 가진 妨害排除請求權, 즉 物權的 請求權을 행사할 수 있으므로, 賃借權 자체에 기한 妨害排除請求權은 인정할 필요가 없다고 한다.[36]

셋째, 妨害排除請求權이 현실적으로 문제시되는 것은 물건의 이용 또는 장소의 사용을 목적으로 하는 不動産賃借權의 경우에 한정되는 것으로 보면서 그러한 賃借權중에서도 對抗力을 갖춘 賃借權과 占有를 취득한 賃借權에 대해서만 妨害排除請求權을 인정하려는 견해이다.[37] 이 견해는 그 근거로서, 전자의 경우에는 그 對抗力이 임차목적물

---

35) 郭潤直, 위의 책, 117-118면; 林正平, 위의 책, 117-118면.

36) 郭潤直, 物權法, 41-42면.

의 讓受人에 대해서만 효력이 있는 것이 아니고 그 이외의 제3자에 대해서도 목적물의 이용에 관하여 排他性과 優先性을 가지는 것으로 볼 수 있기 때문이고, 후자의 경우에는 占有를 취득함으로써 목적물에 대한 소유자의 支配權能을 양도받은 것이 되어 賃借權이 강화되었기 때문이라는 점을 들고 있다. 이 경우에 占有는 支配權能을 소유자로부터 양도받았다는 徵表가 되는데, 아직 占有를 취득하지 않은 賃借權은 제3자가 賃借權의 支配權能의 존재를 객관적으로 인식할 수 있는 징표가 없으므로 妨害排除의 청구를 부인하여야 한다고 한다.

넷째, 債權은 相對權이기 때문에 債權의 일반적 성질로서는 妨害排除請求權을 인정하지 않으나 債權의 성질상 이를 인정할 필요가 있는 경우에만 예외적으로 이를 인정하는 점에서, 위의 두번째 견해와 기본적인 입장을 같이 하면서도 그 예외적인 경우로서 대항요건을 갖추었거나 占有를 취득한 賃借權과 같은 利用權的 債權을 들고, 그 경우 妨害排除請求權의 근거를 「利用權」에서 찾는 견해이다.[38]

2. 判 例

依用民法下에서 제3자의 債權侵害에 대하여 不法行爲의 성립을 인정하였던 위의 대법원 判例는 다음과 같이 債權者의 妨害排除請求權도 인정하고 있다.[39]

> "채권도 법률이 보호하는 권리인 이상 일반인은 이를 존중하여야 하며 정당한 이유없이 이를 침해치 못할 법률상 의무가 있다. 그러므로 정당한 이유없이 타인의 채권을 침해한 자는 불법행위가 성립되고 채권자는 그 제3자에 대하여 이로 인하여 받은 손해의 배상을 청구할 수 있다. 또 정당한 이유없는 제3자의 행위로 인하여 債務의 이행이 방해될 우려가 있는 때에는 그 제3자에 대하여 방해행위의 배제를 청구할 수 있다"

그런가 하면 依用民法하의 판례는 賃借不動産을 제3자가 불법점거한 경우에 賃借人에게 賃貸人의 妨害排除請求의 代位行使를 인정하고 있다.[40]

---

37) 金亨培, 위의 책, 370-373면 참조.
38) 權五乘, 「債權에 기한 侵害排除」, 民法의 爭點, 1990, 211-213면 참조.
39) 大判 1953. 2. 21, 4285民上129.
40) 大判 1955. 10. 13, 4288民上364. 이 판례는 歸屬財産인 가옥을 管財當局으로부터 임차한 사람은 그 가옥을 불법점거한 자에 대하여 국가를 대위하여 그 가옥의 명도를 청구할 수 있음을 인정하고 있다.

한편 現行民法下에 와서는 債權侵害의 경우에 債權者에게 債權에 기한 妨害排除請求權을 실제로 인정한 판례는 찾아 볼 수 없다. 다만 賃借不動產을 불법점거한 제3자에 대하여 아직 그 부동산의 占有를 취득하지 못한 賃借人이 賃貸人을 代位하여 妨害排除를 청구하는 것을 인정한 경우는 있다.[41)]

3. 妨害排除請求權이 문제되는 경우들

債權侵害에 대한 妨害排除請求權은 원래 계속적·반복적으로 債權侵害가 일어나는 경우에 문제되는 것이기 때문에 賃貸借, 雇傭, 委任 등과 같은 계속적 債權關係의 존재를 전제로 한다. 그러나 실제로 이것이 문제되는 경우는 不動產賃借權에 대한 침해의 경우일 것이다. 물론 이론적으로는 고용관계에 있는 債務者인 노무자를 제3자가 납치·감금하는 경우에도 債權者인 사용자에게 妨害排除請求權이 인정될 수 있다.[42)] 그리고 이러한 경우에는 사용자가 제3자를 상대로 債權侵害를 이유로 不法行爲責任을 묻는다든지, 감금된 노무자가 그 제3자에 대하여 인격권의 침해를 이유로 不法行爲責任을 묻는 방법으로 처리될 수도 있을 것이다. 한편 動產賃貸借에 있어서도 실제적 필요성은 적다고 하더라도 적어도 이론적으로는 賃借權에 기한 妨害排除請求權이 인정될 수 있을 것이다.[43)] 그러나 제3자에 의한 債權侵害에 대한 妨害排除請求權이 실제로 문제되는 경우는 不動產賃借權에 대한 침해의 경우이므로 여기서도 不動產賃借權의 침해를 중심으로 살펴보기로 한다. 그런데 제3자에 의하여 不動產賃借權이 침해되는 경우도 아무런 權原이 없는 제3자가 賃借不動產을 不法占據함으로써 침해하는 경우가 있는가 하면, 동일부동산에 대하여 二重으로 賃貸借契約이 체결되어, 어느 한 賃借人이 먼저 부동산을 占有함으로써 결과적으로 다른 賃借人의 賃借權을 침해하게 되는 경우도 있을 수 있다. 그리고 이 두 경우에 있어서의 침해의 의미나 그 違法性의 유무 내지 정도가 동일하지 않다. 종래 우리나라에서는 일반적으로 이 두 가지 경우를 구별함이 없이 妨害排除請求權의 문제를 논하여 왔으나 그렇게 하게 되면 여러 가지 점에서 논점에 혼선을 초래하게 된다. 따라서 여기서는 이 두 경우를 구분하여 검토하기로 한다.

---

41) 大判 1962. 1. 25, 4294民上607 참조.

42) 同旨: 吾妻光俊, 新版債權法(法律學講座叢書), 1964, 6면; 松坂佐一, 民法提要(債權總論), 1978, 16면.

43) 同旨: 三島宗彦, 위의 논문(註1), 145면.

4. 정당한 權原없는 제3자가 賃借不動産을 不法占據한 경우에 있어서의 妨害排除請求權

(1) 妨害排除請求權의 認定可能性 검토

정당한 權原없는 제3자가 賃借不動産을 不法占據한 경우에는 賃借人에게 妨害排除請求權이 당연히 인정되어야 한다. 그리고 妨害排除請求權이 인정되어야 하는 근거는 債權의 不可侵性에서 찾을 수 있을 것이다. 그런데 이에 대해서는 몇 가지 반론이 예상될 수 있다.

첫째, 債權은 누구에게나 주장할 수 있는 절대권이 아니고 對人的 給付請求權으로서 상대권인데 어떻게 不可侵性이 인정될 수 있는가 하는 반론이 예상된다. 그러나 필자는 위에서도 언급하였듯이, 債權의 相對性을 인정한다고 하여 債權의 不可侵性을 부정하거나, 제3자의 침해로부터의 보호의 문제를 정책적 문제라고 생각하지 않는다. 즉, 債權이 相對權이라는 것은 債權이 債務者에 대해서만 給付를 청구할 수 있고 債務者 이외의 제3자에 대해서는 給付를 청구할 수 없는 權利라는 것을 의미할 뿐이고, 債權은 제3자에 의해서는 침해를 받을 수 없다거나, 제3자의 위법한 침해로부터도 보호를 받지 못한다는 것을 의미하지는 않는다.

상대권인 債權 역시 제3자에 의하여 사실상 침해를 받을 수 있으며 또 위법한 침해로부터는 債權도 당연히 보호를 받아야 한다. 그것은 입법정책의 문제가 아니고 법적 당위이고 정의의 요구이다. 다만 債權은 그 성질상 그 침해행위의 違法性이 배타적 支配權이며 絶對權인 物權에 대한 침해의 경우와는 달리 제한적으로 인정될 뿐이다. 다시 말해서 債權은 그 성질상 예외적으로 보호를 받을 필요가 있는 것이 아니고, 그 침해의 違法性이 그 성질상 제한적으로 인정되는 것이다. 債權 역시 이에 대한 위법한 침해가 있으면 항상 보호를 받아야지, 債權이라고 해서 위법한 침해에 대해서도 예외적·정책적으로만 보호를 받는다는 것은 도대체 말이 안된다. 그러한 점에서 필자는 債權이 정당한 이유없이 제3자에 의하여 침해를 받고 있는 경우에는, 債權者에게 妨害排除請求權이 인정되어야 한다고 생각한다.

둘째, 債權에는 排他性이 없는데 어떻게 妨害排除請求權이 인정될 수 있는가 하는 반론이 제기될 수 있다. 즉, 物權에는 排他性이 있으므로 妨害排除請求權, 즉 物權的 請求權이 인정되지만 債權에는 排他性이 없으므로 妨害排除請求權도 인정될 수 없다는 반론이 예상된다.[44] 그러나 物權에 있어서의 排他性은 하나의 물건위에 서로 양립할 수 없는 내용의 物權이 동시에 둘 이상 성립할 수 없는 성질을 의미하는 것으로 일반적으로 이해되고 있다.[45] 따라서 物權의 排他性은 無權利者에 의한 物權 實現의 방해시에 인정되는 物權的 請求權의 근거가 되는 성질이 아니라, 物權 상호간의 우선적 효력의 문제에 관한 것이다. 物權的 請求權은 오히려 다음에 보듯이 物權의 支配權的 성질에 근거한다. 그렇다면 債權에는 이러한 의미의 排他性이 없다고 하더라도, 排他性의 유무를 가지고 무권리자의 침해에 대한 妨害排除請求權의 인정가능성 유무를 논하는 것은 타당하지 않다.[46] 따라서 排他性이 없는 債權이라고 하여 무권리자에 의한 침해가 있는 경우에 그 배제청구가 불가능한 것은 아니다.

셋째, 妨害排除請求權은 支配權인 物權에 고유한 것인데, 物權과 구별되는 對人的 給付請求權인 債權의 경우에도 妨害排除請求權이 과연 인정될 수 있겠는가 하는 반론이 제기될 수 있다. 이러한 의문은 민법의 입법태도에 비추어 보아도 제기될 수 있다. 즉, 민법은 物權과 債權을 구별하여 규정하고 있을 뿐 아니라, 제3자에 의한 債權侵害에 대해서는 아무런 규정을 두고 있지 않고 物權의 침해에 대해서만 그 침해의 배제 내지 예방을 청구할 수 있는 권리, 즉 物權的 請求權을 규정하고 있다.[47]

그리고 민법이 인정하는 物權的 請求權은 物權이 물건에 대한 支配權이라는 점에 그 이론적 근거를 찾을 수 있다. 물건에 대한 支配權으로서의 物權의 내용의 실현이 제3자에 의하여 침해 내지 방해되는 경우에 이의 배제를 청구할 수 없다면 物權으로서의 실효성이 없게 되기 때문이다. 이처럼 物權侵害에 대한 妨害排除請求權으로서의 物權的 請求權이 物權의 支配權的 성질에 그 근거가 있는 것이라면, 支配權이 아닌 債權에는 妨害排除請求權이 인정될 수 없다는 반론은 매우 설득력이 있을 뿐만 아니라 가장 본질적이고 가장 강력한 반론이 될 수 있다. 그러면 給付請求權으로서의 債權에는 그 債權의 내용실현이 제3자의 위법한 침해에 의하여 사실상 방해를 받는 경우에도 債權이기 때문에 妨害排除를 청구할 필요가 없는가?

---

44) 위의 학설 중에 公示方法을 구비하여 對抗力을 가짐으로써 物權化한 賃借權에 대해서만 賃借權에 기한 侵害排除請求權을 인정하려는 견해는, 바로 이러한 배타성의 유무를 기준으로 하는 것으로 짐작된다. 과거 일본에서는 대항력을 갖춤으로써 배타성이 생겨 物權化된 임차권에 대해서만 침해배제청구권을 인정하려는 판례나 학설이 있었다. 이에 대해서는 三島宗彦, 위의 논문, 141면 이하 및 吉田 豊, 위의 논문, 89면 이하 참조.

45) 金曾漢, 物權法講義, 1984, 9-10면; 郭潤直, 物權法 1993, 19면.

46) 同旨: 舟橋諄一, 物權法(法律學全集), 1960, 34면.

47) 제213조, 제214조, 제290조, 제301조, 제319조, 제370조 참조.

위에서 본 학설이나 판례는 債權인 賃借權이 침해를 받는 경우에 비록 항상 「賃借權에 기한 妨害排除請求權」을 인정하고 있지는 않지만, 占有保護請求權, 債權者代位權 등의 방법을 동원해서라도 賃借權에 대한 침해의 배제 자체는 인정하려고 하고 있다. 이는 對人的 給付請求權인 債權에 있어서도 그 권리의 실현을 위하여 妨害排除의 필요성이 있다는 것을 말해 주는 것이다. 그리고 위에서도 지적하였듯이 債權도 「부당한 침해로부터 보호받아야 한다는 의미」 또는 「부당한 침해는 허용하지 않는다는 의미」의 不可侵性은 가지고 있다. 그렇다면 債權이 가진 이 不可侵性으로부터 債權侵害에 대한 妨害排除請求權이 도출될 수 있을 것이다. 즉, 債權에 不可侵性을 인정할 수 있는 한 이에 근거하여 妨害排除請求權을 인정하는 것은 이론적으로 전혀 무리가 없는 것이다. 債權과 物權은 각각 請求權과 支配權이라는 점에서는 그 성질이 다르지만 이처럼 권리실현상 妨害排除가 필요하다는 점과 부당한 침해가 허용되어서는 안된다는 점, 그리고 비록 그 근거가 다르더라 하더라도 妨害排除請求權도 인정될 수 있다는 점에서는 양자간에 차이가 있다고 할 수 없는 것이다. 그러므로 債權의 내용실현이 제3자의 부당한 간섭으로 사실상 방해 내지 침해되고 있는 경우에, 債權이 支配權이 아니라는 이유만으로 債權에 기한 妨害排除請求를 부인하는 것은 부당하다고 아니할 수 없다. 즉, 이러한 경우에는 債權은 支配權이 아니기 때문에 비록 支配權的 성질로부터 妨害排除請求權을 도출할 수는 없다고 하더라도, 債權에 존재하는 不可侵性으로부터는 妨害排除請求權을 도출할 수 있으므로 이를 근거로 妨害排除請求權을 인정하여야 할 것이다.

그런데 문제는 債權侵害에 대한 妨害排除請求權에 대해서는 민법에 아무런 규정이 없기 때문에, 妨害排除請求權을 이상과 같은 이론적 근거에서 인정한다 하더라도 그 인정의 실정법적 근거는 어디서 찾을 것인가 하는 점이다. 그러나 妨害排除請求權의 도출 가능성이 이론적으로 인정되는 한 이 문제 역시 극복 못할 정도의 문제는 아니다. 이러한 권리에 대하여 민법에 이른바 법률의 흠결, 즉 민법의 規律意圖에 반하는 不完全(planwidrige Unvollständigkeit des Gesetz)[48]이 있는 것으로 보아[49] 條理에 의하여 법률의 흠결을 보충하는 방법에 의하여 해결하면 되기 때문이다. 이와 관련하여 한가지 지적할 것은 依用民法에는 物權的 請求權에 관한 규정도 없었다는 점이다. 이는 현행 일본

48) Larenz, Methodenlehre der Rechtswissenschaft, 4. Aufl., 1979, 358면.

49) 債權侵害에 대해서는 그것이 부당한 침해인 경우에도 侵害排除請求를 인정하지 않겠다는 것이 民法의 規律意圖라고 볼 수는 없다. 오히려 債權이든 物權이든 제3자의 부당한 간섭으로 그 권리의 내용실현이 방해받고 있는 경우에는, 그 방해의 배제를 인정하려는 것이 民法의 規律意圖라고 보는 것이 더 자연스럽고 타당하다. 그렇다면 민법이 債權侵害의 경우에 있어서의 妨害排除請求權에 대하여 규정을 두지 못한 것은 그 規律意圖에 반하는 不完全이라고 볼 수 있다.

민법에도 마찬가지이다. 그럼에도 불구하고 이들 민법하에서도 物權의 본질로부터 物權的 請求權은 널리 인정되었고 지금도 인정되고 있는 것이다.[50]

이러한 점으로 보아 우리 민법상 債權侵害에 대한 妨害排除請求權을 인정하는데는, 이론적 근거에 있어서나 법해석론적으로나 별 어려움이 없다. 그러면 제3자가 賃借不動産을 정당한 權原 없이 점거한 경우 인정되는 妨害排除請求權은 어떠한 요건을 전제로 하는가? 아래에서 이에 대하여 검토하기로 한다.

(2) 妨害排除請求權의 발생요건으로서 公示方法의 구비 要否

위에서 소개한 학설 중에 不動産賃借權에 기한 妨害排除請求權은 公示方法을 갖춤으로써 이른바 物權化한 不動産賃貸借에 대해서만 인정하려는 견해가 있었다. 이 견해는 그렇게 하는 이유로서 公示方法을 갖추지 않은 賃借權의 경우까지 妨害排除請求權을 인정하게 되면 거래의 안전을 해치게 된다는 점을 들고 있다.[51] 그리고 公示方法을 갖춘 不動産賃借權은 對抗力을 가지게 되므로 不動産賃借權의 物權化 경향에 비추어 보더라도 物權과 엄별할 필요가 없는 점도 들고 있다.[52] 그런데 이 견해는 다음과 같은 두가지 이유에서 타당하다고 할 수 없다.

첫째, 不動産賃借權의 公示方法은 제3자에 대한 對抗力의 구비를 위해서 필요한 요건이다. 그런데 여기서 말하는 제3자는 賃借不動産의 讓受人 등 賃借不動産에 대한 物權을 취득한 자를 말하는 것이고 막연히 일반적인 제3자를 의미하지 않는다. 따라서 이 경우의 公示方法은 이러한 자에 대하여 賃借權을 가지고 대항할 수 있는 요건으로서, 이러한 자들이 기존의 賃借權을 깨뜨리지 못하게 하기 위한 대항요건이지, 아무런 權原이 없이 賃借不動産을 占有하는 자에 대한 妨害排除를 청구할 수 있기 위한 요건은 아니다. 따라서 權原없이 賃借不動産을 不法占據한 제3자에 대한 妨害排除請求權의 전제로서 公示方法의 구비를 요구할 것은 아니다.[53]

---

50) 이에 대해서는 於保不二雄, 「物權的請求權の本質」, 法學論叢 70卷 2號, 1면 이하 참조.

51) 郭潤直, 위의 債權總論, 117면.

52) 郭潤直, 위의 物權法, 42면.

53) 일본의 好美淸光은 賃借權이 대항력을 구비한 경우에도 부동산에 대한 物權을 취득한 자나 二重賃借人에게만 대항할 수 있을 뿐 일반 제3자의 침해에 대해서는 賃借權이 역시 物權이 아닌 이상 物權的 請求權은 인정될 수 없다고 한다(好美淸光, 「賃借權に基す〈妨害排除請求權」, 契約法大系 Ⅲ, 184면 참조). 그러나 그러한 경우에는 비록 妨害排除請求가 物權的 請求權의 이름으로 행사될 수는 없다고 하더라도 임차권에 기한 방해배제청구 자체는 인정되어야 할 것이다. 그리고 이는 대항력의 구비와 관계없이 인정되어야 할 것이다.

둘째, 賃借權의 公示方法을 이상과 같은 對抗力을 구비하기 위한 요건일 뿐만 아니라 거래의 안전을 위하여 널리 그 밖의 제3자까지 보호하기 위한 요건으로 본다고 하더라도, 公示方法을 아무런 權原없이 賃借不動産을 占有한 자에 대한 妨害排除請求權의 요건으로서 요구하는 것은 부당하다. 이러한 자는 거래관계에 있는 자가 아니어서 도대체 보호할 利益도 보호할 필요도 없는 제3자이기 때문이다.

이상과 같은 이유에서 제3자가 아무런 權原없이 賃借不動産을 不法占據하는 경우에는 賃借權에 公示方法이 구비되어 있지 않더라도 賃借人에게 妨害排除請求權이 인정되어야 한다고 본다.[54)]

(3) 妨害排除請求權의 발생요건으로서 占有取得의 필요 여부

위에서 본 학설들은 不動産賃貸借契約은 되어 있으나 아직 占有를 취득하지 못한 不動産賃借權은 賃借權에 기한 妨害排除請求權이 인정될 수 없다는 입장을 대체로 취하는 것으로 보인다. 그 이유로서는 그러한 경우에는 賃借權에 대한 제3자의 인식가능성이 없다는 점을 들거나,[55)] 그러한 경우에는 債權者代位權의 행사에 의하여 妨害排除가 가능하기 때문이라는 점을 들고 있다.[56)] 한 편 우리나라 판례는 위에서 보았듯이 정당한 이유 없이 제3자에 의하여 債權이 침해되는 경우에는 債權에 기한 妨害排除請求權의 행사가 가능함은 인정하면서도, 占有를 취득하지 못한 賃借不動産을 제3자가 불법점거한 경우에 있어서는, 임차인에게 임차권에 기한 방해배제청구권을 직접 인정하지 않고, 임대인이 가진 방해배제청구권의 代位行使를 인정하고 있다.[57)] 그런가 하면 학설 중에는 占有를 취득한 賃借權에 있어서는 賃借人은 占有保護請求權에 의한 보호를 받을 수 있으므로 그 賃借權에 기한 妨害排除請求權은 인정할 필요가 없다는 견해도 있다.[58)]

그러면 정당한 權原없는 제3자가 賃借不動産을 不法占據한 한 경우에도 賃借人은 이미 占有를 취득한 경우에만 妨害排除를 청구할 수 있는가? 정당한 權原없이 賃借不動

---

54) 同旨: 平井宜雄, 債權總論, 1985, 89면.

55) 森泉 章 외 6人 共著 民法講義, 4, 19면은 이러한 이유를 들고 있다.

56) 郭潤直, 위의 物權法, 41-42면 참조.

57) 大判 1955. 10. 13, 4288民上364; 大判 1962. 1. 25, 4294民上607 참조. 일본의 판례도 占有를 취득하지 못한 不動産賃借權의 경우에는 賃借人이 債權者代位權에 의하여 侵害排除請求權을 행사하는 것을 인정하고 있다. 日大判 大正 9. 11. 11, 民錄 26, 1701; 日大判 昭和 4. 12. 16, 民集 8, 944 참조.

58) 郭潤直, 위의 債權總論, 118면; 위의 物權法, 41면 참조.

産을 不法占據한 제3자에 대한 한 그렇게 할 이유가 없다고 본다. 왜냐하면 賃借人이 占有를 아직 취득하지 않아서 제3자가 모르고 점거하였다고 하더라도, 賃借人이 자기의 賃借權을 입증하여 妨害排除를 청구하면 그 순간부터 제3자는 賃借權의 존재를 알 수 있는 것이고, 이를 안 이상 제3자는 賃借人의 妨害排除請求에 불응할 이유가 없기 때문이다. 그리고 이러한 경우에 賃借人으로 하여금 賃貸人이 가진 妨害排除請求權의 代位行使는 인정하면서 賃借權에 기한 妨害排除請求權은 인정하지 않는다면 이 역시 설득력이 없는 것이다.59)

제3자가 賃借權의 침해당시 賃借權의 존재에 대한 인식가능성이 없는 것은 債權者代位權의 행사를 인정하는 경우에도 마찬가지이기 때문이다. 그렇다면 이러한 경우에 賃借人으로 하여금 賃借權에 기한 妨害排除請求權을 직접 행사하게 할 것이지 구태여 우회적인 방법을 택하여 賃貸人의 妨害排除請求權을 代位行使하게 할 필요가 없을 것이다.60)

그리고 賃借人이 占有를 이미 취득한 부동산에 대한 침해의 경우에는 賃借人이 占有保護請求權에 의하여 보호를 받을 수 있으므로 賃借權에 기한 妨害排除請求權은 인정할 필요가 없다는 견해 역시 그 타당성을 인정할 수가 없다. 占有保護請求權은 本權이 없는 占有에도 인정되는 권리이므로 占有保護請求權이 인정된다는 것이 賃借權에 기한 妨害排除請求權이 인정될 수 없다는 논거로 될 수는 없기 때문이다.61)

결국 정당한 權原없이 賃借不動産을 不法占據하는 제3자에 대해서는 賃借人이 그 부동산에 대한 占有를 취득하였는가의 여부를 묻지 않고 妨害排除請求權을 행사할 수 있다고 하여야 한다.

(4) 妨害排除請求權의 발생요건으로서 제3자의 故意·過失의 필요 여부

위의 학설 중 첫번째 견해(현승종 교수)는, 債權에는 公示方法이 없기 때문에 債權侵害에 대한 배제청구가 인정되기 위해서는 物權의 침해의 경우와는 달리 침해자의 故意나 過失이 있어야 한다고 한다.62) 그러나 이는 妨害排除請求權의 문제를 不法行爲責

59) 同旨: 三島宗彦, 위의 논문(註1), 143면.

60) 同旨: 平井宜雄, 위의 책, 88면.

61) 同旨: 金亨培, 위의 책, 372면 註 1; 三島宗彦, 위의 논문(註 1), 143면.

62) 일본에도 이러한 견해를 취하는 학자들이 있다. 柚木 馨-高木多喜男, 判例債權總論, 14면; 松坂佐一, 民法提要(債權總論), 1978, 15면 참조.

任의 문제와 혼동하는 것으로서 타당하다고 할 수 없다. 債權侵害에 대한 사후적 구제방법인 不法行爲責任(損害賠償責任)에 있어서는 過失責任의 원칙상 침해자에게 故意나 過失이 있어야 하지만, 妨害排除請求權은 정당한 이유없이 계속되고 있는 침해행위 자체를 배제하려는 것으므로 침해자의 故意·過失은 그 요건이 아니다. 침해행위에 정당한 이유가 없는데도 침해행위에 故意나 過失이 없으므로 妨害排除請求權이 인정될 수 없다는 것은, 침해행위가 부당하지만 침해행위에 故意나 過失이 없었으니 침해행위를 계속 허용한다는 결과가 되므로 옳지 않다.

그리고 또 公示方法이 구비되어 있지 않기 때문에 제3자가 債權의 존재를 모르고 침해하였다고 하더라도, 債權者가 자기가 債權(여기서는 不動産賃借權)을 가지고 있다는 것을 입증하여 妨害排除를 청구하면, 침해자는 그 순간부터는 債權의 존재를 알게 될 것이므로, 債權者의 妨害排除請求에 응하는 것이 당연한 것이다.

(5) 妨害排除請求權의 요건에 대한 종합적 고찰

이상에서 우리는 제3자가 정당한 權原없이 賃借不動産을 불법점거하는 경우에는, 비록 賃借權이 物權과 같은 支配權이 아니라 하더라도, 賃借權의 不可侵性에 근거하여 賃借人에게 妨害排除請求權을 인정할 수 있다는 것을 확인하였다. 그리고 그러한 妨害排除請求權은 賃借權에 대한 對抗力이 구비되어 있지 않더라도, 賃借人이 賃借不動産에 대한 占有를 취득하지 않았더라도, 그리고 임차권의 존재에 대하여 제3자가 善意·無過失인 경우라도, 인정되는 것이 타당하다는 것도 확인하였다. 그러고 보면 賃借權에 대한 침해의 배제 자체는 인정하면서도 그 요건으로서 對抗力의 구비나 占有의 취득을 요구한다든지, 그 방법으로서 賃借權에 기한 妨害排除請求權을 직접 인정하지 않고 경우에 따라 占有保護請求權에 의존한다든지, 債權者代位權이라는 우회적인 방법을 동원하려는 위의 판례나 학설들은, 어떤 타당한 이유에서 그러는 것이 아니고, 결국 賃借權은 債權이기 때문에 債權으로부터는 妨害排除請求權이 도출될 수 없다는 기본입장 내지 고정관념에서 그렇게 하는 것이라고 볼 수밖에 없다. 그렇다면 이제 債權으로부터도 그 不可侵性에 근거하여 妨害排除請求權이 인정될 수 있음이 확인된 이상, 債權에 대한 妨害排除를 위하여 위와 같은 요건을 요구한다든지 위와 같은 방법들에 의존할 필요는 없을 것이다.

5. 동일한 부동산에 二重으로 賃貸借契約이 체결된 경우에 있어서의 妨害排除請求權

동일한 부동산에 대하여 二重으로 임대차계약이 체결된 경우, 어느 한 賃借人이 賃借權에 기하여 목적물을 占有하면 다른 賃借人의 賃借權이 사실상 침해를 받는 결과가 초래될 수 있다. 그러나 이러한 경우에는 원칙적으로 妨害排除請求權이 인정되지 않는다. 債權 상호간에는 우선적 효력이 없고, 債權이 二重으로 존재하는 경우에 어느 債權이 만족을 얻는가는 債務者의 자유의사에 달려 있기 때문이다. 그래서 동일한 부동산에 二重으로 임대차계약이 체결되었을 경우에, 나중에 賃借權을 취득한 자가 그 부동산을 占有 사용하면, 처음에 賃借權을 취득한 자의 權利를 침해하는 결과로 되지만, 그것은 부당한 침해로 되지 않는다. 그 결과 제1의 賃借人은 제2의 賃借人에 대하여 妨害排除를 청구할 수가 없다. 이 경우 제1의 賃借權이 보호를 받지 못하는 것은, 보호를 받을 필요가 없어서가 아니라 債權의 성질상 제2의 賃借人의 부동산 사용이 제1의 賃借權에 대한 부당한 침해로 되지 않기 때문이다.

그러면 제1賃借人의 賃借權이 公示方法을 구비한 경우에는 어떠한가? 예컨대 제1의 賃借權이 민법 제621조 및 제622조의 登記를 하였거나 住宅賃貸借保護法 제3조의 절차를 필한 경우에는 어떠한가? 생각건대 이들 규정의 公示方法은 賃借目的物의 讓受人 등에 대하여 賃借人이 기존의 賃借權을 가지고 대항할 수 있게 하는 대항요건으로서, 賃借不動産의 讓受人 등이 기존의 賃貸借關係를 깨뜨리지 못하게 하려는 것이고, 제2의 賃借人에게 대항하려는데 본래의 취지가 있는 것은 아닐 것이다.[63] 그러나 이러한 대항요건을 구비한 賃借權이 임차목적물에 대한 「所有權」을 새로이 취득한 자에 대해서 對抗力을 갖는 것이라면, 이러한 賃借權이 임차목적물에 대하여 나중에 「債權」인 제2의 「賃借權」을 취득한 자에게도 역시 대항할 수 있다고 본다. 그러한 점에서 公示方法을 구비한 賃借權은 公示方法을 구비하지 못한 賃借權에 대하여 우선적 효력을 갖는다고 보아야 할 것이다. 그리고 이는 나중에 발생한 賃借權이 먼저 公示方法을 구비한 경우에 있어서도 물론 마찬가지이다. 그렇다면 公示方法을 구비한 賃借權을 公示方法을 구비하지 못한 다른 賃借人이 침해한 경우에는, 公示方法을 구비한 賃借人은 이의 배제를 청구할 수 있다고 보아야 한다.[64] 그러나 이는 앞에서 살핀 權原없는 자의 불법점거에 대한 妨

63) 同旨: 金亨培, 위의 책, 370면.

64) 同旨: 日最判昭和 28. 12. 18, 民集 7卷 12號, 1615면; 同 昭和 29. 2. 5, 民集 8卷 2號, 390면;

害排除請求權의 경우와는 달리, 단순한 妨害排除請求權이 아니고 對抗力을 구비한 賃借人의 賃借權이 다른 賃借人의 賃借權에 대하여 우선적 효력을 갖는 결과 발생하는 효력이라고 할 수 있다.

賃借權이 公示方法을 구비한 경우의 효력이 이상과 같다면, 公示方法은 구비하지 못하고 占有만 취득한 賃借權을 제2賃借人이 침해하는 경우는 어떠한가? 생각건대 占有는 賃借權의 公示方法은 되지 못한다. 그리고 占有를 취득하였다고 하여 위에서 본 바와 같은 對抗力이 생긴다고도 할 수 없다. 그러나 占有를 취득한 賃借人에게 정당한 賃借權이 귀속한다는 것이 입증만 되는 한, 이 賃借權에도 占有를 취득하지 못한 賃借權에 대한 우선적 효력을 부여하는 것이 타당하다고 본다. 그 이유는 다음과 같다. 즉, 債權은 對人的 給付請求權이어서 동일한 債務者에 대하여 동일한 내용의 債權이 병존할 수 있고 또 債權상호간에는 우선적 효력도 없어서, 어느 債權이 만족을 얻는가는 債務者의 자유의사에 달려 있다. 이 점은 賃借權에 있어서도 마찬가지이다. 그러나 賃借權에 있어서 賃借人이 占有를 취득하였다는 것은 債務者인 賃貸人이 스스로 그 債務(賃借人으로 하여금 목적물을 사용·수익하게 할 의무)를 이행하기 시작하였다는 것을 의미한다. 즉, 달리 말해서 債務者인 賃貸人이 그 債務를 이행하기 시작하였기 때문에, 債權者인 賃借人이 목적물에 대한 占有를 취득하게 된 것이다. 그렇다면 이처럼 賃借人이 債務者인 賃貸人의 意思에 기한 債務履行으로 占有를 취득한 賃借權은, 아직 占有를 취득하지 못한 賃借權에 대하여 우선적 효력을 갖는다고 하여야 할 것이다. 그러한 우선적 효력에 근거하여 占有를 취득한 賃借人은 占有를 취득하지 못한 賃借人의 침해에 대하여 妨害排除를 청구할 수 있는 것이다.

* 現代民法學의 課題와 展望(韓琫熙教授華甲記念論文集 1994), 1005면 이하 게재

同 昭和 45. 11. 24, 判例時報 614號, 49면 등.

賣渡人의 瑕疵擔保責任*

- 民法規定上의 문제점과 解釋論的 해결방법 -

Ⅰ. 賣渡人의 瑕疵擔保責任에 관한 民法規定上의 문제점과 民法學의 과제

1. 賣渡人의 瑕疵擔保責任에 관한 民法規定의 문제점

민법은 제580조에서 매매의 목적물(特定物)에 하자가 있는 경우에 대해서 민법 제575조 제1항의 규정을 준용함으로써, 매도인은 매매목적물의 하자에 대하여 다음과 같은 책임을 부담하도록 하고 있다. 즉, 매매의 목적물에 하자가 있는 때에 이로 인하여 계약

* 한국민사법학회 1994년 하계학술대회 발표논문.

의 목적을 달성할 수 없는 경우에는 매수인은 계약을 해제하고 손해배상을 청구할 수 있으나, 기타의 경우에는 손해배상만을 청구할 수 있다. 그러나 매수인이 하자있는 것을 알았거나 과실로 인하여 이를 알지 못한 경우에는 매수인은 매도인에게 이러한 책임을 물을 수가 없다. 그리고 제581조에서는 종류매매의 경우에 특정된 목적물에 하자가 있는 때에도 제580조의 규정을 준용함으로써 매도인에게 이러한 책임을 물을 수 있도록 하고 있다. 그리고 종류매매의 경우에는 매수인은 계약의 해제나 손해배상에 갈음하여 하자없는 물건의 급부, 즉 완전물급부를 청구할 수도 있다. 매수인의 이러한 권리들은 매수인이 그 사실을 안 날로부터 6개월 내에 행사하여야 한다(제582조). 이상이 매도인의 瑕疵擔保責任에 관한 民法規定의 주요내용이다. 그리고 이 규정들은 계약의 성질이 허용하는 한 다른 有償契約에도 준용된다(제567조). 매매목적물에 하자가 있는 경우에 매도인이 부담하는 이러한 책임의 성질이 債務不履行責任인가 法定責任인가에 대하여 논란이 있지만, 어쨌든 민법은 이러한 경우에 대하여 一般債務不履行責任에 관한 규정(제390조 이하 및 제544조 이하)과는 별도로 이러한 규정을 두고 있다.

그런데 매도인의 瑕疵擔保責任에 관한 우리 민법의 이러한 규정은, 瑕疵擔保責任의 발생요건이나 瑕疵擔保責任의 내용을 비교적 구체적으로 구분하여 규정하고 있는 大陸法系 西歐諸國의 입법에 비하여, 책임의 발생요건이나 책임의 내용에 관하여 극히 추상적이고 모호하게 되어 있다. 즉, 대륙법계 서구제국의 민법은 대체로 매매의 목적물에 하자가 있는 경우에 매도인의 歸責事由를 불문하고 매수인으로 하여금 계약을 해제하든지 또는 賣買代金의 감액을 청구할 수 있도록 하고 있다.[1] 그리고 계약해제시에는 매수인이 지출한 계약비용 등의 상환도 청구할 수 있도록 하고 있다.[2] 한편 독일민법이나 스위스債務法은 種類物賣買의 경우에는 매수인은 계약의 해제나 매매대금의 감액청구에 갈음하여 완전물의 급부를 청구할 수 있도록 하고 있다.[3] 그리고 이들 서구제국의 민법은 매도인이 瑕疵에 대하여 알면서도 매수인에게 알리지 않았다든지, 과실로 몰랐다든지, 매매계약시에 매도인이 보증한 목적물의 성질이 결여되었다든지 하는 경우에는, 매도인은 債務不履行으로 인한 損害賠償責任(Schadensersatz wegen Nichterfüllung)도 부담하도록 별

1) 프랑스민법 제1644조, 이태리민법 제1492조, 스페인민법 제1486조, 독일민법 제462조, 스위스債務法 제205조 등. 매도인의 瑕疵擔保責任에 관한 역사적, 비교법적 고찰에 대해서는 曺圭昌, 「物件의 瑕疵擔保責任」, 法學論集(고려대학교) 제21집, 1983, 221면 이하 참조.

2) 프랑스민법 제1646조, 이태리민법 제1493조, 스페인민법 제1487조, 독일민법 제467조, 스위스채무법 제208조 제2항 등.

3) 독일민법 제480조, 스위스채무법 제206조 등.

도로 규정하고 있다.[4] 이러한 서구제국의 입법태도와 비교할 때 나타나는 우리 민법규정의 가장 두드러진 특징은, 매수인의 代金減額請求權을 규정하지 않았다는 점과 損害賠償請求權을 규정하되 그 요건을 분명히 함이 없이 契約解除權과 같은 조항에 규정하고 있다는 점이다. 그 결과 우리민법 규정의 적용시에 제기되는 가장 큰 의문은 이 損害賠償請求權이 어떤 손해에 대하여 인정될 수 있는가 하는 점, 즉 제580조의 손해배상의 내용이 무엇인가 하는 점이다. 우리 民法規定이 지니고 있는 이러한 입법상의 모호성 내지 추상성과 이들 규정의 해석상 제기되는 이러한 의문 때문에, 위의 규정들을 적용하여 매도인의 瑕疵擔保責任의 문제(즉 瑕疵있는 물건의 매수인이 받는 손해를 조정하는 문제)를 해결하는 데에는 어려움과 논란이 있게 되는 것이다.

2. 매매목적물의 瑕疵로 인한 손해 및 이에 대한 타당한 調整方法

瑕疵擔保責任의 문제는 결국 瑕疵있는 물건의 매수인이 받는 손해 내지 불이익을 조정하는 문제이지만, 瑕疵있는 물건의 매수인이 받는 손해 내지 불이익은 한가지가 아니고 여러 종류일 수 있다. 즉, 매매의 목적물에 瑕疵가 있는 것 자체로 인한 손해(목적물의 교환가치의 감소)일 수도 있고, 瑕疵로 인하여 예정되었던 전매가 불가능하게 된 손해일 수도 있고,[5] 瑕疵로 인하여 계약의 목적을 달성할 수 없게 됨으로써 발생하는 손해일 수도 있다. 그런가 하면 매매목적물의 瑕疵로 인하여 매수인의 신체나 건강, 물건 등 다른 法益에 발생한 손해(이른바 結果損害 내지 擴大損害)일 수도 있다.

한편 매수인이 받는 이러한 불이익 내지 손해를 조정하는 방법으로서는 경우에 따라 매수인으로 하여금 매매대금의 감액을 청구하게 한다든지, 그 밖의 손해배상을 청구하게 한다든지, 계약을 해제하게 한다든지, 완전물의 給付를 청구하게 한다든지 하는 것을 想定해 볼 수 있다. 다만 어떠한 경우에 어떠한 방법을 허용할 것인가는, 경우에 따라 그 타당성 여부에 의하여 결정되어야 할 것이다. 그리고 매수인으로 하여금 이러한 권리들을 행사하게 하는 경우에도, 어떠한 요건 하에서(특히 매도인의 歸責事由를 요건으로 할 것인가 아닌가) 이러한 권리를 인정할 것인가가 결정되어야 할 것이다. 따라서 매도인의 瑕疵擔保責任에 관한 법률규정 내지 법률제도가 그 기능을 다하려면, 법률은 이러한 사

4) 프랑스민법 제1645조, 이태리민법 제1494조, 스페인민법 제1486조, 독일민법 제463조, 스위스채무법 제208조 제3항 등.

5) 예컨대 그 목적물의 瑕疵로 인하여 예정되었던 轉賣가 불가능하게 되었다든지 하는 경우를 생각하라.

항들에 대하여 구체적으로 그리고 타당하게 규정하여야 할 것이다. 그런데도 우리 민법은 이러한 사항들에 대하여 구체적인 규정을 두고 있지 못하다. 바로 여기에 우리 민법 규정의 문제점이 있는 것이고, 이 문제에 대한 해결의 어려움도 바로 이러한 점에 기인하는 것이다.

3. 瑕疵擔保責任 問題 해결에 있어서의 民法學의 課題

우리 민법은 위에서 본 바와 같이 瑕疵擔保責任의 내용으로서 매수인의 契約解除權, 損害賠償請求權, 完全物給付請求權을 규정하면서도 매수인의 이 세가지 권리가 어떤 요건 하에서 행사될 수 있는 것인지, 특히 損害賠償은 어떠한 손해를 어떠한 요건 하에서 배상하는 것인지를 구체적으로 구분하여 밝혀주지 못하고 있다. 다만 민법은 위의 세가지 권리는 매수인이 瑕疵를 알았거나 과실로 알지 못한 경우에는 인정되지 않는다는 점과, 契約解除權은 하자로 인하여 계약의 목적을 달성할 수 없는 경우에만[6] 인정된다는 점을 밝히고 있을 뿐이다. 이처럼 우리 민법은 매도인의 瑕疵擔保責任에 관한 별도의 규정을 두고 있으면서도, 이와 같은 몇 가지 점들에 대하여는 구체적으로 규정하지 못하고 있다. 이러한 점에 관한 한 민법에는 法律의 欠缺(Gesetzeslücke), 즉 법률(민법)의 規律計劃에 반하는 不完全(planwidrige Unvollständigkeit des Gesetzes)[7]이 있다고 볼 수 있다. 따라서 우리 민법상 제기되는 이러한 의문에 대한 대답은 이제 부득이 학설과 판례에 맡겨져 있는 것이다. 그렇다면 이와 관련하여 민법학에 주어진 과제는, 매매목적물의 瑕疵로 인하여 매수인이 입는 손해 내지 불이익의 여러 경우들을 타당하게 처리할 수 있도록, 민법 제580조와 제581조의 규정을 해석하고 그 경우 봉착하는 法律의 흠결을 보충하는 것이라고 할 수 있다. 그것은 바꾸어 말하면 우리 민법상의 瑕疵擔保責任, 특히 손해배상책임의 요건과 내용을 구체화하는 것이라고 할 수 있다.

그런데 이와 같은 과제를 수행함에 있어서 우선 분명히 하여야 할 것은, 민법 제580조의 손해배상청구권은 매매목적물의 瑕疵로 인하여 매수인이 손해를 입는 위에서 본 바와 같은 모든 경우에 다 인정될 수는 없다는 점이다. 그 이유는, 제580조와 제581조에 규정된 瑕疵擔保責任은 매도인의 歸責事由를 요건으로 함이 없이 인정되는 無過失責任

6) 이 점에서 여기서 인정되는 契約解除權은 민법 제544조 이하에 규정된 債務不履行의 효과로서의 契約解除權과 그 要件이 다르다.

7) Larenz, Methodenlehre der Rechtswissenschaft, 4. Aufl., 1979, 358면.

인데,[8] 이 규정상의 손해배상청구권을 매매목적물의 瑕疵로 인하여 매수인이 입는 모든 손해에 대하여 다 인정하게 되면, 채무불이행책임의 일반원칙(과실책임)을 무시하고 유독 매도인에게만 무거운 책임을 부담시키는 결과가 되어 부당하게 되기 때문이다. 따라서 제580조와 제581조의 적용에는 일정한 한계가 있는 것이다. 이 두 규정의 적용한계에 대한 확실한 인식이 없게 되면, 매매목적물의 瑕疵로 인하여 매수인이 받는 모든 손해가 마치 이 규정들에 의해서 조정가능한 것처럼, 그리고 이들 규정에 의해서만 조정해야 하는 것처럼 생각하면서 瑕疵擔保責任에 대한 논의를 전개하기 쉽다. 그러나 그러한 상태에서 전개하는 논의는 제580조의 손해배상의 내용 및 요건을 분명히 밝혀주지 못하여, 결과적으로는 매매목적물의 瑕疵로 인하여 매수인이 입는 손해의 공평 타당한 조정을 어렵게 한다.

종래 매도인의 瑕疵擔保責任에 관하여 우리나라 민법학계에서도 많은 연구와 논의가 있어 왔다.[9] 그러나 이러한 논의들은 거의가 제580조와 제581주의 적용한계 내시 적용범위를 분명히 하지 않은 상태에서 이 규정상의 瑕疵擔保責任의 성질의 규명을 중심으로 전개하고,[10] 그러한 과정에서 이 규정을 서로 상이한 시각으로 해석해온 감이 없지

---

8) 제580조와 제581조에 규정된 매도인의 하자담보책임이 무과실책임이라는 점은 매도인의 歸責事由를 그 요건으로 한다고 가정하는 경우에 초래되는 부당한 결과를 생각하면 알 수 있다. 즉, 만약 매도인의 하자담보책임이 매도인의 歸責事由를 요건으로 한다면, 매도인에게 歸責事由가 없는 경우에는, 매수인은 계약을 해제하지도 못하고 완전물의 급부를 청구하지도 못하게 되는 부당한 결과가 야기된다.

9) 이에 관한 연구로는 일반교과서에 있는 것들을 제외하고도 金亨培, 「瑕疵擔保의 性質」, 法律行政論集 제19집(고려대학교), 1981, 123면 이하(民法學硏究, 1989, 226면 이하); did圭昌, 위의 논문; 金大貞, 매도인의 擔保責任에 관한 硏究(성균관대학교 박사학위청구논문(1990. 9.) 등 다수 있다.

10) 특히 특정물매도인의 하자담보책임에 관하여 法定責任說과 債務不履行責任說이 대립하여 왔다. 法定責任說은 종래에 있어서의 우리나라의 지배적인 견해로서 特定物에 매도인이 모르는 하자가 원시적으로 존재하는 경우에는 하자없는 물건의 급부는 원시적으로 불능이므로, 매도인이 모르는 원시적인 하자가 있는 목적물의 급부는 채무의 불이행라고 볼 수 없고, 따라서 제580조의 특정물매도인의 하자담보책임은, 성질상 채무불이행책임이 아니고 有償契約인 매매계약에 있어서의 급부와 반대급부간의 等價的 균형을 유지하기 위하여 법률에 의하여 특별히 인정된 책임이라고 한다. 한편 최근에 몇 분의 학자들에 의하여 유력하게 주장되고 있는 債務不履行責任說은, 특정물에 매도인이 모르는 하자가 원시적으로 존재한 경우에도 매도인에게 하자없는 물건의 급부의무를 인정하고, 하자있는 특정물의 급부를 매도인의 채무불이행으로 본다. 金亨培, 위의 논문, 民法學硏究, 248면; did圭昌, 위의 논문, 261면; 金大貞, 위의 논문, 242면 이하; 黃迪仁, 現代民法論 Ⅳ, 1980, 189면 이하; 李銀榮, 債權各論, 1989, 210면. 이 두 학설에 대한 상세한 검토는 이 논문에 있어서는 그 체제상 적절하지 않기 때문에 다른 기회로 미루기로 하고 여기서는 다음과 같은 점만을 지적하여 두기로 한다. 즉 필자는 종류물매매의 경우라면 몰라도 적어도 대체가 불가능한 특정물의 매매에 있어서 매매계약체결시에 이미 매도인이 모르는 瑕疵가 원시적으로 있었던 경우에 관한 한, 그리고 매도인이 하자가 없다는 것을 명시적 또는 묵시적으로 보증한 경우가 아닌 한, 原始的 瑕疵가 있는 특정물의 급부 자체를 매도인의 채무

않다. 그러나 매도인의 瑕疵擔保責任 문제에 있어서 중요한 것은, 瑕疵擔保責任의 성질이 아니고 어떤 요건 하에서 매도인에게 어떠한 책임을 물을 수 있는가 하는 瑕疵擔保責任의 내용이다. 특히 여기서 해결을 요하는 것은 瑕疵擔保責任의 성질을 어떻게 보든 매도인에게 어떠한 손해배상책임을 어떠한 요건 하에서 물을 수 있는가 하는 문제이다.[11] 이러한 문제를 해결함에 있어서는 瑕疵擔保責任의 성질 여하는 큰 도움이 되지 못한다. 즉, 瑕疵擔保責任을 法定責任으로 본다고 하여 위의 모든 손해 내지 불이익에 대하여 어떠한 요건 하에 어떠한 책임을 물어야 한다는 것이 자동적으로 밝혀지는 지는 것도 아니고, 이를 債務不履行責任으로 본다고 하여 이 문제가 자동적으로 밝혀지는 것도 또한 아니다. 결국 이러한 문제를 해결하기 위해서는 매도인의 歸責事由를 요건으로 하고 있지 않는 이들 규정의 적용한계를 우선 분명히 하여야 할 필요가 있는 것이다. 그리고 이러한 필요성은 민법의 瑕疵擔保責任의 성질을 法定責任으로 보든 債務不履行責任으로 보든 마찬가지이다. 즉, 민법의 瑕疵擔保責任을 매도인의 債務不履行責任으로 보는 입장에서도 제580조와 제581조의 적용한계는 요구된다. 만약 이들 규정이 매매목적물의 瑕疵로 인하여 매수인이 손해를 입는 모든 경우에 적용된다면 매도인은 그러한 모든 경우에 무과실책임으로서의 損害賠償責任을 부담하게 될 것이고, 그렇게 되면 채무자의 歸責事由를 대전제로 하는 우리 민법상의 債務不履行責任體系를 파괴하여 유독 매도인에게만 무거운 책임을 부담시키는 매우 부당한 결과가 될 것이기 때문이다. 한편 우리 민법상의 瑕疵擔保責任을 法定責任으로 보는 입장에서도 제580조와 제581조의 적용한계는 요구된다. 매매목적물의 하자로 인하여 매수인이 입는 모든 손해에 대하여 매도인에게 그 과실유무를 불문하고 손해배상책임을 부담시키는 것은, 瑕疵擔保責任의 취지를 有償契約에 있어서의 급부와 반대급부간의 등가적 균형의 회복에 있는 것으로 보는 法定責任說의 입장과도 부합될 수 없기 때문이다.

아래에서는 이상의 몇가지 점을 고려하여 매매목적물의 瑕疵로 인하여 매수인이 입는 손해 중 민법 제580조와 제581조가 과연 어떤 종류의 손해의 조정을 예정하고 있는지, 따라서 제580조의 손해배상은 어떠한 손해에 대한 배상인지를 검토하고, 다음으로 이 규정에 포섭될 수 없는 손해의 조정은 어떤 방법에 의하여 시도할 것인가를 검토하려고 한다.

불이행으로 보는 채무불이행책임설에 대해서는 강한 의문을 품고 있다. 그럼에도 불구하고 특정물에 원시적 하자가 있는 경우의 매도인의 하자담보책임을 굳이 채무불이행책임으로 파악하려면, 매매계약시 매도인이 하자없음을 묵시적으로 보증하였다고 이론구성하여야 할 것이다.

11) 同旨: 來栖三郎, 契約法(法律學全集 21), 1974, 87면.

II. 제580조 및 제581조의 적용한계와 제580조의 손해배상의 내용

1. 제580조와 제581조의 적용한계

생각건대 이 두 규정의 적용한계 내지 적용범위는 이에 대한 立法者의 意思를 알 수 없는 한, 결국 民事責任의 체계에 부합하게, 그리고 법적용 결과가 타당할 수 있도록 한정되어야 할 것이다. 이러한 점을 고려하여 생각건대, 매도인의 귀책사유를 요건으로 함이 없이 매수인의 契約解除權, 損害賠償請求權 및 完全物給付請求權을 인정하고 있는 제580조와 제581조의 적용범위는 다음과 같이 한정되어야 할 것이다. 즉, 이 두 규정은 매매목적물의 瑕疵로 인하여 買受人이 손해를 입는 여러 가지 경우 중에서 「매수인이 입는 손해가 매매목적물의 교환가치의 감소 자체인 경우 및 매매목적물의 하자 때문에 계약의 목적을 달성할 수 없는 경우」에만 적용된다고 보아야 한다. 이렇게 한정하는 이유는 다음과 같다. 첫째, 위의 세가지 권리 중 계약해제권이나 완전물급부청구권은 이러한 경우의 구제수단으로서는 타당하지만,[12] 그 밖의 경우(예컨대 매매목적물의 瑕疵로 인하여 買受人의 신체나 다른 물건에 이른바 확대손해가 발생한 경우 등)에는 적절한 구제수단이 되지 못하기 때문이다. 둘째, 제580조의 손해배상청구 역시 매매목적물의 하자로 발생하는 손해가 목적물의 교환가치의 감소 자체인 경우에는 타당한 구제수단이 되지만 그 밖의 확대손해에 대해서는 인정될 수가 없기 때문이다. 그리고 제580조의 손해배상이 목적물의 교환가치가 감소한 손해에 대해서 적절한 구제수단이 되는 이유는, 그러한 손해에 대한 배상은 매매대금의 감액에 해당하는 것으로서, 매도인의 귀책사유를 불문하고 인정되는 것이 타당하기 때문이다.[13] 반면 그 밖의 확대손해에 대해서까지 그 귀책사유를 불문하고 매도인에게 손해배상책임을 인정하게 되면, 앞에서도 언급한 바와 같이 채무불이행책임의 일반원칙에 반하는 부당한 결과가 된다. 여기서 우리는 제580조의

12) 특정물의 매매에 있어서 목적물의 하자로 인하여 계약의 목적을 달성할 수 없는 경우에는 매수인은 매도인의 귀책사유를 불문하고 계약을 해제할 수 있어야 하고, 종류물에 하자가 있는 경우에 매수인은 매도인의 귀책사유를 불문하고 완전물의 급부를 청구할 수 있어야 한다.

13) 이에 대하여 金疇洙 교수는 제580조의 契約解除權의 행사에는 매도인의 故意 過失을 요하지 않으나 損害賠償請求權의 행사에는 債務不履行의 일반원칙상 매도인의 故意·過失을 요한다고 한다(金疇洙, 債權各論(上), 1986, 197-198면 참조). 그러나 損害賠償도 瑕疵로 인하여 목적물의 교환가치가 감소한 것 자체에 대한 損害賠償은 매도인의 歸責事由를 불문하고 인정하는 것이 타당하다. 뿐만 아니라, 동일한 규정 내에 있는 損害賠償請求權과 契約解除權의 요건을 자의적으로 다르게 구성할 수는 없다.

손해배상이 특정물의 하자로 발생한 손해 전부에 미치는 것이 아니고 일정한 손해에 한정되는 것임을 알 수가 있다.

제580조의 손해배상의 내용과 관련하여 또 한가지 지적할 것은, 제580조의 손해배상청구는 그 법문의 문맥으로 보아 특정물에 하자가 있더라도 그것이 계약을 해제할 정도는 아닌 경우에만 인정되는 것이 아니고, 하자 때문에 계약의 목적을 달성할 수 없어서 매수인이 계약을 해제하는 경우에도 할 수 있도록 되어 있는데, 계약을 해제하는 경우의 손해배상 역시 계약해제시에 발생하는 모든 손해에 대해서 인정할 수는 없다는 점이다. 계약을 해제하는 경우에 발생가능한 손해 역시 한 가지가 아니고, 계약체결비용, 타인과의 유리한 계약기회의 상실, 전매이익의 상실, 또는 매수인의 신체나 다른 물건에 발생한 확대손해 등 여러 가지가 있을 수 있으나, 이 모든 손해에 대하여 매도인의 귀책사유를 불문하고 그 배상을 청구할 수는 없기 때문이다. 그러고 보면 제580조의 손해배상은 계약을 해제하지 않는 경우이든 계약을 해제하는 경우이든, 여러 가지 발생가능한 손해 중 일정한 손해에 한정하여 인정되는 것이고, 또 두 경우에 인정되는 손해배상의 내용도 동일하지 않는 것임을 알 수 있다. 그렇다면 제580조의 손해배상의 내용은, 계약을 해제하지 않고 손해배상만 하는 경우와 계약해제와 병행하여 손해배상을 하는 경우를 구분하여 확인할 필요가 있는 것이다. 그럼에도 불구하고 종래의 학설은, 이러한 점에 대한 분명한 인식이 없이 제580조의 손해배상의 내용을, 막연히 「신뢰이익의 배상」 또는 「이행이익의 배상」으로 이해하여 왔다. 이하에서는 종래의 학설의 입장을 비판적으로 검토한 후 제580조의 손해배상의 내용을 좀더 자세히 검토하기로 한다.

2. 제580조의 損害賠償의 내용

(1) 종래의 학설

종래의 학설 중 法定責任說은, 損害賠償責任의 성질은 債務不履行責任이 아니라 法定責任이고 손해배상의 범위는 信賴利益의 배상에 한정된다고 주장한다. 그러나 債務不履行責任說의 입장에서는 제580조의 손해배상이 어떠한 손해에 대한 배상인지에 대해서 견해가 일정치 않다. 즉, 履行利益의 배상으로 보는 견해가 있는가 하면,[14] 代金減額에 해당하는 것으로 보는 견해도 있다.[15] 그런가 하면 信賴利益의 배상(이 견해는 대금

14) 金疇洙, 위의 책, 205면.

감액이나 계약해제시의 계약비용의 상환, 種類物賣買의 경우의 完全物給付義務 등을 신뢰이익의 배상으로 이해한다)은 매도인의 過失을 요건으로 함이 없이 제580조와 제581조에 의하여 청구할 수 있고 이행이익의 배상도 債務者의 過失을 요건으로 하여 이 규정에 포섭시킬 수 있으나, 瑕疵로 인한 後續損害(확대손해)는 一般債務不履行 규정인 제390조에 의하여 배상을 받을 수밖에 없다는 견해도 있다.[16]

(2) **信賴利益賠償說에 대한 비판**

종래 우리민법상의 매도인의 瑕疵擔保責任을 매도인의 債務不履行責任으로 보지 않고 有償契約인 賣買에 있어서 給付와 反對給付間의 等價的 균형을 유지하기 위하여 법률이 특별히 인정한 책임으로 보는 法定責任說의 입장에서는, 제580조의 손해배상은 신뢰이익의 배상이고 그 경우에도 이행이익의 한도를 넘을 수 없다고 한다. 이 설은 손해배상을 이처럼 信賴利益의 배상으로 보는 근거를 대체로 다음과 같은 점에 두고 있다. 즉, 매도인의 瑕疵擔保責任은 매매의 목적물에 瑕疵가 있음으로 인하여 계약의 목적이 原始的 一部不能이 되어 賣買契約이 一部無效로 되는 경우에 인정되는 책임인데다가 또 無過失責任이므로, 계약이 유효하다고 믿었음에도 불구하고 효력이 생기지 않은데 대한 消極的 契約利益(즉 信賴利益)의 배상에 한정하는 것이 타당하다는 것이다. 그리고 계약의 목적 전부가 불능인 경우(제535조)에 있어서의 손해배상이 信賴利益의 배상이므로, 이 경우와의 균형을 위해서도 瑕疵擔保責任은 履行利益이 아니고 信賴利益의 배상에 한정되어야 한다고 한다.[17] 이는 매도인의 瑕疵擔保責任을 契約目的의 原始的 一部不能(따라서 계약의 一部無效)에 대한 法定責任으로 보고, 이를 당시 일본에 소개되어 있던 예링의 契約締結上의 過失責任[18]과 동질적인 것으로 파악함으로써, 그 손해배상의 범위도 契約締結上의 過失責任에서와 마찬가지로 信賴利益의 배상으로 보아온 종래 일본의 통설[19]의 영향을 받은 것으로 짐작된다. 그러나 이상과 같은 信賴利益의 賠償說이

---

15) 金亨培, 債權總論, 1992, 246면, 金大貞, 위의 논문, 298-299면.

16) 曺圭昌, 위의 논문, 263-264면 참조.

17) 金曾漢・安二濬, 新債權各論(上), 225면; 郭潤直, 債權各論, 1993, 209-210면.

18) 일본민법에는 우리민법 제535조에 해당하는 조문이 없다.

19) 이러한 이론은 石田文次郎에 의하여 확립되었고(石田文次郎, 財産法における 動的理論, 嚴松堂書店, 1943, 362면 이하), 그 후 일본의 통설로 되었다. 이에 대해서는 圓谷 峻, 「瑕疵擔保責任」, 民法講座 5, 1985, 211면 이하 및 我妻 榮, 債權各論 中卷, 1979, 271면 및 民法講義 5 契約(稻本洋之助 외 6人 共著), 有斐閣, 1980, 133면 이하 참조.

제시하는 근거에 대해서는 몇 가지 의문이 있다.

첫째, 信賴利益의 賠償이라는 것은 원래 無效인 契約을 有效라고 믿었기 때문에 받은 불이익의 배상, 즉 계약이 무효인 것을 알았더라면 있었을 利益狀態의 회복을 의미한다. 따라서 여기에는 계약체결을 위한 여비, 조사비용 등의 각종비용과 수수료, 대금지급을 위한 借用金의 利子, 계약의 유효를 믿었기 때문에 타인의 유리한 請約을 거절함으로써 받은 손해 등이 포함된다. 독일민법에 있어서는 非眞意意思表示의 무효 및 錯誤에 의한 意思表示의 取消의 경우(제118조 내지 제120조 및 제122조)와 자기에게 代理權이 없음을 모른 無權代理人의 책임의 경우(제179조 제2항), 原始的 不能인 契約(제307조) 및 法律上의 禁止에 위반한 契約(제309조)인 경우에 信賴利益의 배상을 인정하고 있다. 우리 민법은 제535조에서 原始的 不能인 契約의 경우에 契約締結上의 過失責任으로서 이를 인정하고 있다. 信賴利益의 배상은 그 개념상 그리고 실정법상 이처럼 無效인 계약을 有效라고 믿음으로써 발생하는 손해의 배상을 의미하는 것이다. 그렇다면 契約이 解除되는 경우라면 몰라도,[20] 매매목적물에 瑕疵가 있어도 계약의 효력에는 변함이 없는 경우도 있을 수 있는 제580조나 제581조에 있어서의 손해배상을 무조건 信賴利益의 배상으로 해석하는 것은 타당하지 않다.

둘째, 매매목적물에 瑕疵가 있는 경우는 계약목적의 原始的 一部不能으로 볼 수 있으므로, 계약목적이 원시적 전부불능인 경우에 대하여 信賴利益의 배상만을 인정하고 있는 제535조와의 균형상, 제580조의 손해배상을 履行利益의 배상으로 볼 수 없고 信賴利益의 배상으로 보아야 한다는 점 역시 수긍할 수 없다. 賣買目的物에 瑕疵가 있는 경우를 계약의 一部不能으로 인한 계약의 一部無效로 보는 것 자체가 타당하지 않기 때문이다. 즉, 매매목적물의 瑕疵는 물건의 量的 瑕疵를 의미하는 것이 아니고 質的 瑕疵를 의미하는 것인데, 이를 양적인 것처럼 취급하여 일부불능으로 보는 것은 옳지 않다. 따라서 계약목적의 원시적 一部不能의 경우라고 볼 수 없는 제580조에 있어서의 손해배상 문제를, 계약목적의 원시적 전부불능의 경우인 제535조에 있어서의 손해배상 문제와 비교할 이유도 없고 비교할 필요도 없다.

셋째, 제580조와 제581조의 瑕疵擔保責任이 無過失責任이므로 履行利益의 배상이 아니고 信賴利益의 배상에 한정하여야 한다는 주장은, 無過失의 매도인에게 履行利益의 배상보다 가벼운 책임을 부담시키려는데 그 근거를 두고 있겠지만, 信賴利益이라고 하여

20) 瑕疵로 인하여 계약의 목적을 달성할 수 없어 계약을 해제하는 경우에 있어서는 계약이 무효나 취소되는 경우에서와 같은 信賴利益의 손해가 생길 수 있다.

歸責事由 없는 매도인이 전부 이를 부담한다는 것은 타당하지 않다. 信賴利益의 손해에는 위에서 본 바와 같이 계약비용의 지출과 같은 이른바 적극적 손해가 있는가 하면, 제3자로부터의 유리한 請約을 거절함으로써 받는 이른바 소극적 손해도 있는데, 이 모든 손해를 歸責事由 없는 매도인이 부담한다는 것은 매도인에게 가혹하기 때문이다. 이는 이 학설이 그 근거로서 비교하는 민법 제535조의 信賴利益의 배상책임에 비추어 보아도 그러하다. 즉, 이 설은 계약이 原始的 不能인 경우에 信賴利益의 배상책임을 인정하고 있는 이 규정과의 균형을 유지하기 위하여, 이와 유사하다고 볼 수 있는 매매목적물의 瑕疵의 경우에도 信賴利益의 한도로 배상책임을 인정하여야 한다고 한다. 그러나 위에서 보았듯이 매매목적물에 瑕疵가 있는 경우는, 제535조의 계약의 原始的 不能의 경우와 유사하지도 않을 뿐만 아니라, 비록 유사하다고 하더라도 이 두 경우에 인정되는 책임의 요건에는 법률상 중요한 차이가 있음을 간과해서는 안된다. 즉, 제535조에서 인정되고 있는 信賴利益의 배상책임은 계약목적이 불능임을 알았거나 알 수 있었을 자가 부담하는 過失責任인데 반하여, 제580조의 손해배상책임은 無過失責任인 것이다. 따라서 이러한 점으로 보더라도 信賴利益의 손해라고 하여 歸責事由가 없는 매도인이 전부 부담한다는 것은 옳지 않다.

넷째, 매매목적물에 瑕疵가 있는 경우에 매도인이 부담하는 손해배상책임을 履行利益의 배상이 아니면 信賴利益의 배상으로 본다든지, 또는 信賴利益의 배상이 아니면 履行利益의 배상으로 보는 것 자체가 타당하지 않다. 왜냐하면 信賴利益의 배상이나 信賴利益의 손해는 위에서 지적한 바와 같이 일정한 경우에만 인정되는 것이기 때문이다. 그리고 모든 손해배상을 履行利益의 배상과 信賴利益의 배상으로 구분할 수 있는 것도 아니기 때문이다. 즉, 손해 중에는 履行利益의 손해에 속한다고도 할 수 없고 信賴利益의 손해에 속한다고도 할 수 없는 손해가 얼마든지 있다. 예컨대 일정한 권리나 法益의 침해로 인한 損害나 契約上의 부수적 의무(說明義務, 告知義務 등)의 위반으로 인한 손해는 이 양자 중 어디에도 속한다고 할 수 없는 손해이다.[21] 이는 매매목적물의 瑕疵로 인한 손해에 있어서도 마찬가지이다. 따라서 매매목적물에 瑕疵로 발생한 손해의 배상문제에 있어서도, 단순히 履行利益의 손해에 대한 배상인가 信賴利益의 손해에 대한 배상인가만을 논하는 것은 문제해결에 도움이 안된다고 생각된다. 중요한 것은 信賴利益의 손해이든 履行利益의 손해이든 혹은 확대손해든 이에 대하여 제580조에 의하여 매도인에게 無過失責任을 물을 수 있는가 하는 것이다. 아래에서는 이러한 관점에서 이 규정상의

21) Larenz, Schuldrecht II, 14. Aufl., 1987, 431면.

손해배상의 내용을 검토하기로 한다. 그런데 매수인의 損害賠償請求權은 앞에서 말했듯이 매수인이 계약을 해제할 수 없는 경우에만 인정되는 것이 아니고 계약을 해제하는 경우에도 인정되므로, 여기서도 이 두 경우에 있어서의 손해배상을 구분하여 그 내용을 살펴보기로 한다.

(3) 契約을 解除하지 않은 경우의 損害賠償

계약을 해제하지 않는 경우에 인정되는 損害賠償은 목적물의 교환가치의 감소로 인한 손해, 즉 교환가치의 감소액 자체에 한정된다. 교환가치의 감소는 목적물의 瑕疵로 인하여 매수인에게 발생하는 최소한도의 손해인 것이다. 이러한 손해에 대한 배상은 서구제국의 입법에 규정된 代金減額[22]에 해당한다.[23] 이러한 손해는 有償契約에 있어서의 급부와 반대급부간의 等價的 균형이 깨짐으로 인한 손해이기 때문에 제580조에 의하여 매도인의 歸責事由를 요건으로 함이 없이 배상하는 것이 타당하다. 이는 瑕疵擔保責任을 法定責任으로 보든 債務不履行責任으로 보든 마찬가지이다.

한편 계약을 해제하지 않는 경우에도 목적물의 하자로 인하여 買受人에게 교환가치의 감소와 더불어 그 밖의 손해가 발생하는 경우가 있겠지만, 그러한 손해의 배상책임은 이미 언급한 바와 같이 제580조와 제581조의 규정에 의해서는 물을 수가 없다고 하여야 한다. 그러한 손해에 대해서는 매도인의 귀책사유를 요건으로 해서만 배상책임을 물을 수 있다. 이 역시 매도인의 瑕疵擔保責任을 法定責任으로 보든 債務不履行責任으로 보

---

22) 이 경우에 구체적으로 어떠한 방법에 의하여 代金減額을 할 것인가는 문제이다. 이에 대하여 독일민법(제472조 제1항)은 매매 당시 瑕疵없었을 경우의 목적물의 가치와 瑕疵가 있는 상태에서의 목적물의 가치의 비율에 따라 賣買代金을 감액하도록 하고 있다. 이 방법을 매매당시에 있어서 瑕疵가 없었을 경우의 가액이 100만원, 瑕疵가 있는 상태에서의 가액이 70만원인 물건을 90만원에 매매하였다고 가정하였을 경우에 적용하여 보면, 감액할 액수는 27만원(90-90×70／100)이 될 것이다. 그리고 이러한 기준에 의하면 그러한 물건을 瑕疵있는 상태의 價額보다 저렴한 價額, 예컨대 60만원에 매매한 경우에도 12만원(60만원-60만원×70/100)의 減額請求가 가능하게 된다.

23) 瑕疵擔保責任의 내용으로서 代金減額을 인정하지 않고 손해배상을 인정하고 있는 것은 우리 민법의 모범이 되었던 일본민법의 경우도 마찬가지다. 그런데 원래 일본의 구민법에서는 瑕疵擔保責任의 내용으로서 代金減額을 규정하고 있었던 것을 일본민법이 손해배상으로 변경한 것이다. 그리고 이렇게 변경한 이유는 하자에 상응하는 代金減額의 산정이 곤란하다는 점에 있었다고 한다. 즉, 일본민법의 기초자의 한사람인 梅謙次郎에 의하면 瑕疵擔保責任의 내용으로서는 대금감액이 적절하지만, 그 하자에 대한 代金減額의 산정이 실제로 곤란하기 때문에 손해배상으로 규정하였다고 한다. 法典調査會, 民法議事速記錄(商事法務研究會 1984) 四, 76-77면(圓谷峻, 위의 논문, 187면 참조).

든 마찬가지이다. 결국 그러한 손해의 조정에 관한 한 하자담보책임에 관한 법률규정은 흠결되어 있다고 볼 수 있다.

이러한 점에서 1989년 11월 14일에 있었던 「감자종자사건」에 대한 대법원 판결[24]에 나타난 損害賠償請求權의 근거규정은 검토를 요한다. 이 사건은 원고가 피고로부터 감자종자를 매수하여 식재하였는데, 수확량이 예년에 비하여 현저하게 감소하였고 그 원인의 절반이 그 감자종자가 감염되었던 잎말림병에 있었음이 드러나자, 원고가 피고를 상대로 逸失收益에 대한 손해배상을 청구한 사건이었다. 이 사건의 판결에서 원심은 원고가 실제로 지출한 비용(종자매수비용+식재비용+수확비용+감자밭의 임대료)에서 원고가 수확한 감자의 판매대금을 공제한 액수의 절반을 손해액으로 인정하였다. 이에 원고는 원심이 행한 손해액의 산정방법이 부당하다는 이유로 대법원에 상고하였다. 대법원은 이 판결에서 다음과 같은 이유로 原告의 주장을 받아들여 履行利益의 배상을 인정하고 있다.

> "원심이 인정한 바와 같은 경위로 원고가 손해를 입었다면 그 손해는 감자를 식재 경작하여 정상적으로 얻을 수 있었던 평균수입금에서 원고가 실제로 소득한 금액을 제한 나머지가 되어야 할 것이고(원고가 제반비용을 정상적으로 들였음을 전제로 하여) 그 손해의 절반가량이 피고가 매도한 감자종자에 기인한 것이라면 피고에게 그 2분의 1에 대한 손해배상책임이 있다고 할 것이지, 원고가 실제로 들인 비용에서 소득한 금액을 공제한 금액을 기준으로 하여 손해액을 산정할 것은 아니다"[25]

그런데 대법원은 이 판결에서 履行利益의 배상을 인정하면서도 그 근거규정을 명시하지 않고 있어서 민법의 어느 규정에 의하여 이러한 책임을 인정하였는지가 분명치 않다. 그러나 원심은 이 사건에서의 손해배상책임이 감자종자의 瑕疵에 기한 것임을 밝히고 있다. 그리고 대법원 역시 원심이 행한 손해액 산정방법은 부인하지만 원심이 매도인에게 瑕疵로 기인한 손해배상책임을 인정한 것 자체는 인용하고 있다. 그러한 점으로 보아 대법원 역시 감자종자 매도인의 履行利益賠償責任의 근거규정을 제580조와 제581조로 삼고 있는 것으로 짐작된다. 그러나 대법원이 그 근거규정을 제390조가 아니고 제580

24) 大判 1989. 11. 14, 89다카15298.

25) 그러나 대법원은 이러한 설명에 연이어 "물론 이 경우에도 피해자가 실제로 들인 비용을 기준으로 하여 손해액을 산정하여 청구하는 경우라면 법원은 그 방법에 따라서 배상액을 정하여야 할 것이겠지만 이 사건에서 원고는 그와 같은 방식에 따라 손해액을 산정하여 청구하고 있지 아니하다"고 함으로써 이러한 경우 손해액 산정을 어떻게 할 것인가에 대한 대법원의 입장을 분명히 밝히고 있지는 않다.

조와 제581조로 보고 있다면, 이는 제580조와 제581조의 적용요건과 적용범위를 잘못 파악한 것이라고 아니할 수 없다. 왜냐하면 이러한 履行利益의 배상에 대해서까지 매도인에게 무과실책임을 묻는 것은 부당하다고 생각되기 때문이다. 따라서 이 사건에 있어서 매도인에게 履行利益의 賠償責任을 물으려면 오히려 제390조에 의하여 過失責任(不完全履行責任)으로서 물었어야 할 것이다.[26]

(4) 계약을 해제한 경우의 損害賠償

민법은 제580조에서 매매목적물의 瑕疵로 계약의 목적을 달성할 수 없는 경우에는, 매수인으로 하여금 계약을 해제할 수 있도록 하면서 계약해제와 함께 손해배상도 청구할 수 있도록 하고 있다. 이 경우에도 물론 매도인의 歸責事由는 그 요건이 아니다. 그러면 이 경우의 손해배상은 무엇을 의미하는가? 계약을 해제할 수 없는 경우의 손해배상은, 바로 위에서 보았듯이 실질적으로 代金減額에 해당하는 것으로 보면 되고, 또 그렇게 보는 것이 타당하기도 하지만, 계약을 해제하는 경우에 매도인에게 배상책임을 물을 수 있는 손해가 과연 어떠한 것인가는 의문이다. 물론 계약해제는 목적물의 瑕疵가 계약의 목적을 달성할 수 없을 정도로 큰 경우에 행하여지므로, 계약을 해제하게 되면 매매대금의 반환을 받는다 하더라도 매수인에게 여러 가지 손해(예컨대 계약비용의 지출, 계약이 해제되지 않을 것으로 생각하고 제3자로부터의 유리한 청약을 거절함으로써 생긴 손해, 전매차익의 상실, 목적물의 瑕疵로 인하여 매수인의 다른 물건이나 신체에 생긴 훼손 내지 상처 등등)가 발생할 수는 있을 것이다. 그러나 문제는 그러한 손해 중에서 매도인의 歸責事由를 요건으로 함이 없이 그 배상책임을 물어도 매도인에게 부당한 결과로 되지 않는 손해가 어떠한 것인가 하는 것이다. 이러한 여러 가지 손해 중에서 혹시 계약체결비용이나 제3자로부터의 유리한 청약을 거절함으로써 생긴 손해 같은 것은 일종의 信賴利益의 손해로 볼 수 있으므로, 제535조를 유추적용하여 매도인에게 그 책임을 물을 수 있다고 할 수 있을지 모른다. 그러나 제535조에 있어서의 信賴利益에 대한 賠償責任은 위에서 언급한 바와 같이 채무자의 歸責事由를 요건으로 하는 책임이므로, 제535조를 歸責事由를 요건으로 하지 않는 제580조의 손해배상책임에 유추적용할 수도 없다. 따라서 계약해제시에 발생하는 信賴利益의 손해라고 하여 이를 모두 歸責事由를 요건으로 함이 없이 매도

26) 물론 이 경우 매도인은 瑕疵의 존재에 대하여 善意·無過失임을 증명하지 못하는 한 면책되지 못하며, 또 실제로 면책되기도 어려울 것이다.

인에게 배상시킬 수는 없는 것이다. 그렇다면 매도인의 귀책사유를 요건으로 하지 않고도 계약해제와 함께 배상청구가 가능한 손해는 전혀 없다고 보아야 할 것인가? 생각건대 信賴利益의 손해 중에서 매수인이 지출한 계약체결 비용정도는 귀책사유가 없더라도 매도인이 부담하는 것이 타당하리라고 본다. 왜냐하면 이를 매도인이 배상하지 않게 되면 買受人 자신이 부담하여야 되는데, 그렇게 되는 것 보다는 매도인이 부담하는 편이 더 공평 타당한 손해분담 내지 損害調整이 된다고 생각되기 때문이다. 그리고 이는 비교법적으로 보더라도 그렇게 부당한 손해조정은 아니라고 본다. 즉, 대륙법계의 국가들의 민법은 계약해제시 매도인에게 계약비용상환의무를 일반적으로 인정하고 있다.[27] 이러한 점으로 보아 우리민법 제580조나 제581조에 있어서 契約解除와 함께 배상청구 가능한 손해는 매수인이 지출한 契約費用 정도에 불과하다고 보아야 한다. 따라서 그 나머지 손해는 이 규정에 의해서는 청구할 수 없고, 매도인의 귀책사유를 요건으로 해서만 청구할 수 있다고 하여야 한다. 결국 이러한 손해의 조정에 대해서도 瑕疵擔保責任에 관한 법률규정은 흠결되어 있다고 볼 수 있다.

Ⅲ. 제580조의 손해배상에 포섭될 수 없는 損害의 調整

1. 歸責根據와 적용규정

위에서 우리는 매매목적물의 하자로 인하여 매수인이 손해를 입는 여러 경우 중에서 제580조와 제581조에 의하여 매도인에게 無過失責任을 물을 수 있는 경우들을 살펴보았다. 무과실책임은 그러한 경우에만 인정되어야 한다는 것도 확인하였다. 따라서 매매목적물의 하자로 인하여 매수인이 손해를 입는 그 밖의 경우, 예컨대 轉賣差益을 상실한 경우(履行利益의 손해)라든지, 賣買契約에 이상이 없음을 믿고 제3자로부터 유리한 請約을 거절하였는데 나중에 목적물의 하자로 賣買契約을 해제하게 된 경우(信賴利益의 손해)라든지, 하자로 인하여 매수인의 신체나 다른 물건 등에 이른바 확대손해를 입은 경우에는 매도인에게 귀책사유가 있어야 매도인의 책임을 물

27) 독일민법 제467조, 스위스債務法 제208조 제2항, 프랑스민법 제1646조, 이태리민법 제1493조, 스페인민법 제1487조 등은 계약해제시 계약비용의 상환의무 또는 매매대금의 반환의무와 계약비용의 상환의무를 인정하고 있다.

을 수 있다. 여기서 매도인의 歸責事由란 매도인이 매매목적물에 하자가 없음을 명시적 또는 묵시적으로 보증하였거나, 하자있는 것을 알면서 이를 매수인에게 告知하지 않았거나, 過失로 하자가 있는 것을 모른 것을 말한다. 따라서 여기서 말하는 매도인의 귀책사유란 매매목적물에 하자가 생긴 것 자체에 대한 귀책사유를 의미하지 않는다. 목적물의 원시적인 하자는 매도인의 귀책사유 없이 생길 수 있기 때문이다. 그러면 매도인에게 여기서 의미하는 바와 같은 귀책사유가 있는 경우에는 어떤 규정에 의하여 매도인의 책임을 물을 것인가? 민법에는 이러한 경우에 대하여 위의 서구제국의 입법례에서 보는 바와 같은 특별규정이 흠결되어 있으므로 결국 債務不履行責任에 관한 일반규정인 민법 제390조에 의하여 채무불이행책임을 물을 수밖에 없다. 이 경우 하자없음을 보증한 때에는 매매계약과 병존하는 保證契約을 위반한 채무불이행이 되겠지만, 단지 하자있는 것을 알면서 고의로 고지하지 않았거나 과실로 하자있음을 모른 경우에도, 매도인의 신의칙상의 부수적 의무로서의 告知義務를 불이행한 債務不履行(不完全履行)이라고 할 수 있을 것이다. 따라서 매수인은 매도인에게 위와 같은 손해에 대한 배상책임을 채무불이행책임으로서 묻게 되는 것이다.[28] 이 경우에 하자에 대한 善意·無過失의 입증책임은 물론 매도인이 부담하게 된다. 그리고 이 경우의 과실판정기준은 매매목적물의 종류, 매도인의 매매목적물에 대한 전문적 지식이나 지배가능성 등에 따라 정하여질 것이다.

그러면 이 경우의 損害賠償請求權의 행사기간에 대해서는 어느 규정을 적용할 것인가? 피상적으로 보면 이 손해배상청구권은 제580조에 의한 것이 아니고 제390조에 의한 손해배상청구권이기 때문에, 제582조에 따라 매수인이 瑕疵 있음을 안 때로부터 6개월 이내에 행사하여야 되는 것이 아니고, 10년의 소멸시효기간을 정한 일반규정의 적용을 받아야 하는 것으로 생각될런지도 모른다. 그러나 다음과 같은 이유에서 이 경우의 손해배상청구권도 제582조에 따라 6개월 이내에 행사하여야 한다고 본다. 즉, 이 경우의 손해도 목적물의 하자로 인하여 발생한 손해이고, 따라서 이 경우의 손해배상

---

28) 그런데 이렇게 매도인의 귀책사유를 요건으로 하여 제390조에 의하여 債務不履行責任으로서의 손해배상책임을 물을 수 있는 손해는 제580조나 제581조에 의해서는 그 책임을 물을 수 없는 損害에 한정되는 것이고, 제580조와 제581조에 의하여 무과실책임을 물을 수 있는 손해(목적물의 교환가치감소, 계약체결비용 등)는 여기에 해당되지 않는다. 즉, 이러한 손해에 대해서는 매도인에게 귀책사유가 있다고 하더라도 제580조 이하의 하자담보책임만을 물으면 되는 것이고, 제390조에 의한 채무불이행책임까지 경합적으로 물을 수 있는 것은 아니다. 이러한 손해의 구제에 관한 한 제580조 이하의 규정은 매도인의 귀책사유의 유무를 불문하고 우선 적용되는 특별규정이라고 할 수 있기 때문이다.

책임 역시 그 근거가 되는 규정은 다르다고 하더라도 瑕疵擔保責任이라는 점에서는 다름이 없다. 그렇다면 매매관계에서 발생한 하자담보책임 문제를 조속히 확정하려는 민법의 취지를 살려, 이 경우의 손해배상청구권의 행사기간에도 제582조를 적용하는 것이 타당하다고 생각된다.

2. 責任의 성질

앞에서도 언급한 바와 같이 종래 特定物賣渡人의 瑕疵擔保責任의 성질에 대하여 法定責任說과 債務不履行責任說이 대립되어 왔지만, 이러한 견해의 대립은 매도인의 歸責事由를 요건으로 하지 않는 제580조의 책임에 있어서만 가능한 것이고, 여기서처럼 매도인에게 귀책사유가 있어서 제390조에 의하여 책임을 묻는 경우에는 견해의 대립이 있을 수 없다. 왜냐하면 매도인이 목적물에 瑕疵없음을 보증하였거나, 목적물의 瑕疵를 알면서 이를 매수인에게 告知하지 않았거나, 과실로 이를 몰랐다면, 이는 보증위반 또는 매도인의 信義則上의 부수적 의무 위반이 될 것이고, 따라서 買受人이 입은 손해에 대한 책임은 不完全履行責任으로서의 채무불이행책임이라고 할 수 있기 때문이다. 따라서 특정물의 하자로 인한 손해에 대한 배상책임이라고 하더라도, 제580조가 아니고 제390조에 의하여 인정되는 손해배상책임인 경우에는 책임의 성질에 대해서 다툼이 있을 수 없다.

3. 擴大損害의 조정을 위한 새로운 法理의 생성

매매목적물의 瑕疵로 인하여 매수인이 입는 손해 중 제580조에 의하여 매도인에게 배상책임을 물을 수 없는 손해에 대해서는, 이와 같이 제390조에 의하여 그 배상책임을 물어야 한다. 그런데 여기서 제기되는 의문은 이와 같이 제390조에 의하여 매도인에게 배상책임을 묻는 것이 이론적으로는 가능하다고 하더라도, 그러한 손해에 대하여 이렇게 매도인에게 그 배상책임을 묻는 것이, 피해자인 買受人의 구제를 위하여 항상 효과적인 구제수단이 될 수 있는가 하는 점이다. 이는 특히 오늘날과 같이 상품의 대량생산 대량유통의 시대에 있어서 상품의 瑕疵로 인하여 買受人인 소비자가 받는 확대손해의 배상과 관련하여 특히 그러하다. 즉, 대량생산 대량유통 시대인 오늘날에 있어서 소비자와 계약관계에 있는 매도인은 대부분이 생산자 자신이 아니라 생산자가 생산한 상품을 판매하는 중간상인에 불과하며, 이들은 상품의 瑕疵에 대한 지배가능성은 물론이고 瑕疵有無의 확인능력이나 지식도 항상 충분히 가지고 있는 것은 아니다. 게다가 그 경제적 능력(賠償能力) 역시 항상 충분한 것은 아니다. 따라서 이러한 경우에 상품의 瑕疵로 인하여 소비자인 買受人이 받는 이러한 손해를 중간상인에 불과한 이 매도인을 상대로 하여 債務不履行責任을 묻는 방법으로 조정하는 것이 매도인을 위해서나 買受人을 위해서나 과연 효과적이고 바람직한지는 확실히 의심스러운 것이다. 바로 이러한 사정 때문에 소비자가 자신과 직접 계약관계에 있지 않는 생산자를 상대로 不法行爲責任을 묻게 하는 生産者責任의 새로운 法理가 여러 나라에서 구성되기에 이른 것이다. 그리고 이 경우에 불법행위책임을 묻는다 하더라도 불법행위 일반이론을 엄격하게 적용하게 되면 피해자의 구제가 어렵기 때문에 상품의 瑕疵 내지 결함의 개념, 瑕疵와 손해발생간의 因果關係, 생산자의 過失 등에 대한 입증의 정도 및 입증책임에 관련하여 특수한 이론이 구성되고 있는 것도 주지의 사실이다.[29] 그러나 이러한 이론들에 대한 자세한 언급은 이 글에서는 피하기로 한다.

---

29) 우리나라에서도 生産者責任과 관련된 대법원 판결이 몇 건 있었다. 하나는 1977년에 있었던 이른바 「닭사료사건」에 대한 판결로서 양계업을 하는 원고가 사료제조판매업자인 被告로부터 구입한 사료를 닭에 먹인 결과 산란율이 급격히 저하되자 피고에게 不法行爲責任을 물어 손해배상청구를 하였는데, 원심과 대법원에서 사료에 불순물이 함유된 것이 인정되어 원고의 청구가 인용된 판결이다(大判 1977. 1. 25, 75다2092). 이 사건에서 문제가 되었던 것은 사료의 하자와 손해발생간의 인과관계의 입증문제였다. 이 사건에서 원고의 청구가 인용되어 피고에게 손해배상책임이 인정된 것 자체는 타당하다. 그러나 이 사건에서 원고가 반드시 피고에게 손해배상을 不法行爲責任으로서 청구할 필요가 있었던 것은 아니었고, 이론적으로도 이 사건은 불법행위책임을 묻는 것 보다는 不完全履行責任을 묻는 것이 더 타당한 사건이었다고 생각된다. 왜냐하면 피고가 계약당사자인데다가 중간상인이 아니고 사료의 제조자 자신이었기 때문이다. 또 하나의 판결은 1979년에 있었던 이른바 불량주사기사건에 관한 판결(大判 1979. 12. 26, 79다1772)로서, 피고회사가 제조판매하는 교재용 주사기를 원고가 문방구점에서 사서 가지고 놀던 중 주사기의 바늘이 튕겨 나와 눈동자에 박혀 左眼瞳孔閉鎖症이라는 상처를 입게 되자 피고회사를 상대로 不法行爲責任을 물어 손해배상청구를 한 사건에 대한 판결이다. 이 판결에서 법원은 피고에게 결함이 없는 제품을 만들어 그 사용에 수반되는 사고의 발생을 미연에 방지할 의무의 위반을 인정하여 원고의 청구를 인용하였다. 이 사건은 이론적으로는 매매계약당사자인 문방구점을 상대로 債務不履行責任을 물을 수도 있는 사건이지만, 위에서 언급한 바와 같은 사정상 확실히 생산자책임의 이론에 따라 제조자 내지 생산자를 상대로 不法行爲責任을 물을 필요가 있는 사건이다. 이 밖에도 大判 1976. 9. 14, 76다1269(채혈병 제조상의 잘못과 수혈자의 사망간의 인과관계 부인), 大判 1979. 3. 27, 78다2221(질소통의 도색과 글씨가 산소통과 구분이 어렵게 되어 있었기 때문에 수술시 질소를 산소로 오인하여 환자에게 투입한 결과 환자가 사망하자 가스공급자에게 과실책임 인정), 大判 1983. 5. 24, 82다390, 82다카924(배합사료 먹은 닭의 빈사와 배합사료의 제조 판매행위 사이의 인과관계 부인), 大判 1992. 11. 24, 92다18139(물품제조자가 제조한 물건이 그 구조, 품질, 성능 등에 있어서 현대의 기술수준과 경제성에 비추어 기대가능한 안전성과 내구성을 갖추지 못한 결함 내지 하자로 소비자에게 손해가 발생한 경우 제조자에게 계약상의 배상의무와는 별개로 불법행위책임 인정) 등이 있다.

Ⅳ. 맺는 말

이상에서 필자는 賣渡人의 瑕疵擔保責任에 관한 우리 民法規定의 모호성 내지 不完全性에서 오는 법률적용상의 어려움을 문제시하고 이에 대한 해석론적인 해결방법을 제시하여 보았다. 賣渡人의 瑕疵擔保責任에 관한 우리 民法規定이 대륙법계에 속하는 서구 여러 나라의 민법과 비교하여 모호하고 不完全한 것은 사실이지만, 다행히 이는 법률의 흠결(Gesetzeslücke), 즉 법률의 규율계획에 반하는 不完全(planwidrige Unvollständigkeit des Gesetzes)일뿐이고, 법률에 입법정책적 결단상의 어떤 誤謬, 즉 법률의 誤謬(Fehler des Gesetzes)가 있다고 할 정도는 아니다.[30] 따라서 위에서 제시한 바와 같은 방법으로 법률의 규정을 해석하고 법률의 흠결을 보완하면, 매매목적물의 瑕疵로 인하여 買受人이 받는 여러 가지 불이익 내지 손해는 그런대로 공평 타당하게 조정하여 나갈 수 있지 않을까 생각한다. 다만 오늘날과 같이 賣渡人의 지위가 단지 생산자가 대량생산한 상품을 유통시키는 중간상인에 불과해가는 경우에 있어서는, 賣渡人을 상대로 하는 瑕疵擔保責任의 法理에 의한 구제방법도 그 한계에 봉착하게 되는 것이고, 따라서 여기에 새로운 구제방법에 대한 이론구성의 필요성이 있는 것이다.

* 民事法學 제11·12 합병호(1995), 165면 이하 게재(원래의 내용 중에서 문맥이 어색한 몇 문장을 이번에 약간 수정하였음을 밝혀둔다)

30) 법률의 欠缺과 법률의 誤謬의 구별과 이에 대한 대처방법에 대해서는 Larenz, 위의 책(註 7), 358면 이하 참조.

診療契約의 法律關係

I. 머 리 말

診療契約은 일반적·추상적으로 말하면 의료기관이 환자에 대하여 診療, 즉 診察과 治療를 행하기로 하고 환자측에서 보수를 지급하기로 하는 雙務契約이다. 그리고 이 診療契約은 환자측의 진료요구에 의료기관이 응함으로써 성립한다.[1] 그러나 이 診療契約에 있어서는 환자측에 있어서나 醫療機關側에 있어서나 계약의 당사자를 누구로 볼 것인가가 분명치 않고 그에 따라 계약상의 채무라든지 채무불이행으로 인한 책임을 누가 부담할 것인가가 문제로 된다. 그리고 診療契約에 의해서 醫療機關 내지 의사가 부담하는 診療債務의 내용이라든지 그 診療債務의 불이행의 모습이 일반채무의 경우와는 다르다. 그리고 診療契約이 체결되면 의사에게는 診療債務 이외에도 부수적인 의무들을 부담하게 되는데, 그 중에서도 특히 문제시되는 說明義務의 성질이나 인정근거, 그 위반시의 효력에 대해서는 의문이 없지 않다. 그리고 이러한 내용을 가진 診療契約의 성질에 대해

1) 의료기관은 환자로부터 진료의 요청을 받은 경우에 정당한 이유 없이는 이를 거부하지 못한다(醫療法 제16조).

서도 견해가 일정치 않다. 이 글은 이러한 문제들을 중심으로 診療契約의 법률관계를 검토하려는 것이다.

II. 診療契約의 當事者關係

1. 醫療機關側의 契約當事者

診療契約에 있어서 診療를 담당하는 의사가 個人開業醫인 경우에는 그 자신이 診療契約의 당사자가 된다. 그러나 診療擔當의사가 타인이 경영하는 병원에 고용된 의사인 경우에는 病院經營者가 契約當事者이고 擔當의사는 이 병원경영자의 履行補助者에 불과하다. 따라서 이 경우에는 醫療過誤로 인한 醫療事故時에도 병원경영자를 상대로 해서는 契約責任(債務不履行責任)으로도 그 책임을 물을 수 있고 不法行爲責任으로도 그 책임을 물을 수 있을 것이나, 진료담당의사를 상대로 해서는 不法行爲責任 밖에 추궁할 수가 없다.[2)]

2. 환자측의 契約當事者

診療를 요구하는 자가 行爲能力과 意思能力을 가진 환자 자신인 경우에는 契約當事者의 확정 및 그에 따른 법률관계와 관련하여 별문제가 없겠지만 그렇지 않은 경우에는 법률관계가 그처럼 자명하지 않다. 그리고 이는 보험의료의 경우에도 마찬가지이다.

(1) 환자가 意思能力있는 行爲無能力者인 경우

意思能力있는 未成年者인 환자가 혼자 병원에 와서 診療를 요구하고 의료기관이 이에 응함으로써 診療契約이 성립한 경우에는 行爲無能力을 이유로 계약을 취소할 수 있는가가 문제된다. 無能力者制度의 취지에 비추어 일반 재산적인 거래에 있어서와는 달리 보아야 하겠지만, 미용성형수술, 임신중절수술, 不姙手術 등과 같은 특수한 진료행위인

---

2) 종래 우리나라에서는 醫療過誤責任을 주로 不法行爲責任으로 물어 왔다. 大判 1978. 12. 13, 78다1184; 大判1979. 8. 14, 78다488; 大判 1980. 3. 25, 79다2280・2281; 大判 1984. 7. 10, 84다카466; 大判 1987. 1. 20, 86다카1469; 大判 1989. 7. 11, 88다카26246 등 참조.

경우에는 취소가 가능하다고 보아야 할 것이다.[3] 다만 그 취소는 이와 같은 진료행위가 행하여지기 전에만 실질적인 의미가 있을 것이다.

한편 意思能力있는 미성년자가 그 法定代理人과 함께 병원에 와서 계약이 체결된 경우의 법률관계에 대해서는, 미성년자와 직접 계약을 체결한 것으로 보는 說, 法定代理人을 통하여 계약을 체결한 것으로 보는 說, 제3자를 위한 契約으로 보는 說 등 여러 가지 입장이 있다.[4] 살피건대 앞의 두설에 의하면 미성년자인 환자본인이 診療報酬債務의 主債務者로 되지만 이는 사회통념상 적절치 못하다. 그렇다면 의료기관의 診療報酬請求權과 환자본인의 診療請求權 및 診療債務의 不完全履行(醫療過誤)으로 인한 損害賠償請求權의 확보가 동시에 가능한 세번째 학설, 즉 法定代理人을 要約者로 하고 의료기관을 諾約者로 하고 환자를 受益者로 하는 제3자를 위한 契約으로 보는 것이 가장 타당할 것으로 본다.[5]

(2) 환자가 意思無能力者인 경우

1) 환자가 未成年者이고 法定代理人이 診療를 요청한 경우

이 경우에 대해서도 여러 가지 견해가 있을 수 있으나 위에서 지금 언급한 바와 같은 이유로 제3자를 위한 계약으로 보는 것이 타당하다.[6]

2) 診療要請者가 환자의 配偶者인 경우

환자가 성년이지만 정신이상이나 의식불명이어서 배우자가 診療를 요청한 경우에 대해서도 일본에 있어서는 日常家事代理權에 의한 계약으로 보는 說, 진료를 요청한 배우자와 의사 또는 병원 간에 「不眞正한 제3자를 위한 계약」이 체결된 것으로 보고 환자는 이 계약의 履行受領者에 불과하다는 설, 제3자를 위한 계약으로 보는 說 등이 있다.[7]

---

3) 同旨: 石熙泰, 「醫師와 患者間 기초적 법률관계의 분석」, 判例月報 179호, 9면; 李輔煥, 「醫療過誤로 인한 民事責任의 法律的 構成」, 醫療事故에 대한 諸問題(재판자료 제27집), 법원행정처, 1985, 25면.

4) 특히 일본에서 이렇게 학설이 갈리어 있다. 이에 대해서는 石熙泰, 위의 논문, 9면 참조. 石교수는 이중에서 제1설을 지지한다.

5) 同旨: 李輔煥, 위의 논문, 27면; Deutsch/Geiger, Medizinischer Behandlungsvertrag, Gutachten und Vorschläge zur Überarbeitung des Schuldrecht II, 1981, 1064면; Münchener Kommentar BGB-Söllner, Rn. 53 zu §611.

6) 同旨: 石熙泰, 위의 논문, 10면; 李輔煥, 위의 논문, 28면; Deutsch/Geiger, 위의 논문, 1064면.

7) 이러한 학설의 소개에 대해서는 石熙泰, 위의 논문, 11면; 李輔煥, 위의 논문, 28면 참조. 그런데

그리고 우리나라에서는 제3자를 위한 계약으로 보는 견해만을 찾아 볼 수 있으나, 이 경우에는 오히려 부부간의 日常家事代理權에 의한 계약으로 보는 것이 타당하지 않을까 한다. 이렇게 봄으로써 환자의 診療請求權 및 診療債務의 不完全履行時의 손해배상청구권과 의료기관의 診療報酬請求權의 확보가 모두 가능하기 때문이다. 그리고 이 경우 診療報酬債務는 日常家事債務라고 할 수 있으므로 부부가 連帶하여 책임을 져야 할 것이다.

3) 診療要請者가 扶養義務 있는 친족인 경우

이 경우 역시 제3자를 위한 계약으로 보는 것이 診療報酬請求權의 확보와 손해배상청구권의 확보를 위하여 타당할 것으로 생각된다.[8] 다만 민법상 扶養義務는 부양을 받을 자가 자기의 資力 또는 勤勞에 의하여 생활을 유지할 수 없는 경우에만 이행할 책임이 있으므로(제975조), 그러한 경우에만 제3자를 위한 계약으로 보고, 환자에게 자력이 있는 경우에는 다음에 언급하는 경우, 즉 부양의무없는 자가 진료를 요청한 경우처럼 취급하면 될 것이다.

4) 扶養義務 없는 제3자가 診療를 요청한 경우

의사무능력자인 환자에 대하여 부양의무가 없는 친지, 행인, 경찰관, 가해자 등이 진료를 요청한 경우의 법률관계에 대해서도 제3자를 위한 契約說, 事務管理說, 事實的 契約關契說, 代理의 擬制說 등 여러 학설이 있지만[9] 이 경우의 법률관계를 구성함에는 다음과 같은 몇 가지 점을 우선 고려하여야 한다. 즉, 이 경우의 진료요청은 제3자가 가해자인 경우를 제외하고는 호의나 情誼 또는 선량한 시민정신에서 나온 구조활동이므로, 진료를 요청한 제3자에게 診療費 지급의 부담을 주어서는 안된다는 점, 그러나 의료기관의 報酬請求權은 확보되어야 한다는 점 등이 고려되어야 한다. 그렇다면 어떤 가해사건의 가해자가 피해자에 대한 진료를 요청한 경우에는 제3자를 위한 계약으로 보는 것이 타당할 것이다. 그러나 그 밖의 제3자가 診療를 요청한 경우에는 의료기관의 事務管理로 보는 것이 타당하지 않을까 한다. 다만 이렇게 보면 事務管理에 관한 民法의 규정상 의

이 두분은 모두 제3자를 위한 계약설을 지지한다.

8) 同旨: 石熙泰, 위의 논문, 11면; 李輔煥, 위의 논문, 30면.

9) 이러한 학설 역시 일본에서 주장되어 온 것들이다. 이의 소개에 대해서는 石熙泰, 위의 논문, 11~12면 참조.

료기관은 診療에 대한 보수는 청구할 수 없고 필요비나 유익비만 청구할 수 있게 될지 모르겠지만(제739조), 자기의 직업에 속하는 활동을 직업적으로 한 자는 통상적인 보상은 받아야 하는 것이 사회통념에 부합된다고 할 수 있다.[10] 따라서 이러한 경우에는 보수청구권이 인정되어야 할 것이다. 그리고 이처럼 의료기관의 보수청구권이 인정되게 되면 민법 제735조의 緊急事務處理時의 책임경감규정도 적용할 필요가 없을 것이다.[11] 한편 이와 같은 점은 누구의 요청도 받지 않고 의사의 자발적 구조활동으로서 행하여진 의료활동인 경우에도 그대로 적용될 수 있다고 생각한다.

(3) 保險醫療의 경우

의료보험에 가입한 被保險者 및 그 被扶養者인 환자가 醫療保險指定醫療機關으로부터 診療를 받는 경우의 환자와 의료기관과의 법률관계에 대해서는 다음과 같은 견해들이 종래 일본에서 주장되어 왔다.[12]

① 의료기관은 환자와는 직접적인 契約關係가 없고 保險者인 醫療保險管理公團이나 醫療保險組合과의 계약에 따라 保險者의 保險給與義務를 代行할 뿐이고 환자는 그 履行의 受領者에 불과할 뿐이므로 의료기관은 환자에 대하여 계약상의 아무런 책임이 없다는 說, ② 의료기관과 환자와의 사이에 직접적인 契約關係가 있다는 說, ③ 보험자인 의료보험관리공단이나 의료보험조합은 의료기관과의 사이에 환자를 위하여 제3자를 위한 계약을 체결한 것으로 보는 說, ④ 의료기관은 보험자와의 사이에는 제3자를 위한 계약관계에 있고, 환자와의 사이에도 직접적인 계약관계가 있다고 함으로써 두 계약관계의 병존을 인정하는 說.

한편 우리나라에는 위의 네번째의 학설을 지지하는 견해가 있는가 하면,[13] 의료보험제도를 환자의 診療費 지급을 확보하는 수단정도로만 보고 환자와 의료기관과의 診療契約을 보다 강조하여야 한다는 견해도 있다.[14]

살피건대 의료보험에 가입한 환자를 診療하는 경우의 법률관계를 밝힘에 있어서의

---

10) 同旨: Deutsch/Geiger, 위의 논문, 1061면; 李輔煥, 위의 논문, 32면. 그러나 石熙泰 교수(위의 논문, 14면)는 이를 事實的 契約關係로 본다.

11) 同旨: Deutsch/Geiger, 위의 논문, 1061면.

12) 石熙泰, 위의 논문, 15~16면; 李輔煥, 위의 논문, 33~34면 참조.

13) 石熙泰, 위의 논문, 17면. 독일에 있어서도 종래 지배적인 견해는 이러한 입장을 취하여 왔다. Deutsch/Geiger, 위의 논문, 1059면 참조.

14) 李輔煥, 위의 논문, 34면.

어려움은 다음과 같은 점들에 있다.

즉 첫째, 保險給與의 義務者는 保險者로 되어 있는 점, 둘째, 指定醫療機關을 保險者가 지정한다는 점, 셋째, 醫療機關은 診療報酬를 保險者에게 請求한다는 점, 넷째, 피보험자도 診療費의 일부는 스스로 부담하고 또 지정의료기관을 스스로 선택하고 轉院할 수 있다는 점 등에 그러한 어려움이 있다.

생각건대 保險醫療가 이와 같은 구조와 요소를 가진 점으로 보아 의료기관과 보험자 사이에 第3者를 위한 계약관계가 존재하는 것을 부인할 수 없다. 그러나 환자와 의료기관과의 사이에 직접적인 契約關係가 존재하는 것도 또한 부인할 수 없다. 그런데 어느 경우에도 환자는 의료기관에 대하여 직접적인 診療請求權을 가지기 때문에, 적어도 환자의 權利와 의료기관의 義務에 관한 한 직접적인 계약관계로 보든 제3자를 위한 계약관계로 보든 차이가 없고, 따라서 보험의료의 경우를 일반환자의 진료의 경우와 특별히 구별할 필요가 없다고 본다. 의료기관은 어느 경우에도 환자에 대하여 마찬가지의 의무를 부담하기 때문이다. 保險醫療와 一般醫療간에 차이가 있다면 그것은 診療報酬의 청구 및 지급방법에 있을 뿐이다.[15)]

III. 診療契約의 내용과 債務의 내용

1. 診療契約과 당사자의 권리 의무

診療契約이 체결되면 의료기관은 主된 義務로서 診療債務를 부담하고, 부수적인 의무로서 說明義務, 診療記錄 作成 및 保存義務, 他診療機關에서의 진료상 필요한 경우에 診療記錄을 열람해줄 의무, 진료를 통하여 알게 된 환자의 비밀을 누설하지 않을 의무 등을 부담하고[16)] 환자는 診療費支給義務를 부담한다.[17)] 診療契約이 체결되면 계약당사자, 특히 의료기관은 이처럼 여러 가지 의무를 부담하지만 여기서는 그 중에서 가장 문

---

15) Münchener Kommentar zum BGB-Söllner §611 Rn. 71; Deutsch/Geiger, 위의 논문, 1059~1060면 참조.

16) 이러한 부수적 의무들은 진료계약의 위임계약적 성질(이에 대해서는 후술한다)로 부터, 또는 신의칙상 인정될 수 있을 것이나 설명의무를 제외한 이러한 부수적 의무들은 의료법 제19조 이하에도 규정되어 있고 이의 위반에 대해서는 제67조 이하에 벌칙도 규정되어 있다.

17) 保險醫療인 경우에는 診療報酬의 청구 및 지급방법이 일반의료의 경우와 다르다는 점은 위에서 살핀 바이다.

제가 되는 의료기관의 診療債務와 說明義務만을 살펴보기로 한다.

2. 診療債務

診療契約에 의하여 의료기관이 부담하게 되는 診療債務는, 그 당시의 의학지식과 의학기술의 원칙에 따라 요구되는 注意를 다하여 病狀을 진찰하고 질병의 治癒를 목표로 치료를 할 債務일 뿐이고, 治癒債務는 아니다. 즉, 의사는 어떠한 결과의 발생이나 치유의 성공을 책임지지 않는다.[18] 경우에 따라서 의사가 병을 고치겠다는 취지의 말을 한다고 하더라도, 이는 병을 치유하기 위하여 최선의 노력을 다한다는 뜻에 불과하다.[19] 질병의 치유는 환자 개인의 특성 등 의사가 완전히 지배할 수 없는 여러 가지 사정에 의존하기 때문에 보장할 수가 없는 것이다.[20]

요컨대 診療債務는 賣渡人의 目的物引渡債務나 運送人의 債務 등의 통상의 債務와 같이 내용적으로 확정된 일정한 결과를 달성할 이른바 結果債務(obligation de résultat)가 아니고, 환자가 원하는 질병의 治癒를 목표로 최선의 注意를 다하여 적절한 치료행위를 실시하는 것 자체를 내용으로 하는 이른바 手段債務(obligation de moyens)에 지나지 않는다.[21] 따라서 의료기관이 부담하는 給付義務의 내용은 계약성립시부터 구체적으로 특정되어 있는 것이 아니고, 善良한 管理者의 注意를 다하여 당시의 의학지식과 의학기술의 원칙에 좇아 진찰을 하고, 또 시시각각으로 변하는 환자의 病狀에 따라 이와 같은 지식과 기술의 원칙에 좇아 적당한 조치를 취하여야 하는 추상적인 것이라고 할 수 있다.[22]

3. 診療債務에 있어서의 債務不履行의 모습

위에서 보았듯이 診療契約에 의하여 의사는 診療債務, 즉 당시의 의학지식과 의학

---

18) Dieter Giesen, Grundzüge der Zivilrechtliche Arzthaftung, Jura 1981, Heft 1, 10면; Deutsch/Geiger, 위의 논문, 1064면.

19) 同旨: 石熙泰, 「醫療過誤에 관한 民事責任構造」, 판례월보 192호(1986. 6), 27면.

20) Larenz, Schuldrecht II, 11. Aufl., 1977, 235면.

21) 中野貞一郎, 「診療債務の不完全履行と證明責任」, 現代損害賠償法講座(4), 92면.

22) 中野貞一郎, 위의 논문, 92면; 平林勝政, 「醫療過誤における契約的構成と不法行爲的構成」, ジュリスト 增刊 民法の爭點, 1978, 340면.

기술의 원칙에 따라 요구되는 注意를 다하여 病狀을 진찰하고 질병을 치료할 의무를 부담한다. 만약 의사가 취한 診療가 당시의 의학지식과 의학기술상 요구되는 주의를 게을리함으로써 적절한 것이 되지 못하면 이는 債務의 내용에 좇은 履行을 한 것이 되지 못하고 債務不履行이 된다. 그리고 이를 醫療過誤(Behandlungsfehler)라고 한다.[23] 이 경우의 債務不履行은 債務의 履行으로서의 일정한 診療行爲는 있었으나 그것이 債務의 내용에 좇은 診療가 되지 못했다는 점에서 不完全履行이라고 할 수 있다. 그리고 이와 같은 불완전이행, 즉 不完全診療는 그로 인하여 치료의 효과를 보지 못했다든지 치료의 기회를 놓치게 되었다든지 하는 정도의 결과만을 가져오는 경우가 있는가 하면, 그로 인해서 환자의 생명이나 신체의 건강에 그 이상의 침해를 야기하는 이른바 積極的 債權侵害의 경우도 있다.[24]

그런데 여기서 한가지 지적할 것은 이러한 診療債務의 不完全履行은 의사에게 요구되는 注意義務의 違反, 즉 抽象的 過失과 불가분의 관계에 있다는 사실이다. 왜냐하면 診療債務의 내용 자체가 위에서 보았듯이 당시의 의학지식과 의학기술의 원칙에 따라 요구되는 주의를 다하여 진찰하고 치료하는 것이기 때문이다. 그러므로 「診療債務의 不完全履行」 사실의 유무는 「의사에게 요구되는 注意義務의 違反」 사실의 유무와 분리해서 확인하기가 곤란하다. 그렇다면 診療債務의 불완전이행 사실에 대한 입증책임을 부담하는 자는 의사의 注意義務의 내용을 밝히고 그 위반사실, 즉 過失을 입증하여야 한다.[25]

4. 의사의 說明義務

診療契約이 체결되면 의사는 이상에서 언급한 바와 같은 診療債務 이외에도 說明義務(Aufklärungspflicht)라는 중요한 의무를 부담하게 된다. 그런데 여기서 말하는 이 說明義務는 診療行爲의 내용, 診療手段의 선택가능성, 診療行爲의 효과, 그에 수반된 위험이나 부작용 등에 관하여 환자에게 설명하여 줄 의무로서, 의사는 이러한 설명이 환자에게 심적인 부담을 줌으로써 診療上 또는 건강상 해롭다든지 하는 예외적인 경우를 제외하고는 이러한 의무를 부담한다. 이러한 說明義務의 의의는 診療行爲에 대해서는 환자 스스로의 승낙 또는 선택이 필요하고, 이 승낙이나 선택은 의사의 이와 같은 설명을 들

---

23) Giesen, Wandlungen des Arzthaftungsrechts, 2. Aufl., 1984, 11면.

24) Münchener Kommentar zum BGB-Mertens §823 Rn. 361.

25) 平林勝政, 위의 논문, 340면.

은 후의 승낙이어야 유효하다는 데 있다.[26] 그런데 의사에게는 이와 같은 의미의 說明義務외에도 의약품의 복용 내지 복용방법, 요양방법 등 환자의 치료를 위하여 환자가 지켜야 할 사항을 제대로 설명하여 주어야 할 의무가 있다. 그러나 이 후자의 說明義務는 위에서 언급한 診療債務 속에 당연히 포함되어 있는 것이어서 독자적인 의미가 없다. 따라서 여기서 말하는 說明義務는 전자의 說明義務만을 가리킨다. 우리나라에서도 1979년 대법원 판결에서 說明義務위반이 문제된 이래[27] 說明義務에 대한 논의가 전개되어 왔다.[28] 그런데 說明義務는 診療契約이 체결됨으로써 발생하는 의무이지만 그 중요성은 오히려 不法行爲責任과 관련하여 더 인정되어 왔다. 아래에서 이 의무의 不法行爲法과 契約法上의 意義와 機能을 살펴보기로 한다.

(1) 不法行爲法上의 意義와 機能

1) 승낙의 有效要件으로서의 說明義務

說明義務는 不法行爲法上으로는 주사, 수혈, 수술과 같은 診療行爲, 즉 醫療的 침습행위(ärztlicher Eingriff)의 適法要件으로서 필요한 환자의 승낙의 有效要件으로서의 의의와 기능을 가진다. 즉, 이와 같은 診療行爲는 환자의 의식상실, 자살기도, 의사의 자발적 구조 등과 같은 특별한 경우를 제외하고는[29] 환자의 自己決定權에 기하여 환자 스스로가 결정을 할 수 있어야 한다.[30] 따라서 이러한 診療行爲는 환자의 승낙(경우에 따라서는 法定代理人의 승낙)을 얻어야 적법하다. 그런데 이 경우의 환자의 승낙은 위에서 말했듯이 그러한 診療行爲의 내용이나 효과, 그에 수반된 위험 등에 대하여 의사로부터

---

26) Giesen, 위의 논문, 16면 및 그의 위의 책, 47~48면 참조.

27) 대법원판결(1979. 8. 14, 78다488)은 환자의 후두종양수술을 한 집도의사들이 수술 후 목이 쉴 수 있다는 말을 하였다 하더라도, 그것만으로서는 수술 후 발생한 발성기능장애의 후유증에 대하여 설명의무를 다하였다고 볼 수 없다고 하여, 의사의 설명의무위반과 환자의 승낙권 침해로 인한 불법행위가 성립한다고 하였다.

28) 石熙泰, 「의사의 說明義務와 환자의 自己決定權」, 연세행정논총, 1980, 187면 이하; 李永煥, 「診療行爲에 있어서의 의사의 說明義務」, 法學硏究(부산대학교 법과대학) 제25권 제1호(1982. 12), 79면 이하; 朴一煥, 「醫師의 說明義務와 患者의 승낙」, 醫療事故에 대한 諸問題(법원행정처), 1985, 149면 이하; 權五乘, 「의사의 說明義務」, 全昌祚博士古稀記念論文集, 1987, 343면 이하 등 참조.

29) 이러한 경우는 긴급피난이나 事務管理로서 정당화될 수 있을 것이다.

30) 진료계약이 체결되었다고 해서 환자의 자기결정권이 의사에게 전면적으로 위탁되었다고 볼 것은 아니고, 개별적 진료에 대한 결정권은 환자가 계속 보유한다고 하여야 한다. 즉, 受診申請時에는 일반적 진료승낙만 한 것으로 보아야 하고 수술이나 수혈과 같은 개별적 처치에 대한 개별승낙은 나중에 다시 필요하다고 보아야 한다. 同旨: 石熙泰, 위의 논문(註 28), 289면.

충분한 설명을 들은 후에 행하여져야 유효한 것이다.[31] 환자의 승낙이 있었다고 하더라도 의사로부터 이러한 설명을 듣지 않은 상태에서 한 승낙은 무효이다. 이처럼 승낙이 없거나 무효인 승낙 하에서 한 診療行爲, 즉 專斷的 診療行爲(eigenmächitige ärztliche Behandlung)는 위법한 것이다.

그러고 보면 의사의 說明義務는 診療契約上 의사가 부담하는 의무이지만, 不法行爲法上으로는 診療行爲에 필요한 환자의 승낙의 유효요건일 뿐이고 法的인 義務라고는 할 수 없다. 이에 대해서 說明義務는 不法行爲法上의 의무가 되기도 한다는 견해도 있으나[32] 不法行爲法上 의사의 說明義務를 인정하기는 곤란하다. 왜냐하면 不法行爲法上 의사는 환자의 생명, 신체, 건강 등에 어떤 손해가 발생하지 않도록 주의하여야 할 注意義務를 부담하고 있으나, 여기서 말하는 說明義務는 그러한 注意義務에 속한다고 볼 수는 없기 때문이다.[33] 이러한 注意義務에 속한다고 할 수 있는 의사의 說明義務는 위에서 언급한 바와 같이 다른 의미의 說明義務, 즉 의약품의 사용방법이나 요양방법 등을 설명하여 주어야 할 의무로서 의사의 診療債務속에 포함된 說明義務이고, 여기서 의미하는 승낙의 유효요건으로서의 說明義務는 아니다.

2) 專斷的 診療行爲의 법률상의 효력

환자의 승낙이 없거나 無效인 승낙 하에서 취하여진 전단적 診療行爲가 위법하다는 것은 바로 위에서 언급한 바이지만, 그러면 그것은 환자의 어떠한 法益을 침해한 것이 되는가? 이에 대해서는 견해가 일정치 않다. 위에서 소개한 우리 대법원 판례는 전단적 진료행위를 환자의 承諾權侵害로 보고 환자에게 慰藉料請求를 인정하고 있다. 학설 중에도 이를 환자의 承諾權, 즉 환자의 自己決定權侵害로 보는 견해가 있다.[34] 한편 독일의 판례와 종래의 지배적인 학설은, 전단적 診療行爲는 비록 거기에 어떤 過誤가 없고 의학적으로 적당한 것이었다고 하더라도 독일민법 제823조 제1항에 규정된 바의 신체침해로 보아 왔다.[35] 따라서 이 견해에 의하면 환자의 승낙은 신체침해의 違法性阻却事由

31) 이 경우 어느 범위에서 어느 정도의 설명을 하여야 할 것인가는 경우에 따라 일정치 않다. 이에 대해서는 위 註 28에서 소개한 문헌들 참조.

32) 石熙泰, 위의 논문(註 28), 295면; 新美育文, 「醫師の說明義務と患者の同意」, ジュリスト 增刊 民法の爭點, 1978, 343면 참조.

33) 同旨: 李銀榮, 債權各論, 1989, 702면.

34) 石熙泰, 위의 논문(註 28), 293면.

35) BGHZ 29, 46 u. 176 ; BGH 16. 11. 1971, NJW 1972, 335.

가 된다. 그러나 독일의 일부 학설[36]은 의사의 診療行爲는 어디까지나 치료행위이기 때문에 거기에 어떤 醫療過誤가 없는 한 신체침해행위로는 볼 수 없고, 自己決定權(Selbstbestimmungsrecht)의 침해, 따라서 一般的 人格權의 침해로 보고 있다.[37] 살피건대 의학적으로 적절한 주사, 수혈, 수술 등의 診療行爲는, 거기에 어떤 醫療過誤가 없는 한 비록 환자의 유효한 승낙을 얻지 않은 상태에서 행하여졌다고 하더라도, 이를 일반적인 신체침해행위와 동일시 할 수는 없는 것이다. 그것은 단순한 침습행위가 아니고 치료를 위한, 그리고 치료에 적합한 행위로서의 침습행위이기 때문이다. 이는 그러한 診療行爲에 대한 개별적인 유효한 승낙은 없었다고 하더라도 최초의 診療契約에 의하여 診療에 대한 일반적 승낙은 있었다는 점을 고려하더라도 그렇다. 따라서 醫療過誤가 없는 專斷的 診療行爲는 그것이 위법하다고 하더라도, 그 위법성은 신체침습에서 찾을 수 없고 환자의 自己決定權이라는 人格權의 침해에서 찾아야 할 것이다. 그리고 이 경우에 인정되는 손해배상청구도 身體侵害로 인한 손해의 배상청구가 아니고, 人格權의 침해로 인한 손해의 배상청구인 것이다. 그렇다면 이 경우에 배상되는 손해는 財産的 損害가 아니고 精神的 損害에 한정될 것이다.

(2) 契約法上의 意義와 機能

의사의 說明義務는 위에서 보았듯이 不法行爲와 관련해서는 환자의 승낙의 有效要件으로서의 의의와 기능을 가지고 있지만, 그러한 의미의 說明義務(환자의 승낙의 유효요건으로서의 說明義務)를 契約責任, 즉 債務不履行責任과 관련해서는 어떻게 파악하여야 할 것인가? 물론 이 경우엔 의사의 說明義務를 단순한 승낙의 유효요건만으로서가 아니고 診療契約上 의사가 부담하는 의무의 일종으로 보아야 하겠지만, 그렇게 본다고 하더라도 그 의무가 당사자간에 약정되지 않은 이상 그 인정근거를 어디서 찾을 것인가가 우선 문제로 된다. 이는 결국 診療契約을 뒤에서 보듯이 委任契約 내지 특수한 委任契約으로 이해할 수 있다면, 說明義務 역시 민법 제683조의 受任人의 報告義務의 일종으로서 파악하거나, 또는 환자의 自己決定權이 존중되어야 하는 診療契約의 특성에 비추어 信義則上 인정되는 附隨的 義務로서 파악할 수밖에 없을 것이다. 그런데 說明義務의 인정근거는 이렇다 하더라도, 또 하나의 의문은 이 說明義務를 위반하였을 경우에 계약법

36) Laufs, Arztrecht, 2. Aufl., 1978, 37면 이하.

37) 독일의 판례와 학설에 대해서는 Giesen, 위의 논문(註 18), 16면 및 Münchener Kommentar zum BGB-Mertens §823 Rn. 370~371 참조.

상 어떠한 법률효과가 발생하는가 하는 점이다. 물론 이에 대해서도 일단은 의사 내지 醫療機關에게 債務不履行으로 인한 損害賠償責任이 발생한다는 대답을 할 수 있을지 모른다. 그러나 이 損害賠償責任이 과연 어떠한 손해에 대한 배상책임이 되겠는가는 그렇게 자명하지 않다. 왜냐하면 說明義務위반으로 인하여 발생한 손해가 무엇인지가 자명하지 않기 때문이다. 살피건대 여기서 의미하는 의사의 說明義務는 어떤 위험한 물건을 파는 賣渡人이 買受人에게 물건의 사용방법에 대하여 제대로 설명해 주어야 할 의무, 즉 위험한 물건 매도인에게 信義則上 인정되는 說明義務와는 성질이 다르다. 이 후자의 경우에 있어서는, 매도인이 說明義務를 제대로 이행하지 않음으로써 그 물건의 사용시 매수인에게 어떤 손해(물건의 훼손이나 신체의 상해 등)가 발생하면, 그것이 바로 매도인의 說明義務 위반으로 인한 손해가 된다. 그러나 의사의 說明義務의 경우에는, 이 의무를 위반함으로써 환자가 승낙하지 않았을 診療行爲를 승낙하게 되었을 뿐이지, 위험물매도인의 說明義務違反의 경우에서와 같은 손해가 발생하였다고는 볼 수 없다.[38] 다만 이 경우에도 說明義務違反으로 환자가 원하지 않는 診療行爲가 행하여짐으로써 환자의 自己決定權이 침해되었다고는 볼 수 있고, 이 自己決定權의 침해 자체를 손해로 볼 수는 있을 것이다. 그렇다면 결국 契約責任과 관련해서도 의사의 說明義務위반으로 인한 손해는, 신체침해로 인한 손해가 아니고 환자의 承諾權(自己決定權)침해로 인한 손해로 보아야 할 것이다.

5. 手術申請書(承諾書)의 효력

병원에서는 특히 수술과 같은 診療行爲를 할 경우에는 환자나 보호자로부터 수술이나 마취 등으로 인하여 예기치 않은 사고가 발생하여도 아무런 이의를 제기하지 않겠다는 내용의 誓約이 포함된 다음과 같은 신청서를 받아 둔다. 이러한 신청서는 법률상 어떠한 효력이 있는가?

---

38) 의사에게도 위험물매도인에게 인정되는 설명의무와 같은 설명의무가 없는 것은 아니다. 위에서도 이미 언급하였듯이 의약품의 복용방법이라든지 療養方法 등 병의 치료를 위하여 환자가 지켜야 할 사항을 제대로 설명하여 주어야 할 의무가 그것이다. 그러나 이러한 설명의무는 의사의 診療義務속에 당연히 포함되어 있는 것이고, 이러한 의무의 위반은 바로 醫療過誤가 된다. 따라서 이러한 의미의 설명의무는 여기서 의미하는 說明義務, 즉 환자의 승낙의 有效要件으로서의 說明義務와는 다르다.

등록번호 성　별 성　명 주민등록	수술 검사 마취 **신　청　서** 병　　명 : 수술/검사명 : 주 치 의 사 :
병동　　호　　침상 년　월　일	

본인은 본인(또는 상기환자)에게 행하여질 수술 및 마취(또는 검사)의 필요성, 내용, 예상되는 합병증과 후유증에 대하여 자세한 설명을 의사로부터 들었으며, 본 수술 및 마취(또는 검사)로써 불가항력적으로 야기될 수도 있는 합병증 또는 환자의 특이체질로 우발적 사고가 일어날 수도 있다는 것을 충분히 이해되며, 뜻하지 않은 결과가 발생하더라도 아무 이의를 제기하지 않을 것과 수술 및 마취(또는 검사)에 협력할 것을 서약하고 다음 사항을 고지하며 이에 따른 의학적 처리를 주치의의 판단에 위임하여 수술 및 마취(또는 검사)를 신청합니다.

* 기 왕 력 :
* 특이체질 :
* 고 · 저혈압 :
* 심 장 병 :
* 약으로 인한 사고 :
* 알레르기 :
* 당 뇨 병 :
* 출혈소인 :
* 마약사고 :

199 년　월　일 시 분 오전/오후

상기환자 또는 대리인＿＿＿＿＿＿＿＿＿＿(인)
주민등록번호＿＿＿＿＿＿＿＿＿＿
주　소 ＿＿＿＿＿＿＿＿＿＿
증　인 ＿＿＿＿＿＿＿＿＿＿(인)
주　소 ＿＿＿＿＿＿＿＿＿＿

* 본 신청서는 본인의 서명이나 날인으로 유효하나 미성년자 또는 본인의 서명하기 어려운 신체적, 정신적 지장이 있을 때는 보호자 또는 가까운 가족이 대리서명, 또는 날인해야 한다.

병원장 귀하

물론 이러한 신청서는 의사로부터 이러한 診療行爲의 내용, 필요성, 예상되는 합병증, 후유증 등에 대하여 자세한 설명을 들은 후에 작성되었다면, 이러한 診療行爲에 대한 승낙으로서의 효력을 가지고, 따라서 그러한 診療行爲는 적법한 것이 된다. 그러면 이러한 신청서에 포함된 誓約은 어떠한 효력을 가지는가? 다시 말하면 이와 같은 서약은 醫療過誤에 대한 의사의 책임까지도 면책시킬 수 있는가?

일반적으로 債務不履行責任과 관련하여 약정된 免責特約의 효력은 이를 금지하는 법률의 규정(예컨대 상법 제790조)이 없는 경우에는 채무자측의 故意로 인하여 발생한 손해에 대한 면책이 아닌 한[39] 유효하다고 할 수 있다. 그러나 이러한 일반이론은 診療契約 내지 診療債務에 있어서는 그 契約 및 債務의 특성상 그대로 적용될 수가 없다. 즉, 의료기관측의 過失로 인한 손해에 대해서도 책임을 묻지 않겠다는 사전의 특약은 민법 제103조에 반하여 無效라고 아니할 수 없다.[40] 따라서 이와 같은 서약 내지 특약은, 의료기관측에서 최선의 주의를 다하여 診療債務를 다하였음에도 불구하고 예기치 않은 결과가 발생한 경우에만 어떠한 이의도 제기하지 않겠다는 뜻으로 해석하여야 하고, 그 이상 의료기관측의 過失에 대한 책임, 즉 醫療過誤에 대한 책임까지 면제한다는 뜻으로 해석할 수는 없다.

IV. 診療契約의 성질

이상에서 살핀 바와 같은 내용의 診療契約의 성질에 대해서는 委任契約으로 보는 견해,[41] 準委任契約으로 보는 견해,[42] 특수한 無名契約으로 보는 견해[43] 등 종래 우리나

---

39) 債務者 자신의 故意에 대한 免責의 特約은 民法 제103조에 반하여 무효이지만 履行補助者의 고의에 대한 면책의 특약은 信義則에 반하지 않으므로 유효하다는 견해가 많고(郭潤直, 債權總論, 1987, 132면; 金容漢, 債權總論, 1983, 135면; 金疇洙, 債權總論, 1988, 107면; 金曾漢, 債權總論, 1988, 55면 등), 또 이러한 입법례도 있으나(독일민법 제276조 제2항에서는 「故意로 인한 채무자의 책임은 미리 면제할 수 없다」고 규정하면서 제278조 제2文에서는 이행보조자의 고의에 대해서는 이 규정의 적용을 배제하고 있다), 이 견해의 타당성은 의심스럽다(同旨: 金亨培, 債權總論, 1992, 187면; 李銀榮, 債權總論, 1991, 205면). 約款規制法 제7조 제1호에서는 事業者, 履行補助者 또는 被用者의 故意 또는 중대한 過失로 인한 법률상의 책임을 배제하는 조항은 무효로 규정하고 있다.

40) 同旨: Deutsch/Geiger, 위의 논문, 1110면; 加藤一郎, 위의 책, 23면.

41) 金容漢, 「醫療行爲에 의한 責任」, 法曹, 1983. 6, 4면.

42) 李輔煥, 위의 논문, 23면.

43) 權用雨, 「醫療過誤 및 藥禍事故의 責任」, 단국대학교논문집 제15집, 1981, 350면; 金顯泰, 「의사의 醫療過誤에 있어서의 過失의 立證責任」, 연세행정논총, 1980, 211면.

라에서는 그 견해가 여러 가지다. 살피건대 委任契約의 핵심적인 屬性, 즉 사무처리를 목적으로 하고 일의 완성을 목적으로 하지 않는다는 점, 受任人의 지식, 기능, 인격 등에 대한 특별한 신뢰를 바탕으로 하여 그의 재량에 의한 사무처리를 인정한다는 점, 受任人은 善良한 管理者의 注意로써 委任事務를 처리해야 한다는 점, 우리 민법상 委任契約은 반드시 無償契約이어야 하는 것은 아니라는 점 등의 속성을 診療契約도 가지고 있다. 그러나 인체에 대한 診療行爲를 목적으로 하는 診療契約을 일반적인 사무처리를 목적으로 하는 委任契約과 완전히 동일시할 수는 없고, 따라서 診療契約에 있어서는 民法의 委任에 관한 규정들이 그대로 다 적용될 수는 없을 것이다.[44] 그렇다면 診療契約은 특수한 委任契約이라고 보면 되지 않을까 한다. 일본에 있어서는 診療契約을 準委任契約으로 보는 것이 일반적이나,[45] 이는 일본민법 제643조가 法律行爲의 委託만을 위임계약의 내용으로 규정하고 있고, 제656조에서는 委任契約에 관한 규정을 法律行爲가 아닌 사무의 위탁에 準用하도록 하고 이를 準委任으로 규정하고 있는 데에 기인하는 것이다. 한편 독일에 있어서는 診療契約을 雇傭契約(Dienstvertrag)으로 보고 있는데,[46] 이는 독일민법상 위임계약은 無償이어야 하고(同法 제662조), 雇傭契約의 내용이 되는 勞務에는 從屬的인 勞務와 非從屬的인 勞務가 다 포함되기 때문에 그렇게 보는 것이다.[47]

그런데 診療契約을 이처럼 특수한 委任契約이라고만 할 수 없는 경우가 있다. 환자가 병원에 입원하여 치료를 받는 경우가 그렇다. 이 경우에 의료기관은 通院診療의 경우와는 달리 환자에게 숙식제공을 비롯해서 전반적인 간호 내지 보호의 債務를 부담하기 때문에, 이러한 경우의 診療契約에는 위임계약 이외의 요소도 포함하게 된다. 따라서 이러한 경우의 診療契約은 無名契約 내지 混合契約이라고 할 수 있을지 모른다. 그러나 이 경우의 이러한 요소들은 어디까지나 診療를 효과적으로 수행하기 위한 수단이거나 수행의 과정에 불과하고 독자적인 중요성을 가지는 것은 아니다.[48] 한편 義齒手術이라든지 不姙手術같은 경우는 결과의 발생이라는 都給契約的 요소가 중요한 의미를 가진다. 따라

---

44) 예를 들면 復任權의 제한에 관한 규정(제682조), 受任人의 報告義務에 관한 규정(제693조) 같은 것은 그대로 적용될 수 없다는 지적이 있다(李輔煥, 위의 논문, 23면). 진료계약에 있어서는 개인개업의가 수술시 마취전문의나 다른 전문의의 조력을 얻을 필요도 있고, 또 환자의 정신건강상 또는 치료상 필요한 경우에는 진료의 결과를 환자에게 상세하게 보고하지 않을 필요도 있기 때문이다.

45) 中野貞一郎, 위의 논문, 72면; 注釋民法(19)(加藤一郎), 148면 참조.

46) Esser/Weyers, Schuldrecht II, 6. Aufl., 1984, 213면; Larenz, 위의 책, 235면 참조.

47) Larenz, 위의 책, 233면. 따라서 우리나라에 있어서의 有償委任은 독일민법상으로는 모두 고용계약에 해당하게 된다.

48) Deutsch/Geiger, 위의 논문, 1061면.

서 이 경우에는 受給人으로서의 瑕疵擔保責任도 문제될 수 있을 것이다.

* 考試界 1992년 9월호, 41면 이하 게재

不法行爲 成立要件으로서의 違法性과 故意·過失

Ⅰ. 머 리 말

不法行爲法의 제1차적인 목적은 매일같이 발생하는 수많은 손해 중에서 피해자 자신이 부담할 손해와 피해자 이외의 자에게 부담시킬 손해를 그 시대와 사회의 지배적인 正義와 衡平의 관념에 따라 한계짓는데 있다.[1] 그런데 법질서는 특별한 근거 내지 이유가 없는 한 모든 손해는 피해자 자신이 부담하는 것을 원칙으로(casum sentit dominus)한다.[2] 따라서 피해자에게 발생된 손해를 피해자 이외의 자에게 부담시키려면 특별한 근거가 있어야 한다. 不法行爲法은 不法行爲 성립요건을 규정하여 이러한 歸責根據를 마련함으로써 피해자 이외의 자가 손해를 부담하는 경우들을 한정하게 된다. 이와 관련하여

1) Zweigert-Kötz, Einführung in die Rechtsvergleichung auf dem Gebiete des Privatrechts, Bd.Ⅱ, 1969, 343면.

2) Holmes, The Common Law edited by Mark DeWolfe Howe, 1963, 75면; Kötz, Deliktsrecht, 3. Aufl., 1983, 17면.

민법은 제750조에서 "故意 또는 過失로 인한 違法行爲로 他人에게 損害를 加한 者는 그 損害를 賠償할 責任이 있다"고 규정함으로써 不法行爲의 성립요건에 관한 기본적이고 일반적인 규정을 두고 있다. 不法行爲의 성립요건을 규정하는 방법으로서는, 독일민법과 같이 不法行爲의 성립요건을 개별적으로 규정하는 입법례도 있지만,[3] 우리 민법은 이에 대하여 이와 같이 일반적으로 규정하는 방법을 취하고 있다.[4] 따라서 우리 민법상 不法行爲 내지 不法行爲責任이 성립하기 위해서는 민법 제755조 이하의 특수한 不法行爲의 경우를 제외하고는 자신의 「故意 또는 過失로 인한 違法行爲」로 타인에게 손해를 가해야 한다. 이는 결국 不法行爲가 성립하기 위해서는 가해자에게 損害發生에 대한 故意나 過失이 있어야 하고, 가해행위가 위법해야 해야 한다는 것을 의미한다. 다시 말해서 우리 민법상 不法行爲가 성립하기 위해서는 그 성립요건으로서 가해자의 故意·過失과 가해행위의 위법성을 필요로 한다.

그런데 不法行爲 성립요건으로서의 이 兩者의 의미와 지위 및 기능에 대해서는 민법전 시행후 1970년대말까지만 하여도 학설이나 판례상 별다른 견해의 다툼이 없어 왔다. 즉, 종래 우리나라 통설은, 민법 제750조에 규정된 故意와 過失은 不法行爲가 성립하기 위한 주관적 요건에 속하고, 위법성은 객관적 요건에 속하는 것으로 보아 위법성과 故意·過失을 준별하여 왔다. 그러면서도 이 過失에 대해서는 이른바 추상적 過失(객관적 過失)개념을 취하여 왔다.[5] 그리고 不法行爲의 성립요건으로서 이처럼 가해자의 故意나 過失을 요구하는 것은, 우리 민법도 서구의 근대민법과 마찬가지로 有責性原則(Verschuldensprinzip)[6]을 취하고 있음을 의미하는 것으로 보아 왔고, 따라서 故意와 過失은 이 有責性(Verschulden, Schuld)의 형태 내지 요소로 보아 왔다.[7] 그러다가 1980년대

---

3) 이러한 立法에 있어서는 일정한 종류의 법익이 일정한 형태의 가해로부터 보호를 받도록 되어 있다(독일민법 제823조 제1항, 제2항 및 제826조 참조). 이와 같은 입법방법은 로마법을 비롯한 古代法에 있어서의 일반적인 현상이었고, 오늘날에는 영미법에서 취하여지고 있다.

4) 불법행위 성립요건에 관하여 일반적 규정을 두고 있는 입법례로는 프랑스민법(Code civil) 제1382조-제1383조, 스위스債務法(OR) 제41조, 오스트리아민법(ABGB) 제1295조, 이태리민법(Codice civile) 제 2043조 등을 들 수 있다. 이와 같은 입법방침은 자연법학파의 영향을 받아 프랑스 민법이 채택하였고, 그밖의 국가들이 이를 본받았다고 한다(Zweigert-Kötz, 위의 책, 336면 이하 참조).

5) 金曾漢·安二濬, 新債權各論(下), 1970, 755면 이하; 金基善, 韓國債權法各論,1975, 278면 이하; 郭潤直, 債權各論, 1989, 632면 이하; 金顯泰, 債權法各論, 1982, 364면 이하; 黃迪仁, 現代民法論Ⅳ, 1980, 263면 이하 등 참조.

6) 종래 우리나라와 일본에서는 「Verschuldensprinzip」을 「過失責任主義」 또는 「過失責任의 原則」으로 새겨 왔으나 「Verschulden」이 곧 「過失」을 의미하지 않는 한 이러한 번역은 정확하다고 할 수 없다. 따라서 여기서는 이를 「有責性原則」으로 새기기로 한다.

초부터 종래의 이러한 견해에 대한 의문과 비판이 일부 학설에 의하여 제기되고 있고 새로운 견해도 제시되고 있다. 즉, 객관적 過失 개념은 有責性의 개념과 모순되지 않는가,[8] 故意나 過失은 有責性의 요소나 형태일 뿐이고 위법성과는 무관한 것일까, 따라서 위법성과 故意·過失을 그렇게 준별할 수 있을까[9] 하는 등등의 의문과 비판이 제기되고 있다.

이 글은 不法行爲 성립요건으로서의 故意·過失과 위법성에 대한 그동안의 이러한 학설과 판례의 입장 및 그 발전과정을 검토하면서 양자의 지위와 기능 및 상호관계를 분명히 하려는 것이다.

Ⅱ. 不法行爲 성립요건으로서의 違法性

1.「違法性」요건의 연혁적 의의

민법이 不法行爲의 성립요건으로서 가해행위의 위법성을 규정하게 된 것은 연혁적으로는 일본민법 제709조에 대한 비판과 반성에서 나온 일본에 있어서의 違法性理論에서 연유한다. 일본 민법 제709조는 不法行爲 성립요건에 대하여「故意 또는 過失로 인하여 타인의 권리를 침해한 자는 이로 인하여 생긴 손해를 배상할 책임이 있다」고 규정하고 있다. 원래 일본민법이 不法行爲 성립요건으로서「權利侵害」를 규정한 것은, 개인의 자유로운 활동으로 타인에게 손해를 가하는 일이 있더라도 타인의 권리를 침해하지 않는 한 배상책임을 인정하지 않음으로써, 불법행위제도를 개인의 자유활동에 대한 최소한의 제한으로 하여, 개인의 자유로운 활동을 최대한으로 보장하려는 것이었다.[10] 그러나 일본에서도 雲右衛門 레코드 사건[11]을 계기로 이「권리침해」의 요건을 엄격히 해석하는

7) 우리나라의 학설은 故意나 過失을 불법행위의 주관적 성립요건에 속한다고 할 뿐 有責性의 형태 내지 요소라고 표현하고 있지는 않다. 그러나 위법성 이외에 고의나 과실이 있어야 불법행위가 성립하는 원칙을 흔히 과실책임주의로 표현하고 있는데, 이「과실책임주의」라는 것이 바로 有責性原則을 의미하기 때문에, 우리나라 학설도 故意·過失을 有責性의 형태 내지 요소로 파악하고 있다고 볼 수 있다.

8) 金亨培,「不法行爲에 있어서의 責任歸屬根據와 損害賠償의 範圍」, 法律行政論集(高麗大學校) 제18집, 1980, 112면 이하 참조.

9) 徐光民, 不法行爲의 歸責構造 硏究, 1988, 33면 이하 참조.

10) 加藤一郎, 不法行爲(法律學全集 22～Ⅱ), 1982, 31면; 幾代 通, 不法行爲(現代法學全集 20～Ⅱ), 1979, 58면 참조.

11) 이 사건은 어느 회사가 당시 유명한 浪曲師(桃中軒雲右衛門)에게 취입시켜 제작 판매하고 있던 浪曲레코드를 제3자가 권한없이 복제하여 판매하였기 때문에 그 회사가 이 제3자에 대하여 저

것에 대한 반성이 일어나기 시작하였다.[12] 즉, 「권리침해」의 요건을 엄격히 해석하게 되면, 不法行爲제도에 의한 피해자 구제의 범위가 너무 협소하게 되므로 이 규정의 「權利」를 넓게 해석하여 「법적으로 보호할 가치가 있는 이익」으로 보려는 경향이 나타났다. 그러던 중 大學湯事件[13]을 계기로 판례의 입장이, 그리고 이 사건을 전후하여 학설이 「권리침해」의 요건을 「위법성」의 의미로 확대해석하기 시작하였다. 이 위법성이론에 의하면, 不法行爲는 보호할 가치가 있는 이익을 위법하게 침해하면 성립하며, 민법이 「권리침해」라고 한 것은 이러한 위법성을 나타내는 하나의 수단이라는 것이다. 따라서 「권리침해」는 「위법성」의 징표, 즉 위법성의 대표적인 경우를 표현한 것으로 보아야 하고, 더 나아가 「권리침해」라는 표현은 오히려 「위법성」의 의미로 바꾸어 해석하여야 한다는 것이다. 이렇게 하여 일본에서는 일본민법 제709조의 「권리침해」라는 요건을 「違法性」의 의미로 일반적으로 해석하기에 이른 것인데,[14] 우리 민법은 제정당시 이러한 점을 고려하여 제750조에서 권리침해 대신 가해행위의 위법성을 요건으로 규정하였던 것이다.[15]

작권 침해를 이유로 불법행위로 인한 손해배상을 청구한 사건이었다. 일본 大審院은 이 사건의 판결에서 浪花節은 저작권법이 보호하는 음악저작물로 인정되지 않기 때문에 저작권의 목적으로는 되지 않고, 따라서 이 제3자의 행위는 정의의 관념에는 반하더라도 이에 관한 단속법규가 없는 이상 不問에 부칠 수밖에 없다고 하여 불법행위책임을 인정하지 않았다(日大判 大正 3. 7. 4. 刑錄 20輯 1360면).

12) 이 「권리침해」의 요건에 대해서는 실은 민법전 기초의 단계에서부터 여러가지 논의가 있었다고 한다. 예를 들면 이러한 요건으로는 피해자 구제의 범위가 좁기 때문에 「故意 또는 過失로 인하여 타인에게 손해를 加한 者」라고 하면 어떨까 하는 代案 등 활발한 논의가 있었다고 한다(法典調査會議事速記錄 40卷 163丁, 173丁 등. 幾代 通, 위의 책, 59면 註1 참조).

13) 이 사건은 京都大學 앞에 있는 「大學湯」이라고 하는 건물을 임차하여 그 이름으로 목욕탕영업을 해 오던 자가, 임대차가 종료하는 경우에는 그 영업에 수반하여 생겼던 老舖(영업상의 諸利益의 總和를 의미함)를 건물주가 사던가 아니면 임차인이 타인에게 팔 수 있도록 건물주와 약속하였으나, 실제 임대차가 종료하자 건물주는 임차인이 이 老舖를 파는 것을 방해하였기 때문에 임차인이 건물주에 대하여 손해배상을 청구하였던 사건이다. 이 사건에서 이와 같은 약속이 있었다는 것이 확인되었다면 채무불이행이 문제로 될 것이었으나, 약속이 있었다는 것이 인정되지 않았기 때문에 결국 불법행위가 문제로 되었다. 그런데 이 사건의 판결에서 大審院은 민법 제709조의 「權利」라 함은, 엄격한 의미에서 권리라고 할 수 없다고 하더라도 불법행위법에 의한 법적 보호의 가치가 있다고 인정되는 이익이면 족하다고 함으로써, 그와 같은 영업상의 이익은 권리가 아니기 때문에 이를 침해하여도 불법행위가 되지 않는다고 한 원심판결을 파기환송하였다(大判 大正 14. 11. 28, 民輯 4卷 670면).

14) 加藤一郎, 위의 책, 30면 이하; 幾代 通, 위의 책, 58면 이하 참조.

15) 金曾漢·安二濬, 위의 책, 744~745면 참조.

2. 違法性 요건의 이론적 의의

민법 제750조에 不法行爲 성립요건으로서 가해행위의 위법성을 규정한데는 이러한 연혁적 사정이 있지만, 이러한 연혁적 사정을 떠나서 생각하더라도 不法行爲責任, 즉 손해배상책임의 요건으로서 위법성을 규정한 것은 당연하다고 볼 수 있다. 왜냐하면 인간의 공동생활은 그 자체가 타인에 대한 가해가능성을 가지고 있으므로, 타인에 대한 모든 加害에 대하여 不法行爲責任을 인정한다면 인간의 사회적·경제적 활동은 정지되고 말 것이기 때문이다. 따라서 손해배상책임이 인정되어야 할 가해, 즉 위법한 가해와 그렇지 않은 가해를 구별할 필요가 있는 것이다.[16] 물론 법률은 민법상의 相隣關係에 관한 규정에서 보듯이 위법성이 없는 가해에 대해서도 이해의 공평한 조정을 위하여 손해의 塡補를 인정하는 경우가 있다. 그리고 이는 이른바 허용된 위험(erlaubtes Risiko)이 현실화된 사고에 대한 책임인 위험책임(Gefährdungshaftung)의 경우에 있어서도 마찬가지이다.[17] 그러나 이와 같은 경우가 아닌 한, 가해행위의 위법성을 전제로 해서만 손해배상책임을 물을 수가 있는 것이다. 이러한 이유로 인정되는 것이 가해행위의 위법성인 것이다.

3. 違法性의 파악에 있어서의 종래 우리나라 학설의 입장

(1) 違法性에 대한 개별적·실증적 검토

민법은 不法行爲 성립요건으로서 이처럼 당연히 요구되는 가해행위의 위법성을 규정하였으면서도, 이 위법성이 무엇을 의미하며 어떠한 경우에 위법성이 인정되는지에 대해서는 언급하고 있지 않다. 물론 그 語義에 따른다면 위법성은 법규범의 위반 내지 법질서의 위반을 의미하겠지만 구체적으로 어떠한 경우에 이와 같은 위법성이 인정될 수 있는지는 알 수가 없다. 이에 대하여 종래 우리나라의 학설은 위법성의 의미를 일반적·이론적으로 구명함이 없이,[18] 위법성의 발현형태를 침해된 이익의 측면과 침해행위의 측

---

16) Lehmann, Begrenzung der Rechtswidrigkeit, Festschrift für Justus Wilhelm Hedemann, 1958, 177면.

17) 위험책임의 법리에 대해서는 徐光民, 위의 책, 181면 이하 참조.

18) 다만 郭潤直 교수는 「形式的 違法論」과 「實質的 違法論」 및 「客觀的 違法論」과 「主觀的 違法論」에 대하여 언급하면서 「實質的 違法論」과 「客觀的 違法論」을 지지하고 있다(郭潤直, 위의 책, 650면 이하 참조).

면의 두가지 관점에서 판례를 중심으로 하여 개별적·실증적으로 고찰하여 왔다. 그래서 피침해이익의 면에서는, 각종의 재산적 이익(소유권, 제한물권, 광업권, 어업권, 무체재산권, 용수권, 채권, 상호 등)의 침해의 경우와 비재산적 이익(생명, 신체, 자유, 명예, 정조, 초상, 성명 등 각종의 인격적 이익과 가족권)의 침해의 경우에 있어서의 위법성을 검토하고 있다. 그리고 침해행위의 측면에서는 형벌법규위반, 단속법규위반, 사회질서위반, 권리남용 등의 경우에 있어서의 위법성을 검토하고 있다.[19]

우리나라에 있어서 위법성의 발현형태에 대한 이와 같은 검토방법은 일본민법 제709조의 권리침해의 요건을 위법성으로 확대해석하게 됨에 따라 이 위법성 판단의 구체적 방법으로 제시된 我妻 榮 교수의 이른바 상관관계적 판단에 의하여 영향을 받은 것으로 생각된다. 我妻 榮 교수는 위법성의 판단에 있어서 한편 경직되지 않게 하고, 다른 한편 자의적이 되지 않게 하기 위해서는 피침해이익의 종류와 침해행위의 태양과의 상관관계에서 고찰하여 판단할 것을, 즉 피침해이익이 강한 것이면 침해행위의 不法性이 작더라도 가해의 위법성을 인정하고, 피침해이익이 약한 것이면 침해행위의 불법성이 큰 경우에만 가해의 위법성을 인정할 것을 주장하여[20] 학계의 많은 지지를 받았었다.[21] 그리고 한편 일본에 있어서의 위법성에 대한 이와 같은 판단방식은 不法行爲의 성립요건을 개별적으로 규정하고 있는 독일민법 제823조 제1항 및 제2항과 제826조 규정의 영향을 받은 것이라고 한다.[22]

(2) 結果不法論的 입장

우리나라의 학설은 이처럼 가해행위의 위법성을 침해된 法益의 측면과 침해행위의 측면에서 개별적·실증적으로 검토할 뿐, 위법성의 개념을 일반적·이론적으로 검토하고 있지는 않다. 그러나 우리나라 학설도 위법성에 대하여 다음과 같은 두가지 기본적인 입장은 견지하고 있음을 알 수 있다.

첫째, 위법성은 不法行爲의 객관적 성립요건에 속하고 故意·過失은 주관적 성립요건에 속하는 것으로 봄으로써, 우리나라 학설은 위법성과 故意·過失을 준별하고 있다.

둘째, 우리나라 학설은 소유권 등의 절대권이나 생명, 신체 등의 인격적 법익에 대

---

19) 金曾漢·安二濬, 위의 책, 763면 이하; 郭潤直, 위의 책, 652면 이하; 金基善, 위의 책, 284면 이하; 金錫宇, 위의 책, 504면 이하 등 참조.

20) 我妻 榮, 事務管理·不當利得·不法行爲(新法學全集), 125면 이하 참조.

21) 加藤一郎, 위의 책, 36면; 幾代 通, 위의 책, 62면 및 63면의 註6의 문헌 참조.

22) 澤井 裕, 「不法行爲法의 混迷와 展望」, 法學セミナー—1979, Vol.23, No.11, 74~75면 참조.

한 침해가 있으면 그러한 침해행위는 바로 위법하다는 입장을 취하고 있다.

이러한 입장은 독일의 종래의 학설이 취하였던 입장과 같은 것으로서, 독일민법학에서는 이를 結果不法論(Die Lehre vom Erfolgsunrecht)이라고 부르고 있다. 독일에 있어서의 結果不法論에 의하면 독일 민법 제823조 제1항의 법익이나 권리, 즉 「타인의 생명, 신체, 건강, 자유, 소유권, 그밖의 권리」에 대한 침해의 결과만 발생하면 그 침해행위는 故意的이든 非故意的이든 특별한 위법성조각사유가 없는 한 바로 위법하다고 한다. 그리고 結果不法論은 故意나 過失을 有責性의 요소로 보아 위법성과는 별개의 요건으로 본다.[23] 그렇다면 위법성을 파악하는 종래 우리나라의 학설도 結果不法論的 입장을 취하고 있다고 볼 수 있다.

4. 違法性에 대한 새로운 견해(行爲不法論的 입장)

違法性에 대한 이러한 結果不法論的 입장은 민법 제정 후 최근에 이르기까지 우리나라에 있어서는 이와 다른 견해를 찾아 볼 수 없을 정도로 지배적인 견해였다. 그러다가 1980년대 중반에 와서 우리나라에서도 結果不法論에 반대하는 견해가 등장하였다.[24] 이 견해는 독일민법학에 있어서의 이른바 行爲不法論(Die Lehre vom Handlungsunrecht)[25]의 영향을 받은 견해로서, 종래 有責性의 요소로만 보아 왔던 故意와 過失을 위법성의 요소로 끌어들임으로써, 소유권 등의 절대권이나 생명, 신체 등의 인격적 法益이 침해되었다고 하더라도, 그 침해행위가 고의적인 것이 아닌 한 사회생활상 요구되는 주의의무를 위반하여 이러한 권리나 법익을 침해한 경우에만 그 침해행위가 위법하다고 한다. 즉, 이 견해에 의하면 절대권이나 인격적 法益에 대한 고의적인 침해는 위법성조각사유가 없는 한 바로 위법하다고 할 수 있지만, 이러한 권리나 法益에 대한 비고의적인 침해는 그러한 침해가 사회생활상 요구되는 주의의무를 위반함으로써 발생한 경우에만, 즉 過失로 인하여 발생한 경우에만 위법한 것이고, 침해의 결과만 발생하였다고 하여 바로 그 침해행위의 위법성이 인정될 수는 없다고 한다. 이 견해는 이러한 주장의 이론적 근거로서,

23) 독일에 있어서의 結果不法論과 行爲不法論(Die Lehre vom Handlungsunrecht)에 대해서는 Kötz, 위의 책, 54면 이하 참조.

24) 徐光民, 「손해배상책임의 一要件으로서의 위법성」, 民事法學(4,5 합병호) 1985, 334면 이하 및 위의 책, 68면 이하 참조.

25) 독일에 있어서의 行爲不法論은 형법학에 있어서의 Welzel의 目的的 行爲論의 입장의 영향을 받은 견해로서 Nipperdey가 처음으로 주장하였고, Wietholter, von Caemmerer, Esser, Münzberg, Schmidt, Weyers 등이 주장하고 있다. 이에 대해서는 徐光民, 위의 책, 41면 이하 참조.

不法行爲에 있어서의 위법성판단은 인간의 행위를 그 대상으로 한다는 점, 즉 인간의 행위만이 법규범의 금지나 명령에 위반할 수 있다는 점, 그리고 법규범이 인간에게 금지하거나 명령할 수 있는 것은 「고의로 타인의 권리나 법익을 침해하지 말아라」 하는 것과, 「이러한 권리나 법익을 침해하지 않도록 사회생활상 요구되는 주의의무를 다하여라」 하는 것 뿐이고, 그 이상의 어떤 무조건적인 금지나 명령은 할 수 없다는 점을 든다. 다만 이 견해는 비고의적인 침해에 있어서도 침해행위가 소유권과 같이 사용·수익·처분의 권능이 그 권리자에게만 주어져 있는 권리에 대한 직접적인 침해인 경우, 예컨대 남의 물건의 무단사용이나 무단처분의 경우에는 사회생활상 요구되는 주의의무의 위반여부를 묻지 않고 바로 그러한 침해행위의 위법성이 인정된다고 한다. 이러한 경우에 있어서는 법질서가 주의의무의 위반유무를 묻지 않고 그러한 침해행위 자체를 금지하기 때문이다. 그러나 그밖에 다른 활동을 하다가 타인의 법익이나 권리를 비고의적으로 침해하는 경우에 있어서는, 그러한 활동은 법률상 허용되어 있어서 법규범은 그러한 활동자체를 금지할 수는 없고, 그러한 활동을 함에 있어서 사회생활상 요구되는 주의의무의 준수만을 요구할 수 있기 때문에, 그러한 주의의무의 위반이 있는 경우에만 그 침해행위는 위법한 것이고, 법익침해의 결과만 발생하였다고 하여 바로 그 행위를 위법하다고 할 수는 없다는 것이다.

이러한 견해는 필자가 1985년도부터 발표한 견해지만 金亨培 교수도 최근에 발표한 논문에서 대체로 비슷한 입장을 취하고 있다.[26] 그리고 필자는 이처럼 故意나 過失(사회생활상 요구되는 주의의무의 위반)을 위법성판단에 끌어들임으로써 위법성의 요건과 故意·過失의 요건은 종래 일반적으로 주장되어 왔던 것처럼 객관적 요건과 주관적 요건으로 준별될 수는 없다는 입장을 취하고 있다. 그리고 이와 같은 입장은 적어도 필자의 견해로는 민법 제750조의 法文의 표현과도 어긋나지 않는다고 생각한다. 이 규정은 「故意 또는 過失로 인한 違法行爲」라고 되어 있어서 故意·過失과 위법성이 반드시 별개의 요건이어야 하도록 되어 있지 않기 때문이다.

---

26) 金亨培, 「民事法의 違法性槪念의 구조」, 考試界, 1990. 10, 15면 이하.

Ⅲ. 不法行爲 성립요건으로서의 故意·過失

1. 故意·過失의 지위 및 過失槪念에 대한 종래의 학설과 판례

(1) 客觀的 過失說에 있어서의 故意·過失의 지위와 過失槪念

종래 우리나라의 통설은 위에서도 언급한 바와 같이 위법성은 不法行爲의 객관적 성립요건에 속하고 故意·過失은 주관적 성립요건에 속하는 것으로 보아, 위법성과 故意·過失을 준별하면서도 過失의 개념에 대해서는 객관적 過失(抽象的 過失)개념을 취하여 왔다. 즉, 통설은 過失을 일정한 결과가 발생한다는 것을 알고 있어야 함에도 불구하고 不注意로 그것을 알지 못하고 어떤 행위를 한 심리상태로 파악하고, 이 경우에 요구되는 注意의 정도는 행위자 개인의 능력을 중심으로 하는 것이 아니고, 추상적으로 일반인, 보통인, 표준인에게 요구되는 주의의무의 정도라고 함으로써, 객관적 過失(추상적 過失)개념을 취하고 있다.[27] 그리고 不法行爲에 있어서의 過失을 이처럼 객관적 過失로 보아야 할 이유를 다음과 같은 점에서 찾고 있다.

"원래 過失責任의 원칙은 손해의 발생을 막을 수 있었는데도 그것을 막지 못한 자는 책임을 져야 한다는 것이므로 책임의 요건으로서의 過失은 개개인의 주의력을 기준으로 하는 구체적 過失이어야 할 것이다. 그러나 피해자의 입장에서 본다면 가해자가 사회의 보통인으로서의 표준적인 주의를 베푸는 것으로 예정해서 행동한다고 할 수 있다. 그런데 만일에 가해자의 주의력이 평균인 이하여서 過失이 없는 것으로 된다면 피해자는 손해를 배상받지 못하는 것이 될 것이다. 즉 不法行爲要件으로서는 구체적 過失로서 충분하다고 한다면 피해자의 보호에 충분하지 못하게 되고 또한 공평하지도 않다는 결과가 된다. 이러한 결과를 막기 위하여 過失을 사회의 평균인을 기준으로 해서 객관화·정형화한 것이 바로 추상적 過失인 것이다."[28]

우리나라의 대법원 판례 역시 마찬가지의 입장을 취하고 있다. 즉, 대법원 판례는 "不法行爲에 의한 손해배상의무의 전제가 되는 過失의 유무와 過失의 경중에 관한 표준은 그 개인에 관한 구체적인 사정에 의하여 결정되는 것이 아니고 일반적인 보통인으로

27) 金曾漢·安二濬, 위의 책, 755면 이하; 郭潤直, 위의 책, 630면 이하; 金基善, 위의 책, 278면 이하; 金顯泰, 위의 책, 364면 이하; 黃迪仁, 위의 책, 263면 이하 등 참조.

28) 郭潤直, 위의 책, 632~633면; 金曾漢·安二濬, 위의 책, 756면에서도 이와 같은 이유를 들고 있다.

서 할 수 있는 주의의 정도를 표준으로 하여야 할 것이며, 위의 일반적인 보통인이라 함은 추상적인 일반인을 말함이 아니고 그와 같은 업무와 직무에 종사하는 사람으로서는 누구나 할 수 있는 注意의 정도를 표준으로 하여 過失의 유무를 논하고"라고 한다거나,[29] "不法行爲로 인한 손해배상책임에 있어서의 過失이라 함은 통상적인 사람을 기준으로 하여 마땅히 하여야 할 주의를 태만히 하였거나 또는 하지 아니하면 아니될 의무를 이행하지 아니한 경우를 가리켜 뜻하는 것으로, 그와 같이 하지 아니한 것이 불가항력이었다면 거기에 過失이 있다고 할 수 없다"고 하고 있다.[30]

(2) 主觀的 過失說에 있어서의 故意·過失의 지위와 過失槪念

바로 위에서 본 것처럼 우리나라에 있어서는 객관적 過失說이 민법전 시행이후 계속 통설과 판례의 입장이 되어 왔으나, 1980년대초에 와서 金亨培교수에 의하여 처음으로 주관적 과실설이 주장되었다. 그는 종래의 객관적 過失說을 비판하면서, 객관적 과실설의 최대의 난점은 책임능력과의 관계를 모순없이 설명하지 못하는 점이라고 지적한다. 즉, 우리 민법이 제753조와 제754조에서 過失의 전제조건으로 책임능력을 요구하고 있는 것은, 歸責의 근거를 행위자에 대한 개인적 비난가능성(有責性)에서 구하는 것을 의미하는데, 객관적 과실설이 過失의 유무에 대한 판단에 있어서 평균인에게 요구되는 주의의무를 기준으로 하고 그 행위자를 문제삼지 않는 것은 모순이 아닐 수 없다고 한다. 왜냐하면 책임능력은 개인적 능력에 관련된 개념이기 때문이다. 따라서 過失의 전제조건으로서 책임능력의 존재를 요구하려면 過失은 행위자 개인에게 요구되는 주의를 태만히 하는 것이라고 구성하여야 한다고 한다. 그리고 객관적 과실설이 故意와 過失을 다같이 不法行爲의 주관적 요건이라고 하면서 過失의 개념을 有責性의 개념과 단절시킨다는 것은 故意의 不法行爲에 대해서는 有責性을 요구하면서 過失의 不法行爲에서는 객관적 容態만으로 만족하는 것이 되어 일관성이 없게 되고, 결과적으로 객관적 과실설은 과실개념을 불법개념 내지 위법개념으로 변용하고 있다고 비판한다.[31] 그래서 그는 객관적 과실설이 지니고 있는 이와 같은 모순을 극복하기 위해서 不法行爲의 유형에 따라서 책임귀속근거를 재구성할 것을 주장한다. 그리고 그렇게 하여야 할 이유는 다음과 같은 점에 있다는 것이다. 즉, 손해배상책임의 발생원인으로서 不法行爲를 규정하였던 초기의 立法

---

29) 大判 1967. 7. 18, 66다1938.
30) 大判 1979. 12. 26, 79다1843.
31) 金亨培, 위의 논문, 114면.

은 모든 시민의 활동의 자유를 이념적 기초로 하였으며, 그 결과 過失의 개념도 意思의 자유라는 유책성관련하에서 파악하였는데, 그 후 산업화과정에 따라 타인에게 손해를 야기하는 행위의 태양과 성질이 변모하기 시작하였다. 다시 말해서 不法行爲에 관한 초기의 입법당시에 예상하지 못했던 유형의 손해야기행위가 나타나게 되었고, 그 결과 不法行爲의 책임귀속근거를 意思의 자유라는 유책성관련하에서만 파악할 수 없게 되었다는 것이다.[32] 그리하여 그는 過失의 본래적 개념은 유책성관련하에서 파악되는 주관적 過失로 구성하되, 그 적용범위를 초기 입법당시에 예상했던 일상생활상 발생하는 유형의 不法行爲에 한정하고, 객관적 過失이 적용되는 분야 역시 유형화되어야 하고, 그 경우의 귀책근거는 有責性과 관련이 없고 행위의 위험성 등에 있다고 한다.[33]

2. 故意·過失의 지위 및 違法性과의 관계에 관한 재검토

이상에서 살핀 객관적 過失說과 주관적 過失說은 過失概念에 대해서는 서로 견해를 달리하면서도, 故意·過失의 不法行爲성립요건에 있어서의 지위에 대해서는 그 입장을 같이 하고 있다. 즉, 두 학설은 모두 故意·過失을 有責性의 형태로 파악함으로써 위법성과는 별개의 요건으로 보고 있다. 故意와 過失의 지위에 대한 이러한 입장은 종래 刑法學에서의 因果的 行爲論 및 이에 근거한 心理的 有責性論의 입장과 같은 것이다. 因果的 行爲論은 행위를 외부적 측면과 내부적 측면으로 나누어 전자는 위법성에, 후자는 有責性에 속하는 것으로 보았다. 한편 心理的 有責性論은 자연주의사상의 영향을 받아 19세기에 지배적이던 有責性 이론으로서, 有責性을 심리적인 상태, 즉 야기된 결과에 대한 행위자의 심리적 관계로 파악하여 故意와 過失을 有責性으로 보았다. 그리고 결과발생을 인식한 故意와 이를 인식하지 못한 過失은 모두 행위의 주관적 측면인 심리적 상태라는 점에 공통점이 있으므로 양자를 모두 有責性에 속하는 것으로 본다.[34] 앞에서 본 結果不法論도 바로 이러한 입장을 그 기초로 하고 있는 것이다.

그러나 刑法學에 있어서는, 故意나 過失이 因果的 行爲論이 주장하듯이 단순히 有責性의 요소만이 아니고 불법요소이기도 하다는 것이, 目的的 行爲論 이래 주장되고 있다. 즉, 目的的 行爲論은 인간의 행위를 목적적 조종의 所產으로 봄과 동시에 故意를 目

32) 金亨培, 위의 논문, 118~119면.

33) 金亨培, 위의 논문, 120면.

34) 종래의 이러한 입장에 대한 개관에 대해서는 Welzel, Das Deutsche Strafrecht, 11. Aufl., 1969, 59면 이하 및 139면 이하 참조.

的性과 분리할 수 없는 것으로 파악하기 때문에, 故意는 행위요소임과 동시에 주관적 構成要件要素 내지 주관적 不法要素로 본다.[35] 그리고 過失에 대해서도 目的的 行爲論은 因果的 行爲論과는 다른 입장을 취한다. 目的的 行爲論에 의하면, 過失行爲의 본질은 결과에 있는 것이 아니라 그러한 결과를 야기시킨 행위수행의 방식에 있다고 한다.[36] 다시 말하면 過失行爲의 본질은 행위수단의 선택과 적용에 있어서, 결과발생의 회피를 위하여 법규범이 요구하는 목적적 행위조종을 하지 않는데 있다고 한다. 즉, 不注意로 인하여 올바른 목적적 행위조종을 하지 않는 것이 過失行爲라는 것이다. 따라서 목적적 행위조종에 잘못이 있는 이상 결과가 발생하지 않았다 하더라도 過失行爲는 존재한다. 반면 결과가 발생한다고 하더라도 행위조종에 잘못이 없으면, 즉 법규범이 요구하는 주의의무의 위반이 없으면 過失은 없는 것이 된다. 그리하여 過失이 없는데도 결과가 발생한 경우는, 불행한 일이기는 하나 不法은 아니라고(Unglück, aber nicht Unrecht) 한다.[37] 그리고 여기서 법규범이 요구하는 注意는 사회생활상 요구되는 注意로서 객관적 주의를 의미한다.[38] 過失行爲의 위법성은 바로 이러한 주의의무의 위반에 있는 것이다. 앞에서 언급한 行爲不法論도 바로 이와 같은 이론에 그 기초를 두고 있는 것이다.

한편 야기된 결과에 대한 행위자의 심리적 관계를 有責性으로 이해하고, 故意와 過失을 有責性의 형태 내지 요소로 보는 종래의 心理的 有責性論 역시 다음과 같은 결함을 지니고 있는 것이 드러났다.[39] 즉 첫째, 인식 없는 過失에 있어서는 결과에 대한 행위자의 심리적 관계가 전혀 없기 때문에 이 이론에 의하면 有責性을 인정할 수가 없게 된다. 둘째, 이 이론에 의하면 故意 또는 過失만 있으면 有責性을 인정하지 않을 수 없게 된다. 따라서 이 이론에 의하면 故意가 있어 심리적 관계는 인정되나 책임능력이 없어서 有責性을 부정해야 하는 경우를 설명할 수가 없게 된다. 그래서 현재는 有責性을 위법한 행위를 한 자에 대한 개인적 비난가능성으로 보는 規範的 有責性論이 刑法學에 있어서는 일반적인 견해로 되어 있다.[40] 그리고 民法學에 있어서도 過失을 주관적 過失

35) Welzel, 위의 책, 64면 이하 참조.
36) Welzel, 위의 책, 129면.
37) Welzel, 위의 책, 135면.
38) Welzel, 위의 책, 131～132면.
39) Jescheck, Lehrbuch des Strafrecht Allgemeiner Teil, 3. Aufl., 1978, 339면; Enneccerus～Nipperdey, Lehrbuch des Bürgerlichen Rechts Bd. Ⅰ, Allgemeiner Teil des Bürgerlichen Rechts 2.Halbband 1960, 1319면 등 참조.
40) 金日秀, 刑法總論, 1990, 343면; 李在祥, 刑法總論, 1991, 293면; 李炯國, 刑法總論研究 Ⅱ, 1986, 376면; Jescheck, 위의 책, 326면 등 참조.

로 구성하는 학자[41]는 물론이고 객관적 過失說을 취하는 학자중에도, 有責性을 행위자에 대한 개인적 비난가능성으로 파악하는 학자들이 있다.[42]

故意·過失의 지위는 이상에서 보듯이 因果的 行爲論과 目的的 行爲論의 어느 입장을 취하는가에 따라 달라지는 것이지만, 적어도 위의 心理的 有責性論의 결함을 시인하고 有責性을 가해자에 대한 개인적 비난가능성으로 파악하는 한, 그리고 민법이 개인적 비난가능성의 전제가 된다고 볼 수 있는 책임능력에 관한 규정을 두고 있음에 유의하는 한, 過失을 有責性의 요소니 형대로만 보년서 過失槪念을 객관적으로 구성하는 것은, 주관적 過失說이 지적하듯이 책임능력을 전제로 하는 개인적 비난가능성으로서의 有責性의 개념과 모순된다. 그러나 그렇다고 過失槪念을 주관적으로 구성하는 것도 문제이다. 法規範이 요구하는 주의의무는 일반적 명령이지 개별적 명령일 수가 없기 때문이다. 즉, 法의 기준은 일반적 적용의 기준이고 법은 사람의 기질, 지능, 교육정도 등을 고려할 수가 없는 것이다.[43] 따라서 過失槪念은 객관적으로 구성할 수밖에 없는 것이다.[44] 이 경우 過失槪念을 객관적으로 구성한다는 것은, 가해행위가 발생한 생활분야 내지 직업분야에 있어서 평균인에게 요구되는 주의의무의 위반을 過失로 본다는 것을 의미한다. 그러나 過失을 객관적 過失로 파악하는 경우에 있어서도, 過失行爲의 위법성과 有責性을 나누어서 생각할 수는 있는 것이다. 즉, 過失行爲의 위법성은 객관적으로 요구되는 주의의무를 위반한 것 자체에서 찾고, 이러한 주의의무를 행위자가 그의 개인적인 능력에 비추어 위반하지 않을 수 있었음에도 불구하고 이를 위반한 경우에, 過失行爲의 有責性을 인정할 수 있는 것이다. 그리고 目的的 行爲論 이래의 故意·過失의 지위에 대한 刑法學에서의 이론의 발전을 외면하지 않는 한,[45] 이처럼 위법성과 有責性을 나누어 생각할 수

41) 이러한 학자들로서는 일본의 石田 穰, 독일의 Ernst Wolf, von Caemmerer 등을 들 수 있다(徐光民, 위의 책, 75면 이하 참조). 한편 Nipperdey는 過失行爲의 위법성과 有責性을 구별하는 입장을 취한다. 즉 사회생활상 요구되는 注意를 게을리한 것(주의의무의 위반) 자체에서 과실행위의 위법성을 찾고 주의의무 위반자의 개인적 능력에 비추어 이를 피할 수 있었을 경우에 한하여, 즉 주의의무 위반을 개인적으로 비난할 수 있는 경우에 한하여 과실행위의 有責性을 인정한다(Enneccerus~Nipperdey, 위의 책, 1307면, 1320면 이하 참조).

42) Larenz는 객관적 과실설을 취하면서도 有責性은 원래 행위자를 개인적으로 비난가능한 경우에 인정되는 것임을 시인하고 있고(Larenz, Schuldrecht I Allgemeiner Teil, 12. Aufl., 1979, 227면), Fikentscher 역시 과실을 객관적 과실로 보면서도 「개인적으로 비난가능한 행위」를 有責性으로 보고 있다(Fikentscher, Schuldrecht, 5. Aufl., 1975, 259면). 한편 위에서 보았듯이 우리나라에서 객관적 과실설을 취하는 분들도 「과실책임주의」는 가해자에 대한 개인적 비난가능성을 기초로 하고 있음은 시인하고 있다.

43) Holmes, 위의 책, 86면.

44) 독일민법 제276조 제1항 2文에서도 「사회생활상 요구되는 주의를 태만히 한 것」을 過失로 규정하고 있다.

있는 것은, 過失行爲에 있어서 뿐만 아니라 故意行爲에 있어서도 마찬가지이다. 다만 故意行爲에 있어서는 過失行爲의 경우와는 달리, 행위자에게 책임능력이 있는 한 故意가 있어 그 행위의 위법성이 인정되면 위법성의 인식이 없거나 기대가능성이 없는 경우를 제외하고는 有責性도 동시에 인정되는 것이 다를 뿐이다. 종래의 견해는 객관적 과실설이든 주관적 과실설이든, 바로 이와 같은 점들을 간과하고 있거나 아니면 부정하고 있다고 볼 수 있다. 그렇다면 문제는 不法行爲法에서는 過失의 개념을 어떻게 구성할 것인가에 있지 않고,46) 過失行爲의 有責性을 不法行爲法에서도 필요로 할 것인가 아닌가에 있다. 결국 종래의 객관적 과실설의 입장을 취하면 不法行爲法에서는 刑法에서와는 달리 有責性이 필요없다는 결과가 되고, 주관적 과실설의 입장을 취하면 不法行爲法에서도 원칙적으로는(일상생활분야의 不法行爲에 있어서는) 有責性이 필요하다는 결과가 된다. 그러면 불법행위책임이 성립하기 위해서도 행위자에 대한 개인적 비난가능성으로서의 有責性이 필요한 것인가? 이에 대해서는 항을 달리하여 살펴보기로 한다.

3. 不法行爲責任의 성립요건으로서의 有責性의 필요성에 대한 재검토

민법이 有責性의 전제조건이라고 할 수 있는 책임능력에 관한 규정(제753조 및제754조)을 두고 있는 것으로 보아, 우리 민법은 일단 有責性을 不法行爲責任의 요건으로서 예정하고 있다고 볼 수 있다. 그리고 이는 우리 민법이 모범으로 삼았던 근대민법이 19세기의 자유주의 세계관에 입각해서, 개인의 활동의 자유를 최대한으로 보장하기 위하여 有責性原則(Verschuldensprinzip)을 채택하였었다는 점47)에 비추어 보더라도 짐작할 수 있다. 그러나 민법의 이러한 입장에는 근본적인 의문과 난점이 있다. 민법의 입장에 따른다면, 피해자는 타인의 위법한 행위로 인하여 손해를 입었는데도, 가해자에게 有責性이

45) 민법상의 불법행위책임은 형법상의 형벌과는 그 목적, 기능 및 내용이 상이하다. 그리고 불법행위책임에는 이른바 무과실책임(위험책임)도 있기때문에 양자는 그 歸責根據에 있어서도 동일하지만은 않다. 그러나 위법성과 고의·과실의 의미나 상호관계등을 파악하는 종래의 견해가 종래의 형법학에서의 이론과 그 입장을 같이 하고 있는 점으로 보거나, 위법성이나 고의·과실과 같은 개념을 민법과 형법간에 반드시 달리 구성하여야 할 필요도 없는 점으로 보아, 이에 대한 형법학에 있어서의 이론의 발전을 외면할 필요는 없을 것이다.

46) 종래 過失槪念을 객관적 과실로 구성하는 학자 중에서도, 원래 과실책임주의 하에서는 過失은 주관적 과실이어야 하지만, 피해자의 보호의 필요상 불법행위성립요건으로서의 過失은 객관적 과실이어야 한다는 견해를 피력하는 분이 있음은 위에서 본 바이다(郭潤直, 위의 책, 632~633면; 金曾漢·安二濬, 위의 책, 756면).

47) Kötz, 위의 책, 29면 이하 참조.

없는 한 스스로 손해를 부담하여야 하는 불공평하고 부당한 결과가 초래되기 때문이다. 刑法에 있어서는 가해자에게 有責性이 없는 경우에 그를 처벌하지 않더라도, 그것으로 끝나고 불공평한 결과가 따로 남지 않는다. 그러나 불법행위책임의 경우에는 가해자가 면책되면 발생한 손해의 처리라는 문제가 그대로 남게 된다. 여기에 민사책임의 성립요건을 형사책임의 요건과 동일하게 취급할 수 없는 이유가 있는 것이다.[48] 다시 말해서 不法行爲法은 발생한 손해를 누가 부담하는 것이 공평하여 정의관념에 부합하는가를 정하는 것을 주된 임무로 한다. 그렇다면 위법한 행위로 타인에게 손해를 가한 경우, 비록 가해자에게 개인적 비난가능성으로서의 有責性이 없다고 하더라도, 이 손해는 위법한 행위조차 한 일이 없는 피해자가 부담하는 것보다는, 위법한 행위를 한 가해자가 부담하도록 하는 것이 공평 타당하다고 할 수 있다. 그럼에도 불구하고 근대민법은 개인의 경제적 활동의 자유를 최대한으로 보장하려고 한 나머지, 가해자에게 有責性이 없는 한 가해자의 위법한 행위로 발생한 손해를 아무런 잘못이 없는 피해자 스스로가 부담해야 하는 불공평한 결과를 초래하였던 것이다.

이러한 점으로 보아 손해배상책임으로서의 불법행위책임의 성립에는 가해행위의 위법성만 있으면 충분하고 가해행위자에 대한 개인적 비난가능성인 有責性은 반드시 필요한 요건이라고는 할 수 없는 것이다. 이는 그 동안의 판례나 통설도 過失不法行爲에 관한 한 사실상 인정해온 바이다. 즉, 종래의 판례는 過失不法行爲에 있어서의 過失을 객관적 과실로 볼 뿐이고, 이 객관적 과실에 대한 개인적 비난가능성을 더 이상 묻지 않고 있다. 통설 역시 위법성에 대해서는 結果不法論의 입장을 취함으로써 故意나 過失을 有責性의 요소로 보면서도, 過失을 객관적 과실로 보고 이에 대한 개인적 비난가능성을 묻지 않고 있다. 過失不法行爲에 대한 판례나 통설의 이러한 입장은 비록 그것이 「Verschuldenshaftung」의 이름으로 취해져 왔을런지 모르지만, 有責性(Verschulden)은 이처럼 사실상 空洞化되어 버렸기 때문에, 그것은 이미 「Verschuldenshaftung」, 즉 「有責性을 근거로 하는 책임」은 아니고 「위법한 행위에 대한 책임」에 불과하다. 이는 결국 민법 제750조의 불법행위책임은 有責性이 없어도 성립할 수 있고, 또 성립해야 함을 시인하는 것이라고 볼 수 있는 것이다. 그렇다면 종래 故意不法行爲와 過失不法行爲로 인한 책임을 묶어서 「Verschuldenshaftung」의 의미로 사용되어 온 「過失責任」이라는 용어는 정확한 표현이 될 수 없을 것이다. 이제 「過失責任」이라고 하는 용어는 「Verschuldenshaftung」의

48) 독일민법 제829조나 스위스債務法 제54조가 일정한 경우에는 책임무능력자에게도 衡平의 이유에서 손해배상책임을 인정하는 것도 이를 말해 주는 것이다.

의미로 사용되어서는 안될 것이고 단순히 故意不法行爲責任과 過失不法行爲責任을 가리키는 말로 사용되어야 할 것이다. 다만 이렇게 되면 개인적 비난가능성으로서의 有責性의 결정적 근거가 되고 전제가 되어온 민법 제753조와 제754조의 책임능력에 관한 규정을 어떻게 이해할 것인가 하는 문제가 생긴다. 원래 책임능력은 자기행위의 책임을 인식할 수 있는 능력으로서[49] 有責性을 인정하기 위한 전제가 되는 능력이지만,[50] 有責性이 필요없게 되면 판단능력이 없는 자에게까지 책임을 부담시키는 것이 타당한가 하는 정책적 문제로 전화할 것이고,[51] 제753조와 제754조는 不法行爲責任에 대한 예외를 규정한 것으로 보아야 할 것이다.[52] 책임능력은 책임의 근거를 위법한 加害를 한 자에 대한 개인적 비난가능성에서 찾는 경우에는 반드시 필요한 전제이지만, 책임의 근거가 개인적 비난가능성을 떠나게 되면 논리필연적으로 요구되는 요건은 아니기 때문이다.

4. 故意不法行爲와 過失不法行爲의 구별

위에서 우리는 민법 제750조의 不法行爲가 성립하기 위해서는 위법성 이외에 有責性의 요건이 반드시 충족되어야 할 필요성이 없음을 확인하였다. 그리고 종래의 판례나 통설도 사실상 이를 시인하여 왔음도 확인하였다. 그러나 이는 민법 제750조의 不法行爲의 성립에 有責性까지 갖추어질 수도 있다는 것을 부인하는 것은 결코 아니다. 오히려 故意不法行爲의 경우에는 책임능력이 있는 한 아주 예외적인 경우를 제외하고는 有責性까지도 인정될 수 있는 것이다. 그리고 過失不法行爲에 있어서도 경우에 따라서는 有責性이 인정될 수 있는 것이다. 즉, 사회생활상 요구되는 주의의무를 가해자의 개인적 능력에 따라 준수할 수 있었음에도 불구하고 이를 위반함으로써 타인에게 손해를 가한 過失不法行爲에 있어서는, 위법성뿐만 아니라 有責性도 인정될 수 있는 것이다. 이처럼 가해행위의 위법성뿐만 아니라 有責性도 인정될 수 있는 경우에는, 본래적 의미의 「Verschuldenshaftung」이 될 것이다. 그런데 過失不法行爲에 있어서는 위에서 본 판례나 통설의 입장처럼 有責性을 묻지 않게 되면, 본래적 의미의 「Verschuldenshaftung」

49) 郭潤直, 위의 책, 641면.

50) 金曾漢, 債權各論, 1989, 460면.

51) 金曾漢, 위의 책, 461면; 郭潤直, 위의 책, 643면; 加藤一郞, 위의 책, 141면 등에서는 이른바 無過失責任의 단계에 이르렀을 때의 책임능력의 기능을 이렇게 보고 있으나, 그 단계에 이르기 전에도 有責性을 요건으로 하지 않는 책임의 경우에는 이렇게 볼 수 있다.

52) 同旨: Esser-Weyers, Schuldrecht Bd. Ⅱ, 1984, 475면.

은 주로 故意不法行爲의 경우에만 인정될 수 있을 것이다. 그렇다면 이제 민법 제750조의 故意不法行爲와 過失不法行爲는 종래 일반적으로 생각되어 온 것처럼 有責性을 그 歸責根據로 하는 동일한 유형의 不法行爲로 볼 수가 없고, 歸責根據를 달리하는 상이한 유형의 不法行爲, 즉 가해행위의 위법성 외에 有責性까지 충족된 不法行爲와 가해행위의 위법성만을 歸責根據로 하는 不法行爲로 구분하여야 할 것이다.

그런데 故意不法行爲와 過失不法行爲는 그 歸責根據에 있어서는 이렇게 차이가 있지만 그 법률상의 취급에 있어서는 형법에서와 같이 큰 차이가 있는 것은 아니다. 즉, 형법에서는 過失犯은 예외적으로 처벌하지만, 발생된 손해의 조정을 주된 목적으로 하는 不法行爲法에 있어서는 故意와 過失간에 이 정도의 차별은 인정되지 않는다. 그러나 不法行爲法에서도 故意와 過失간에 다음과 같은 차이는 인정된다.

첫째, 민법은 제765조에서 不法行爲가 故意 또는 중대한 過失에 의한 것이 아니고 그 賠償으로 인하여 賠償者의 生計에 중대한 영향을 미치게 될 경우에는, 법원에 그 賠償額의 감액을 청구할 수 있도록 규정하고 있다.

둘째, 정신적 손해의 賠償인 慰藉料의 算定에 있어서는 당사자간의 구체적인 사정을 고려하게 되므로, 故意의 경우가 過失의 경우보다 賠償額이 많아질 것이다. 또한 過失相計의 경우에도 故意는 무겁게 평가되어, 가해자에게 故意가 있으면 피해자에게 過失이 있더라도 크게 고려되지 않을 것이다.[53)]

이 밖에도 立法例에 따라서는 가해자의 惡意, 重過失, 輕過失에 따라 손해배상의 범위를 달리하는 경우가 있으나[54)] 우리 민법은 제393조와 제763조에서 故意의 경우와 過失의 경우를 구별하지 않고 손해배상의 범위를 정하고 있다. 이러한 우리 민법의 태도는 立法論的으로는 비판의 여지가 있다. 이는 위에서 밝혀진 바와 같이 故意不法行爲와 過失不法行爲의 歸責根據가 상이하다는 점을 고려할 때 더욱 그러하다.

---

53) 同旨: 郭潤直, 위의 책, 635면; 金曾漢·安二濬, 위의 책, 756면.

54) 예컨대 오스트리아 민법 제1324조는 "惡意(bose Absicht) 또는 중대한 不注意(auffallende Sorglosigkeit)에 의해서 손해가 야기된 경우에는 피해자는 完全賠償(volle Genugtuung)을 청구할 수 있다. 그러나 기타의 경우에는 본래의 손해배상(eigentliche Schadloshaltung)만을 청구할 수 있다"고 규정하고 있고, 제1331조는 "타인의 고의 또는 중대한 부주의에 의해서 재산을 침해당한 자는 얻을 수 있었던 이익의 배상도 청구할 수 있다. 손해가 형법에 의하여 금지된 행위에 의하거나 또는 가해의 즐거움으로(aus Mutwillen und Schadenfreude) 가해진 경우에는 특별한 애착(besondere Vorliebe)의 가치도 청구할 수 있다"고 규정하고 있다. 그리고 제1332조에서는 "경미한 정도의 실수(Versehen)나 부주의(Nachlässigkeit)로 인한 손해는 물건이 침해된 때에 있어서의 通常價値(gemeiner Wert)에 따라서 배상된다"고 규정하고 있다. 스위스 債務法 제43조에서도 법관은 有責性의 크기를 고려하여 손해배상의 방법과 크기를 결정하도록 하고 있다.

Ⅳ. 맺는 말

이상에서 고찰한 不法行爲의 성립요건으로서의 위법성과 故意·過失의 의미와 그 상호관계에 대한 그 동안의 학설과 판례의 입장은 대체로 다음과 같다. 즉 종래의 학설이나 판례는 위법성에 대해서는 結果不法論의 입장을 취하고, 有責性에 대해서는 心理的 有責性論의 입장을 취함으로써 위법성과 故意·過失을 엄격히 구분하고 있다. 그리고 過失概念에 대해서는 종래의 객관적 과실설과 최근의 주관적 과실설로 견해가 갈리어 있으나, 故意와 過失을 有責性의 형태나 요소로 파악함으로써 이를 위법성과 준별하는 점에서는 양학설이 같은 입장을 취하고 있다. 이러한 입장은 종래 刑法學에 있어서의 因果的 行爲論의 입장과 그 軌를 같이 하는 것이다. 한편 위법성과 故意·過失이 종래 생각되어 왔던 것처럼 준별될 수 없다는 최근의 견해는, 刑法學에서의 目的的 行爲論에 기초를 둔 行爲不法論과 規範的 有責性論과 그 軌를 같이 하는 견해이다.

그렇다면 不法行爲 성립요건으로서의 위법성과 故意·過失의 의미, 지위 및 그 상호관계에 대한 입장은, 이러한 문제에 대한 형법학에서의 이론의 발전을 不法行爲法에서도 고려하는가, 아니면 이를 외면 내지 부정하는가에 따라 달라질 것이다. 다만 여기서 한가지 지적할 것은 형법학에서의 이론의 발전을 고려할 것인가 또는 이를 무시할 것인가는, 그 이론의 타당성 내지 설득력에 대한 검토를 기초로 하여 결정할 것이고, 단순히 刑法과 不法行爲法은 그 목적이나 기능이 상이하다는 점을 이유로 하여 결정할 것은 아니라는 점이다. 不法行爲法에 있어서의 이러한 문제에 대한 종래의 이론 자체가 형법학에서의 종래의 이론과 궤를 같이 하고 있을 뿐만 아니라, 違法性, 故意, 過失, 有責性 등의 요건은 양 法域에서 동일하게 요구되지는 않는다고 하더라도 그 개념 자체를 달리 구성할 필요는 없다고 생각되기 때문이다.

그런데 故意나 過失의 지위를 어떻게 파악하고 過失의 개념을 어떻게 구성하든 이상의 고찰을 통하여 우리가 확인할 수 있었던 것은, 손해배상책임으로서의 불법행위책임의 성립에 가해자에 대한 개인적 비난가능성(즉 規範的 有責性論이 의미하는 바의 有責性)은 반드시 필요한 요건이 아니라는 점이다. 그리고 故意不法行爲와 過失不法行爲의 귀책근거는 종래 생각되어 온 것처럼 동일한 것이 아니라는 점이다. 그렇게 되면 손해배상의 범위와 관련하여 故意不法行爲와 過失不法行爲의 책임을 동일하게 취급하는 민법의 태도가 과연 타당한가 하는 입법론적 의문도 생기게 된다.

* 民法學의 回顧와 展望(民法典施行30週年記念論文集 1993), 605면 이하 게재

過失責任主義에 대한 解釋論的 · 立法論的 再考

I. 머리말 : 過失責任主義와 관련하여 제기되는 몇 가지 의문

不法行爲法 내지 손해배상법의 제1차적인 목적[1]은 여러 가지 모양으로 발생하는 손해 중에서 피해자 자신이 부담할 손해와 피해자 이외의 자에게 부담시킬 손해를 그 시대와 사회의 지배적인 정의관념과 형평관념에 따라 한계 짓는 데 있다.[2] 그런데 법질서는 피해자에게 발생된 모든 손해는 이를 피해자 이외의 자에게 부담시킬 특별한 이유나 근거가 없는 한, 피해자 자신이 부담하는 것(casum sentit dominus)을 원칙으로 한다.[3] 따라서 피해자에게 발생한 손해를 피해자 이외의 자에게 부담시키려면 특별한 근거, 즉 귀책근거가 있어야 한다. 과실책임주의 역시 피해자 이외의 자가 손해를 부담해야 하는 경우를 한정하고 그 근거를 제시하는 책임원칙의 일종이다. 우리 민법은 不法行爲責任과 관련해서는 제750조 이하에서, 그리고 債務不履行責任과 관련해서는 제390조에서 이 원칙

1) 不法行爲法의 목적 내지 기능으로서는 손해의 塡補 이외에도 손해의 예방, 법익보호, 피해자의 만족 등도 들 수 있으나 제1차적인 목적은 역시 손해의 공평 타당한 塡補에 있다고 할 수 있다.

2) Zweigert-Kötz, Einführung in die Rechtsvergleichung auf dem Gebiete des Privatrechts, Bd. II, 1969, 343면.

3) Holmes, The Common Law, 1881, 50면; Kötz, Deliktsrecht, 4. Aufl., 1988, 2~3면.

을 취하고 있다. 이 원칙은 독일민법, 스위스채무법, 오스트리아민법 등 근대민법이 취하고 있는 有責性原則(Verschuldensprinzip)에 해당하지만, 일본이나 우리나라에서는 이를 흔히 과실책임주의 또는 과실책임의 원칙으로 불러 왔다. 따라서 과실책임주의는 비록 용어상으로는 有責性原則과 다소 다르게 불리우고 있지만 有責性原則을 의미하는 것이다.

그런데 이 有責性原則은 故意의 가해행위에 있어서든 過失의 가해행위에 있어서든, 손해배상책임의 귀책근거를 有責性(Verschulden), 즉 가해자에 대한 개인적 비난가능성에 두는 책임원칙을 의미한다. 그 결과 故意와 過失은 특별히 구별되지 않고 원칙적으로 동일하게 취급하게 된다. 그러나 우리 민법상 규정된 이러한 과실책임주의는, 뒤에서 보듯이 그 동안의 학설이나 판례에 의하여 과실판단기준이 객관화된다든지 또는 過失이 일정한 心理狀態로서가 아니고 注意義務違反으로 파악됨으로써, 적어도 過失로 인한 가해행위에 관한 한 이제 더 이상 有責性原則이라고 할 수가 없고, 단순히 過失을 요건으로 하는 손해배상책임원칙을 의미하게 되었다. 다시 말해서 有責性原則으로서의 과실책임주의는 過失로 인한 가해행위에 관한 한 그 의미내용이 변질되었다. 그렇다면 故意의 가해행위와 過失에 의한 가해행위를 有責性이라는 동일한 귀책근거에 의하여 동일하게 취급하는 것이 타당한가 하는 의문이 생긴다.

그런가 하면 근대민법이 가해자에 대한 개인적 비난가능성에 그 귀책근거를 두는 有責性原則을 손해배상책임원칙으로서 채택한 것 자체가 과연 타당한 입법정책적 결단이었는가 하는 의문도 생긴다. 원래 有責性原則이란 가해행위가 비록 객관적으로 위법하더라도 가해행위자를 개인적으로 비난할 수 없는 경우에는 그에게 손해배상책임을 묻지 않는다는 원칙으로서, 이는 構成要件에 해당하는 위법한 행위를 범한 자라고 하더라도 그에게 개인적인 비난가능성이 없으면 처벌하지 않는다는 형법상의 원칙과 동일한 취지의 원칙이다. 그런데 이 원칙은 형법에 있어서는 타당한 원칙인지 모르지만 손해배상책임과 관련해서는 그렇게 타당한 원칙이라고 할 수가 없다. 이 원칙에 의하면 위법하기는 하면서도 가해자에게 개인적 비난가능성이 없는 가해행위로 인한 손해는, 위법한 행위조차 한 일이 없는 피해자가 스스로 부담하여야 하는 부당한 결과가 초래되기 때문이다. 바로 이러한 점 때문에 有責性原則의 타당성 자체에 대한 의문이 제기되는 것이다. 이처럼 有責性原則의 입법정책적 타당성 자체가 의문스럽다면, 有責性原則과 불가분의 관계에 있는 책임능력의 요건 역시 반드시 필요한 요건인가 하는 의문도 제기된다.

그런데 과실책임주의에 관한 의문은 이상과 같이 有責性原則으로서의 본래적 의미의 과실책임주의와 관련해서만 제기되는 것이 아니고, 단순히 故意·過失을 요건으로 하는 책임원칙으로서 변질된 의미의 과실책임주의와 관련해서도 제기된다. 즉, 변질된 의미의 과실책임주의라고 하더라도, 이를 모든 경우의 不法行爲에 항상 타당한 책임원칙이 될 수 있는지는 의문이다. 오늘날 특수한 危險源의 운영에 결부된 위험, 즉 허용된 위험(erlaubtes Risiko)의 현실화로 인한 사고에 대해서는, 故意나 過失을 요건으로 하지 않고도 이른바 위험책임으로서의 배상책임을 묻는 이론과 입법이 있음은 주지의 사실이다.[4] 그러나 위험책임이 인정되는 분야가 아니라고 하더라도 배상의무자의 過失을 요건으로 해서만 그 책임을 묻는 것이 항상 타당한지는 의문이다. 우리는 이러한 의문을 특히 민법상의 使用者責任과 관련하여 제기하게 된다. 민법은 제756조에서 피용자의 不法行爲에 대한 사용자의 배상책임을 규정함에 있어서, 피용자의 선임 및 사무감독에 대한 사용자의 주의의무위반의 요건을 요구함으로써[5] 과실책임주의에 입각하고 있다. 그러나 피용자의 不法行爲에 대하여 使用者가 배상책임을 부담하는 근거가 과연 민법이 규정하고 있는 것처럼 피용자의 선임 및 사무감독에 대한 사용자의 주의의무위반, 즉 사용자의 過失에 있는지는 의문이다.

이 글은 이상과 같은 몇 가지 의문을 고려하여, 과실책임주의의 의미내용을 재검토하여 이 원칙의 의미내용을 보다 분명히 하고, 有責性原則으로서의 과실책임주의의 타당성 여부와 손해배상책임의 요건으로서의 有責性 및 유책성의 전제가 되는 책임능력의 필요성 여부를 검토하고, 나아가 민법이 使用者責任과 관련하여 취하고 있는 과실책임주의적 입장의 타당성 여부도 검토하려고 한다.

II. 有責性原則으로서의 過失責任主義

有責性原則은 위에서도 언급하였듯이 손해배상책임의 근거를 有責性(Verschulden), 즉 가해자에 대한 개인적 비난가능성에 두는 원칙으로서, 근대민법이 일반적으로 취하고 있는 원칙이다. 그러나 이 원칙은 근대민법이 처음으로 채택한 것은 아니고, 이 원칙의 기원은 로마법으로 거슬러 올라간다. 로마법에 있어서도 고대 로마법에 있어서는, 법률문화가 발달하지 못하였던 고대사회의 法이 일반적으로 그러하듯이 原因責任主義 내지 結

4) 위험책임의 法理에 대해서는 徐光民, 不法行爲의 歸責構造 硏究, 1988, 181면 이하 참조.

5) 다만 이에 대한 입증책임만은 一般不法行爲에 있어서와는 달리 배상의무자가 부담하도록 하고 있다. 일본과 우리 나라에서 使用者責任을 흔히 중간책임이라고 하는 것도 바로 이러한 입증책임의 전환 때문이다.

果責任主義를 취하고 있었다. 그러다가 로마법에 있어서는 古典時代에 이르러 그리스철학과 기독교의 영향으로, 가해자에게 故意(dolus)나 過失(culpa)이 있는 경우에만 意思에 기한 개인적·윤리적 비난가능성(culpa)[6]을 근거로 하여 책임을 묻는 有責性原則이 형성되었다고 한다.[7] 게르만고유법도 原因主義를 취하고 있었으나 로마법의 繼受 이후에 가서야 有責性原則이 도입되었다고 한다.[8]

그런데 有責性原則에서 의미하는 有責性, 즉 가해자에 대한 개인적 비난가능성이 인정되려면, 우선 이 가해행위에 대하여 가해자에게 故意나 過失이 있어야 한다. 즉, 가해자가 손해발생을 인식하면서 가해행위를 하였거나, 손해발생을 인식 내지 예견할 수 있었음에도 불구하고 不注意로 이를 인식 내지 예견하지 못하고 가해행위를 한 경우에, 가해자를 개인적으로 비난할 수 있게 된다. 이처럼 有責性原則은 원래 가해자의 意思에 대한 개인적 비난가능성을 근거로 意思責任을 묻는 것이다. 그리고 가해자에게 개인적 비난가능성에 근거하여 意思責任을 물으려면, 그 전제로서 책임을 변식할 수 있는 책임능력이 있어야 한다. 그러한 능력이 없는 자를 개인적으로 비난할 수 없기 때문이다. 우리 민법이 대륙법계 여러 나라의 민법과 마찬가지로, 제753조와 제754조에서 不法行爲責任의 성립요건으로서 개인적 비난가능성의 전제라고 할 수 있는 책임능력을 요구하는 것도 이를 말해 주는 것이다. 이처럼 근대민법이 행위자에 대한 개인적 비난가능성, 즉 有責性(Verschulden 또는 Schuld)을 근거로 책임을 묻는 有責性原則은 예링(Jhering)의 다음과 같은 말에 잘 나타나 있다. 즉 예링은 일찍이 "손해가 아니라 有責性(Schuld)이 손해배상을 의무지운다. 이 간단한 명제는 빛이 타는 것이 아니고 공기 중의 산소가 탄다는 화학자의 명제처럼 간단하다"[9]고 주장한 바 있다.

그러면 근대민법이 이처럼 가해자에게 개인적인 비난가능성이 있는 경우에만 그에게 손해배상책임을 묻고, 그렇지 않은 경우에는 비록 가해행위와 손해사이에 인과관계가 있더라도 가해자에게 손해배상책임을 묻지 않는 이러한 원칙을 취한 이유는 무엇인가? 그 이유는 무엇보다도 19세기의 자유주의사상에 입각한 근대민법이 개인의 사회적·경제적 활동의 자유를 최대한으로 보장하고 기업을 무과실책임의 무거운 경제적 부담으로부터 보호하려는 데 있었다. 즉, 가해행위에 대하여 故意나 過失이 없는 한, 개인이나 기업이

6) 로마법상 culpa는 故意와 過失을 포함하여 비난가능한 행위를 가리키는 경우도 있고 過失만을 의미하는 경우도 있다. Max Kaser, Römisches Privatrecht, 15. Aufl., 1989, 168~172면 참조.

7) Kaser, 위의 책, 172면 참조.

8) 玄勝鍾·曺圭昌, 게르만法, 1989, 518~519면 참조.

9) Jhering, Das Schuldmoment im römischen Privatrecht, 1867, 40면.

예측하지 못한 손해배상책임을 부담하지 않게 함으로써, 이들의 경제적 활동이 위축되지 않도록 보장하려는 데 이 원칙을 채택하게 된 주된 이유가 있는 것이다.[10] 그리고 이는 근대법의 특징이라고 할 수 있는 意思主義 내지 心理主義와도 그 궤를 같이 하는 것이다. 契約自由의 原則이 개인이나 기업의 경제적 활동의 자유를 적극적으로 보장하는 근대민법상의 원칙이라면, 과실책임주의는 이를 소극적으로 보장하는 원칙이라고 할 수 있다. 그리고 이처럼 가해자의 有責性의 유무에 따라 손해배상책임의 유무를 정하는 이러한 원칙은, 당시의 자유주의사상이나 오늘날과는 다른 당시의 손해발생상황에 비추어, 그 당시의 지배적인 정의관념이나 형평관념에도 부합되었다고 할 수 있다.[11]

과실책임주의는 이처럼 원래 가해자에 대한 비난가능성을 귀책근거로 하는 책임원칙으로서 故意에 의한 不法行爲와 過失로 인한 不法行爲의 귀책근거를 모두 가해자의 意思에 대한 비난가능성으로 보게 되고, 따라서 그 귀책근거에 있어서는 故意不法行爲와 過失不法行爲 사이에 차이가 없게 된다. 종래의 학설이 不法行爲 성립요건으로서의 가해자의 故意나 過失을 가해자의 책임능력과 더불어 주관적 요건으로 보고, 가해행위의 違法性은 손해의 발생 및 손해의 발생과 가해행위간의 인과관계와 더불어 객관적 요건으로 보는 것도 과실책임주의의 이러한 입장을 따르는 것이다.

III. 過失責任主義의 변질

그런데 이처럼 원래 有責性原則을 의미한다고 할 수 있는 과실책임주의는 적어도 過失로 인한 不法行爲에 관한 한, 이제 더 이상 有責性原則을 의미한다고 할 수가 없게 되었다. 즉 過失로 인한 不法行爲에 있어서의 귀책근거는 이제 더 이상 가해자의 意思에 대한 개인적 비난가능성에서 찾을 수가 없게 되었다. 그 이유는 다음과 같다.

종래 통설은 過失의 槪念에 대해서는 대체로 「일정한 결과가 발생한다는 것을 알고 있어야 함에도 불구하고 부주의로 그것을 알지 못하고 어떤 행위를 한 심리상태」로 파악하고 있다.[12] 이러한 過失槪念에 의하면 우리나라 학설도 過失不法行爲의 귀책근거를

10) Kötz, Deliktsrecht, 4. Aufl., 1988, 11~15면 참조.

11) 당시에는 고도의 과학기술문명에 힘입은 각종 危險源도 오늘날처럼 흔하지 않았고, 따라서 그러한 위험원에 내재하는 위험이 현실화됨으로써 위험원 지배자의 有責性과 관계없이 발생하는 사고도 흔하지 않았음을 짐작할 수 있다. 그리고 혹시 그러한 손해사건을 예상하였다 하더라도, 당시로서는 경제적 활동의 자유보장 내지 기업보호의 사상이 강하였기 때문에 과실책임의 원칙이 손해전보를 위한 공평 타당한 원칙으로 생각되었을 것이다.

가해자의 意思에 대한 非難可能性에 두고 있는 것처럼, 즉 過失不法行爲에 대한 책임을 故意不法行爲에 대한 책임과 마찬가지로 가해자의 심리상태에 대한 책임(意思責任)으로 파악하는 것처럼 보인다. 그러나 이 경우에 過失의 유무를 판단하는 데 필요한 주의의 정도에 대해서는, 통설은 가해행위자 개인의 능력을 기준으로 하는 것이 아니고, 추상적으로 일반인, 보통인, 표준인에게 요구되는 주의의무의 정도라고 함으로써 이른바 추상적 과실(객관적 과실)을 주장하고 있다.[13] 판례 역시 "不法行爲로 인한 손해배상책임에 있어서의 過失이라 함은 통상적인 사람을 기준으로 하여 마땅히 하여야 할 義務를 태만히 하였거나 또는 하지 아니하면 아니될 義務를 이행하지 아니한 경우를 가리켜 뜻하는 것으로서 그와 같이 하지 아니한 것이 불가항력적이었다면 거기에 過失이 있다고 할 수 없다"[14]고 함으로써 추상적 과실개념을 취하고 있다. 그리고 판례는 여기서 보듯이 注意의 정도를 추상적으로 설정할 뿐만 아니라 過失槪念 자체를 학설과는 달리 「심리상태」로 파악하지 않고 「객관적인 의무의 위반」으로 파악하고 있다. 그런데 통설이나 판례가 過失 유무의 판단기준이 되는 注意의 정도를 가해자 개인의 능력을 기준으로 하지 않고 통상적인 사람 내지 평균인을 기준으로 하여 정한다든지, 더 나아가 판례처럼 過失槪念 자체를 심리상태로 보지 않고 객관적인 의무의 위반으로 파악하는 것은, 통설이나 판례가 過失로 인한 不法行爲의 귀책근거를 실제로는 가해자의 意思에 대한 비난가능성에 두지 않고 있다는 것, 따라서 그 책임도 意思責任으로 파악하고 있지 않다는 것을 의미한다.[15] 왜냐하면 통상인 내지 평균인의 주의능력을 기준으로 하여 過失 유무를 판정할 경우에는 주의능력이 통상인보다 못한 사람은 자기의 능력으로는 결과발생을 인식 내지 예견할 수가 없었고 따라서 결과발생을 회피할 수가 없었던 경우에도, 그의 행위로 가해결과가 발생하면 過失이 있는 것으로 인정되어 손해배상책임을 부담하게 되는데, 이러한 경우 가해자가 비록 통상인에게 요구되는 정도의 注意를 다하지 못함으로써 가해결과가 발생하였더라도, 이 가해자를 개인적으로 비난한다든지 그 책임을 그의 심리상태에 대한 책임, 즉 意思責任으로 파악할 수는 없기 때문이다.

그러면 통설이 이상과 같이 개념상으로는 過失을 심리상태로 파악하면서도, 실제로

---

12) 郭潤直, 債權各論, 1993, 630면; 金基善, 韓國債權法各論, 1976, 278면; 金曾漢, 債權各論, 1989, 458면; 金曾漢·安二濬, 新債權各論(下), 1970, 754면; 黃迪仁, 現代民法論 IV, 1980, 263면 등.

13) 위의 문헌들의 같은 곳 참조.

14) 大判 1979. 12. 26, 79다1843

15) 이는 우리나라의 판례나 학설의 일반적인 입장일 뿐만 아니라 일본이나 독일, 스위스 등의 민법학에 있어서도 일반적인 경향이다. 이에 대해서는 徐光民, 위의 책, 70~74면 참조.

는 객관적 주의의무의 위반 여부에 의하여 過失의 유무를 판단하고 있는 이유는 무엇이고, 그 경우의 귀책근거는 어디서 찾을 것인가? 통설은 이와 같은 추상적 과실에 대한 귀책근거에 대해서는 언급이 없지만 추상적 과실을 기준으로 하여야 할 이유로서는 피해자의 충분한 보호의 필요성을 들고 있다. 즉 종래의 통설을 대표한다고 할 수 있는 한 견해는 "원래 과실책임주의는 손해의 발생을 막을 수 있었는데도 그것을 막지 못한 자는 책임을 져야 한다는 원칙이므로, 책임의 요건으로서의 過失은 개개인의 注意力을 기준으로 하는 具體的 過失이어야 할 것이다. 그러나 피해자의 입장에서 보면, 가해자가 사회의 보통인으로서의 표준적인 注意를 베푸는 것으로 예정해서 행동한다고 할 수 있다. 그런데 만일에 가해자의 注意力이 평균인 이하여서 過失이 없는 것으로 된다면, 피해자는 손해를 배상받지 못하는 것이 될 것이다. 즉, 不法行爲要件으로서는 具體的 過失로서 충분하다고 한다면 피해자의 보호에 충분하지 못하게 되고 공평하지도 않다는 결과가 된다. 이러한 결과를 막기 위하여 過失을 사회의 평균인을 기준으로 하여 客觀化·定型化한 것이 抽象的 過失인 것이다"라는 다분히 정책적이고 실제적인 이유를 들고 있다.[16)]

생각건대 통설이나 판례가 추상적 過失을 기준으로 하는 것은 비록 有責性原則으로서의 과실책임주의와는 모순될지는 모르지만,[17)] 위와 같은 실제적인 이유 내지 필요성

16) 郭潤直, 위의 책, 632~633면. 이러한 이유는 金曾漢·安二濬, 위의 책, 756면과 일본의 加藤一郎, 不法行爲, 1982, 69~70면에서도 제시되고 있다. 그리고 독일이나 스위스의 客觀的 過失論者들도 민법에 있어서는 刑罰이 아니고 손해의 公平 妥當한 調整이 문제로 되기 때문이라는 점을 그 근거로 제시하는 것이 일반적이다. Larenz, Schuldrecht Allemeiner Teil, 14. Aufl., 1987, 286면; Kötz, 위의 책, 44면; Oftinger, Schweizerisches Haftpflichtrecht Allgemeiner Teil, 4. Aufl., 1975, 144~145면 등 참조.

17) 이러한 모순을 문제시하여 金亨培 교수가 주장하는 이론이 주관적(구체적) 과실론이다. 즉, 金亨培 교수는 우리 민법이 제753조와 제754조에서 과실의 전제조건으로서 책임능력을 요구하고 있는 것은, 過失不法行爲에 있어서의 귀책의 근거를 행위자에 대한 개인적 비난가능성(有責性)에서 구하는 것을 의미하는데, 객관적 과실론이 過失의 유무에 관한 판단에 있어서 평균인에게 요구되는 주의의무를 기준으로 하고 그 행위자를 문제삼지 않는 것은 모순이라고 한다. 그러므로 과실의 전제조건으로서의 책임능력의 존재를 요구하려면, 過失은 행위자 개인을 기준으로 하는 주관적 과실로 구성하여야 한다고 한다. 그리고 객관적 과실론이 故意와 過失을 다 같이 不法行爲의 주관적 요건이라고 하면서 故意의 不法行爲에서는 有責性을 요구하고 過失의 不法行爲에서는 有責性을 요구하지 않고 객관적 容態만으로 만족하게 되면 일관성이 없게 된다고 한다. 그래서 金亨培 교수는 객관적 과실론이 지니고 있는 이러한 모순을 극복하기 위해서는 不法行爲의 유형에 따라서 귀책근거를 재구성할 것을 주장한다. 즉, 金亨培 교수는 근대시민법은 일상생활상 발생하는 不法行爲만을 예정하였고, 過失의 개념도 유책성관련하에서만 파악하였을 뿐 그 후의 산업화과정에서 발생하는 새로운 유형의 不法行爲는 예상하지 못하였다고 보고, 過失의 본래적 개념은 유책성관련하에서 파악되는 주관적 과실로 구성하되 다만 그 적용범위를 근대시민법이 예정하였던 일상생활상 발생하는 유형의 不法行爲에 한정하고, 그 밖에 근대시민법의 입법 당시에 예상하지 못하였던 유형의 不法行爲에 대해는 객관적 과실이 적용되어

외에 다음과 같은 이유에서도 타당하다고 본다.

가해자 개인의 주의능력을 불문하고 객관적 주의의무의 위반 여부에 의하여 過失 유무를 판단하여 책임을 묻는 것은, 확실히 가해자에 대한 개인적 비난가능성(有責性)을 귀책근거로 하여 책임을 묻는 것으로는 되지 못한다. 그러나 주의능력이 평균인의 경우보다 못한 가해자가 객관적으로 요구되는 주의의무를 위반하여 타인에게 손해를 가한 경우에, 우리는 그를 개인적으로 비난할 수는 없지만, 법률이 요구하는 객관적인 주의의무를 위반하였다는 점에서 그러한 행위는 위법한 행위라고 할 수 있다. 즉, 그러한 행위의 違法性은 인정될 수 있는 것이다. 그리고 그 위법한 행위 자체는 비난할 수 있는 것이다. 이 경우에 비난의 대상이 되는 것은 가해자 개인이 아니라 「위법한 행위」 자체인 것이다. 따라서 그러한 경우에는 위법한 행위 자체에 대한 비난가능성, 즉 가해행위의 違法性을 귀책근거로 하여 책임을 물을 수가 있는 것이다. 有責性을 요건으로 함이 없이 이처럼 가해행위의 違法性을 근거로 하여 가해자에게 손해배상책임을 묻더라도 그것은 결코 부당하지 않고 공평 타당한 결과로 된다. 이러한 경우의 손해는 비록 가해자에게 有責性은 없지만 가해자의 위법한 행위로 인하여 발생한 것이므로, 이러한 손해는 有責性은 커녕 위법한 행위조차 한 일이 없는 피해자 스스로가 부담하는 것보다는, 위법한 가해행위를 한 가해자가 부담하는 것이 공평 타당하기 때문이다.[18] 따라서 이 경우에 추상적 過失로 가해행위를 한 가해자에게 有責性을 전제로 하지 않고 그 책임을 묻는 것은, 객관적 과실론자들이 제시하는 바와 같은 피해자 보호라는 정책적 이유에서보다는, 그렇게 하는 것이 공평 타당한 損害塡補 내지 損害調整이 된다는 점에서 더 옳다고 보아야 한다.

IV. 不法行爲 成立要件으로서 有責性의 필요성 여부

有責性을 근거로 하지 않고 가해행위의 違法性을 근거로 하여 책임을 묻더라도 이처럼 가해자에게 부당한 결과로 되지 않는다면, 여기서 보다 근본적으로 제기되는 의문

야 한다고 한다. 그리고 이 경우의 귀책근거는 有責性에서 찾을 수가 없고 행위의 위험성이나 거래안전의무 등에서 찾아야 한다고 한다. 金亨培, 「不法行爲에 있어서의 責任歸屬의 根據와 損害賠償의 範圍」, 法律行政論集(高麗大), 18호, 112~120면 참조. 이러한 견해는 日本의 石田 穰교수에 의해서도 주장되고 있다. 石田 穰, 損害賠償法の再構成, 1978, 11면 이하 참조.

18) 필자와 이러한 점에서 그 입장을 같이 하는 견해에 대해서는 Wiethölter, Der Rechtfertigungsgrund des verkehrsrichtigen Verhaltens, 1960, 49면; Esser, Schuldrecht Allgemeiner Teil, 4. Aufl., 1970, 248면 참조.

은 손해배상책임으로서의 不法行爲責任이 성립하는 데 有責性이 과연 필요한가 하는 점이다. 생각건대 故意不法行爲는 물론이고 過失不法行爲에 있어서도, 경우에 따라서는 가해행위에 有責性이라는 요건이 충족되어 있을 수는 있다. 그리고 有責性이 충족되어 있을 경우에는 이 有責性을 근거로 하여 그 책임을 물을 수가 있는 것이다. 그러나 有責性이 충족되지 않더라도 가해행위의 違法性만 인정되면, 손해배상책임의 귀책근거는 이 가해행위의 違法性에서 충분히 찾을 수 있는 것이고, 그러한 근거에 의한 손해조정은 결과적으로도 바로 위에서 보았듯이 결코 부당하지 않고 공평 타당한 것이다. 이는 過失不法行爲에 관한 한 통설이나 판례도 가해자의 개인적 주의능력을 고려함이 없이 추상적 過失만을 기준으로 함으로써 사실상 인정하고 있는 것이다.

이러한 사정은 우리나라의 통설에 직접적인 영향을 미쳤을 것으로 짐작되는 일본의 학설에 있어서도 마찬가지이다. 즉, 일본의 종래의 통설을 대표한다고 볼 수 있는 加藤一郎 교수도 過失의 개념은 우리나라의 통설과 마찬가지로 「그 결과가 발생한다는 것을 알고 있어야 하는데도 부주의로 그것을 알지 못하고 어떤 행위를 한다고 하는 心理狀態」로 파악하면서도 過失의 유무를 판단하는 注意의 정도에 대해서는 해당분야의 평균인을 기준으로 하는 추상적 과실론을 취하여 왔다.[19] 그런가 하면 최근에는 過失의 개념 자체를 종래의 통설처럼 심리상태로 파악하지 않고, 그 동안의 판례의 분석을 기초로 過失을 객관적인 손해회피의무의 위반으로 파악하는 학설이 유력하게 주장되고 있다.[20] 그리고 독일의 경우에는 민법전(제276조) 자체에서 「사회생활상 요구되는 주의를 해태한 것」을 過失이라고 명문화함으로써 過失의 개념은 객관적인 주의의무위반으로 파악되고 있다.

過失不法行爲에 있어서 이처럼 有責性을 문제시하지 않는 것은 영미법상의 過失不法行爲(Negligence)에 있어서도 마찬가지이다. 즉, 영미법상 Negligence는 心理狀態가 아니고 행위(Negligence is conduct and not a state of mind)이다. 좀더 자세히 말하면 Negligence는 「손해발생의 불합리한 위험으로부터 타인을 보호하기 위하여 법에 의하여 정립된 기준에 미달하는 행위」(Negligence is conduct which falls below the standard established by law for the protection of others against unreasonable risk of harm)라는 것이 일반적인 견해이다.[21] 그리고 이 경우의 행위기준은 신중하고 사려 깊은 사람(a prudent and careful person)이 그와 같은 상황에서 행동하는 것을 기준으로 한다.[22] 따라

19) 加藤一郎,, 不法行爲, 64면 및 68~70면. 그리고 이에 대한 일본의 학설의 소개에 대해서는 森島昭夫, 不法行爲法講義, 1987, 171~80면 참조.

20) 平井宜雄,, 損害賠償法の理論, 1979, 385면 이하; 前田達明, 不法行爲歸責論, 1980, 34면.

21) Second Restatement of Torts §282; Prosser & Keeton, The Law of Torts, 5th ed., 169면.

서 영미법에 있어서는 이러한 기준에 미달하는 행위로 타인에게 손해를 가하면, 가해자에 대한 개인적 비난가능성을 문제시함이 없이 바로 손해배상책임이 인정되게 된다.

이상에서 살핀 몇 가지 사실들은, 결국 有責性은 손해배상책임의 발생에 반드시 필요한 요건은 아니라는 사실을 말하여 주는 것이다. 그렇다면 有責性의 전제가 되는 책임능력 역시 不法行爲가 성립하는 데 논리필연적으로 요구되는 요건이라고는 할 수가 없게 된다. 따라서 책임능력에 관한 제753조와 제754조의 규정도, 不法行爲 성립에 논리필연적으로 필요한 규정이라기보다는 판단능력이 없는 자를 不法行爲責任의 부담으로부터 보호하기 위하여 정책적으로 마련된 규정이라고 이해하거나,[23] 不法行爲責任에 대한 예외를 인정한 규정으로[24] 이해하여야 할 것이다. 이와 같은 점으로 보아 근대민법이 가해행위 자체의 違法性 이외에 가해자에 대한 개인적 비난가능성, 즉 有責性을 不法行爲責任의 요건 내지 근거로 설정한 것은, 아무리 개인과 기업의 경제적 활동의 자유를 최대한으로 보장하려는데 그 취지가 있었다고 하더라도, 입법정책적으로 타당한 결단이었다고는 할 수 없다.

V. 過失責任主義의 意味內容의 재확정: 변질된 의미의 過失責任主義

過失不法行爲의 귀책근거가 이상과 같고 不法行爲責任의 성립에 有責性이 반드시 필요한 요건이 아니라면 이제 「過失責任主義」 내지 「過失責任의 原則」이라는 것은 개인적 비난가능성 내지 有責性을 전제로 하는 원래의 有責性原則을 의미하는 것으로는 파악할 수 없고, 단순히 故意나 過失을 전제로 하는 責任原則의 의미로 이해하여야 한다.[25] 그리고 이 경우의 過失의 개념도 종래의 학설처럼 「心理狀態」로 파악하는 것보다 판례의 태도처럼 客觀的인 注意義務違反으로 파악하는 것이 솔직하고 논리일관될 것이

---

22) Prosser & Keeton, 위의 책, 174~175면.

23) 郭潤直 교수나 日本의 加藤一郎 교수는 무과실책임의 단계에 이르렀을 때에 책임능력의 기능을 이렇게 보고 있으나(郭潤直, 위의 책, 643면; 加藤一郎, 위의 책, 141면), 그 단계에 이르기 전에도 개인적 비난가능성으로서의 有責性을 요건으로 하지 않고 不法行爲責任을 묻는 경우에는 이렇게 볼 수 있다.

24) Esser-Weyers, Schuldrecht II, 6. Aufl., 1984, 475면.

25) 독일의 Weyers 교수는 過失概念의 客觀化로 「Verschuldenshaftung」이 본래적 출발점을 떠난 이상 이제 이 용어보다는 「Unrechthaftung」, 즉 「違法責任」이라는 표현이 더 적절할 것이라고 한다 (Esser-Weyers, 위의 책, 475면).

다. 이렇게 되면 이제 故意不法行爲와 過失不法行爲는 종래 생각되어 오던 것처럼 「가해자의 意思에 대한 개인적 비난가능성」을 귀책근거로 하는 동일한 유형의 不法行爲가 아니고 그 귀책근거를 달리하는 상이한 유형의 不法行爲로 이해되어야 할 것이다. 즉 故意不法行爲는 가해자에 대한 개인적 비난가능성(有責性)을 귀책근거로 하는 不法行爲로, 過失不法行爲는 가해행위의 違法性, 즉 주의의무위반을 귀책근거로 하는 不法行爲로 이해하여야 한다. 물론 우리 민법은 제765조의 규정을 제외하면 不法行爲에 있어서 故意와 過失을 그렇게 구별하고 있지 않다. 이는 不法行爲法은 형법과는 달리 발생한 손해의 조정을 주된 목적으로 한다는 데 기인할 것이다. 그러나 故意不法行爲와 過失不法行爲의 귀책근거가 상이한 것임을 시인하는 한, 비록 현행법의 해석상으로는 양자간에 큰 차이를 인정할 수 없다고 하더라도,[26] 입법론적으로는 특히 손해배상의 범위와 관련하여 양자를 달리 취급하는 방안도 생각해 볼 수 있을 것이다.[27]

VI. 責任能力規定에 대한 立法論的 검토

위에서 본 바와 같이 가해자에 대한 개인적 비난가능성으로서의 有責性이 손해배상 책임을 위하여 반드시 필요한 요건이 아니고 또 有責性의 전제가 되는 책임능력 역시 논

---

26) 현행법의 해석과 적용에 있어서도 故意不法行爲와 過失不法行爲 사이에 다음과 같은 차이는 인정될 수 있고, 이 점은 통설도 인정하는 바이다. 첫째, 손해배상의 범위(제393조)와 관련하여 故意不法行爲의 경우에는 過失不法行爲의 경우보다 특별한 사정을 알았거나 알 수 있었을 경우가 많을 것이므로 전자가 후자보다 특별한 사정으로 인한 손해를 배상하여야 할 경우가 많을 것이다. 둘째, 정신적 손해의 배상인 慰藉料의 산정에 있어서는 당사자간의 여러 가지 사정을 고려하게 되므로, 故意의 경우가 過失의 경우보다 賠償額이 많게 산정될 것이다. 셋째, 過失相計에 있어서도 故意는 무겁게 평가되어 가해자에게 故意가 있으면 피해자에게 過失이 있더라도 크게 고려되지 않을 것이다. 넷째, 제3자에 의한 債權侵害에서 보듯이 故意에 의한 가해가 아니고 過失에 의한 가해이면 不法行爲가 성립하지 않는 경우가 있을 수 있다.

27) 가해자의 惡意, 重過失, 輕過失 등에 따라서 손해배상의 범위를 달리하는 입법례도 있다. 예컨대 오스트리아민법 제1324조는 惡意나 중대한 過失로 인한 손해에 대해서는 피해자가 완전배상(volle Genugtuung)을 청구할 수 있도록 하고 있고, 輕過失로 인한 손해에 대해서는 본래적인 손해배상(eigentliche Schadloshaltung), 즉 逸失利益을 포함하지 않은 積極的 손해의 배상만을 청구할 수 있도록 하고 있다. 그리고 同法 제1331조에서는 타인의 故意나 중대한 過失로 인하여 재산을 침해 당한 자는 얻을 수 있었던 이익의 배상도 청구할 수 있도록 하고 있고, 가해가 형법에 의하여 금지된 행위에 의하거나 加害의 즐거움으로(aus Mutwillen und Schadenfreude) 행하여진 경우에는 특별한 애착(besondere Vorliebe)의 가치도 청구할 수 있도록 하고 있다. 그러나 輕過失로 인하여 물건이 훼손된 경우에는 물건의 통상의 가치만을 배상하도록 同法 제1332조가 규정하고 있다. 그런가 하면 스위스債務法 제43조에서도 有責性의 정도를 손해배상시 고려하도록 하고 있다.

리필연적인 요건이 아니라면, 책임능력에 관한 규정(제753조, 제754조) 역시 立法論的으로는 손해배상책임을 위하여 필요한 규정이라고 할 수 없을 것이다. 刑法上의 형벌은 違法行爲者에 대한 개인적 비난가능성을 전제로 하기 때문에 책임능력이 범죄성립 및 형벌의 전제요건이 되어야 하지만, 손해배상책임은 형벌과는 달리 손해의 공평타당한 조정에 제1차적인 목적이 있으므로, 책임능력이 없는 자에게도 배상능력이 있는 한 손해배상책임을 인정하더라도 전혀 부당하지 않다고 생각되기 때문이다. 독일민법(제829조), 스위스 債務法(제54조 제1항), 오스트리아민법(제1310조), 이탈리아민법(제2047조 제2항) 등이 일정한 경우에는 責任無能力者에게도 이른바 衡平責任(Billigkeitshaftung)을 인정하는 것도 이를 말하여 주는 것이다. 그리고 프랑스민법은 1968년의 개정시에 제489조의2를 삽입함으로써[28] 가해자가 심신장애상태에 있었다 하더라도 여전히 배상책임을 부담하도록 하고 있다.[29]

그런데 민법은 不法行爲成立要件을 형법상의 범죄의 성립요건과 동일하게 취급하여 책임능력이 없는 자의 가해행위에 대하여는 어떠한 경우에도 가해자 본인의 책임은 인정하지 않고 그 대신 그 감독의무자에게만 감독의무위반을 요건으로 하여[30] 배상책임을 인

28) 이 조항은 "타인에게 손해를 발생하게 한 자는 비록 그가 심신장애상태에 있었다 하더라도 여전히 그 손해를 배상할 의무를 부담한다"고 규정하고 있다.

29) 한편 英美普通法에 있어서도 정신적 장애는 일반적으로 면책사유가 되지 않는다. 즉, 刑法에 있어서는 정신적 장애로 인하여 자기가 하는 행위의 의미를 모르는 자나 자기가 하는 행위가 위법함을 모르는 자는 M'Naughten Rule에 의하여 刑事責任으로부터 면책되지만, 손해배상책임에 있어서는 정신적 장애자라고 하여 그 가해행위에 대한 배상책임으로부터 면책되지 않는다. 한편 미성년자는 미성년이라는 이유만으로 당연히 면책되지는 않지만 그렇다고 일반 成年者에게 요구되는 정도의 주의의무가 요구되는 것도 아니다. 즉, 未成年者의 경우에는 동일한 연령, 동일한 지능, 동일한 경험을 가진 미성년자에게 표준적으로 요구되는 정도의 주의의무가 요구된다. 그 결과 5, 6세 미만의 幼兒는 不法行爲責任으로부터 면책된다. John G. Fleming, The Law of Torts, 2nd ed., 1985, 25~27면; Prosser and Keeton, 위의 책, 1071~1075면; C. D. Baker, Tort, 3rd ed., 1981, 100~101면 등 참조.

30) 民法은 責任無能力者의 가해행위에 대하여 그 立證責任은 전환하면서도 감독의무자의 감독의무위반을 요건으로 하여 감독의무자에게 배상책임을 인정하고 있다. 즉, 입증책임이 전환된 과실책임을 인정하고 있다. 그러나 책임무능력자의 가해행위에 대하여 감독의무자가 책임을 부담하는 실질적인 근거가 감독의무위반에 있는 것인지는, 특히 책임능력 없는 미성년자에 대한 부모의 책임과 관련해서는 매우 의심스럽다. 만일 미성년자녀의 가해행위에 대하여 부모가 배상책임을 부담하는 근거가 부모의 감독의무위반에 있다면, 부모가 평소 감독의무를 게을리하지 않았음을 증명하면 그 부모는 책임을 면하여야 할 것이고, 그 손해는 피해자가 스스로 부담하여야 할 것이다. 그러나 그것은 타당한 손해조정방법이라고 할 수 없다. 그러한 손해도 피해자가 스스로 부담하는 것보다는 가해자의 부모가 부담하는 것이 공평 타당하다고 생각되기 때문이다. 그러나 그렇다고 미성년자의 가해행위는 모두 부모의 감독의무위반으로 인하여 발생하였다고 볼 수도 없는 일이다. 이는 결국 미성년자의 가해행위에 대하여 부모가 책임을 부담하는 근거를 부모의 감독의무위반에서 찾아서는 안 된다는 것을 말하여 주는 것이다. 미성년자의 가해

정하고 있다.[31] 그러나 이러한 손해조정방법은 가해자 본인에게 경제적 능력이 없는 경우라면 몰라도, 가해자 본인에게 경제적 능력이 있는 경우에 있어서까지 항상 타당한 손해조정방법이라고 할 수 있는지는 의문이다. 오히려 입법론적으로는 현행민법상의 責任無能力者에 해당하는 자도 위법한 행위로 타인에게 손해를 가한 경우에는 책임능력의 유무를 불문하고 손해배상책임을 부담하도록 하는 것이 손해의 공평타당한 조정이라는 손해배상법의 제1차적 목적에 비추어 더 타당하다고 생각된다. 다만 그러한 자에게는 배상능력이 없는 경우가 많을 것이므로, 그러한 경우까지를 고려한다면 현행법상 責任無能力者에 해당하는 자의 不法行爲에 대해서는, 가해자 본인뿐만 아니라 그러한 자를 감독할 의무가 있는 자에게도 배상책임을 인정하는 것이 타당할 것이다.[32]

VII. 使用者責任의 요건으로서의 使用者의 「注意義務違反」 요건의 不當性과 虛構性

민법은 제756조에서 타인을 사용하여 어느 사무에 종사하게 한 자 및 사용자에 갈

행위에 대하여 부모가 책임을 지는 실질적인 근거는 오히려 미성년자는 경제적 능력이 없는 경우가 일반적이기 때문에 경제적 능력이 있는 부모로 하여금 배상책임을 부담하게 하는 것이 공평 타당하다는 데서 찾아야 한다. 로마법이나 게르만법에 있어서 가족구성원의 不法行爲에 대해서는 家長이 무조건 책임을 지도록 한 것도(玄勝鍾·曺圭昌, 위의 책, 521~522면 참조) 이를 말하여 주는 것이다. 부모의 감독의무위반을 요건으로 하여 부모의 책임을 묻는 것은, 근대민법이 일반적으로 취하고 있는 과실책임의 원칙 내지 자기책임의 원칙에는 부합할는지 모르지만 타당한 손해조정방법이라고는 할 수 없다. 미성년자의 가해행위에 대하여 부모의 감독의무위반을 근거로 해서만 부모의 책임을 묻게 되면, 뒤에서 언급하는 使用者責任의 경우에서도 보듯이 부모의 감독의무위반이 없는 경우에도 부득이 감독의무위반이 있다고 하여야 하는 무리를 범하게 된다.

31) 그런가 하면 우리 민법은 책임능력이 있기만 하면 그 책임능력자가 경제적 능력이 전혀 없는 미성년자라고 하더라도 항상 스스로만 책임을 지도록 하고 있으나, 이 역시 피해자의 구제를 위해서는 타당한 입법이라고 할 수가 없다. 독일민법(제832조)이나 스위스민법(제333조)은 미성년자의 不法行爲에 대해서는 책임능력의 유무에 관계없이 그 감독의무자에게 책임을 묻고 있고, 프랑스민법(제1384조 제4항) 역시 동거하는 미성년자의 不法行爲에 대해서는 부모가 연대하여 책임을 지도록 규정하고 있다. 한편 大法院은 우리 民法上의 이러한 결함을 극복하기 위하여, 미성년자의 책임능력 인정연령을 가능한 한 높이는 방법을 시도하다가 최근에는 책임능력있는 미성년자의 감독의무자의 감독의무위반과 손해발생 사이에 相當因果關係가 있으면 책임능력이 있는 미성년자의 감독의무자에게도 민법 제750조의 一般不法行爲者로서의 책임을 묻고 있다. 이에 대해서는 徐光民, 「責任能力있는 미성년자의 不法行爲에 대한 監督義務者의 賠償責任」, 判例月報, 1994. 7, 15면 이하 참조.

32) 현행법상의 責任無能力者에게 책임능력을 불문하고 賠償責任을 인정한다고 하더라도 이들은 역시 감독이 필요한 자들로서 이들에게는 監督義務者가 있기 마련이다.

음하여 그 사무를 감독하는 자는, 피용자가 그 사무집행에 관하여 제3자에게 손해를 가한 때에는, 피용자의 選任 및 事務監督에 상당한 주의를 다하였다는 사실을 입증하지 못하는 한 그 손해를 배상하여야 하도록 규정하고 있다. 원래 사용자책임은 피용자가 사무집행과 관련하여 타인에게 손해를 가한 경우에 피해자가 직접 가해행위를 한 피용자를 상대로 해서만 不法行爲責任을 묻게 한다면 피용자의 경제적인 능력의 부족 때문에 피해자가 충분한 구제를 받을 수 없기 때문에 피해자의 효과적인 구제를 위하여 피용자와 더불어 사용자에게도 배상책임을 부담시키는 제도인 것이다. 그런데 이 규정에서 보듯이 민법은 사용자의 배상책임을 규정함에 있어서, 피용자의 선임 및 사무감독에 관한 사용자의 注意義務違反, 즉 사용자의 過失을 그 요건으로 함으로써, 사용자책임을 사용자 자신의 過失에 대한 책임으로 구성하고 있다. 다만 사용자의 過失(피용자의 選任 및 事務監督에 대한 注意義務의 위반)에 대한 입증책임만을 일반불법행위책임의 경우와는 달리 전환하고 있다. 이러한 입증책임의 전환 때문에 종래 우리나라나 일본에 있어서는 사용자책임을 흔히 「中間責任」이라고 불러 왔으나 사용자의 過失을 요건으로 하고 있는 한 민법 제756조의 사용자책임은 역시 과실책임인 것이다.

그러면 민법이 사용자책임의 요건으로서 사용자의 過失을 요건으로 하고 사용자에게 免責可能性을 인정한 것이 입법정책적으로 타당하다고 할 수 있는가? 그리고 사용자책임이 실제적으로도 과실책임으로서 취급되고 있는가? 살피건대 사무집행과 관련된 피용자의 가해행위에 대하여, 사용자가 자신의 過失을 요건으로 해서만 배상책임을 부담하도록 하는 것은 공평타당한 손해조정방법이라고 할 수 없다. 피용자의 가해행위에 대하여 사용자가 배상책임을 부담하는 근거가 피용자의 選任 및 事務監督에 관하여 사용자가 注意義務를 위반하였다는 사실에 있는 것이 아니기 때문이다. 즉, 종래 사용자책임의 근거에 대한 견해로서는 ① 타인을 사용하여 자기의 사회적 활동범위를 넓힘으로써 이익을 얻는 자는 피용자가 사무집행과 관련하여 타인에게 가한 손해도 부담하는 것(Qui sentit commodum debet sentire et onus)이 공평타당하다는 관념에서 그 근거를 찾는 견해,[33] ② 기업에 있어서의 피용자의 가해행위로 인한 손해는 이를 商品의 代金이나 시설

33) 이것이 우리나라나 일본에서 흔히 報償責任의 原理라고 부르는 것으로서, 이러한 원리에서 사용자책임의 근거를 찾는 것은 우리나라와 일본에서의 일반적인 견해일 뿐만 아니라, 독일이나 영미보통법에 있어서도 이러한 견해를 쉽게 찾아볼 수 있다. 四宮和夫, 「事務管理·不當利得·不法行爲 下」, 1985, 680~681면; 注釋民法 (19)(森島昭夫), 268면; Zweigert Kötz, 위의 책, 390면; Kötz, 위의 책, 106면; von Caemmerer, Wandlungen des Deliktsrecht, Gesammelte Schriften, Bd. I, 1968, 531면; Glanville Williams & B. A. Hepple, Foundation of the Law of Tort, 2nd ed., 1984, 133면 등 참조.

의 利用料에 포함시키거나 또는 責任保險에 의하여 쉽게 분산시킬 수 있는 사용자가 부담하는 것이 타당하다는 견해[34] 등 여러 가지 견해가 주장되어 왔다. 그러나 피용자의 選任 및 事務監督에 관한 사용자의 注意義務違反에서 사용자책임의 근거를 찾는 견해는 찾아볼 수가 없다. 그리고 그것은 당연한 현상이다. 만일 사용자책임의 근거가 그러한 사실에 있다면, 사용자가 그러한 注意義務를 다한 경우에는 사용자가 배상책임을 부담하지 않아야 할 것이고, 또 그것이 결과적으로도 타당하여야 할 것이다. 그러나 피용자의 不法行爲로 손해가 발생하더라도 사용자가 피용자의 선임 및 사무감독에 관하여 주의의무를 다한 경우에는 그 책임을 면하도록 하는 것은 타당하다고 할 수 없다. 바로 위에서 소개한 견해에서도 보듯이, 피용자를 통하여 자기의 활동범위를 넓힘으로써 이익을 볼 기회가 많아졌다면, 거기에 따르는 손해도 부담하는 것이 정의관념에 부합하기 때문이다. 그리고 사용자가 일정한 사무를 스스로 집행하는 중에 자신의 過失로 발생한 손해에 대하여 책임을 져야 한다면, 동일한 사무를 피용자가 대신 집행하다가 피용자의 過失로 손해가 발생한 경우에도 사용자가 마찬가지로 책임을 져야 하는 것이 당연하기 때문이다.[35] 우리나라 판례가 종래 제756조의 적용과 관련하여 한번도 사용자의 免責主張을 인용한 일이 없는 것도, 사용자가 이 규정상의 注意義務를 다한 일이 한번도 없었기 때문이라기보다는, 면책주장을 인정함으로써 생기는 부당하고 불공평한 결과를 피하려는 데 실질적인 이유가 있었다고 볼 수 있다.

이처럼 사용자책임의 근거가 피용자의 選任 및 事務監督에 대한 사용자의 注意義務違反에 있는 것이 아님에도 불구하고 민법이 사용자의 책임을 규정함에 있어서 사용자의 過失을 요건으로 한 것은, 독일민법(제831조)이나 일본민법과 마찬가지로 사용자책임 역시 자기책임주의 내지 과실책임주의에 입각하여 규정하려고 한 데에 기인하는 것이다. 그 결과 사용자책임에 관한 입법은 사용자책임의 실질적인 근거 내지 취지에 부합되지 못하는 부당한 立法이 되고 만 것이다. 원래 독일민법이 이렇게 과실책임주의에 입각하여 사용자책임을 규정하게 된 것은 당시의 기업보호의 사상 때문이었지만, 기업활동을 통하여 이익을 보는 기업은 거기에 따르는 손해도 감수하여야 한다는 반론도 강력하였기 때문에, 그 타협안으로서 입증책임이 전환된 과실책임을 채택하게 된 것이라고 한다.[36]

---

34) 이러한 견해는 특히 최근 미국에 있어서의 지배적인 견해이다. Prosser & Keeton, 위의 책, 500~501면 참조.

35) Kötz, 위의 책, 106면.

36) Zweigert-Kötz, 위의 책, 373~374면; Hans Hermann Seiler, Die deliktischen Gehilfenhaftung in historischer Gesicht, JZ 1967, 527면 이하 참조.

그러나 기업활동으로 발생한 손해는 피해자보다 이를 여러 가지 방법으로 보다 용이하게 분산시킬 수 있는 기업이 부담하는 것이 더 공평타당한 것임을 부정할 수 없다면 기업보호의 사상이라고 하여 이 규정에 대한 설득력 있는 근거가 될 수는 없다. 그리고 과실책임적 사용자책임의 부당성은 독일법계에 속하지 않은 국가의 민법, 즉 프랑스민법(제1384조)이나 이탈리아민법(제2049조), 또는 英美普通法이 사용자책임을 인정함에 있어서 사용자 자신의 過失을 요건으로 하지 않고 있는 사실에 비추어 보더라도 드러난다.[37] 그리고 독일에 있어서도, 그 동안 판례는 독일민법 제831조의 입법정책적 부당성을 극복하기 위하여 원래 제831조가 적용되어야 할 사안에 독일민법 제278조(우리 민법 제391조에 해당)를 적용함으로써 피용자의 가해행위에 대하여 사용자에게 免責可能性이 없는 契約責任을 묻기 위한 여러 가지 방법을 시도하여 왔다. 즉, 계약체결의 준비단계에서부터 계약당사자에게 상대방의 신체, 건강, 생명, 소유권과 같은 契約利益 이외의 이익을 해치지 않도록 주의할 보호의무(Schutzpflicht)를 인정함으로써 계약체결의 준비단계에서 피용자의 過失로 발생한 사고에 대하여 「契約締結上의 過失(culpa in contrahendo)理論」을 확대적용한다든지, 이러한 보호의무위반의 효력을 계약당사자 이외의 자에게까지 인정하는 「第3者 保護效를 가진 契約(Vertrag mit Schutzwirkung zugunsten Dritter)理論」을 구성하는 방법을 시도하여 왔다.[38] 그런가 하면 1967년 독일연방법무부가 내놓은 「손해배상법의 개정 및 보충을 위한 法律의 參事官草案」(Referententwurf eines Gesetzes zur Änderung und Ergänzung schadensersatzrechtlicher Vorschriften)에서는, 독일민법 제831조의 규정을 다음과 같이 변경함으로써 피용자의 不法行爲에 대하여 사용자 자신의 過失을 불문하고 사용자가 책임을 지도록 하고 있다.[39]

> "어떤 사무를 위하여 타인을 사용한 자는 그 타인이 사무를 집행함에 있어서 고의 또는 과실로 불법행위를 하고 그로 인하여 제3자에게 손해를 가한 경우에 그 타인과 함께 손해배상의 의무를 진다."

요컨대 사용자책임의 요건으로서 사용자 자신의 過失을 요구하는 것은 어느 모로 보더라도 설득력이 없다. 이처럼 過失을 불문하고 배상책임을 묻는 것이 타당한 경우에 대해서도 법률이 過失을 배상책임의 요건으로 규정하게 되면, 법관은 타당한 결론을 끌

37) Zweigert-Kötz, 위의 책, 380면; Fleming, 위의 책, 163면 참조.
38) 이에 대해서는 Kötz, 위의 책, 108~110면 참조.
39) 同草案, 4면 참조.

어내기 위하여 부득이 過失이 없는 경우에도 過失이 있다고 억지를 부려야 하는 경우가 생기게 된다. 그러나 그 경우의 過失은 虛構일 뿐이다.

VIII. 맺는 말

종래 우리나라에서 과실책임주의로 불러 온 有責性原則은 그 동안 故意나 過失을 전제로 하는 책임원칙으로 사실상 변질되었고, 또 그것은 不法行爲法의 주된 목적에 비추어 바람직한 현상이었다. 有責性原則 자체가 刑法과는 달리 손해의 공평 타당한 조정을 목적으로 하는 不法行爲法 내지 손해배상법의 원칙으로서는 타당한 원칙이라고 할 수가 없기 때문이다. 그리고 변질된 의미의 과실책임주의, 즉 단순히 故意나 過失을 전제로 하는 책임원칙으로서의 과실책임주의 역시 모든 경우에 항상 타당한 손해조정원칙이 될 수는 없는 것이다. 즉, 가해행위에 대하여 가해자에게 故意나 過失이 있는 경우에, 故意나 過失이 있는 가해자가 손해배상책임을 부담하는 것이 공평 타당하다는 데 대해서는 이론이 있을 수 없지만, 그렇다고 그것이 손해배상책임은 故意나 過失이 있는 경우에만 인정하는 것이 공평 타당하다는 것을 의미하지는 않는다. 이는 종래 위험책임으로서의 무과실책임이 인정되어온 분야가 아니라고 하더라도 그렇다. 위험책임분야가 아니라고 하더라도 故意나 過失을 근거로 하지 않고 손해배상책임을 묻는 것이 타당한 다른 근거가 있는 경우에는, 그러한 근거에 의하여 책임을 물을 수 있고 또 물어야 하는 것이다. 요컨대 과실책임주의 역시 손해의 공평타당한 조정을 위한 원칙이라면, 이 원칙에 의한 손해의 조정결과가 공평 타당하지 못하게 되는 경우에는 이 원칙의 채용은 배제되어야 한다.

* 民事裁判의 諸問題(李時潤博士華甲記念論文集 1995) 上卷, 477면 이하 게재

責任能力 있는 未成年者의 不法行爲에 대한 監督者의 배상책임

-大法院 1994. 2. 8. 宣告, 93다13605 判決을 중심으로-

Ⅰ. 未成年者의 不法行爲로 인한 피해자의 구제와 민법 제755조의 입법정책적 결함

未成年者에는 責任能力이 있는 미성년자와 責任能力이 없는 미성년자가 있을 수 있는 바, 민법상 責任能力 없는 未成年者가 違法行爲로 타인에게 손해를 가한 경우에는 가해자 본인에게는 배상책임이 없고(제753조), 그 대신 그 監督義務者 또는 代理監督者가 제755조에 따라 감독의무위반을 근거로 배상책임을 부담하게 된다. 한편 責任能力이 있는 未成年者가 타인에게 손해를 가한 경우에는, 未成年者 본인이 제750조에 따라 스스로 배상책임을 부담하게 된다. 그런데 責任能力이 있는 未成年者는 이처럼 법률상 스스로 배상책임을 부담하여야 함에도 불구하고 배상책임을 부담할 만한 경제적인 능력이 없는 것이 일반적이다. 이러한 사정 때문에 責任能力이 있는 未成年者의 不法行爲의 경우에는 피해자의 구제가 어렵거나 불가능한 경우가 생기게 된다. 未成年者의 不法行爲의 경우에 봉착하는 이러한 피해구제상의 곤란은 우리 민법이 지니고 있는 입법정책적 결함에 연유한다. 즉, 우리 민법상 미성년자는 그 책임능력의 유무를 불문하고 부모의 親權에 복종하여 그 보호 감독을 받음에도 불구하고(제909조 참조), 민법은 未成年者의 加害行爲에 대한 감독의무자의 배상책임을 정함에 있어서는, 모든 未成年者의 加害行爲에 대하여 그 감독의무자가 배상책임을 부담하는 것이 아니고, 加害未成年者에게 責任能力이 없는 경우에만 그 監督義務者가 배상책임을 부담하고, 加害未成年者에게 責任能力이 있는 경우에는 監督義務者가 책임을 부담하지 않도록 규정하고 있는 것이다. 따라서 부모의 보호 감독을 받는 未成年者의 不法行爲로 피해를 입은 경우에도, 피해자는 그 未成年者에게 責任能力이 없다는 것을 증명하지 못하는 한 未成年者 본인에게만 배상책임을 물을 수 있고, 未成年者의 부모에게는 배상책임을 물을 수가 없다. 그러나 이러한 입법태도는 부당하다고 아니할 수 없다. 未成年者의 不法行爲에 대한 감독의무자의 責任에 관한 우리 민법의 이와 같은 立法政策的 결함과 부당성은 이에 관한 몇몇 외국의 입법례에 비추어 보더라도 인정할 수 있다. 즉, 독일민법(제832조)이나 스위스민법(제333조)은 未成年者의 不法行爲에 대해서는 責任能力의 유무를 묻지 않고 그 監督義務者에게 배상책임을 부담시키고 있고, 프랑스민법(제1384조 제4항) 역시 동거하는 未成年者의 不法行爲에 대해서는 부모가 연대하여 책임을 지도록 규정하고 있다.

우리 판례는 그 동안 우리 민법이 지니고 있는 위와 같은 입법정책적 결함을 해석론적으로 극복하기 위하여 여러 가지 방법을 시도하여 왔다. 즉 대법원은 종래 責任能力의 인정연령을 높임으로써 未成年者의 不法行爲에 대하여 가능한 한 그 監督義務者에게 배상책임을 인정하는 방법, 責任能力이 있는 未成年者의 不法行爲에 대해서도 제755조를 확대적용함으로써 그 監督義務者에게 배상책임을 인정하는 방법, 또는 責任能力있는 未成年者에 대한 監督義務者의 감독의무위반과 손해발생사이에 相當因果關係가 있으면, 未成年者의 監督義務者에게 민법 제750조에 의한 一般不法行爲責任을 묻는 방법 등을 시도하여 왔다. 이 글에서 검토하려는 1994년 2월 14일의 판결도 이러한 방법을 시도하는 판결들 중의 하나로서, 위의 셋째 방법을 취하고 있다. 그리고 이 판결은 大法院全員合議體判決로서 최근에 대법원이 취하여 온 위의 셋째 방법을 재확인하고 있을 뿐만 아니라, 이 판결과 저촉되는 종전의 판결의 해석을 변경하고 있다. 아래에서는 민법 제755조의 입법정책적 결함을 극복하기 위하여 종래 대법원이 시도하여 온 위와 같은 방법들을 우선 개관한 후에 이 판결의 내용과 그 의의를 검토하기로 한다.

Ⅱ. 民法 제755조의 입법정책적 결함을 극복하기 위하여 대법원이 시도하여 온 방법

1. 責任能力 인정연령을 높이는 방법

판례는 대체로 만 15세 이상의 未成年者에게는 責任能力을 인정하여 왔다. 즉, 대법원은 만 18세의 未成年者나 만 16세의 未成年者에게는 責任能力을 인정하고 있다.[1] 그러나 만 15세 미만의 未成年者에 대해서는 대법원의 판단이 경우에 따라 일정치 않다. 즉, 판례는 만 14세 3개월된 未成年者에 대하여 특단의 사정이 없는 한 사회통념상으로 不法行爲에 대한 책임을 변식할 지능이 있다고 하였고,[2] 만 13세 3개월된 중학생이 피해자와 싸우다가 철봉으로 피해자의 머리를 강타하여 사망하게 한 경우에도 판례는 責任能力을 인정하였다.[3] 그런가 하면 만 13세 5개월된 중학생이 고무줄 총을 피해자의 뒤에서 겨누고 이름을 불러 뒤돌아보는 순간 그의 안면을 향하여 밤알 만한 돌을 발사한 사건에 있어서는, 가해자에게 법률상 책임을 변식할 능력이 없다고 하였다.[4] 그리고 만 14세 2개월된 중학생이 야간에 콘크리트 다리 위에서 피해자와 레스링놀이를 하다가 피해자를 갑자기 미는 바람에 피해자가 다리 바닥에 얼굴을 부딪혀 이가 5개나 탈락되는 상해를 입은 사건에 있어서도, 가해자에게 責任能力을 인정하지 않았다.[5]

責任能力을 인정하는 연령에 대한 판례의 판단이 이처럼 일정치 않은 것은, 責任能力의 인정 또는 부정에 대한 어떤 이유나 기준을 제시하지 않고 있는 점으로 보아, 가능하면 배상능력이 없는 가해자보다는 배상능력이 있는 監督義務者에게 배상책임을 부담시킴으로써 피해자를 구제하려는데 그 이유가 있었던 것으로 짐작된다. 그러나 이러한 방

1) 大判 1989. 1. 24, 87다카2128; 大判 1989. 5. 9, 88다카2745 참조.
2) 大判 1969. 2. 25, 68다1822.
3) 大判 1969. 7. 8, 68다2406.
4) 大判 1977. 5. 24, 77다354.
5) 大判 1978. 11. 28, 78다1805.

법에 의한 피해자구제는, 責任能力 인정이나 부정에 대한 어떤 설득력 있는 근거나 기준을 제시하지 못하는 한 法的 安定性을 해치게 된다. 게다가 그러한 시도는 사회통념상 責任能力의 有無가 불분명하다고 볼 수 있는 연령의 未成年者의 경우에나 가능한 것이고, 가해자가 만 15세 이상인 경우에는 심신장애와 같은 특별한 사정이 없는 한 이러한 시도 자체가 불가능하다.

2. 제755조를 확대적용하는 방법

이는 1984년 7월 10일에 있었던 대법원 판결(大判 1984. 7. 10, 84다카474)이 취하였던 방법으로서 責任能力 있는 未成年者의 不法行爲에 대해서도 민법 제755조를 적용하여 그 未成年者의 監督義務者에게 배상책임을 묻는 방법이다. 이 판결은 고등학교 2학년에 재학 중인 17세에서 18세 사이인 남학생들이 평소 사귀어 오던 중학교 3학년에 재학 중인 여학생을 납치하여 전신 3도의 화상을 입힌 사건에 대한 판결로서 대법원은 다음과 같이 판시하였다.

> "민법 제755조는 무능력자가 책임능력이 없다는 이유로 그의 불법행위에 대하여 배상책임을 지지 않는 경우에는 부모 등 법정의 감독의무가 있는 사람은 그 감독의무를 게을리 하지 않았다는 것을 입증하지 않는 한 스스로 배상책임을 진다고 규정하고 있는 바, 이 배상책임은 가족적 생활협동체의 단체주의적 책임을 근대적 개인책임형태로 수정한 것으로서 행위자 자신에게 책임능력이 있었는지의 여부가 명백하지 않고 행위자에게 책임능력이 있는 경우라고 하더라도 자신의 재산을 가지고 있지 않은 때가 많아 소송상의 어려움과 그 실효를 기대하기 어렵다는 점에서 피해자 보호를 위하여 불법행위자에게 그 행위 당시에 책임능력이 있었느냐의 여부에 불구하고 감독의무자는 그 배상책임을 지는 것이며, 감독의무자의 책임은 피감독자의 책임을 보충하는 것이 아니라 감독의무자의 책임과 피감독자의 책임은 병존하는 것이라고 풀이함이 상당하다고 할 것이다. 따라서 감독의무자의 책임은 그 불법행위 자체에 대한 과실이 아니라 피감독자에 대한 일반적 감독 및 교육을 게을리한 과실로서 실질적으로는 위험책임과 같은 성질을 가지고 있어 이 과실은 추정되므로 감독의무자가 그 감독을 게을리 하지 않았다는 것을 증명하지 않는 한 배상책임을 면할 수 없는 것이다"

이 판결은, 위에 인용한 판결문에서 보듯이 어떻게 해서든 피해자를 구제하려고 한 나머지, 극히 애매모호하고 논리적으로도 납득이 잘 안되는 근거를 들어, 책임무능력자의

監督義務者의 責任에 관한 규정임이 명백한 민법 제755조를, 責任能力있는 未成年者의 監督義務者에 확대적용한 판결로서 자의적인 법률적용을 하였다는 비판을 모면하기 어렵다.

3. 제750조를 적용하는 방법

이는 지난 몇년동안 대법원이 계속 취하여 왔고, 여기서 취급하는 1994년 2월 8일의 大法院全員合議體判決도 재확인하고 있는 방법으로서, 責任能力있는 미성년자의 親權者의 감독의무위반과 손해발생 사이에 상당인과관계가 인정되면, 제750조에 의한 一般不法行爲者로서의 배상책임을 인정하는 방법이다. 즉, 이 판결이 있기 전에도 이미 大判 1989. 5. 9, 88다카2745, 大判 1990. 4. 24, 87다카2184, 大判 1991. 11. 8, 91다32473, 大判 1992. 5. 22, 91다37690, 大判 1993. 8. 27, 93다22357 등의 판결에서 이러한 방법이 시도되었다. 아래에서는 1994년 2월 8일의 大法院全員合議體判決을 중심으로 이러한 방법의 타당성 및 문제점을 검토하기로 한다.

Ⅲ. 1994년 2월 8일의 大法院全員合議體判決의 내용과 의의

1. 이 判決의 事實關係와 판결요지

이 판결의 사건은, 만 17세 9개월된 고등학교 3학년 학생이 오토바이를 타고 가다가 피해자를 치어 전치 11개월을 요하는 중상을 입히자, 피해자와 그 가족들이 가해 학생의 부모를 상대로 손해배상을 청구한 사건이다. 이 사건의 1심판결에서 원고들의 청구가 기각되고 이에 원고들이 항소하였으나 항소 역시 기각되자 원고들은 특히 위에서 본 1984년 7월 10일자의 大法院判決(責任能力있는 未成年者의 不法行爲에 대하여 민법 제755조를 적용하여 그 監督義務者인 부모에게 배상책임을 인정한 판결)에 의존하여 다시 상고하였다. 대법원은 이 사건의 판결에서 다음과 같이 판시하고 있다.

> "민법 제750조에 대한 특별규정인 민법 제755조 제1항에 의하여 책임능력 없는 미성년자를 감독할 법정의 의무 있는 자가 지는 손해배상책임은 그 미성년자에게 책임이 없음을 전제로 하여 이를 보충하는 책임이고, 그 경우에 감독의무자 자신이 감독의무를 해태하지 아니하였음

을 입증하지 아니하는 한 책임을 면할 수 없는 것이나, 반면에 미성년자가 책임능력이 있어 그 스스로 불법행위책임을 지는 경우에도 그 손해가 당해 미성년자의 감독의무자의 의무위반과 상당인과관계가 있으면 감독의무자는 일반불법행위자로서 손해배상책임이 있다 할 것이므로(당원 1991. 11. 8. 선고 91다32473 판결, 1992. 5. 22. 선고 91다37690 판결, 1993. 8. 27. 선고 93다22357 판결 각 참조), 이 경우에 그러한 감독의무위반사실 및 손해발생과의 상당인과관계의 존재는 이를 주장하는 자가 입증하여야 할 것이다. 소론이 인용하는 당원 1984. 7. 10. 선고 84다카474 판결의 해석은 위와 같은 견해와 저촉되는 것이므로 이를 변경하기로 한다."

이 판결의 요지는 다음과 같다. ① 未成年者가 責任能力이 있어 그 스스로 不法行爲責任을 지는 경우에도 그 손해와 당해 미성년자의 監督義務者의 감독의무위반사이에 相當因果關係가 있으면 監督義務者는 민법 제750조의 一般不法行爲者로서 손해배상책임을 진다. ② 이 경우에 감독의무의 위반사실 및 감독의무위반과 손해발생 사이의 相當因果關係의 존재에 대한 입증책임은 이를 주장하는 자에게 있다. ③ 이러한 견해와 저촉되는 대법원 1984년 7월 10일 선고, 84다카474 판결의 해석은 이를 변경한다.

그런데 대법원은 이처럼 加害未成年者에게 責任能力이 있는 경우에도 그 손해와 당해 미성년자의 監督義務者의 감독의무위반 사이에 相當因果關係가 있으면, 監督義務者는 민법 제750조의 一般不法行爲者로서 손해배상책임이 있다는 입장을 취하면서도, 이 사건에서의 원고들의 입증은 피고인 加害未成年者의 부모가 그 未成年者에 대한 감독을 게을리한 過失이 있다는 것과 그로 말미암아 위 사고가 발생하였다는 것을 인정하기에는 부족하다는 이유로 원고들의 상고를 기각하였다.

2. 이 判決의 意義

이 판결은 다음과 같은 점에 그 의의가 있다고 하겠다. 즉 첫째, 그동안 대법원이 취하여온 입장, 즉 未成年者가 타인에게 손해를 가한 경우에, 그 未成年者에게 責任能力이 인정되면 그 부모에게 제755조에 의한 책임무능력자 감독자로서의 책임을 물을 수는 없지만, 未成年者의 監督義務者로서의 감독의무를 위반한 부모의 過失과 손해발생 사이에 相當因果關係가 있으면, 민법 제750조에 따라 一船不法行爲者로서의 배상책임을 물을 수 있다는 입장을 재확인한 점. 둘째, 그 경우 감독의무위반 사실 및 監督義務를 위반한 過失과 손해발생 사이의 相當因果關係의 존재에 대한 입증책임은 이를 주장하는 피해자에게 있다는 점을 분명히 한 점. 셋째, 1984년 7월 10일의 판결의 해석은 그 동안의 대법원의 이러한 견해에 어긋나는 것으로서 이미 大法院全員合議體判決에 의하여 변경되었어야 하는 것이었지만 그러한 조치 없이 그대로 방치되어 오다가 이 판결에 와서 드디어 변경되었다는 점.

그러면 이 판결 및 이 판결 이전의 일련의 판결이 제750조를 적용함으로써 責任能力 있는 未成年者의 부모에게 一般不法行爲者로서의 책임을 인정하는 것은, 과연 이론적으로 가능하고 또 타당한가? 아래에서는 이 점에 대하여 검토하기로 한다.

Ⅳ. 民法 제750조를 적용하는 방법의 타당성과 문제점

1. 제750조를 적용하는 방법의 가능성과 타당성

위의 일련의 판결이 責任能力있는 未成年者의 친권자의 감독의무위반과 손해발생 사이에 相當因果關係가 있으면 민법 제750조를 적용하여 그 친권자에게 일반불법행위자로서의 배상책임을 묻는 방법은, 다음과 같은 점에서 일단 가능하고 무리가 없는 방법이라고 생각된다.

즉, 민법(제750조)은 不法行爲成立要件에 관하여 依用民法 제709조에서처럼 「권리침해」를 요구하거나,[6] 독일민법 제823조 제1항 및 제2항과 제826조에서처럼 不法行爲成立要件을 개별적으로 규정하지 않고,[7] "故意 또는 過失로 인한 違法行爲로 타인에게 손해를 가한 자는 그 손해를 배상할 책임이 있다"고 규정함으로써 이른바 「일반적 성립요건주의」를 취하고 있다. 그 결과 우리 민법하에서는 「故意 또는 過失로 인한 違法行爲」와 「損害發生」사이에 인과관계가 있으면 不法行爲가 성립하게 된다. 그런데 이와 관련하

---

6) 依用民法 제709조는 불법행위성립요건과 관련하여 "故意 또는 過失로 타인의 권리를 침해한 자는 이로 인하여 발생한 손해를 배상할 책임이 있다"고 규정하고 있다.

7) 독일민법의 一般不法行爲의 성립요건에 관한 규정을 소개하면 다음과 같다.

제823조 제1항 : 고의 또는 과실로 타인의 생명, 신체, 건강, 소유권, 기타의 권리를 위법하게 침해한 자는 그 타인에 대하여 이로 인하여 발생한 손해를 배상할 의무가 있다.

제2항 : 타인의 보호를 목적으로 하는 법률에 위반한 자도 동일한 의무를 진다. 그 법률의 내용상 유책성이 없이도 그 법률에 위반할 수 있는 경우에는 유책성이 있는 경우에만 손해배상의무가 발생한다.

제826조 : 선량한 풍속에 반하는 방법으로 타인에게 고의로 손해를 가한 자는 그 타인에 대하여 손해를 배상할 의무가 있다.

여 종래 우리나라에서는 不法行爲成立要件으로서의 因果關係를 「加害行爲」와 「損害發生」간의 인과관계로 이해하여 왔다.[8] 그러나 인과관계에 대한 종래의 이러한 파악은 依用民法 제709조 하에서는 타당할런지 모르지만, 민법 제750조의 法文과는 그렇게 잘 부합되지 않는다. 민법은 제750조의 법문의 표현상 不法行爲成立要件으로서 「加害行爲」와 「損害發生」 사이의 因果關係를 요구하지 않고, 「故意 또는 過失로 인한 違法行爲」와 「損害發生」 사이의 因果關係를 요구하고 있기 때문이다. 물론 여기서 「加害行爲」란 것이 제750조에 규정된 「故意 또는 過失로 인한 違法行爲」에 해당한다고 해석할 수도 있다. 그러나 「故意 또는 過失로 인한 違法行爲」는 「加害行爲」만을 의미한다고 할 수 없다. 加害 내지 법익침해가 없는 행위에 대해서도 우리는 「違法行爲」라는 표현을 사용할 수가 있기 때문이다. 즉, 加害가 없이 단순히 법질서가 요구하는 注意義務 내지 行爲義務를 위반한 행위에 대해서도, 우리는 그 행위의 違法性을 인정할 수가 있는 것이다. 다시 말해서 어떠한 행위의 違法性은, 그 행위가 加害 내지 法益侵害의 결과를 야기한 경우에만 인정될 수 있는 것이 아니고, 그 행위가 법질서의 命令規範이나 禁止規範을 위반하기만 하면, 그러한 결과의 발생여부에 관계없이 인정될 수 있는 것이다. 물론 여기서 문제 삼는 命令規範이나 禁止規範은 명령규범이나 금지규범 일반을 가리키는 것이 아니고, 不法行爲를 방지하기 위한 규범, 즉 타인의 법익보호를 위한 규범을 의미한다.[9] 민법 제750조에 규정된 「違法行爲」도 결국 이러한 명령규범이나 금지규범에 위반한 행위를 가리킨다고 볼 수 있다. 따라서 제750조의 不法行爲가 성립하기 위해서는, 이러한 의미의 「違法行爲」와 손해발생 사이에 인과관계가 있으면 되는 것이다.[10]

---

8) 郭潤直, 債權各論, 1993, 668면; 金基善, 韓國債權法各論, 1976, 296면; 金顯泰, 債權法各論, 1982, 369면. 다만 金曾漢, 債權各論, 1989, 473면에서는 인과관계를 違法行爲와 손해발생간의 인과관계로 파악하고 있다.

9) 법질서의 명령규범이나 금지규범이라고 하더라도 타인의 법익보호를 위한 규범이 아니면 민법상의 不法行爲責任의 根據規範이 될 수 없다. 즉, 그러한 규범에 위반한 행위도 違法行爲가 되긴 하지만, 그러한 규범은 민법상의 不法行爲와는 상관이 없는 규범인 것이다.

10) 다만 여기서 한가지 주의를 요하는 것은, 이와 같은 의미의 違法行爲와 손해발생간에 인과관계가 있다고 하여 항상 不法行爲가 성립하여 손해배상책임이 인정되는 것이 아니고, 違法行爲로 인하여 발생한 손해가 違法行爲者가 위반한 금지규범이나 명령규범이 그 규범목적상 그 발생을 방지하려고 하였던 손해인 경우에만, 그 違法行爲者에게 손해배상책임이 인정된다는 점이다. 예를 들면 화재발생시 消火栓에의 접근을 자유스럽게 하기 위한 목적으로 지정한 주차금지장소(도로교통법 제29조)에 주차한 자동차의 뒤에서 어린이가 갑자기 뛰어나오다가 발생한 교통사고에 대한 주차자의 책임은, 초등학교나 유치원의 정문 앞의 주차금지장소에 주차하였다가 발생한 비슷한 사고에 대한 책임과 동일하게 취급할 수가 없다. 후자의 사고는 주차금지규범이 그 규범목적상 방지하려고 하였던 사고이지만, 전자의 사고는 주차금지규범이 방지하려고 하였던 사고가 아니기 때문이다. 이처럼 손해의 책임귀속을 결정함에 있어서, 단순히 인과관계의

그런데 이러한 의미의 違法行爲를 우리는 흔히 「過失」이라고도 부른다. 이는 위의 일련의 판결에 있어서도 나타나고 있다. 즉, 이들 판결들은 「감독의무를 해태한 過失과 손해발생간에는 相當因果關係가 있다」라고 한다든지,[11] 「보호감독자로서의 주의의무를 다하지 않은 過失로 이 사건 사고가 발생한 것」이라고 한다든지,[12] 「감독을 게을리한 過失」이라고 함으로써,[13] 「감독의무위반」을 「過失」로 보고 있다. 이러한 현상은 不法行爲 成立要件으로서의 「違法性」과 「故意·過失」이 종래 일반적으로 생각되어 오던 것처럼 그렇게 준별될 수 있는 것이 아님을 말하여 주는 것이다.

종래의 지배적인 견해는 민법 제750조를 해석함에 있어서 違法性은 不法行爲 성립을 위한 객관적 요건으로 보고, 故意나 過失은 주관적 요건으로 봄으로써 違法性과 故意·過失을 준별하여 왔다.[14] 그리고 違法性은 법익침해의 결과가 발생하였을 때 인정하고 있다. 그러나 위에서 보았듯이 어떠한 法益을 침해함이 없이 단지 법질서의 명령규범이나 금지규범을 위반한 행위에 대해서도 違法性이 인정될 수 있는 한 違法性과 故意·過失은 그렇게 준별될 수 있는 것이 아니다. 이는 過失을 평균인에게 요구되는 객관적인 注意義務 내지 行爲義務의 위반으로 파악하는 종래의 학설이나 판례의 입장에 비추어 보더라도 그렇다. 즉, 종래의 학설은 過失을 不法行爲의 주관적 요건으로 보면서도, 그 過失을 파악함에 있어서는 행위자 자신의 능력을 불문하고 사회생활상 평균인에게 요구되는 注意義務 내지 行爲義務의 위반을 過失로 보아왔다.[15] 종래 대법원판례 역시 사회생활상 평균인에게 요구되는 注意義務의 위반을 過失로 파악하고 있다.[16]

過失을 이처럼 객관적으로 파악하여 「사회생활상 요구되는 객관적인 注意義務 내지 行爲義務」의 위반을 過失로 보는 한, 이러한 의미의 過失은 違法行爲와 준별될 수 있는 요건이 아니다. 그러한 의무의 위반은 곧 違法한 行爲라고 할 수 있기 때문이다. 그리고 違法性과 故意·過失을 준별하지 않는다고 하여 그것이 민법 제750조의 法文에 어긋나는 것도 아니다. 제750조의 法文 역시 「故意 또는 過失로 인한 違法行爲」라고만 규정하고

존부판단에만 의존하지 않고 責任根據規範(haftungbegründende Norm)의 規範目的(Normzweck) 내지 保護目的(Schutzzweck)을 고려하는 견해를 保護目的說이라 한다. 이에 대해서는 徐光民, 不法行爲의 歸責構造硏究, 1987, 138면 이하 참조.

11) 위의 1992년 5월 22일의 판결 참조.

12) 위의 1991년 11월 8일의 판결 참조.

13) 위의 1994년 2월 8일의 大法院全員合議體判決 참조.

14) 郭潤直, 위의 책, 627면; 金曾漢, 위의 책, 456면 이하; 金基善, 위의 책, 278면; 金顯泰, 위의 책, 362면; 黃迪仁, 現代民法論 IV, 1980, 262면 이하 등 참조.

15) 郭潤直, 위의 책, 630면; 金曾漢, 위의 책, 458면; 金基善, 위의 책, 278면 이하 등 참조.

16) 大判 1967. 7. 18, 66다1938; 大判 1979. 12. 26, 79다1843 참조.

있어서 故意나 過失과 違法行爲와의 준별이 당연히 요구된다고는 볼 수 없기 때문이다. 즉, 제750조의 법문상으로도 違法行爲 내지 違法性 판단에 故意나 過失이 그 요소로서 관련될 수 있음이 나타나 있는 것이다. 결국 이러한 사실들은 법질서가 요구하는 어떠한 注意義務 내지 行爲義務의 위반이 동시에 違法行爲가 될 수 있음을 말하여 주는 것이다.17)

민법 제750조의 違法性과 過失의 의미 및 그 상호관계가 이와 같다면, 위의 일련의 판결에 있어서처럼 責任能力 있는 未成年者의 不法行爲에 대하여, 監督義務者의 「감독의무위반」의 「過失」과 손해발생 사이에 相當因果關係가 있으면 監督義務者에게 제750조에 의한 一般不法行爲責任을 인정하는 방법은 이 규정의 해석적용상 일단 가능하다고 볼 수 있다. 未成年者의 친권자인 부모가 未成年者인 子를 보호·교양할 의무(제913조)에는 未成年者가 타인에게 不法行爲를 저지르지 않도록 감독할 의무도 포함되어 있다고 볼 수 있으며, 또 이러한 감독의무의 위반은 제750조의 「違法行爲」임과 동시에 「過失」이라고 할 수 있기 때문이다.

2. 제750조를 적용하는 경우에 제기되는 의문에 대한 검토

민법 제755조의 입법정책적 결함을 극복하기 위하여 위의 일련의 판례가 시도한 이와 같은 방법은, 제750조의 법문구조상 이상에서 본 것처럼 가능한 방법이라고 하더라도, 이에 대해서도 다음과 같은 의문은 제기될 수 있다.

즉 첫째, 민법 제750조의 不法行爲責任은 제755조나 제756조의 경우와는 달리 손해배상책임자 자신의 加害行爲를 전제로 하며, 이 규정상의 故意나 過失도 손해발생에 대한 故意나 過失을 의미하는데, 이들 판결의 사건에 있어서처럼 직접 加害行爲를 한 자가 監督義務者 자신이 아니고 未成年者이며, 또 감독의무자가 미성년자를 도구처럼 이용한 것도 아닌 경우에, 어떻게 감독의무자에게 제750조의 일반불법행위자로서의 책임을 물을 수 있겠는가 하는 의문이 생길 수 있다.

---

17) 故意·過失과 違法性이 준별될 수 없음은 형법학의 영향을 받아 독일민법학에서도 주장되고 있는 行爲不法論의 입장에서는 더욱 분명하다. 종래의 전통적인 이론인 結果不法論은 타인의 생명, 신체, 소유권 등의 법익이나 권리에 대한 침해가 발생하면 바로 그 침해행위의 違法性을 인정하지만, 行爲不法論에 의하면 그러한 법익이나 권리가 침해된 경우에도 바로 그 침해행위의 違法性이 인정되는 것이 아니고, 그 침해행위가 故意나 過失로 인한 것인 경우에만 그 행위의 違法性이 인정되기 때문이다. 不法行爲에 있어서의 結果不法論과 行爲不法論에 대해서는 徐光民, 위의 책, 39면 이하 참조.

둘째, 만약 판례의 이론구성처럼, 피감독자의 가해행위에 대해서도 감독의무자의 감독의무위반과 손해발생 사이의 相當因果關係의 존재를 요건으로 하여 감독의무자에게 일반불법행위책임을 묻게 된다면, 責任無能力者의 감독자책임에 관한 제755조나 使用者責任에 관한 제756조 같은 규정도 무의미하게 되지 않겠는가 하는 의문이 생길 수 있다. 責任無能力者의 加害行爲나 피용자의 不法行爲에 대해서도 제755조나 제756조를 적용할 필요없이 제750조를 적용하여 監督義務者나 使用者에게 일반불법행위책임을 물으면 되기 때문이다.

이러한 의문 중, 우선 첫번째 의문부터 살펴보면, 민법 제750조의 不法行爲責任은 제755조의 책임무능력자 감독자의 책임이나 제756조의 사용자의 책임의 경우와는 달리, 손해배상책임자 자신의 加害行爲를 전제로 하고 있음은 사실이다. 그러나 그렇다고 민법 제750조가 손해배상책임자 자신의 「직접적인 加害行爲」만을 전제로 하고 있다고는 말할 수 없다. 즉, 제750조는 배상책임자 자신의 加害行爲를 요건으로 하고 있지만, 그 加害行爲에는 「직접적인 加害行爲」 뿐만 아니라 「간접적인 加害行爲」도 포함되어 있다고 할 수 있다. 여기서 「간접적인 加害行爲」라 함은, 어떠한 법익을 직접 침해하는 경우처럼 직접적으로 加害行爲를 하지는 않았으나 법규범이 요구하는 注意義務 내지 行爲義務의 위반과 같은 違法行爲를 한 결과, 그것이 나중에 손해발생을 초래하는 경우를 말한다. 제750조에서 의미하는 加害에는 바로 이러한 의미의 「간접적인 加害」도 포함될 수 있는 것이다. 예컨대 대법원은 동네아이들이 여름철이면 물놀이를 하는 하천에 골재채취작업 때문에 생긴 웅덩이에 동네어린이가 빠져 죽은 사고에 대하여, 골재를 채취하고 아무런 안전조치를 취하지 않은 골재채취업자에게 제750조의 不法行爲責任을 인정하고 있다.[18] 이처럼 제750조의 「加害」에 「간접적인 加害」도 포함될 수 있는 점은 不法行爲의 성립에 관하여 일반적 성립요건주의를 취하고 있는 우리민법의 장점이기도 한 것이다. 不法行爲 성립요건을 개별적으로 정하고 있는 독일민법에서는 이러한 間接的인 加害의 일부가 同民法 제823조 제2항(타인의 보호를 목적으로 하는 법률의 위반으로 인한 加害)에 포섭될 수도 있지만, 間接的인 加害의 모든 경우가 다 이 규정에 포섭될 수는 없기 때문에, 이른바 사회생활의무(Verkehrspflicht) 또는 사회생활안전의무(Verkehrssicherungspflicht)라는 것이 판례에 의하여 형성되었고, 법원은 그러한 의무에 위반한 결과 초래된 손해발생에 대하여 不法行爲를 인정함으로써 獨逸不法行爲法의 흠결을 보충하여 온 것이다.[19] 그렇

18) 大判 1993. 9. 14, 93다15328.

19) 독일에 있어서의 사회생활의무 내지 사회생활안전의무는, 처음에는 일정한 시설이나 공작물 등의 危險源을 일반인이 접근할 수 있도록 개방한 자가 이들에게 손해가 발생하지 않도록 필요

다면 위의 일련의 판결이 監督義務者의 감독의무위반과 손해발생 사이에 相當因果關係가 있으면 監督義務者의 一船不法行爲가 성립한다고 하는 것도 결국은 監督義務者(배상책임者)의 「간접적인 加害」에 의하여 監督義務者 자신의 一般不法行爲가 성립함을 의미하는 것이어서, 제750조가 전제로 하는 「賠償責任者 자신의 加害行爲」의 요건을 배제하는 것은 아니다. 따라서 판례의 이론구성은 제750조의 법문의 구조나 취지에 어긋나는 것이라고는 할 수 없다.

다음으로 위의 두번째의 의문에 대하여 검토하면, 판례처럼 責任能力 있는 未成年者의 加害行爲에 대하여 제750조를 적용하여 監督義務者에게 배상책임을 묻게 된다면, 책임무능력자의 加害行爲나 피용자의 加害行爲에 대해서도 이와 같은 방법에 의하여 監督義務者나 使用者에게 책임을 물을 수 있기 때문에, 제755조의 규정이나 제756조의 규정은 무의미하게 되지 않겠는가 하는 의문이 제기되는 것은 사실이다. 그러나 제750조에 의하여 책임을 묻는 것은 어디까지나 이와 같은 특별규정이 없는 경우에 가능하고 필요한 것이지, 不法行爲成立要件에 대하여 특별규정을 두고 있는 경우에 대해서까지 제750조를 적용할 수는 없는 것이다. 그리고 판례가 責任能力 있는 未成年者의 감독자에게 제750조를 적용하여 一般不法行爲者로서의 책임을 인정하는 것은, 제755조의 입법정책적 결함을 극복하기 위하여 부득이 취하여진 방법이고, 만약 제755조에서 未成年者의 不法行爲에 대해서는 그의 責任能力의 유무를 묻지 않고 監督義務者에게 책임을 물을 수 있도록 규정하였더라면, 구태여 제750조를 적용할 필요없이 바로 제755조를 적용하여 監督義務者의 책임을 물을 수 있었던 것이다. 따라서 판례가 이러한 방법을 취한다고 하여 제755조나 제756조의 규정이 무의미하게 되는 것은 아니다. 그리고 판례가 이와 같은 방법에 의하여 未成年者의 監督義務者에게 책임을 물어도 제755조나 제756조의 규정이 무의미하게 되지 않는 이유는, 입증책임의 면에서도 찾아 볼 수 있다. 즉, 제750조에 의

한 조치를 취하여야 할 의무로서 인정되기 시작하였으나, 나중에는 그 밖의 다른 여러 분야에까지 이러한 의무가 인정되었다. 독일에서 그러한 의무가 인정되어 온 대표적인 경우들을 소개하면 다음과 같다(von Caemmerer, Wandlungen des Deliktsrechts, Gesammelte Schriften, Bd. I, 1968, 479면 이하; Brox, Schuldrecht, Bd. II, 10 Aufl., 1983, 300면 등 참조).

① 도로, 통로, 공중접객업소 등 일반인의 접근이나 출입을 허용하는 장소를 개방한 자가 그러한 장소를 손해발생의 위험이 없도록 유지할 의무.

② 기계, 자동차, 고압선 등 위험한 물건을 사용하는 자가 기대가능한 한도 내에서 타인을 위험으로부터 보호할 의무.

③ 의사, 약사, 건축기사 등 일정한 직업이나 영업에 종사하는 자에게 요구되는 각종의 注意義務.

④ 물품의 생산자가 결함있는 물품을 유통과정에 투입하지 않음으로써 소비자에게 손해가 발생하지 않도록 할 의무.

하여 監督義務者에게 감독의무위반의 過失을 근거로 하여 책임을 묻는 경우에는 바로 아래에서 보는 바와 같이 감독의무위반의 過失에 대한 입증책임을 피해자가 입증하는데 반하여, 제755조나 제756조의 경우에는 이에 대한 입증책임을 監督義務者나 使用者가 부담하게 된다.

3. 제750조를 적용하는 방법의 한계

위의 일련의 판결은 제750조를 적용하여, 감독의무위반의 過失과 손해발생 사이에 相當因果關係가 있으면 未成年者의 監督義務者에게 一般不法爲者로서의 책임을 인정하면서도, 그 경우 감독의무위반의 過失에 대한 立證責任 및 인과관계의 존재에 대한 立證責任에 대한 분명한 언급은 없었다. 그러다가 1994년의 大法院全員合議體判決에서는, 이러한 입증책임이 피해자에게 있음을 명백히 밝히고 있다. 監督義務者에게 제755조에 의하여 그 책임을 인정하는 것이 아니고 제750조에 의하여 一般不法行爲者로서의 책임을 인정하는 한, 적어도 입증책임분배에 관한 法律要件分類說에 따르면, 위와 같은 요건사실에 대한 입증책임을 피해자가 부담하게 되는 것은 부득이한 일이다. 그러나 한편 이 점이 責任能力 있는 未成年者의 不法行爲로 인한 손해에 대하여, 그 監督義務者에게 제750조를 적용하여 배상책임을 묻는 경우에 있어서 피해자가 봉착하는 난관이다. 특히 未成年者의 모든 不法行爲가 監督義務者의 감독의무위반과 相當因果關係에 있다고 할 수 없는 한, 이러한 난관 때문에 피해자가 구제를 받지 못하는 경우가 생길 가능성도 없지 않다. 위의 大法院全員合議體判決에 있어서도, 대법원은 원고들이 加害未成年者의 부모에게 감독의무를 위반한 過失이 있다는 사실 및 그러한 過失과 손해발생 사이에 相當因果關係가 있다는 사실을 입증하지 못하고 있다는 점을 이유로, 원고들의 손해배상청구를 기각하고 있다.

V. 제755조의 입법정책적 결함의 궁극적 해결방법

이상에서 제755조의 입법정책적 결함을 극복함으로써, 責任能力 있는 未成年者의 不法行爲에 대하여 그 監督義務者인 부모에게 배상책임을 인정하기 위하여, 종래 대법원이 시도하여 온 방법들을 살펴보았다. 그리고 그러한 방법으로서는 위의 全員合議體判決

이 재확인한 방법, 즉 제750조를 적용하는 방법이 이론적으로 가장 타당하다는 것도 확인하였다. 그러나 이 방법 역시 위에서 본 바와 같이 立證上의 난관 때문에 피해자의 구제를 위하여 만족스러운 방법이 되지 못한다. 여기에 제755조의 입법정책적 결함을 극복하는 방법으로서 이 방법이 지니고 있는 한계가 있는 것이다. 그렇다면 결국 이러한 난점까지도 제거함으로써 피해자를 보다 손쉽게 구제할 수 있는 방법은, 未成年者의 不法行爲에 대해서는 그의 責任能力의 유무를 묻지 않고 監督義務者에게 배상책임을 인정하거나, 責任能力 있는 未成年者와 병존하여 監督義務者에게 배상책임을 지게 하는 입법론적 방법이라고 할 수 있다. 그러한 방향으로의 입법적 조치가 요망된다.

* 考試硏究 1996년 11월호, 14면 이하 게재

民法 제756조의 立法政策的 不當性 및 적용한계의 극복방법에 관한 小考

Ⅰ. 問題의 所在

民法 제756조는 타인을 사용하여 어느 事務에 종사하게 한 者 및 使用者에 갈음하여 그 事務를 감독하는 자는 被用者가 그 사무집행에 관하여 第3者에게 손해를 가한 때에는 被用者의 선임 및 사무감독에 상당한 注意를 다하였다는 사실을 입증하지 못하는 한 그 손해를 배상하도록 하고, 그 경우에 使用者 및 감독자는 被用者에 대하여 求償權을 행사할 수 있도록 규정하고 있다. 이것이 이른바 使用者責任에 관한 民法의 규정이다. 원래 使用者責任은 被用者가 그 근거와 관련하여 타인에게 가해를 한 경우에 使用者가 부담하는 배상책임으로서, 피해자로 하여금 직접가해자인 被用者를 상대로 해서만 배상책임을 묻게 한다면, 被用者의 資力不足 때문에 피해자가 충분한 구제를 받을 수 없기 때문에 이 피해구제의 필요상 인정되는 책임이다.

使用者責任은 그 인정의 필요성에 대해서는 이처럼 이론이 있을 수 없지만,[1] 구체적으로 어떠한 요건을 전제로 하여 使用者責任을 인정할 것인가에 대해서는 立法例가 일정한 것은 아니다. 즉, 被用者가 不法行爲를 한 것 자체를 요건으로 하여 使用者로 하여금 배상책임을 지도록 하는 立法例가 있는가 하면,[2] 被用者의 不法行爲 이외에 使用者 자신의 過失 있는 행위를 요건으로 하여 책임을 묻는 立法例도 있다.[3] 우리 民法 제756조는 이 後者에 속하는 것으로서, 使用者責任의 요건으로 다음과 같은 세 가지를 요구하고 있다. ① 使用者와 被用者間에 사용관계가 存在할 것, ② 被用者가 그 사무집행과 관련하여 제3자에게 손해를 가하였을 것, ③ 使用者가 被用者의 선임 및 사무감독에 상당한 注意를 다했음을 입증하지 못할 것.

그런데 오늘날 각종 사용관계에서 被用者의 가해행위로 인하여 발생하는 손해에 대한 使用者의 배상책임문제를 이 규정에 의하여 해결하는 데에는, 다음과 같은 몇 가지 어려움이 있다.

우선 들 수 있는 것은 우리 民法이 취하고 있는 기본적인 입장 때문에 봉착하는 어려움이다. 民法은 使用者가 「被用者의 선임 및 사무감독에 상당한 注意를 한 경우」 또는 「상당한 注意를 하여도 손해가 있을 경우」에는 그 책임을 면하도록 함으로써, 使用者責任의 성립요건으로서 비록 그 立證責任이 전환된 것이긴 하지만 被用者의 선임 및 사무감독에 대한 使用者의 주의의무위반, 즉 使用者 자신의 過失을 요구하고 있다. 이는 民法이 使用者責任의 근거를 使用者의 행위에 대한 非難可能性에[4] 두고 있음을 의미한다.[5] 그러나 使用者의 過失을 使用者責任의 요건으로 하는 한 民法 제756조는 使用者

---

1) 金曾漢, 債權各論, 1989, 485면; 郭潤直, 債權各論, 1985, 678면; Kötz, Deliktsrecht, 3. Auf., 1983, 125면; Westermann, Haftung für fremden Handeln, Juristische Schulung, 1961, Heft 11, 33면; Leßmann, Haftung für Schädigendes Drittverhalten, JA 1980, 194면.

2) 프랑스민법 제1384조가 여기에 속하고 영미보통법(Common Law)도 여기에 속한다(Prosser & Keeton, The Law of Torts, 5th ed., 1984, 499~500면 참조).

3) 독일민법(제831조), 스위스 채무법(제55조) 등이 여기에 속한다.

4) 非難可能性은 違法한 행위 자체에 대한 非難可能性과 違法한 行爲를 한 者에 대한 個人的인 非難可能性으로 구분할 수 있다. 違法한 행위는 항상 非難可能한 行爲이지만 違法한 行爲라고 해서 항상 個人的인 非難可能性까지 갖추고 있는 것은 아니다. 個人的인 非難可能性은 違法行爲者가 適法하게 行爲할 수 있었음에도 불구하고 違法한 행위를 한 경우에만 인정된다.

5) 被用者의 선임·감독에 대한 使用者의 주의의무위반을 責任發生條件이 아니고 단순한 免責條件으로 보면서 우리 民法의 使用者責任을 일종의 無過失責任으로 파악하는 見解가 있다(金顯泰, 不法行爲論, 1979, 30~31면 참조). 그러나 우리 民法上 被用者의 선임·감독에 대한 使用者의 주의의무위반, 즉 使用者의 過失은 그 立證責任이 전환되었을 뿐 使用者責任의 前提로 되어 있음은 부인할 수가 없다. 使用者의 過失이 있어야 使用者責任이 발생하고 使用者의 過失이 없으면 使用者의 責任이 인정되지 않는다는 점만은 그 立證責任이 누구에게 있든 마찬가지이기 때문이

責任에 관한 규정으로서의 기능을 다할 수가 없고, 使用者責任의 일반적인 근거와도 부합될 수 없는 것이다. 왜냐하면 使用者에게는 많든 적든 면책의 가능성이 있게 되어 피해자구제에 충분치 못할 뿐만 아니라, 使用者責任은 뒤에서 보게 되듯이 使用者 자신의 어떤 잘못에 그 責任의 근거가 있는 것이 아니기 때문이다.

다음으로 봉착하는 어려움은 사용관계의 다양성 때문에 생기는 것이다. 즉, 오늘날의 사용관계는 가사사용관계, 기업에 있어서의 사용관계, 특별한 危險源의 支配와 관련된 사용관계 등 그 사용관계의 모습이 동일하지 않다. 이처럼 상이한 사용관계에서 발생하는 使用者責任은 동일한 근거와 동일한 요건하에서 논할 수가 없다. 이는 오늘날의 不法行爲責任을 民法 제750조의 요건과 근거에 의존해서만 논할 수 없는 것과 같다. 즉, 사용관계에 있어서도 民法 제756조의 요건에 의해서만 그 責任의 유무를 결정하게 되면 공평타당한 손해조정이 되지 못하는 경우가 있는 것이다. 근대사회의 기계화·공업화와 더불어 등장한 각종 특수한 危險源의 運行 내지 經營에 수반하는 사고의 경우가 바로 이에 속한다. 이러한 危險源의 運行 내지 經營에 있어서는, 被用者나 使用者에게 故意나 過失이 없더라도 사고가 발생할 수 있는 위험성이 내재해 있기 때문에, 제756조의 적용만으로는 손해의 公平한 調整을 꾀할 수가 없게 된다. 여기에 民法 제756조의 적용한계를 발견하게 된다. 그럼에도 불구하고 종래의 학설은 모든 使用者責任을 이 규정에 포섭시키는 것을 전제로 하면서, 이 규정의 의미내용을 해석하고 使用者責任의 요건을 구성하려고 해왔다.[6] 즉 종래의 학설은 사용관계의 유형을 고려하지 않은 채 使用者責任의 요건을 구성하고 使用者責任의 근거를 밝히려 하고 있다. 그러나 이렇게 하게 되면 그 어떤 견해도 어느 한 유형의 사용관계에서 발생하는 使用者責任에 관한 이론으로서는 타당할지 모르지만, 使用者責任 전반에 관한 이론으로서는 적합치 못하게 된다.

그러고 보면 우리 民法上의 使用者責任과 관련하여 해결해야 할 큰 문제는 民法 제756조의 規定이 지니고 있는 입법정책적인 부당성과 이 규정의 적용한계를 어떻게 극복할 것인가 하는 문제라고 할 수 있다. 이 글은 바로 이러한 문제를 검토하고 있다. 즉, 民法 제756조가 지니고 있는 立法政策的인 不當性의 극복방법을 모색하고, 또 使用者責任의 유형화를 시도하고 거기에 따른 規律方法을 모색함으로써 民法 제756조의 적용한

다. 물론 이러한 民法의 태도가 立法政策的으로 타당하다는 것은 결코 아니며, 이러한 입법정책적 부당성을 어떻게 극복할 것인가가 이 논문에서 해결할 과제이기도 하다. 그렇다고 해서 민법 제756조의 使用者責任을 無過失責任으로 파악하는 것은 해석론으로서는 무리이다.

6) 예를 들면 使用者責任이 성립하기 위해서 被用者에게 故意·過失이 있어야 하는가 하는 문제라든지, 使用者責任의 근거가 어디에 있는가 하는 문제를 밝힘에 있어서 종래의 학설은 이러한 경향을 보여 왔다.

계를 극복해보려는 데 이 글의 목적이 있다. 그러기 위해서 우선 使用者責任의 근거를 확인함으로써 民法 제756조가 취하고 있는 입장의 부당성부터 지적하려고 한다. 그리고 나서 위의 두 가지 문제를 검토하려고 한다.

II. 使用者責任의 根據와 民法 제756조의 立法政策的 不當性

被用者가 사무집행과 관련하여 타인에게 가한 손해를 직접 가해행위를 하지 않은 使用者에게 부담시켜야 할 실제적인 필요성은 위에서도 지적한 바와 같이 資力이 부족한 被用者에게만 責任을 부담하도록 한다면 被害의 救濟가 충분치 못하게 된다는 점에서 찾을 수 있다. 그러나 이러한 필요성이 곧 직접적인 가해자가 아닌 使用者에게 배상책임을 부담시키는 것을 正當化시켜 주는 근거는 못된다. 近代民法은 자기의 故意나 過失로 인한 가해행위의 결과로 발생한 손해에 대해서만 책임을 부담하도록 하는 것을 원칙으로 하고 있기 때문이다. 즉, 근대민법은 자기행위에 대한 비난가능성을 근거로 해서만 책임을 부담하는 것을 원칙으로 하고 있는 것이다. 따라서 使用者 자신의 행위가 아닌 被用者의 가해행위에 대하여 使用者에게 배상책임을 부담시키려면 일정한 근거가 있어야 한다.

종래 우리나라의 학설은 使用者責任의 근거로서, 타인을 使用함으로써 자기의 사회적 활동범위를 넓히고 있는 자는 보통 사람보다도 더 많은 利益을 사회로부터 받고 있으므로, 被用者가 사무집행과 관련하여 타인에게 가한 손해 역시 使用者가 부담하는 것이 공평하다는 報償責任의 원리를 드는 것이 일반적이다.[7] 그런가 하면 「社會에서 생긴 損失의 分配」라고 하는 사회정책적 고려에서 使用者責任의 근거를 찾는 견해도 있다.[8] 이 밖에도 일본에 있어서는 使用者責任의 근거로서 危險責任論 또는 企業責任論도 주장되고 있다.[9] 前者는 사회생활에 있어서 危險을 창출케 한 者는 그 危險의 실현에 관하여 責任을 져야 한다는 이론이고, 後者는 企業을 경영하는 자는 物的인 機械·器具와 人的

---

7) 金曾漢, 위의 책, 485면; 郭潤直, 위의 책, 678면; 黃迪仁, 現代民法論, 1980, 303~4면; 金基善, 韓國債權法各論, 1976, 299면. 이러한 見解는 우리나라에 있어서뿐만 아니라 日本이나 독일, 프랑스에 있어서도 지배적이다. 註釋民法(19)(森島昭夫), 268면; Zweigert-Kötz, Einführung in die Rechtsvergleichung, Bd. II, 2. Aufl., 1984, 390면; Kötz, Deliktsrecht, 3. Aufl., 1983, 133면 등 참조.

8) 金顯泰, 위의 책, 13~14면.

9) 金顯泰, 위의 책, 12~13면; 註釋民法(19)(森島昭夫), 268면 이하 참조.

인 被用者와는 각각 분리·독립하는 것이 아니고 兩者가 밀접하게 결합하여 企業組織을 형성하는 것이므로, 被用者의 행위에 기인하는 손해는 企業施設의 人的 瑕疵이니만큼 物的 瑕疵의 경우와 마찬가지로 당연히 그 企業이 責任을 져야 한다는 이론이다. 그리고 미국에서는 기업에 있어서 被用者의 가해행위로 인한 손해는 피해자보다는 代金, 料金, 保險 등에 의하여 용이하게 이를 分散시킬 수 있는 者가 부담하는 것이 공평타당하다는 이론도 주장되고 있는데,[10] 이는 위의 「社會에서 생긴 損失의 分配」라는 사회정책적 고려에서 使用者責任의 근거를 찾는 견해와 맥을 같이하는 이론이라고 볼 수 있다.

살피건대 이상의 여러 견해 중 어느 것도 여러 가지 사용관계에서 발생하는 使用者責任의 근거를 전적으로 만족스럽게 제시해 주지는 못한다. 반면 그 어느 견해도 전적으로 不當한 것은 아니고 일면의 妥當性은 모두 가지고 있다. 그러나 적어도 어떤 특수한 危險源을 運行 내지 經營하는 분야에 있어서의 使用者責任의 경우를 제외하고 使用者責任의 일반적인 근거를 찾는다면, 報償責任의 原理를 들 수 있지 않을까 한다. 자기의 활동범위를 넓히기 위하여 被用者를 사용했다면, 그 被用者가 그 사무집행과 관련하여 타인에게 저지른 가해행위에 대하여 使用者가 그 責任을 외면한다는 것은 도대체가 正義와 衡平의 관념에 반하기 때문이다.

그런데 여기서 한 가지 중요한 것은, 위의 어느 見解도 使用者責任의 근거가 使用者 자신의 過失, 즉 被用者의 선임 및 그 사무감독에 관한 使用者의 주의의무의 違反에 있다고 보고 있지는 않다는 점이다. 그리고 이러한 점은 使用者 자신의 過失이 使用者責任의 요건(비록 消極的 요건이라 하더라도)으로 엄연히 규정되어 있는 우리 민법이나 일본민법상의 使用者責任의 근거를 說明하는 見解에 있어서도 마찬가지로 나타나고 있는 것이다.[11] 이는 결국 우리 민법 제756조가 使用者責任制度의 취지나 근거와 부합될 수 없는 요건을 규정하고 있음을 말해 주는 것이다.

그러면 우리 民法은 使用者責任制度의 취지나 근거와 부합될 수 없음에도 불구하고 왜 被用者의 선임 및 사무감독에 관한 使用者의 주의의무위반을 使用者責任의 성립요건으로 규정하였는가? 이에 대해서는 立法理由書가 없어 뭐라고 단정할 수 없으나, 우리 民法 제756조와 비슷한 내용을 담고 있는 독일민법 제831조의 성립과정에 대한 고찰을 통하여 그 立法趣旨를 짐작할 수는 있을 것이다. 우선 독일민법 제831조 제1항의 내용을

10) Prosser & Keeton, 위의 책, 500~501면.

11) 우리 민법 제756조에는 使用者責任의 성립요건으로서 使用者의 過失이 엄연히 요구되고 있지만, 우리 民法上의 使用者責任의 근거가 使用者 자신의 過失, 즉 使用者의 行爲에 대한 非難可能性에 있다고 보는 見解는 묘하게도 찾아 볼 수가 없다.

보면 다음과 같다.

> "어느 사무에 관하여 타인을 사용하는 자는 그 타인이 사무를 집행함에 있어서 위법하게 제3자에게 가한 손해를 배상할 의무가 있다. 그러나 사용자가 기계 또는 기구를 장치하거나 사무의 집행을 지휘해야 하는 경우에는 그러한 장치나 지휘에 있어서 사회생활상 필요한 주의를 다한 때, 또는 이 주의를 다했다 하더라도 손해가 발생했을 경우에는 배상의무가 발생하지 않는다"

그런데 이 規定에서 被用者의 가해행위에 대하여 使用者가 무조건 배상책임을 지게 하지 않고, 使用者 자신의 주의의무위반을 전제로 하여 부담하도록 하고 있는 것은 다음과 같은 두 가지 사정에 기인하는 것으로 지적되고 있다.[12)]

첫째, 過失責任主義의 영향을 들 수 있다. 즉, Jhering은 "손해가 아니라 有責性(Schuld)이 손해배상을 의무지운다. 이 간단한 命題는 빛이 타는 것이 아니고 공기 중의 산소가 탄다는 화학자의 命題처럼 간단하다"고 말한 바 있는데,[13)] 이러한 有責性思想(Verschuldensgedanken)이 이 규정의 성립에도 영향을 미쳤다는 것이다.

둘째, 기업보호의 사상이다. 기업을 보호하기 위하여 使用者 자신의 過失을 전제로 해서만 使用者가 배상책임을 지도록 했다는 것이다. 그러나 이러한 입장에 대해서는, 企業을 통하여 이익을 보는 자는 거기서 발생하는 제3자에 대한 손해도 부담해야 한다는 강력한 반대가 있었기 때문에, 결국 使用者의 過失이 推定되고 그 立證責任을 전환하여 使用者가 免責立證을 하도록 하는 타협안이 마련된 것이라고 한다. 그리고 이러한 사정은 스위스채무법 제55조의 使用者責任 규정의 성립에 있어서도 마찬가지였다고 한다.[14)]

그런데 이처럼 妥協案으로서 마련된 규정이지만, 이 규정이 使用者 자신의 過失을 책임의 요건으로 하여 使用者에게 免責可能性을 인정함으로써 피해자구제에 적합치 못하게 된 점이 지적되어왔다.[15)] 그래서 1967년에 독일연방법무부가 내놓은 「손해배상법의 개정 및 보충을 위한 법률의 參事官草案」(Referententwurf eines Gesetzes zur Änderung und Ergänzung schadensersatzrechtlicher Vorschriften)에서는 독일민법 제831조 제1항의 내

12) Zweigert-Kötz, 위의 책, 373면 이하; Hans Hermann Seiler, Die deliktischen Gehilfenhaftung in historischer Sicht, JZ 1967, 525면 이하 참조.

13) Jhering, Das Schuldmoment im römischen Privatrecht, 1867, 40면.

14) Zweigert-Kötz, 위의 책, 374면.

15) 이러한 비판에 대해서는 von Caemmerer, Wandlungen des Deliktsrecht, Gesammelte Schriften I, 1968, 529면 이하 참조.

용을 다음과 같이 변경함으로써 免責可能性을 제거하고 있다.

> "어떤 사무를 위하여 타인을 사용한 자는 그 타인이 사무를 집행함에 있어서 고의 또는 과실로 불법행위를 하고, 그로 인하여 제3자에게 손해를 가한 경우에 그 타인과 함께 손해배상의 의무를 진다"[16]

요컨대 使用者責任의 요건으로서, 使用者 자신의 過失을 요구하고 使用者責任의 근거를 使用者 자신의 행위에 대한 非難可能性에 두는 것은, 어느 모로 보더라도 설득력이 없다. 過失責任主義(Verschuldensprinzip)라는 것도 어떠한 경우에나 타당한 귀책근거일 수는 없다. 오늘날 故意나 過失 없이 발생한 손해에 대해서도 배상책임을 물어야 할 경우와 이것이 정당화되는 근거가 있음은 주지의 사실이다.[17] 기업의 보호를 위하여 使用者 자신의 過失을 使用者責任의 요건으로 하는 것도 타당성이 없다. 보험이나 생산품의 가격 등으로 손해부담의 위험을 용이하게 분산시킬 수 있는 입장에 있는 者는 피해자보다 오히려 企業이기 때문이다.[18] 그리고 被用者를 통하여 활동범위를 넓힘으로써 利益을 볼 기회가 많아졌다면 거기에 따르는 손해의 위험도 감수함은 너무도 당연한 것이다.[19] 使用者가 일정한 事務를 집행하는 중에 스스로 범한 過失로 인한 加害에 대하여 배상책임을 부담해야 한다면, 같은 事務를 使用者 대신 被用者가 집행하던 중에 범한 過失로 인한 加害에 대해서도 동일하게 취급해야지 이와 달리 취급해야 할 이유가 없는 것이다.[20] 학설에 따라서는 企業에 있어서의 사용관계가 아니고 개인적인 사용관계인 경우에는 使用者에게 免責可能性을 허용하는 것이 타당하다는 견해도 있으나,[21] 使用者가 個人이든 企業이든 被用者의 사무집행에 관련된 가해행위에 대하여 使用者가 무조건 책임을 져야 할 이유나 근거에는 본질적인 차이가 없다고 본다. 따라서 문제는, 被用者의 선임·감독에 관한 使用者 자신의 過失을 使用者責任의 요건으로 규정하여 使用者에게 免責可能性을 허용하고 있는 民法 제756조의 입법정책적 不當性을 어떻게 극복하여 使用者에게 배상책임을 인정할 것인가 하는 데 있다.

---

16) 同草案, 4면 참조.
17) 이에 대해서는 徐光民, 不法行爲의 歸責構造硏究, 1988, 167면 이하 참조.
18) Kötz, 위의 책, 133면; Prosser &nd Keeton, 위의 책, 500~501면.
19) von Caemmerer, 위의 책, 531면.
20) Kötz, 위의 책, 133면.
21) 幾代 桶, 不法行爲, 1979, 196면.

III. 民法 제756조의 立法政策的 不當性의 克服方法

1. 注意義務의 加重方法

이는 이제까지 우리나라 판례가 취해온 方法으로서 被用者의 선임·감독에 관한 使用者의 免責立證을 허용하지 않는 방법이다. 우리나라 판례는 이제까지 使用者의 免責主張을 받아들이지 않아 왔고,[22] 이를 인정한 판례를 찾아 볼 수가 없다. 이렇게 판례에 의하여 免責主張이 인정되지 않음으로써 被用者의 不法行爲에 대해서는 使用者가 무조건 책임을 부담하는 것과 같은 결과가 되고 있다.

그러나 이러한 방법에 의해서도 언제나 使用者의 免責立證을 부정할 수는 없을 것이다. 被用者의 過失로 인한 事故란 것이 항상 使用者의 선임·감독상의 過失에 기인한다고 할 수는 없기 때문이다. 使用者의 免責立證을 부인한 판례를 보면 "운수사업과 같이 위험이 수반할 가능성이 많은 경영주는 피용자, 특히 운전수의 선임·감독에 있어 매일 아침의 훈유가 있었다 하여도 이와 같은 추상적이고 포괄적인 훈유의 정도만으로서는 법소정의 상당한 주의를 한 것이라고 인정하기에 부족하다"라고 한다든지,[23] "자동차를 운전하는 기술을 가진다는 점만으로는 부족하고 운전수로서 면밀한 주의력을 가지고 책임을 중히 여기고 생각이 깊은 자를 선임하여야 하고, 감독에 있어서는 때때로 위험방지 및 기술습득에 대한 교양과 훈시를 하였다는 것만으로는 상당한 주의를 하였다고 할 수 없을 것"이라고 하는 이유를 들고 있다.[24] 그렇다면 소정의 자격을 취득한 被用者를 사용하여 정기적인 교육을 시키고, 매일 작업시작 전과 작업종료 후에 일정한 주의사항을 환기시켰는 데도 작업중에 被用者의 過失로 사고가 발생한 경우에는 어떻게 할 것인가? 이러한 경우에도 使用者의 免責立證을 받아들이지 않을 것인가? 물론 이러한 경우에도 使用者가 배상책임을 지는 것이 타당하다. 그러나 그렇다고 해서 使用者에게 過失이 있다고 할 수는 없는 것이다. 여기에 종래 판례가 취하여온 免責立證否認의 방법에도 한계가 있음을 알 수 있는 것이다.

---

22) 大判 1964. 6. 2. 63다804; 大判 1964. 10. 28, 64다693; 大判 1964. 12. 29, 64다1095; 大判 1966. 7. 26, 66다953; 大判 1968. 1. 31, 65다376; 大判 1969. 1. 21, 68다344 등 참조.

23) 大判 1964. 10. 28, 64다693.

24) 大判 1964. 12. 29. 64다1095.

2. 使用者에게 免責可能性이 없는 契約責任을 인정하는 방법

이는 독일의 판례가 사용해온 방법으로서 使用者와 피해자 사이에 契約關係 내지 契約에 유사한 관계(vertragliche oder vetragsähnliche Beziehung)가 인정되는 경우에는 被用者의 過失로 인하여 입은 피해자의 손해에 대하여 使用者의 免責可能性이 인정되는 독일민법 제831조(우리 민법 제756조에 해당)를 적용하지 않고, 제278조(우리 민법 제391조)를 적용하여 使用者에게 契約責任을 물음으로써 使用者의 免責立證을 방지하는 방법이다. 주지하는 바와 같이 독일민법 제278조는 우리 민법 제391조와 마찬가지로, 債務不履行責任과 관련하여 履行補助者(Erfüllungsgehilfen)의 故意나 過失에 대해서는 債務者 자신의 故意·過失에 대해서와 마찬가지로 債務者가 책임을 지도록 함으로써 제831조의 使用者責任에서 보는 바와 같은 免責可能性을 인정하지 않고 있다. 그러면 독일의 판례는 어떠한 이론구성에 의하여 使用者에게 契約責任을 물어왔는가.

독일판례에 의하면 契約의 당사자 사이에는 給付義務만이 있는 것이 아니고 상대방의 신체, 건강, 소유권 등을 해치지 않도록 보호해야 할 保護義務도 있는 것이고, 이 의무에 위반하여 가해행위를 하면 不法行爲가 될 뿐만 아니라 契約侵害도 된다. 그런데 이러한 보호의무 내지 주의의무는 契約을 체결해야 비로소 발생하는 것이 아니고 계약체결을 위한 준비과정, 즉 계약교섭과정에 들어가면 이미 발생하고, 當事者 사이에는 契約關係에 유사한 관계가 성립한다. 이러한 단계에서 一方이 위와 같은 보호의무를 위반하여 相對方에게 손해를 주게 되면 이른바 契約締結上의 過失(culpa in contrahendo)責任을 부담하게 된다.[25] 이 경우 이러한 의무의 위반이 일방당사자 자신에 의하여 일어난 것이 아니고 그 被用者에 의하여 일어난 것인 경우에도 독일민법 제278조의 규정의 적용에 의하여 당사자 자신의 過失처럼 취급되어 그 책임을 부담하게 되는 것이다. 예를 들면 양탄자 상점에서 점원이 고객에게 물건을 보여 주다가 점원이 부주의로 옆에 세워 두었던 양탄자 두루말이가 쓰러져 고객이 다친 사건에서, 상점주인은 이 규정에 의하여 배상책임을 지도록 하였다.[26] 만약 이 경우 독일민법 제278조를 적용하지 않고 제831조를 적용하게 되면 상점주인에게는 免責可能性이 있게 된다.

그리고 독일의 판례는 第3者保護效를 가진 契約(Vertrag mit Schutzwirkung zugunsten Dritter)理論에 의하여 제831조의 使用者責任 規定의 적용을 피하고 제278조

25) Kötz, 위의 책, 137면.

26) RGZ 78, 239면 이하.

의 규정을 적용해 오기도 하였다. 이 이론은 一定한 契約關係에서 一方當事者가 위에서 언급한 바와 같은 契約上의 보호의무 내지 주의의무를 위반한 결과 契約의 相對方 이외의 第3者에게 손해를 입힌 경우, 직접적인 契約當事者가 아닌 이 피해자에게도 契約의 효력을 인정하여 契約法上의 손해배상청구를 인정한다는 이론이다. 여기서 契約上의 주의의무 내지 보호의무를 위반하여 第3者에게 손해를 가했다면, 第3者는 契約當事者가 아니므로 不法行爲責任밖에 묻지 못할 것이고, 이 義務를 위반한 것이 契約當事者 자신이 아니고 그 被用者인 경우에는, 피해자는 그 契約當事者를 상대로 하여 제831조의 使用者責任을 묻게 될 것이다. 그러나 그렇게 되면 使用者에게는 免責可能性이 있기 때문에 第3者保護效를 가진 契約理論에 의하여 債務不履行責任을 묻게 하는 것이다. 예를 들면 어떤 단체에서 祝祭를 열기 위해 호텔의 홀을 하나 빌렸는데, 호텔 관리인이 홀바닥에 샐러드 기름병이 깨어져 기름이 흘러 있는 것을 모르고 치우지 않고 있었기 때문에 축제에 참석한 그 단체의 구성원이 미끄러져 다친 사건에서, 피해자는 호텔 홀 賃貸借契約의 當事者는 아니었지만 이 이론에 근거하여 그에게 호텔을 상대로 한 손해배상청구가 인정되었다.[27] 또 다른 예는 어느 賃借人이 세들어 살고 있는 집의 가스 목욕탕 스토브 수리를 업자에게 의뢰했는데, 그 업자측 技士의 실수로 스토브가 폭발하여 그 임차인이 고용하고 있는 청소부가 다친 사건에서, 청소부에게 업자를 상대로 한 契約法上의 손해배상청구가 인정되었다.[28]

그런데 이와 같은 第3者保護效를 가진 契約理論에 의하면, 契約의 效力을 契約當事者가 아닌 제3자에게도 인정한다는 것은 契約上의 給付義務(Leistungspflicht)의 效力을 제3자에게도 인정한다는 것이 아니고, 이러한 1차적인 義務外에 위에서 말한 보호의무(Schutzpflicht)의 效力만을 第3者에 대해서도 인정한다는 것이다. 그러한 점에서 독일민법 제328조(우리 민법 제539조에 해당)의 第3者를 위한 契約(Vertrag zugunsten Dritter)과는 다른 것이다. 그리고 여기서 第3者에 대한 保護效는 모든 契約에서 인정되는 것도 아니고 또 모든 第3者에게 인정되는 것도 아니다. 즉 이러한 보호의무는 賃貸借契約이나 運送契約이나 都給契約에 있어서처럼, 契約上의 給付가 契約上의 債權者에게 뿐만 아니라 제3자에게도 비슷한 利益을 주는 契約에 한하여 인정되며,[29] 또 그 경우 제3자도 債權

27) BGH NJW 1965, 1957면.

28) RGZ 127, 218면.

29) 경우에 따라서는 賣買契約에서도 제3자에 대한 보호의무가 문제될 수 있다. 예컨대 식료품이나 장난감 등의 매매에 있어서도 賣渡人의 보호의무는 買受人 자신뿐만 아니라 그 가족이나 買受人의 가정을 방문한 손님에 대해서도 인정된다고 한다(Esser, Schuldrecht I. 4. Aufl., 1970, 398

者로부터 가족관계, 영업상의 관계 등에 기해서 보살핌을 받는 제3자이어야 한다.[30]

이처럼 契約上의 보호의무의 효력을 제3자에 대해서까지 인정하게 된 사정은 이미 언급한 바이지만, 이렇게 함으로써 債務者의 손해배상책임이 확장되기 때문에 여기에는 이를 정당화하는 근거 내지 法理가 있어야 한다. 이에 대하여 독일의 판례는 契約에 欠缺이 있는 것으로 보아 契約의 보충적 해석(ergänzende Vertragsauslegung)의 方法에 의하여 個別的 契約으로부터 第3者保護效를 끌어내었으나, 學說은 契約에는 第3者保護效를 정할 수도 있고 정하지 않을 수도 있으므로, 契約에 이에 관한 약정이 없다고 하여 契約에 欠缺이 있다고는 할 수 없다고 한다. 학설은 오히려 문제된 계약유형에 해당하는 任意規定에 欠缺이 있다고 보고, 이를 信義誠實의 原則(동법 제242조)을 근거로 法官에 의한 法形成(richterliche Rechtsfortbildung)을 통하여 보충함으로써 契約의 第3者保護效를 인정하면 된다고 한다.[31]

어쨌든 이제까지 살핀 契約締結上의 過失責任理論이나 第3者保護效를 가진 契約理論은 모두가 독일민법 제278조의 적용근거를 제시함으로써 使用者의 免責可能性을 인정하고 있는 제831조의 적용을 피하기 위하여 구성된 이론들인 것이다.[32] 이러한 理論들은 우리나라에서는 비록 우리 民法 제756조의 적용과 관련되어 전개되고 있는 것은 아니라고 하더라도, 이러한 이론들이 일부학자에 의하여 긍정적으로 소개되고 있다.[33] 그러나 이러한 이론들을 民法 제756조의 免責可能性의 배제를 위해서 도입하는데 대해서는 보다 면밀한 검토를 필요로 할 것이다.

3. 代理監督者의 過失을 使用者의 過失로 취급하는 방법

使用者가 被用者를 직접 선임·감독하지 않고 공장장, 출장소장, 현장감독 등의 대리감독자를 두어서 被用者를 선임·감독케 하는 경우에, 使用者가 이들 대리감독자를 선임·감독하는 데는 過失이 없으나 대리감독자가 말단 被用者를 선임·감독하는 데 過失이 있다면, 使用者의 책임은 어떻게 되겠는가. 이는 규모가 큰 기업의 경우일수록 자주 제기될 수 있는 문제이다.

면).

30) Larenz, Schuldrecht I, 12. Aufl., 1979, 187면; Esser, 위의 책, 398면.

31) Larenz,위의 책, 187면; Esser, 위의 책, 398면 이하.

32) Leßmann, 위의 논문 194면.

33) 郭潤直, 위의 책, 81면 이하; 金亨培, 債權總論(上), 1987, 196면.

만일 이러한 경우에 使用者에게는 被用者의 선임·감독에 관한 過失을 인정하지 않고 대리감독자에게만 過失을 인정한다면, 피해자는 가해행위를 한 被用者를 상대로 직접 不法行爲責任을 묻거나 대리감독자를 상대로 제756조 제2항의 책임을 물을 수 있을 뿐 使用者에게는 책임을 물을 수가 없게 된다.

우리나라에서는 판례상 아직 使用者 자신의 過失과 대리감독자의 過失이 구별되어 문제되었던 경우는 별로 없는 것 같으나, 독일의 판례는 비교적 큰 企業의 所有者가 대리감독자를 두어 종업원을 선임·감독케 하는 경우에는, 企業의 所有者는 이 대리감독자를 선임·감독함에 있어서 자신에게 過失이 없었다는 것만 입증하면 면책이 되고, 대리감독자 자신에게 過失이 없었다든지 加害被用者의 선임·감독에 있어서 대리감독자에게 過失이 없었다는 것까지 입증할 필요는 없다고 하였다.[34] 이른바 분산화된 免責立證(dezentralisierter Entlastungsbeweis)을 인정한 결과가 되었다.[35] 그러나 이렇게 되면 대기업일수록 免責立證이 용이하여 중소기업이나 일반 使用者에 비하여 유리하게 되는 불합리가 생긴다. 이러한 불합리에 대처하기 위하여 독일의 판례는 또 다른 이론을 구성 전개하였다. 즉, 使用者는 정상적인 경영관리를 보장할 수 있는 일반적인 감독규정(allgemeine Aufsichtsanordnungen)과 같은 組織上의 조치를 취하여 대처하여야 하고, 만약 그렇지 못한 경우에는 組織上의 過失(Organisationsverschulden)을 이유로 민법 제823조에 의하여 責任을 져야 한다는 이론을 전개하였다.[36]

被用者의 선임·감독을 출장소장, 현장감독, 공장장 등의 대리감독자가 使用者에 갈음하여 담당하고 있는 경우, 비록 이들 대리감독자가 被用者의 선임·감독에 주의의무를 다하지 않았다 하더라도, 使用者가 이들 대리감독자를 선임·감독함에 있어서 자기에게 過失이 없었다는 것만 立證하면 使用者로서의 責任은 免責이 된다고 하는 것은, 지금 독일의 例에서 보았듯이 부당하다고 하지 않을 수 없다. 따라서 이러한 경우에는 대리감독자의 被用者의 선임·감독에 있어서의 過失을 使用者 자신의 過失로 보든지,[37] 아니면 독일의 판례가 전개한 바와 같이 「組織上의 過失」을 이유로 제750조에 의하여 使用者에게 그 책임을 묻든지 하여야 할 것이다. 물론 民法 제756조는 제391조의 履行補助者의

34) RGZ 87, 61면; 89, 136면; BGHZ 4, 1면 이하.

35) Leßmann, 위의 논문, 199면; Westermann, 위의 논문, 343면; Kötz, 위의 책, 131면 등 참조.

36) BGHZ 4, 2면 이하; BGHZ 17, 214면; BGH NJW 1971, 1313면; Kötz, 위의 책, 134면 이하 참조.

37) 郭潤直 교수는 대리감독자의 過失을 使用者의 過失로 보지 않게 되면 피해자가 충분한 배상을 얻지 못하여 가혹할 뿐만 아니라 使用者에게 부당한 이익을 주는 결과가 되므로 대리감독자의 過失을 使用者의 過失로 보아야 한다고 한다(郭潤直, 위의 책, 687면).

過失의 경우와는 달리,[38] 被用者의 過失에 대하여 바로 使用者가 責任을 지도록 하지 않고 使用者 자신의 過失을 근거로 해서 책임을 지도록 하고 있다.[39] 그러나 여기서 使用者 자신의 過失이란 가해행위에 대한 過失을 말하는 것이 아니고 被用者의 선임·감독에 대한 過失을 의미한다. 그리고 被用者를 선임·감독하는 것은 使用者 자신이 직접하든 대리감독자를 통해서 하든 使用者의 책임에 속한 사항이다. 그렇다면 직접 가해행위를 한 被用者의 過失은 제756조의 규정상 使用者의 過失로 볼 수 없다고 하더라도, 이러한 被用者의 선임·감독에 대한 대리감독자의 過失은 使用者의 過失과 동일하게 취급할 수 있을 것이다.

IV. 使用者責任의 類型化

1. 類型化의 必要性

위에서는 民法 제756조의 規定이 지니고 있는 立法政策的 不當性, 즉 使用者의 免責可能性 認定의 不當性을 어떻게 극복하여 나갈 것인가에 대하여 살펴보았다. 이하에서는 이 規定의 적용한계를 어떻게 극복할 것인가 하는 문제를 검토하기로 한다. 이는 使用者責任의 類型化問題이기도 하다.

오늘날 一般不法行爲에 있어서는 그 不法行爲의 양상에 따라, 그 행위에 대한 非難可能性을 근거로 하여, 따라서 民法 제750조의 규정에 의하여, 그 책임을 물을 수 있는 경우가 있는가 하면, 이러한 근거에 의해서는 그 責任을 물을 수가 없고 이와는 다른 근거와 다른 이론에 의해서 책임을 물어야 하는 경우, 즉 危險責任(無過失責任)을 물어야 하는 경우가 있음은 주지의 사실이다.[40] 이러한 사정은 使用者責任에 있어서도 마찬가지이다. 民法 제756조도 적어도 法條文上으로 엿볼 수 있는 그 기본입장은 被用者가 저지른 不法行爲를 前提로 하고,[41] 다시 被用者의 선임·감독에 관한 使用者의 過失을 요건

---

38) 民法 第391條와 제756조의 비교에 대해서는 金亨培, 「民法 제391조와 제756조를 비교검토함」, 民法學硏究, 1986, 398면 이하 참조.

39) 독일의 판례는 바로 이러한 점 때문에 대리감독자의 過失을 使用者의 過失로 보지 않는다(BGHZ 4, 3면 이하 참조).

40) 이에 대해서는 徐光民, 위의 책, 31면 및 167면 이하 참조.

41) 제756조의 使用者責任이 성립하기 위해서 被用者의 가해행위가 不法行爲의 일반요건을 갖추어야 하는가에 대해서는 견해가 대립한다(뒤의 3. (2) 참조).

으로 하여 使用者에게 그 책임을 묻고 있는 것이다. 따라서 民法 제756조도 그 基本立場의 妥當性은 의심스럽다고 하더라도, 일단 被用者의 非難可能한 行爲와 使用者의 非難可能한 行爲를 요건으로 해서 使用者責任을 인정하고 있다고 볼 수 있다. 그러나 使用者責任에 있어서도 使用者의 非難可能한 行爲는 물론이고, 被用者의 非難可能한 行爲조차도 요건으로 함이 없이 責任을 물어야 할 경우가 있다. 使用者가 被用者를 사용하여 영위하는 事業이 각종 고속교통기관, 광산, 원자력시설, 그 밖의 산업시설 등과 같이, 근대과학문명에 힘입은 각종 특수한 危險源을 運行 내지 經營하는 사업인 경우가 그러한 경우라고 할 수 있다.

이러한 事業에 있어서 야기되는 손해는 반드시 被用者의 過失이나 使用者의 過失로 인해서만 발생하는 것이 아니고, 그러한 분야의 事業에 종사하는 平均人에게 요구되는 주의의무를 다해도, 원래 이러한 사업이나 시설에 내재하는 특수한 抽象的 危險이 현실화됨으로써 발생할 수가 있다. 이러한 손해는 民法의 一般規定에 의하면 使用者에게도, 또 被用者에게도 그 責任을 물을 수가 없고 피해자 스스로가 부담할 수밖에 없다. 그러나 이는 오늘날의 일반적인 正義觀念 내지 衡平의 觀念에 비추어 공평타당하다고 할 수 없다. 결국 이러한 손해는 被用者와 使用者에게 過失이 없더라도 이러한 事業을 영위하는 使用者가 부담하는 것이 妥當한 것이다. 여기에 民法 제756조의 적용한계가 있는 것이다. 그리고 이 경우의 배상책임은 이제 단순히 타인을 사용하여 어떤 事務에 종사하게 한 자로서의 책임이라기보다는, 이와 같은 抽象的 危險이 內在하는 危險源을 지배하는 자로서의 책임이라고 할 수 있고, 그 책임의 근거도 앞에서 살핀 바와 같은 使用者責任의 일반적인 근거가 아닌 危險責任의 원리에서 찾아야 하는 것이다. 그런데 이러한 책임과 이러한 책임이 인정되어야 할 상황은 民法 제756조가 예정하지 못하고 있는 것이다. 따라서 使用者責任에 있어서도 民法 제756조가 規定하고 있는 책임 외에 危險責任으로서의 使用者責任도 인정할 필요가 있고, 使用者責任의 요건도 유형화하여 재구성할 필요가 있는 것이다.

2. 類型化의 기준

우리는 바로 위에서 使用者責任의 유형화의 필요성을 살피는 가운데 어떻게 類型化할 것인가, 무엇을 기준으로 유형화할 것인가 하는 問題에 대해서도 조금은 접근되었으리라 믿는다. 그런데 이와 관련하여 使用者責任은 家事使用關係와 企業에 있어서의 使

用關係를 구별하여 취급해야 한다는 입법론적 또는 해석론적 견해가 종래 흔히 주장되어 왔다.[42] 물론 오늘날 우리가 볼 수 있는 사용관계를 大別한다면 家事使用關契와 企業에 있어서의 사용관계를 들 수 있고, 使用者責任의 사회적 기능이나 의의도 企業에 있어서의 사용관계에 있어서 더 큰 것은 사실이다. 그러나 다음과 같은 몇 가지 이유에서 이와 같은 획일적 구별은 使用者責任의 유형화 기준으로서는 받아들이기가 어렵다고 생각된다.

첫째, 家事使用關係라 하더라도 자동차운전기사처럼 被用者가 제3자에 대한 加害의 危險性이 높은 사무를 집행하는 사용관계가 있는가 하면, 가정부처럼 加害의 危險性이 크지 않은 사무를 집행하는 사용관계도 있다. 한편 企業에 있어서의 使用關契라 하더라도 기업이 경영하는 사업이 加害危險性이 높은 경우가 있는가 하면 그렇지 않은 경우도 있다. 그리고 또 기업이 경영하는 사업이 加害危險性이 높은 종류의 사업이라고 하더라도, 그 기업의 被用者가 사무집행과 관련하여 저지른 제3자에 대한 加害는 항상 그러한 危險性의 現實化로 볼 수 있는 것이 아니고, 그러한 危險性이 없는 일반사무의 집행과 관련하여 저지른 加害일 수도 있는 것이다. 이렇게 되면 가사사용관계라고 하여, 또는 기업에 있어서의 사용관계라고 하여 使用者責任의 근거를 동일하게 논할 수가 없을 것이다.

둘째, 따라서 使用者責任을 단순히 家事使用關契와 企業에 있어서의 使用關契의 경우로 구분하는 것은 그 구분의 근거가 어디에 있는지 분명치 못하다.

셋째, 企業에 있어서의 使用關契라고 하더라도, 그 기업활동에 특유한 위험이 내재해 있고 또 使用者가 저지른 제3자에 대한 加害가 그 기업에 특유한 危險의 現實化로 볼 수 있는 경우가 아니면, 家事使用關契에서 被用者가 저지른 加害의 경우와 달리 취급해야 할 특별한 이유가 없는 것이다. 즉 어느 경우에 있어서도 사용자책임의 근거는 報償責任의 이론에서 찾는 것이 타당하다.

따라서 여기서는 家事使用關係인가, 企業에 있어서의 使用關契인가 하는 구별을 취하지 않고, 사용자책임의 歸責根據를 기준으로 해서 이를 유형화하려고 한다. 즉 報償責任의 原理와 危險責任의 原理, 이 두 가지 귀책근거를 기준으로 유형화를 시도하려고 한다. 귀책근거를 기준으로 하게 되면 자연히 귀책요건도 유형화되기 때문에 使用者責任의 유형화로서는 귀책근거를 기준으로 한 유형화가 가장 바람직하다고 생각된다. 그래서 前者를 근거로 한 사용자책임을 「報償責任的 使用者責任」이라고 부르기로 하고, 後者를

42) 郭潤直, 위의 책, 677면; 金亨培, 위의 논문(註 38), 403면; 金顯泰, 위의 책, 9면 참조.

근거로 하는 사용자책임을 「危險責任的 使用者責任」으로 부르기로 한다. 報償責任的 使用者責任은 민법 제756조가 규정하고 있는 유형의 사용자책임에 속하고, 危險責任的 使用者責任은 민법 제756조가 예정하고 있지 못한 유형의 사용자책임에 속한다.[43] 그런데 여기서 한 가지 지적할 것은 民法 제756조가 규정하고 있는 사용자책임은, 그 법조문상으로는 앞에서도 보았듯이 報償責任의 原理에 근거하고 있는 책임으로 볼 수 없고 사용자 자신의 過失, 즉 사용자의 행위에 대한 비난가능성을 근거로 하는 책임이라는 점이다. 그러나 이러한 민법의 태도가 입법정책적으로 부당하기 때문에 앞에서 본 것과 같은 여러 가지 방법을 동원하여 법규정상의 면책가능성을 봉쇄함으로써 이 규정상의 책임을 報償責任的 使用者責任化해야 한다는 의미에서, 그리고 그러한 작업을 전제로 해서 이와 같이 부르려는 것이다.

3. 報償責任的 使用者責任

이 유형의 使用者責任은 民法 제756조에 包攝될 수 있는 使用者責任이다. 뒤에서 살피게 될 危險責任的 使用者責任의 경우를 제외한 모든 경우의 使用者責任이 여기에 속한다. 이러한 유형의 使用者責任의 성립요건은 이 규정에 의하여 정하여지지만, 이 규정의 해석과 관련하여 문제되는 몇 가지 점을 아래에서 살피기로 한다.

(1) 使用者의 過失

民法 제756조는 使用者責任의 요건으로서 비록 소극적 요건으로서이긴 하지만 被用者의 선임·감독에 대한 使用者의 過失을 요구하고 있다. 그러나 使用者에게 이렇게 免責可能性을 인정함으로써 이 규정이 입법정책적으로 부당하게 되었다는 점은 이미 지적한 바이다. 그리고 이는 報償責任의 원리에도 반한다. 결국 이러한 부당성은 앞에서 살핀 바와 같은 방법들에 의하여 극복되어야 한다. 그렇게 함으로써 이 규정상의 책임을 報償責任의 원리에 근거하는 책임으로 끌어올려야 한다.

---

43) 일본의 石田 穰 교수는 우리 民法 제756조에 해당하는 日本民法 제715조가 예정하고 있는 상황을 立法者의 意思에 입각하여 危險性이 없는 사업을 영위하는 個人的 使用者가 被用者의 선임 및 감독에 대하여 개인적으로 해야 할 注意를 하지 않은 경우의 不法行爲에 한정하고 있으나(石田 穰, 損害賠償法の再構成, 1978, 64면 참조), 民法 제756조의 使用者를 이렇게 個人的 使用者에 한정할 수도 없고, 그리고 이 경우에 요구되는 注意의 정도를 使用者 개인을 기준으로 한다고 볼 수도 없다.

(2) 被用者의 故意·過失 및 責任能力

民法은 使用者責任이 성립하기 위해서 使用者 자신의 過失(被用者의 선임·감독상의 주의의무위반)은 필요 없는 데도 이를 필요한 것으로 規定하면서도, 직접적인 가해행위를 한 被用者에게 故意·過失이 있어야 하는가에 대해서는 아무런 規定을 두고 있지 않다. 즉, 民法은 "被用者가 그 사무집행 관하여 제3자에게 가한 손해"라고만 규정하여 이 가해행위에 被用者의 故意·過失이 있어야 하는가에 대해서는 밝히시 않고 있다. 이에 대해서 통설은 被用者의 가해행위가 不法行爲의 일반요건, 즉 故意·過失, 責任能力 등의 요건을 갖추고 있어야 한다고 한다.[44] 그 이유로서는 그렇지 않게 되면 使用者는 被用者의 無過失에 의한 행위에 대해서도 책임을 지게 되어 너무 가혹하게 된다는 점과, 제756조 제3항이 使用者의 被用者에 대한 求償權을 규정하고 있음에 비추어 그렇다는 점을 들고 있다.[45] 그런가 하면 이와 反對의 입장을 취하는 학설은 被用者의 不法行爲가 성립하지 않아도 被用者의 선인·감독에 대한 使用者의 過失이 있는 한 使用者의 책임은 성립할 수 있다고 한다. 따라서 被用者에게 故意·過失이 없어서 被用者의 不法行爲가 성립하지 않는 경우엔 使用者의 責任만이 성립할 수도 있다고 한다.[46] 이 說은 被用者의 不法行爲의 성립을 전제로 해서만 使用者責任이 성립할 수 있다는 구성은 기본적으로 代位責任的 사고에서 출발하는 것이라고 비판한다. 그리고 이 說은 제756조 제3항의 求償權規定도 被用者의 가해행위가 不法行爲의 요건을 갖추었을 때 적용될 수 있는 규정에 지나지 않는 것이지, 이 규정이 있기 때문에 被用者의 가해행위가 不法行爲에 해당되지 않을 때에는 使用者의 책임이 성립할 수 없다는 것은 아니라고 하여 求償權規定을 이유로 내세우는 통설을 비판한다.

살피건대 제756조 제3항의 求償權規定을 이유로, 被用者의 가해행위가 不法行爲의 일반요건을 갖추어야 使用者責任이 성립한다는 통설의 논거는 반대설도 지적하는 것처럼 타당성이 없다. 피해자에 대한 관계에서 어떤 요건을 전제로 해서 使用者의 책임이 성립하는가 하는 문제와, 被用者에 대한 관계에서 어떤 요건하에서 使用者의 求償權이 발생하는가 하는 문제는 별개의 문제이고, 또 그 요건이 동일하지도 않기 때문이다.[47] 그러나

---

44) 郭潤直, 위의 책, 635면; 金基善, 위의 책, 301면; 黃迪仁, 위의 책, 309면; 金顯泰, 위의 책, 182면.

45) 郭潤直, 위의 책, 685면; 金基善, 위의 책, 301면.

46) 金亨培,「被用者에 대한 使用者의 求償權制限,」判例硏究· 제4輯(高大 法學硏究所), 1986, 118~119면 참조.

47) 同旨: 李銀榮, 債權各論, 1989, 631면.

반대설이 주장하는 것처럼 被用者에게 故意·過失이 없어서 被用者의 不法行爲가 성립하지 않는 데도 使用者의 책임이 성립할 수 있다고 획일적으로 말할 수는 없다. 왜냐하면 뒤에서 살피게 되는 바와 같은 危險責任的 使用者責任이 인정되는 경우라면 몰라도 그렇지 않은 경우에는, 被用者가 아니고 使用者 자신이 직접 사무를 집행하다가 加害를 한다고 하더라도 그에게 故意·過失이 없으면 不法行爲가 성립하지 않고, 따라서 不法行爲責任을 물을 수가 없는 것이다. 그렇다면 그 사무를 使用者 자신이 직접 집행하지 않고 被用者가 집행하다가 加害를 했다고 하여, 被用者에게 故意·過失이[48] 없는 데도 使用者가 배상책임을 부담해야 한다고는 할 수 없는 것이다.[49] 그리고 이 경우에는 도대체가 被用者의 선임·감독에 대한 使用者의 過失, 즉 使用者의 주의의무위반이라는 것이 문제될 수가 없는 것이다. 따라서 이러한 경우에는 使用者의 책임만이 따로 성립할 여지가 없는 것이다.

그러면 使用者의 불충분한 작업지시나 불완전한 機材 제공으로 인하여 被用者가 가해행위를 하게 된 경우는 어떠한가. 이 경우에도 被用者에게 過失이 있다고 할 수 있는가. 물론 이 경우에는 被用者 개인은 비난할 수가 없기 때문에 使用者에게만 過失이 있고 被用者 개인에게는 過失이 없다고도 할 수 있다.[50] 그러나 被用者가 그 사무를 집행한 것과 같은 방식으로 使用者가 직접 그 사무를 집행했다면 과연 그 행위에 過失이 없다고 할 수 있겠는가? 만약 이 경우에 過失이 부정될 수 없다면 被用者의 사무집행행위에도 客觀的으로 보아서는 過失이 없다고 할 수 없다. 過失의 要素로서의 주의의무의 정도는 行爲者 개인을 기준으로 하여 정하여 지는 것이 아니고, 그 분야에 종사하는 平均人에게 사회생활상 요구되는 注意의 정도를 기준으로 하여 정하여지기 때문이다. 따라서 이 경우 被用者의 사무집행행위도 그 내부적인 사정이야 어쨌든 객관적으로 요구되는 주의의무 내지 行爲義務의 기준에는 못 미치고 있는 것이다. 이렇게 볼 때 결국 使用者責任의 성립을 위해서는 危險責任이 인정되는 경우가 아닌 한 被用者의 가해행위에도 被用者의 故意·過失이 있어야 한다고 볼 수 있다.

그러나 使用者의 責任이 성립하기 위해서 被用者에게 責任能力이 있어야 하는가

---

48) 事務를 使用者가 직접 집행하는 경우의 使用者의 過失이든, 被用者가 집행하는 경우의 過失이든, 이 過失은 그러한 事務를 집행함에 있어서 그 분야의 평균인에게 객관적으로 요구되는 주의의무의 違反을 의미한다.

49) 사용자책임의 요건으로서 被用者의 故意·過失에 대해서는 아무런 언급을 하고 있지 않은 독일 민법 제831조에 대해서도 이렇게 해석되고 있다(von Caemmerer, 위의 책, 537면 이하 참조).

50) 李銀榮, 위의 책, 631면.

하는 문제는 이와는 달리 생각해야 한다. 손해배상책임으로서의 不法行爲責任이 성립하는데 도대체 가해자의 책임능력을 요건으로 하는 것이 타당한가 하는 근본적인 의문도 있을 뿐만 아니라,[51] 責任能力이 없는 被用者로 하여금 어떤 事務를 집행하게 한 것 자체가 使用者 자신의 過失이라고 볼 수 있기 때문이다. 따라서 被用者에게 책임능력이 없더라도 그 被用者가 사무집행에 관하여 第3者에게 加害를 하면 使用者의 過失과 손해간에는 인과관계가 인정되므로 使用者 자신의 不法行爲가 성립할 수 있다고 보아야 한다.

요컨대 民法 제756조의 使用者責任이 성립하기 위해서 被用者의 가해행위가 不法行爲의 일반요건을 다 갖추어야 하는가 하는 물음에 대해서는 어떤 일반적이고 획일적인 대답을 할 수는 없으나, 危險責任이 인정되는 경우가 아닌 한 被用者의 故意나 過失은 필요하다고 볼 수 있다. 그리고 이 被用者의 故意나 過失에 대한 立證責任은 不法行爲 일반원칙에 따라 피해자가 부담한다고 할 수밖에 없다.

4. 危險責任的 使用者責任

(1) 序 說

이 유형의 使用者責任은 아무리 注意를 하여도 完全防止는 불가능한 損害發生의 抽象的 危險(abstrakte Gefahr)[52]이 內在하여 있는 一定한 危險源의 運行 내지 經營에 있어서 발생하는 使用者責任으로서, 民法 제756조에 包攝될 수 없는 유형의 使用者責任이다. 이 유형의 使用者責任은 危險源의 運行 내지 經營에 內在하는 추상적 위험이 現實化하여 사고가 발생하고, 그로 인하여 第3者에게 손해가 발생하면, 그 사고가 被用者의 사무집행상의 故意·過失이나 使用者의 被用者 선임·감독상의 過失로 인한 것인가 아닌가를 묻지 않고 성립한다.[53] 따라서 被用者의 故意·過失이나 使用者의 過失은 이 유

51) 違法한 行爲를 하고서도 責任能力이 없다고 해서 배상책임을 부담하지 않게 되면, 그 손해는 違法한 行爲조차 한 일이 없는 피해자가 스스로 부담해야 하는 부당한 結果가 초래되기 때문이다. 이러한 관점에 대해서는 徐光民, 위의 책, 106면 참조.

52) 過失, 즉 주의의무위반이 초래하는 危險이 特定法益에 대한 具體的 危險(konkrete Gefahr)으로서 禁止된 危險인 데 대하여, 이 危險은 不特定法益에 대한 不確實한 侵害의 危險으로서 허용된 危險이다(Deutsch, Methode und Konzept der Gefährdungshaftung, VersR 1971, 4면).

53) 이러한 危險이 따르는 분야에 있어서도 危險의 現實化를 가능한 한 방지하기 위해서 法은 여러가지 주의의무 내지 行爲義務를 요구한다. 그리고 이러한 義務의 違反으로 인하여 事故가 發生한 경우에는 一般過失責任을 물을 수도 있을 것이다. 그러나 이러한 義務의 준수에 의해서 危

형의 使用者責任의 성립요건이 아니다. 그러고 보면 이러한 使用者責任은, 앞에서도 지적했듯이 타인(被用者)을 사용하여 어느 事務에 종사하게 한 자로서의 責任이라는 측면에서보다는, 이러한 危險源을 지배하는 자로서의 責任이라는 측면에서 파악하는 것이 이 責任의 본질에 더 잘 부합한다. 現行法上 이러한 責任이 인정되는 경우로는 광업법 제91조 이하의 鑛業權者 또는 租鑛權者의 광해배상책임, 원자력손해배상법 제3조 이하의 원자력손해에 대한 原子力事業者의 배상책임, 환경보전법 제60조의 사업장의 오염물질로 인한 生命·身體上의 손해에 대한 당해 사업자의 배상책임, 수산업법 제76조의 수질오염으로 인한 어업손해에 대한 오염발생 시설의 경영자의 책임, 자동차손해배상보장법 제3조 이하의 自動車運行으로 인한 生命·身體上의 손해에 대한 自動車運行者의 배상책임[54) 등을 들 수가 있다.

(2) 危險責任的 使用者責任의 근거

被用者나 使用者의 故意·過失의 有無를 묻지 않고 使用者에게 배상책임을 認定하게 되는 危險責任的 使用者責任의 귀책근거는 무엇인가? 방금도 말했다시피 이러한 유형의 使用者責任은 단순히 타인을 使用하는 者로서의 責任이라기보다는 오히려 특수한 危險源을 支配하는 者로서의 責任이라고 할 수 있다. 그렇다면 이 責任의 근거 역시 이러한 危險源을 支配하는 者로서의 責任(즉 危險責任)의 근거에 귀착하게 되는 것이다. 따라서 危險責任의 근거를 확인하면 危險責任的 使用者責任의 근거도 아울러 확인이 될 것이다.

險의 現實化를 감소시킬 수는 있으나, 危險源의 經營에 내재하는 抽象的 危險 자체를 완전히 제거할 수는 없는 것이다(Bauer, Erweiterung der Gefährdungshaftung durch Gesetzesanalogie, Festschrift für Kurt Ballerstedt, 1975, 315면).

54) 自動車運行者의 責任은 死傷者가 승객 이외인 경우와 승객인 경우에 따라서 그 요건과 성질이 약간 상이하다.
우선 死傷者가 승객 이외인 경우를 보면, 이 경우에는 자동차운행자가 ① 자기 및 운전자가 자동차의 運行에 관하여 注意를 태만히 하지 않았다는 것, ② 피해자 또는 운전자 이외의 제3자에게 故意나 過失이 있었다는 것, ③ 자동차의 구조의 결함 또는 기능의 장해가 없었다는 것을 증명하면 그 責任을 면할 수 있다. 따라서 이 경우의 責任은 완전한 無過失責任은 아니다. 그러나 자동차운행자는 자기측 無過失뿐만 아니라 그 밖에도 적극·소극의 두 가지 요건을 더 증명해야만 免責이 가능하다. 승객 이외의 자에 대한 자동차운행자의 責任은 완전한 無過失責任은 아니면서도 이처럼 立證責任이 轉換될 뿐 아니라 立證할 사항이 加重됨으로써 無過失責任에 거의 유사한 責任이 되고 있다. 한편 死傷者가 승객인 경우에는 승객 자신에게 故意 또는 자살행위가 있었다는 것을 자동차운행자가 증명하지 못하는 한 자동차운행자측의 過失有無를 불문하고 責任을 진다. 즉, 無過失責任이다.

危險責任(Gefährdungshaftung)은 法的으로 허용된 활동(즉 일정한 危險源의 運行 내지 經營)에 결부된 위험을, 그러한 危險源을 지배하고 그러한 활동을 영위하는 자가 부담하는 책임이다.[55] 이러한 責任이 인정되는 不法行爲에 있어서는, 손해발생 자체에는 이러한 활동을 영위하는 자의 故意나 過失이 없거나, 또는 故意나 過失이 있다고 하더라도 이를 증명하기가 힘든 경우가 많다. 그러나 이러한 危險源의 經營은 그 자체 내에 손해발생의 危險性을 안고 있으며, 그러한 활동을 하는 자는 처음부터 그와 같은 危險性을 알면서도 그러한 활동을 영위하고 있는 것이다. 예상가능한 위험으로부터 法益을 보호하려는 法의 豫防的 目的을 고려한다면 이처럼 위험한 시설이나 활동은 전면적으로 금지되어야 하는 것이지만, 그 사회적 有用性 내지 사회공동의 이익 때문에 허용되고 있는 것이다.[56] 말하자면 국가는 현대사회생활상 필요불가결한 이러한 시설이나 활동으로 인한, 완전지배가 불가능한 抽象的인 危險을 허용된 危險(erlaubtes Risiko)으로서 인정하고 있는 셈이다.[57]

이처럼 손해발생의 가능성이 예상되는 데도 그러한 활동이 社會的 有用性 때문에 국가에 의하여 허용되고 있다는 점에 一般不法行爲와는 다른 사정이 있는 것이다.[58] 그러므로 이러한 危險源의 경영에 특유한 危險이 現實化됨으로써 타인에게 손해가 발생한다고 해서 그러한 활동이 위법하게 되는 것은 아니다. 그러나 반면 이러한 활동이 일반적으로 허용되고 있다고 해서 危險의 現實化로 발생한 손해를 당연한 것으로 볼 수도 없는 것이다.[59] 危險源의 경영을 허용한다는 것은 이러한 활동에 대한 일반적 금지를 포기한다는 것을 의미할 뿐이고, 그것으로 인해서 발생하는 손해에 대한 塡補까지를 포기한다는 것은 아니다.[60] 그런데 이러한 활동은 사회적 有用性 때문에 허용되고 있지만, 이러한 활동을 영위하는 자의 자발적 결정에 터잡고 있고, 일차적으로는 그러한 자의 이

55) 이러한 責任에 대한 命名은 나라에 따라 일정하지가 않다. 英美法에 있어서는 일반적으로 이를 嚴格責任(strict liability)으로 부르고 있는가 하면, 독일·오스트리아·스위스 등에서는 危險責任(Gefährdungshaftung)으로 부르고 있다. 한편 일본에 있어서는 우리나라에 있어서와 마찬가지로 이를 단순히 無過失責任으로 부르는 것이 일반적인 경향이었으나, 최근에는 不法行爲를 意思責任的 不法行爲와 行爲責任的 不法行爲와 結果責任的 不法行爲로 나누는 學者도 있다(石田 穰, 損害賠償法の再構成, 13면 이하 참조). 그러나 이 중에서 危險責任이라는 용어가 그 적용영역과 그 특성을 잘 부각시킬 수 있어서 가장 적절하다고 생각된다.

56) Esser, 위의 책, 72면; Bauer, 위의 논문, 315면.

57) Bauer, 위의 논문, 315면.

58) Esser, Grundlagen und Entwicklung der Gefährdungshaftung, 2. Aufl., 1969, 90면, 97면.

59) Esser, Schuldrecht II, 4. Aufl., 1971, 476면.

60) Bauer, 위의 논문, 317면.

익과 목적을 추구하는 것이다.[61] 그렇다면 이러한 시설이나 활동에 내재하고 있는 危險의 現實化로 인한 손해는, 피해자보다는 危險源을 지배하고 있고 그러한 危險源을 통하여 의식적으로 자기의 利益을 추구하면서 타인을 위태롭게 하는 자가 부담하는 것이 손해의 공평한 조정방법이라고 할 수 있다.[62] 누구도 제3자의 危險負擔으로(auf fremdes Risiko) 위험한 활동을 할 수는 없기 때문이다.

危險責任은 이상과 같이 독자적이고 적극적인 귀책근거를 가지고 있는 것이며, 「無過失」責任이라는 소극적인 요인만을 가지고 있는 것이 아니다. 그리고 이러한 점은 危險責任的 使用者責任에 있어서도 마찬가지인 것이다.

(3) 危險責任的 使用者責任 認定의 法源的 準據

우리는 앞에서 現行 特別法上 危險責任的 使用者責任, 즉 危險責任이 인정되는 경우들을 살펴보았다. 그러면 현재 個別的인 特別法이 마련되어 있지 않으나 民法 제756조의 규정에 包攝시키는 것이 타당치 않은 그러한 危險源의 運行 내지 經營의 경우에는 어떠한 방법으로 危險責任을 인정할 것인가. 이는 결국 이러한 경우에 대한 民法上의 法律의 欠缺(Gesetzeslücke)을 인정하고 이 法律의 欠缺을 보충하는 작업에 의존할 수밖에 없다. 그리고 이 경우의 欠缺의 보충은 위에서 본 特別法의 규정들을 個別類推(Einzelanalogie) 또는 全體類推(Gesamtanalogie)에 의하여[63] 유사한 위험성이 있는 危險源의 운행 내지 경영에 유추적용하는 방법[64]에 의하게 될 것이다.

그런데 여기서 제기되는 한 가지 의문은 이와 같은 特別法의 規定을 유추적용하는

---

61) Esser, 위의 책(註 29), 72면.

62) Esser, 위의 책(註 58), 92면 이하 및 위의 책(註 29), 72면; von Caemmerer, Reform der Gefährdungshaftung, Gesammelte Schriften III, 1983, 249면 등 참조.

63) 類推는 같은 것은 法律上 같게 취급해야 한다는 正義의 요청에 그 正當性이 있는 것으로서(Larenz, Methodenlehre der Rechtswissenschaft, 4. Aufl., 366면; Canaris. Die Feststellung von Lücken im Gesetz, 1964, 25면, 72면), 여기서 個別類推라 함은 法律에 규율되어 있지 않은 事案에 대해서 그에 유사한 事案, 즉 법적 평가상 동등하게 생각될 수 있는 事案을 규율하고 있는 特定規定을 적용하는 것을 말하고, 全體類推는 동일한 法律效果를 부여하고 있는 다수의 法律規定들에 규정되어 있는 法律要件들이 그 法律效果와 관련하여 중요한 점에서 공통점이 있을 경우에 이 法律規定들로부터 하나의 一般的 法原則(ein allgemeiner Rechtsgrundsatz)을 끌어 내어 이 法原則을 法律에 規律되어 있지 않은 事案에 적용하는 것을 말한다(Larenz, 위의 책(註 63), 368면 이하; Engish, Einführung in das Juristischen Denken, 7. Aufl., 1977, 151면).

64) 類推(Analogie)는 어느 한 法典 내에서만 가능한 것이 아니고 한 法典에서 다른 法典으로의 類推, 또는 한 法分野에서 다른 法分野로의 類推도 가능하다는 견해도 있다(Engisch, 위의 책, 50면).

것이 法學方法論的으로 가능하겠는가 하는 점이다. 왜냐하면 위의 特別法의 規定들은 民法 제750조나 제756조의 責任原則에 대한 例外的 規定이라고 볼 수 있고, 만약 그렇다고 한다면 이들 규정을 유추적용하는 것은 「예외규정은 확대적용할 수 없다」(singularia non sunt extendenda)는 원칙에 反할런지도 모르기 때문이다.[65] 그러면 危險責任을 규정하고 있는 위의 特別法規定들은 過失責任의 원칙에 대한 예외적 규정에 불과한 것인가.[66] 민법상의 不法行爲責任이 過失責任主義에 입각하고 있는 데 반하여, 이러한 규정들은 그렇지 않다는 점만을 생각하면 그렇게 볼 수도 있다. 그러나 危險責任도 앞에서 보았듯이 독자적인 근거와 固有한 적용영역을 가진 責任原則인 것이고, 단순히 過失責任에 대한 예외적인 책임만은 아니라는 점을 유의할 필요가 있다.[67] 즉, 危險責任은 過失責任主義에 입각하고 있는 民法이 예정하고 있지 못한 새로운 영역에 대해서 인정되는 책임으로서, 過失責任에 대한 예외적인 책임이라기보다는 過失責任과는 그 귀책근거와 적용영역을 달리하는 또 하나의 責任原理인 것이다. 그리고 法律上 危險責任이 인정되고 있는 경우들에는 최대한의 注意에 의해서도 完全防止不可能한 抽象的 危險이 내재하고 있다는 점, 그러함에도 불구하고 社會的 有用性 때문에 그러한 危險이 내재해 있는 활동(즉 危險源의 運行 내지 經營)이 허용되고 있다는 점, 그러한 抽象的 危險이 現實化하여 손해가 발생한다는 점 등이 공통적인 속성 내지 요소로 되어 있다. 따라서 危險責任을 인정하고 있는 特別法上의 어떤 개별적인 규정도 그 특수한 경우에 한정된 규정이라기보다는 위와 같은 독자적인 근거와 공통적인 요소를 가진 責任原理의 한 表現으로 볼 수 있는 것이다.[68] 그렇다면 危險責任을 예외적인 責任原理로 보고, 危險責任規定을 例外規定으로 보는 경우에 봉착할지도 모르는 상술한 바와 같은 類推上의 난점은 처음부터 문제가 되지 않는다.[69]

---

65) 독일의 판례는 이러한 이유로 危險責任規定의 類推適用을 거부해왔는데, 이러한 입장은 이미 1912년의 帝國法院의 한 判決에서부터 표명되었다. 이 判決은 불시착한 비행선을 옆에서 구경하던 사람이 돌풍으로 인해 이 비행선을 고정시켜 놓았던 닻이 풀려 감기는 바람에 부상당한 사건에 관한 것이었다. 이 사건에서 法院은 당시 시행중이던 帝國責任法이나 自動車交通法의 危險責任規定은 그 예외적 성격 때문에 이 비행선 사고에는 적용될 수 없다고 하였다(RGZ 78, 171, 172면; Kötz, 위의 책, 166면 이하 참조). 그런가 하면 오스트리아의 판례는 개별적인 危險責任規定의 類推適用을 일반적으로 인정하여 왔고, 學說 역시 이를 지지하고 있다(Koziol, Umfassende Gefährdungshaftung durch Analogie, Festschrift für Walter Wilburg, 1975, 174면 참조).

66) 이러한 立場을 취하는 見解로는 李銀榮, 위의 책, 555면.

67) 同旨: 延基榮, 「危險責任의 法理」, 月刊考試(1987년 8월호), 71면; Bauer, 위의 논문, 312면; Esser, 위의 책(註 29), 72면.

68) Koziol, 위의 논문, 179면.

V. 맺는 말

이 글은 使用者에게 免責可能性을 허용하고 있는 民法 제756조의 立法政策的 不當性에 대한 認識을 전제로 하였다. 입법정책적으로 부당한 규정을 마치 그렇지 않은 것처럼 덮어두면서 解釋論을 전개한다는 것은 의미가 별로 없을 뿐만 아니라, 그렇게 하게 되면 사용관계에서 被用者가 제3자에게 加한 손해의 공평타당한 조정은 계속 어렵게 될 것이다. 그래서 이 글에서는 우선 이 규정이 안고 있는 그러한 부당성을 어떻게 극복하여 使用者의 免責可能性을 봉쇄할 것인가 하는 점을 검토하였다.

그리고 이 글은 위와 같은 입법정책적 부당성을 떠나서도 오늘날의 모든 경우의 使用者責任이 다 이 규정에 包攝되어 규율될 수는 없다는 인식을 전제로 하여 使用者責任의 유형화를 시도하였다. 오늘날 발생하는 使用者責任의 모든 경우가 이 규정에 包攝될 수 있는 것처럼 想定하면서 使用者責任의 요건이나 근거를 논한다는 것은 시각이 다른 견해간의 대립만을 가져올 뿐 타당한 결론을 얻을 수가 없다고 생각되기 때문이다.

이처럼 이 글은 두 가지 전제에서 출발하여 免責可能性의 봉쇄방법과 使用者責任에 대한 유형적 규율방법을 제시하였으나 前者는 迂回的인 方法들로서 부득이한 해결책일 뿐이다. 免責可能性의 배제를 위한 입법적인 조치가 요망된다. 그리고 後者 역시 법관에 의한 法律의 欠缺補充方法에 의존하는 것이어서 法的 安全性을 해칠 우려가 전혀 없는 것은 아니다. 그러나 이 역시 危險責任에 관한 어떤 일반조항의 설정과 같은 입법적인 조치가[70] 없는 한 손해의 공평타당한 조정을 위해 불가피한 해결방법이다.

* 損害賠償法의 諸問題(黃迪仁敎授華甲記念論文集 1990), 193면 이하 게재

69) Bauer, 위의 논문, 318면.

70) 이에 대한 가장 바람직한 방법으로는 민법에든 특별법으로든 危險責任에 관한 일반조항을 두고, 이 일반조항에 包攝될 危險源들을 당시의 과학기술의 발달정도에 따르는 사정을 고려하면서 대통령령으로 보충하거나 삭제해 나가는 방법을 생각할 수 있다.

損害의 개념

Ⅰ. 문제의 제기

민법상 債務不履行이나 不法行爲로 인한 손해배상청구권이 성립하기 위해서는 우선 債務不履行이나 不法行爲로 인하여 손해배상청구권자(채권자 또는 피해자)에게 損害가 발생하여야 한다. 損害의 발생은 이처럼 손해배상청구권 성립의 대전제이다. 즉, 손해배상청구권자는 일정한 가해사건으로 자기에게 損害가 발생하였음을 우선 증명하여야 한다. 그런데 여기서 損害의 발생여부가 확인되려면 무엇을 損害로 볼 것인가가 밝혀져야 한다. 이것이 확정되지 않으면 損害의 발생여부도 확인할 수 없고 손해배상의 범위도 확정될 수 없고 손해배상액의 산정도 불가능하게 된다. 여기에 損害槪念의 확정의 필요성이 있는 것이다.

손해의 개념에 대해서는 민법에 규정을 두는 입법례도 있으나[1] 우리 민법은 대부분

1) 오스트리아민법(ABGB) 제1293조에는 "손해라 함은 사람의 재산, 권리, 또는 인신에 가해진 모든 불이익을 말한다"고 규정하고 있다.

의 입법례와 마찬가지로 손해의 개념에 관한 규정을 두고 있지 않다. 따라서 손해의 개념의 확정은 학설과 판례에 맡겨져 있다고 볼 수 있다. 종래 우리나라에서는 損害의 개념에 대하여 일본의 전통적인 견해의 영향을 받아[2] 대체로 두 가지 입장이 있어 왔다. 그 하나가 差額說이라고 부르는 견해로서, 이 설은 損害를 「法益에 관하여 받은 불이익으로서 가해원인(채무불이행 또는 불법행위)이 없었다면 존재하였을 이익상태와 가해가 있는 현재의 이익상태와의 차이」로 파악한다.[3] 즉, 이 설은 가해원인이 없었다면 존재하였을 재산상태와 가해가 있는 현재의 재산상태의 차이를 損害로 보기 때문에 損害는 항상 계산상의 숫자로 나타나고 파악된다. 다른 견해는 具體的 損害說이라고 부르는 견해로서 이 설은 「法益에 대하여 입은 모든 불이익」을 損害로 파악한다.[4] 최근의 한 견해는 損害를 「권리의 주체가 재산, 신체, 생명, 건강, 명예, 신용, 장래의 발전, 수익능력 등 법률에 의하여 보호받는 이익의 침해로 인하여 입은 모든 불이익」으로 파악하고 있으나[5] 표현만 다를 뿐 후자에 유사한 견해라고 할 수 있다. 그런가 하면 최근에는 손해를 「피해자가 누리고 있던 보호법익에 대한 침해」로 파악하는 견해도 있고[6] 「人 또는 재산에 생긴 현재의 상태와 기대되는 상태를 비교하여 불이익이라고 생각되는 변화」로 파악하는 견해도 있다.[7]

그런데 損害槪念이 損害槪念으로서 타당하기 위해서는 여러 가지 모습으로 발생하는 損害를 포섭할 수 있는 개념이어야 할 것이다. 채무불이행이나 불법행위로 인한 損害는 재산적 損害의 모습으로 나타날 수도 있고 정신적 損害(정신적 고통 등)의 모습으로 나타날 수도 있다. 그리고 재산적 損害도 어떠한 물건의 훼손이나 신체의 부상 등과 같이 구체적인 법익에 대한 침해의 모습으로 나타날 수도 있고, 원하지 않는 의무의 부담, 기대되는 수익이나 소득의 상실 등과 같이 전체로서의 재산의 감소 또는 기대되는 재산증대의 방해 등의 모습으로 나타날 수도 있다. 여기서 구체적 법익에 대한 침해의 모습으로 발생하는 損害는 그것이 구체적·현실적으로 파악됨과 동시에 그것이 다시 금전상으로도 산정할 수 있는 반면, 전체로서의 재산의 감소 또는 기대되는 재산증대의 방해 등의 모습으로 발생하는 損害는 금전적으로만(계산상으로만) 파악된다.

---

2) 손해개념에 대한 일본의 전통적인 견해에 대해서는 注釋民法(10)(北川善太郎,) 469-471면 참조.
3) 郭潤直, 債權總論, 2003, 106면 이하; 金曾漢, 債權總論, 1988, 87면; 玄勝鍾, 債權總論, 1975, 155면 등 참조.
4) 金基善, 韓國債權法總論, 1975, 86면; 金容漢, 債權法總論, 1983, 192면 등 참조.
5) 梁三承, 「손해배상의 범위에 관한 기초적 연구」, 서울대학교 대학원 박사학위논문, 1988, 134면.
6) 李銀榮, 債權總論, 1999, 262면.
7) 金亨培, 債權總論, 1998, 239면.

그리고 어떠한 구체적인 법익에 대한 직접적인 침해의 모습으로 損害가 발생하면, 損害의 발생은 거기서 멈추는 것이 아니고 피해자에게 기대되는 이익이나 소득의 상실과 같은 재산상의 結果損害를 초래하기도 한다. 이처럼 損害가 다양한 모습으로 발생할 수 있다면, 損害의 개념 역시 이렇게 다양한 모습으로 발생하는 損害를 모두 포섭할 수 있어야 할 것이다.

그러면 위의 학설들이 주장하는 損害概念은 이와 같이 다양한 모습으로 발생하는 損害를 다 포섭할 수 있는가? 이에 대한 대답은 이들 학설의 내용을 면밀히 검토한 후에만 얻을 수 있지만, 우선 피상적으로 살피더라도 差額說의 損害概念에 있어서는 財産的 損害만을 파악할 수 있을 뿐 정신적 損害를 파악할 수는 없음을 알 수 있다. 그리고 財産的 損害를 파악하는데 있어서도 損害를 재산상태의 차이로 파악하는 것이 과연 타당한지는 의문이다. 예컨대 불법행위에 의하여 부상당한 피해자가 병원에서 치료비를 지불하고 치료를 받음이 없이 시간이 흘러 상처가 나았다면, 이 설에 의하면 재산상의 損害가 없는 것이 되는데 이러한 결과는 타당하다고 할 수 없다. 그리고 가해사건의 피해자가 재산상의 피해를 입게 되자 제3자가 동정으로 피해자에게 더 高價의 재산을 증여한 경우에도 가해자는 損害를 배상하여야 마땅한데, 差額說에 의하면 이 경우에도 損害가 없는 것으로 된다. 한편 具體的 損害說에 의하면 差額說과는 달리 재산적 損害뿐만 아니라 정신적 損害도 損害概念 속에 포섭할 수 있다. 그러나 이 설이 주장하는 손해개념도 손해의 발생원인을 한정하여 주지는 못하고 있다. 法益에 대하여 불이익을 입게 되는 원인은 자연적 사건이나 타인의 행위 또는 사회경제적 사정 등 여러 가지가 있을 수 있으나, 이 모든 경우의 불이익이 모두 법적으로 문제가 되는 것은 아니고, 일정한 원인에 의하여 발생한 불이익만이 법적으로 문제가 된다. 그렇다면 손해개념은 일정한 원인에 의하여 야기된 불이익만을 포섭할 수 있도록 정립되어야 할 것이다. 그리고 구체적 손해설에서 말하는「법익에 대하여 입은 모든 불이익」이란 것이 침해받은 신체나 물건 같은 특정법익에 대하여 발생한 불이익만을 의미하는지, 아니면 그러한 불이익으로 인하여 그 사람의 재산일반에 초래된 結果損害까지도 의미하는지가 분명치 않다.

이 논문은 이러한 점을 고려하여 損害概念에 대한 종래의 학설과 판례의 입장을 비판적으로 검토함으로써 여러 가지 모습으로 발생하는 損害를 모두 포섭하되 법적으로 배상가능한 손해만을 포섭할 수 있는 損害概念을 정립하려는 것이다.

II. 損害의 개념에 관한 종래의 이론

損害의 개념에 대한 위와 같은 종래의 학설(특히 차액설)은 주로 일본 민법학을 통하여 소개된 독일의 학설의 영향을 받은 것들이기 때문에 여기서도 우선 독일에 있어서의 損害概念에 대한 여러 입장부터 개관하기로 한다.

1. 독일의 학설

(1) 損害를 일반적 생활용어의 의미에 따라 파악하는 입장

損害를 파악함에 있어서 특별한 법적 가치평가를 함이 없이 일반적 생활용어의 의미에 따라 파악하는 입장으로서, 가해사건으로 인하여 법익 내지 생활이익에 대하여 받은 불이익을 손해로 이해하는 입장이다. 종래 이러한 입장에서 정립한 損害概念을 독일 민법학에서는 자연적 損害概念(Der natürliche Schadensbegriff)이라고 불러왔다. 이러한 입장에서는 損害를 「권리의 주체가 법익의 침해를 통하여 받는 손실」,[8] 「허용된 이득을 획득할 가능성을 포함하여 법익의 모든 파괴나 감소」,[9] 「우리의 법익(재산, 신체, 생명, 건강, 명예, 신용, 생계능력 등)에 대하여 입은 모든 불이익」[10] 등으로 파악한다든지[11] 또는 「일정한 사건의 결과 건강, 신체적 완전성, 직업적 생계, 소득의 전망, 특정한 재화 등의 생활이익에 대하여 입은 손실」로 파악한다.[12]

(2) 差額說(Differenztheorie)

이 설은 損害를 파악함에 있어서 어떠한 법적인 가치평가를 하지 않는다는 점에서는 위의 학설과 같지만, 損害를 단순히 특정한 법익에 발생한 불이익으로만 파악하지 않고, 피해자의 현재의 총재산상태와 가해사건이 없었을 경우의 가정적인 총재산상태의 차이로 파악하는 점에서는 위의 학설과 다르다.

---

8) H. A. Fischer, Schaden nach dem BGB, 1903, 1면.

9) Staudingers Kommentar zum BGB-Werner, Vorbem. 9 zu §§ 249-255.

10) Enneccerus-Lehmann, Recht der Schuldverhältnisse 15. Aufl., 1958, §14 vor I.

11) 이상의 견해들에 대한 소개에 대해서는 Lange, Schadensersatz, 1979, 18면 참조.

12) Larenz, Schuldrecht, Allgemeiner Teil, 14. Aufl., 1987, 426면.

差額說(Differenztheorie)은 독일보통법학에서 형성된 것이다. 그리고 독일보통법학에서 差額說이 형성되는데 가장 결정적인 역할을 한 것은 Friedrich Mommsen의 「利益論(Zur Lehre vom Interesse)」인데, 그는 損害에 대응하는 개념인 이익개념으로부터 출발한다. 즉, Mommsen은 1855년의 利益論에서 가해사건 이후에 존재하는 피해자의 재산상태와 가해사건이 없었더라면 그 시점에 있었을 재산상태의 가액의 차이를 이익(Interesse)으로 이해하였는데,[13] 이것이 바로 가해사건으로 인한 損害에 해당된다. 이처럼 Mommsen은 損害를 침해를 받은 개별적인 법익에서 파악하는 것이 아니고, 가해사건이 없었다면 존재하였을 가정적인 총재산상태와 현재의 총재산상태의 차이로 파악하였다.

이 설에 의하면 損害는 가정적 전재산의 가액으로부터 현재의 전재산의 가액을 공제함으로써 계산되므로, 개별적인 損害 항목을 알 수 없고 배상하여야 할 損害는 전재산 가액의 차이인 계산상의 숫자로만 나타나게 된다. 즉 원인사실에 의하여 야기된 피해자의 재산변동의 개개의 항목은 분리되지 않기 때문에, 어느 항목에 의한 損害인가는 알 수 없고 損害는 금액으로만 파악된다. 그리고 이익은 총재산가액의 차이를 말하므로, 損害는 오직 재산적 損害로만 파악된다. 재산에 영향을 미치지 않는 불이익은 損害가 아니다. 따라서 정신적 損害는 損害로서 파악되지 않는다. 그리고 이익의 크기는 손해배상의 범위를 결정하고, 손해배상의 범위는 발생한 損害와 손해배상의무를 발생시키는 사실 간의 인과관계에 의하여 결정된다. 손해배상은 이 이익, 즉 두 재산액의 차액을 배상하는 것이기 때문에, 손해배상의 목적은 입은 損害의 전보에 한정된다. 따라서 손해배상은 가해사건과 인과관계가 있는 損害額을 더도 덜도 말고 모두 배상하는 것을 의미한다. 이처럼 손해배상의 범위는 인과관계만에 의하여 결정되기 때문에 有責性의 정도는 손해배상의 범위 결정에 작용하지 않는다. 損益相計의 필요성도 이익의 개념으로부터 나온다. 損害가 피해자의 현재의 재산상태와 가해사건이 없었더라면 존재하였을 그의 재산상태의 차액이라면, 가해사건으로 인하여 피해자에게 어떠한 이득이 생긴 경우에는 그러한 이득을 공제한 액수에만 損害가 존재하는 것이기 때문이다.[14] 이러한 보통법학의 損害概念은

13) Mommsen, Zur Lehre vom Interesse, 1855, 3면. 독일민법학에서는 利益(Interesse)이라는 개념이 여러 가지 의미로 쓰이고 있다. 첫째, 이익이라는 개념은 여기서 보듯이 假定的 借額과 관련하여 사용되고, 따라서 재산상태의 비교를 통하여 나타나는 總財産損害를 의미하기도 한다. 둘째, 이익이라는 개념은 피침해법익의 객관적인 가치가 결정적이 아니고 그 법익이 배상청구권자에 대하여 가지고 있는 가치가 결정적이라는 것을 나타내기 위하여서도 사용된다. 셋째, 이익이라는 개념은 아직 피해를 입지 않은 채권자가 개별적인 재산적 법익에 대하여 품을 수 있는 법적으로 보호받는 기대를 나타내기도 한다(Lange, 위의 책, 19면).

14) Mertens, Der Begriff des Vermögensschadens im Bürgerlichen Recht, 1967, 20-21면 참조.

독일민법전에도 그대로 수용되었다. 즉, 독일민법 제249조에서는 손해배상의 의무를 부담하는 사람은 손해배상의무를 발생시키는 사정이 없었더라면 존재하였을 상태를 회복시키도록 규정함으로써 현재의 재산상태와 가정적 재산상태의 비교를 요구하고 있다. 그리고 이렇게 함으로써 독일민법의 손해배상 역시 가해사건과 인과관계가 있는 損害는 더도 덜도 말고 전부 배상하도록 하는 이른바 완전배상의 원칙을 취하고 있다. 이처럼 손해배상의 범위는 인과관계만에 의하여 결정되기 때문에 유책성의 정도는 손해배상의 범위 결정에 영향을 미치지 않는다. 다만 독일민법은 재산적 損害만을 損害로서 인정하는 것은 아니고, 제253조에서는 정신적 損害도 인정하는 점에서 보통법의 입장과 완전히 일치하는 것은 아니다.[15]

差額說처럼 損害를 전체재산상태의 차이로서 파악하게 되면, 어떤 구체적 재산적 법익에 발생한 損害에 뒤따르는 結果損害도 損害에 포함시킬 수 있고, 원하지 않은 어떤 의무를 부담함으로써 생기는 損害라든지, 일실이익의 상실로 인한 損害처럼 전체로서의 재산에 생기는 損害도 파악할 수 있게 된다는 점이 그 특징으로서 지적되기도 한다. 즉, 差額說은 피해자의 재산상태의 변동을 남김없이 파악하는 것을 가능하게 한다. 그러한 점에서 差額說에 의한 損害槪念은 완전배상원리의 기초가 되는 법기술로서는 그 적합성이 있다고 지적되기도 한다.[16]

(3) 독일민법학에서의 差額說에 대한 비판

이러한 差額說에 대해서는 종래 독일민법학에서도 다음과 같은 비판이 있어 왔다.[17]

1) 어떠한 개별적인 재산적 법익에 발생한 損害가 항상 총재산에 대하여 結果損害를 초래하는 것은 아니기 때문에, 항상 전체재산상태를 비교하여야 할 필요가 있는 것은 아니다. 예컨대 자동차 운행 중 남의 닭을 치어 죽게 하였다면 닭의 주인에게 닭값을 배

15) 독일민법 제249조가 가정적 재산상태와 현재의 재산상태의 비교를 요구하고 있는 점에서는 독일민법전의 입장이 몸센의 差額說의 입장과 같지만, 제249조가 반드시 전체재산상태의 비교를 요구하고 있지는 않다는 점에서는, 損害槪念에 대한 Mommsen의 입장과 독일민법전의 입장이 완전 동일한 것은 아니라는 지적도 있다. 즉, 재산상태의 비교는 전체재산을 비교할 수도 있고 침해된 개별적인 대상만을 비교할 수도 있는데 제249조는 이에 대해서는 언급하고 있지 않다는 것이다(Lange, 위의 책, 19면; Honsel, Herkunft und Kritik des Interessenbegriffs im Schadensersatzrecht, JuS, 1973, Heft 2, 70면; Larenz, 위의 책, 482면).

16) 注釋民法(10)(北川善太郎), 470-471면.

17) 差額說을 비판하는 독일문헌들의 소개에 대해서는 Larenz, 위의 책, 481면 註 3 참조.

상하면 되는 것이고 피해자의 전체재산상태를 비교할 필요는 없다.[18] 損害는 있어야 할 상태로부터 현재 상태로의 불리한 일탈로 파악할 수 있지만, 그렇다고 하여 개별적인 법익에 발생한 損害의 경우에도 오직 전체재산상태의 비교를 통해서만 損害가 확인될 수 있는 것은 아니다.[19]

2) 개별적 법익에 발생한 損害는 피해자의 전체재산에 대하여 結果損害를 초래할 수도 있으나, 損害의 인식이나 損害의 산정은 각 손해항목별로 개별적으로 행하여지는 것이고 총괄적으로 損害가 인식되거나 산정되는 것은 아니다. 總損害額의 산정도 개별적으로 산정된 損害項目을 합산함으로써 가능하게 된다.[20]

3) 일실이익이나 어떠한 의무의 부담으로 인하여 재산 일반에 발생한 일반적 損害의 확인을 위해서는, 差額說에서 요구하는 바의 총재산상태의 비교가 필요하다. 그러나 그러한 경우가 아니고 개별적인 법익에 먼저 損害가 발생하고 그것이 結果損害를 초래한 경우에는, 損害는 여전히 항목별로 구분하여 확인하여야 할 필요가 있는 것이다.[21]

4) 差額說에 의해서는 다음과 같은 경우들을 적절하게 해결할 수가 없다.[22]

첫째, 差額說의 損害概念은 가정적 인과관계의 문제를 적절하게 해결할 수가 없다. 즉, 현실적으로 발생한 損害 중에는 그 때 발생하지 않았다고 하더라도 얼마 후에 다른 사정에 의하여 동일한 損害가 발생할 수 있는 경우도 있다. 이러한 경우에 差額說에 의하면 현실적으로 損害를 가한 자는 그 책임을 면할 수 있게 된다. 따라서 예컨대 공산품 제조업자가 물건의 제조를 위해서 매입하여 가동시킨 기계에 결함이 내재하고 있었고, 이 결함 때문에 기계가 가동되자마자 폭발함으로써 그 기계와 다른 생산시설이 훼손되는 적극적 손해와 생산이 중단되는 소극적 손해(일실이익)가 발생하였으나, 그 후 얼마 되지 않아 그 공장에 화재가 발생하여 공장이 전소된 경우에는, 결함있는 그 기계의 매도인은 소극적 손해에 대한 책임뿐 아니라 적극적 손해에 대한 배상책임도 면하게 된다. 결함으로 인한 기계의 폭발이 없었다고 하더라도 화재로 인하여 동일한 손해가 발생할 것이어

---

18) Larenz, 위의 책, 481면. 同旨: Honsell, 위의 논문, 69면.

19) Honsell, 위의 논문, 71면.

20) Larenz, 위의 책, 481면.

21) Larenz, 위의 책, 482면; Deutsch, Haftungsrecht, I, 1976, 433면 이하.

22) Honsell, 위의 논문, 73면 이하 참조.

서, 현실의 재산상태와 가해사건이 없었다고 가정할 경우의 재산상태간에 차이가 없기 때문이다. 그러나 이러한 경우 나중에 발생한 화재가 이미 현실적으로 발생한 적극적 損害에 대한 책임까지를 면책시키는 것은 옳지 않다.[23]

둘째, 差額說에 의하면 손익상계의 필요성은 위에서 언급한 바와 같이 損害槪念, 즉 이익개념으로부터 바로 생긴다. 따라서 일정한 사고로 피해자가 損害를 입었으나 제3자에 의하여 일정한 사회급부나 보험급부가 행하여졌을 경우에 差額說에 의하면 피해자에게는 損害가 발생하지 않은 것이 된다. 그렇게 되면 피해자에게는 가해자에 대한 손해배상청구권이 없는 것이 되어 사회급부나 보험급부를 한 제3자는 가해자에 대하여 구상권을 행사할 수가 없게 된다. 그러나 이러한 경우의 제3자에 의한 사회급부나 보험급부는 사회보장적인 근거에서 행하여진다든지 또는 피해자가 가입한 사고보험을 근거로 하여 행하여지는 것이기 때문에, 피해자가 제3자로부터 損害를 전보받았다고 하여 가해자가 면책되어서는 안되는 것이다.

셋째, 差額說에 의하면 일실사용이익(Der entgangene Gebrauchsvorteil)은 損害로서 파악할 수가 없게 된다. 전체재산의 대차대조표(Vermögensbilanz)에는 물건의 가치(Sachwert)만 나타나고 일정기간동안의 사용이익은 나타나지 않기 때문이다.

(4) 損害의 개념을 規範的으로 파악하려는 입장

독일민법학에서는 差額說로서는 해결할 수 없는 위와 같은 경우들을 해결하기 위하여, 즉 差額說에 의해서는 損害를 인정할 수 없는 경우에 損害를 인정하기 위하여, 規範的 損害槪念이 주장되었는데, 이는 損害를 差額說에서와 같이 총재산가액의 비교에 의해서가 아니고 법적인 가치평가를 통하여 損害를 規範的으로 파악하려고 하는 것이다. 그래서 독일연방법원의 판례에서도 規範的 損害槪念이 사용되었다.[24] 즉, 독일연방법원

23) 이러한 경우 소극적 손해인 일실이익에 대해서는 가정적 인과관계가 고려되어야 한다는 데에 이론이 없다. 따라서 이 사례에서 피해자인 제조업자는 생산이 중단됨으로 인한 일실이익은 화재발생시까지의 기간에 대해서만 청구할 수 있고 화재발생 이후의 기간에 대해서는 청구하지 못한다(Honsell, 위의 논문, 73면 참조).

24) 독일연방법원의 판례들에 대해서는 Medicus, Normativer Schaden, JuS, 1979, 233면 이하 참조. 그런데 독일의 판례에서 사용된 規範的 損害槪念은 差額說의 損害槪念에 대립하는 의미에서만 사용된 것은 아니고 주체관련 損害(der subjektbezogene Schaden)에 대립하는 의미로, 즉 피해자의 개별적인 사정을 고려하지 않고 파악하는 損害의 의미로 사용되기도 하였다. 예컨대 제3자의 과실로 전차가 파손된 경우에, 그 전차를 피해회사의 공장에서 수리하였기 때문에 다른 공장에 수리를 맡기는 것보다 비용이 적게 들었다고 하더라도, 다른 공장에서 수리하는 경우에 소요되는 수리비용에 대한 손해배상을 인정할 때도 規範的 損害라는 용어를 사용하였다(BGHZ

은 직업이 없는 가정주부가 부상당한 경우에, 가사일을 대신 할 가사보조인을 고용하기 위하여 실제로 비용을 지출하였는가를 묻지 않고, 規範的 損害概念을 사용하여 부상으로 가사일을 못하게 된 것에 대한 손해배상청구를 인정하였다.[25] 그리고 연방법원은 자신의 물건(자동차)에 대한 사용가능성을 박탈당한 경우에도 規範的 損害概念을 사용하여 금전에 의한 손해배상청구를 인정하였다.[26] 또 제3자의 가해로 부상을 당한 근로자가 일정한 기간 근로를 제공할 수 없음에도 불구하고 사용자가 그 근로자에게 그 기간 동안 임금을 계속 지급한 경우에도, 법원은 規範的 損害概念을 사용하여 근로자의 손해배상청구권을 인정하고, 이 손해배상청구권이 사용자에게 이전되는 것을 인정하였다.[27] 한편 독일연방노동법원(BAG)도 회사의 간부가 고용계약을 파기함으로써 회사가 다른 종업원의 노동력을 계획하였던대로 사용하지 못하게 된 경우에도, 規範的 損害概念에 의하여 종업원의 노동력을 사용하지 못하게 된 것 자체를 損害로 인정하였다.[28]

(5) 規範的 損害概念에 대한 비판

위와 같은 規範的 損害概念에 대해서도 종래 독일민법학에서는 다음과 같은 비판이 있어 왔다.

1) 規範的 損害概念에 대한 이해가 일정치 않다.

規範的 損害概念은 위에서 본 바와 같이 假定的 差額(Differenzhyothese)으로부터 일탈을 나타내기 위하여, 즉 差額說의 損害概念에 대립하는 의미로서 사용하게 되었지만, 規範的 損害概念은 그러한 의미로만 사용되는 것은 아니고 학자에 따라서는 다음과 같은 의미로 사용되기도 하기 때문에 規範的 損害概念의 의미는 일정치 않다.

① 規範的 損害를 법적으로 배상가능한 損害의 의미로 파악하는 입장

Larenz는 規範的 損害를 법적으로 배상가능한 損害(der rechtlich ersatzfähige Schaden)

54, 82(85)면).

25) BGHZ 50, 304면 이하. 여기서 損害概念이 規範的이라 함은 대체인력을 고용하기 위하여 비용을 지출했는지 여부에 관계없이 손해배상청구권이 인정되기 때문이다. 그리고 이는 假定的 差額으로부터의 일탈을 의미한다.

26) NJW 1969, 1477면.

27) BGHZ 43, 378(381)면.

28) JZ 1971, 380면.

의 의미로 파악한다. 즉, 그는 자연적인 의미에서의 損害, 즉 일반적인 생활용어로서의 損害를, 일정한 사건으로 인하여 자기의 생활이익(Lebensgüter)에 입은 손실로 파악하면서, 이러한 損害 중에서 법적으로 배상책임을 물을 수 있는 損害를 規範的 損害로 파악한다.[29] 그러나 그는 이 법적으로 배상가능한 損害, 즉 規範的 損害에 대한 정의를 내리는 것은 포기하고 있다. Fikentscher 역시 規範的 損害를 법적으로 배상되는 損害의 의미로 파악한다. 즉, 그는 법적으로 배상되는 損害를 자연적인 不幸損害(natürliche Unglückschaden)와 구별하여 規範關聯損害(normrelevanter Schaden)로 부르고 있다.[30]

② 가해자 이외의 제3자에 의하여 재산상의 손실이 전보된 경우에도 가해자의 책임을 인정하기 위하여 規範的 損害를 인정하는 입장

Brox는 規範的 損害概念을 가지고 假定的 差額 전반을 배척하려는 것이 아니고, 피해자의 재산상의 손실이 가해자 이외의 자에 의하여 전보됨으로써, 假定的 差額에 의하면 피해자에게 損害가 존재하지 않지만 법적인 가치평가상 가해자를 면책시키지 않아야 하는 경우에 한하여 規範的 損害를 인정한다.[31]

2) 規範的 損害概念은 어떤 통일적인 개념이 되지 못한다.

規範的 損害概念은 이상에서 본 것처럼 이를 이해하거나 파악하는 입장도 다양할 뿐만 아니라, 또 판례에 나타난 規範的 損害概念 역시 差額說에 의한 損害概念을 배척하고 가치평가적 고려를 한다는 점에서는 일치하지만, 差額說에 대하여 가해지는 비판은 어떤 통일적인 損害概念으로부터 나온 것은 아니고, 해결을 요하는 개별적 문제들에 대한 가치평가적인 고찰로부터 나온 것에 불과하다.[32] 그리고 規範的 損害概念을 사용하여 극복하려는 상황들도 이질적인 것들이어서 어떤 공통적인 요소가 포함되어 있지 않다.[33]

---

29) Larenz가 말하는 「배상가능한 손해」란 법률에 규정된 손해배상의무의 요건이 충족되면 일반적으로 배상의무자에 의하여 배상되어야 하는 손해를 의미하지만, 법적으로 배상가능한 이러한 손해가 개별적인 경우에 실제로 배상되어야 하는 손해와 항상 동일한 것은 아니다. 법률에 규정된 바의 손해배상책임 요건이 충족된 손해는 원칙적으로 배상가능한 손해이지만, 그러한 손해의 발생에 피해자에게도 과실이 있다든지 또는 법률에 책임제한규정이 있다든지 하는 경우에는 실제로 배상할 손해는 배상가능한 손해보다 감소하게 된다(Larenz, 위의 책, 427면).

30) Fikentscher, Schuldrecht, 8. Aufl., 1992, 292면.

31) Brox, Allgemeines Schuldrecht, 11. Aufl., 1983, Rn. 320.

32) Münchener Kommentar-Grunsky, vor §249 Rn. 8.

33) Lange, 위의 책, 27면.

따라서 「規範的 損害」라는 용어만으로는 아무것도 말해주고 있지 못하다는 것이다.[34)]

2. 우리나라의 학설

損害槪念에 대하여 종래 우리나라에서는 差額說과 具體的 損害說이 대립되어 왔으나 최근에는 그 밖에 다른 견해도 주장되고 있다.

(1) 差額說

우리나라의 差額說은 損害를 「법익에 관하여 받은 불이익으로서 가해원인(채무불이행 또는 불법행위)이 없었다면 존재하였을 이익상태와 가해가 있는 현재의 이익상태와의 차이」로 파악함으로써[35)] 독일의 差額說의 입장을 수용하고 있다. 그런데 우리나라의 差額說은 損害를 파악함에 있어서 여기서 보듯이 「법익에 관하여 받은 불이익」이라는 점을 먼저 시인하는 것으로 보아 具體的 損害說의 손해개념을 전면적으로 부인하는 것은 아니다. 그러나 差額說은 具體的 損害說처럼 법익에 대하여 받은 불이익 자체를 손해로 파악하지 않고, 가해원인이 없었을 경우에 존재하였을 이익상태와 가해사건 이후의 이익상태의 차이를 손해로 파악하는 점에서, 손해를 확인하고 파악하는 방법에서 具體的 損害說과 다른 입장을 취하고 있는 것이다. 差額說에 의하면 손해는 항상 추상적인 숫자로 나타나게 된다.

(2) 具體的 損害說

이 설은 損害를 「어떠한 사실로 인하여 어떤 사람이 법익에 대하여 입은 불이익」 또는 「법익에 대하여 받은 모든 불이익」으로 파악한다.[36)] 따라서 이 설에 있어서는 差額說과는 달리 손해는 항상 구체적인 사실로서 나타나게 된다.

---

34) Esser/Schmidt, Schuldrecht Allgemeiner Teil, 6. Aufl., 1984, 480면.
35) 郭潤直, 위의 책 106면 이하; 金曾漢, 위의 책 87면; 玄勝鍾, 위의 책, 155면 등.
36) 金基善, 위의 책, 86면; 金容漢, 위의 책, 435면 등.

(3) 自然的·規範的 損害說

이 설은 損害라는 개념은 법이 이를 규정하기 이전부터 존재하는 개념으로서 「어떠한 침해행위에 의하여 받은 모든 불이익」을 의미하지만, 법률은 사회생활상 입은 모든 불이익을 損害로서 보호하는 것이 아니고, 법률이 보호할 필요가 있다고 인정하는 이익만을 보호하는 것이기 때문에, 損害의 개념은 필연적으로 規範的인 성격을 가지게 된다고 본다. 그리하여 損害를 「권리주체가 재산, 신체, 생명, 건강, 명예, 신용, 장래의 발전, 수익능력 등 법률에 의하여 보호받는 이익의 침해로 입은 불이익」으로 파악한다.[37] 이렇게 하여 이 학설은 이를 「自然的·規範的 損害概念」으로 파악한다. 그러고 보면 이 견해에 있어서 「規範的」이라는 수식어는 사회생활상 입은 모든 불이익이 아니라 법익, 즉 법에 의하여 보호받는 利益에 대하여 입은 불이익만이 損害로 인정될 수 있다는 것을 주장하기 위하여 사용된 것이라고 볼 수 있다.

(4) 그 밖의 견해

손해개념에 대해서는 위의 세 가지 견해 이외에도 이 글의 서두에서 이미 언급한 바와 같이 손해를 「피해자가 누리고 있던 보호법익에 대한 침해」로 파악하는 견해도 있고,[38] 「人 또는 재산에 생긴 현재의 상태와 기대되는 상태를 비교하여 불이익이라고 생각되는 변화」로 파악하는 견해도 있다.[39]

(5) 身體傷害時의 損害 파악에 있어서의 現實損害說과 死傷損害說

종래 신체상해로 인한 손해배상과 관련하여 우리 법원이 신체상해시의 손해를 파악하는 입장에는 일본의 학설과 판례의 영향을 받아 現實損害說과 死傷損害說의 두 가지 입장이 있어 왔다.[40]

---

37) 梁三承, 위의 논문, 133면 이하 참조.
38) 李銀榮, 위의 책, 262면.
39) 金亨培, 위의 책, 239면.
40) 일본에 있어서의 이 두 학설의 소개에 대해서는 岩村弘雄, 「人身損害における主要事實」, 現代損害賠償法講座 7, 1974, 30면 이하 참조.

1) 現實損害說

신체상해에 있어서의 損害를 파악함에 있어서 現實損害說은 위에서 본 差額說과 맥락을 같이하는 견해로서, 신체상해 자체는 損害로 보지 않으며 신체상해로 인하여 현실적으로 지급한 치료비 등의 지출금액과 상해로 인하여 얻지 못하게 된 개개의 일실수입을 損害로 본다. 이 설에 있어서는 신체상해로 인한 損害는 피해자의 재산상태에 생긴 불이익인 재산적 損害와 피해자의 정신상태에 생긴 고통인 정신적 損害로 대별되고, 재산적 損害는 다시 적극적 損害(금전의 지출이나 채무의 부담에 의하여 기존 재산이 감소됨으로 인한 불이익)와 소극적 損害(가해행위가 없었더라면 얻을 수 있었던 이익의 상실로 인한 불이익인 일실이익)로 구분된다. 이렇게 하여 이 설은 損害三分說, 그리고 訴訟物三分說을 취하게 된다.

그리고 이 설은 소극적 損害인 일실이익을 파악함에 있어서는 가해행위가 없었더라면 얻을 수 있었을 개개의 소득의 상실을 일실이익으로 본다(이른바 所得喪失說). 이 설은 이처럼 상해의 결과로 생긴 소득의 사실적 상실을 일실이익(소극적 損害)으로 보기 때문에, 상해전후의 소득의 차액을 산출하면 일실이익이 나오게 된다. 이 설에 의하면, 만약 상해로 인하여 신체기능이나 노동능력이 상실 내지 감소되었다 하더라도, 실질적으로 수입의 감소가 없으면 소득의 감소가 없기 때문에, 다음의 판례에서 보듯이 소극적 損害인 일실이익은 없는 것이 된다.

> "손해배상제도는 피해자에게 생긴 구체적인 현실의 손해를 전보하는 것을 목적으로 하는 것이므로 사고로 인한 부상으로 신체기능의 장애가 생겨 어느 정도의 노동능력의 감퇴가 있을지라도 피해자가 종사하는 직업의 성질로 보아 그 후유증의 정도가 그 직무를 수행함에 있어 뚜렷한 지장을 가져 올 정도에 이르지 아니할 정도로 비교적 경미하고 그와 같은 후유증의 정도만으로는 부상이 전에 비하여 급여면이라던가 승진, 승급 등의 면에서 특별한 불이익을 받지 아니하도록 관계법령에 의한 신분보장이 되어 있어 현재 또는 장래에 있어서의 수입의 감소로 인한 손해가 발생할 개연성이 없는 경우에는 특단의 사정이 없는 한 노동능력이 일부 상실을 이유로 하는 손해배상청구는 허용되지 아니한다."[41]

2) 死傷損害說(評價說)

이 설은 사망이나 상해 자체를 하나의 비재산적 損害로 파악한다. 치료비, 일실이익,

---

41) 大判 1988. 3. 22, 87다카1958. 同旨: 大判 1971. 12. 28, 71다2254; 大判 1981. 9. 22, 80다3256.

정신적 고통 등이 바로 손해로 되는 것이 아니고, 이들은 死傷이라고 하는 損害의 금전적 평가를 위한 자료로서만 취급된다. 그러한 의미에서 評價說이라고도 부른다. 이 설에 의하면 損害는 사망 또는 상해 그 자체이므로 損害는 하나이고 소송물도 1개로 되며, 要件事實도 사망이나 상해의 사실 자체이어서, 이것만 입증되면 배상액은 법원이 평가하게 된다. 損害의 금전적 평가를 위해서는 치료비, 일실이익, 위자료 등의 항목이 유용하게 된다. 이 설은, 人身사고에 있어서의 차액설에 의한 손해배상액의 산정방법은 극단적인 개별주의, 實費主義에 치우친 결과, 고소득자에게 유리하고 저소득자에게 불리하여 인간평등의 헌법정신에 반할 뿐만 아니라, 피해자측의 개별적 차이는 가해자측에서 보면 우연한 사정이어서 死傷에 의한 「통상의 손해」라고 할 수 없고 또 예견가능성도 없기 때문에 부당하다고 한다. 그래서 이 설은 이러한 우연적 요소와 개인차를 줄이기 위해 손해배상액을 類型化·定額化할 것을 주장한다.[42] 이 설은 일실이익의 파악에 있어서도 신체상해로 인하여 야기된 소득창출의 원천인 노동능력의 상실 자체를 일실이익으로 본다. 즉, 이 설은 신체상해의 결과 노동능력의 상실 내지 감소가 생기면 소득의 사실상의 감소여부를 불문하고 노동능력의 상실이나 감소에 대하여 금전적 평가를 하여 일실이익을 산정한다. 이를 위의 소득상실설에 대하여 勞動能力喪失說(稼動能力喪失說)이라고 한다. 다음의 판례는 이 설에 입각하고 있다고 볼 수 있다.

> "생명이나 신체에 대한 불법행위로 인하여 가동능력의 전부 또는 일부를 상실함으로써 일실하는 이익의 액은 그 피해자가 그로 인하여 상실하게 된 가동능력에 대한 총평가액이라고 할 것이므로, 불법행위 전후의 수입을 비교하여 사고후 수입이 감소된 부분을 수익상실로 산정함은 부당하다."[43]

3) 현재의 대법원 판례의 입장

위에서 본 現實損害說을 철저히 관철할 경우 가해행위가 있었더라도 사실상의 불이익이 없는 경우, 예컨대 상해를 입었으나 치료비를 지출하지 않고 집에서 치료한 경우에는 損害를 인정할 수 없게 된다. 일실이익의 산정에 있어서도 상해로 인하여 노동능력의 감소가 생겨도 종전의 보수를 그대로 받는 경우에는 재산상의 損害가 없는 것으로 된다.

---

42) 西原道雄, 「人身事故における損害賠償額の法理」, ジュリスト, 339号, 25면 이하.

43) 大判 1984. 10. 23, 84다카325. 대법원이 이러한 입장을 취하기 시작한 것은 大判 1979. 2. 13, 78다1491(全員合議體判決) 이후이다. 大判 1982. 2. 23, 81다598; 大判 1987. 12. 8, 87다카1799; 大判 1989. 1. 17, 88다카122 등 참조.

또 미성년자, 노인, 가정주부, 무직자 등의 경우에는 차액을 산출할 수 있는 종전소득이나 향후 소득이 없으므로 차액산정이 불가능하게 되어 일실이익을 인정할 수 없게 된다. 한편 死傷損害說 내지 勞動能力喪失說에 의하면, 손해를 死傷 그 자체로 보기 때문에 손해의 발생시기가 명확하게 되고, 損害額의 산정을 법원의 판단에 맡기기 때문에 손해액산정에 있어서 定額的 처리가 가능하고, 미성년자, 노인, 가정주부, 무직자 등에 대해서도 일실이익을 인정할 수 있게 된다.

그런데 현재의 대법원 판례의 입장은 신체상해시의 손해를 파악함에 있어서 現實損害說과 死傷損害說의 어느 한 입장을 철저히 관철하지는 않고, 구체적인 증거와 사실을 기초로 하여 어느 방법이든 합리적이고 객관성 있는 기대수익을 산정할 수 있는 방법을 취하면 족하다는 입장을 취하고 있다. 즉, 판례는 원칙적으로 現實損害說에 입각하여 損害를 3분하여 각 항목에 따른 損害額을 합산하여 總損害額을 산정하면서도, 이 설의 입장을 철저히 관철하는 경우에 생기는 위와 같은 부당한 결과를 피하기 위하여, 실제로 아무 소득이 없는 미성년자나 가정주부나 무직자가 신체상해를 입은 경우에도, 다음의 판례에서 보듯이 일실이익을 인정하고 있다.

> "사고 당시 도시지역에 거주하는 무직자, 취업 전의 미성년자나 학생, 가정주부, 영세수입의 일용근로자 등에 대하여는 적어도 정부노임단가 중의 보통인부가 얻을 수 있는 정도의 수입은 얻을 수 있다고 추정하여 이를 기준으로 일실수입을 계산하여 온 것은 법원의 실무상 오래된 관행이라 할 것이다."[44]

그리고 사고로 인한 부상 및 후유증으로 노동능력의 일부가 상실된 경우에는, 비록 피해자가 부상 후에 종전과 같은 직장에서 종전과 같은 보수를 그대로 받고 있다고 하더라도 재산상의 손해를 인정하고 있다.

> "타인의 불법행위로 인하여 상해를 입은 피해자에게 신체장애가 생긴 경우에 그 피해자는 그 신체장애 정도에 상응하는 가동능력을 상실했다고 봄이 경험칙에 합치되고, 피해자가 종전과 같은 직종에 종사하면서 종전과 다름없는 수입을 얻고 있다고 하더라도 당해 직장이 피해자의 잔존 가동능력의 정상적 한계에 알맞은 것이었다는 사정까지 나타나지 않는 한, 피해자의 신체훼손에도 불구하고 바로 피해자가 재산상 아무런 손해를 입지 않았다고 단정할 수는 없다."[45]

---

44) 大判 1991. 6. 25, 91다9602; 大判 1991. 8. 13, 91다8890.

45) 大判 2002. 9. 4, 2001다80778. 同旨: 大判 1996. 4. 26, 96다1078; 大判 1996. 1. 26, 95다

또 판례는 사고로 인한 부상과 그 후유장애로 개호가 필요하여 부모나 배우자 등의 개호를 받았으나 실제로 개호비를 지급하지 않은 경우에도, 개호비 상당액의 손해를 인정하고 있다.

"피해자가 사고로 입은 부상과 그 후유장애로 말미암아 개호가 필요하게 되어 부모나 배우자 등 근친자의 개호를 받은 경우에는 실제로 개호비를 지급하지 않았고 또 그 지급청구를 받고 있지 않다 하더라도 피해자는 그 개호비 상당액의 손해를 입은 것이라고 하여서 가해자에 대하여 그 배상청구를 할 수 있다."[46)]

한편 일실이익 산정에 있어서도 현재의 대법원 판례는 所得喪失說과 勞動能力喪失說의 어느 한 입장을 고집하지는 않으나, 사고 후의 소득에 대한 입증이 부족하여 사고 전후의 소득의 차액을 확정하기가 곤란한 경우에는 다음의 판례에서 보듯이 勞動能力喪失說에 입각하여 일실이익을 산정하고 있다.

"타인의 불법행위로 인하여 상해를 입고 노동능력의 일부를 상실한 경우에 피해자가 입은 일실이익의 산정방법에 대하여서는 일실이익의 본질을 불법행위가 없었더라면 피해자가 얻을 수 있는 소득의 상실로 보아 불법행위 당시의 소득과 불법행위 후의 향후 소득과의 차액을 산출하는 방법(소득상실설 또는 차액설)과 일실이익의 본질을 소득창출의 근거가 되는 노동능력의 상실 자체로 보고 상실된 노동능력의 가치를 사고 당시의 소득이나 추정소득에 의하여 평가하는 방법(가동능력상실설 또는 평가설)의 대립이 있는데, 당해 사건에 현출된 구체적 사정을 기초로 하여 합리적이고 객관성 있는 기대수익액을 산정할 수 있으면 족한 것이고 반드시 어느 하나의 산정방법만을 정당한 것이라고 고집해서는 안된다고 할 것이지만 사고 전후에 있어서의 현실적인 소득의 차액이 변론과정에서 밝혀지지 않고 있는 경우에는 앞에서 본 차액설의 방법에 의하여 일실이익을 산정하는 것은 불가능하고 평가설의 방법에 의하여 산정하는 것이 합리적이고 정의와 형평에도 합당하다."[47)]

41291; 大判 1995. 12. 22, 95다31539; 大判 1992. 9. 25, 91다45929; 大判 1991. 7. 23, 90다10803; 大判 1991. 2. 12, 90다13291; 大判 1991. 3. 12, 90다13277; 大判 1990. 11. 23, 90다카21022.

46) 大判 1987. 2. 24, 86다카2366. 同旨: 大判 1991. 5. 14, 91다8081; 大判 1988. 1. 19, 86다카2626; 大判 1987. 12. 8, 87다카1332; 大判 1982. 4. 13, 81다카737.

47) 大判 1990. 11. 23, 90다카21022. 이러한 입장은 大判 1986. 3. 25, 85다카538 이래 나타나고 있다. 大判 1987. 3. 10, 86다카 331; 大判 1988. 3. 22, 87다카1580; 大判 1990. 2. 27, 88다카11220; 大判 1992. 12. 22, 92다19088 등 참조.

Ⅲ. 우리나라의 학설에 대한 비판적 검토

1. 差額說에 대한 검토

差額說에 대해서는 위에서 본 바와 같이 이미 독일민법학에서 여러 가지 비판이 있어 왔지만 이 학설에 대해서는 그밖에도 다음과 같은 비판이 가능하다.

첫째, 差額說은 損害의 개념에서 손해배상의 범위까지를 결정하려고 한다. 즉, 差額說은 가해사건과 인과관계가 있는 손해는 더도 덜도 말고 다 배상하려고 하고, 그러한 모든 손해를 損害槪念 속에서 파악하려고 한다. 그러나 가해사건과 인과관계가 있는 손해라고 하여 이를 모두 가해사건의 야기자가 배상하는 것이 아니고, 손해배상의 범위는 한정되게 된다. 이는 제한배상주의를 취하고 있는 우리 민법(제393조)에서만 그러한 것이 아니고, 완전배상주의를 취하는 독일에서도 마찬가지이다.[48] 따라서 損害의 파악과 손해배상의 범위의 확정은 별개의 문제이다.

둘째, 差額說에 의하면 손해는 항상 재산적 손해만을 의미하고 비재산적 손해, 즉 정신적 손해는 포함할 수 없게 된다. 정신적 고통과 같은 정신적 損害는 差額說에 있어서처럼 재산가액의 차에 의한 숫자로 나타낼 수는 없기 때문이다.

셋째, 差額說은 損害가 무엇이냐 하는 것과 손해를 어떻게 산정하는가 하는 문제를 損害의 개념 속에서 동시에 해결하려고 한다. 그러나 손해를 금전으로 산정하는 것을 損害額이라 할 수 있다면, 금전적 산정의 대상이 되는 어떠한 불이익 자체를 손해로 보아야 할 것이다. 즉, 손해의 파악과 손해액의 산정은 구별되어야 하는 것이다. 원래 손해배상액의 산정은 첫째, 損害槪念의 확정, 둘째, 배상되어야 할 損害의 범위 확정, 셋째, 배상하여야 할 범위가 확정된 손해에 대한 금전적 평가, 넷째, 損益相計나 過失相計와 같은 피해자측의 사정 고려의 4단계를 거쳐 행하여진다. 그럼에도 불구하고 差額說은 이러한 과정과 단계를 인식함이 없이 손해의 개념으로부터 바로 배상하여야 할 손해의 범위 및 손해배상액까지를 산출하려고 하는 잘못을 범하고 있는 것이다.[49]

---

48) Honsell, 위의 논문, 72면. 독일민법 제249조에는 완전배상의 원칙이 규정되어 있으나 그 동안 독일의 학설과 판례가 상당인과관계설, 규범목적설, 위험범위설 등의 이론에 의하여 손해배상책임의 범위를 제한함으로써 이 원칙은 사실상 많이 완화되었다고 볼 수 있다. 이러한 일련의 과정에 대해서는 von Caemmerer, Das Problem des Kausalzusammenhangs im Privatrecht, Gesammelte Schriften, Bd. I, 1968, 400면 이하 참조.

49) 梁三承, 위의 논문, 128면 참조.

넷째, 差額說을 취하게 되면 신체상해인 경우에는 위에서 보았듯이 불합리한 결과가 초래된다. 즉, 가해행위가 있었더라도 사실상의 불이익이 없는 경우, 예컨대 상해를 입었으나 치료비를 지출하지 않고 집에서 치료한 경우에는 손해를 인정할 수 없게 된다. 일실이익의 산정에 있어서도 상해로 인하여 노동능력의 감소가 생겨도 종전의 보수를 그대로 받는 경우에는 재산상의 손해가 없는 것으로 된다. 또 미성년자, 노인, 가정주부, 무직자 등의 경우에는 일실이익을 인정할 수 없게 된다.

2. 具體的 損害說 검토

具體的 損害說은 법익에 대하여 입은 불이익을 損害로 본다. 이 학설이 사회생활상 입은 모든 불이익을 損害로 파악하지 않고 「법익」, 즉 법적으로 보호할만한 가치가 있는 이익에 대하여 입은 불이익만을 損害로 파악하는 것은 타당하다. 손해배상에서는 그러한 損害만이 문제되기 때문이다. 그런데 법익에 대하여 입은 불이익으로서의 損害는 자연적인 원인에 의해서 발생할 수도 있으나 이러한 손해는 손해배상에서 문제되는 損害가 아니다. 따라서 법익에 대하여 입은 불이익이라고 하더라도 일정한 원인에 의하여 발생한 불이익에 한하여, 즉 불법행위나 채무불이행으로 인하여 발생한 불이익에 한하여, 이를 損害로 파악하여야 할 것이다.

그리고 具體的 損害說에서 말하는 불이익이 어떠한 법익에 대하여 입은 불이익을 의미하는지가 분명치가 않다. 만약 「법익에 입은 불이익」이란 것이 어떤 특정 법익에 대하여 직접적으로 입은 불이익만을 의미한다면, 이러한 불이익의 발생과 결부되어 피해자의 재산 일반 내지 총재산에 초래될 수도 있는 結果損害는 손해파악에서 제외될 우려가 있다. 예컨대 어떤 물건에 대하여 입은 불이익의 경우에도, 물건 자체의 훼손과 같은 직접적인 損害만 발생하는 것이 아니라, 轉賣利益의 상실과 같은 재산상의 結果損害도 초래할 수 있는 것이다. 그리고 인체와 같은 인격적 법익에 대하여 입은 불이익에 있어서도 부상과 같은 직접적인 損害외에 치료기간 중의 노동불능으로 인한 일실이익의 상실, 노동력의 일부 상실로 인한 향후의 일실이익 등의 結果損害도 발생할 수 있다. 이처럼 법익에 대한 불이익으로서의 損害는 연속적으로 발생할 수 있는 것이다. 그렇다면 損害概念은 이러한 損害들을 모두 파악할 수 있도록 정립되어야 한다. 이상과 같은 몇 가지 점에서 具體的 損害說이 파악하는 손해개념은 미흡하다고 아니할 수 없다.

3. 自然的·規範的 損害說 검토

이 설은 損害를 「권리주체가 재산, 신체, 생명, 건강, 명예, 신용, 장래의 발전, 수익능력 등 법률에 의하여 보호받는 이익의 침해로 입은 불이익」으로 파악한다. 그러나 이 학설에서 말하는 「법률에 의하여 보호받는 이익」이란 것이 결국 「법익」을 의미한다면, 이 학설은 종래의 具體的 損害說과 큰 차이가 없게 되고, 결국 具體的 損害說에 대하여 가할 수 있는 비판은 이 설에 대해서도 마찬가지로 가능하게 될 것이다.

Ⅳ. 損害概念의 정립

1. 損害概念의 정립을 위한 선결문제

損害概念을 정립하기 위해서는 다음과 같은 몇 가지 선결문제를 먼저 검토하여야 할 것이다.

(1) 損害의 개념 파악과 損害額의 산정은 구별하여야 한다.

差額說은 위에서 본 바와 같이 損害가 무엇이냐 하는 것과 損害를 어떻게 산정하는가 하는 문제를 損害의 개념 속에서 동시에 해결하려고 한다. 그러나 損害를 금전으로 산정하는 것을 損害額이라 할 수 있다면, 금전적 산정의 대상이 되는 일정한 불이익 자체를 損害로 보아야 할 것이다. 즉, 損害의 파악과 損害의 산정은 구별되어야 하는 것이다.

(2) 損害의 개념은 自然的 損害概念을 기초로 하지만 법적인 가치판단의 도움이 없이는 확정될 수 없다.

損害概念은 自然的 損害概念을 기초로 한다. 여기서 자연적인 損害概念이란 어떤 법적인 가치평가 없이, 즉 자연적인 인식과 관념에 따라 파악된 損害概念이다. 즉, 일반적인 생활용어로서의 損害를 말하는 것이다. 이러한 의미의 손해는 일정한 사건으로 인하여 자기의 생활이익(Lebensgüter)에 입은 손실을 말한다. 이 경우에 생활이익은 건강, 신체의 완전성, 특정의 재화, 소득의 전망 등 여러 가지일 수 있다. 손해를 입었다는 것은 피해자의 이러한 생활이익에 그가 의욕하지 않은 손실이 발생하였다는 것을 의미한다. 그리고 그것은 그러한 생활이익에 대한 이롭지 않은 변화를 의미하므로, 損害는 두 가지 상태의 비교, 즉 불이익한 변화를 가져온 사건이 없었더라면 현재 존재하였을 상태와 현재의 상태간의 비교를 통하여 나타난다.[50] 그러나 이러한 자연적인 損害槪念에 있어서는 손해를 야기한 사건이 어떠한 것인가 하는 것은 아직 결정되어 있지 않다. 즉, 이러한 의미의 손해를 야기시키는 사건은 자연적인 사건일 수도 있고, 타인의 행위일 수도 있고, 피해자 자신의 행위일 수도 있고, 화폐가치의 하락이나 수출금지 같은 사회적 사건일 수도 있는데, 자연적 손해개념은 이 모든 사건으로 발생한 손해를 다 포섭한다. 그런데 이러한 자연적 의미의 손해 모두가 법적으로 문제가 되는 것은 아니다. 법적으로 문제가 되는 손해는 법적으로 배상가능한 손해, 즉 타인에게 배상책임을 부담시킬 수 손해에 한한다. 여기서 법적으로 배상가능한 손해이기 위해서는 일정한 원인, 즉, 타인의 채무불이행이나 불법행위로 인하여 발생한 손해이어야 하고, 또 법적으로 보호받을만한 가치가 있는 이익, 즉 法益에 발생한 손해이어야 한다. 그런데 어떠한 생활이익을 法益으로 볼 것인가 하는 것은, 자연적 손해개념에 의하여 바로 정해지는 것이 아니고 법적인 가치판단에 의해서만 결정된다. 예컨대 피해자가 사고 당시 법률이 금지하고 있는 행위에 의하여 수익을 얻고 있었을 경우 그러한 수익은 불법행위로 인한 일실수익의 기초로 삼을 수가 없다.[51] 그리고 法益狀態의 변화라고 하여 항상 이를 손해로 볼 수 있는 것도 아니다. 즉, 원치 않은 자녀의 임신의 경우와 같은 일정한 법익상태의 변화를 과연 손해로 볼 수 있는가 하는 판단도, 항상 자연적인 손해개념으로부터 논리적으로 도출될 수 있는 것은 아니고, 법적인 가치판단에 의해서만 내릴 수 있는 것이다.[52] 그러고 보면 법적으로

50) Larenz, 위의 책, 427면.

51) 사립고등학교 교사로 근무하고 있던 피해자가 사망 당시 유흥업소의 밴드원으로 전속출연하여 급료를 받고 있었던 경우에, 판례는 사립학교 교원은 사립학교법과 국가공무원법상 영리를 목적으로 하는 업무에 종사할 수 없기 때문에, 그가 받던 급료는 위법소득에 해당하여 불법행위로 인한 일실수익의 기초로 삼을 수 없다고 하였다(大判 1992. 10. 27, 92다34582. 同旨: 大判 1995. 6. 29, 95다10471; 大判 1980. 12. 9, 80다1892). 매춘부의 매춘행위로 인한 수익에 대해서도 마찬가지 입장을 취하고 있다(大判 1966. 10. 18, 66다1635).

52) Lange, 위의 책, 28면. 이와 관련하여 한 부부가 제왕절개수술을 하여 둘째 아이를 분만할 당시에 병원측에 불임수술까지 의뢰하였으나, 병원측의 실수로 불임수술계약이 이행되지 않아서 원치 않은 세 번째 아이를 임신하여 출산하게 되자, 병원을 상대로 분만비, 양육비, 교육비, 위자료 등을 청구한 사건에서, 서울고등법원은 분만비 및 위자료 청구만을 인용하고, 양육비·교육비에 대해서는, 생명권 존중의 헌법정신과 민법이 친권자에게 미성년의 자녀에 대한 부양의무를 인정하고 있는 점 등에 비추어, 이를 손해로 볼 수 없다는 이유로 그 청구를 인용하지 않았다(서울高判 1996. 10. 17, 96나10449).

문제가 되는 손해는 자연적 손해개념에 의하여 바로 확인되는 것이 아니고, 자연적 손해개념을 기초로 하면서도 거기에 법적인 가치판단이 확인되는 것이다.

(3) 損害槪念은 여러 가지 모습으로 발생하는 損害를 모두 포섭할 수 있는 개념이어야 할 것이다.

채무불이행이나 불법행위로 인한 손해는 재산적 손해의 모습으로 나타날 수도 있고, 정신적 손해(정신적 고통 등)의 모습으로도 나타날 수 있다. 그리고 재산적 손해도 어떠한 물건의 훼손이나 신체의 부상 등과 같이 구체적인 법익에 대한 침해의 모습으로 나타날 수도 있고, 원하지 않는 의무의 부담, 기대되는 수익이나 소득의 상실 등과 같이 전체로서의 재산의 감소 또는 기대되는 재산증대의 방해 등의 모습으로 나타날 수도 있다. 여기서 구체적 법익에 대한 침해의 모습으로 발생하는 손해는, 그것 자체가 구체적·현실적인 손해로 파악됨과 동시에 그것이 다시 금액으로 산정할 수 있는 반면, 전체로서의 재산의 감소 또는 기대되는 재산증대의 방해 등의 모습으로 발생하는 손해는 처음부터 금전적으로만, 즉 계산상으로만 파악된다. 그리고 어떠한 구체적인 법익에 대한 직접적인 침해의 모습으로 손해가 발생하면, 손해의 발생은 거기서 멈추는 것이 아니고 피해자에게 기대되는 이익이나 소득의 상실과 같은 재산상의 結果損害를 초래하기도 한다. 그런가 하면 교통사고로 다리를 다쳐 불구가 된 피해자가 몇 년 후 정상인이었다면 피할 수 있는 사고를 피하지 못하여 다시 피해를 입는 경우처럼, 하나의 손해는 다시 後續事件損害를 초래하기도 한다. 이처럼 손해가 다양한 모습으로 발생할 수 있다면 損害의 개념 역시 이렇게 다양한 모습으로 발생하는 손해를 모두 포섭할 수 있어야 할 것이다.

(4) 損害의 개념 확정과 손해배상의 범위의 확정은 상이한 문제이다.

가해사건과 인과관계가 있는 손해라고 하여 이를 가해사건의 야기자가 다 배상하는 것은 아니다. 특히 우리민법은 원칙적으로 通常損害만을 배상하고, 특별한 사정으로 인한 損害는 특별한 사정에 대한 가해자의 인식가능성이 있는 경우에만 배상하도록 하는 제한배상주의를 취하고 있다(제393조). 따라서 법적으로 배상가능한 損害의 개념이 정하여진다고 하더라도, 그 손해를 다 배상하는 것이 아니고 일정한 범위에서만 배상하게 된다. 여기서 배상할 손해의 범위를 확정하는 문제가 손해배상의 범위의 문제이다. 따라서 손해의 개념 속에서 손해배상의 범위의 문제까지를 정할 필요가 없다. 종래의 差額說은 損

害의 개념을 가지고 가해자가 배상할 손해의 범위까지를 정하려고 하였다. 그러나 그것은 완전배상주의하에서나 가능한 시도이고, 제한배상주의하에서는 적합하지 않은 시도인 것이다.

2. 損害의 개념 정립

이상의 여러 가지 점을 고려하면 損害는 「채무불이행이나 불법행위로 인하여 人 또는 財産 등의 法益에 생긴 종래의 상태 또는 기대되는 상태와 비교하여 불이익이라고 생각되는 변화」라고 정의할 수 있을 것이다.[53] 여기서 어떠한 생활이익을 법익, 즉 법적으로 보호할만한 가치가 있는 이익으로 볼 것인가 하는 것은, 자연적으로 정해지는 것이 아니고 이를 위해서는 법적인 가치평가가 필요하게 된다. 그리고 어떠한 법익상태의 변화를 불이익으로 볼 것인가 하는 것 역시 위에서 보았듯이 법적인 가치평가 없이 자명하게 그 답이 주어지는 것은 아니다.

그리고 불이익이라고 생각되는 변화로서의 損害는, 가해사건 발생 후의 사실적인 법익상태와 가해사건이 없었으면 있었을 가정적인 법익상태를 비교함으로써만 확인된다. 여기서 가정적인 법익상태란 가해사건이 있기 전의 법익상태만을 말하는 것이 아니고 가해사건이 없었다면 그 후에 기대되는 상태까지를 말한다. 그리고 이러한 불이익 중 어느 범위까지를 가해사건을 야기한 자의 책임으로 귀속시킬 것인가 하는 것이 손해배상의 범위의 문제가 될 것이다. 그리고 그러한 범위에 해당하는 損害를 금전으로 산정하면 損害額이 산출될 것이다. 그러나 이렇게 하여 산정된 損害額이 바로 損害賠償額이 되는 것은 아니고 여기에 損益相計, 過失相計 등 피해자 측의 사정을 고려하여야 최종적인 손해배상액이 산정된다.

---

53) 종래 일본의 四宮和夫(事務管理·不當利得·不法行爲(中) 1983, 434면)는 손해를 「人 또는 재산에 생긴 현재의 상태와 기대되는 상태를 비교하여 불이익이라고 생각되는 변화」로 파악하고 있고, 위에서 소개한 우리나라의 金亨培 교수의 견해도 이와 동일하다. 필자 역시 같은 입장을 취하고 있었으나(徐光民, 不法行爲의 歸責構造 硏究, 1988, 117면 참조), 이러한 정의만으로는 「불이익이라고 생각되는 변화」가 발생한 원인과 그러한 변화가 발생한 대상이 불분명하다고 판단되어 이 논문에서는 이 두가지 점을 보완하여 본문과 같이 손해의 개념을 새로 정립하였다.

V. 맺는 말

이상에서 損害의 개념에 대한 差額說 등 종래의 이론의 문제점을 검토한 후 損害의 개념을 정립하여 보았다. 요컨대 종래의 지배적인 학설인 差額說은 완전배상주의를 취하는 독일민법학에서조차도 많은 문제점이 지적되는 학설로서 제한배상주의를 취하고 있는 우리 민법 하에서는 처음부터 적합하지 않은 이론이다. 게다가 差額說은 정신적 損害는 損害로서 포섭하지 못할 뿐만 아니라, 損害의 개념 속에서 損害額의 산정까지를 해결하려고 함으로써 손해배상액의 산출과정과 단계를 무시하고 있다. 損害概念은 정신적 손해까지를 포섭할 수 있어야 하고, 또 損害概念의 확정은 손해배상의 범위나 損害額의 산정 이전에 필요한 작업이다. 그러한 점을 직시하여 이 논문에서는 손해배상의 범위의 확정의 대상이 되고 또 금전적 산정의 대상이 되는「법익에 생긴 불이익이라고 생각되는 변화」자체를 損害로 파악하였다. 그런데 이러한 변화로서의 손해는 자연적 사건에 의해서도 발생할 수 있기 때문에 손해의 발생원인을 손해의 개념속에 포함시켰다. 그리고 손해는 여러 가지 모습으로 발생할 수 있기 때문에 여러 가지 모습으로 발생하는 손해를 모두 포섭할 수 있도록 손해의 개념을 정립하였다. 다만 이 논문에서 정립한 위와 같은 손해개념에 의한다고 하더라도 구체적으로 人 또는 財産 등의 法益에 발생한 일정한 변화가 손해에 해당하는가 아닌가에 대한 대답이 저절로 주어지는 것은 아니다. 이러한 물음에 대한 대답을 위해서는 법적 가치판단의 도움이 필요하다. 구체적인 경우에 특정 생활이익이 법익에 해당하는가 하는 문제나, 또는 법익에 대한 일정한 변화를 손해로 볼 수 있는가 하는 문제 자체가, 법적인 가치판단 없이 항상 저절로 해결되는 것은 아니기 때문이다. 따라서 이 논문에서 정립한 손해개념도 법적 가치판단의 도움을 필요로 하는 개념이고, 법적 가치판단의 도움없이 항상 독자적으로 손해여부를 확인할 수 있는 손해개념은 아니다.

* 서강법학연구 제6권(2004. 5), 123면 이하 게재

不法行爲와 責任歸屬

I. 損害發生의 모습 및 과정과 그 責任歸屬

不法行爲에 있어서는 가해행위로 발생된 손해의 塡補를 어떠한 근거와 기준에 의하여 피해자 이외의 자의 책임으로 귀속시킬 것인가 하는 것이 문제로 된다. 이와 관련하여 민법 제750조는 "故意 또는 過失로 인한 違法行爲로 他人에게 損害를 加한 者는 그 損害를 賠償할 責任이 있다"고 함으로써 不法行爲로 인한 손해배상책임의 성립요건에 대하여 규정하고 있다. 그리고 손해배상의 범위에 관해서는 민법 제763조에 의하여 제393조의 규정이 준용되고 있다. 그런데 不法行爲로 인한 손해, 즉 「人 또는 財産에 생긴 종래의 상태 또는 기대되는 상태와 비교하여 不利益이라고 생각되는 변화」[1]로서의 손해는 일시에 발생하여 그것으로 멈추기보다는 손해의 발생을 야기하는 시발점이 되는 사건, 즉 가해사건을 계기로 연속하여 발생하는 것이 더 일반적이라 할 수 있다. 여기서 가해사건은 피해자의 일반적 재산 자체의 감소나 재산증가 방해의 형태로 발생할 수도 있지

1) 여기서는 종래의 差額說이 취하는 손해개념을 취하지 않고 이와 같은 손해개념을 취한다. 差額說이 취하는 손해개념을 가지고는 하나의 손해발생사건을 계기로 여러 가지 형태와 단계로 발생하는 손해를 통일적으로 파악할 수가 없을 뿐만 아니라 손해의 개념과 손해액의 산정을 구별할 수가 없기 때문이다.

만[2] 가장 일반적으로는 개별적 권리나 法益에 대한 직접적 또는 간접적 침해의 모습으로 발생한다.[3] 그리고 이러한 가해사건으로부터 발생하는 손해에는 신체의 부상이나 물건의 훼손과 같이 침해된 법익 자체에 발생하는 손해, 즉 「直接損害」가 있는가 하면,[4] 轉賣利益의 상실이나 장례비용, 변호사비용 등과 같이 직접적인 손해의 발생과 결부되어 피해자의 재산 일반 내지 총재산에 파급되는 손해, 즉 「結果損害」도 있다. 그런가 하면 이러한 가해사건은 또 다른 손해발생사건을 초래할 수도 있다. 예를 들면 과속으로 자동차를 운전하다가 보행자를 치는 교통사고를 낸 경우, 이 사고는 부상이라는 직접손해나 변호사비용과 같은 결과손해만을 발생시키는 것이 아니고, 경우에 따라서는 피해자가 병원으로 실려 가던 중 다시 교통사고를 당한다든지 입원한 병원에서 의사의 과실이나 유행성 독감으로 인하여 사망한다든지 하는 제2의 손해발생사건을 초래할 수도 있다. 그리고 그 결과 또 다른 손해, 즉 「後續事件損害」가 발생하기도 한다. 이처럼 不法行爲로 인한 손해는 가해사건을 계기로 연속해서 발생할 수 있다. 그렇다면 민법 제750조에 규정된 「타인에게 손해를 가한 자」, 즉 가해자라는 것은 「타인에게 손해를 발생시키는 시발점이 되는 가해사건을 야기한 자」를 의미하게 된다. 한편 이 가해자, 즉 가해사건야기자가 배상해야 할 「그 損害」라는 것은 가해사건의 결과, 발생한 재산적·정신적 손해를 가리키는 것으로서 반드시 直接損害만을 의미하는 것은 아니라고 볼 수 있다. 왜냐하면 만약 가해사건야기자가 배상하여야 할 손해를 直接損害에 한정한다면 結果損害나 後續事件損害와 같은 「後續損害」(결과손해와 후속사건 손해를 통틀어 後續損害라고 부르기로 한다)는 모두 피해자 자신이 부담하여야 하는 부당한 결과가 되기 때문이다. 그리고 가해사건야기자의 고의·과실은 가해사건 및 이와 불가분의 관계에 있는 직접손해의 발생에는 있지만 후속손해의 발생에는 없는 것이 일반적이므로, 가해자가 배상해야 할 손해에는 그 발생에 가해자의 고의나 과실이 없는 손해도 포함될 수 있는 것이다.

이와 같이 不法行爲에 있어서 가해사건의 야기자는 직접손해에 대해서만 배상책임

---

2) 예컨대 경매신청자와 경락인이 통모하여 경매대금을 싸게 함으로써 타인에게 손해를 주는 경우나, 실체법상 권리가 없음에도 불구하고 가압류·가처분을 하는 경우, 원하지 않는 재산상의 의무를 부담하는 경우 등을 들 수 있다.

3) 의사가 정당한 이유 없이 환자의 진료요구를 거절함으로써 환자가 사망하는 경우와 같이 단속법규를 위반함으로써 타인의 법익을 침해하는 경우가 타인의 개별적 법익에 대한 간접적 침해의 예가 될 것이다.

4) 이 경우 치료비라든지 치료기간중의 노동불능으로 인한 일실이익, 노동력의 저하나 상실로 인한 일실이익, 위자료 등을 계산하면 부상이라는 직접적인 손해의 손해액이 될 것이다. 그리고 훼손된 물건의 수선비용이나 가치의 감소 등을 산정하면 물건의 훼손이라는 직접적인 손해의 손해액이 될 것이다.

을 지는 것이 아니고 후속손해에 대해서도 배상책임을 지게 된다. 그러나 여기서 직접손해의 책임귀속과 후속손해의 책임귀속은 동일하게 취급할 수가 없다. 직접손해와 후속손해는 모두 가해사건과 인과관계에 있는 손해이지만 이들 손해의 歸責根據는 동일하지 않기 때문이다. 즉, 직접손해에 대해서는 가해사건야기자의 고의나 과실이 있으므로 이를 근거로 하여 배상책임을 물을 수 있으나, 후속손해에 대해서는 일반적으로 가해사건 야기자의 고의나 과실이 없으므로, 이를 근거로 그 책임을 물을 수가 없다.[5] 그리고 후속손해에 대해서는 가해사건야기자의 책임을 묻는다고 하더라도, 가해사건 내지 직접손해와 인과관계가 있는 후속손해는 연속해서 무한히 발생할 수 있으므로, 어느 범위의 손해까지 가해사건야기자에게 귀책시킬 것인가 하는 후속손해의 귀책기준 내지 후속손해의 배상범위의 문제가 생긴다. 한편 불법행위내지 不法行爲責任이 성립하려면 「고의 또는 과실로 인한 위법행위」로 인하여 적어도 직접손해는 발생하여야 하므로, 직접손해의 책임귀속의 문제는 不法行爲 내지 不法行爲責任의 성립에 관한 문제이다. 이 경우 「고의 또는 과실로 인한 위법행위」와 손해발생 사이에 존재하여야 하는 인과관계도 不法行爲 성립요건으로서의 인과관계이다. 따라서 여기서는 인과관계의 유무가 문제된다. 그런가 하면 후속손해의 책임귀속 문제는 不法行爲의 성립에 관한 문제는 아니고, 일단 성립한 不法行爲責任이 어떠한 손해까지 미치겠는가 하는 문제, 즉 손해배상범위의 한정문제이다. 이 경우에도 가해사건과 후속손해 사이에 인과관계가 있어야 함은 물론이지만, 이 경우에는 인과관계의 유무보다는 가해사건과 인과관계가 있는 후속손해의 어느 범위까지를 가해사건야기자에게 배상시킬 것인가 하는 것이 문제로 된다.

물론 이와 같은 고찰방법에 대해서는, 不法行爲로 인한 손해를 직접손해와 결과손해 및 후속사건손해로 명확하게 구분할 수 있겠는가 하는 의문도 제기될 수 있고,[6] 또 우리 민법 제750조는 法文上 일본민법 제709조나 독일민법 제823조 제1항의 규정처럼 「권리침해」와 이 권리침해로부터 발생한 「손해」를 구분하여 규정하고 있지 않고,[7] 단순히 "고

5) Fikentscher, Schuldrecht, 5. Aufl., 1975, 263면; Kötz, Deliktsrecht, 3. Aufl., 1983, 81면.

6) 幾代 通, 不法行爲, 1979, 123면 이하 참조.

7) 일본민법 제709조의 법문은 "고의 또는 과실로 인하여 타인의 권리를 침해한 자는 그로 인하여 발생한 손해를 배상할 책임이 있다"고 되어 있다. 또 독일민법상의 불법행위에 관한 가장 중심적인 규정이라고 할 수 있는 제823조 제1항의 법문은 "고의 또는 과실로 타인의 생명, 신체, 건강, 자유, 소유권 및 기타의 권리를 위법하게 침해한 자는 그 타인에 대하여 이로 인하여 발생한 손해를 배상할 의무를 진다"고 되어 있다. 그러한 사정으로 독일 민법학에서는 不法行爲에서의 인과관계를 責任設定的 인과관계(Haftungsbegründende Kausalität), 즉 가해행위와 권리침해간의 인과관계와 責任充足的 인과관계(Haftungsausfüllende Kausalität), 즉 권리침해와 손해간의 인과관계로 구분하는 것이 일반적이다. 그리고 책임귀속의 문제도 권리침해의 책임귀속과 그로부

의 또는 과실로 인한 위법행위로 타인에게 손해를 가한 자는 그 손해를 배상할 책임이 있다"고만 규정되어 있어서, 직접손해(즉 권리나 법익의 침해)와 후속손해(즉 그러한 권리 내지 법익의 침해를 계기로 후속적으로 발생한 손해)의 구별은 法文의 표현에도 부적합하지 않은가 하는 반론이 제기될 수도 있다. 그러나 손해발생의 모습 및 과정이 이상과 같고 손해에 대한 귀책의 근거 및 기준에 관한 법리가 이상과 같다면, 우리 민법하에서도 不法行爲로 인한 손해의 책임귀속문제는 직접손해의 책임귀속과 후속손해의 책임귀속을 구분하여 논할 필요가 있다.[8] 그런데 종래 우리나라의 통설과 판례는 이를 구별함이 없이 가해자는 가해행위와 相當因果關係에 있는 손해를 배상할 책임이 있다고 하고, 민법 제763조에 의하여 불법행위책임에 준용되는 민법 제393조가 바로 그러한 내용을 규정한 것으로 이해하여 왔다.[9] 판례 역시 상당인과관계의 개념에 의하여 不法行爲의 성립여부를 판단하거나 손해배상의 범위를 정하고 있다.[10] 이처럼 통설과 판례는 직접손해의 책임귀속과 후속손해의 책임귀속 사이에 존재하는 법리상의 차이를 고려함이 없이 손해배상책임의 귀속을 모두 상당인과관계의 유무에 의하여 결정하고 있다. 그 결과 不法行爲 성립여부의 문제와 손해배상의 범위의 문제를 구별하지 못하고 있다. 그러나 뒤에서 보는 바와 같이 직접손해는 그 발생에 가해사건야기자의 고의나 과실이 존재하는 손해이기 때문에 이의 책임귀속, 즉 不法行爲의 성립을 위한 인과관계는 조건관계로서 충분하고, 상당인과관계와 같은 어떤 제한은 일반적으로는 불필요하다. 직접손해의 책임귀속을 위해서 고려하여야 할 것이 있다면, 그것은 오히려 상당인과관계가 아니라 가해사건야기자가 위반한 법규범의 規範目的(Normzweck) 내지 保護目的(Schutzzweck)이다. 설사 귀책기준으로서 상당인과관계가 필요하다고 하더라도, 그것은 후속손해의 책임귀속을 위하여 필요한 것이지 직접손해의 책임귀속을 위하여 필요한 것은 아니다. 그리고 원래 독일에서 구성 발전된 상당인과관계론도 가해사건 내지 직접손해와 인과관계에 있는 후속손해의 배상범위를 한정하는 객관적 기준을 제시하기 위한 이론이고, 가해행위와 직접손해 사이의 인과관계에 관한 이론으로서는 의미가 없음이 널리 인정되어 있다.[11]

터 발생한 후속손해의 책임귀속을 구분하여 취급하는 것이 일반적이다(Larenz, Schuldrecht I, 1979, 358면 이하; Esser, Schuldrecht I, 1970, 299면 이하; Kötz, 위의 책, 77면 이하 등 참조).

8) 우리나라에서는 金亨培교수가 기본적으로 이와 같은 입장을 취한다. 「過失概念과 不法行爲責任體系」, 民法學硏究, 1986, 305면 이하 참조.

9) 郭潤直, 債權各論, 1989, 668면; 金基善, 韓國債權法各論, 1976, 296면; 金顯泰, 債權法各論, 1982, 369면; 黃迪仁, 現代民法論IV, 1980, 298면 등 참조.

10) 大判 1971. 1. 21, 71다1089; 大判 1970. 3. 31, 70다18; 大判 1972. 4. 20, 72다268; 大判 1979. 6. 12, 77다2466; 大判 1982. 7. 13, 82다카137 등 참조.

이 글은 이러한 점을 고려하여 직접손해의 책임귀속과 후속손해의 책임귀속을 구분하여 不法行爲로 인한 손해에 대한 책임귀속의 문제를 검토하려는 것이다.

II. 直接損害의 責任歸屬

직접손해의 책임귀속의 문제는 不法行爲 성립의 문제이다. 즉, 不法行爲가 성립히면 직접손해에 대한 배상책임은 바로 가해자, 즉 가해사건야기자에게 귀속된다. 그런데 不法行爲가 성립하려면 가해자의 「고의 또는 과실로 인한 違法行爲」와 직접손해사이에 인과관계가 있어야 하고, 그 손해는 가해자가 위반한 법규범이 그 발생을 방지하려고 하였던 손해이어야 한다. 아래에서 이러한 점에 대하여 살펴보기로 한다.

1. 加害行爲와 直接損害 사이의 因果關係

본래 인과관계라 함은 前行事實과 後行事實과의 사이에 전자가 없었으면 후자도 없었으리라는 관계, 즉 條件關係(conditio sine qua non)로서 자연과학적·사실적 개념이다. 가해행위와 직접손해간의 이러한 사실적 인과관계는 손해배상책임의 인정을 위한 최소한의 요건으로서 어떠한 이론적인 근거가 필요없는, 손해배상법을 지배하는 理性의 요구(ein Postulat der Vernunft)이다.[12] 이는 직접손해의 책임귀속을 위해서나 후속손해의 책임귀속을 위해서나 마찬가지이다. 그런데 민법 제750조의 不法行爲責任이 성립하기 위해서는 이 직접손해의 발생에 대한 가해사건야기자의 고의나 과실이 있어야 하고,[13] 따라서 이러한 요건에 의하여 직접손해에 대한 책임귀속이 제한을 받게 되므로, 가해행위와 직접손해간의 인과관계는 사실적 인과관계, 즉 조건관계로서 충분하고 그 이상 이에 대한 相當因果關係와 같은 어떤 제한을 필요로 하지 않는다.[14]

---

11) Traeger, Der Kausalbegriff im Straf- und Zivilrecht, 1904, 219면 이하; Deutsch, Haftungsrecht, Allgemeine Lehren, 1976, 141면; Larenz, 위의 책, 369면; Lange, Schadensersatz, 1979, 69면; Esser, 위의 책, 300면 등 참조.

12) Oftinger, Schweizerisches Haftpflichtrecht, Allgemeiner Teil, 4. Aufl., 1975, 70면.

13) 가해사건이 단속법규 위반 등으로 인하여 개별적 법익에 대한 간접적 침해의 모습으로 발생하는 경우에는 이 법규 위반에 대하여 고의나 과실이 있으면 된다.

14) Lange, 위의 책, 69면; Esser, 위의 책, 300면.

2. 直接損害의 責任歸屬과 規範目的

직접손해의 책임귀속은 이처럼 고의나 과실로 인한 가해행위와 직접손해간에 사실적 인과관계가 있으면 특별한 위법성조각사유가 없는 한 일반적으로 바로 결정된다. 그러나 이러한 가해행위로 발생한 직접손해 중에는 위에서도 잠깐 말했듯이 가해자가 위반한 법규범의 목적과 취지를 고려하지 않고서는 그 책임의 성립 내지 귀속을 밝힐 수 없는 경우가 있다. 예를 들면 파출부가 식탁위에 쥐약병을 놓아 두었는데 그 집 어린 아이가 그것을 잡으려다 넘어져 다친 경우, 이 아이의 부상은 이러한 상황에서 파출부에게 주의의무를 요구하는 법규범이 방지하려고 하였던 손해가 아닌 것이다. 이 경우 법이 파출부에게 요구하는 주의의무는 그 아이가 그 쥐약을 음료수로 잘못 알고 먹는 사고를 방지하기 위한 것이고, 그것을 잡으려다 넘어져 부상당하는 것을 방지하려는 것은 아니기 때문이다. 따라서 이러한 경우의 사고손해는 파출부의 부주의로 인하여 발생한 손해라고 하더라도 그 책임을 파출부에게 물을 수는 없는 것이다.[15] 이와 마찬가지로 消火栓에의 통행을 자유롭게 하기 위한 목적으로 지정된 주차금지장소(도로교통법 제29조)에 주차한 자동차의 뒤에서 어린아이들이 갑자기 뛰어 나오다가 발생한 교통사고에 대한 주차자의 책임은, 국민학교나 유치원의 정문 앞의 주차금지장소에 주차하였다가 발생한 교통사고에 대한 책임과 동일하게 취급할 수가 없는 것이다. 후자의 사고는 주차금지규범이 방지하려고 한 사고이지만, 전자의 사고는 주차금지규범이 방지하려고 한 사고는 아니기 때문이다.[16] 이상과 같은 사고로 발생한 손해(직접손해)에 대한 책임의 유무는 인과관계의 유무나 상당인과관계의 유무에 대한 검토에 의하여 판단될 수 있는 것이 아니고, 가해자가 위반한 법규범의 목적과 취지를 고려함으로써만 판단될 수 있는 것이다.[17] 이는 특히 과실에 의한 법익침해의 경우 및 각종의 단속법규 위반으로 인하여 타인에게 손해를 가하게 되는 不法行爲에서 그러하다.

---

15) Kötz, 위의 책, 78면.

16) Kötz, 위의 책, 75~76면.

17) 이처럼 손해의 귀책문제에 있어서 가해자가 위반한 責任根據規範의 규범목적을 고려함으로써 손해의 귀책을 결정하려는 견해가 規範目的說로서, 상당인과관계설의 결함을 극복하기 위해서 이와 병행하여, 또는 이에 대신해서 독일의 학설과 판례에서 인정되고 있는 이론이다. 이에 대해서는 徐光民, 不法行爲의 歸責構造研究, 1988, 140면 이하 참조.

Ⅲ. 後續損害의 責任歸屬

후속손해의 책임귀속의 문제는 가해행위 및 직접손해와 사실적 인과관계에 있는 후속손해를 어떠한 근거에 의하여, 그리고 어떠한 기준에 의하여 어느 범위까지 직접손해의 가해자에게 귀속시킬 것인가 하는 문제이다.

1. 後續損害의 歸責根據

직접손해의 가해자가 직접손해에 대해서만 배상책임을 지는 것이 아니고 후속손해에 대해서도 배상책임을 질 수 있다는 것은 이미 언급한 바이지만, 그러면 직접손해의 가해자가 후속손해에 대해서도 배상책임을 져야 하는 근거는 어디서 찾을 것인가? 후속손해는 고의 또는 과실로 발생한 직접손해와 인과관계에 있을 뿐 이 후속손해에 대해서는 일반적으로 직접손해 가해자의 고의나 과실이 없기 때문에, 직접손해의 경우처럼 가해자의 고의나 과실에서 그 귀책근거를 찾을 수는 없다. 그러나 그렇다고 하여 이러한 후속손해를 피해자 자신이 부담하도록 하는 것도 부당하다. 후속손해에 대해서는 가해자의 고의나 과실이 없다고 하지만, 피해자에게는 이러한 손해를 스스로 부담하여야 할만한 잘못이나 이유는 더욱 없기 때문이다. 그렇다면 후속손해는 피해자보다는 위법한 행위로 직접손해를 야기한 자에게 부담시키는 것이 더 공평하다고 할 수 있다. 후속손해의 귀책근거는 이러한 점에서 찾을 수밖에 없다.

2. 後續損害의 歸責基準

(1) 後續損害의 歸責基準으로서의 민법 제393조

직접손해의 가해자가 후속손해에 대해서까지 배상책임을 부담해야 하는 근거는 이상과 같다고 하더라도, 직접손해와 사실적 인과관계에 있는 후속손해는 무한히 연속해서 발생할 수 있을 뿐만 아니라, 그 중에는 우연한 사정으로 발생하는 손해도 있을 수 있으므로, 후속손해의 전부를 직접손해의 가해자에게 歸責시키는 것은 그에게 지나친 부담과 위험을 안겨주게 되어 손해의 공평한 조정이라는 不法行爲法의 목적에 비추어 타당하다고 할 수 없다. 여기에 직접손해의 가해자가 배상해야 할 후속손해의 범위의 한정, 즉 후속손해의 귀책기준의 설정이 필요하다. 민법 제763조에 의하여 不法行爲責任에 준용되는 민법 제393조가 바로 이러한 후속손해의 귀책기준을 설정한 규정이라고 볼 수 있다. 이 규정에 의하면 직접손해의 가해자가 배상해야 할 후속손해의 범위는 「通常의 損害」를 한도로 하되(제1항), 「특별한 사정으로 인한 손해」도 가해자가 그 사정을 알았거나 알 수 있었을 때에는 배상하도록 하고 있다(제2항). 그런데 이 규정이 설정하고 있는 귀책기준, 특히 「通常의 損害」라는 귀책기준은 극히 추상적이어서 어떠한 손해가 통상의 손해인가를 이 규정 자체에서는 파악할 수가 없다. 결국 이의 구체화는 학설과 판례에 맡겨져 있는 것이다.

(2) 民法 제393조의 해석과 相當因果關係論

종래 통설은 이 규정의 해석과 관련하여 제1항은 相當因果關係의 원칙을 선언한 것으로 보고, 제2항은 相當因果關係論 중에서도 절충설의 입장에서 고찰의 대상으로 삼는 사정의 범위를 규정한 것으로 보아 왔다. 그리하여 통설은 「通常의 損害」라 함은, 특별한 사정이 없는 한 그러한 債務不履行(불법행위의 경우에는 가해행위)이 있으면 사회일반의 관념에 따라 보통 발생되는 것으로 생각되는 범위의 손해를 의미하고, 이러한 범위의 손해에 대해서는 가해자의 예견가능성을 묻지 않는다고 한다.[18]

民法 제393조의 의미내용에 대한 통설의 이와 같은 견해는, 앞에서도 지적한 바와 같이 직접손해의 귀책과 후속손해의 귀책을 구분하는 입장을 전제로 한 견해는 아니지만, 이를 후속손해의 귀책에 한정시키는 한 이 규정에 대한 가능한 해석일 수 있다. 그러나 통설의 견해를 후속손해의 귀책에 한정시켜 검토하는 경우에 있어서도 다음과 같은 몇 가지 의문이 있다.

첫째, 민법 제393조가 과연 독일 민법학에서 말하는 상당인과관계를 규정하고 있는가 하는 의문이다. 이러한 의문은 이 규정의 본보기라고 할 수 있는 일본 민법 제416조[19]의 유래와 관련하여 일본 민법학자들이 제기하는 의문이다. 즉, 종래 일본의 통설은 우리나라의 통설과 같은 입장을 취하여 왔으나, 최근에 일부 학자에 의하여 일본 민법 제416조는 독일민법학에서 말하는 상당인과관계론과는 아무 관련이 없고, 오히려 프랑스

---

18) 郭潤直, 債權總論, 1989, 187～189면; 金曾漢, 債權總論, 1988, 92면; 金容漢, 債權法總論, 1983, 205～206면; 金錫宇, 債權法總論, 1976, 155～157면 등 참조.

19) 이 조문은 우리 민법 제393조가 제2항에서 특별한 사정에 대한 「債務者」의 인식가능성을 조건으로 하고 있는데 반해 당사자의 예견가능성을 조건으로 하고 있는 점을 제외하면 우리 민법 제393조와 내용이 같다.

민법 및 1854년의 영국의 유명한 Hadley v. Baxendale사건 판결의 영향을 받은 것이라는 반론이 제기되고 있다.[20]

둘째, 비록 민법 제393조가 상당인과관계를 규정한 것이라고 하더라도, 상당인과관계론의 공식에 의하여 「通常의 損害」와 「특별한 사정으로 인한 손해」를 명확하게 구분할 수 있는가 하는 의문이 제기된다.[21] 상당인과관계론은 가해사건으로부터 무한히 연속하여 발생하는 후속손해중에서 가해사건의 야기자에게 귀속시킬 손해를 한정하기 위한 이론이지만, 통설이 설명하는 바와 같은 기준, 즉 「사회일반의 관념에 따라 보통 발생되는 것으로 생각되는 범위의 손해」와 같은 기준은 역시 추상적이어서 「通常의 손해」를 명확히 한정해 주지 못하기 때문이다. 상당인과관계론이 지니고 있는 이와 같은 결함은 독일 민법학에서도 지적되고 있다.[22]

셋째, 민법이 債務不履行으로 인한 손해배상의 범위에 관한 제393조의 규정을 不法行爲로 인한 손해배상의 범위에 준용하고 있는 것[23] 자체에 대한 입법정책적인 비판이 제기된다. 즉, 특별사정으로 인한 손해에 대해서는 특별사정에 대한 채무자의 예견가능성이 있는 경우에만 배상책임을 인정하는 이 규정은, 일정한 계약관계에 있는 당사자 사이에서는 의미도 있고 적합하기도 하지만, 그러한 법률관계에 있지 않은 不法行爲의 가해자와 피해자 사이에서는 피해자에게 불공평한 결과를 가져오게 된다는 것이다.[24]

(3) 民法 제393조의 해석과 危險性關聯理論

이 이론은 相當因果關係論에 의한 민법 제393조의 해석이 통상손해와 특별손해의 구별기준을 제시하지 못하고 있음을 직시하여, 이 양자를 직접손해와 후속손해간의 危險性關聯의 유무에 의하여 구분하려는 이론이다.[25] 이 이론은 후속손해를 직접손해에 의하

---

20) 이에 대해서는 平井宜雄, 損害賠償法の理論, 1979, 149면 이하 및 徐光民, 위의 책, 154면 이하 참조.

21) 金亨培, 위의 논문, 296면 참조.

22) Lange, 위의 책, 60면; Larenz, 위의 책, 364면; Kötz, 위의 책, 72면 등 참조.

23) 이는 일본민법 제416조의 규정을 유추적용하던 학설과 판례의 경향을 우리 민법이 받아들여 입법화한 것이다.

24) 金亨培, 「因果關係」, 民法學硏究, 329면; 金曾漢·安二濬 債權法各論(下), 788면; 黃迪仁, 위의 책, 298, 301면 등 참조.

25) 이 이론은 일본의 石田 穰교수가 주장하였고(石田 穰, 損害賠償法の再構成, 1978, 49면 이하 참조), 우리나라에서는 金亨培교수가 이 입장을 취한다(金亨培, 위의 책(註 8), 305면 이하 참조).

여 부가된 위험의 현실화로 보지만, 후속손해 중에는 우연한 사정으로 발생한 손해도 포함되어 있을 수 있으므로, 직접손해가 가지는 위험성과 후속손해를 평가적으로 결합시킴으로써 얻어지는 직접손해와 후속손해간의 평가적 관계인 위험성관련의 유무에서, 후속손해의 귀책기준을 찾는다.

이러한 危險性關聯은 ① 직접손해와 후속손해 사이에 자연적 사정이나 사회적 사정, 또는 제3자의 행위가 개입됨으로써 양자간의 관계가 우연적인 것이 되거나,[26] ② 직접손해와 후속손해 사이에 피해자의 위험한 행위가 관여되면 부정되지만,[27] 그렇지 않은 경우에는 일반적으로 인정된다. 그리고 자연적 사정이 개입됨으로써 위험성관련이 부정되는 경우에도, 그러한 사정에 대하여 가해자의 인식가능성이 있으면 위험성관련이 인정된다.[28]

이렇게 하여 이 이론은 민법 제393조의 「통상손해」는 어떠한 사정에 관한 가해자의 인식가능성의 유무를 불문하고 위험성관련이 인정되는 경우의 손해라고 하고, 「특별한 사정으로 인한 손해」는 가해자의 인식가능성을 전제로 하여 비로소 위험성관련이 인정되는 손해라고 한다.[29]

(4) 後續損害의 귀책기준에 관한 私見

살피건대 危險性關聯理論은 민법 제393조의 통상손해와 특별손해를 구분하는데 있어서 상당인과관계론에 비하여 보다 명확한 기준을 제시할 수 있어서 후속손해의 귀책기준에 관한 이론으로서는 더 설득력이 있다고 볼 수 있다. 다만 이 이론에 의하는 경우에도 다음과 같은 점들은 고려되어야 할 것이다.

---

26) 예컨대 자동차에 다리를 다쳐 입원한 부상자가 그 병원에 벼락이 떨어지는 사고로 사망한 경우나, 그 병원에 유행 중이던 독감에 감염되어 사망한 경우, 또는 제3자의 방화로 사망한 경우 등을 들 수 있다. 그러나 이러한 경우에도 독감으로 인한 사망이 부상으로 인한 저항력 약화에도 그 원인이 있거나, 화재사고시의 사망이 다리의 부상으로 신속히 피하지 못한데 그 원인이 있는 경우에는 위험성관련이 인정된다(石田 穰, 위의 책, 50~51면 참조).

27) 예컨대 자동차에 한쪽 다리를 다친 피해자가 후에 스케이트를 타다가 넘어져 사망한 경우를 들 수 있다. 그러나 피해자의 위험성이 이처럼 크지 않은 경우, 예컨대 이러한 피해자가 길을 건너가다가 자동차를 빨리 피하지 못하여 차에 치어 사망한 경우는 여기에 해당되지 않는다(石田 穰, 위의 책, 51~52면 참조).

28) 다리를 다친 피해자가 특이체질 때문에 사망하였으나 가해자가 이 특이체질에 대하여 인식가능한 경우가 여기에 속한다(石田 穰, 위의 책, 51면).

29) 金亨培, 위의 논문(註 8), 315-316면. 일본의 石田 穰교수도 일본 민법 제416조의 해석 및 이 규정의 불법행위법에의 유추적용을 위해서 이러한 설명을 하고 있다(石田 穰, 위의 책, 55, 143면 참조).

첫째, 이 이론은 바로 위에서 본 바와 같이 통상손해는 어떠한 사정에 관한 가해자의 인식가능성을 전제로 함이 없이 危險性關聯이 인정되는 손해이고, 특별손해는 이를 전제로 하여 비로소 위험성관련이 인정되는 손해라고 한다. 그러나 이러한 설명은 통상손해와 특별손해의 속성 및 이 양자에 위험성관련이 인정되기 위한 요건을 말해 줄런지는 몰라도 양자의 구별기준을 제시하여 주지는 못하고 있다. 이러한 설명만으로는 구체적으로 발생한 특정의 후속손해가 과연 통상손해인지 특별손해인지를 구별할 수가 없기 때문이다. 그러면 이 이론에 의하여 양자를 어떻게 구별한 것인가? 생각건대 통상손해가 아닌 손해는 모두 특별손해이다. 따라서 어떠한 손해가 통상손해인지 아닌지만 밝혀지면 특별손해인지 아닌지는 자동적으로 밝혀진다. 그리고 통상손해인지 아닌지는 危險性關聯有無의 검토에 의하여 밝혀진다. 이 경우 위험성관련 유무는 위에서 언급한 바와 같은 위험성관련이 부정되는 사유의 유무를 검토함으로써 확인된다. 즉, 그러한 사유가 없으면 위험성관련이 일반적으로 인정되기 때문에 통상손해가 되지만, 그러한 사유가 있으면 통상손해가 될 수 없고 특별손해로 된다. 그러나 특별손해로 되는 경우에도 위험성관련이 부정되는 사유에 대하여 가해자의 인식가능성이 있으면 위험성관련이 인정되어 배상책임이 인정될 수 있는 것이다.

둘째, 직접손해와 후속손해 사이에 자연적 사정이 개입되어 위험성관련의 유무가 문제되는 경우 중 피해자의 특이체질로 인하여 후속손해가 발생한 경우에, 직접손해와 후속손해 사이에 시간적 간격이 있었다면 이상과 같이 처리하면 된다. 그러나 직접손해와 후속손해 사이에 시간적 간격이 없는 경우, 예컨대 지극히 약한 비정상적인 두개골을 가진 사람이 타인의 과실에 의하여 머리에 가벼운 충격을 받고 즉사한 경우에, 이를 직접손해의 책임귀속으로 취급할 것인가 후속손해의 책임귀속으로 취급할 것인가가 문제된다. 구별하기가 매우 애매하고 어려운 문제이지만, 후자로 취급하여도 귀책상의 본질적인 차이는 없을 것이다.30)

셋째, 후속손해 중에는 위와 같은 위험성관련 유무의 기준만으로는 그 귀책을 결정하기가 곤란한 경우가 있다. 즉, 「후속손해」에는 이 글의 서두에서 언급한 바와 같이 「결과손해」, 즉 轉賣利益의 상실, 장례비용, 변호사비용 등과 같이 직접손해의 발생과 결부되어 피해자의 총재산에 파급되는 손해와, 「후속사건손해」, 즉 직접손해와 사실적 인과관계에 있는 後續의 손해발생사건으로 인한 법익침해손해의 두 가지가 포함되어 있는데, 위험성관련 유무는 「후속사건손해」에 대해서는 귀책기준이 될 수 있지만 「결과손해」의

30) 同旨: 四宮和夫, 事務管理·不當利得·不法行爲(中), 459면.

귀책을 위해서는 충분한 귀책기준이 될 수 없다. 예컨대 변호사비용이나[31] 장례비용중의 묘비설치비용이나[32] 사망한 자의 神位를 모시기 위한 제례에 지출된 비용[33] 등과 같은 「결과손해」가 통상손해에 해당되는지의 여부는 위험성관련 유무의 판단방식에 의하여 판단될 수 없다.[34] 이러한 결과손해가 통상손해에 해당되는지의 여부는, 위험성관련 유무를 검토함으로써 보다는 오히려 그 비용의 필요성 여부를 검토함으로써 판단될 것이다.[35] 즉, 그 비용이 그와 같은 직접손해와 관련하여 사회관념상 일반적으로 필요하다고 인정되는 범위의 것이면[36] 통상손해가 될 것이고 그 이외의 것은 특별손해가 될 것이다.[37] 그런데 이러한 특별손해에 있어서는 위에서 본 특별한 「後續事件損害」의 경우와는 달리 특별한 사정에 대한 가해자의 인식가능성의 有無는 문제될 것 없고, 따라서 이이 대한 배상책임도 문제되지 않을 것이다.

넷째, 민법이 債務不履行으로 인한 손해배상의 범위에 관한 제393조의 규정을 不法行爲로 인한 손해배상의 범위에 준용하고 있는 것에 대한 입법정책적인 비판이 있음은 위에서 본 바이다. 그런데 이 규정을 危險性關聯理論을 적용하여 해석하는 경우, 통상손해는 직접손해와 위험성관련이 일반적으로 인정되는 후속손해고, 특별손해는 위험성관련이 일반적으로는 인정되지 않는 특수한 후속손해라는 점을 생각하면, 위험성

31) 판례는 부당한 가처분의 취소를 신청하기 위해서 또는 부당제소와 부당가압류신청에 응소하기 위해서 변호사를 위촉한 경우 그 비용의 배상청구를 인정하되 그 액수는 실제로 지급한 금액 전부가 아니라 상당정도의 금액이라고 한다(大判 1960. 6. 23, 4292民上690; 大判 1968. 7. 2, 68다593). 이와 관련하여 개정민사소송법 제99조의2는 변호사보수를 대법원규칙이 정하는 범위내에서 소송비용으로 한다고 규정하고 있다.

32) 판례는 묘비설치비용 12만원과 분묘설치현장 인부 및 조객접대용 식사와 주류비용 5만3천원의 지출을 불법행위로 인한 상당한 손해로 본다(大判 1979. 6. 12, 77다2466).

33) 판례는 사고로 사망한 사람의 神位를 모시기 위하여 100일 동안 제례를 지내는데 소요된 비용을 지출함으로써 입게 된 손해는, 불법행위로 인하여 발생되는 일반적 손해로 볼 수 없다고 한다(大判 1982. 7. 13, 82다카137).

34) 그러나 한편 轉賣利益의 상실과 같은 결과손해는 위험성관련 유무의 판단방식에 의하여 통상손해인지 특별손해인지가 가려질 것이다. 그리고 이러한 손해는 위험성관련이 부정되는 사유(피해자의 비상한 재능 등)에 의한 것이라고 볼 수 있기 때문에 일단은 특별손해로 결정될 것이고, 그 귀책은 위험성관련이 부정되는 사유에 대한 가해자의 인식가능성 여하에 따라 결정될 것이다.

35) 同旨: 四宮和夫, 위의 책, 462면.

36) 이와 같은 필요성 여부의 검토는 이와 같은 결과손해의 귀책에 있어서 뿐만 아니라 사람의 부상, 물건의 훼손과 같은 직접손해의 손해액(치료비, 수선비, 위자료 등)을 산정하는데 있어서도 고려될 것이다.

37) 그런데 이와 같은 경우에 있어서 판례는 위의 註 31, 32, 33에서 보듯이 거의가 상당인과관계의 유무의 판단에 의존하고 있다.

관련이 일반적으로 인정되지 않는 특별손해에 대해서는, 특별한 사정에 대한 가해자의 인식가능성을 요건으로 하여 책임을 묻는 것도 그렇게 불공평하다고는 볼 수 없다. 다만 故意의 不法行爲에 있어서까지 이를 요건으로 하여 책임을 묻는 것은 불공평하다고 아니할 수 없다. 故意不法行爲의 경우에도 직접손해의 가해자가 후속손해를 발생시킬 수 있는 특별한 사정을 항상 인식할 수 있는 것은 아닌데, 만약 가해자가 어떠한 후속손해가 자기가 인식할 수 없었던 특별한 사정으로 인한 후속손해라는 이유로 이에 대하여 책임을 지지 않게 되면, 그러한 후속손해는 모두 피해자 자신이 부담하여야 하기 때문이다. 입법론적으로는 오스트리아민법 제1324조와 제1331조 및 제1332조처럼 故意不法行爲와 過失不法行爲에 있어서의 손해배상의 범위를 달리하는 것이 타당할 것이다.[38)]

IV. 맺는 말

이상에서 이 글은 종래의 통설과 판례처럼 상당인과관계의 이론만 가지고서는 不法行爲로 인하여 발생하는 여러 가지 손해에 대한 책임귀속의 문제를 충분히 해결할 수 없다는 점을 주시하여, 이러한 손해들을 그 발생모습 및 과정에 따라 直接損害와 後續損害(結果損害와 後續事件損害)로 구분해서 이에 대한 책임귀속의 문제를 검토하였다. 그런데 이상의 고찰은 민법 제750조의 不法行爲, 즉 이른바 「過失責任」이 인정되는 不法行爲를 중심으로 하였으나 여기서 얻은 결론은 無過失責任(危險責任)이 인정되는 不法行爲에 있어서도 마찬가지로 적용될 수 있을 것이다. 다만 위험책임의 경우에는, 직접손해의 책임귀속을 위해서는 가해자의 고의나 과실은 그 요건이 아니고, 그 직접손해가 무과실책임을 규정하고 있는 법률이 의도 내지 예정하였던 위험이 현실화된 사고로 발생한 손해이어야 한다 그 밖에 인과관계의 문제나 後續損害의 귀책의 문제는

---

38) 예컨대 오스트리아민법 제1324조는 "악의(böser Absicht) 또는 중대한 부주의(auffallende Sorglosigkeit)에 의해서 손해가 야기된 경우에는 피해자는 완전한 배상(volle Genugtuung)을 청구할 수 있다. 그러나 기타의 경우에는 본래의 손해배상(eigentliche Schadloshaltung)만을 청구할 수 있다"고 규정하고 있다. 그리고 제1331조는 "타인의 고의 또는 중대한 부주의에 의해서 재산을 침해당한 자는 얻을 수 있었던 이익의 배상도 청구할 수 있다. 손해가 형법에 금지된 행위에 의하거나 또는 가해의 즐거움으로(aus Mutwillen und Schadenfreude)으로 야기된 경우에는 특별한 애착(besondere Vorliebe)의 가치도 청구할 수 있다"고 규정하고, 제1332조는 "경미한 정도의 실수(Versehen)나 부주의(Nachlässigkeit)로 인한 손해는 물건이 침해된 때에 있어서의 통상의 가치(gemeiner Wert)에 따라서 배상된다"고 규정하고 있다.

이상에서 고찰한 과실책임의 경우와 다름이 없을 것이다.

* 考試界 1992년 2월호, 26면 이하 게재

慰藉料에 관한 몇 가지 문제점

Ⅰ. 머 리 말

慰藉料(Schmerzensgeld)는 민법전에 사용된 용어는 아니면서도 정신상의 고통 내지 정신상의 손해의 배상을 의미하는 용어로 일반적으로 사용되고 있다.[1] 즉 민법전에서는

1) 종래 우리 民法學에서는 財産 이외의 損害를 精神的 損害로 이해하면서 그것을 독일어로 「ideeller Schaden」이라고 병기하여 왔으나 정작 독일민법학에서는 非財産的 損害를 「immaterieller Schaden」으로 표현하는 것이 일반적이다. 그리고 그러한 損害에 대한 賠償金을 의미하는 용어가 「Schmerzensgeld」이다. Larenz, Schuldrecht Ⅰ, 14. Aufl., 1987, 474면 이하; Fikentscher, Schuldrecht, 8. Aufl., 1992, 806면 이하; Schlechtriem, Schuldrecht Ⅱ, 4. Aufl., 1995, 409면 이하 등 참조.

"他人의 身體, 自由 또는 名譽를 害하거나 기타 情神上 苦痛을 加한 者는 財產以外의 損害에 대해서도 賠償할 責任이 있다"고 한다든지(제751조) "他人의 生命을 侵害한 者는 被害者의 直系尊屬 및 直系卑屬, 配偶者에 대하여는 財產上의 損害없는 경우에도 損害賠償의 責任이 있다"고 한다든지(제752조), 약혼해제, 혼인의 취소나 무효, 재판상 이혼, 입양의 무효나 취소, 罷養 등의 경우에 과실있는 당사자에게 "재산상의 손해 이외에 정신상의 고통에 대하여도 손해배상의 책임이 있다"고 함으로써(제806조, 제825조, 제843조, 제897조, 제908조), 재산 이외의 손해에 대한 배상 또는 정신상의 고통에 대한 배상이라는 표현을 사용하고 있다. 그런데 이처럼 재산 이외의 손해 내지 정신상의 손해에 대한 배상을 의미하는 慰藉料와 관련해서는 종래 다음과 같은 점에 대하여 견해가 갈리어 왔다.

첫째, 우리민법상 慰藉料의 법률상의 근거를 어디에서 찾을 것인가? 즉, 손해배상에 관한 일반규정인 제750조나 제390조에서 그 근거를 찾을 것인가, 아니면 정신상의 손해의 배상에 대하여 규정하고 있는 제751조나 제752조 또는 가족법상의 개별적인 규정에서만 찾을 것인가?

둘째, 재산권의 침해의 경우에도 慰藉料를 인정할 수 있는가?

셋째, 채무불이행의 경우에도 慰藉料를 인정할 수 있는가?

넷째, 慰藉料의 성질을 私的 制裁로 볼 것인가 손해배상으로 볼 것인가?

다섯째, 慰藉料는 어떠한 기능을 가지고 있는가?

이 글은 慰藉料에 관련된 이와 같은 몇가지 문제점을 분명히 하려는 것이다.

Ⅱ. 慰藉料의 전제로서의 「精神的 損害」

「財產 이외의 損害」내지 「精神的 損害」란 금전으로 평가할 수 없는 損害이다. 精神的 損害는 결국 정신적 고통을 의미하고, 여기서 정신적 고통이란 육체적 고통을 포함하여 정신적 괴로움, 정신적 충격, 불쾌감, 불안감, 절망감, 우울증 등을 총칭하는 표현이라고 볼 수 있다. 따라서 精神的 損害는 금전적 평가 내지 환가가 본질적으로 불가능한 損害이다. 그런데 非財產的 損害 내지 精神的 損害가 금전으로 평가할 수 없는 損害임에는 틀림이 없지만, 금전으로 평가할 수 없는 損害라고 하여 이를 모두 非財產的 損害 내지 精神的 損害로 파악할 수는 없다. 예컨대 다음의 사건에서 보듯이, 法人의 名譽가 침해되는 경우에는 法人에게 금전으로 평가하기 곤란한 損害가 발생할 수 있지만, 그러한 損害를 法人의 精神的 損害라고는 할 수 없을 것이다.

대법원은 어느 분유회사에 대한 비방광고 사건에서 비방광고로 회사의 인격과 명예, 신용 등이 훼손되어 「無形의 損害」가 발생하였음을 인정하고 이에 대한 피해회사의 손해배상청구를 다음과 같이 인정하고 있다.[2)]

"원심은 이 사건 광고들로 인하여 원고의 인격과 명예, 신용 등이 훼손됨으로써 분유제조업체인 원고의 사회적 평가가 낮아지고 그 사업수행에 커다란 악영향이 미쳤으리라는 점은 경험칙에 비추어 쉽게 인정할 수 있으므로, 피고는 위 사회적 평가의 침해에 따라 원고가 입은 무형의 손해를 배상할 의무가 있다고 판단한 다음, 원고가 입은 손해의 종류와 성격, 원고의 지명도와 영업의 신용도, 원고 회사의 규모 및 영업실적, 이 사건 광고들의 허위성의 정도와 비방성의 강도, 피고의 광고행태 전반에서 드러나는 악의성의 정도, 조제분유 제품을 선택하는 소비자들의 보수성, 부정적 광고가 미치는 영향의 즉각성과 지속성, 부정적 영향으로부터 회복함이 곤란한 점, 부정적 광고에 대하여 효율적인 구제수단인 사죄광고가 허용되지 아니하는 점, 피고 회사의 규모와 재산 정도 등 여러 사정을 참작하여 그 손해액을 금 300,000,000원으로 정하였는바, 피고에게 원고가 입은 무형의 손해를 배상할 책임이 있다는 원심의 판단은 옳고, 또한 기록에 비추어 보건대, 원심이 산정한 손해액도 적정하다".

대법원은 이 판결에서 法人이 입은 손해를 「無形의 損害」로 표현하고 있다. 그리고 대법원은 아무런 권한 없는 자가 기망수단에 의하여 상가분양계약을 무단으로 체결하고 분양대금을 횡령하여 잠적하여 버리자, 상가를 분양받은 자들이 민원을 제기하고 보전처분과 본안소송을 제기함으로써 상가건설회사의 名譽와 신용이 훼손된 사건에서도, 무단분양자에게 法人의 名譽毁損으로 인한 손해배상의무를 인정하고, 그 건설회사의 규모와 국내건설업계에서 차지하는 비중, 무단분양경위, 무단분양상가에 대한 분쟁의 진행상태 등을 고려하여 손해배상액을 3천만원으로 평가하고 있다.[3)] 대법원은 이 판결에서 손해배상이 어떠한 損害에 대한 배상인지를 분명히 밝히지 않고 있으나, 이 판결 역시 法人의 명예훼손에 관한 판결인 점으로 보아, 이 판결에 있어서의 손해배상 역시 앞의 판결에 있어서의 손해배상과 마찬가지로 無形의 損害에 대한 손해배상이라고 할 수 있을 것이다.

그러면 위 판례에서 말하는 「無形의 損害」란 어떠한 損害를 의미하는가? 판례에서 말하는 無形의 損害가 일반적인 財産上의 損害와는 달리 그 量을 금전으로 환가하기 어

---

2) 大判 1996. 4. 12, 93다40614.
3) 大判 1996. 6. 28, 96다12696.

려운 損害를 의미하는 것임에는 틀림이 없다. 그리고 그러한 점에서 無形의 損害는 非財產的 損害 내지 精神的 損害와 유사한 점이 있다. 그러나 여기서 말하는 「無形의 損害」가 精神的 損害와 동일한 것은 아니다. 精神的 損害는 정신적 고통을 의미하는 것으로서, 본질적으로 財產的인 어떤 불이익을 의미하는 것이 아니고, 따라서 損害의 금전적 평가 내지 환가가 본질적으로 불가능한 損害이다. 이에 대하여 위의 「無形의 損害」는 法人이 받은 경제적 내지 財產的 불이익임에 틀림이 없고, 따라서 財產的 損害의 성질을 가지고 있다고 볼 수 있는 것이다. 다만 수량적 근거에 의하여 損害의 양을 평가하기가 지극히 어려운 損害라는 점에서 一般財產的 損害와 다를 뿐이다. 금전적 평가의 이러한 어려움 때문에 그러한 無形의 損害에 대한 손해배상액의 산정에 있어서는, 精神的 損害에 대한 배상액의 산정에 있어서와 마찬가지로 수량적 근거를 제시할 수가 없고, 법관이 여러 가지 사정을 고려하여 재량으로 손해배상액을 결정할 수밖에 없는 것이다. 그러나 이러한 손해의 수량적 평가의 어려움 때문에 위의 無形의 損害를 바로 非財產的 損害라고 할 수는 없을 것이다. 이러한 점으로 보아 금전으로 평가할 수 없는 損害라고 하여 이를 모두 非財產的 損害 내지 精神的 損害라고 할 수는 없음을 알 수 있다. 즉, 본질적으로 財產的 損害이면서도 그 損害의 양을 금전적으로 환가하기가 곤란한 損害, 이른바 無形의 損害도 있을 수 있는 것이다. 따라서 종래 精神的 損害에 대한 賠償金의 의미로 사용되어 온 慰藉料(Schmerzensgeld)라는 용어 역시 이러한 무형의 손해에 대한 賠償金의 의미로는 사용될 수가 없을 것이다. 위의 판례 역시 그러한 慰藉料라는 용어를 사용하지 않고 단순히 「損害賠償額」이라고 하고 있다.[4)]

III. 慰藉料에 관한 立法例

慰藉料에 관한 각국의 입법태도는 일정하지 않다. 일본민법은 우리 민법 제750조에 해당하는 제709에서 "故意 또는 過失로 인하여 타인의 권리를 침해한 자는 이로 인하여 생긴 損害를 賠償할 책임이 있다"고 규정하여 불법행위로 인한 손해의 배상에 대하여 일

4) 財產的 損害의 성질을 지닌 無形의 損害는 法人에게만 발생할 수 있는 것이 아니고, 自然人에게도 명예나 신용이 훼손된 경우에는 발생할 수 있는 것이다. 그러나 自然人의 경우에는 법원이 수량적으로 평가하기 어려운 이러한 무형의 손해를 적당히 평가하여 이를 慰藉料 속에 포함시키는 방법을 취하는 것이 일반적이다(뒤에서 검토하는 慰藉料의 보완적 기능 참조). 그러나 法人의 경우에는 이러한 손해에 대한 배상을 慰藉料라는 명목으로 인정할 수는 없기 때문에 단지 그 산정방법만 慰藉料의 산정방법과 같은 방법을 취하게 되는 것이다.

반적인 규정을 두면서, 제710조에서는 "타인의 신체, 자유 또는 名譽를 해한 경우이든 財産權을 해한 경우이든 前條의 규정에 의하여 손해배상의 책임이 있는 자는 재산이외의 손해에 대해서도 그 賠償할 것을 요한다."고 규정하고 있다. 그리고 제711조에서는 "타인의 생명을 해한 자는 피해자의 부모, 배우자 및 子에 대하여는 그 財産權을 해하지 않은 경우에도 損害의 賠償을 하여야 한다"고 하여 우리 민법 제752조와 비슷하게 규정하고 있다.

독일민법은 제253조에서 非財産的 損害는 법률로 정해진 경우에만 그 배상을 청구할 수 있도록 규정하고 있다. 그러한 손해배상청구가 법률상 인정되는 경우로서 우선 동법 제847조를 들 수 있는데, 이 규정에서는 신체, 건강, 자유 및 부녀자의 정조의 침해의 경우에 非財産的 損害에 대한 배상청구를 인정하고 있다. 그리고 1979년에 신설된 여행계약에 관한 규정인 동법 제651조의f 제2항에 의하면 여행이 좌절되거나 현저히 저해된 경우에 여행자는 휴가기간이 무익하게 소모된 것에 대하여도 적절한 金錢賠償을 청구할 수 있도록 하고 있다. 한편 가족법 규정인 제1300조에는 동거중 파혼의 경우에도 非財産的 損害에 대한 賠償을 인정하고 있다. 독일민법과는 달리 프랑스민법에는 非財産的 損害를 財産的 損害와 특히 구분하여 규율하는 규정이 없다. 그래서 프랑스민법 제1382조의 규정, 즉 "過誤(faute)로 타인에게 손해를 발생시킨 자는 이를 배상할 의무가 있다"는 규정과 제1383조의 규정, 즉 "모든 사람은 그 행위뿐만 아니라 그 해태 또는 무사려에 의하여 발생한 손해에 대해서도 책임이 있다"는 규정의 「損害」 속에 財産的 損害와 非財産的 損害가 모두 포함되는 것으로 일반적으로 인정되고 있다. 한편 스위스민법에서는 財産的 損害에 대한 賠償과 精神的 損害에 대한 賠償을 구별하여 전자를 「Schadensersatz」, 후자를 「Genugtuung」이라고 부르고 있다. 이 「Genugtuung」은 피해자를 만족시킨다는 의미의 피해구제제도로서 스위스民法(제28조의a)은 인격이 침해된 경우에 다른 구제수단과 더불어 피해자에게 이러한 구제수단이 허용됨을 밝히고 있다. 그리고 스위스채무법은 제47조에서 생명 침해의 경우와 신체상해의 경우에 법관은 특별한 사정을 고려하여 사망자의 가족과 부상당한 피해자를 만족시키는데 적당한 금액(eine angemessene Geldsumme als Genugtuung)을 지급하도록 명할 수 있다고 규정하고 있고, 또 동법 제49조에는 위법하게 인격을 침해받은 자는 침해의 정도가 중대하거나 다른 방법으로 침해의 회복이 되지 않는 경우에는 마찬가지 의미의 금전의 지급을 청구할 권리를 가진다고 규정하고 있다. 이상에서 소개한 나라들의 법률은 그 입법태도나 방식이 각기 다르지만, 대체로 보아 독일민법이나 스위스민법은 人格的 法益을 침해한 경우에만 非財産的 損害에 대한 賠償

을 인정하는 반면에, 프랑스민법이나 일본민법은 人格的 法益 이외에 財産的 法益이 침해된 경우에도 非財産的 損害에 대한 배상을 인정하고 있는 점에서 각각 공통점을 가지고 있다고 볼 수 있다.

Ⅳ. 慰藉料의 법률상의 근거

1. 慰藉料請求權의 민법상의 근거

민법은 위에서 언급하였듯이 제751조에서 "타인의 신체, 자유 또는 명예를 해하거나 기타 정신상 고통을 가한 자는 재산이외의 손해에 대해서도 배상할 책임이 있다"고 규정하고 있고, 또 제752조에서는 "타인의 생명을 침해한 자는 피해자의 직계존속 및 직계비속, 배우자에 대하여는 재산상의 손해없는 경우에도 손해배상의 책임이 있다"고 규정함으로써 재산 이외의 손해, 즉 정신적 손해에 대하여 배상책임이 있는 경우를 규정하고 있다. 그렇다면 우리민법상 정신적 손해에 대한 賠償은 제751조나 제752조에 의하여 비로소 인정된 것으로 볼 것인가, 아니면 제750조의 손해배상에 이미 정신적 손해의 배상도 포함되어 있다고 볼 것인가?

이와 관련하여 독일민법(제253조)은 위에서 보았듯이 "재산손해가 아닌 손해는 법률로 정하여진 경우에만 금전에 의한 배상을 청구할 수 있다"고 규정하고 있다. 따라서 독일민법에 있어서는 정신적 손해에 대한 금전배상은 법률에 규정이 있는 경우에만 인정된다. 한편 우리민법에는 독일민법 제253조와 같은 규정은 없다. 그러나 우리민법도 제750조와 같은 손해배상에 관한 일반적인 규정 이외에 非財産的 損害의 賠償을 인정하는 제751조와 제752조의 규정 및 그 밖에 가족법상의 개별적인 규정(제806조, 제825조, 제843조, 제897조, 제908조 등)을 두고 있기 때문에, 제750조의 손해배상은 財産的 損害의 배상만을 의미하는 것으로 해석될 수 있는 여지가 있다. 그래서 종래 소수의 견해는 제750조의 損害는 財産的 損害에 대한 배상만을 의미하고 정신적 손해의 배상은 여기에 해당하지 않는다고 해석하고 있다. 즉, 이 견해는 제750조는 인격권과 財産權의 침해에 대한 財産的 損害의 배상규정이며, 제751조 제1항은 순전히 인격권침해에 대한 精神的 손해배상의 限定規定이라고 한다.[5] 생각건대 불법행위로 인하여 재산적 손해만이 발생하는

5) 曺圭昌, 「所有權侵害와 慰藉料請求權」, 論理와 直觀(曺圭昌 教授論文集), 1998, 482-483면.

것이 아니고 정신적 손해도 실제로 발생할 수 있음을 부인할 수 없고,[6] 또 정신적 손해에 대한 배상의 필요성 역시 부인할 수 없다면, 독일민법과 같이 정신적 손해에 대한 배상을 한정하는 규정이 없는 우리 민법하에서는, 제750조의 손해배상에는 정신적 손해에 대한 배상도 포함된다고 보는 것이 타당한 해석이라고 볼 수 있다.

2. 제750조와 제751조의 관계

제750조의 손해배상에 정신적 손해에 대한 배상도 포함되는 것으로 본다면, 불법행위로 인한 손해의 배상에 대하여 이렇게 일반적으로 규정하고 있는 제750조와 정신적 손해의 배상에 대하여 개별적으로 규정하고 있는 제751조나 제752조와의 관계는 어떻게 볼 것인가. 이에 대하여 종래의 유력한 견해는 정신적 손해에 대하여 규정하고 있는 제751조의 규정을 단순히 제750조에 대한 注意的 규정이라고 보아 왔다. 즉, 이 견해는 財産 이외의 損害 내지 精神的 損害는 제751조에 의하여 비로소 인정되는 것이 아니고 제750조에 의하여 인정되기 때문에, 제751조는 제750조의 「損害」 속에 精神的 損害도 포함됨을 注意的으로 규정한 것에 불과하다고 본다.[7] 그러나 제750조의 損害 속에 精神的 損害도 포함되어 있다고 하더라도, 제751조를 단순히 제750조의 損害 속에 精神的 損害도 포함되어 있음을 注意的으로 밝힌 규정으로만 보는 것은, 이 두 규정의 法文에 부합하는 해석이라고 할 수 없다.

제751조를 注意的 규정으로 보는 이러한 해석은 아마도 제751조에 해당하는 依用民法(즉 일본민법) 제710조에 대한 해석을 그대로 본받은 데서 연유하는 것이 아닌가 짐작된다. 그러나 제751조는 일본민법 제710조와 그 法文이 완전히 동일한 것이 아님을 주의할 필요가 있다.[8] 즉 일본민법 제710조는 "타인의 신체, 자유 또는 名譽를 해한 경우

6) 그러한 점에서 손해개념은 재산상의 손해뿐만 아니라 정신적 손해도 포함될 수 있도록 파악되어야 한다. 종래 손해개념을 「法益에 관하여 받는 不利益으로서 가해원인(불법행위 또는 채무불이행)이 없었더라면 존재하였을 이익상태와 가해가 있는 현재의 이익상태와의 差」로 파악하는 이른바 差額說의 입장에 따르면 정신적 손해는 손해에 포함될 수가 없기 때문에 손해개념에 대한 差額說의 입장은 타당하다고 할 수 없다. 따라서 손해개념은 정신적 손해까지도 포함될 수 있도록 「債務不履行이나 不法行爲로 인하여 人 또는 재산 등의 法益에 생긴 종래의 상태 또는 기대되는 상태와 비교하여 불이익이라고 생각되는 변화」로 파악하고 이를 금전으로 산정한 것을 손해액이라고 이해하는 것이 타당할 것으로 생각된다. 이에 대해서는 徐光民, 不法行爲의 歸責構造硏究, 1988, 112-117면 참조.

7) 郭潤直, 債權各論, 823면; 金曾漢·安二濬, 新債權各論, 842면. 同旨: 張在玉, 「慰藉料에 관한 몇 가지 고찰」, 李英俊博士華甲紀念論文集, 1999, 608면.

이든 財産權을 해한 경우이든 전조의 규정에 의하여 손해배상의 책임이 있는 자는 재산 이외의 손해에 대해서도 그 賠償할 것을 요한다."고 규정하고 있었다. 그리고 이 규정에서 말하는 「前條」, 즉 일본민법 제709조는 우리 민법 제750조에 해당하는 조문으로서 "故意 또는 過失로 인하여 타인의 권리를 침해한 자는 이로 인하여 생긴 損害를 배상할 책임이 있다"고 되어 있다.[9] 그런데 일본민법 제709조는 이처럼 「權利侵害」로 인하여 발생한 損害에 대해서만 不法行爲責任을 인정함으로써 신체, 자유, 名譽 등도 이 규정의 「權利」에 해당하는가에 대하여 의문이 있을 수 있기 때문에, 제710조에서는 신체, 자유 또는 名譽도 제709조의 권리에 해당한다는 것을 명백히 하였고, 동시에 이러한 인격적 權利를 침해한 경우 뿐만 아니라 財産權을 침해한 경우에도 그로 인하여 발생한 財産 이외의 損害에 대해서도 賠償할 책임이 있음을 명백히 밝힌 것이라고 한다.[10] 그러고 보면 일본민법 제710조는 동민법 제709조와 특별히 다른 내용을 규정하고 있다고는 볼 수 없다. 즉, 제710조는 결국 제709조에 의하여 不法行爲責任을 부담하는 자, 즉 故意나 過失로 타인의 권리를 침해한 자는 財産 이외의 損害에 대해서도 賠償責任을 부담한다는 것을 주의적으로 강조한 규정에 불과하다고 볼 수 있다.[11] 그러나 제751조와 제750조의 관계는 다음과 같은 점에서 그렇게 볼 수가 없다.

제751조는 그 법문의 내용으로 보아 타인의 신체, 자유 또는 名譽를 침해하거나 그 밖에 타인에게 정신상 고통을 가한 자는 財産上의 損害 이외의 損害에 대해서도 賠償責任을 지도록 하는 규정이다. 그리고 제751조는 財産 이외의 損害에 대해서도 賠償責任을 부담하는 요건으로서 「타인의 신체, 자유 또는 名譽를 해하거나 기타 정신상 고통을 가할 것」을 요구하고 있다. 그런데 제751조에 앞선 규정인 제750조는 "故意 또는 過失로 인한 위법행위로 타인에게 損害를 가한 자는 그 損害를 賠償할 책임이 있다"고 규정

8) 1957년 민의원법제사법위원회 民法案審議小委員會에서 발간한 民法案審議錄(441면)은 現行民法 제751조와 동일한 내용인 民法草案 제744조에 대하여 "현행법 제710조와 동일취지이나 제2항은 신설이다"라고 기술하고 있어서, 民法 제751조의 내용이 제2항의 신설규정을 제외하면 依用民法 제710조와 동일한 내용인 것처럼 보고 있으나, 民法 제751조의 제1항 내용 역시 그 법문상 依用民法 제710조와 완전히 동일한 것은 아니다.

9) 일본민법 제709조의 法文 역시 우리 民法 제750조의 법문과는 조금 다르다. 즉 일본민법에 있어서는 「故意 또는 過失로 인한 권리침해」를 不法行爲성립의 핵심적 요건으로 하고 있는데 반하여 民法 제750조는 「權利침해」 대신에 「違法行爲」를 不法行爲의 요건으로 하고 있다.

10) 森島昭夫, 不法行爲法講義, 1987, 439면 참조.

11) 일본민법 제710조는 同民法 제709조의 「損害」 중에 精神的 損害도 포함되어 있음을 注意的으로 설명하고 있는 것에 지나지 않는다고 이해하는 것이 종래 일본에 있어서의 통설의 입장이었다. 加藤一郎, 不法行爲, 1982, 231면; 幾代 通, 不法行爲, 1979, 261면 註2 등 참조.

하고 있다. 제750조와 제751조의 이와 같은 法文으로 보아 제750조와 제751조와의 관계는 다음과 같이 볼 수 있다. 즉, 제750조의 규정은 不法行爲責任의 성립요건에 관한 일반원칙을 정한 규정이고, 제751조는 제750조에 의하여 損害賠償責任을 부담하는 가해자가 특히 財産 이외의 損害에 대해서도 賠償責任을 지는 요건을 구체화하고 있는 규정이라고 볼 수 있다. 다시 말해서 제751조는 제750조의 규정을 전제로 하면서 제750조의 규정을 보충하는 규정이라고 볼 수 있다.

V. 財産權의 侵害 및 債務不履行에 있어서의 慰藉料

1. 財産權의 侵害에 있어서의 慰藉料

우리는 위에서 慰藉料請求權, 즉 정신적 손해에 대한 배상청구권은, 제751조나 제752조와 그 밖에 이를 규정하고 있는 개별적인 규정에 의하여 비로소 인정되는 것이 아니고 이미 제750조에 의하여 인정되지만, 제751조는 제750조의 규정을 전제로 하여 慰藉料請求權이 인정되는 경우 내지 요건을 구체화한 규정이라는 것을 확인하였다. 그런데 여기서 다시 제기되는 의문은 재산권이 침해된 경우에도 慰藉料請求權이 발생할 수 있는가 하는 점이다. 이러한 의문이 제기되는 이유는 민법이 제751조에서 慰藉料請求가 인정될 수 있는 요건을 정함에 있어서 "타인의 신체, 자유, 명예를 해하거나 기타 정신상 고통을 가한 자"라고 하여 피침해법익을 한정하지 않고 예시함으로써, 이 규정에 예시된 법익 이외의 법익이 침해된 경우에도 정신상의 손해에 대한 배상책임이 인정될 수 있도록 개방적으로 규정하고 있지만, 이 규정에 예시된 법익 이외의 법익에 재산권도 포함될 수 있는지가 분명치 않기 때문이다. 즉, 제751조의 해석상 이 규정에 예시되지 않은 법익이 침해됨으로써 정신적 고통을 가한 경우에도 손해배상책임이 발생한다는데 대해서는 의문의 여지가 없으나, 그 경우의 피침해법익은 이 규정에 예시된 법익과 유사한 법익, 즉 인격적 법익에 한하지 않겠는가 하는 의문이 생길 수 있다. 이와 관련하여 종래 소수의 견해는, 民法이 제751조에서 慰藉料請求權에 관하여 별도로 규정하고 있는 점에 비추어, 제750조는 인격권과 財産權의 침해에 대한 財産的 損害의 賠償규정으로 보고, 제751조는 순전히 인격권의 침해에 대한 精神的 損害의 賠償規定으로 봄으로써, 財産權이 침해된 경우에는 慰藉料의 청구가 인정될 수 없다고 한다.[12)]

생각건대 정신상의 고통 내지 精神的 損害는 제751조 제1항에 예시된 바의 신체나 자유나 명예와 같은 人格的 法益이 침해된 경우에 흔히 발생할 것이고, 또 이 규정상의 「기타 정신상 고통을 가한 자」라는 표현도 이 규정에 예시된 법익과 유사한 법익, 즉 신체나 자유나 명예와 유사한 「인격적 법익을 침해함으로써 타인에게 정신상 고통을 가한 자」를 의미하는 것으로 해석할 수도 있다. 그러나 정신상 고통은 반드시 인격적 법익이 침해된 경우에만 생기는 것은 아니고 財產權과 같은 권리가 침해된 경우에도 생길 수 있는 것이다. 그렇다면 「기타 정신상 고통을 가한 자」라는 표현도 「그밖의 인격적 법익을 침해함으로써 정신적 고통을 가한 자」라고 해석하는 것보다는 「어떠한 법익을 침해하든 타인에게 정신상의 고통을 가한 자」를 의미하는 것으로 해석하는 것이 타당한 것이다. 따라서 財產權이 침해된 경우에도 정신상의 고통이 발생되는 한 재산상의 손해에 대한 배상 이외에 정신상의 손해에 대한 배상도 인정되어야 할 것이다. 다만 財產權이 침해된 경우에 있어서는, 신체나 명예나 자유와 같은 人格的 法益이 침해된 경우와는 달리 財產的 損害만 발생하고 정신적 고통은 발생하지 않을 수도 있고, 또 비록 정신적 고통까지 발생한다고 하더라도, 재산상의 손해가 전보되면 정신상의 고통도 대부분 회복되는 것이 일반적이라고 볼 수 있다. 따라서 財產權이 침해된 경우에는, 財產的 損害의 배상만으로는 다 치유되지 않는 정신상의 손해가 남아있다고 인정되는 경우에만 慰藉料의 청구를 인정하여야 할 것이다.

판례 역시 이러한 입장을 취하여 財產權이 침해된 경우에는 財產的 損害의 배상에 의하여 일반적으로 정신적 고통도 회복되는 것으로 보고, 財產的 損害의 배상에 의해서도 회복될 수 없는 精神的 損害는 이를 특별한 사정에 의한 損害로 보아, 가해자가 그러한 사정을 알았거나 알 수 있었을 경우에만 慰藉料를 청구할 수 있다는 일관된 입장을 취하고 있다.[13] 아래에서 이에 관한 최근의 대법원판례를 몇 가지만 소개하기로 한다.

대법원은 부적법한 공탁에 기하여 기업자 명의의 원인무효의 소유권이전등기가 경료되고 다시 그 토지가 다른 사람에게 매도되어 순차로 소유권이전등기가 경료된 후에, 토지의 진정한 소유자인 원래의 소유자가 최종매수인을 상대로 말소등기 청구소송을 제기하여 그 소유자 승소의 판결이 확정되자, 피해를 본 최종매수인이 재산상의 손해와 더불어 精神的 損害의 배상으로 慰藉料를 청구한 사건에서, 다음과 같이 위자료청구를 부인

12) 曺圭昌, 위의 논문(註5), 480-481면 참조.

13) 본문에서 소개하는 판례외에 이러한 입장을 취하는 최근의 판례들을 소개하면 다음과 같다. 大判 1995. 5. 12, 94다25551; 大判 1994. 12. 13, 93다59779; 大判 1992. 5. 26, 91다38334 ; 大判 1991. 12. 10, 91다25628; 大判 1991. 6. 11, 90다20206; 大判 1990. 1. 12, 88다카28518; 大判 1988. 3. 22, 87다카1096 등.

하고 있다.[14]

"재산상의 손해로 인하여 받는 정신적 고통은 그로 인하여 재산상 손해의 배상만으로는 전보될 수 없을 정도의 심대한 것이라고 볼 만한 특별한 사정이 없는 한 재산상 손해배상으로써 이는 위자된다 할 것인데, 원고 ○○○ 등이 토지 매수를 위하여 금원을 지출한 후 오랜 기간이 지나 그 소유자에게 소유권을 추급당하였고 그 지상의 건물이 철거될 운명에 있으며 오랜 기간 동안 등귀한 토지가격과 매수대금과의 차이가 크다는 이유만으로는 위와 같은 특별한 사정이 있다고 볼 수 없다."

대법원은 영업비밀의 침해로 인하여 財産權이 침해된 경우에 있어서도 동일한 입장에서 慰藉料의 청구를 인용한 원심판결을 파기환송하고 있다.[15]

"위와 같은 영업비밀 침해로 인하여 원고의 영업매출액이 감소한 결과 입게 된 정신적 고통을 위자할 의무가 있다고 하기 위하여는, 원고에게 위에서 설시한 바와 같은 특별한 사정이 있고, 피고가 이를 알았거나 알 수 있었어야 할 것인데, 원고 스스로는 영업매출액의 감소로 인하여 정신적 고통을 받았다고 하고 있을 뿐이고, 위에서 원심이 설시한 사실에 의하더라도, 피고는 위의 영업비밀을 사용하여 경화제를 생산한 후 자신의 상품으로 이를 판매하였고 달리 원고의 영업이나 상품의 신용을 실추하게 한 것은 아니라고 할 것인데도, 원심이 위와 같은 특별한 사정에 관하여 아무런 심리판단이나 설시를 하지 아니한 채 만연히 피고가 원고의 영업매출액 감소로 인하여 입은 정신적 고통에 대하여도 위자할 의무가 있다고 판단하였으니, 이는 특별한 사정으로 인한 손해에 관한 법리오해와 심리미진 내지 이유불비의 위법을 저지른 것이라고 할 것이다."

대법원은 高價의 民畵가 들어 있는 이삿짐을 비 오는 곳에 며칠간 방치하여 훼손됨으로써 정신적 고통을 입은 사건에서에서도 마찬가지의 입장에서 慰藉料의 청구를 인용한 원심판결을 파기 환송하고 있다.[16]

"피고들에게 원고가 평소 소장해 왔던 고가의 골동품 등이 훼손됨으로써 입게 된 정신적 고통을 금전으로 위자할 의무가 있다고 하기 위하여는 피고들이 위와 같은 특별한 사정, 즉 원

14) 大判 1998. 7. 10, 96다38971.
15) 大判 1996. 11. 26, 96다31574.
16) 大判 1992. 5. 26, 91다38334.

고 주장과 같이 고가품이 이사짐에 포함되어 있었다는 사정을 알았거나 알 수 있었어야 할 것인바, 원심은 이러한 점에 관하여 아무런 심리판단을 하지 않은 채 만연히 피고들에게 원고가 골동품훼손으로 인하여 받은 정신적 고통에 대하여도 금전으로 위자할 의무가 있다고 판단한 것은 특별한 사정으로 인한 손해에 관한 법리오해와 심리미진 내지 이유불비의 위법을 저지른 것이다."

대법원의 이러한 입장은 부당소송으로 인하여 정신적 고통을 받은 경우에 대해서도 다음과 같이 나타나고 있다.[17)]

"그리고 이와 같은 법리는 이른바 소송절차에 의한 불법행위의 경우에 있어서도 같다고 볼 것이고, 부당소송을 당한 상대방이 입게 되는 정신상의 고통은 통상 당해 소송에서 승소하는 것에 의하여 회복되고 승소하여도 회복할 수 없는 정신적 고통은 특별사정으로 인한 손해라고 볼 것이므로(당원 1978. 12. 13. 선고 78다1542 판결 참조), 이 사건에서 원고는 피고들의 부당소송으로 인하여 입은 경제적 손실에 대하여는 당연히 그 배상을 청구할 수 있다고 볼 것이나, 이로 인한 위자료청구가 인용되기 위해서는 승소나 재산적 손해의 배상만으로는 회복될 수 없는 정신적 고통을 입었다고 인정될 만한 특별사정의 존재와 그러한 특별사정에 대한 피고들의 예견가능성이 전제되어야 할 것이다."

이상에서 보았듯이 대법원은 財産權의 침해로 발생한 정신적 고통은 財産的 損害의 賠償에 의하여 일반적으로 회복되는 것으로 보고, 財産的 損害의 賠償에 의해서도 회복되지 않는 정신상의 損害는 이를 특별한 損害로 보아, 특별한 사정에 대한 가해자의 인식가능성이 있는 경우에만 이에 대한 賠償을 인정하고 있다. 그러고 보면 판례는 財産權의 침해에 있어서 財産的 損害의 賠償에 의해서도 회복되지 않는 정신상의 損害 내지 정신상의 고통은 民法 제393조(제763조에 의하여 不法行爲責任에 준용)에 규정된 바의 특별사정으로 인한 損害로 취급하고 있는 것이다. 따라서 慰藉料를 청구하는 자는 가해자가 그러한 특별한 사정을 인식하였거나 인식가능하였다는 사실을 입증하여야 한다.

그런데 대법원은 다음과 같은 경우에는, 財産權의 침해로 인한 정신상 損害의 발생을 경험칙상 인정함으로써, 정신상 損害가 발생하는 특별한 사정에 대한 가해자의 인식가능성을 요구함이 없이 慰藉料의 청구를 인정하고 있다.

즉, 건물신축공사로 임대중인 이웃건물이 훼손된 사건의 판결에서 대법원은 다음과

17) 大判 1994. 9. 9, 93다50116.

같이 설시하고 있다.[18)]

"원고로서는 위 공사기간 동안 임차인이 거주하는 원고소유의 주택이 2차에 걸쳐 파손되다가 급기야 신축건물의 5층 옥탑이 무너져내려 그 벽돌이 지붕과 거실, 천정까지 파손되는 사고를 입는 등 계속적인 손해를 입는 상황이었으므로 원고가 거주하지 않고는 있어도 가옥파괴와 세입자의 생명, 신체, 재산침해에 대한 불안으로 인하여 정신적 고통이 있었을 것임은 경험칙상 능히 인정되는 바이다."

대법원의 이러한 입장은 조부모의 묘가 설치되어 있는 임야를 타인이 복구가 불가능할 정도로 훼손한 경우에 있어서도 다음과 같이 나타나고 있다.[19)]

"원심이 적법하게 확정한 바에 의하면, 이 사건 임야는 원고의 조부모 묘가 설치되어 있는 임야인데, 피고는 산림훼손허가 등 적법한 절차를 거치지 아니한 채 1989. 10. 10.부터 같은 해 12. 19.까지 사이에 원고 소유의 이 사건 임야 27,868 평방미터 중 11,478 평방미터에서 중장비인 포크레인과 덤프트럭을 사용하여 약 52,038 입방미터의 토석을 굴취하여 이 사건 임야를 훼손하였다는 것인 바, 이에 의하면 피고가 이 사건 임야를 훼손함에 있어 적법한 절차를 거치지 아니하였음은 물론 그 훼손정도도 전체면적의 41%에 이를 정도로 광범위한데다가, 원심이 채용한 증거들에 의하면 그 피해정도가 심하여 그 원상회복을 위한 복구비만도 당해 임야의 교환가격을 훨씬 초과하는 과다한 것이고, 이 사건 임야는 원고의 조부모의 묘가 설치되어 있음에도 불구하고 이 때문에 원상복구가 불가능하여 흉하게 훼손된 상태대로 계속 남게 되어 있음을 알아볼 수 있으므로, 피고의 이 사건 임야의 훼손행위로 말미암아 이 사건 임야의 소유자인 원고가 그 재산상 손해의 배상이나 피고로부터 그가 얻은 이득을 반환받음에 의하여 회복될 수 없는 정신적 고통을 받았다고 보아야 할 것이다. 따라서 원심이 이 사건 임야가 훼손됨으로써 원고가 입은 정신적 고통은 재산상 손해의 배상에 의하여 회복될 수 없는 특별한 사정으로 인한 손해로 본 다음, 이 사건 임야에 원고의 조부모 묘소가 있다는 것만으로는 이러한 특별한 사정에 해당한다고 보기 어렵고, 달리 이 사건에서 특별한 사정으로 인한 손해가 발생하였고 또 피고가 이를 알았거나 알 수 있었다는 점에 관하여 아무런 주장 입증이 없다 하여 원고의 위자료청구를 배척한 것은 심리를 미진하였거나 채증법칙을 위배한 잘못이 있다"

18) 大判 1993. 12. 24, 93다45213. 同旨: 大判 1992. 12. 8, 92다34162.
19) 大判 1995. 5. 12, 94다25551.

그런데 대법원이 이처럼 정신상의 손해가 발생한 것을 경험칙상 인정함으로써, 정신상 損害가 발생하는 특별한 사정에 대한 가해자의 인식가능성을 요구함이 없이 慰藉料의 청구를 인정하고 있는 경우들은, 어떻게 보면 침해 자체가 財産權에 대해서만 발생한 것이 아니고, 財産權을 침해함과 동시에 생활의 안온, 분묘의 주변환경에 대한 관념적 이익 등 피해자의 인격적 내지는 非財産的 法益까지도 침해한 경우라고 볼 수 있다. 이러한 입장은 백화점의 사기세일사건의 하급심판결에서도 더욱 분명하게 나타나고 있다. 즉, 법원은 이 사건의 판결에서 다음과 같이 설시하고 있다.[20]

> "대형백화점이 세일과 같이 고도의 사회적 신뢰에 기하여 이루어지는 거래에 있어서 그 거래의 내용이 사회적 신뢰에 어긋나는 것일 때에는 거래의 상대방은 재산적 이익을 침해당하는 손해 이외에 그와 같은 고도의 신뢰를 침해당한 데에 따른 별도의 정신적 고통을 받게 된다 할 것인바 이러한 고도의 사회적 신뢰를 공유함으로써 그 사회의 구성원인 개인들이 누리는 안정감 내지 신뢰감, 자존심 그리고 명예감정 등은 법이 마땅히 보호하여야 할 인격적 법익에 해당한다 할 것이다. …백화점과의 거래에서 누리게 되는 안정감 내지 신뢰감과 자존심 그리고 명예감정 등이 훼손되었다 할 것이므로 이는 단순히 재산권의 침해에만 해당되지 아니하고 인격적 법익의 침해도 된다고 보아야 할 것이어서 이로 인하여 상당한 정신적 고통을 받았을 것임은 경험칙상 명백하다 할 것이다."

이 밖에도 財産權이 침해된 일반적인 경우와는 달리 취급하여 精神的 損害의 발생을 경험칙상 인정하여야 하는 경우로는 財産權의 침해방법이 현저히 고의적이고 비도덕적인 경우를 들 수 있을 것이다. 그러한 경우에도 피해자가 財産權이 침해되는 일반적인 경우와는 달리 財産的 損害의 賠償만으로 회복될 수 없는 정신적 고통을 받게 된다는 것을 경험칙상 인정할 수 있기 때문이다.[21]

2. 債務不履行의 경우에 있어서의 慰藉料請求

(1) 慰藉料청구의 인정가능성

債務不履行으로 채권자가 정신적 고통을 입은 경우에도 손해배상청구가 인정되는

---

20) 서울高判 1992. 10. 30, 92나23102 참조.

21) 同旨: 黃貞根, 「不法行爲로 인한 財産權의 침해에 대한 慰藉料請求」, 民事判例硏究 16권, 256면.

가? 이러한 의문이 제기되는 이유는, 민법이 불법행위 및 가족관계와 관련해서는 위에서 본 바와 같이 정신적 손해에 대한 배상규정을 두고 있지만, 채무불이행에 대해서는 정신적 손해의 배상을 인정하는 특별한 규정을 두고 있지 않기 때문이다. 이러한 점을 중시하여 종래 소수의 견해는 債務不履行의 경우에는 精神的 損害의 賠償을 인정하지 않겠다는 것이 입법자의 의사로 보아야 한다고 주장한다.[22] 그리고 이 견해는 不法行爲被害自의 정신적 고통은 「본인이 예상하지 못한 不意의 고통」임에 반하여, 債務不履行으로 인한 채권자의 정신적 고통은 「본인이 자초한 이른바 사회통념상 忍容된 고통」이므로, 債務不履行으로 인한 채권자의 정신적 고통은 손해배상청구의 대상이 될 수 없다고 한다.[23]

이에 대하여 지배적인 견해는 精神的 損害에 관하여 不法行爲와 債務不履行간에 차이를 두어야할 아무런 이유가 없다는 이유로 債務不履行의 경우에도 精神的 損害의 賠償을 인정한다.[24] 판례 역시 債務不履行의 경우에도 精神的 損害의 賠償을 인정한다. 그러나 판례는 債務不履行으로 인하여 채권자가 입은 정신적 고통은 財産權을 침해한 不法行爲의 경우에서와 마찬가지로 財産上의 損害의 賠償에 의하여 회복되는 것으로 보고, 財産的인 損害의 賠償에 의해서도 회복되지 않는 精神的 損害는 특별한 사정으로 인한 損害로 보아, 특별한 사정이 있고 특별한 사정에 대한 채무자의 인식가능성이 인정되는 경우에만 그 賠償을 인정하려고 한다. 즉 대법원은 위임계약에 있어서의 수임인의 債務不履行과 관련하여 다음과 같이 설시하고 있다.[25]

> "일반적으로 위임계약에 있어서 수임인의 채무불이행으로 인하여 위임의 목적을 달성할 수 없게 되어 손해가 발생한 경우, 이로 인하여 위임인이 받은 정신적인 고통은 그 재산적 손해에 대한 배상이 이루어짐으로써 회복된다고 보아야 할 것이고, 위임인이 재산적 손해에 대한 배상만으로는 회복될 수 없는 정신적 고통을 입었다는 특별한 사정이 있고, 수임인이 그와 같은 사정을 알았거나 알 수 있었을 경우에 한하여 정신적 고통에 대한 위자료를 인정할 수 있다"

대법원은 도급계약이나[26] 임대차계약에[27] 있어서의 債務不履行과 관련해서도 마찬

---

22) 曺圭昌, 「債務不履行과 精神的 損害賠償」, 註5의 논문집, 286면.

23) 曺圭昌, 위의 논문, 293면.

24) 郭潤直, 債權總論, 197면; 金容漢, 債權總論, 194면; 金曾漢・金學東, 債權總論, 127면; 金亨培, 債權總論, 242면; 玄勝鍾, 債權總論, 156면 등 참조.

25) 大判 1996. 12. 10, 96다36289. 同旨: 大判 1980. 10. 14, 80다1449.

26) 大判 1997. 2. 25, 96다45436; 大判 1996. 6. 11, 95다12798; 大判 1993. 11. 9, 93다19115.

가지 입장을 취하고 있다. 그러나 대법원은 이처럼 債務不履行의 경우에도 債權者가 財産的 損害의 배상만으로는 회복될 수 없는 정신적 고통을 입었다는 특별한 사정 및 이에 대한 債務者의 인식가능성이 있는 경우에는 慰藉料請求가 허용된다고 하면서도, 그러한 특별한 사정 및 특별한 사정에 대한 채무자의 인식가능성이 없다는 점을 이유로 慰藉料請求를 부인하는 것이 일반적이고, 실제로 慰藉料請求를 인용한 예는 찾아보기 힘들다. 그런데 한 하급심법원은 결혼식장면의 녹화를 의뢰 받은 사진관의 녹화기사가 결혼식장면을 제대로 녹화하지 못하여 영상재생이 선명치 않게 된 사건에서, 다음과 같이 신랑 신부가 정신적 고통을 받았음을 경험칙상 인정하고 사진관에 대하여 손해배상의무를 인정하고 있다.[28]

> "피고는 원고들에게 피고의 녹화작업이행보조자인 녹화기사가 원고들의 결혼식장면을 제대로 녹화하지 못함으로 인하여 원고들이 입은 손해를 배상할 책임이 있다 할 것이다. 나아가 피고가 원고들에게 배상하여야 할 손해액에 관하여 보건대 위와 같이 결혼식 장면의 녹화가 제대로 되지 아니하여 원고들이 정신적 고통을 받았을 것임은 경험칙상 명백하므로 피고는 이를 금전으로나마 위자할 의무가 있다할 것인 바 위에서 인정한 여러 가지 사정과 그밖에 변론에 나타난 사정들을 참작하면 위자료액은 원고들에 대하여 각 금 1백만원으로 정함이 상당하다 할 것이다."

살피건대 이 판결의 사안과 같은 불완전이행의 경우에 채권자에게 발생하는 財産上의 損害는(이 판결에서는 이에 대해서는 언급을 하고 있지 않다) 이미 지불하였거나 지불하기로 약속한 녹화대금에 불과하겠지만, 이 사안에서 신랑 신부가 不完全履行을 이유로 하여 약속한 녹화대금을 일부 내지 전부 지불하지 않거나, 또는 이미 지불한 녹화대금을 일부 내지 전부 반환받는다고 하더라도, 결혼식 장면을 새로 녹화하는 것이 불가능하기 때문에 이들의 정신상의 고통이 치유될 수는 없는 것이다. 이처럼 이러한 경우의 精神的인 損害는 財産的 損害의 賠償에 의하여 회복될 수도 없을 뿐만 아니라, 이러한 경우에 문제되는 損害는 오히려 財産上의 損害가 아니고 精神的 損害라고 볼 수 있다. 따라서 이러한 債務不履行의 경우에는 채권자가 財産的 損害의 賠償만으로 치유될 수 없는 정신상의 고통을 받게 됨은 이 판결도 정당하게 인정하였듯이 경험칙상 어렵지 않게 인정할 수 있는 것이다.

---

27) 大判 1994. 12. 13, 93다59779 참조.
28) 서울民事地判 1990. 2. 7, 89가합54840.

하급심은 이른바 「우산꼭지사건」으로 세간에 알려졌던 채무불이행사건에서도 정신적 손해의 배상으로 慰藉料請求를 인정하고 있다. 이 사건은 우산꼭지가 떨어져 나간 우산을 판 매도인이 매수인에게 우산꼭지를 구해놓겠다고 약속을 하고서도 번번이 약속을 어김으로써 매수인이 정신적 고통을 받고 손해배상을 청구한 사건이다.[29] 즉, 76세 된 노인이 종로거리를 걸어가는 중에 갑자기 비가 오자 도로변 상점에 들어가 8,500원에 우산을 하나 사서 쓰고 가다가 우산꼭지가 없음을 발견하고 되돌아와 이를 상점주인에게 고지하자, 매도인은 다음날 오면 꼭지를 구해놓겠다고 약속을 하였다. 노인은 이 말을 믿고 그 다음날 갔으나 상점주인은 전날 한 약속을 지키지 않고 다시 다음날 오면 우산 꼭지를 구해 놓겠다고 하였다. 노인은 그 후에도 여러차례 그 상점을 찾아 갔으나 상점주인은 그때마다 번번이 약속을 지키지 않았다. 노인은 이로 인하여 심한 배신감과 울화로 급기야 위장병이 생겨 1개월간 병원에서 치료를 받게 되었다. 이에 노인은 우산의 하자보수청구와 50만원의 손해배상청구소송을 제기하였다. 이 사건의 제1심에서는 우산하자보수청구만을 인정하고 손해배상청구는 배척하였다. 그러나 항소심에서는 원고가 입은 정신적 고통에 대한 慰藉料로 25만원의 지급을 명하였다. 살피건대 이 사건의 원고 역시 피고의 배신적 채무불이행으로 인하여 심한 정신적 고통을 받았음은 경험칙상 쉽게 알 수 있다.

위의 두 하급심판결에서 문제된 사안은, 債務不履行에 있어서도 경우에 따라 財産的 損害의 賠償만으로 회복될 수 없는 精神的 損害가 발생할 수 있다는 사실과 그러한 精神的 損害에 대하여 賠償할 필요가 있다는 사실을 잘 말하여 주는 구체적인 예라고 할 수 있다. 그리고 醫療事故나 여객운송사고로 인한 精神的 損害에 대한 賠償責任 역시 계약상의 債務不履行責任으로도 물을 수 있는 일이고 보면[30] 債務不履行의 경우에도 精神的 損害의 배상필요성은 얼마든지 인정될 수 있는 것이다.

債務不履行의 경우에도 慰藉料請求가 필요함은 외국의 입법례나 법실무를 통해서도 알 수 있다. 즉, 일정한 경우에만 非財産的 損害의 賠償을 인정하는 독일민법도 1979년에 신설된 여행계약에 관한 규정인 제651조의f 제2항에서 "여행이 좌절되거나 현저히 저

29) 서울地判 1990. 6. 19, 90나10307.

30) 열차의 승강구에 매달려 가던 승객이 추락하여 사망한 사건에서 대법원은, 망인의 유족들이 不法行爲를 이유로 하지 않고 상법상의 여객운송계약의 不履行을 이유로 하여 그들이 받은 정신적 고통에 대한 慰藉料를 청구하는 것은 유족들이 여객운송계약의 당사자가 아니기 때문에 인용될 수 없다고 하였다(大判 1982. 7. 13, 82다카278; 同旨: 大判 1974. 11. 12, 74다997). 따라서 이러한 경우에 만약 운송계약의 당사자가 부상을 당하여 운송계약의 불완전이행을 이유로 慰藉料를 청구하였더라면 대법원은 이를 인용하였으리라는 것을 짐작할 수 있다.

해된 경우에 여행자는 휴가기간이 무익하게 소모된 것에 대하여도 적절한 金錢賠償을 청구할 수 있다"고 규정하고 있다. 이 규정에서 賠償의 대상이 되는 損害가 非財產的 損害 내지 精神的 損害임에 틀림이 없다면, 독일민법의 이 규정 역시 債務不履行의 경우에도 精神的 損害의 배상필요성이 있을 수 있음을 말하여 주는 예라고 할 수 있다. 한편 不法行爲에 대해서만 慰藉料(Genugtuung)의 청구를 인정하고 계약법에는 慰藉料請求權에 관한 규정을 두고 있지 않은 스위스채무법에서도 법실무에서는 넓은 의미의 손해배상속에는 慰藉料도 포함되어 있는 것으로 해석함으로써 계약침해의 정도가 심하거나 유책성의 정도가 심한 경우에는, 債務不履行으로 인한 손해배상에 非財產的 침해에 대한 전보도 포함시키고 있다.[31)]

(2) 法律上의 根據

위에서 살핀 여러 가지 점으로 보아 債務不履行의 경우에도 소수견해처럼 精神的 損害의 배상가능성을 전면적으로 부정하는 것은 바람직하지 못하고, 精神的 損害의 배상가능성은 인정하되 구체적인 경우에 배상을 필요로 할 정도의 정신적 고통이 발생하였는가 하는 것은 경험칙에 따라 법관이 판단하도록 하여야 할 것이다. 그런데 이처럼 債務不履行의 경우에도 채권자가 財產的인 損害의 賠償만으로 회복될 수 없는 정신상의 고통을 받은 경우에는, 慰藉料請求를 인정한다고 하더라도 그 법적 근거를 어디서 찾을 것인가 하는 문제는 남는다. 不法行爲의 경우에는 제750조의 일반규정과 제751조의 보충규정에 의하여 慰藉料請求를 인정하면 되지만, 債務不履行의 경우에는 손해배상책임을 일반적으로 규정하는 제390조의 규정은 있지만 慰藉料請求權에 대하여 특별히 규정하는 제751조나 제752조와 같은 보충규정은 없기 때문이다. 그러나 정신적 고통 내지 정신적 손해는 채무불이행으로 인해서도 발생할 수 있는 일이고, 또 그러한 정신적 손해 역시 배상의 필요가 있는 일이고 보면, 제390조의 손해의 배상에는 정신적 손해의 배상도 포함된다고 하여야 한다. 그리고 그러한 정신적 고통 내지 정신적 손해 역시 債務者의 故意 또는 過失로 인한 위법한 행위로 생긴 고통이라는 점에서, 不法行爲로 피해자가 받는 정신적 고통과 공통점이 있는 것이다. 그렇다면 債務不履行으로 생긴 정신적 고통에 대해서도 제751조의 규정이 類推適用될 수 있을 것이다. 그렇다면 債務不履行의 경우의 精神的 損害에 대해서도 제390조와 제751조의 유추적용에 의하여 慰藉料請求가 인정될

31) Eugen Bucher, Schweizerisches Obligationenrecht Allgemeiner Teil, 2. Aufl., 1988, 349면 참조.

수 있을 것이다.[32]

Ⅵ. 慰藉料의 法的 性質

慰藉料의 法的 性質의 문제는 慰藉料 역시 財産的 損害에 대한 배상의 경우와 마찬가지로 일종의 손해배상금으로 볼 것인가, 아니면 이와는 다른 성질을 가진 것으로 볼 것인가 하는 문제이다. 이에 대해서는 크게 私的 制裁(私的 刑罰)로 보는 견해와 損害賠償(損害塡補)으로 보는 견해가 있다.

1. 私的 制裁說

이 학설은 慰藉料를 刑事責任과 民事責任이 분화되기 이전의 복수관념의 산물로 보고, 慰藉料를 타인에게 불법을 저지른 자에 대한 私的 制裁 내지 私的 刑罰로 본다. 이러한 견해는 일본의 학자들 중에 많이 찾아 볼 수 있는데 여기서 한 두 학자의 견해만 소개하기로 한다. 우선 1930년대 초반에 주장된 戒能通孝의 견해를 보면, 그는 精神的 損害의 賠償을 制裁가 아니고 순수한 손해배상으로 생각하는 것은 민사책임과 형사책임을 명확히 분화하려고 하는 시대사상의 반영일뿐으로 본다. 그래서 그는 시대조류로부터 일보 떨어져서 생각하면 慰藉料를 「손해배상의 색채를 입은 刑罰」로 보는 것이 가능하다고 한다.[33] 그리고 1970년대에 와서 공해문제를 염두에 두고 제재설의 입장을 취하는 일본의 花谷 薰은,[34] 종래의 통설이 손해의 공평한 부담이라는 것을 강조한 나머지 不法行爲制度가 不法行爲의 民事責任을 추구하기 위한 제도라는 것을 망각함으로써 행위에 대한 비난성이 점점 없어져 간다고 보고 慰藉料의 제재적 성질을 강조한다. 그래서 그는

32) 학설은 일반적으로 제751조와 제752조의 규정을 債務不履行의 경우에도 유추적용하려고 하는 반면 판례는 적어도 제752조의 규정의 유추적용에 대해서는 부정적인 입장을 취하는 것으로 보인다. 즉, 바로 위에서 소개한 바 있는 열차승객 추락사사건의 판결에서, 대법원은 정신상의 고통을 받은 유족들이 不法行爲를 이유로 하지 않고 상법상의 여객운송계약의 불이행을 이유로 慰藉料請求를 하는 것은, 그들이 여객운송계약의 당사자가 아니기 때문에 여객운송계약의 불이행을 이유로 하여 慰藉料請求를 할 수 없다고 하였다(大判 1982. 7. 13, 82다카278; 同旨: 大判 1974. 11. 12, 74다997). 만약 대법원이 이 판결에서 제752조의 규정을 類推適用하였거나, 또는 유족들이 債務不履行을 이유로 하지 않고 不法行爲를 이유로 하여 제752조에 의하여 慰藉料請求를 하였더라면, 慰藉料청구가 인정되었으리라는 것을 짐작할 수 있다.

33) 戒能通孝, 「不法行爲における無形損害の賠償請求權」, 法協50卷2号(1932), 43면 이하 참조.

34) 花谷 薰, 「慰藉料の制裁的機能にする再評價をめぐて」, 法と政治 24卷3号(1973), 396면 이하 참조.

慰藉料를 금전배상이라는 형태를 가진 制裁로 보지만 이를 형법상의 처벌과는 다른 民事制裁로 파악한다. 그리고 이 견해는 이러한 民事制裁에 의하여 형사벌의 남용을 방지할 수 있기 때문에 근대법의 취지에도 부합한다고 한다. 이 밖에도 일본에는 1960년대 후반부터 제재설을 지지하는 학자가 점차 늘어가고 있는데[35] 그렇게 된 배경으로는 다음과 같은 사정이 지적되고 있다.[36] 즉 교통사고나 공해사건 같은 경우에 있어서는 慰藉料의 역할이 증대하는데다가 이제까지의 손해배상론은 특히 사고의 억제에 대해서는 불충분하였다는 인식이 강해지고 있는 점, 그리고 특히 영미법에 대한 비교법적인 연구의 결과, 制裁를 중시하는 것이 근대적 손해배상법에 반한다는 종래의 관념이 반성되기 시작하였다는 점이다.

최근에 와서는 우리나라에서도 慰藉料를 사적 제재로 보는 견해들을 찾아볼 수 있는데 이들은 다음과 같은 점들을 그 이론적 근거로 들고 있다.[37] 즉, ① 정신적 고통을 느낄 수 없는 유아나 정신장애자에게도 慰藉料가 인정된다는 점, ② 慰藉料를 손해배상금이라고 하기 위해서는 우선 損害가 양적으로 측정가능하여야 하는데 精神的 損害는 양적 측정이 불가능하다는 점, ③ 慰藉料額은 加害行爲의 성질과 정도에 응하여 결정된다는 점, ④ 초상권이나 프라이버시 같은 인격권의 침해의 경우에 대하여 아직 형법적 보호가 없는 것은 형법의 보충성의 원칙에 따라 과잉입법을 피하고 형벌 이외의 다른 수단에 의하여 그러한 법익을 보호하려는 것인데, 이러한 법익의 침해에 대하여 인정되는 慰藉料에 제재적 요소를 인정하면 형법의 보충성의 원칙을 충족시키면서도 인격권의 보호가 약화되는 것을 막을 수 있다는 점, ⑤ 慰藉料를 지급하였다고 하여 전과범으로 취급되지도 않으며, 慰藉料는 형벌로서의 벌금처럼 국가에 귀속되지도 않기 때문에 慰藉料를 사적 제재로 본다고 하여 이중처벌이 되는 것도 아니라는 점, ⑥ 일반대기업이나 또는 언론기업 등은 영리를 추구하는 나머지 不法行爲를 통하여 얻는 이익이 손해배상책임의 부담에 의하여 발생하는 손실보다 큰 경우에는, 손해배상책임의 부담을 예상하면서도 不法行爲를 감행하는 경향이 있는데, 사적 제재로서의 慰藉料를 인정하게 되면 대기업의 이러한 행태를 방지할 수 있다는 점 등이 우리나라에서 사적 제재설을 취하는 분들이 제시하는 근거이다. 한편 慰藉料를 이처럼 가해행위에 대한 제재수단으로만 파악하지는 않

35) 制裁說을 취하는 많은 일본학자들의 견해의 소개에 대해서는 張在玉, 위의 논문(註7), 622면 이하 참조.

36) 吉村良一, 「慰藉料請求權」, 民法講座 6, 1985, 434면 참조.

37) 李命甲, 「制裁的 慰藉料의 立論(Ⅰ)」, 司法行政 1987. 3, 26-28면; 張在玉, 위의 논문(註7), 622면 이하 참조.

으면서도, 慰藉料請求權이 정신적 고통을 감지하지 못하는 자에게도 인정되는 점을 들어 慰藉料를 精神的 損害의 塡補로만 볼 수는 없고 가해자에 대한 제재로도 이해하여야 한다는 견해도 있다.[38]

2. 損害賠償說

이 학설은 우리나라에 있어서 종래의 통설적인 견해로서 慰藉料를 손해배상으로 이해한다.[39] 그리고 慰藉料를 손해배상으로 보아야 할 이유로서 다음과 같은 점들을 들고 있다.

첫째, 精神的 損害는 財産的 損害와 같이 금액으로 평가하지 못하고, 또 財産的 損害의 賠償에서와 같이 損害와 등가적인 물건을 급부함으로써 원상회복을 하거나 損害를 전보하는 것은 불가능하지만, 慰藉料를 받아서 이를 생활에 필요한 물품을 입수하거나, 채무를 변제하거나, 저축을 하거나 그 밖의 생활의 위안을 얻음으로써 정신적 고통이 경감되거나 완화된다면, 그러한 한도에서 금전에 의한 精神的 損害의 塡補 내지 賠償可能性이 인정될 수 있다.[40]

둘째, 慰藉料를 산정함에 있어서 輕過失의 경우보다 故意의 경우나 重過失의 경우가 慰藉料額이 많아지겠지만, 이는 가해자의 비난가능성이 크기 때문에 더 큰 제재를 가한다고만 볼 것이 아니고, 그 만큼 피해자의 고통이 크기 때문에 慰藉料額數가 많아진 것이라고 볼 수 있다.[41]

셋째, 精神的 損害의 賠償에 있어서는 財産的 損害의 賠償에서와는 달리 가해자측의 사정도 고려되는데, 이는 정신적 고통 내지 精神的 損害의 정도는 가해자측의 사정에 영향을 받기 때문에, 가해자측의 사정도 고려하여 慰藉料額을 정하여야 損害의 공평한 조정이 될 수 있다.[42]

---

38) 金基善, 韓國債權法各論, 320면. 韓琫熙 교수 역시 慰藉料를 손해배상으로 보면서도 慰藉料에 制裁的 성질이 완전히 제거된 것으로는 볼 수 없다는 견해를 취하고 있다(韓琫熙, 「慰藉料請求權의 제문제」, 安二濬博士華甲記念論文集, 1986, 298면).

39) 郭潤直, 債權各論, 822면; 金曾漢 · 安二濬, 新債權各論, 841면; 金錫宇, 債權各論, 555면; 金先錫, 「慰藉料의 산정과 그 기준에 관한 제문제」, 裁判資料(法院行政處) 21편, 1984, 326면; 註釋債權各則Ⅳ(李根植), 751면 등 참조.

40) 郭潤直, 위의 책, 822면.

41) 金曾漢 · 安二濬, 위의 책, 841면; 金先錫, 위의 논문(註39), 326면.

42) 金先錫, 위의 논문(註39), 326면. 同旨: 四宮和夫, 不法行爲(現代法學全集 10-Ⅱ), 1985, 267면.

넷째, 制裁說의 입장을 취하게 되면 근대법이 취하고 있는 民事責任과 刑事責任의 分化의 원칙을 파괴하게 되고 또 一事不再理의 원칙을 범할 우려가 있다.[43)]

3. 학설의 검토

살피건대 위의 학설 중 私的 制裁說은 慰藉料의 법적 성질이 무엇인가 하는 문제와 私的 制裁로서의 慰藉料를 인정할 것인가 하는 문제를 구별하지 않고 같이 취급하고 있으나, 이를 일단 구분하여 논의할 필요가 있다고 본다. 慰藉料의 법적 성질의 문제는, 현행법상 인정되는 慰藉料의 성질이 피해자가 입은 정신적 손해에 대한 배상인가 아니면 가해자에 대한 사적 제재인가 하는 문제인데 반하여, 사적 제재로서의 慰藉料를 인정할 것인가 하는 문제는, 불법행위의 예방을 위하여 가해자에게 私的 制裁의 성질을 가진 慰藉料를 인정하는 것이 옳은가[44)] 하는 문제이기 때문이다. 따라서 아래에서는 이 두가지 문제를 일단 구분하여 살펴보기로 한다.

(1) 우리 民法上의 慰藉料의 성질

慰藉料의 법적 성질을 검토함에 있어서 우선 지적할 수 있는 것은 우리 민법에는 慰藉料를 사적 제재로 볼 수 있을 만한 어떠한 규정도 없다는 점이다. 즉, 우리 民法에는 스위스法에 있어서의 「Genugtuung」에 관한 규정처럼 精神的 損害의 賠償을 財産的 損害의 賠償과 성질상 다른 제도로 취급하는 아무런 규정도 없고 용어도 없다.[45)] 판례 역시 慰藉料를 精神的 損害에 대한 慰藉 내지 賠償의 의미로 파악하고 있고 이와 다른 의미로 파악하는 판례는 찾아볼 수가 없다. 그리고 판례는 "慰藉料請求權은 생명, 신체 등 피해자로부터 제3자에게 양도할 수 없는 법익의 침해에 의하여 생긴 것이지만, 그러

43) 金先錫, 위의 논문(註39), 325면.

44) 이러한 주장에 대해서는 張在玉, 위의 논문(註7), 646면; 李命甲, 「制裁的 慰藉料의 立論」(II), 司法行政, 1987. 4, 54면 이하 및 同논문(III) 사법행정, 1987. 5, 32면 이하 참조.

45) 스위스法에서는 財産的 損害에 대한 賠償과 精神的 損害에 대한 賠償을 구별하여 전자를 「Schadensersatz」, 후자를 「Genugtuung」으로 규정하고 있지만 스위스法에 있어서의 이 「Genugtuung」 역시 지배적인 견해에 따르면 가해자에 대한 형벌은 아니고 금전의 지급에 의하여 피해자에게 심리적인 만족을 줌과 동시에 피해자가 입은 육체적 고통, 精神的 損傷이나 고통에 대한 일종의 전보(Ausgleich)를 제공하는 제도로 이해되고 있다(Guhl/Merz/Kummer, Das Schweizerische Obligationenrecht, 7. Aufl., 1980, 58면; Karl Oftinger, Schweizerisches Haftpflichtrecht Ⅰ, 4. Aufl., 1975, 289면 이하 참조)

한 법익의 침해로 인하여 생긴 慰藉料請求權은 재산적 손해의 배상청구권과 구별하여 그 상속성 · 양도성을 부인할 이유가 없다"고 함으로써[46] 慰藉料請求權의 相續性과 讓渡性도 인정하고 있다. 이러한 점에서 慰藉料를 私的 制裁로 볼 수 있을만한 법적인 근거는 찾을 수가 없다.

이론적으로 보더라도 慰藉料를 정신적 고통에 대한 慰藉 내지 정신적 손해에 대한 배상이라고 보는데 별다른 장애가 없다. 물론 精神的 損害에 있어서는 財産的 損害에서와는 달리 損害를 금전적인 가치로 산정할 수가 없기 때문에 그 損害를 전보할 금액, 즉 그 損害와 동등한 가액의 금액을 정할 수가 없고, 따라서 損害와 等價의 금액을 지급함으로써 損害를 전보하는 것은 불가능하다. 그러한 점에서 금전에 의한 精神的 損害의 賠償은 엄격한 의미에서는 損害의 塡補(Ausgleich) 내지 賠償(Ersatz)이라고는 할 수 없다. 그러나 위의 손해배상설도 지적하듯이 피해자가 일정한 액수의 금전을 받아서 생활에 편의나 안락이 생김으로써 不法行爲로 인하여 받은 정신적 고통을 경감 내지 완화할 수 있다면, 그러한 의미에서 그리고 그러한 한도에서 정신적 고통 내지 精神的 損害는 전보되었다고 볼 수 있는 것이다.[47] 다시 말해서 精神的 損害의 賠償의 경우에는, 慰藉料의 지급에 의하여 가능하게 된 생활의 편의나 안락을 통하여 정신적 고통 내지 精神的 損害에 대한 일종의 전보가 이루어진다고 볼 수 있다. 그리고 慰藉料의 산정에 있어서 가해자의 有責性의 정도를 참작하는 것 역시, 가해자의 有責性의 정도에 따라 피해자가 받는 정신적 고통의 정도가 다르게 된다는 점에서 그 근거를 찾을 수 있는 것이다.

慰藉料를 손해배상이 아니고 私的 制裁나 私的 刑罰로 보는 것은, 근대법의 체계를 따르고 있는 우리나라의 법체제에도 반한다. 즉, 民事責任과 刑事責任의 분화가 확립된 근대법제하에서는, 制裁는 형사책임의 영역에 속하고 不法行爲法은 損害의 塡補를 그 주된 임무로 한다. 물론 慰藉料도 연혁적으로는 사적 형벌에서 유래한다.[48] 그리고 慰藉

---

46) 大判 1976. 4. 13, 75다396.

47) 독일민법학에서도 慰藉料에 의한 精神的 損害의 塡補 내지 賠償은 대체로 이처럼 「안락을 통한 고통 내지 불편의 塡補」, 또는 「유쾌한 감정에 의한 불쾌한 감정의 塡補」의 의미로 이해하고 있다. Larenz, 위의 책(註1), 476면; Fikentscher, 위의 책(註1), 807면; Esser, Schuldrecht Ⅱ, 4. Aufl., 465면 등 참조.

48) 慰藉料는 형사책임과 민사책임이 분화되기 이전의 법제에 있어서 人身에 대한 不法行爲에 대한 구제방법으로서 인정되던 贖罪金制度에서 유래한다. 그리고 贖罪金制度는 그 이전시대에 인정되었던 同害報復 대신에 인정된 제도이다. 즉, 고대사회에서는 타인의 不法行爲에 대하여 사적인 구제방법으로서 同害報復의 방법이 인정되었는데, 국가권력이 확립되고 법문화가 점차 발달됨에 따라 그러한 보복방법이 국가에 의하여 금지되고 그 대신에 贖罪金(Buße)을 지급하도록 하였다. 이 속죄금은 일종의 형벌이었다. 公私法이 분화된 후에도 贖罪金은 한동안 사적 형벌(Privatstrafe)로 관념되었다. 그러다가 민사책임과 형사책임이 분화가 분명하여짐에 따라 비재산

料에도 뒤에서 보는 바와 같이 制裁的 기능 내지 豫防的 기능이 없는 것은 아니다. 그러나 그 경우의 制裁 내지 예방은 가해자로 하여금 피해자에게 慰藉料를 지급하게 함으로써 생기는 부수적 효과이고 그것을 慰藉料의 목적이라고 할 수는 없는 것이다.[49] 그러한 효과는 精神的 損害의 賠償인 慰藉料에만 있는 것은 아니고 財産的 損害의 賠償에도 있다. 즉 財産的 損害의 賠償도 부수적으로는 가해의 제재 내지 예방의 기능을 가지고 있다. 따라서 慰藉料에 그러한 기능이 있다고 하여, 慰藉料의 성질을 損害의 賠償이 아니고 私的 制裁 내지 私的 刑罰이라고 할 필요는 없을 것이다.

慰藉料를 私的 制裁로 보는 입장에서는 不法行爲法의 예방적 기능을 강조하지만 不法行爲의 발생의 예방은 일차적으로는 행정법규나 형벌법규가 담당 수행한다. 예컨대 교통법규는 교통사고를 예방하기 위하여 각종의 교통규칙을 마련하여 이의 준수를 요구하고, 이를 위반한 자에 대하여 범칙금과 같은 금전적 제재 또는 면허취소와 같은 비금전적 제재를 가한다. 그리고 경우에 따라서는 교통사고를 야기한 자에게 형벌을 과함으로써 교통사고의 재발을 방지하려고 한다. 이처럼 행정법규나 형벌법규는 교통사고가 발생하지 않도록 예방하는 것을 그 주된 임무로 한다. 이에 반하여 不法行爲法은 교통사고가 발생하지 않도록 예방하는 것을 주된 임무로 하는 것이 아니고 이미 발생한 不法行爲의 결과, 즉 不法行爲로 인하여 발생한 손해를 공평하게 분담시키는 것을 주된 임무로 한다. 그러한 목적으로 인정되는 것이 손해배상이요 慰藉料이다. 교통사고에 있어서 가해자가 부담하는 손해배상책임 내지 慰藉料도 교통사고의 재발을 방지하는 작용을 할 수도 있을 것이다. 그러나 이는 어디까지나 손해전보에 따르는 부수적인 작용이고 손해배상책임의 주된 목적은 손해의 전보인 것이다. 이점 慰藉料에 있어서도 마찬가지이다.

이상의 여러 가지 점에 비추어 보건대, 비록 慰藉料의 지급에 의한 정신적 고통의 경감을 엄격한 의미에서 損害의 塡補라고 할 수는 없다고 하더라도, 慰藉料를 손해배상의 일종으로 파악할 수 있는 것이다. 그런데 여기서 한가지 지적할 것은, 慰藉料는 精神的 損害에 대한 일종의 賠償的 성질을 가지고 있지만, 그렇다고 慰藉料가 피해자의 감각적 고통을 완화 또는 경감하는 것만을 목적으로 하는 것은 아니라는 점이다. 만일 慰藉料가 피해자가 받는 감각적 고통의 완화나 경감만을 목적으로 한다면, 감각적 고통이라는 것은 항상 일정한 것이 아니고 시간이 흐름에 따라 달라질 수도 있는 것이기 때문

적 손해에 대한 배상금인 慰藉料로 인정되기에 이르렀다고 한다. 이에 대해서는 玄勝鐘·曺圭昌, 로마法, 818면 및 게르만法, 520-521면 참조.

49) 同旨: Hans Stoll, Penal Purposes in the Law of Tort, The American Journal of Comparative Law, vol. 18, 1970, 21면.

에, 法益侵害 당시 일정기간은 고통을 받았지만 현재는 고통을 받고 있지 않는 경우에는 慰藉料請求를 할 수 없다는 불합리한 결과가 나온다. 이러한 불합리한 결과는 피해자가 고통을 느낄 수 없는 幼兒나 心神喪失者인 경우에도 마찬가지로 생긴다.[50] 따라서 慰藉料는 피해자가 느끼는 정신적·육체적 고통을 완화 내지 경감시키는 것뿐만 아니라 피해자가 타인의 不法行爲에 의하여 상실한 精神的 利益을 전보하는 것도 목적으로 한다고 보아야 한다.[51] 피해자가 받는 감각적으로 느끼는 정신적 고통은 바로 이러한 精神的 利益의 상실에 의하여 피해자에게 생긴 심리적 효과 내지 정신적 효과로 볼 수 있는 것이다.[52] 그리고 不法行爲에 의하여 피해자가 精神的 利益을 어느 정도 상실하였는가 또는 정신적 고통을 어느 정도 받았는가 하는 것은 法院이 규범적으로 판단하여야 하고 사실적으로만 판단할 것은 아니다. 그렇게 할 때 비로소 유아나 심신상실자에 대하여도 慰藉料의 인정이 가능하게 되는 것이다. 대법원 역시 이러한 입장을 취하고 있다. 즉, 대법원은 피해자가 즉사한 사건과 관련하여 "慰藉料請求權은 감각적인 고통에 대한 것 뿐만 아니라 피해자가 不法行爲로 인하여 상실한 정신적 이익을 비재산손해의 내용으로 할 수 있는 것"이라고 판시하고 있다.[53] 그리고 대법원이 정신적 고통을 현실적으로 느낄 수 없는 유아의 慰藉料請求權과 관련하여 "피해당시 그 피해로 인한 정신적 고통을 느낄 수 없는 유아라 할지라도 그 유아가 성장하여 장래 그로 인한 정신적 고통을 감득하게 될 것이 경험칙상 용이하게 추지되므로 그런 유아도 장래에 감득할 위 정신적 고통에 대한 慰藉料請求權이 있다"고 하는 것도[54] 위와 같은 입장에서 나온 판단이라고 볼 수 있다. 이처럼 慰藉料를 감각적 고통을 경감시키는 것만으로서가 아니고, 不法行爲로 상실한 精神的 利益을 規範的으로 판단하여 이에 대하여 賠償을 하는 것으로 이해할 수 있다면, 정신적 고통을 감지하지 못하는 자에게 지급되는 慰藉料라고 하여 이를 가해자에 대한 제재로 볼 것은 아니다.

---

50) 피해자가 고통을 느낄 수 없는 경우, 사고 후 얼마 있다 죽은 경우 또는 法益侵害를 더 이상 느끼지 못하는 경우 등은 慰藉料의 감액사유로 보는 견해도 있다(Lange, Schadensersatz, 1979, 268면 참조).

51) 注釋民法(19)(植林 弘), 205면. 同旨: 金先錫, 위의 논문(註39), 321면.

52) 注釋民法(19)(植林 弘), 205면.

53) 大判 1969. 4. 15, 69다268. 同旨: 大判 1971. 3. 9, 70다3031.

54) 大判 1971. 3. 9, 70다2992. 同旨: 大判 1968. 3. 19, 67다2512; 大判 1965. 11. 9, 65다1721.

(2) 制裁的 慰藉料의 인정 문제

慰藉料를 사적 제재로 파악하는 견해들은 위에서 보았듯이 특히 언론매체나 기업에 의하여 영리목적으로 행하여지는 不法行爲에 대하여는 懲罰的·制裁的 慰藉料로서 고액의 慰藉料를 인정할 것을 주장한다. 그리고 전보적 의미의 慰藉料와 제재적 의미의 慰藉料를 구분하여 산정할 것도 주장한다.[55] 생각건대 일정한 不法行爲의 경우에는, 不法行爲者에 대하여 不法行爲로 발생한 손해전보의 책임을 인정하는 이외에 어떤 방법으로든 제재를 가함으로써, 다시는 그러한 不法行爲를 감행하지 못하게 하는 것이 필요할 수도 있다. 그리고 그 경우의 제재방법은 금전적 제재일 수도 있다. 그러나 그러한 예방조치가 왜 慰藉料의 방법이어야 하는가? 일정한 행위에 대하여 고액의 금전적 제재가 요청될 정도로 그러한 행위에 대한 사회적 비난가능성이 높다면, 필요한 제재조치는 私法인 不法行爲法이 담당할 것이 아니고 형법이나 행정법이 담당하여야 할 일이다. 그리고 그러한 제재로서 일정한 금전의 지급을 부과한다면 그 금전은 국가에 귀속되어야 한다. 그러한 금전이 왜 慰藉料라는 명목으로 私人인 피해자에게 귀속되어야 하는가? 그러한 不法行爲의 피해자는 不法行爲로 인한 재산적 손해와 정신적 손해에 대한 공평한 배상만 받으면 된다.[56] 制裁的 慰藉料의 부과를 주장하는 견해는 형법의 사회보호적 기능이 제 역할을 충분히 하지 못하는 경우에는 不法行爲法의 한 기능으로서의 私的 制裁를 통한 위협이 법질서 실현에 효과적 수단으로 작용할 수 있다고 한다.[57] 그러나 형법적 보호가 필요함에도 불구하고 형법적 보호가 아직 이루어지지 않는 법익에 대하여는 형법적 보호를 받을 수 있도록 형법을 보완하면 될 것이고, 형법의 보완은 방치한 채 慰藉料에 의하여 형법의 기능을 보완하는 것은 법체제에 혼란을 야기하는 것으로서 바람직하지 못하다. 한편 어떠한 행위에 대한 사회적 비난가능성이 형법적 제재나 행정법적 제재가 필요할 정도로 크지 않다면, 그러한 행위는 제재적 慰藉料에 의하여 제재를 할 필요도 없고, 전

---

55) 張在玉, 위의 논문(註7), 646면; 三島宗彦, 「損害賠償と抑制的機能(續)」, 立命館法學(108·109号), 140-141면 참조.

56) 종래 법원실무에서 정신적 고통에 대한 평가가 너무 과소평가 되고 있고 따라서 慰藉料의 액도 너무 낮게 산정되고 있다는 것이 일반적인 견해이다(李時潤, 「損害賠償訴訟에 있어서의 慰藉料 算定에 관한 통계적 분석」, 재판자료 제5집, 1980, 29면; 金先錫, 위의 논문(註39), 363-364면 참조). 따라서 慰藉料는 우리의 법감정에 부합하게 상향조정되어야 할 것이다. 그러나 慰藉料의 고액화가 바로 징벌적 의미의 慰藉料의 인정을 의미하는 것은 아니다. 여기서 말하는 慰藉料의 고액화란 종래 인정되고 있는 慰藉料額이 피해자의 정신적 고통을 전보 내지 위자하는 慰藉料로서도 너무 소액이기 때문에 전보적 의미의 慰藉料 자체를 적정하게 고액화하자는 것이다.

57) 張在玉, 위의 논문(註7), 633면 참조.

보적 慰藉料의 부수적 기능에 의하여 예방하면 그것으로 족한 것이다.

요컨대 적어도 현재의 우리의 법체제하에서는, 不法行爲法의 주된 임무는 이미 발생한 손해의 전보에 있다고 보아야 하기 때문에, 不法行爲의 재발방지 내지 예방은 1차적으로는 행정법이나 형법에 맡길 수밖에 없다.

Ⅶ. 慰藉料의 機能 (損害塡補機能 이외의 기능)

위에서 본 바와 같이 慰藉料의 지급에 의해서 비록 엄격한 의미에서는 아니라고 하더라도 精神的 損害가 塡補 내지 賠償되는 것으로 이해할 수 있다면, 慰藉料는 損害塡補機能을 가지고 있음에 틀림이 없다. 그런데 慰藉料에는 이처럼 損害의 塡補機能만이 있는 것은 아니고 그 밖에 다른 기능도 부수적으로 가지고 있다. 이하에서는 慰藉料가 가지고 있는 부수적인 기능들을 살펴보기로 한다.

1. 滿足機能

慰藉料의 만족기능은 특히 독일민법학에서 일반적으로 언급되는 기능이다.[58] 즉, 독일연방법원은 1955년의 판결에서 慰藉料請求權에 있어서는 피해자에게 精神的 損害에 대한 적절한 塡補(einen angemessenen Ausgleich)를 제공하여야 할 뿐아니라 동시에 가해자가 자기가 한 행위에 대하여 피해자를 만족(Genugtuung)시켜야 할 의무가 있다는 思想도 고려하여야 한다고 함으로써, 慰藉料請求權은 일반적인 손해배상청구권과는 달리 二重機能(doppelte Funktion)을 가지고 있다는 점을 강조한 바 있다.[59] 이에 따라 독일의 학

58) 일본과 우리나라의 학자 중에는 金錢의 만족적 기능에 대하여 언급하고 있는 분이 있다(郭潤直, 위의 책, 822면; 李根植, 위의 책(註39), 163면; 韓琫熙, 위의 논문(註38), 300면 등 참조). 그러나 금전의 만족적 機能은 여기서 말하는 慰藉料의 만족기능과는 전혀 다른 의미이기 때문에 혼동하지 말아야 할 것이다. 金錢의 만족적 기능이란 慰藉料의 지급으로 피해자의 精神的 損害 내지 고통이 완화 내지 경감될 수 있으려면 우선 금전이 이를 받은 피해자에게 精神的 만족을 줄 수 있는가 하는 문제이다. 이는 금전에 대한 사회일반의 관념에 따라서 일정하지 않다. 즉, 시대와 사회의 관념에 따라서는 금전을 지급하면 피해자의 감정을 더 자극할 수도 있을 것이다. 그러한 경우에는 금전의 만족적 기능은 인정될 수가 없다. 따라서 그러한 경우에는 慰藉料는 精神的 損害에 대한 塡補 내지 賠償으로서의 기능을 할 수가 없다. 그러나 오늘날 발생하는 대형 人命事故에 따른 손해배상액의 합의과정에서 유족들이 취하는 자세로 보더라도 금전에 대한 우리사회의 일반적 관념은 그렇게 부정적이라고는 볼 수 없기 때문에, 그러한 점에서 금전의 만족적 기능은 일반적으로 인정될 수 있는 것이다.

설도 일반적으로 慰藉料의 만족기능(Genugtuungsfunktion)에 대하여 언급하고 있다.[60] 그런데 여기서 「Genugtuung」이라는 개념은 위에서 소개한 바 있는 스위스법에서 빌려온 개념으로서,[61] 慰藉料의 만족기능이라 함은 慰藉料의 지급에 의하여 피해자가 개인적으로 받은 인격적 모욕이나 名譽毁損이나 그 밖의 불법 부당한 처사에 대하여 피해자를 심리적·감정적으로 만족시키는 기능을 의미한다. 이는 어떤 면에서 보면 가해자가 피해자에게 저지른 부당한 행위에 대하여 慰藉料의 지급이라는 경제적 불이익을 받음으로써 피해자가 만족하게 되는 기능이라고도 할 수 있다.[62]

그런데 독일에 있어서 慰藉料의 이러한 만족기능을 이해하는 입장은 일정치 않다. 일부 견해는 만족기능을 塡補機能과는 대립하는 기능으로 이해한다. 즉, 이들 소수의 견해는, 만족은 손해의 塡補와는 일치하지 않는 법사상에 근거하는 것으로서 私的인 「Genugtuung」은 公的인 刑罰과 다를 것이 없기 때문에, 만족의 사상을 손해배상법의 요소로서 같이 포함시켜 논할 수 없다고 한다든지,[63] 또는 「Genugtuung」은 시대에 맞지 않은 낡은 私的 刑罰에 지나지 않기 때문에 私法으로부터 배제되어야 한다고 한다.[64] 그러나 독일의 지배적인 판례나 대부분의 견해는 慰藉料의 이 만족기능을 慰藉料를 책정함에 있어서 만족만을 위한 분리된 액수를 정할 정도의 독자적 기능으로는 이해하지 않는다. 즉, 이들 대부분의 견해는 塡補機能과 만족기능은 서로 대립하는 기능이 아니고, 상호보완관계에 있는 동일청구권의 두가지 작용방식에 불과한 것으로서, 이를 개별적으로 구분할 필요가 없는 것으로 이해한다. 이들은 「Genugtuung」에 있어서는 사적 형벌의 경우와는 달리 그 중점이 가해자 보다는 훼손당한 감정을 회복시겨야 할 피해자에 두고 있기 때문에 이 「Genugtuung」역시 손해배상의 사상에 따라서 취급할 수가 있다고 한다.[65]

생각건대 慰藉料에 위와 같은 심리적·감정적 의미의 만족기능이 있음을 부인할 수가 없다. 특히 이러한 기능은 피해자인 慰藉料請求權者가 경제적인 자력이 풍부한 경우에 뚜렷할 것이다. 즉, 그러한 피해자에게는 慰藉料는 그것을 받아 생활의 편의나 안락

59) BGHZ 18, 149면 참조.

60) Larenz, 위의 책(註1), 476면; Lange, 위의 책(註50), 265면; Esser/Weyers, Schuldrecht II, 6. Aufl., 1984, 522면; Fikentscher, 위의 책(註1), 807면; Münchener Kommentar-Mertens, § 847 Rn. 2 등 참조.

61) 스위스민법 제28조의a 및 스위스채무법 제47조, 제49조 참조.

62) Esser/Weyers, 위의 책, 522면 참조.

63) Pecher, Anspruch auf Genugtuung als Vermögenswert, AcP 171, 58면 이하 참조.

64) Köndgen, Haftpflichtfunktionen und Immaterialschaden, 1976, 84면 이하 및 150면.

65) Larenz, 위의 책(註1), 476면; Lange, 위의 책(註50), 265면; Esser, 위의 책(註47), 465면 등 참조.

을 얻음으로써 정신적 고통이 경감 내지 완화되는 수단으로서의 의미는 크지 않을 것이다. 오히려 그러한 피해자의 경우에 있어서의 慰藉料는, 가해자에게 경제적 불이익을 부담시킴으로써 심리적 만족을 얻는다는 면에서의 의미가 더 클 수 있을 것이다. 그러나 경우에 따라 慰藉料에 이러한 효과가 발생한다고 하더라도 이를 慰藉料의 목적으로 하거나 慰藉料의 이러한 기능을 강조할 수는 없다. 그러한 심리적·감정적 만족은 사적 보복감정에 다름아니기 때문이다. 따라서 慰藉料를 지급함으로써 피해자가 위와 같은 의미의 심리적 만족감을 얻는다고 하더라도, 이는 慰藉料의 지급에 따라 부수적으로 생기는 작용이지 이를 塡補的 機能과 대립하는 대등한 기능으로 볼 필요는 없을 것이다. 따라서 慰藉料를 책정함에 있어서도 위와 같은 의미의 만족기능을 분리 독립시켜 고려할 필요는 없을 것이다.

2. 制裁機能 내지 豫防機能

앞에서도 언급한 바와 같이 근대법이 刑事責任과 民事責任의 분화의 원칙을 취함에 따라 制裁機能은 前者가 담당하고 損害塡補機能은 後者가 담당하게 되었으므로 制裁는 不法行爲法의 주목적이 될 수 없다. 그러나 이는 損害를 塡補하는 것을 주된 목적으로 하는 民事責任이 결과적·현실적으로 不法行爲를 제재하는 부수적 기능 내지 작용을 하게 되는 것까지를 부정하는 것은 아니다. 즉, 가해자에게 損害賠償責任을 부담시키는 것 자체가 위법한 행위를 한 자에게 사회로부터의 부정적 반응을 보이는 것이 되어, 가해자에게는 制裁가 되고 이 제재를 통하여 장래에 있어서 不法行爲를 억제하는 예방적 기능을 하게 된다. 따라서 慰藉料에도 부수적 작용 내지 부수적 기능으로서의 制裁機能 내지 예방적 기능은 인정될 수 있다.

3. 補完的·調整的 機能

慰藉料의 補完的 機能이라 함은 損害賠償事件의 재판실무에서 財産上의 損害의 발생은 인정되는데도 입증곤란 등의 사정으로 損害額의 확정이 불가능하여 피해자가 적절한 損害塡補를 받을 수 없게 됨으로써 損害塡補가 충분히 이루어지지 않는 경우에, 이러한 점을 참작하여 법원이 慰藉料額을 증액함으로써 損害塡補의 부족분을 어느 정도 보완하는 경우에 인정되는 기능이다. 원래 慰藉料의 보완적 기능은 불법행위로 인한 손해배상청구소송에서 소송물을 1개로 보는 일본의 법원실무에서 활용되어온 방법이다. 즉, 일본의 법원실무에서는 동일한 사고로 인하여 발생한 신체상해를 이유로 재산적 손해와 정신적 손해에 대한 배상을 청구하는 경우에, 재산상의 손해와 정신상의 손해는 원인사실 및 피침해이익을 공통으로 하는 것이므로, 그 배상의 청구권은 1개이고 그 양자의 배상을 소송상 병합하여 청구하는 경우에도 소송물을 1개로 본다.[66] 그 결과 청구총액의 범위 안에서는 원고가 주장하는 금액을 초과하는 慰藉料의 지급도 명할 수 있는 것으로 해석되고 있다.[67] 이에 반하여 우리판례는 재산상의 손해배상청구와 정신상의 손해에 대한 배상청구를 별개의 소송물로 보고, 이 두가지를 병합청구하였을 경우에도 각각의 청구액을 넘어서 인용판결할 수 없다는 입장을 취하고 있기 때문에,[68] 慰藉料의 보완적 기능을 활용하는데는 제약이 있다고 하겠다. 그러나 우리나라의 損害賠償事件 실무에서도, 積極損害 또는 消極損害의 항목으로서 주장되고 있는 損害가 존재하는 것은 인정되나, 그 액수의 산정이 곤란하여 당해항목에 산입되지 못함으로써 財産的 損害로 인용되지 않은 경우, 또는 사고당시 피해자가 직업을 가지지 않는 학생과 같은 신분이어서 다른 사건에 비하여 소극적 損害가 적게 인정되는 경우에, 그러한 사유가 정신적 고통에 영향을 준다는 이유로 이를 慰藉料算定에 참작하는 것이 넓게 인정되고 있다. 그 밖에 身體鑑定의 불능으로 재산상의 청구를 하지 아니하여 慰藉料를 300만원 인정한 경우, 식물인간인데 일식이익 불청구로 慰藉料를 200만원 인정한 경우, 세대주임에도 불구하고 재산상의 손해가 70만원밖에 인정되지 아니하여 慰藉料를 높이 인정한 경우, 고령자인데도 介護費가 과다산정되어 慰藉料를 감액한 경우 등도 慰藉料의 보완적 기능이 활용된 예이다.[69] 그런데 이러한 보완적 기능을 인정한다고 하더라도 거기에는 한계가 있다.

즉, 대법원은 "위자료의 보완적 기능은 재산상 손해의 발생이 인정되는데도 손해액의 확정이 불가능하여 그 손해전보를 받을 수 없게 됨으로써 피해회복이 충분히 이루어지지 않는 경우에 이를 참작하여 위자료액을 증액함으로써 손해전보의 불균형을 어느 정

---

66) 日最判 昭和 48. 4.5(民集 27권 3호, 19면).

67) 四宮和夫, 위의 책(註42), 596면 이하 참조.

68) 大判 1980. 11. 11, 80다1924; 大判 1989. 10. 24, 88다카29269; 大判 1990. 6. 22, 89다카27901 등 참조. 그러나 1994년에 있었던 한 판결에서는 "불법행위로 인한 손해배상에 있어 재산상 손해나 慰藉料는 단일한 원인에 근거한 것인데 편의상 이를 별개의 소송물로 분류하고 있는 것에 지나지 아니한 것이므로 이를 실질적으로 파악하여, 항소심에서 위자료는 물론이고 재산상손해(소극적손해)에 관하여도 청구의 확장을 허용하는 것이 상당할 것"이라고 함으로써 종래의 입장과는 다소 다른 입장을 취하고 있다(大判 1994. 6. 28, 94다3063 참조).

69) 金先錫, 위의 논문(註39), 360면; 李時潤, 위의 논문(註56), 26면 참조.

도 보완하고자 하는 것이므로, 함부로 그 보완적 기능을 확장하여 그 재산상 손해액의 확정이 가능함에도 불구하고 편의한 방법으로 위자료의 명목아래 사실상 재산상 손해의 전보를 꾀하는 것과 같은 일은 허용되어서는 안될 것이다"라고 하여[70] 보완적 기능의 한계를 밝히고 있다. 이 밖에 財産的 損害가 제대로 평가되었음에도 불구하고 가해자가 부담할 손해배상액이 많다고 하여 慰藉料의 보완적 기능을 이유로 慰藉料를 감액하여서도 안될 것이다.[71] 요컨대 慰藉料의 보완적 기능은 재산적 손해전보의 불충분을 보완하기 위하여 慰藉料를 증액하는 경우에만 활용되어야 할 것이고, 慰藉料를 감액하는 쏙으로 활용되어서는 안될 것이다.

Ⅷ. 요 약

정신적 손해에 대한 배상으로서의 慰藉料와 관련하여 종래 견해가 엇갈리던 몇 가지 문제점에 대하여 이상에서 고찰한 바를 요약하면 다음과 같다.

첫째, 불법행위에 있어서 慰藉料의 민법상의 근거는 정신적 손해의 배상에 대하여 언급하고 있는 제751조나 제752조와 같은 개별적인 규정에서만 찾을 수 있는 것이 아니고, 손해배상에 대하여 일반적으로 규정하고 제750조 자체에서 찾을 수 있다. 즉, 제750조의 손해배상에는 재산적 손해의 배상뿐만 아니라 정신적 손해의 배상도 포함된다고 보아야 한다. 그러나 제751조는 제750조의 손해에 정신적 손해도 포함되어 있음을 주의적으로 밝히고 있는 주의적 규정으로 볼 것이 아니고, 제750조를 전제로 하면서 정신적 손해의 배상에 대한 요건을 구체화하는 보충규정으로 보아야 한다.

둘째, 재산권이 침해된 경우에도 정신적 손해가 발생할 수 있는 한 財産上의 손해배상 이외에 정신상의 損害에 대한 賠償, 즉 慰藉料도 인정되어야 한다. 그리고 그 근거는 제750조와 제751조에서 찾을 수 있다. 다만 財産權이 침해된 경우에 있어서는 신체, 명예, 자유 등의 人格的 法益이 침해된 경우와는 달리 財産的 損害만 발생하고 정신적 고통은 발생하지 않을 수도 있고, 또 비록 정신적 고통까지 발생한다고 하더라도, 財産上의 損害가 전보되면 정신상의 고통도 대부분 회복되는 것이 일반적이라고 볼 수 있다. 따라서 財産權이 침해된 경우에는 財産的 損害의 賠償만으로는 다 치유되지 않는 정신상의 損害가 남아있다고 인정되는 경우에만 慰藉料의 청구를 인정하여야 할 것이다.

---

70) 大判 1984. 11. 13, 84다카722 참조.

71) 同旨: 金先錫, 위의 논문(註39), 362면.

셋째, 채무불이행의 경우에도 慰藉料의 청구가 가능함은 이론상으로뿐만 아니라 판례에 나타난 실제의 사례를 통해서도 인정할 수 있다.

넷째, 慰藉料는 연혁적으로는 私的 刑罰 내지 私的 制裁에서 유래하는 제도라고 하더라도, 현행법상의 慰藉料는 정신적 손해에 대한 일종의 전보 내지 배상으로 볼 수밖에 없고, 이를 사적 제재로 볼만한 근거를 찾을 수가 없다. 한편 일정한 유형의 불법행위와 관련하여 정책적으로 사적 제재로서의 慰藉料를 인정하자는 견해가 있다. 그러나 그러한 불법행위에 대하여 금전적 제재의 필요성을 인정한다고 하더라도 그러한 제재수단으로서의 금전이 왜 국가가 아닌 私人에게 귀속되어야 하는지를 이 견해는 설명하여 주지 못하고 있다.

다섯째, 慰藉料의 1차적인 기능은 정신적 손해에 대한 전보 내지 배상에 있지만, 부수적으로는 피해자의 만족기능, 불법행위에 대한 제재기능 및 재산상 손해의 발생이 인정되는데도 손해액의 확정이 불가능하여 손해전보가 충분치 않게 되는 경우에 이를 참작하여 慰藉料額을 증액하는 보완적 기능 등도 가지고 있다.

* 서강법학연구 제2권(2000. 3.), 113면 이하 게재

과학기술의 발달과 不法行爲法의 대응*

- 事故損害의 調整과 관련하여 -

Ⅰ. 머리말

과학기술의 발달은 각종 문명의 이기의 개발을 가능케 함으로써 인류로 하여금 전 시대에 경험하지 못하였던 많은 편익과 안락을 향유하게 하고 있는가 하면, 여러 가지 질병의 치유를 가능케 함으로써 인간의 평균수명을 연장시키기도 하였다. 그러한 점에서 과학기술의 발달은 인류의 복리를 증진하는데 절대적인 기여를 하였다고 볼 수 있다. 그런가 하면 과학기술의 발달은 인류를 핵전쟁의 공포 속에 몰아넣기도 하고, 환경을 오염시키기도 하고, 인간생명의 존엄성을 손상시키고도 있다. 과학기술의 발달은 不法行爲法과 관련해서도 각종의 손해사고위험의 증대라는 바람직하지 못한 결과를 초래하였다. 과

* 한국민사법학회 2001년 하계학술대회 발표논문.

학기술이 발달된 시대에 사는 우리는 각종의 고속교통사고나 가스폭발사고, 방사능 누출사고 등과 같이 이전 시대에는 경험하지 못하였던 대형사고의 위험에 직면하고 있다. 물론 과학기술의 발달은 사고의 위험을 증대시키기만 한 것은 아니고, 낙뢰사고나 해상조난사고처럼 종래 자연적 재해로만 여겨 왔던 사고에 대해서도 예방이나 대처를 가능하게 하게도 하였고, 또 과학기술의 발달에 따라 생긴 사고의 위험은 새로운 과학기술의 개발에 의하여 다시 감소되거나 극복되기도 한다. 그러나 새로운 기술의 개발에 의하여 각종 문명의 이기의 사용에 따르는 사고의 위험이 어느 정도 감소되기는 하지만, 그러한 위험이 근원적으로 배제되는 것은 아니다. 따라서 이러한 사고의 위험은 언젠가는 현실화될 것이 예상될 수 있는 것이다. 예상가능한 위험으로부터 법익을 보호하는 것이 법의 임무 중의 하나라면, 법은 이처럼 완전지배가 불가능한 危險源의 이용이나 운영은 전면적으로 금지하여야 할 것이다. 그럼에도 불구하고 법은 그러한 危險源이 가지고 있는 사회적 이익을 고려하여 이러한 危險源의 운영이나 이용을 금지하지는 않고 이를 허용하면서, 다만 이러한 危險源의 운영에 따르는 사고를 가능한 한 방지하기 위하여, 이러한 危險源을 운영하는 자에게 각종의 안전조치의무를 부과한다든지, 위험원을 운영하는 자들의 자격요건을 엄격하게 정하고 있는 것이다.[1)] 이러한 사정 때문에 우리는 과학기술의 발달로 인하여 여러 가지 편익을 향유하는 반면에, 언제 현실화될런지도 모르는 손해사고의 위험성에 늘 직면하고 있는 것이다.

일반적으로 법률은 어떠한 손해사고에 대처함에 있어서는 우선 가능한 한 손해사고가 발생하지 않도록 예방조치를 강구하지만, 일단 사고가 발생하면 이로 인한 손해를 누가 어떻게 부담할 것인가를 결정하여야 한다. 이 후자의 임무가 바로 不法行爲法의 주된 임무인 것이다. 즉, 不法行爲法은 우리의 일상생활에서 발생하는 각종의 손해를 누가 어떻게 부담할 것인가를 그 시대와 사회의 지배적인 정의와 형평의 관념에 따라 결정하는 것을 주된 임무로 한다.[2)] 따라서 과학기술의 발달에 따라 발생하는 각종 사고로 인한 손

---

1) 도시가스사업법 제28조 이하, 고압가스안전관리법 제10조 이하, 집단에너지사업법 제26조-제27조, 원자력법 제53조 및 제97조, 항공법 제49조-제50조, 도시철도법 제22조의2 등 참조.

2) 不法行爲法은 이렇게 발생한 손해를 누구에게 어떻게 부담시킬 것인가를 결정하는 것을 그 주된 임무 내지 목적으로 하지만 불법행위법이 수행하는 기능에는 장래의 가해행위를 예방하는 기능, 의무위반행위에 대한 마이나스 반응(손해배상책임의 인정)이라는 면에서의 제재기능(그러나 무과실책임의 경우에는 의무위반이 없기 때문에 제재의 의미가 희박하다) 및 권리보호기능 등도 들 수 있다. 그런데 효율 내지 효용(efficiency)을 중요시하는 최근의 법경제학의 입장에서는, 발생한 손해를 공평하게 부담시키는 것 보다는 장래의 가해행위를 예방하는 기능을 더 중요시하여, 불법행위법의 1차적인 기능을 사고비용과 사고방지 비용의 합(the sum of the costs of the accidents and the costs of avoiding accidents)을 최소화함으로써 효용을 극대화하는 것으로 본다

해를 누구에게 부담시킬 것인가를 정하는 것 역시 不法行爲法에 주어진 과제요 임무가 아닐 수 없다.

그런데 과학기술의 발달에 따라 발생하는 이러한 사고손해의 조정문제는 전통적인 不法行爲法의 원리에 의해서는 공평 타당하게 해결할 수가 없다. 전통적인 不法行爲法은 우리가 흔히 過失責任主義라고 부르고 있는 有責性原則(Verschuldensprinzip)을 취함으로써, 어떠한 손해가 타인의 비난가능한 행위에 기인하여 발생하고 또 그러한 사실을 피해자가 입증한 경우에만, 그 손해를 그 타인이 부담하도록 하고 있다. 따라서 손해가 타인의 유책한 행위에 기인한 것이 아니거나, 또는 손해가 타인의 유책한 행위에 기인하여 발생한 경우에도 이러한 사실을 피해자가 입증하지 못한 경우에는, 피해자 스스로가 그 손해를 부담하게 된다. 우리민법 역시 불법행위책임의 요건을 규정함에 있어서 제750조에서는 비난가능성의 요소 내지 형태라고 할 수 있는 가해자의 故意나 過失을 요구하고 있고, 제753조에서는 개인적 비난가능성의 전제라고 할 수 있는 책임능력을 요구함으로써 이러한 有責性原則에 입각하고 있는 것이다. 그런데 과학기술의 발달에 따라 등장한 각종 危險源의 운영에 따르는 사고손해는 危險源 운영자의 過失에 기인함이 없이도 발생할 수 있고(즉, 그러한 사고손해는 위험원 운영자의 주의의무의 이행에도 불구하고 발생할 수 있고), 또 危險源 운영자의 過失로 인하여 그러한 사고손해가 발생한다고 하더라도, 과학기술에 대한 전문적 지식이 없는 피해자로서는 그러한 過失을 입증하기가 용이하지 않다. 따라서 이러한 사고손해는 유책성원칙에 의할 경우에는 대부분 피해자 본인이 부담하여야 하게 된다. 그러나 그러한 사고손해를 마치 자연적인 재해나 피해자 자신의 잘못으로 인한 손해의 경우처럼 피해자 자신이 부담하도록 하는 것은, 오늘날의 지배적인 형평과 정의의 관념에 반한다고 아니할 수 없다. 이러한 사고손해가 위험원 운영자의 과실에 기인한 것이 아니라고 하더라도, 이러한 위험원은 그 운영자의 지배 하에 놓여있고 위험원의 운영은 그 운영자의 자발적 결정에 의한 것이고, 또 일차적으로는 그의 이익과 목적을 추구하기 위한 것이기 때문이다.

이러한 사실은 결국 과학기술의 발달에 따라 등장한 각종 위험원의 운영에 따르는 사고손해의 부담문제는 우리민법 제750조의 규정에 의해서는 공평 타당하게 해결될 수 없음을 말해주는 것이다. 그리고 이는 우리민법전이 「故意나 過失로 인한 불법행위」(이

든지(Guido Calabresi, The Cost of Accidents: A Legal and Analysis, Yale University Press, 1970, 26면), 불법행위법의 목적을 사회전체적인 복리를 위하여 예방하는 것이 의미있는 모든 사고가 예방되도록 사회구성원의 행동을 조종하는 데에 적합한 손해배상의무의 요건과 범위를 설정하는 것으로 본다(Kötz, Deliktsrecht, 7. Aufl., 1996, 19면).

를「非難可能型 不法行爲」라고 불러보기로 한다)만을 예정하고 있고, 몇몇 특별법에 규정되어 있는 것과 같은 특수한 위험원의 운영에 내재한 위험이 현실화된 사고처럼, 危險源 운영자의 故意나 過失에 기인하지 않고도 발생할 수 있는 손해사고(이를「허용된 危險源 支配型 不法行爲」라고 부르기로 한다)는 예정하지 못하고 있음을 말해주는 것이다.[3] 여기서 이러한 손해를 공평하게 조정하기 위하여 不法行爲法이 어떻게 대응하여야 하는가 하는 문제가 제기되는 것이다. 이와 관련하여 우리 不法行爲法은 그동안 판례를 통하여 또는 특별법의 입법을 통하여 손해의 공평 타당한 조정을 위한 노력을 계속하여 왔다. 이 글에서는 과학기술의 발달에 따라 발생되는 사고손해를 공평타당하게 조정하기 위하여 우리 不法行爲法이 그 동안 시도하여온 여러 가지 방안을 살펴보고 앞으로 요청되는 대응방안과 그 문제점을 검토하여 보려고 한다.

Ⅱ. 전통적 損害調整原則으로서의 過失責任主義(有責性原則)와 그 본래적 의미의 변질

우리 민법은 바로 위에서도 잠깐 지적하였듯이 불법행위에 기한 손해배상책임의 요건으로서 제750조에서 위법행위자의 故意나 過失을 요구하고 있고, 제753조 및 제754조에서는 책임능력을 요구하고 있는 점으로 보아, 적어도 그 기본입장에 있어서는 위법행위자에 대한 개인적 비난가능성(persönliche Vorwerfbarkeit)으로서의 有責性(Verschulden)을 불법행위책임의 歸責根據로 하고 있다고 볼 수 있다. 원래 위법행위자에 대한 개인적 비난가능성으로서의 有責性은, 違法行爲者가 일정한 상황에서 달리 행위하였어야 하고 또 달리 행위할 수 있었음에도 불구하고 달리 행위하지 못하고 위법한 행위를 한 경우에만 인정되는 것이다. 그러한 경우에만 위법행위자를 개인적으로 비난할 수 있기 때문이다.[4] 그러한 경우란 결국 위법행위자가 손해발생을 인식하면서(故意로) 위법행위를 하였거나, 손해발생을 인식 내지 예견할 수 있었음에도 불구하고 不注意로(過失로) 이를 인식 내지 예견하지 못하고 위법행위를 한 경우라고 볼 수 있는 것이다. 이처럼 有責性原則은 위법행위자의 意思에 대한 개인적 非難可能性을 근거로 意思責任을 묻는 責任原則인

3) 이러한 유형의 사고는 국가에 의해서 허용된 危險源의 운영과정에서 危險源運營者의 故意나 過失없이도 발생가능한 사고이기 때문에 엄격한 의미에서는 不法行爲(Unerlaubte Handlung od. Delikt)라고도 할 수 없다.

4) Larenz, Schuldrecht, Allgemeiner Teil, 14. Aufl., 1987, 276면 참조.

것이다. 그리고 違法行爲者를 개인적으로 비난할 수 있기 위해서는 그 전제로서 그에게 그 행위가 위법하다는 것을 인식할 수 있는 정신적 능력, 즉 責任能力이 있어야 한다. 그러한 능력이 없는 자를 개인적으로 비난할 수가 없기 때문이다. 이러한 점으로 보아 우리 민법도 不法行爲責任의 귀책근거로서 有責性을 요구하는 有責性原則Verschuldensprinzip)을 취하고 있음을 알 수 있다.[5)]

그런데 이러한 有責性原則은 적어도 過失로 인한 不法行爲에 관한 한 그 동안의 학설이나 판례에 의하여(특히 판례에 의하여) 변질 내지 空洞化됨으로써 이제 더 이상 이러한 본래적 의미의 有責性原則을 의미한다고 할 수가 없게 되었다. 즉, 그 동안의 학설이나 판례의 다음과 같은 태도로 보아 過失不法行爲에 관한 한 그 歸責根據를 이제 더 이상 가해자의 意思에 대한 개인적인 비난가능성에서 찾을 수는 없게 되었다. 종래 학설은 過失의 개념에 대해서는 대체로 「일정한 결과가 발생한다는 것을 알고 있어야 함에도 불구하고 不注意로 그것을 알지 못하고 어떤 행위를 한 心理狀態」로 파악하고 있다.[6)] 이러한 過失개념에 의하면 학설은 過失不法行爲의 歸責根據를 위법행위자의 意思에 대한 비난가능성에 두고 있는 것처럼, 즉 過失不法行爲에 대한 책임을 故意不法行爲에 대한 책임과 마찬가지로 違法行爲者의 心理狀態에 대한 責任(意思責任)으로 파악하는 것처럼 보인다. 그러나 통설은 이 경우에 過失의 유무를 판단하는데 필요한 주의의 정도에 대해서는, 違法行爲者 개인의 능력을 기준으로 하는 것이 아니고 추상적으로 일반인, 보통인, 표준인에게 요구되는 注意義務의 정도라고 함으로써, 이른바 抽象的 過失(客觀的 過失)을 주장하고 있다.[7)]

---

5) 일본이나 우리나라의 민법학에서는 有責性原則(Verschuldensprinzip)을 過失責任主義 내지 過失責任의 원칙으로 새기고 있고, 이를 가해자의 故意나 過失로 인하여 손해가 발생한 경우에만 가해자가 그 손해에 대하여 배상책임을 지는 책임원칙으로 설명하는 것이 일반적이다. 그러나 有責性原則은 그 본래적인 의미에 있어서는 단순히 故意나 過失로 가해를 한 자에게 賠償責任을 인정하는 원칙을 의미하는 것이 아니고, 타인에게 손해를 가한 자를 개인적으로 비난할 수 있는 경우에만 그에게 賠償責任을 묻는 원칙을 의미한다. 過失은 객관적으로 요구되는 注意義務의 위반만 있는 경우에도 인정될 수 있기 때문에 過失이 있다고 하여 언제나 過失行爲者를 개인적으로 비난할 수 있는 것은 아니다. 違法行爲者에 대한 개인적인 비난가능성은, 일정한 상황에서 그가 달리 행위할 수 있었음에도 불구하고 달리 행위하지 않고 위법한 행위를 한 경우에만 인정되는 것이다. 따라서 注意義務를 위반함으로써 야기된 過失行爲에 있어서도, 행위자가 그러한 정도의 주의를 할 수 있었음에도 불구하고 주의를 하지 못한 경우에만 그를 개인적으로 비난할 수 있는 것이다. 이렇게 행위자를 개인적으로 비난할 수 있는 경우에만 그를 有責(schuldhaft)하다고 할 수 있는 것이다. 그리고 위법행위자를 개인적으로 비난할 수 있기 위해서는 그 전제로서 자기의 행위가 위법하다는 것을 인식할 수 있는 정신적 능력, 즉 責任能力이 있어야 한다.

6) 郭潤直, 債權各論, 2001, 475면; 金基善, 韓國債權法各論, 1976, 278면; 金曾漢, 債權各論, 1989, 458면; 金曾漢·安二濬, 債權各論(下), 1970, 754면; 黃迪仁, 現代民法論 Ⅳ, 1980, 263면 등.

판례 역시 "불법행위에 의한 손해배상의무의 전제가 되는 과실의 유무와 그 과실의 경중에 관한 표준은 그 개인에게 관한 구체적인 사정에 의하여 결정하는 것이 아니고, 일반적인 보통인으로서 할 수 있는 주의의 정도를 표준으로 하여야 할 것이며, 위의 일반적 보통인이라 함은 추상적인 일반인을 말함이 아니고 그와 같은 업무와 직무에 종사하는 사람으로서는 보통 누구나 할 수 있는 주의의 정도를 표준으로 하여 그 과실 유무를 논하고 위와 같은 주의를 심히 결여한 때에는 중대한 과실이 있다고 할 것이다"라고 함으로써 일정한 업무나 직무에 종사하는 일반인에게 요구되는 정도의 주의를 결한 것을 過失로 보고 있다.[8] 이렇게 하여 판례는 醫師로서의 注意義務,[9] 등기공무원으로서의 注意義務,[10] 액화석유가스 판매사업자로서의 注意義務[11] 등의 정도를 정하고 있다.

그리고 判例는 過失에 있어서의 注意의 정도를 추상적·객관적으로 설정할 뿐만 아니라 過失概念 자체를 학설과는 달리 「心理狀態」로 파악하지 않고 「客觀的인 義務 違反」으로 파악하고 있다. 즉, 判例는 "불법행위로 인한 손해배상책임에 있어서의 과실이라 함은 통상적인 사람을 기준으로 하여 마땅히 하여야 할 의무를 태만히 하였거나 또는 하

---

7) 위 문헌들의 같은 곳 참조.

8) 大判 1967. 7. 18, 66다1938. 同旨: 大判 1987. 1. 20, 86다카1469. 위에서 소개한바 있는 법경제학의 입장에서는 과실의 유무판단을 계산상으로 구체화하려고 한다. 이를 최초로 공식화한 사람이 미국의 Learned Hand판사인데, 그는 이미 1947년에 United States v. Carrol Towing Co.(159F. 2d 169(2d Circuit 1947))사건 판결에서 어떤 사고를 방지하는데 소요되는 비용이 사고기대피해(사고비용×사고발생확률)보다 작은데도 그 사고방지 노력을 하지 않은 경우에는 과실을 인정하고, 사고방지 비용이 사고기대피해보다 큰 경우에는 사고방지노력을 하지 않아도 과실을 인정하지 않았다. 따라서 과실유무의 판단기준이 되는 주의의무 역시 사고방지비용이 사고기대피해보다 작은 경우에만 인정되는 셈이다. 이에 대해서는 朴世逸, 법경제학, 2000, 290면.

9) 판례는 醫師의 注意義務의 기준에 대하여 "진료 당시의 이른바 임상의학의 실천에 의한 의료수준에 의하여 결정되어야 하나, 그 의료수준은 규범적으로 요구되는 수준으로 파악되어야 하고, 당해 의사나 의료기관의 구체적 상황에 따라 고려되어서는 안 된다"고 하고 있다(大判 1997. 2. 11, 96다5933. 同旨: 大判 1998. 7. 24, 98다12270; 大判 1998. 2. 27, 97다38442; 大判 1994. 4. 26, 93다59304; 大判 1987. 1. 20, 86다카1469).

10) 판례는 登記公務員의 注意義務와 관련하여 "등기공무원은 …등기공무원으로서의 통상의 注意義務만 기울였어도 그 서류들이 위조되었다는 것을 쉽게 알 수 있었음에도 이를 간과한 채 모두 적법한 것으로 심사하여 등기신청을 각하하지 못하였다면, 등기공무원으로서의 통상의 注意義務를 해태하여 형식적 심사의무를 위반한 過失이 있다 할 것이다"라고 하고 있다(大判 1994. 1. 14, 93다46469).

11) 판례는 액화석유가스판매사업자의 注意義務와 관련하여 "액화석유가스는 인화 폭발하기 쉬운 성질을 가지고 있고 그 폭발 사고로 인한 피해가 심각하여 고도의 위험성을 가지고 있는 반면 일반인으로서는 그 누출가능성 등을 알기 어려우므로, 일반 수요자에게 가스를 공급하는 액화석유가스 판매사업자로서는 가스에 의한 재해가 발생할 위험성이 있는 경우에 이를 미리 방지하기 위한 조치를 강구할 업무상의 주의의무가 있고" 라고 하고 있다(大判 1988. 7. 24. 98다12997).

지 아니하면 아니될 의무를 이행하지 아니한 경우를 가리켜 뜻하는 것"이라고 한다.[12] 판례의 이러한 입장은 "불법행위에 있어서의 가해자의 과실이 의무위반의 강력한 과실임에 반하여 과실상계에 있어서 과실이란 사회통념상, 신의성실의 원칙상, 공동생활상 요구되는 약한 부주의까지도 가리키는 것이다"라는 표현 속에서도 찾아 볼 수 있다.[13]

判例가 이처럼 過失 유무의 판단기준이 되는 注意의 정도를 가해자 개인의 능력을 기준으로 하지 않고 일정한 업무나 직무에 종사하는 일반인 내지 평균인을 기준으로 하여 정한다든지, 過失개념 자체를 「心理狀態」로 보지 않고 「객관적인 義務 違反」으로 파악하는 것은, 判例가 過失로 인한 不法行爲의 歸責根據를 가해자에 대한 個人的 非難可能性 내지 가해자의 의사에 대한 비난가능성에 두지 않고 있다는 것, 따라서 그 책임도 意思責任으로 파악하고 있지 않다는 것을 의미한다. 왜냐하면 통상인 내지 평균인의 주의능력을 기준으로 하여 過失 유무를 판정할 경우에는, 주의능력이 통상인보다 못한 사람이 자기의 능력으로는 결과발생을 인식 내지 예견할 수가 없어서 결과발생을 회피할 수가 없었던 경우에도, 그의 행위로 가해결과가 발생하면 過失이 있는 것으로 인정되어 損害賠償責任을 부담하게 되지만, 그렇다고 이러한 경우에 가해자를 개인적으로 비난하거나 그가 부담하는 책임을 그의 心理狀態에 대한 책임 내지 意思責任으로 파악할 수는 없기 때문이다.[14]

判例의 이러한 입장으로 인하여 有責性原則은 적어도 過失不法行爲에 있어서는 그 본래적인 의미가 변질되었다고 아니할 수 없다. 즉, 이제 過失不法行爲에 있어서는 행위자에게 責任能力이 있는 한 객관적인 注意義務 내지 행위의무의 위반만 있으면, 행위자에 대한 개인적인 비난가능성의 존재를 그 요건으로 함이 없이 바로 損害賠償責任을 인정할 수 있는 것이다. 有責性原則의 이러한 변질현상 내지 空洞化현상은 우리나라 判例에서만 나타나는 현상이 아니고 다른 나라에서도 일반적으로 나타나는 현상이다.[15] 따라서 이제 過失責任主義 내지 有責性原則은 개인적인 비난가능성을 전제로 하는 본래적인 의미의 過失責任主義 내지 有責性原則이 아니고, 단순히 故意나 過失을 요건으로 하는 책임원칙으로 이해하여야 할 것이다.[16] 그리고 이렇게 되면, 이제 故意不法行爲와 過失

12) 大判 1979. 12. 26, 79다1843.

13) 大判 1995. 9. 15, 94다61120 참조.

14) 判例처럼 過失을 객관적인 義務의 違反으로 보게 되면 過失과 위법성도 뚜렷이 구별할 수가 없게 된다. 객관적인 의무의 위반은 바로 위법한 행위도 되기 때문이다.

15) 四宮和夫, 事務管理・不當利得・不法行爲(中), 289면; Esser-Weyers, Schuldrecht Ⅱ. 7. Aufl., 1991, 561면 참조.

16) 독일의 Weyers는 過失概念의 客觀化로 「Verschuldenshaftung」이 본래적 출발점을 떠난 이상 이

不法行爲는 종래 생각되어오던 것처럼 「加害者의 意思에 대한 個人的 非難可能性」을 歸責根據로 하는 동일한 유형의 不法行爲가 아니고, 그 歸責根據를 달리하는 서로 상이한 유형의 不法行爲로 이해되어야 할 것이다.

그런데 판례에 의한 過失責任主義의 이러한 변질현상은 이론적으로 보더라도 바람직한 현상이라고 할 수 있다. 刑法上의 刑罰이 아니고 不法行爲法上의 損害賠償責任에 있어서는, 가해행위의 違法性만 있으면 有責性의 요건이 충족되지 않더라도 책임을 지는 것이 타당하기 때문이다. 만약 위법한 행위로 타인에게 加害를 하고서도 有責性이 없다는 이유로 배상책임을 부담하지 않게 되면, 그 손해는 피해자가 스스로 부담하여야 하는 부당한 결과가 초래된다. 따라서 본래적 의미의 有責性은 損害賠償責任의 발생에 반드시 필요한 요건은 아니라고 볼 수 있다.[17] 마찬가지로 有責性의 전제가 되는 책임능력 역시 반드시 손해배상책임의 요건으로 되어야 하는가 하는 점에 대해서도 강한 의문이 제기되는 것이다. 이와 관련하여 프랑스민법은 1968년의 개정시에 제489조의2를 삽입함으로써[18] 加害者가 心神障碍狀態에 있었다 하더라도 여전히 賠償責任을 부담하도록 하고 있다.[19] 그리고 최근에 대폭 개정되어 1992년부터 시행되고 있는 네덜란드 新民法典(제6편

제 이 用語보다는 「Unrechthaftung」, 즉 「違法責任」이라는 표현이 더 적절할 것이라고 한다. Esser-Weyers, 위의 책, 561면.

17) 이와 같은 점으로 보아 근대민법이 취하고 있는 有責性原則이 加害行爲 자체의 違法性 이외에 加害者에 대한 개인적인 비난가능성, 즉 본래적 의미의 有責性까지를 不法行爲責任의 요건으로 하는 責任原則이라면, 그 취지가 아무리 개인과 기업의 경제적 활동의 자유를 최대한으로 보장하려는데 있었다고 하더라도, 이는 立法政策的으로 보아 타당한 결단이었다고는 볼 수 없다. 그런데 19세기의 근대민법이 개인의 활동의 자유를 보장하고 기업의 보호를 위하여 有責性原則을 취하였다고 일반적으로 지적되고 있지만(Kötz, Deliktsrecht, 7. Aufl., 1996, 12면 이하 참조), 근대민법이 취하고 있는 有責性原則이라는 것이 엄격하게 개인적 비난가능성(본래적 의미의 有責性)을 요건으로 하는 責任原則인지, 아니면 단순히 危險責任 내지 無過失責任에 대립하는 責任原則, 즉 단순히 故意 또는 過失(객관적인 注意義務의 위반)을 요건으로 하는 責任原則인지는 분명치 않다. 이는 독일민법의 경우만 보더라도 그렇다. 즉, 독일민법은 責任能力을 不法行爲責任의 성립요건으로 함으로써 개인적 비난가능성을 책임의 전제로 하는 것처럼 보인다. 그러나 過失槪念에 대해서는 「Fahrlässig handelt, wer die im Verkehr erforderliche Sorgfalt außer acht läßt」라고 함으로써(동법 제276조) 객관적 注意義務의 위반만 있으면 過失을 인정하고, 행위자 개인이 그러한 상황에서 달리 행동할 수 있었는가 하는 것은 더 이상 묻지 않고 있다. 따라서 責任能力이 있는 자가 저지른 過失不法行爲에 관한 한 독일민법은 반드시 개인적 비난가능성(즉 본래적 의미의 有責性)을 책임의 요건으로 하고 있다고는 볼 수 없다.

18) 이 조항은 「타인에게 손해를 발생하게 한 자는 비록 그가 심신장애상태에 있었다 하더라도 여전히 그 손해를 배상할 의무를 부담한다」고 규정하고 있다.

19) 英美普通法에 있어서도 정신적 장애는 일반적으로 면책사유가 되지 않는다. 즉, 형법에 있어서는 정신적 장애로 인하여 자기가 하는 행위의 의미를 모르는 자나 자기가 하는 행위가 위법함을 모르는 자는 M' Naughten Rule에 의하여 刑事責任으로부터 免責되지만 損害賠償責任에 있어서는 정신적 장애자라고 하여 그 加害行爲에 대한 배상책임으로부터 免責되지 않는다. 한편

제165조)에 있어서도 프랑스 民法의 영향을 받아 정신적 장애인도 不法行爲에 대하여 責任을 지도록 규정하고 있다.[20] 이러한 입법례에 비추어 보더라도 有責性이나 有責性의 전제가 되는 책임능력은 손해배상책임의 불가결한 요건이라고는 볼 수 없는 것이다.

그런데 여기서 한가지 지적할 것은, 학설이나 판례가 위와 같이 有責性原則을 변질시킨 것은, 과학기술의 발달에 따라 새로이 등장한 여러 가지 危險源으로부터 발생하는 사고손해를 특히 염두에 두고 이를 공평타당하게 조정하기 위하여 행하여진 것은 아니었고, 그러한 危險源의 등장과 관계없이 일반적인 過失不法行爲로 발생하는 손해를 공평타당하게 조정하기 위하여 過失의 개념과 기준을 객관화함으로써 초래된 현상이었다. 과학기술의 발달에 따라 새로 등장한 각종의 危險源으로부터 발생하는 사고손해를 공평타당하게 조정하기 위한 노력은, 이러한 본래적 의미의 有責性原則의 변질단계를 넘어서서 다시 아래와 같은 여러 가지 방법으로 행하여져 왔다.

Ⅲ. 변질된 의미의 過失責任主義下에서의 대응

1. 過失의 事實上의 推定

변질된 의미의 過失責任主義下에서는, 過失不法行爲者의 객관적 주의의무위반으로 손해가 발생하면, 過失不法行爲者의 의사에 대한 개인적 비난가능성 여부는 묻지 않고 책임을 묻게 된다. 그러나 이 경우에도 피해자가 피해의 구제를 받기 위해서는 가해자의 過失, 즉 가해자가 객관적 주의의무를 위반하였다는 사실은 입증을 하여야 한다. 그런데 특수한 危險源의 운행 중에 발생한 사고의 경우에는, 피해자에게 전문적 지식이 부족하다는 점, 사고가 주로 危險源 운영자의 배타적 지배하에 있는 영역에서 발생한다는 점,

---

未成年者는 미성년이라는 이유만으로 당연히 免責되지는 않지만, 그렇다고 일반 成年者에게 요구되는 정도의 注意義務가 요구되는 것도 아니다. 즉, 未成年者의 경우에는 동일한 연령, 동일한 지능, 동일한 경험을 가진 未成年者에게 표준적으로 요구되는 정도의 注意義務가 요구된다. 그 결과 5, 6세 미만의 幼兒는 不法行爲責任으로부터 免責된다. John G. Fleming, The Law of Torts, 2nd ed. 1985, 25-27면; Prosser and Keeton, The Law of Torts, 5th ed. 1984, 1071-1075면; C.D. Baker, Tort, 3rd ed. 1981, 100-101면 참조.

20) 1997년 10월 25일 한국민사법학회 추계학술대회에서 화란 Utrecht대학의 Arthur Hartkamp 교수가 행한 강연(Erfahrungen und Ergebnisse aus der niederländische Zivilrechtsreform) 원고 9면 참조. 이 강연내용은 朴永馥교수가 번역하여 「네델란드 사법개혁에서의 경험과 성과」라는 제목으로 민사법학 제17호(1999), 286면 이하에 게재되어 있다(본문과 관련된 내용에 대해서는 이 번역문 292면 참조).

危險源 운영자가 사고발생원인의 규명에 필요한 협력에 소극적이라는 점 등으로 인하여 피해자가 危險源 운영자의 過失을 입증하기가 그렇게 용이하지 않기 때문에, 피해자는 피해의 구제를 받지 못하는 경우가 생기게 된다. 판례는 이러한 사정을 감안하여 일정한 경우에는 일단 危險源 운영 중에 손해사고가 발생하면 危險源 운영자의 過失을 사실상 추정함으로써 피해자의 입증책임을 경감하여주는 방법을 취하기도 하여왔다. 예컨대 自動車損害賠償保障法이 시행되기 전의 한 판례는 운전도중에 발생한 자동차 전복사고는 일단 운전수의 故意 또는 過失에 기인한 것으로 推定하고 있다.[21)]

"자동차운전수와 같은 특수한 위험업무에 종사하는 자는 사고발생을 미연에 방지하기 위하여 자동차의 발차전에 기관 및 차체 전반에 관하여 고장유무를 면밀히 조사하여야 하며, 또 운전도중에 있어서는 자동차운전에 수반하여 발생할 수 있는 일체의 위험을 방지함에 필요한 주의를 다하여야 할 의무가 있다고 할 것이므로 자동차운전수가 자동차운전에 있어서 서상의 주의의무를 다하였다고 하면 보통의 경우에 있어서 특별한 사정이 없는 한 사고의 발생이 없었을 것이라고 보는 것이 타당하다고 할 것이며, 따라서 만일에 자동차운전수가 운전도중에 자동차가 전복하는 등 사고가 발생하였다고 하면 일단 동운전수의 고의 또는 과실로 인한 사고로 추정하지 아니할 수 없는 것이다"

그리고 대법원은 열차교행시의 풍압으로 인한 차체의 손상으로 승객이 부상당한 사고에 있어서도 다음과 같이 철도사업 경영자의 過失을 추정하고 있다.[22)]

"고속도교통기관인 기차가 상당한 속력을 내어 엇갈려 지나갈 때에 생기는 풍압은 강력한 것이며 이러한 풍압으로 인하여 문짝이 떨어지거나 그 외의 차체의 손상이 생김으로써 승객이나 수송화물에 뜻하지 아니한 위해가 발생하지 않도록 평소에 차체를 정비하여야 함은 철도사업 경영자에게 당연히 요청되는 업무라고 할 것이다. 그러므로 본건에서 원심이 확정한 바와 같이 부산발 용산행 12열차가 서울발 부산행 57열차(화물열차)와 원동 삼랑진 간에서 교행되는 순간 57열차에 연결된 화물차량에 가설되어 있던 문짝이 떨어져 위 12열차에 날아들어서 본건 사고를 일으켰다고 하면 위 문짝의 탈낙이 불가항력이거나 그 외에 피고에게 책임지울 수 없는 다른 원인으로 인한 것이라는 증명이 없는 이상 이는 철도 사업경영자인 피고가 차체의 정비를 게을리한 過失에 기인한 것이라고 볼 수밖에 없다"

---

21) 大判 1959. 10. 29. 4292民上67.
22) 大判 1964. 7. 14. 63다1098.

2. 因果關係의 推定

특수한 위험원의 운영 중에 발생한 사고에 있어서 피해자가 봉착하는 입증상 어려움은 위험원운영자의 過失의 입증에만 있는 것이 아니고, 그 사고와 위험원운영자의 過失사이의 인과관계를 입증하는 데도 마찬가지로 존재한다. 그래서 판례는 의료사고,[23] 공해사건,[24] 제조물피해사고[25] 등의 경우에는, 피해자가 의사나 제조업자나 오염물질배출기업의 過失과 손해발생사이의 인과관계를 자연과학적으로 완벽하게 입증하지 않더라도 일정한 사항만 입증하면, 의사나 제조업자나 오염물질배출기업이 손해가 자기들의 過失로 인하여 발생한 것이 아니고 다른 원인으로 발생한 것임을 증명하지 않은 이상, 이들 위험원 운영자의 過失과 손해발생사이의 인과관계를 추정하여 손해배상책임을 인정하고 있다.

3. 注意義務의 加重

변질된 의미의 過失責任主義下에서는, 손해배상책임의 요건으로서 개인적 비난가능성으로서의 본래적 의미의 有責性은 요구되지 않고, 객관적 주의의무의 위반만 있으면 손해야기자의 손해배상책임이 인정된다. 그러나 변질된 의미의 過失責任主義하에서도 가해자가 객관적 주의의무를 다하였음에도 불구하고 손해가 발생하였다면 손해야기자의 책임은 인정될 수가 없고, 그 손해는 피해자가 부담할 수 밖에 없게 된다. 그런데 판례는 객관적 주의의무를 다하여도 손해가 발생할 위험성이 있는 일정한 危險源의 운영 중에 발생한 사고에 대해서는, 危險源의 운영자에게 고도의 주의의무를 요구함으로써 위험원 운영자의 면책을 좀처럼 인정하지 않는 입장을 취하여 왔다.

대법원은 비료공장에서 나온 유해가스로 인근 과수원이 피해를 입은 사건에서 "설사 피고공장이 그 공장설립당시나 그 가동에 있어서 현대과학이 가능한 모든 방법을 취하여 손해를 방지하는 시설을 갖추고 있다하여 피고가 원고에게 가한 불법행위에 과실이 없다고 말할 수는 없다"고 하여 공장운영자가 현대과학기술상 가능한 모든 손해방지조치를

---

23) 大判 2000. 1. 21, 98다50586; 大判 1999. 6. 11, 99다3709; 大判 1999. 2. 12, 98다10472; 大判 1995. 12. 5, 94다57701; 大判 1995. 2. 10, 93다52402 등 참조.

24) 大判 1997. 6. 27, 95다2692; 大判 1984. 6. 12, 81다558; 大判 1991. 7. 23, 89다카1275 등 참조.

25) 大判 2000. 2. 25, 98다15934 참조.

취한 경우에도 過失을 인정하고 있다.[26]

그런가 하면 운행중인 열차의 열려진 창문틈사이로 유리조각이 날아 들어와서 승객이 상해를 입은 경우에 있어서도 대법원은 다음과 같이 운송업자의 過失을 인정하고 있다.[27]

"운행하던 열차의 약 20센치미터 가량 열려진 유리창문의 틈 사이로 유리조각이 날아 들어와서 열차 내에 승차하고 있던 원고의 우측 안구에 박혔다는 것이고 또한 일반적으로 열차의 운행으로 인하여 철로변에 떨어져 있던 작은 유리조각, 분진 등이 열차내로 날아 들어올 수 있는 것이며, 기록상으로도 이 건에 있어서 유리조각이 날아 들어온 것이 제3자의 투척 등의 행위에 기인된 것으로는 보이지 아니하고, 오히려 기록을 정사하면 위 유리조각이 날아 들어온 것은 열차진행에서 그에 수반해서 통상적으로 발생된 것으로 보이므로 그와 같은 사태에 대하여는 운송인인 피고나 그의 사용인이 적절한 조치를 취하여 그의 발생을 미연에 방지하고 여객운송의 안전을 도모하여 그로 인해서 여객에게 손해가 발생하지 아니하도록 하여야 할 것이 기대되는 것이라고 할 것이니 이건 사고는 피고 또는 그 사용인의 운송에 관한 주의의무 범위에 속하는 사항에 원유하는 것이라고 봄이 상당하다"

대법원은 가전제품의 제조업자에 대해서도 아래의 판례에서 보듯이 고도의 주의의무를 인정함으로써 내구연한이 1년 정도 지난 TV가 폭발한데 대한 제조업자의 過失을 인정하고 있다.[28]

"오늘날 일반 국민에게 널리 보급된 대표적 가전제품인 텔레비전은 제조자가 설정한 내구연한이 다소 경과되었다 하더라도 사회통념상 이를 소비자의 신체나 재산에 위해를 가할 수 있는 위험한 물건으로는 여겨지지 아니하므로 텔레비전의 제조업자는 그 내구연한이 다소 경과된 이후에도 제품의 위험한 성상에 의하여 소비자가 손해를 입지 않도록 그 설계 및 제조과정에서 안전성을 확보해야 할 고도의 주의의무를 부담한다 할 것이어서 이 사건 텔레비전이 비록 그 내구연한으로부터 1년 정도 초과된 상태라 하더라도 그 정상적인 이용 상황 하에서 위와 같이 폭발한 이상, 그 제조상의 결함을 인정함에는 아무런 지장이 없다"

이상에서 본 것처럼 판례가 일정한 위험원운영자의 過失을 추정하거나 위험원운영

26) 大判 1973. 10. 10, 73다1253.
27) 大判 1979. 11. 27, 79다628.
28) 大判 2000. 2. 25, 98다15934.

자에게 고도의 주의의무를 요구하는 것은, 그러한 위험원으로 발생한 손해는 본래적 의미의 過失責任의 원칙에 의해서는 물론이고 변질된 의미의 過失責任의 원칙에 의해서도, 공평 타당하게 調整될 수 없음에도 불구하고 過失責任을 인정하는 민법규정 이외에 달리 의존할 법률상의 근거가 없기 때문에, 過失責任의 이름으로 책임을 묻기 위함이라고 볼 수 있다. 말하자면 危險責任 내지 無過失責任을 인정함이 타당한 경우임에도 불구하고 이러한 無過失責任을 정면으로 인정할 수 있는 법률상의 근거가 없기 때문에, 부득이 過失責任의 이름을 빌려 실질적으로는 無過失責任과 다름없는 책임을 묻고 있는 것이다.

Ⅳ. 危險責任의 인정에 의한 대응

1. 危險責任과 危險責任論

고속교통기관이나 원자력사업, 가스사업, 전기사업 등과 같이 아무리 주의를 하여도 완전방지는 불가능한 특수한 위험을 내포하고 있는 위험원의 운영으로 발생한 손해를 가장 공평타당하게 調整할 수 있는 방법은, 결국 그러한 위험원의 운영으로 손해사고가 발생하면 위험원 운영자의 故意나 過失을 묻지 않고 배상책임을 인정하는 방법이다. 우리 民法典은 앞에서도 지적하였듯이 故意나 過失로 인한 違法行爲로 야기된 不法行爲, 즉 非難可能型 不法行爲만을 예정하고 있고, 이러한 손해사고는 예정하지 못하고 있다. 그리고 이러한 유형의 사고는 국가에 의해서 허용된 危險源의 운영과정에서 危險源運營者의 過失없이도 발생할 수 있는 사고이기 때문에, 전통적인 의미에서는 不法行爲(Unerlaubte Handlung od. Delikt)라고도 할 수 없다. 그러면 이러한 유형의 사고손해의 경우에 어떠한 근거와 방법에 의하여 위험원운영자의 故意나 過失을 요건으로 함이 없이도 배상책임을 인정할 것인가?

종래 일반적으로 지적되어 왔듯이 이러한 위험원의 운영은, 그 자체 내에 완전지배가 불가능한 손해발생의 위험을 내포하고 있으며, 이를 운영하는 자는 처음부터 그러한 위험성을 알면서도 이를 운영하고 있는 것이다. 예상가능한 위험으로부터 법익을 보호하려는 법의 예방적 목적에 비추어 보면, 이러한 위험원의 운영은 전면적으로 금지되어야 하는 것이지만, 그것이 가지고 있는 사회적 이익 내지는 사회적 유용성 때문에 허용되고 있는 것이다. 말하자면 국가는 사회생활상 필요불가결한 이러한 위험원의 운영에 수반되는 위험을 허용된 위험(erlaubtes Risiko)으로서 인정하고 있는 것이다.[29] 그런데 이러한 위험원의 운영은 사회적 이익 때문에 허용되고는 있지만, 이러한 위험원의 운영은 위험원 운영자의 자발적 결정에 의한 것이고, 또 일차적으로는 이들의 이익과 목적을 추구하기 위한 것이다. 그렇다면 이러한 시설이나 활동에 내재하고 있는 위험의 현실화로 인한 손해는, 피해자 보다는 危險源을 지배 관리하고 있고 이러한 危險源을 자신의 이익을 위하여 의식적으로 운영하는 자가 부담하는 것이 공평 타당한 損害調整이 된다.[30] 이러한 관념에서 인정되는 것이 이른바 危險責任(Gefährdungshaftung) 또는 嚴格責任(strict liability)이다. 危險責任은 이상과 같은 점에 그 이론적 근거를 두고 있지만 危險責任의 이론과 입법의 발전에는 다음과 같은 사상과 법정책적 관점도 작용하였다고 볼 수 있다.[31]

첫째, 過失責任이 터 잡고 있던 19세기의 자유주의 사상의 쇠퇴와 더불어 사회적 법치국가의 에토스에 의하여 형성된 새로운 사상의 영향을 들 수 있다. 이 사회적 법치국가의 에토스는 종래의 시민법의 기본원칙을 부정하는 것은 아니나, 개인의 인간다운 생활의 보장을 위하여 필요한 한도에서는 근대시민법의 기본원칙에 대한 제한도 있어야 한다는 사상을 낳았는데, 危險責任도 이러한 사상의 발전과 그 궤를 같이 하는 것이다. 즉, 법질서가 사고를 발생하지 않도록 한다든지 사고로 부상당한 피해자를 다시 건강하게 하지는 못한다 하더라도, 無過失의 사고로 인한 손해라고 하여 피해자 스스로 이를 부담하도록 한다는 것은 사회국가의 법의식에 비추어 의심스럽다는 것이다.[32] 이러한 관점은 특히 勞動災害에 대한 無過失責任의 인정과 관련하여 크게 작용하였다고 볼 수 있다.

둘째, 피해자에 의한 過失立證의 곤란을 들 수 있다. 즉, 危險源의 운영 중의 사고 가운데는 危險源을 운영하는 자의 過失에 기인한 사고도 없지 않겠지만, 危險源이 危險源을 운영하는 자의 배타적인 통제와 조직 하에 놓여 있어서, 피해자는 사고의 경위나 전후관계를 파악하기도 어려울 뿐 아니라 이를 확인할 전문적 지식이나 기술도 없는 것이 일반적이다. 따라서 이러한 경우 피해자가 가해자의 過失을 입증해야만 피해구제를

29) Enneccerus-Nipperdey, Lehrbuch des Bürgerlichen Rechts Bd. I, Allgemeiner Teil des Bürgerlichen Rechts 2. Halbband, 1960, 1341면; Bauer, Erweiterung der Gefährdungshaftung durch Gesetzesanalogie, Festschrift für Kurt Ballerstedt, 1975, 315면.

30) von Caemmerer, Reform der Gegährdungshaftung, Gesammelte Schriften Bd. III, 249면; Esser, Grundlagen und Entwicklung der Gefährdungshaftung, 2. Aufl., 1969, 92면 이하; Bauer, 위의 논문(註29), 318면; Prosser &, Keeton, 위의 책(註19), 536면 이하.

31) von Caemmerer, 위의 논문(註30), 250면.

32) Kötz, Haftung für besondere Gefahr, AcP 170(1970), 5면.

받을 수 있는 過失責任의 原則에 의해서는 피해자의 구제는 극히 어렵거나 불가능하게 된다.

셋째, 危險源의 운영 중의 사고로 인한 손실은 책임보험에 가입함으로써 훨씬 적은 경비로써 위험을 분산시킬 수 있는 기업측이 부담하는 것이, 피해자가 부담하는 것보다 타당한 손해조정방법이 된다는 점이다. 그리고 보험에 가입함으로써 지출되는 비용, 즉 보험료는 다시 상품이나 시설의 대금, 요금 등의 형식으로 소비자 또는 이용자에게 분산시킬 수 있는 것이다. 이처럼 책임보험가입에 의한 기업위험분산의 가능성도 危險責任의 인정에 영향을 미쳤다고 할 수 있다.[33)]

---

33) 이는 특히 미국에 있어서 엄격책임(strict liability)의 인정근거와 관련하여 많이 논의되었다. Prosser and Keeton, 위의 책(註 19), 537면 참조. 앞에서 잠깐 소개한 바 있는 법경제학의 입장에서는 위험책임을 인정하는 것이 과실책임을 인정하는 것 보다 사고방지에 더 효율적이라는 점에서 위험책임을 정당화하기도 한다. 법경제학의 입장에서는 앞에서도(註8) 보았듯이 사고방지비용이 사고기대피해액(사고비용 × 사고발생확률)보다 작음에도 불구하고 사고방지조치를 취하지 않은 경우를 과실로 본다. 그러므로 과실책임주의하에서는 사고방지비용이 사고기대피해액보다 작음에도 불구하고 가해자가 사고방지조치를 취하지 않으면 가해자의 과실이 인정되어 손해배상책임을 부담하게 되고, 사고방지비용이 사고기대피해액보다 큰 경우에는 사고방지조치를 취하지 않더라도 과실이 인정되지 않아서 손해배상책임이 인정되지 않는다. 그 결과 과실책임주의하에서는 사고방지비용이 사고기대피해액보다 큰 경우에는 가해자는 사고방지노력을 하지 않게 된다. 그런데 사고방지비용이 사고피해액보다 큰 경우에 가해자가 사고방지노력을 하지 않게 되는 점은 위험책임을 인정하는 경우에도 마찬가지이다. 그 이유는 다음과 같다. 위험책임이 인정되는 경우에는 가해자는 그의 과실유무에 관계없이 사고가 발생하면 항상 손해배상책임을 부담하게 된다. 그런데 가해자는 사고방지비용이 사고기대피해액보다 작은 경우에는 사고방지조치를 취하여 사고를 방지함으로써 손해배상책임을 면하는 것이 유리하므로 사고방지조치를 취하려고 할 것이다. 그러나 사고방지 비용이 사고기대피해액보다 크게 되는 경우에는 가해자는 사고방지조치를 취하는 쪽보다는 오히려 사고방지조치를 취하지 않고 손해배상책임을 부담하는 쪽을 택하게 될 것이다. 이 후자의 쪽이 비용이 적게 들기 때문이다. 그렇게 되면 과실책임을 인정하든 위험책임을 인정하든 사고방지비용이 사고기대피해액보다 큰 경우에는 가해자는 사고방지노력을 하지 않는다는 결과가 된다. 그리고 이는 과실책임을 인정하든 위험책임을 인정하든 가해자가 취하는 주의의 정도에는 차이가 없음을 의미한다. 그러면 어떻게 해서 위험책임을 인정하는 것이 과실책임을 인정하는 것보다 사고방지를 위하여 더 효과적이라고 보는 법경제학의 이론이 성립할 수 있는가 ?

사고발생이 행위자의 주의의 정도에만 영향을 받는다고 한다면, 위험책임을 인정하는 것이 과실책임을 인정하는 경우보다 사고발생의 방지를 위하여 더 효과적이라고 하는 주장은 확실히 타당성이 없다. 그런데 사고발생은 주의의 정도에만 영향을 받는 것이 아니고, 행위의 빈도 내지 활동의 빈도에도 영향은 받는다는 점을 고려하면 다른 결론이 나온다. 즉, 활동의 빈도가 높으면 그에 비례하여 사고발생도 증가한다. 그러므로 사고발생을 방지하기 위해서는 주의의 정도를 높이는 것 뿐만 아니라 활동의 빈도를 줄일 필요가 있다. 그런데 활동의 빈도를 줄이도록 유도하는 데 있어서는 과실책임을 인정하는 것 보다 위험책임을 인정하는 것이 다음과 같은 이유에서 효과적이다. 즉, 과실책임주의하에서는 활동의 빈도가 증가하고 이에 따라 사고발생이 증가하더라도, 행위자는 일정한 정도의 주의를 하는 한 그러한 주의를 하는 데 필요한 비용이 증가할 뿐 손해배상책임을 부담하는 경우가 증가하지는 않기 때문에, 일정한 정도의 주의

2. 危險責任의 인정방법

(1) 特別法에 의한 危險責任 인정방법과 그 문제점

危險責任의 인정방법으로서는 우선 危險責任이 인정되는 경우와 요건을 개별적인 특별법으로 규정하는 방법을 들 수 있다. 그동안 우리나라에서도 몇몇 특별법에서 危險責任이 인정되고 있다. 예컨대 原子力損害賠償法 제3조 이하의 원자력손해에 대한 원자력사업자의 배상책임, 自動車損害賠償保障法 제3조 이하의 자동차운행으로 인한 생명·신체상의 손해에 대한 자동차운행자의 배상책임, 鑛業法 제91조 이하의 鑛害賠償責任, 環境政策基本法 제31조의 환경오염피해에 대한 사업자의 배상책임, 유류오염손해배상보장법 제4조의 유류오염손해에 대한 선박소유자의 책임, 수산업법 제82조의 산업시설 기타 사업장의 건설 또는 조업이나 선박 해양시설과 해저광구의 개발 등에 의한 수질오염으로 인하여 면허받은 어업에 발생한 손해에 대한 오염발생시설경영자의 배상책임, 勤勞基準法 제81조 이하의 勤勞者의 勞動災害에 대한 使用者의 補償責任[34] 등이 그러한 책임이다. 2002년 7월1일부터 시행될 예정인 제조물책임법 제3조의 제조물책임도, 제조자의 過失 유무를 묻지 않고 제조물의 결함으로 인하여 손해가 발생하면 배상책임이 인정된다는 점에서 넓은 의미에서는 危險責任에 속한다고 볼 수 있을 것이다.

그런데 이처럼 危險責任을 개별적으로 인정하는 방법은, 危險責任의 발생요건을 명백히 함으로써 危險源의 運營者에게 無過失責任의 부담에 대한 예측가능성을 확보해 줄 수 있는 장점을 가지고 있다. 그러나 이 방법은 모든 危險源에 대하여 각각 개

만 하려고 할 뿐 활동의 빈도를 줄일려고는 하지 않는다. 그러나 위험책임이 인정되게 되면 주의정도에 관계없이 사고발생에 대하여 손해배상책임을 부담하게 되고, 사고빈도에 비례하여 손해배상책임을 부담하는 경우도 증가한다. 물론 활동의 빈도가 증가하면 그 활동을 통하여 얻는 이익도 늘어나겠지만, 이익이 늘어나는 정도는 활동의 빈도가 증가함에 따라 점점 줄어든다. 따라서 행위자는 활동빈도를 어느 정도로 할 때가 가장 유리하게 되겠는가를 고려하여 활동빈도를 조절하게 될 것이다. 이러한 사정 때문에 위험책임을 인정하는 것이 과실책임을 인정하는 경우보다 사고발생을 방지하는데 더 효과적이라고 할 수 있는 것이다. 이러한 관점에 대해서는 朴世逸, 위의 책, 299면 이하 및 Kötz, 위의 책(註2), 138-139면 참조.

34) 勤勞基準法에서 인정되는 勞動災害에 대한 補償責任은 일반적인 危險責任에 있어서처럼 특수한 위험원에 내재한 추상적 위험의 현실화로 인한 손해의 공평한 調整만을 목적으로 하는 것이 아니라, 근로자의 인간다운 생활을 보장하기 위하여 인정되는 것이고, 또 危險源을 운영하는 기업에만 적용되는 것도 아니기 때문에, 일반적인 危險責任과는 그 취지와 성질을 달리한다고 볼 수 있다.

별적으로 법률을 마련하여야 하므로, 위험성의 정도가 비슷한데도 불구하고 어떤 경우에는 입법적 대비를 하고, 어떤 경우에는 입법적 대비가 결여될 수 있는 단점을 가지고 있다. 예컨대 自動車損害賠償保障法은 있으나 철도 및 항공기사고에 대한 危險責任을 인정하는 법률은 없다. 原子力損害賠償法은 있으나 전기나 고압가스(폭발성물질), 유독성물질, 발화성물질을 제조 공급하는 시설에서 발생하는 사고에 대해서 危險責任을 인정하는 법률은 없다. 그리고 입법은 일반적으로 과학기술의 발전에 뒤지게 마련이므로 입법의 공백기가 생기게 되는 단점도 가지고 있다. 그러면 개별적 특별법에 의한 방법이 가지고 있는 이러한 단점을 보완하기 위하여 취할 수 있는 방법으로서는 어떠한 것이 있는가? 그러한 방법으로서는 危險責任으로서의 無過失責任을 인정하는 개별특별법의 규정을, 그 법률에 규정된 危險源과 비슷한 위험성을 가지고 있는 危險源의 운영 중에 발생한 사고손해에 유추적용하는 방법과, 危險責任에 관한 일반조항을 설정하는 방법을 생각하여 볼 수 있다.

(2) 개별특별법 규정을 類推適用하는 방법과 그 문제점

이 방법은 危險責任을 규정하고 있는 개별특별법의 규정을 그 법률이 규정하고 있는 危險源과 비슷한 위험성을 지니고 있는 危險源의 운행 중에 발생한 사고에 유추적용하는 방법이다. 判例는 위에서 보았듯이 「허용된 危險源支配型 不法行爲」에 속한다고 볼 수 있는 사고에 대해서도, 危險責任을 인정하는 특별법이 없으면 危險源 運營者의 過失을 추정한다든지 危險源運營者의 注意義務를 가중함으로써 過失責任의 이름으로만 책임을 인정하여 왔고, 아직 危險責任을 인정하는 특별법의 규정을 유추적용한 경우는 찾아볼 수가 없다. 그런데 危險責任을 인정하는 특별법의 규정을 유추적용하면, 법률의 흠결은 보충됨으로써 타당한 損害調整이 이루어질런지는 모르지만, 이 경우에 우선 제기되는 의문은 이와 같은 특별법 규정의 類推適用이 「예외규정은 확대적용할 수 없다(singularia non sunt extenda)」는 원칙에 위배되지 않는가 하는 점이다. 이러한 의문이 제기되는 이유는 無過失責任을 인정하고 있는 특별법의 규정들은 過失責任의 원칙을 정하고 있는 민법 제750조에 대한 例外規定이라고 볼 수도 있기 때문이다.[35] 그러면 危險責任으로서의 無過失責任을 인정하고 있는 특별

---

35) 독일의 判例는 이러한 점을 이유로 危險責任을 인정하는 특별법규정의 유추적용을 거부하여 왔다(Kötz, 위의 책(註17), 148면 참조). 그러나 이와는 달리 오스트리아 判例는 危險責任규정의 유추적용을 인정하여 왔다고 한다(Koziol, Umfassende Gefährdungshaftung durch Analogie,

법의 규정들은 민법 제750조에 대한 例外規定에 불과한 규정인가? 민법이 제750조에서 不法行爲責任에 대하여 過失責任主義를 취하고 있는데 반하여 위의 특별법 규정들은 그렇지 않다는 점만을 생각한다면 그렇게 볼 수도 있다. 그러나 危險源의 운영이 점점 많아져 가는 오늘날의 사정에 비추건대, 이제 危險責任도 단순히 過失責任에 대한 예외적인 책임만은 아니고, 독자적인 歸責根據와 고유한 적용영역을 가진 責任原則으로도 볼 수 있을 것이다. 즉, 危險責任은 過失責任主義를 취하고 있는 民法이 예정하지 못한 새로운 영역 내지 대상에 대하여 인정되는 책임으로서, 過失責任에 대한 예외적인 책임이라기보다는 過失責任과는 歸責根據와 적용영역을 달리하며, 過失責任과는 다른 공통적인 속성과 요소들을 가진 또 하나의 責任原則으로 볼 수 있을 것이다.[36] 따라서 일정한 危險源의 運營者에게 危險責任을 인정하는 어떠한 특별법 규정이 있다면, 그러한 규정은 그러한 특수한 경우에 한정된 규정이라기보다는, 독자적인 근거와 고유한 적용영역을 가진 危險責任이라는 責任原則의 한 표현으로 볼 수 있는 것이다.[37] 그렇게 되면 危險責任을 예외적인 責任原則으로 보고 危險責任規定을 예외규정으로 보는 경우에 제기될런지도 모르는 위와 같은 의문은 문제되지 않을 수도 있을 것이다.[38]

(3) 危險責任에 관한 일반조항을 설정하는 방법과 그 문제점

이 방법은 특별법으로든 民法典에든 危險責任의 요건에 대한 一般條項을 마련하는 방법을 생각할 수 있다. 이러한 방법은 그동안 독일, 오스트리아, 일본 등의 일부학자에 의하여 제시되어 왔다.[39] 그리고 한국민사법학회 不法行爲法改正案研究小委員會에서도 1995년에 危險責任에 관한 다음과 같은 일반조항 시안을 마련하여 공표한 바 있다.[40]

Festschrift für Walter Wilburg, 1975, 174면; Koziol-Welser, Grundriß des Bürgerlichen Rechts Band I, 10. Aufl., 1995, 498면 참조). 특별법의 유추적용을 지지하는 견해는 일본에서도 찾아볼 수 있다(四宮和夫, 事務管理・不當利得・不法行爲(中), 259면; 石田 穰, 損害賠償法の再構成, 1978, 104면 등 참조). 특히 石田은 특별법의 유추적용은 일반법의 반대해석에 우선한다는 근거로 현행법상 無過失責任이 인정되고 있지 않은 철도사고에 대하여 대기오염방지법상의 無過失責任규정을 유추적용할 것을 주장한다.

36) Bauer, 위의 논문(註29), 312면.

37) Koziol, 위의 논문(註35), 179면.

38) 同旨: Bauer, 위의 논문(註29), 318면.

39) Koziol, 위의 논문(註35), 174면; Kötz, 위의 논문(註32), 41면; Deutsch, Methode und Konzept der Gefährdungshaftung, VersR 1971, 3면; 注釋民法(19)-五十嵐, 306면 등 참조.

40) 不法行爲法改正案 意見書(金亨培 집필), 民事法學 15호, 173면 이하 참조.

"특별한 위험이 내재하는 시설이나 물건의 보유자는 그 시설이나 물건의 위험성으로 인하여 발생된 손해를 배상하여야 한다. 그러나 손해가 피해자의 故意나 중대한 過失 또는 不可抗力에 의하여 발생한 경우에는 그러하지 아니하다."

그런데 危險責任을 일반조항에 의하여 인정하는 방법은, 개별적 특별법에 의존하는 경우에 생길 수 있는 위와 같은 폐단은 피할 수 있지만, 어떤 危險源의 運營이 이 일반조항에 포섭될 수 있을런지가 전적으로 법관의 판단에 맡겨지게 되므로, 危險責任에 대한 예측가능성이 확보될 수 없다는 문제가 생긴다. 이러한 문제점을 해결하면서도 과학기술의 발전 및 사회사정의 변화에 적절히 대처해 나갈 수 있는 방법으로서는, 民法典에든 특별법으로든 危險責任의 성립에 관한 一般條項을 두고 일반조항에 포섭될 危險源들을 시행령에 의하여 과학기술의 발달정도 등의 사정을 고려하면서 보충하거나 삭제하는 방법을 생각해 볼 수 있다.[41] 우리는 이처럼 시행령에 의하여 법률이 사회사정의 변화에 유연하게 대처할 수 있도록 하는 입법방식을 민법 제312조의2의 전세금의 증감청구권 규정에서도 찾아볼 수 있다. 즉, 민법 제312조의2는 전세금의 증감청구권을 규정하면서 증액비율의 최고한도는 대통령령으로 조정하도록 규정하고 있다.

3. 危險責任 인정의 前提로서의 특수한 危險源

危險責任을 인정하는 방법은 위에서 본 것처럼 여러 가지가 있을 수 있으나, 危險責任의 인정에 있어서 핵심적 요인이 되고 있는 「危險」이라는 것이 매우 광범위하고 모호한 개념이어서, 과연 어떠한 위험이 있는 경우에 危險責任이 인정되어야 하는지가 분명치 않다. 손해발생의 위험은 반드시 危險責任이 인정되는 분야에만 있는 것이 아니고 過失責任에 있어서의 過失에도 존재하기 때문이다. 따라서 危險責任 인정의 전제로서의 위험의 개념을 가능한 한 명확히 할 필요가 있다. 다음과 같은 몇 가지 표지가 위험책임에 있어서의 「위험」의 개념을 보다 명확히 하는데 도움을 줄 수 있지 않을까 한다.

첫째, 危險責任을 인정하고 있는 특별법의 규정들을 통해서 보면, 危險責任은 손해

41) 1967년의 서독의 「損害賠償法規의 改正 및 補充을 위한 法律의 參事官草案(Referententwurf eines Gesetzes zur Änderung und Ergänzung Schadensersatzrechtlicher Vorschriften」은 帝國責任法(Reichhaftpflichtgesetz)의 개정과 관련하여 본법에는 위험성의 종류와 성질을 구체적으로 명시하되, 시행령으로 위험성을 가진 물질의 목록을 작성하여 그러한 위험물질을 보충 또는 삭제할 수 있도록 하는 방안을 제시한 바 있다(同草案 I권, 9-15면 참조).

발생의 개연성 내지 빈도로 보거나(예컨대 교통사고), 사고시 발생하는 손해의 양적·질적 심각성으로 보거나(예컨대 대기오염, 수질오염, 광해, 원자력손해), 또는 이 양자를 종합적으로 보아 위험의 정도가 높은 危險源을 운영하는 자에게 인정되는 책임이라고 할 수 있다.

둘째, 過失(注意義務違反)에도 손해발생의 위험이 내재하지만, 過失에 내재하는 위험은, 特定法益의 침해에 대한 「구체적 위험(konkrete Gefahr)」으로서 「금지된 위험」인데 반해서, 危險責任의 전제가 되는 위험은 장래의 불특정법익의 불확실한 침해에 대한 「추상적 위험(abstrakte Gefahr)」으로서 「허용된 위험」이다.[42] 그리고 過失에 내재하는 위험은 사회생활상 필요한 注意義務를 다하면 방지가능한 위험인데 반해서, 危險責任의 전제가 되는 위험은 危險源을 운영함에 있어서 요구되는 注意義務를 다해도 감소는 가능하나 완전방지는 불가능한 위험이다.

셋째, 危險責任은 對象的으로 形象化된 危險源을 전제로 한다. 危險責任은 고속교통기관, 산업시설, 원자로 등과 같이 對象的으로 形象化된 완전지배불가능한 危險源(gegenständlich verkörperte nicht voll beherrschbare Gefahrenquellen)의 支配者에게 인정되는 책임이다.[43] 대상적으로 形象化된 危險源으로부터 발생한 사고뿐만 아니라, 다이빙·스키·수상스키 같은 위험한 경기 중에 발생하는 사고처럼 단순히 위험한 활동으로부터 발생하는 사고에 대해서도 危險責任을 인정하여야 한다는 견해도 있으나[44] 이러한 경우의 사고는 가해자에게 故意나 過失이 없는 한 피해자 자신이 위험을 부담하여야 할 행위로 인한 사고라고 하여야 한다.[45]

V. 危險責任과 責任保險의 결합

일정한 危險源의 운영과정에서 발생한 사고손해에 대해서는 過失을 요건으로 함이 없이 危險源의 運營者에게 배상책임을 인정하는 것이 공평 타당한 損害調整의 방법이지

42) Deutsch, 위의 논문(註39), 4면.

43) Esser, Schuldrecht Ⅱ, 488면; von Caemmerer, 위의 논문(註30), 255면.

44) Deutsch, 위의 논문(註39), 1면 이하 참조.

45) 피해자 자신이 위험을 부담하여야 할 경우로는 위험한 행사에의 참가나 타인의 시설에 허가없이 출입하는 행위 등을 들 수 있다. Münzberg, Verhalten und Erfolg als Grundlagen der Rechtswidrigkeit und Haftung, 1966, 310면; Koziol, Österreichisches Haftpflichtrecht Ⅰ, 1980, 96면 이하 참조.

만, 危險源의 運營者가 그러한 책임을 부담할 능력이 없는 경우에는 피해자의 구제는 불가능하게 된다. 그리고 그러한 무거운 책임의 부담으로 危險源의 運營者가 사업을 계속할 수 없는 정도의 경제적 타격을 입는 것도 사회 경제적으로 보아 바람직한 것이 되지 못한다. 이러한 필요에서 등장한 제도가 損害賠償責任을 부담함으로써 생기게 되는 손실의 위험을 같은 종류의 위험을 안고 있는 잠재적 가해자들 사이에서 분산시키는 責任保險制度이다. 그런데 責任保險은 危險責任의 부담을 용이하게 하기 위하여 이용되는 면도 있지만, 위에서 이미 언급하였듯이 잠재적 가해자가 責任保險(私保險)에 가입함으로써 손실을 분산시킬 수 있다는 점이, 가해자에게 危險責任을 인정하는 실제적인 이유 중의 하나가 되기도 한다. 그리고 이러한 책임보험의 가입은 가해자의 자유에 맡길 수도 있으나 다음의 몇몇 특별법에서는 보험가입을 강제하고 있고(강제책임보험), 또 그것은 바람직한 일이다.

즉, 原子力損害賠償法(제5조)은 原子力事業者는 원자력손해를 배상함에 필요한 조치(損害賠償措置)를 한 후가 아니면 원자로의 운전 등을 할 수 없도록 하고 있다. 여기서 損害賠償措置란 原子力損害賠償責任保險契約 및 原子力損害賠償補償契約의 체결 또는 供託을 말한다.[46] 그리고 自動車損害賠償保障法(제5조) 역시 자동차를 운행하고자 하는 자는 자동차의 운행으로 다른 사람이 사망하거나 부상한 경우에 피해자에게 대통령령이 정하는 금액의 지급책임을 지는 責任保險 또는 責任共濟에 가입하도록 규정하고 있다. 한편 도시가스사업자나 고압가스사업자에게는 危險責任을 인정하는 법률규정이 없지만, 도시가스사업법 제43조와 고압가스안전관리법 제25조는 이들 가스사업자에게 각각 가스사고로 인한 타인의 인신상의 손해나 재산상의 손해를 보상하도록 보험에 가입할 의무를 부과하고 있다. 마찬가지로 항공운송인의 危險責任을 인정하는 법률규정은 없지만, 항공운송사업진흥법 제7조는 항공사업자나 자가용항공기를 운용하려는 자가 항공보험에 가입하지 않으면 항공기를 운용할 수 없도록 하고 있다.

Ⅵ. 事故保險에 의한 不法行爲法의 代替방법

이제까지 검토한 損害調整방법은 그 귀책근거를 有責性에서 찾든, 객관적 주의의무

46) 同法 제6조에서는 原子力損害賠償責任保險契約金額 및 原子力損害賠償補償契約金額 또는 供託金額은 1공장 또는 1사업소마다(원자로를 선박에 설치하는 경우에는 1척마다) 각각 90억원을 한도로 대통령령이 정하는 금액의 범위 안에서 과학기술처장관의 승인을 얻은 금액으로 하도록 규정하고 있다.

위반에서 찾든, 또는 일정한 위험원에 내재하는 특수한 위험성에서 찾든, 일단 손해배상책임의 성립을 전제로 하여 손해배상책임을 부담하는 자로 하여금 손해를 부담하게 한다. 이처럼 손해배상책임의 성립을 전제로 하여 손해를 調整한다는 점에서는 책임보험이 결합되는 경우에 있어서도 마찬가지이다. 즉, 책임보험이 결합되는 경우에도 보험가입자의 배상책임의 성립을 전제로 하여 보험에 의한 損害調整이 이루어지게 된다. 이처럼 손해배상책임의 성립을 전제로 하고 손해배상책임의 주체가 누구인지를 밝혀서 손해를 調整하는 것이, 不法行爲法에 의한 損害調整制度인 것이다.

그런데 이러한 不法行爲法에 의한 損害調整制度는 개별적인 가해자와 피해자를 전제로 하여 책임요건의 유무와 책임의 주체를 증명하여야 하는 소송절차상의 비용과 시간을 필요로 한다. 그러한 점에서 不法行爲法에 의한 損害調整制度는 비용과 시간이 많이 소요되는 損害調整制度라고 할 수 있다. 不法行爲法에 의한 損害調整制度가 가지고 있는 이러한 약점을 보완하기 위하여 최근에 주장되는 새로운 損害調整制度가 일반적인 사고보험제도(Unfallversicherungssystem)이다. 이 제도는 사회에서 발생하는 각종의 사고손해를 損害賠償責任의 요건이나 損害賠償責任의 主體를 규명함이 없이 일종의 사회보험으로서의 포괄적인 사고보험에 의하여 조정하는 제도이다. 이 제도는 이처럼 각종의 사고손해를 민사책임법적 조정방법에 대신하여 포괄적인 보험에 의하여 조정하는 제도로서, 不法行爲法에 의하는 경우에 소요되는 시간과 경비를 절약할 수 있기 때문에 損害調整이 신속하게 이루어질 수 있게 된다. 이러한 점에서 이 제도는 효율적인 損害調整制度이지만, 이 제도에 있어서는 不法行爲法에 의한 損害調整의 경우에 부수적으로 나타나는 손해예방의 효과는 기대할 수 없을 것이다. 현재 이러한 제도를 시행하고 있는 대표적인 국가는 뉴질랜드이다. 즉, 뉴질랜드는 1972년에 제정되고 1982년에 개정된 事故補償法(Accident Compensation Act)에 의하여, 모든 종류의 사고로 인신손해(사망이나 부상)를 입은 자에 대하여 사고의 원인이나 사고야기자의 過失 유무를 묻지 않고 통일적인 산정방식에 의하여 보상을 하고 있다.[47] 이 법률에 의한 보상방식은 ① 근로자 및 자영업자를 대상으로 하고 사용자 및 자영업자가 그 재원을 부담하는 소득자보상, ② 자동차사고 피해자를 대상으로 하고 자동차 보유자 및 면허증 소지자가 재원을 부담하는 자동차사고 피해자보상, ③ 그 밖의 원인으로 인한 사고피해자(비근로자)를 대상으로 하고 국가의 일반세입에 의하여 그 재원이 조달되는 非勤勞者補償 등의 세가지가 있다. 이처럼 이 제도

---

47) 뉴질랜드의 사고보상법의 내용소개에 대해서는 董祥洪, 「자동차사고로 인한 人的損害補償制度 연구」, 서울대학교 대학원박사학위논문, 1991, 84면 이하 및 金星泰, 「人的損害補償에 관한 法理論의 발전방향」, 보험학회지 제38집, 1991. 10, 99면 이하 참조.

는 여러 가지 사고손해에 대하여 不法行爲法을 대체하는 제도이지만, 인구가 500만 명도 안될 정도로 규모가 작고 또 여타의 사회보장제도도 잘된 뉴질랜드 같은 나라에서 시행되고 있는 이러한 제도를, 여러 가지 여건과 경제적 사정이 다른 여타의 국가에서도 不法行爲法을 대체하는 제도로서 도입하는 것이 가능하고 또 바람직한지는 다각적인 검토와 연구를 함이 없이 결정할 수 없는 문제라고 생각된다. 어쨌든 이러한 제도에 의한 사고손해의 調整이 일반화된다면 不法行爲法은 사고손해의 調整에 관한 한 더 이상 할 일이 없게 될 것이다.

Ⅶ. 要約 및 맺는 말

과학기술의 발달은 완전지배가 불가능한 사고손해의 위험을 증대시켜 왔다. 不法行爲法은 이러한 사고손해의 調整에 대처함에 있어서, 우선 過失責任의 원칙을 벗어나지 않으면서도 판례를 통하여 위험원운영자의 過失을 추정한다든지 또는 위험원운영자에게 고도의 주의의무를 요구하는 방법으로 손해의 공평한 調整을 시도하여 왔다. 그런가 하면 일정한 위험원에 대해서는 특별법의 입법을 통하여 危險責任을 정면으로 인정함으로써 손해의 공평한 調整을 실현하려고 하여 왔다. 그리고 몇몇 특별법에서는 위험책임을 부담하게 되는 위험원의 운영자에게 責任保險에의 가입을 강제함으로써 위험책임의 부담을 용이하게 하고 있다. 그런데 이러한 여러 가지 損害調整方法은, 손해배상책임의 성립을 전제로 하면서 누가 손해를 부담하는 것이 공평한가에 주안점이 있었다면, 뉴질랜드에서 시행되고 있는 사고보험에 의한 損害調整方法은 책임의 성립을 전제로 함이 없이 어떻게 하면 사고손해를 효율적으로 調整하는가 하는 점에 주안점이 있다고 볼 수 있다. 그러한 점에서 이 후자의 損害調整方法은 不法行爲法의 범위를 벗어난 損害調整方法이라고 볼 수 있다.

이상과 같은 손해조정방법과 관련하여 앞으로 검토를 요하는 문제는 결국 危險責任을 인정하는 특별법규정의 유추적용 문제 및 危險責任에 관한 일반조항 설정문제라고 할 수 있다. 그리고 불법행위제도에 대체하여 事故保險에 의하여 손해를 조정하는 방법의 타당성과 그 도입가능성에 대해서도 앞으로 면밀한 검토가 필요할 것이다.

* 民事法學 21호(2002), 117면 이하 게재

韓國不法行爲法의 변천과 不法行爲法學의 課題*

Ⅰ. 머 리 말

무릇 不法行爲法은 주로 契約關係가 없는 일반인 사이에서 다양한 모습으로 발생하는 손해를 그 시대와 사회의 지배적인 정의관념과 형평의 관념에 입각하여 누가 어느 정도까지 부담할 것인가를 정하는 것을 그 주된 임무로 한다.[1] 우리의 不法行爲法 역시 이러한 임무를 지니고 있다. 이러한 임무를 지닌 우리의 不法行爲法의 근간을 이루는 것

---

* 이 글은 1999년 10월 25일 한국법학원에서 개최한 심포지엄, 「民法 40周年의 回顧와 展望」에서 발표한 논문임.

1) 不法行爲法의 임무 내지 기능에는 손해의 塡補 이외에 손해의 豫防, 法益의 保護, 피해자의 滿足 등도 있으나, 가장 중심적 임무 내지 기능은 역시 손해의 공평한 전보에 있다고 볼 수 있다.

이 民法典 제750조 내지 제766조의 규정이라면, 우리 不法行爲法이 시행된 지도 40년이 되었다. 40년이 지나는 동안 다른 분야와 마찬가지로 우리 不法行爲法에도 변천과 발전이 있었다. 그러한 변천과 발전은 判例에 의해서도 이루어졌고 특별법의 입법을 통하여서도 이루어졌다.

우선 判例에 의한 不法行爲法의 변천과 발전은 법원이 不法行爲成立要件에 관한 민법 규정을 해석·적용함에 있어서 다음과 같은 몇 가지 작업을 시도함으로써 이루어졌다고 볼 수 있다.

첫째, 가해자에게 손해배상책임을 인정하는 것이 정당하게 요청됨에도 불구하고 立法政策的으로 보아 부당하거나 부적절한 민법의 규정 때문에 손해배상책임의 인정이 불가능하게 되는 경우에, 손해배상책임을 인정할 수 있는 방법을 모색하는 法形成的 작업이다.[2)]

둘째, 立法政策的으로 부당한 규정은 아니라고 하더라도, 구체적인 경우에 그 규정을 엄격하게 적용하게 되면 정당하고 또 필요한 손해의 전보가 어렵게 되거나 불가능하게 되는 것을 막기 위하여, 손해의 전보가 가능할 수 있는 방법을 모색하는 法形成的 작업이다.[3)]

셋째, 민법규정의 해석을 위하여 적절한 이론을 구성하는 작업이다.[4)]

넷째, 민법이 미처 예정하지 못한 새로운 유형의 事故損害에 대한 전보를 용이하게 하기 위한 해석작업이다.[5)]

다음으로 특별법의 입법을 통한 不法行爲法의 변천은, 民法典에서 예정하지 못한 새로운 유형의 사고손해에 대하여 無過失責任 내지 危險責任을 인정하는 개별적인 특별법의 입법에 의하여 이루어졌다. 그리고 不法行爲에 대한 구제수단으로서 民法典에는 규정되어 있지 않은 原狀回復請求權이라든지 不法行爲의 禁止請求權 내지 豫防請求權을 특별법에서 개별적으로 인정하는 방법을 통하여서도 이루어졌다. 이러한 특별법의 입법으

2) 뒤에서 보듯이 判例가 責任能力 있는 未成年者의 가해행위에 대하여도 그 감독의무자에게 제750조에 의한 一般不法行爲責任을 인정하는 것이 바로 그러한 작업의 한 예라고 할 수 있다.

3) 醫療訴訟이나 公害訴訟에 있어서 因果關係에 대한 立證責任을 완화하는 것이 그러한 예라고 볼 수 있다.

4) 환경적 이익에 대한 침해행위의 違法性 여부를 判斷하는 기준으로서 受忍限度理論을 구성하는 것 같은 것이 그러한 예라고 볼 수 있다.

5) 이론적으로는 危險責任으로서의 無過失責任이 인정되어야 할 경우임에도 불구하고 無過失責任을 인정하는 법률규정이 없어서 無過失責任을 직접 인정할 수 없는 경우에, 注意義務를 加重한다든지 過失을 推定함으로써 過失責任의 이름을 빌려 사실상 無過失責任을 인정하는 경우가 그러한 예이다.

로 인하여 이제 우리 不法行爲法은 민법 第750조 이하의 규정의 총체만을 의미하는 것이 아니고, 이들 특별법의 규정까지를 총괄하는 법규범의 총체를 의미하게 되었다.

이 발표에서는 우리 不法行爲法의 기본적 구조 내지 특징적 구조와 그 동안 判例와 立法을 통하여 변천·발전되어 온 주요내용을 개관함으로써, 우리 不法行爲法이 위에서 언급한 바와 같은 임무를 제대로 수행할 수 있도록 하기 위하여, 우리 不法行爲法學이 해결하여야 할 解釋論的인 문제점과 立法論的인 문제점이 무엇인지를 점검해 보고, 그러한 문제점에 대한 해결을 不法行爲法學의 과제로 설정하고 그 해결의 기본방향을 제시하여 보려고 한다.

II. 우리 不法行爲法의 기본적 구조와 특징

우리 不法行爲法의 기본적 구조의 몇 가지를 지적하여 보면 다음과 같다,

1. 非難可能型 不法行爲만의 豫定

우리 民法典의 不法行爲는 일반적 不法行爲에 있어서든 特殊不法行爲에 있어서든, 近代民法典이 일반적으로 그렇듯이 가해자의 「故意나 過失로 인한 違法行爲」로 야기된 不法行爲, 따라서 가해자 내지 가해자의 행위를 비난할 수 있는 유형의 不法行爲(이를 「非難可能型 不法行爲」라고 부르기로 한다)만을 예정하고 있다. 民法典은 몇몇 특별법에 규정되어 있는 바와 같은 유형의 不法行爲, 즉 가해자의 「故意나 過失로 인한 違法行爲」에 기인하지 않고 발생한 손해에 대해서도 危險責任으로서의 배상책임이 인정되는 유형의 不法行爲(이를 「허용된 危險源支配型 不法行爲」라고 부르기로 한다)는 예정하지 못하고 있다.[6]

6) 종래 많은 분들이 民法 제758조의 工作物所有者의 책임을 無過失責任으로 이해하고 있으나, 공작물의 소유자의 책임 역시 공작물의 「設置·保存의 瑕疵」를 전제로 하는 책임이고, 공작물의 「設置·保存의 瑕疵」에 過失의 요소가 내포되어 있음을 부인할 수 없는 일이고 보면, 工作物所有者의 책임 역시 無過失責任이라고 할 수는 없다. 따라서 이 규정의 不法行爲 역시 비난가능한 유형의 不法行爲로 볼 수 있다.

2. 不法行爲成立要件에 있어서 一般的 成立要件主義

민법 제750조는 "故意 또는 過失로 인한 違法行爲로 他人에게 損害를 加한 者는 그 損害를 賠償할 責任이 있다"고 규정하고 있어서 우리 민법에 있어서는 「故意 또는 過失로 인한 違法行爲」와 「손해발생」사이에 因果關係만 있으면 不法行爲가 성립하도록 되어 있다. 즉, 우리 민법은 不法行爲의 成立要件을 규정함에 있어서 독일민법(제823조 제1항, 제2항 및 제826조)에 있어서처럼 成立要件을 개별적으로 규정하지 않고, 일반적・포괄적으로 규정하는 일반적 成立要件主義를 취하고 있다.7) 게다가 우리 민법은 일본민법에 있어서처럼 「權利侵害」를 不法行爲의 성립요건으로 하지도 않고, 「故意 또는 過失로 인한 違法行爲」와 「손해발생」사이의 因果關係의 존재만을 그 요건으로 하고 있다. 이처럼 민법 제750조는 어떠한 法益이나 權利에 대한 침해가 있어야만 不法行爲가 성립하도록 규정하고 있지 않기 때문에, 우리 民法下에서는 人身이나 물건에 대한 침해로 인한 손해뿐만 아니라 순수한 재산상의 손해(reine Vermögensschäden)가 발생한 경우에도, 제750조에 의한 不法行爲가 성립하게 된다.

3. 因果關係 : 「故意 또는 過失로 인한 違法行爲」와 손해발생間의 因果關係

민법 제750조에서 不法行爲의 成立要件으로서 요구하는 因果關係는 「故意 또는 過失로 인한 違法行爲」와 「손해발생」사이의 因果關係이다. 종래 우리나라에는 不法行爲의 요건으로서의 因果關係를 「가해행위」와 「손해발생」사이의 因果關係로 이해하고 있는 견해가 많으나8) 이는 민법 제750조의 법문에 부합하는 해석이라고 할 수 없다. 그러한 해

---

7) 不法行爲 成立要件에 관하여 일반적 규정을 두고 있는 입법례로는 프랑스 민법(Code civil) 제1382조-제1383조, 스위스채무법(OR) 제41조, 오스트리아 민법(ABGB) 제1295조, 이태리 민법(Codice civile) 제2043조 등을 들 수 있다. 이와 같은 입법방침은 자연법학파의 영향을 받아 프랑스 민법이 채택하였고 그 밖의 국가들이 이를 본받았다고 한다(Zweigert-Kötz, Einführung in die Rechtsvergleichung, 3. Aufl., 1996, 619면 이하 참조). 그러나 우리 민법은 비록 결과적으로는 이들 立法例와 마찬가지로 일반적 成立要件主義를 취하게 되었지만, 연혁적으로는 이러한 立法例를 직접적으로 본받은 것은 아니고, 민법 제정당시 일본의 지배적인 견해, 즉 일본민법 제709조에 있어서의 權利侵害라는 요건에 의해서는 피해구제의 범위가 너무 협소하게 되기 때문에 이를 違法性의 의미로 확대 해석하여야 한다는 당시 일본의 判例와 학설의 견해를 수용하여 權利侵害 대신에 違法行爲라는 문구를 삽입하게 된 것이다.

8) 郭潤直, 債權各論, 1998, 727면; 金基善, 韓國債權法各論, 1976, 296면; 金顯泰, 新稿債權法各論,

석은 依用民法 제709조하에서나 있을 수 있는 해석인 것이다. 민법하에서는 반드시 적극적이고 직접적인 가해행위(法益侵害行爲)가 없더라도, 「故意 또는 過失로 인한 違法行爲」가 있고[9] 그것으로 인하여 손해가 발생하면 不法行爲가 성립하게 된다.

민법 제750조가 규정하고 있는 바와 같은 이러한 요건하에서는, 故意 또는 過失로 인한 違法行爲로 손해가 발생하기만 하면 손해발생의 모습 여하에 불구하고 不法行爲가 성립하게 된다. 즉, 우리 민법하에서는 特定法益에 대한 직접적인 침해가 없이도 不法行爲가 성립할 수 있다. 예컨대 모래채취업자가 하천의 골재채취허가를 받고 골재를 채취한 후 골재채취로 생긴 웅덩이를 메우지 않고 방치한 결과 나중에 하천에서 수영을 하던 동네아이들이 웅덩이에 빠져 죽은 경우처럼, 先行하는 위법한 행위가 나중에 어떠한 손해를 초래한 경우에도, 故意 또는 過失로 인한 違法行爲와 손해발생 사이에 因果關係가 있기 때문에 不法行爲가 성립할 수 있는 것이다.[10] 따라서 우리 민법하에서는 이러한 경우의 손해전보를 위하여 독일의 判例와 학설에 의하여 형성 발전된 社會生活安全義務(Verkehrssicherungspflicht)와 같은 이론은 도입하거나 원용할 필요가 없는 것이다. 그리고 뒤에서 보듯이 責任能力 있는 未成年者가 범한 不法行爲에 대하여, 대법원이 未成年者에 대한 감독의무자의 평소의 감독의무위반과 손해발생 사이에 相當因果關係가 있으면 제750조에 의한 감독의무자의 不法行爲가 성립된다는 이론을 구성하는 것도, 민법 제750조의 위와 같은 구조 때문에 가능한 것이라고 생각된다.

4. 不法行爲責任과 債務不履行責任의 광범위한 競合의 가능성

제750조의 不法行爲成立要件과 관련하여 한가지 주의를 요하는 것은, 민법 제750조의 규정하에서는 민법 제390조의 채무불이행은 모두 제750조의 不法行爲에도 해당될 수 있다는 사실이다. 채무불이행 역시 제750조에 규정된 바의 「故意 또는 過失로 인한 違

1982, 369면; 李銀榮, 債權各論, 1997, 568면 등 참조. 그러나 金曾漢, 債權各論, 1989, 473면; 權龍雨, 不法行爲論, 1998, 91면 등에서는 因果關係를 違法行爲와 손해발생간의 因果關係로 파악하고 있다.

9) 違法行爲란 넓은 의미에서는 법질서의 命令規範이나 禁止規範을 위반한 행위 전반을 의미하겠지만, 여기서 말하는 違法行爲란 타인의 법익을 보호하기 위하여 만들어진 명령규범이나 금지규범, 다시 말해서 타인에게 손해가 발생하지 않도록 하기 위해서 만들어진 명령규범이나 금지규범에 위반한 행위만을 의미한다. 그 밖의 법규범에 위반한 행위도 違法行爲라고는 할 수 있지만 그러한 규범들은 민법상의 不法行爲와는 무관한 규범인 것이다.

10) 大判 1993. 9. 14, 93다15328 참조.

法行爲」임에 틀림이 없기 때문이다. 따라서 우리 민법하에서는 채무불이행책임과 不法行爲責任은 항상 경합하게 되는 것이다. 종래 우리나라에서는 債務不履行으로 인한 손해배상청구권과 不法行爲로 인한 손해배상청구권의 경합문제를 논함에 있어서, 교통사고로 자동차, 선박, 항공기 등의 승객이나 운송물에 피해가 발생한 경우, 受置人이 任置物을 멸실하여 반환할 수 없는 경우, 또는 賃借人이 賃貸目的物을 실화로 인하여 반환할 수 없게 된 경우처럼, 債務者의 어떠한 행위가 債務不履行이 되는 동시에 債權者의 일정한 權利나 일정한 法益에 대한 침해가 되는 경우에만, 양 請求權이 동시에 발생할 수 있는 것처럼 想定하여 왔다. 그러나 이는 일정한 「權利나 法益의 침해」를 不法行爲 成立要件으로 하는 독일민법이나 일본민법과 같은 法制下에서나 가능한 想定이고, 우리 민법 제750조처럼 「故意나 過失로 인한 違法行爲」로 타인에게 손해를 가하면 不法行爲가 성립하는 法制下에서는 적합하지 않는 想定이다. 우리 민법에 있어서는 그러한 법익이 침해된 경우에만 不法行爲가 성립하는 것이 아니기 때문이다. 따라서 우리 민법에서는 債務不履行으로 인하여 손해가 발생하면 그것은 곧 不法行爲에도 해당된다는 사실을 想定하면서 請求權의 경합문제를 다루어야 할 것이다. 어쨌든 不法行爲 成立要件에 관하여 제750조와 같은 규정을 두고 있는 우리 민법에 있어서는, 債務不履行으로 인한 손해배상청구권과 不法行爲로 인한 손해배상청구권이 동시에 발생하는 경우에는, 請求權의 경합을 부정하고 債務不履行으로 인한 請求權만을 인정하는 쪽으로 이론구성하여야 할 것이다. 그렇지 않게 되면 심지어 이행지체인 경우에도 不法行爲로 인한 損害賠償請求가 가능하게 되기 때문이다.

5. 有責性原則(Verschuldensprinzip)

우리 민법은 非難可能型 不法行爲만을 예정하고 있다는 점은 위에서 이미 언급한 바이다. 그런데 非難可能性은 「위법한 行爲」 자체에 대한 非難可能性과 「위법한 行爲를 한 者」에 대한 個人的 非難可能性으로 구분하여 볼 수 있는데, 우리가 흔히 過失責任主義라고 새겨 부르고 있는 有責性原則(Verschuldensprinzip)에 있어서의 有責性(Verschulden)은 이 후자의 非難可能性, 즉 위법행위자에 대한 개인적 非難可能性을 의미한다. 이러한 의미의 有責性은, 원래 行爲者가 일정한 상황에서 달리 행위하였어야 하고 또 달리 행위할 수 있었음에도 불구하고 달리 행위하지 않고 위법한 행위를 한 경우에만, 인정되는 것이다. 그러한 경우에만 위법행위자를 개인적으로 비난할 수 있기 때문이다.[11] 그러한 경우란 결국 위법행위자가 손해발생을 인식하면서(故意로) 위법행위를 하였거나, 손해발생을 인식 내지 예견할 수 있었음에도 불구하고 不注意로(過失로) 이를 인식 내지 예견하지 못하고 違法行爲를 한 경우라고 볼 수 있는 것이다. 이처럼 有責性原則은 위법행위자의 意思에 대한 개인적 非難可能性을 근거로 意思責任을 묻는 責任原則인 것이다. 그리고 違法行爲者를 개인적으로 비난할 수 있기 위해서는, 그 전제로서 그에게 그 행위가 위법하다는 것을 인식할 수 있는 정신적 능력, 즉 責任能力이 있어야 한다. 그러한 능력이 없는 자를 개인적으로 비난할 수가 없기 때문이다. 그런데 우리 민법은 제753조와 제754조에서 그러한 능력을 不法行爲의 成立要件으로서 규정하고 있다. 이러한 점으로 보아 민법은 不法行爲成立要件으로서 個人的 非難可能性으로서의 有責性(Verschulden)까지를 요구하는 有責性原則(Verschuldensprinzip)을 취하고 있음을 알 수 있다.[12] 물론 이 有責性原則은 뒤에서 보듯이 過失槪念의 객관화로 인하여 적어도 過失不法行爲에 관한 한 상당히 空洞化됨으로써 이제 有責性原則은 責任能力에 관한 요건만을 도외시한다면 「故意나 過失을 요건으로 하는 責任原則」정도로 그 의미가 변질되어버렸고, 또 그것은 바람직한 현상이기도 하지만, 우리 民法典 자체의 기본입장은 본래적인 의미의 有責性原則에 입각하고 있었다고 볼 수 있다.

---

11) Larenz, Schuldrecht, Allgemeiner Teil, 14. Aufl., 1987, 276면 참조.

12) 일본이나 우리나라의 민법학에서는 有責性原則(Verschuldensprinzip)을 過失責任主義 내지 過失責任의 원칙으로 새기고 있고, 이를 가해자의 고의나 과실로 인하여 손해가 발생한 경우에만 가해자가 그 손해에 대하여 배상책임을 지는 책임원칙으로 설명하는 것이 일반적이다. 그러나 有責性原則은 그 본래적인 의미에 있어서는 단순히 故意나 過失로 가해를 한 자에게 배상책임을 인정하는 원칙을 의미하는 것이 아니고, 타인에게 손해를 가한 자를 개인적으로 비난할 수 있는 경우에만 그에게 배상책임을 묻는 원칙을 의미한다. 過失은 객관적으로 요구되는 注意義務의 위반만 있는 경우에도 인정될 수 있기 때문에, 過失이 있다고 하여 언제나 過失行爲者를 개인적으로 비난할 수 있는 것은 아니다. 違法行爲者에 대한 개인적인 비난가능성은, 일정한 상황에서 그가 달리 행위할 수 있었음에도 불구하고 달리 행위하지 않고 위법한 행위를 한 경우에만 인정되는 것이다. 따라서 注意義務를 위반함으로써 야기된 過失行爲에 있어서도, 행위자가 그러한 정도의 주의를 할 수 있었음에도 불구하고 주의를 하지 못한 경우에만, 그를 개인적으로 비난할 수 있는 것이다. 그리고 이렇게 행위자를 개인적으로 비난할 수 있는 경우에만, 그를 有責(schuldhaft)하다고 할 수 있는 것이다. 그리고 위법행위자를 개인적으로 비난할 수 있기 위해서는 그 전제로서 자기의 행위가 위법하다는 것을 인식할 수 있는 정신적 능력, 즉 責任能力이 있어야 한다. 有責性原則이라는 용어는 이처럼 그 본래적 의미에 있어서는 違法行爲者에 대한 개인적 비난가능성이 있는 경우에만 그에게 손해배상책임을 묻는 원칙을 의미하지만, 이 용어는 뒤에서 보듯이 단순히 가해자에게 故意나 過失이 있으면 책임을 묻는 원칙을 가리키는 용어로 그 의미가 변질되어 일반적으로 사용되고 있다.

6. 不法行爲의 효과(損害賠償)에 있어서의 기본입장

民法典은 不法行爲로 인한 손해배상과 관련하여 다음과 같은 몇 가지 원칙을 취하고 있다.

(1) 損害賠償의 방법

民法典은 손해배상의 방법으로서는 金錢賠償主義를 취하고 있고(제763조, 제394조), 原狀回復의 방법은 명예훼손의 경우에 대해서만 인정하고 있다(제764조).

(2) 損害賠償의 범위

民法典은 손해배상의 범위에 대해서는 制限賠償主義를 취하고 있다. 즉 通常의 손해를 한도로 하고, 특별한 사정으로 인한 손해에 대해서는 특별한 사정에 대한 인식가능성이 있는 경우에만 배상책임을 인정하고 있다(제763조, 제393조). 그리고 손해배상의 범위를 정함에 있어서 가해자의 有責性의 정도는 고려하지 않고 있다.[13)]

(3) 不法行爲에 대한 구제수단

民法典은 不法行爲에 대한 구제수단으로서는 事後的 구제수단인 손해배상청구권만을 인정할 뿐, 현재 진행되고 있는 不法行爲에 대한 禁止請求權이나 장래 우려되는 不法行爲에 대한 豫防請求權은 인정하지 않고 있다.

---

13) 입법례에 따라서는 有責性의 정도에 따라 손해배상의 범위를 달리하는 경우도 있다. 예컨대 오스트리아 민법 제1324조는 "惡意(böse Absicht) 또는 중대한 不注意(auffallende Sorglosigkeit)에 의해서 손해가 야기된 경우에는 피해자는 完全賠償(volle Genugtuung)을 청구할 수 있다. 그러나 기타의 경우에는 본래의 손해배상(eigentliche Schadloshaltung)만을 청구할 수 있다"고 규정하고 있고, 제1331조는 "타인의 故意 또는 중대한 부주의에 의해서 재산을 침해당한 자는 얻을 수 있었던 이익의 배상도 청구할 수 있다. 가해가 형법에 의하여 금지된 행위에 의하거나 또는 가해의 즐거움으로(aus Mutwillen und Schadenfreude) 행하여진 경우에는 특별한 愛着(besondere Vorliebe)의 가치도 청구할 수 있다"고 규정하고 있다. 그리고 제1332조에서는 "경미한 정도의 실수(Versehen)나 부주의(Nachlassigkeit)로 인한 손해는 물건이 침해된 때에 있어서의 通常價値(gemeiner Wert)에 따라서 배상된다"고 규정하고 있다. 스위스 채무법 제43조에서도 法官은 有責性의 크기를 고려하여 손해배상의 방법과 크기를 결정하도록 하고 있다.

III. 不法行爲法의 변천과 발전

1. 判例에 의한 변천과 발전

(1) 有責性原則의 空洞化

우리 민법이 원래 違法行爲者에 대한 個人的 非難可能性을 요건으로 하는 有責性原則에서 출발하였다는 점과, 有責性은 일정한 상황에서 그가 달리 행위할 수 있었음에도 불구하고 달리 행위하지 않고 위법한 행위를 한 경우에만, 다시 말해서 위법행위자가 손해발생을 인식하면서(故意로) 違法行爲를 하였거나, 손해발생을 인식 내지 예견할 수 있었음에도 불구하고 不注意로(過失로) 이를 인식 내지 예견하지 못하고 違法行爲를 한 경우에만, 인정될 수 있다는 점은 위에서 언급한 바이다. 그런데 有責性原則은 적어도 過失로 인한 不法行爲에 관한 한 이제 더 이상 이러한 본래적 의미의 有責性原則을 의미한다고 할 수가 없게 되었다. 즉, 過失로 인한 不法行爲에 있어서의 歸責根據는, 이제 더 이상 가해자의 意思에 대한 개인적인 비난가능성에서 찾을 수가 없게 되었다. 그 이유는 다음과 같다.

종래 통설은 過失의 개념에 대해서는 대체로 「일정한 결과가 발생한다는 것을 알고 있어야 함에도 불구하고 不注意로 그것을 알지 못하고 어떤 행위를 한 心理狀態」로 파악하고 있다.[14] 이러한 過失개념에 의하면 통설은 過失不法行爲의 歸責根據를 위법행위자의 意思에 대한 비난가능성에 두고 있는 것처럼, 즉 過失不法行爲에 대한 책임을 故意不法行爲에 대한 책임과 마찬가지로 違法行爲者의 心理狀態에 대한 責任(意思責任)으로 파악하는 것처럼 보인다. 그러나 통설은 이 경우에 過失의 유무를 판단하는 데 필요한 주의의 정도에 대해서는 違法行爲者 개인의 능력을 기준으로 하는 것이 아니고, 추상적으로 일반인, 보통인, 표준인에게 요구되는 注意義務의 정도라고 함으로써 이른바 抽象的 過失(客觀的 過失)을 주장하고 있다.[15]

판례 역시 "不法行爲에 의한 손해배상의무의 전제가 되는 과실의 유무와 그 과실의 경중에 관한 표준은 그 개인에게 관한 구체적인 사정에 의하여 결정하는 것이 아니고,

---

14) 郭潤直, 위의 책, 686면; 金基善, 위의 책, 278면; 金曾漢, 위의 책, 458면; 金曾漢·安二濬, 債權各論(下), 1970, 754면; 黃迪仁, 現代民法論 IV, 1980, 263면 등.

15) 위 문헌들의 같은 곳 참조.

일반적인 보통인으로서 할 수 있는 주의의 정도를 표준으로 하여야 할 것이며, 위의 일반적 보통인이라 함은 추상적인 일반인을 말함이 아니고 그와 같은 업무와 직무에 종사하는 사람으로서는 보통 누구나 할 수 있는 주의의 정도를 표준으로 하여 그 과실 유무를 논하고 위와 같은 주의를 심히 결여한 때에는 중대한 과실이 있다고 할 것이다"라고 함으로써 일정한 업무나 직무에 종사하는 일반인에게 요구되는 정도의 주의를 결한 것을 過失로 보고 있다.[16] 이렇게 하여 판례는 의사로서의 注意義務,[17] 등기공무원으로서의 注意義務,[18] 액화석유가스 판매사업자로서의 注意義務[19] 등의 정도를 정하고 있다.

그리고 判例는 過失에 있어서의 注意의 정도를 추상적·객관적으로 설정할 뿐만 아니라, 過失概念 자체를 학설과는 달리 「心理狀態」로 파악하지 않고 「客觀的인 義務 違反」으로 파악하고 있다. 즉, 判例는 "不法行爲로 인한 손해배상책임에 있어서의 過失이라 함은 통상적인 사람을 기준으로 하여 마땅히 하여야 할 의무를 태만히 하였거나 또는 하지 아니하면 아니 될 의무를 이행하지 아니한 경우를 가리켜 뜻하는 것"이라고 한다.[20] 판례의 이러한 입장은 "不法行爲에 있어서의 가해자의 과실이 의무위반의 강력한 과실임에 반하여 過失相計에 있어서 과실이란 사회통념상, 신의성실의 원칙상, 공동생활

---

16) 大判 1967. 7. 18, 66다1938. 同旨: 大判 1987. 1. 20, 86다카1469.

17) 판례는 醫師의 注意義務의 기준에 대하여 "진료 당시의 이른바 임상의학의 실천에 의한 의료수준에 의하여 결정되어야 하나, 그 의료수준은 규범적으로 요구되는 수준으로 파악되어야 하고, 당해 의사나 의료기관의 구체적 상황에 따라 고려되어서는 안된다"고 하고 있다(大判 1997. 2. 11, 96다5933. 同旨: 大判 1998. 7. 24, 98다12270; 大判 1998. 2. 27, 97다38442; 大判 1994. 4. 26, 93다59304; 大判 1987. 1. 20, 86다카1469).

18) 판례는 登記公務員의 注意義務와 관련하여 "등기공무원은 부동산등기법 제55조에 따라 같은 법 제40조에 의하여 등기신청에 첨부된 서류 자체를 검토하고 등기부의 기재와도 대조하여 상호 배치되는 것이 있는지, 또는 서류 자체의 양식 등이 관행에 어긋나는 점이 있는지 등을 살펴 그와 같은 잘못이 있는 경우, 등기신청을 각하하여야 할 직무상의 심사의무가 있으므로, 첨부된 서류 자체의 기재 형식에 의하여 또는 그 기재를 등기부의 기재와 대조하여서 등기공무원으로서의 통상의 주의의무만 기울였어도 그 서류들이 위조되었다는 것을 쉽게 알 수 있었음에도 이를 간과한 채 모두 적법한 것으로 심사하여 등기신청을 각하하지 못하였다면, 등기공무원으로서의 통상의 주의의무를 해태하여 형식적 심사의무를 위반한 과실이 있다 할 것이다"라고 하고 있다(大判 1994. 1. 14, 93다46469).

19) 판례는 액화석유가스판매사업자의 주의의무와 관련하여 "액화석유가스는 인화 폭발하기 쉬운 성질을 가지고 있고 그 폭발 사고로 인한 피해가 심각하여 고도의 위험성을 가지고 있는 반면 일반인으로서는 그 누출가능성 등을 알기 어려우므로, 일반 수요자에게 가스를 공급하는 액화석유가스 판매사업자로서는 가스에 의한 재해가 발생할 위험성이 있는 경우에 이를 미리 방지하기 위한 조치를 강구할 업무상의 주의의무가 있고, 구체적인 사안에서 액화석유가스 판매사업자가 재해방지를 위한 주의의무를 다하였는지의 여부를 판단함에는 액화석유가스의안전및사업관리법의 규정 내용들도 참작되어야 한다"고 하고 있다(大判 1988. 7. 24, 98다12997).

20) 大判 1979. 12. 26, 79다1843.

상 요구되는 약한 부주의까지도 가리키는 것이다"라는 표현 속에서도 찾아볼 수 있다.[21)]

判例가 이처럼 過失 유무의 판단기준이 되는 注意의 정도를 가해자 개인의 능력을 기준으로 하지 않고, 일정한 업무나 직무에 종사하는 일반인 내지 평균인을 기준으로 하여 정한다든지, 過失개념 자체를 「心理狀態」로 보지 않고 「객관적인 義務 違反」으로 파악하는 것은, 判例가 過失로 인한 不法行爲의 歸責根據를 가해자에 대한 個人的 非難可能性 내지 가해자의 의사에 대한 비난가능성에 두고 있지 않다는 것, 따라서 그 책임도 意思責任으로 파악하고 있지 않다는 것을 의미한다. 왜냐하면 통상인 내지 평균인의 주의능력을 기준으로 하여 過失 유무를 판정할 경우에는, 주의능력이 통상인보다 못한 사람이 자기의 능력으로는 결과발생을 인식 내지 예견할 수가 없어서 결과발생을 회피할 수가 없었던 경우에도, 그의 행위로 가해결과가 발생하면 過失이 있는 것으로 인정되어 손해배상책임을 부담하게 되지만, 그렇다고 이러한 경우에 가해자를 개인적으로 비난하거나, 그가 부담하는 책임을 그의 心理狀態에 대한 책임 내지 意思責任으로 파악할 수는 없기 때문이다. 그리고 判例처럼 過失을 객관적인 義務의 違反으로 보게 되면 過失과 위법성은 뚜렷이 구별할 수가 없게 된다. 객관적인 의무의 위반은 바로 위법한 행위도 되기 때문이다.

判例의 이러한 입장으로 인하여 有責性原則은 적어도 過失不法行爲에 있어서는 그 본래적인 의미가 변질되었다고 아니할 수 없다. 즉, 過失不法行爲에 있어서는 행위자에게 責任能力이 있는 한 객관적인 注意義務 내지 행위의무의 위반만 있으면, 행위자에 대한 개인적인 비난가능성의 존재를 그 요건으로 함이 없이 바로 손해배상책임을 인정할 수 있는 것이다. 有責性原則의 이러한 변질현상 내지 空洞化현상은 우리나라 判例에서만 나타나는 현상이 아니고 다른 나라에서도 일반적으로 나타나는 현상이다.[22)] 따라서 이제 有責性原則은 그 본래적인 의미가 아니고 변질된 의미로 이해하여야 할 것이고, 「有責性」이나 「有責性原則」이라는 용어를 사용하는 경우에도 그러한 변질된 의미로 사용하여야 할 것이다.[23)]

그런데 판례에 의한 有責性原則의 변질현상은 이론적으로 보더라도 바람직한 현상이라고 할 수 있다. 刑法上의 刑罰이 아니고 不法行爲法上의 손해배상책임에 있어서는,

---

21) 大判 1995. 9. 15, 94다61120.

22) 이에 대해서는 徐光民, 不法行爲의 歸責構造硏究, 1988, 70-74면 참조.

23) 독일의 Weyers교수는 過失槪念의 客觀化로 「Verschuldenshaftung」이 본래적 출발점을 떠난 이상 이제 이 用語보다는 「Unrechthaftung」, 즉 「違法責任」이라는 표현이 더 적절할 것이라고 한다. Esser- Weyers, Schuldrecht II. 6. Aufl., 1984, 475면.

가해행위의 違法性만 있으면 有責性의 요건이 충족되지 않더라도 책임을 지는 것이 타당하기 때문이다. 만약 위법한 행위로 타인에게 加害를 하고서도 有責性이 없다는 이유로 배상책임을 부담하지 않게 되면, 그 손해는 피해자가 스스로 부담하여야 하는 부당한 결과가 초래된다. 따라서 본래적 의미의 有責性은 손해배상책임의 발생에 반드시 필요한 요건은 아니라고 볼 수 있다. 이와 같은 점으로 보아 근대민법이 취하고 있는 有責性原則이 가해행위 자체의 違法性 이외에 가해자에 대한 개인적인 비난가능성, 즉 본래적 의미의 有責性까지를 不法行爲責任의 요건으로 하는 責任原則이라면,[24] 그 취지가 아무리 개인과 기업의 경제적 활동의 자유를 최대한으로 보장하려는 데 있었다고 하더라도, 이는 立法政策的으로 보아 타당한 결단이었다고는 볼 수 없다.

(2) 責任能力 있는 未成年者의 감독자에게도 배상책임 인정

주지하는 바와 같이 대법원은 최근에 와서 責任能力 있는 未成年者의 不法行爲로 발생한 손해에 대해서도 그 손해가 未成年者의 감독의무자의 감독의무 위반과 相當因果關係가 있으면 감독의무자에게 민법 제750조에 의한 一般不法行爲자로서 손해배상책임을 인정하고 있다.[25]

대법원이 이처럼 責任能力 있는 未成年者의 不法行爲로 인한 손해에 대하여 제750조에 의하여 未成年者의 감독의무자에게 一般不法行爲責任을 묻는 것은, 민법 제755조의 立法政策的 부당성을 극복하여 피해자를 구제하기 위한 방법으로서 취하여진 것이다. 우리 민법은 부모의 보호감독을 받는 未成年者의 不法行爲로 손해가 발생한 경우에도, 피해자는 그 未成年者에게 責任能力이 없다는 것을 증명하지 못하는 한 未成年者 본인

---

24) 19세기의 근대민법이 개인의 활동의 자유를 보장하고 기업의 보호를 위하여 有責性原則을 취하였다고 일반적으로 지적되고 있지만(Kötz, Deliktsrecht, 7. Aufl., 1996, 12면 이하 참조), 근대민법이 취하고 있는 有責性原則이라는 것이 엄격하게 개인적 비난가능성(본래적 의미의 有責性)을 요건으로 하는 責任原則인지, 아니면 단순히 危險責任 내지 無過失責任에 대립하는 責任原則, 즉 단순히 故意 또는 過失(객관적인 注意義務의 위반)을 요건으로 하는 責任原則인지는 분명치 않다. 이는 독일민법의 경우만 보더라도 그렇다. 즉, 독일민법은 責任能力을 不法行爲責任의 성립요건으로 함으로써 개인적 비난가능성을 책임의 전제로 하는 것처럼 보인다. 그러나 過失概念에 대해서는 제276조에서 "Fahrlässig handelt, wer die im Verkehr erforderliche Sorgfalt außer acht läßt"라고 함으로써, 객관적 注意義務의 위반만 있으면 過失을 인정하고, 행위자 개인이 그러한 상황에서 달리 행동할 수 있었는가 하는 것은 더 이상 묻지 않고 있다. 따라서 責任能力이 있는 자가 저지른 過失不法行爲에 관한 한 독일민법은 반드시 개인적 비난가능성(즉 본래적 의미의 有責性)을 책임의 요건으로 하고 있다고는 볼 수 없다.

25) 大判(全員合議體) 1994. 2. 8, 93다13605; 大判 1991. 11. 8, 91다32473; 大判 1992. 5. 22, 91다37690; 大判 1993. 8. 27, 93다22357.

에게만 배상책임을 물을 수 있고, 未成年者의 감독의무자인 부모에게는 배상책임을 물을 수 없도록 되어 있다. 그러나 이는 立法政策的으로 보아 부당한 규정이라고 아니할 수 없다. 責任能力이 있는 未成年者라고 하더라도 배상능력은 없는 것이 일반적이기 때문에, 責任能力 있는 未成年者의 不法行爲로 인한 피해는 그 구제가 사실상 불가능하게 되기 때문이다.[26]

대법원은 민법 제755조의 이러한 입법정책적 부당성을 극복하기 위하여, 처음에는 責任能力이 인정되는 未成年者의 연령을 가능한 한 높이는 방법에 의하여, 즉 責任能力의 유무를 판정하기가 어려운 연령층에 있는 未成年者의 責任能力을 가능한 한 부정하는 방법에 의하여, 그의 不法行爲에 대한 배상책임을 감독의무자에게 부담시키려 하였다.[27] 그런가 하면 責任能力 있는 未成年者의 不法行爲에 대해서도 제755조의 규정을 확대적용함으로써 감독의무자의 책임을 인정하는 방법을 시도하기도 하였다.[28] 그러나 前者의 방법에는 비슷한 연령의 未成年者의 경우에도 사건에 따라 責任能力이 인정되기도 하고 부정되기도 하여, 설득력 있는 연령상의 기준을 제시하지 못하는 문제점이 있었다. 게다가 이러한 방법은 責任能力의 유무를 판정하기 어려운 연령의 未成年者의 경우에나 가능한 방법이지, 일정한 연령 이상의 未成年者의 경우에는 특별한 사정이 없는 한 그 시도 자체가 불가능한 방법이다. 한편 後者의 방법은 제755조의 포섭범위를 무시하는 해석방법으로서, 제755조에 대한 恣意的인 해석이라는 비판을 면할 수가 없는 방법이었다. 제755조의 입법정책적 부당성을 극복하기 위하여 이와 같은 두 가지 방법을 시도하여 보았던 대법원이, 마지막으로 최근에 시도하고 있는 방법이 바로 책임능력 있는 未成年者의 不法行爲에 대하여도, 그 감독의무자에게 제750조에 의한 一般不法行爲責任을 묻는 방법이다. 그리고 마지막 방법은 이론적으로도 큰 무리는 없는 것으로 보인다.

그런데 대법원이 제755조의 立法政策的 부당성을 극복하기 위하여 이렇게 未成年者의 감독의무자에게 제750조의 一般不法行爲責任을 인정하는 이론구성에 큰 무리가 없는 것은, 위에서도 언급한 바와 같이 민법 제750조가 不法行爲成立要件을 일반적 포

26) 이러한 경우에 독일민법(제832조)이나 스위스민법(제333조)은 未成年者의 不法行爲에 대해서는 責任能力의 유무를 묻지 않고 그 감독의무자에게 책임을 묻고 있고, 프랑스민법(제1384조 제4항)은 동거하는 未成年者의 不法行爲에 대해서는 부모가 연대하여 책임을 지도록 규정하고 있다.

27) 이러한 방법은 주로 만 13세 이상 15세미만의 미성년자의 경우에 시도되어 왔다. 이에 대해서는 徐光民, 「責任能力 있는 未成年者의 不法行爲에 대한 감독의무자의 배상책임」, 判例月報, 1994. 7, 15면 이하 참조.

28) 大判 1984. 7. 10, 84다카474.

괄적으로 규정하고 있기 때문이라고 생각된다. 즉, 우리 민법하에서는 제750조의 구조상 「故意 또는 過失로 인한 違法行爲」와 「손해발생」사이에 因果關係가 있으면 不法行爲가 성립할 수 있다. 그러므로 감독의무자의 감독의무 위반으로 未成年者가 타인에게 가해행위를 하였다면, 未成年者에 대한 감독의무위반은 감독의무자의 過失임과 동시에 違法行爲가 되고, 그것이 결과적으로 未成年者에 의한 加害라는 손해발생을 초래한 것이 되기 때문에 감독의무자의 不法行爲가 성립할 수 있는 것이다.[29)]

(3) 使用者責任에 있어서 使用者의 免責立證 부인과 使用者의 求償權의 제한

1) 使用者의 免責立證의 부인

민법은 제756조에서 使用者責任을 규정함에 있어서, 使用者가 피용자의 선임 및 사무감독에 상당한 주의를 한 때 또는 상당한 주의를 하여도 손해가 발생한 경우에는 使用者에게 免責을 인정하고 있다(동조 제1항 단서). 그러나 判例는 이제까지 使用者가 상당한 주의를 다한 것을 이유로 하여 使用者에게 免責을 인정한 적이 없다. 우리 법원이 이러한 입장을 취하여온 것은, 使用者가 상당한 주의를 항상 다하지 못하였기 때문이라기보다는, 使用者에게 免責을 인정하게 되면 피해자의 구제가 충분치 못하게 된다는 점을 고려하였기 때문이라고 생각된다. 즉, 우리 법원은 피해자의 구제를 용이하게 하려는 의도에서 使用者의 免責을 부정해온 것이라고 볼 수 있다. 우리와 비슷한 규정을 가지고 있는 독일(동민법 제831조)에 있어서는 법원이 우리 법원처럼 使用者의 免責을 항상 부정하지는 않아 왔기 때문에, 독일의 법원은 使用者로 하여금 면책주장을 못하게 함으로써 피해자의 구제를 쉽게 하기 위하여, 不法行爲法上의 使用者責任이 인정되어야 하는 경우를 債務不履行責任으로 이론구성을 하여 왔음은 주지의 사실이다. 즉 「계약체결상의 過失責任」 理論이나 「제3자 保護效를 가진 契約」理論 등이 그러한 노력의 결과인 것이다.[30)] 어쨌든 이러한 사실은 제756조 제1항 단서의 免責可能性 인정 규정이 입법정책적으로 보아 부당한 규정임을 말하여 주는 것이다. 使用者는 피용자의 사무집행에 관한 不法行爲에 대해서는 바로 책임을 지는 것이 바람직한 것이다. 자기의 활동범위를 넓히기 위하여 피용자를 사용한 使用者가, 피용자가 사무집행과 관련하여 타인에게 가한 손해에 대하여 그 책임을 외면한다는 것은, 정의와 형평의 관념에 반하기 때문이다.[31)] 그럼에도

---

29) 이에 대해서는 徐光民, 위의 논문(註27), 13면 이하 참조.

30) 이에 대해서는 Kötz, 위의 책(註24), 294면 이하 참조.

31) 이에 대해서는 徐光民, 「民法 제756조의 立法政策的 不當性 및 그 適用限界의 극복방법에 관한

불구하고 민법은 자기책임의 원칙(즉 자기 자신의 過失을 근거로 해서만 책임을 지게 하려는 원칙)에 충실하려고 한 독일민법 등의 태도를 무비판적으로 수용한 결과 使用者의 免責可能性을 입법화하였던 것이다.[32)]

2) 使用者의 求償權 제한

민법 제756조 제3항은 被用者가 사무집행에 관하여 제3자에게 가한 손해에 대하여 배상책임을 부담한 使用者는 피용자에 대하여 求償權을 행사할 수 있도록 규정하고 있다. 그런데 대법원은 근래에 와서 사용자의 구상권 행사에 일정한 제한을 가하고 있다. 즉, 대법원은 사용자가 하는 사업의 성격과 규모, 사업시설의 상황, 피용자의 업무내용, 근로조건이나 근무태도, 가해행위의 상황, 가해행위의 예방이나 손실의 분산에 관한 사용자의 배려의 정도 등과 같은 여러 가지 사정에 비추어 구상권을 행사하는 것이 신의칙상 손해의 공평한 분담이 되지 않는다고 인정되는 경우에는, 다음 판례에서 보듯이 구상권의 행사를 허용하지 않고 있다.[33)]

> "사용자가 피용자의 업무수행과 관련한 불법행위로 인하여 사용자로서의 손해배상책임을 부담한 결과 손해를 입게 되어 피용자에게 구상을 하게 되는 경우, 위 구상권은 그 사업의 성격과 규모, 사업시설의 상황, 피용자의 업무내용, 근로조건이나 근무태도, 가해행위의 상황, 가해행위의 예방이나 손실의 분산에 관한 사용자의 배려의 정도 등 제반사정을 참작하여 손해의 공평한 분담이라는 견지에서 신의칙상 상당하다고 인정되는 한도 내에서만 허용된다고 보아야 할 것이다"

使用者와 被用者 사이에 雇傭, 委任 등의 계약관계가 있는 경우에, 피용자의 업무

小考」, 黃迪仁敎授華甲記念論文集, 1990, 196면 이하 참조.

32) 우리 민법 제756조와 비슷한 규정인 독일민법 제831조 제1항에도 사용자의 면책가능성이 인정되고 있는데, 이에 대해서는 독일에서도 그 부당성이 지적되어 왔고(von Caemmerer, Wandlungen des Deliktsrechts, Gesammelte Schriften I, 1968, 529면 이하 참조), 1967년에 독일 연방법무부가 발간한 손해배상법의 개정 및 보충을 위한 법률의 참사관초안(Referententwurf eines Gesetz zur Änderung und Ergänzung schadensersatzrechtlicher Vorschriten)에서는 제831조 제1항의 내용을 다음과 같이 변경함으로써 사용자의 면책가능성을 배제하고 있다. "어떤 사무를 위하여 타인을 사용한 자는 그 타인이 사무를 집행함에 있어서 고의 또는 과실로 불법행위를 하고 그로 인하여 제3자에게 손해를 가한 경우에는 그 타인과 함께 손해배상의 의무를 진다"(동초안 제1권 4면 참조).

33) 大判 1992. 9. 25, 92다25595. 同旨: 大判 1987. 9. 8, 86다카1045; 大判 1991. 5. 10, 91다7255; 大判 1994. 12. 13, 94다17246 등.

수행에 관한 불법행위에 대하여 사용자가 피해자에게 손해배상책임을 부담함으로써 손해를 입었다면, 이는 피용자가 사용자에 대한 계약상의 의무를 제대로 이행하지 못함으로써 사용자에게 손해를 안겨 준 것이 되기 때문에, 피용자는 사용자가 입은 손해를 배상할 책임을 지게 된다. 따라서 사용자가 피용자에게 求償權을 행사하는 것은 원칙적으로는 문제될 것이 없다. 그러나 판례가 예시하는 하는 바와 같은 여러 가지 사정 여하에 따라서는, 使用者가 경제적으로 약한 지위에 있는 被用者에게 求償權을 행사하는 것이 信義則이나 公平 妥當한 損害分擔의 관념에 반할 수도 있다. 이와 관련하여 國家賠償法(제2조)은 공무원의 직무집행상의 不法行爲의 경우에 공무원에게 故意나 중대한 過失이 있는 경우에만 국가 또는 공공단체가 공무원에 대하여 求償權을 행사할 수 있도록 하고 있다. 國家賠償法의 이러한 태도가 사용자의 求償權 행사에 아무런 제한을 가하고 있지 않은 민법의 태도보다 입법론적으로 타당하다고 본다. 따라서 사용자의 구상권의 행사를 제한하는 판례의 태도는 정당하다고 본다.

(4) 環境的 이익의 침해행위의 違法性 판단기준으로서의 受忍限度理論 구성

판례는 공장에서 배출되는 오염물질로 인한 피해,[34] 종합병원의 영안실과 응급실의 소음 및 응급환자의 운송과정에서의 노출로 인하여 인근 주민이 받은 생활방해,[35] 인접건물의 건축으로 인하여 이웃 거주자가 받는 日照妨害[36] 등 생활환경상의 이익이 침해된 경우에, 손해배상책임의 성립요건으로서의 침해의 위법성을 판단함에 있어서 사회통념상의 受忍限度의 초과여부를 기준으로 삼아 왔다. 타인의 생활환경에 대한 어떠한 침해도 수반하지 않는 인간의 공동생활은 그 영위 자체가 불가능하기 때문에, 타인의 생활환경에 대한 침해를 그 정도 여하에 관계없이 모두 다 위법하다고 할 수는 없는 일이다. 그러한 점에서 판례가 사회통념상의 受忍限度의 초과여부를 기준으로 하여 타인의 생활환경상의 이익의 침해에 대한 違法性 여부를 판단하는 것은, 受忍限度의 초과여부 판단에 객관성만 확보할 수 있다면[37] 타당하다고 본다.[38]

---

34) 大判 1991. 7. 23, 89다카1275 참조.

35) 大判 1997. 10. 28, 95다15599 참조.

36) 大判 1989. 5. 9, 88다카4697; 大判 1982. 9. 14, 80다2859; 大判 1999. 1. 26, 98다23850 등 참조.

37) 판례는 일조방해에 있어서의 受忍限度와 관련하여 "사회통념상의 수인한도를 넘었는지의 여부는 피해의 정도, 피해이익의 성질 및 그에 대한 사회적 평가, 가해건물의 용도, 지역성, 토지이용의 선후관계, 가해방지 및 피해회피의 가능성, 공법적 규제의 위반 여부, 교섭경과 등 모든

(5) 因果關係의 立證責任 완화에 의한 피해자 구제

判例는 不法行爲의 피해자가 부담하는 因果關係의 존재에 대한 입증책임을 공해사건이나 의료사고 또는 결함있는 제조물로 인한 사고 등에 있어서는, 다음의 判例에서 보듯이 상당히 완화함으로서 피해자 구제를 용이하게 하고 있다.

〈공해사건과 관련된 판례〉

"공해로 인한 손해배상청구소송에 있어서도 가해행위와 손해발생 사이에 있어야 할 인과관계의 증명에 관하여도 이른바 개연성이론이 대두되어 대소간에 그 이론이 사실인정에 작용하고 있음을 부인할 수 없는 추세에 있다고 하겠다. 개연성이론 그 자체가 확고하게 정립되어 있다고는 할 수 없으나 결론적으로 말하면 공해로 인한 불법행위에 있어서의 인과관계에 관하여 당해 행위가 없었더라면 결과가 발생하지 아니하였으리라는 정도의 개연성이 있으면 그로써 족하다는 다시 말하면 침해행위와 손해와의 시이에 인과관계가 존재하는 상당정도의 가능성이 있다는 입증을 함으로써 족하고 가해자는 이에 대한 반증을 한 경우에만 인과관계를 부정할 수 있다고 하는 것으로 이는 손해배상을 청구하는 원고에 입증책임이 있다는 종래의 입증책임 원칙을 유지하면서 다만 피해자의 입증의 범위를 완화 내지 경감하는 반면 가해자의 반증의 범위를 확대하자는 것을 그 골자로 하고 있는 것으로 이해된다. 무릇 불법행위로 인한 손해배상에 있어서 불법행위의 성립요건으로서의 인과관계는 현실로 발생한 손해를 누구에게 배상책임을 지울 것인가를 가리기 위한 개념이므로 자연과학의 분야에서 말하는 인과관계가 아니라 법관의 자유심증에 터잡아 얻어지는 확신에 의하여 인정되는 인과관계를 말한다 할 것인데 이런 확신은 통상인이 일상생활에 있어서 그 정도의 판단을 얻을 때는 의심을 품지 않고 안심하고 행동할 것이라는 정도를 일컬어 말함이니 이런 관점에서 볼 때 개연성이론을 수긍 못할 바 아니다."[39]

사정을 종합적으로 고려하여 판단하여야 하고, 건축 후에 신설된 일조권에 관한 새로운 공법적 규제 역시 이러한 위법성의 평가에 있어서 중요한 자료가 될 수 있다"고 설시하고 있다(大判 1999. 1. 26, 98다23850). 그리고 환경상의 이익을 침해하는 건축에 대하여 소유권에 기한 방해배제청구권을 행사하는 경우에 있어서의 受忍限度와 관련해서도 "그 침해가 사회통념상 일반적으로 수인할 정도를 넘었는지 여부는 피해의 성질 및 정도, 피해 이익의 공공성과 사회적 가치, 가해행위의 태양, 가해행위의 공공성과 사회적 가치, 방지조치 또는 손해회피의 가능성, 공법적 규제 및 인허가관계, 지역성, 토지 이용의 선후 관계 등 모든 사정을 종합적으로 고려하여 판단하여야 한다"고 함으로써 비슷한 입장을 취하고 있다(大判 1995. 9. 15, 95다23378).

38) 판례는 환경상의 이익의 침해에 대하여 소유권에 기한 방해배제청구권을 행사하는 경우에도 受忍限度의 초과여부를 그 침해의 違法性 판단기준으로 삼고 있다(大判 1997. 7. 22, 96다56153; 大判 1995. 9. 15, 95다23378 참조).

39) 大判 1974. 12. 10, 72다1774.

"일반적으로 불법행위로 인한 손해배상청구사건에 있어서 가해행위와 손해발생간의 인과관계의 입증책임은 청구자인 피해자가 부담하나, 수질오탁으로 인한 이 사건과 같은 공해로 인한 손해배상청구소송에 있어서는 기업이 배출한 원인물질이 물을 매체로 간접적으로 손해를 끼치는 수가 많고 공해문제에 관하여는 현존의 과학수준으로도 해명할 수 없는 분야가 있기 때문에 가해행위와 손해발생간의 인과관계의 고리를 모두 자연과학적으로 증명하는 것은 곤란 내지 불가능한 경우가 대부분이므로 피해자에게 실질적 인과관계의 존재에 관한 엄밀한 과학적 증명을 요구함은 공해의 사법적 구제의 사실상 거부가 될 우려가 있는 반면에 가해기업은 기술적, 경제적으로 피해자보다 원인조사가 훨씬 용이할 뿐 아니라 그 원인을 은폐할 염려가 있어, 가해기업이 배출한 어떤 유해한 원인물질이 피해물질에 도달하여 손해가 발생하였다면 가해자측에서 그 무해함을 입증하지 못하는 한 책임을 면할 수 없다고 봄이 사회형평의 관념에 적합하다."[40]

〈의료사고에 관련된 판례〉

"일반적으로 의료행위에 있어서 그 주의의무 위반으로 인한 不法行爲 또는 채무불이행으로 인한 책임이 있다고 하기 위하여는 일반적인 경우와 마찬가지로 의료행위상의 주의의무의 위반, 손해의 발생 및 주의의무의 위반과 손해의 발생과의 사이의 인과관계의 존재가 전제되어야 하고, 이는 이를 주장하는 환자측에서 입증하여야 할 것이지만, 의료행위가 고도의 전문적 지식을 필요로 하는 분야이고, 그 의료의 과정은 대개의 경우 환자 본인이 그 일부를 알 수 있는 외에 의사만이 알 수 있을 뿐이며, 치료의 결과를 달성하기 위한 의료 기법은 의사의 재량에 달려 있기 때문에 손해발생의 직접적인 원인이 의료상의 과실로 말미암은 것인지 여부는 전문가인 의사가 아닌 보통인으로서는 도저히 밝혀낼 수 없는 특수성이 있어서 환자측이 의사의 의료행위상의 주의의무 위반과 손해의 발생과 사이의 인과관계를 의학적으로 완벽하게 입증한다는 것은 극히 어려우므로, 환자가 치료 도중에 하반신 완전마비 등 사지부전마비 증상이 발생한 경우에 있어서는 환자측에서 일응 일련의 의료행위 과정에서 저질러진 일반인의 상식에 바탕을 둔 의료상의 과실있는 행위를 입증하고 그 결과와 사이에 일련의 의료행위 외에 다른 원인이 개재될 수 없다는 점, 이를테면 환자에게 의료행위 이전에 그러한 결과의 원인이 될 만한 건강상의 결함이 없었다는 사정을 증명한 경우에 있어서는, 의료행위를 한 측이 그 결과가 의료상의 과실로 말미암은 것이 아니라 전혀 다른 원인으로 말미암은 것이라는 입증을 하지 아니하는 이상, 의료상 過失과 결과 사이의 인과관계를 추정하여 손해배상책임을 지울 수 있도록 입증책임을 완화하는 것이 손해의 공평, 타당한 부담을 그 지도원리로 하는 손해배상제도의 이상에 맞는다."[41]

40) 大判 1984. 6. 12, 81다558. 同旨: 大判 1991. 7. 23, 89다카1275; 大判 1997. 6. 27, 95다2692.

〈결함 있는 제조물로 인한 사고에 관한 판례〉

"비록 본건 사료에 어떠한 불순물이 함유되어 있고 또 그것이 어떤 화학적 영양학적 내지는 생리적 작용을 하여 이를 사료로 한 닭들이 위와 같은 난소협착증을 일으키게 되고 산란율을 급격히 현저하게 저하케 한 것인지는 이 사건에서 구체적으로 밝혀지지는 않았지만 적어도 그 사료에 어떤 불순물이 함유된 것이 틀림없어 제조과정에 과실이 있었고 이로 인하여 원고가 사육하던 닭들이 위와 같은 현상을 초래하게 된 것이라는 이른바 인과관계는 입증되었다 할 것이므로 같은 취지에서 원심이 그 사료제조 판매자인 피고에게 불법행위의 책임을 인정하였음은 정당한 것으로 보인다."[42]

(6) 過失의 推定, 注意義務의 加重 등의 방법에 의하여 새로운 유형의 不法行爲에 對處

고속교통기관이나 가스시설 등과 같이 아무리 주의를 하여도 사고가 발생할 수 있는 추상적 위험을 내포하고 있는 危險源을 運營하다가 발생한 사고(즉 허용된 危險源支配型 不法行爲) 중에는 危險源運營者의 過失을 인정하기가 어려운 경우도 있다. 뒤에서 보듯이 몇몇 특별법에서는 이러한 경우에 過失을 요건으로 하지 않고 이른바 危險責任(無過失責任)을 인정하고 있다. 그런데 判例는 그러한 특별법이 없는 경우에는 사고가 발생하면 危險源運營者의 過失을 추정한다든지[43] 危險源運營者의 注意義務를 가중함으로써[44] 過失責任을 인정하여 왔다.[45] 그러나 이는 실제에 있어서는 過失責任의 이름을 빌린 無過失責任이라고 할 수 있다. 그리고 과실의 추정은 제조물의 결함으로 인한 사고에 대한 제조자의 책임을 묻는 경우에도 행하여져 왔다. 즉, 판례는 제조물의 구조, 품질, 성능 등에 현대의 기술수준과 경제성에 비추어 기대가능한 안전성과 내구성을 갖추지 못하였으면 제조물에 결함이 있는 것으로 보고[46] 그러한 결함으로 인하여 사고가 발생한

41) 大判 1995. 3. 10, 94다39567. 同旨: 大判 1995. 12. 5, 94다57701.

42) 大判 1977. 1. 25, 75다2092.

43) 自動車損害賠償保障法이 시행되기 전의 한 판례는 자동차운전수가 운전도중에 자동차가 전복되는 등 사고가 발생하면 그러한 사고는 일단 운전수의 故意 또는 過失에 기인한 것이라고 推定하고 있다(大判 1959. 10. 29, 4292民上67).

44) 대법원은 "설사 피고공장이 그 공장설립당시나 그 가동에 있어서 현대과학이 가능한 모든 방법을 취하여 손해를 방지하는 시설을 갖추고 있다하여 피고가 원고에게 가한 불법행위에 과실이 없다고 말할 수는 없다"고 하여 공장운영자가 현대과학기술상 가능한 모든 손해방지조치를 취한 경우에도 過失을 인정하고 있다(大判 1973. 10. 10, 73다1253).

45) 이러한 판례들에 대해서는 徐光民, 위의 책(註22), 172면 이하 참조.

46) 大判 1992. 11. 24, 92다18139 참조.

경우에는 제조자의 過失을 인정하고 있다.[47)]

이상에서 살핀 바의 判例에 의한 몇 가지 不法行爲法의 변천은, 결국 민법에 규정된 바의 不法行爲成立要件을 구체적인 경우에 다소 완화시켜 적용한다든지, 立法政策的으로 부당한 규정을 기계적으로 적용하는 것을 피한다든지 함으로써, 손해의 전보가 공평 타당하게 실현될 수 있도록 하기 위한 법원의 法形成的 노력의 결과라고 할 수 있을 것이다.

2. 立法에 의한 변천과 발전

(1) 특별법에 의한 危險責任 인정

앞에서도 언급한 바와 같이 民法典은 故意나 過失로 인한 違法行爲로 야기된 不法行爲, 즉 非難可能型의 不法行爲만을 예정하여 그러한 不法行爲에 대해서만 규정을 두었고, 故意나 過失없이도 발생할 수 있는 사고손해의 조정에 대해서는 규율하지 못하고 있다. 이러한 민법규정에 의하면, 오늘날 고속교통기관이나 원자력사업, 가스사업, 전기사업 등과 같이 아무리 주의를 하여도 완전방지는 불가능한 손해발생의 추상적 위험을 내포하고 있는 시설이나 영업을 영위하다가 발생한 사고 손해에 대해서는, 피해자의 구제가 불가능하게 되는 문제가 발생한다. 이러한 유형의 사고는 국가에 의해서 허용된 危險源의 運營과정에서 危險源運營者의 過失없이 발생한 사고이기 때문에, 전통적인 의미에서는 不法行爲(Unerlaubte Handlung od. Delikt)라고도 할 수 없다. 그러나 이와 같은 사고손해 역시 그것이 비록 危險源運營者의 過失로 인하여 야기된 것은 아니라고 하더라도, 이를 자연적인 재해처럼 피해자 스스로가 감수하는 것보다는 그러한 危險源을 運營하는 자가 부담하는 것이 오늘날의 지배적인 정의관념 내지 형평관념에 부합한다.

이러한 관념에서 인정되는 것이 이른바 危險責任(Gefährdungshaftung) 또는 嚴格責任(strict liability)으로서의 無過失責任인데, 주지하는 바와 같이 우리나라에서도 그동안

47) 판례는 문방구에서 산 완구용 주사기를 가지고 놀던 아이가 주사바늘이 튕겨나와 눈동자에 박힌 사고에서 "주사침을 주사기 몸통에 부착시키는 합성수지부분이 견고하지 못하고 엉성하여… 주사침부분이 쉽게 주사기몸통에서 빠져 나올 수 있게 되어있는 바 이는 주사기재료가 저질일 뿐만 아니라 제조상의 잘못으로 인한 제품의 현저한 결함이며 또 외부적으로 노출되어 있어 이를 제조한 피고가 알 수 있는 정도이므로 피고는 이와 같은 결함이 없는 제품을 만들어 동 주사기의 사용에 수반되는 사고발생을 미연에 방지할 의무가 있음에도 불구하고 동 의무에 위반한 과실이 있다"라고 하고 있다(大判 1979. 12. 26, 79다1772).

몇몇 특별법에서 이러한 책임을 규정하여 왔다. 예컨대 원자력손해배상법 제3조 이하의 원자력손해에 대한 원자력사업자의 배상책임, 자동차손해배상보장법 제3조 이하의 자동차운행으로 인한 생명·신체상의 손해에 대한 자동차운행자의 배상책임, 광업법 제91조 이하의 광해배상책임, 환경정책기본법 제31조의 환경오염피해에 대한 사업자의 배상책임, 근로기준법 제81조 이하의 근로자의 노동재해에 대한 사용자의 補償責任[48] 등이 그러한 책임이다.

특별법들에 의하여 일정한 危險源의 運營者에게 危險源의 運營과성에서 발생한 사고손해에 대하여 이처럼 過失을 요건으로 함이 없이 배상책임이 인정됨으로써, 이제 不法行爲法은 非難可能型 不法行爲를 규율하는 民法典의 규정만을 총칭하는 법이 아니고, 허용된 危險源의 運營과정에서 발생한 사고(허용된 危險源支配型 不法行爲)를 규율하는 특별법의 규정까지를 총칭하는 법으로 그 범위가 넓어지게 된 것이다. 그리고 危險責任이 인정되어야 하는 危險源의 범위가 점점 확대되어가는 오늘날의 현실에 비추어, 危險責任도 이제는 過失責任(Verschuldenshaftung)에 대한 예외적인 책임이라고만 볼 수도 없게 되었다. 즉, 이제 危險責任도 고유한 귀책근거와 적용영역을 가진 독자적인 책임원칙으로서 過失責任과 대등한 지위에 있는 또 하나의 責任原則으로 파악하여야 할 것이다.

(2) 危險責任의 인정과 보험과의 연계

일정한 危險源의 運營과정에서 발생한 사고손해에 대해서 過失을 요건으로 함이 없이 危險源의 運營者에게 배상책임을 인정하는 것은 공평 타당한 손해조정의 방법이지만, 危險源의 運營者가 그러한 책임을 부담할 능력이 없는 경우에는 피해자의 구제는 불가능하게 된다. 그리고 그러한 무거운 책임의 부담으로 危險源의 運營者가 사업을 계속할 수 없는 정도의 경제적 타격을 입는 것도 사회 · 경제적으로 보아 바람직한 것이 되지 못한다. 이러한 사정 때문에 不法行爲法은 이제 危險源의 運營과정에서 발생한 사고손해를 危險源의 運營者에게 전가 내지 부담시키는 것만으로 임무를 다하는 것이 아니고, 危險源의 運營者가 그 책임을 용이하게 감당할 수 있는 방안까지를 마련하여 주지 않으면 안되게 된 것이다. 이러한 필요에서 등장한 제도가 손해배상책임을 부담함으로써 생기게

48) 勤勞基準法에서 인정되는 勞動災害에 대한 補償責任은 추상적 위험의 현실화로 인한 손해의 공평한 조정만을 목적으로 하는 것이 아니라 근로자의 인간다운 생활을 보장하기 위하여 인정되는 것이고, 또 危險源을 운영하는 기업에만 적용되는 것도 아니기 때문에 일반적인 危險責任과는 그 취지와 성질을 달리한다.

되는 손실의 위험을 같은 종류의 위험을 안고 있는 잠재적 가해자들 사이에서 분산시키는 책임보험제도이다.[49] 물론 이러한 책임보험의 가입은 가해자의 자유에 맡길 수도 있으나, 다음의 몇몇 특별법에서는 보험가입을 강제하고 있고(강제책임보험), 또 그것은 바람직한 일이다.

즉, 원자력손해배상법(제5조)은, 原子力事業者는 원자력손해를 배상함에 필요한 조치(손해배상조치)를 한 후가 아니면 원자로의 운전 등을 할 수 없도록 하고 있다. 여기서 손해배상조치란 原子力損害賠償責任保險契約 및 原子力損害賠償補償契約의 체결 또는 供託을 말한다.[50] 그리고 自動車損害賠償保障法(제5조) 역시 자동차를 운행하고자 하는 자는 자동차의 운행으로 다른 사람이 사망하거나 부상한 경우에 피해자에게 대통령령이 정하는 금액의 지급책임을 지는 責任保險 또는 責任共濟에 가입하여야 하도록 규정하고 있다.

産業災害補償保險法도 원칙적으로 모든 사업의 사업주로 하여금 산업재해보상보험에 가입하도록 규정하고 있다(동법 제5조, 제6조). 그런데 이 보험은 책임보험의 형식을 취하고 있지 않다. 즉, 이 보험은 使用者의 손해배상책임의 발생을 전제로 하는 보험이 아니다. 그러한 점에서 앞의 두 가지 강제보험과는 다른 성질을 가지고 있다. 그러나 이 보험금의 지급이 있는 경우에는 使用者는 그 한도에서 勤勞基準法에 의한 재해보상의 책임을 면하기 때문에(同法 제48조, 勤勞基準法 제90조) 실질적으로는 책임보험의 성질이 전혀 없는 것은 아니다.

책임보험제도는 이처럼 危險責任이 인정되는 분야에서만, 그리고 법률에 의해서 그 가입이 강제되는 경우에만 이용되는 것은 아니고, 有責性原則(즉 過失責任의 원칙)이 지배하는 분야에서도 손해배상책임부담의 가능성이 있는 전문직종사자들에 의하여 많이 이용되고 있는 실정이다. 즉 최근에 와서 우리나라에서도 의사나 공인회계사 등 전문직 종사자들이 업무상의 過失로 인한 손해배상책임의 부담에 대비하기 위하여 자율적으로 책임보험에 가입하는 일이 점점 늘어나고 있는가 하면, 기업에서는 외국인 투자가 늘고 소액주주운동이 활발해지면서 임원배상책임보험에도 가입하고 있다고 한다. 그런데 過失責

---

49) 責任保險은 危險責任의 부담을 용이하게 하기 위하여 이용되는 면도 있지만, 잠재적 가해자가 責任保險에 가입함으로써 손실을 분산시킬 수 있다는 사실이, 가해자에게 危險責任을 부담시키는 실제적인 이유가 되기도 한다.

50) 同法 제6조에서는 원자력손해배상책임보험계약금액 및 원자력손해배상보상계약금액 또는 供託金額은 1공장 또는 1사업소마다(원자로를 선박에 설치하는 경우에는 1척마다) 각각 90억원을 한도로 대통령령이 정하는 금액의 범위 안에서 과학기술처장관의 승인을 얻은 금액으로 하도록 규정하고 있다.

任이 인정되는 분야에 있어서 이처럼 책임보험에의 가입현상이 일반화되면, 이는 소송상 가해자의 過失 유무의 판단이나 손해액의 算定에도 영향을 미치게 될 것이다.

(3) 특별법에 의하여 손해배상의 방법으로서 金錢賠償 이외에 原狀回復請求權 인정

민법에는 손해배상의 방법으로서는 명예훼손의 경우를 제외하면 금전배상의 방법 외에 원상회복의 방법은 인정되지 않고 있음은 위에서 이미 언급한 바이다. 그런데 몇몇 특별법에서는 원상회복의 방법이 인정되고 있다. 예컨대 특허법 제131조에서는 "법원은 故意 또는 過失에 의하여 특허권 또는 專用實施權을 침해함으로써 특허권자 또는 전용실시권자의 업무상의 신용을 실추하게 한 자에 대하여는 특허권자 또는 전용실시권자의 청구에 의하여 손해배상에 갈음하거나 손해배상과 함께 특허권자 또는 전용실시권자의 업무상의 신용회복을 위하여 필요한 조치를 명할 수 있다."고 규정하고 있다. 이와 비슷한 규정은 意匠法 제66조, 商標法 제69조, 實用新案法 제46조, 不正競爭防止및營業秘密保護에관한法律 제6조 및 제12조에서도 찾아볼 수 있다.

한편 광업법 제93조에서도 "① 손해배상은 금전으로 한다. 다만, 배상금액에 비하여 과다한 비용을 요하지 아니하고 원상을 회복할 수 있는 경우에는 피해자는 원상의 회복을 청구할 수 있다. ② 배상의무자의 신청이 있는 경우에 법원은 적당하다고 인정할 때에는 제1항 본문의 규정에 불구하고 금전배상 대신에 원상회복을 명할 수 있다"고 규정하고 있다.

(4) 특별법에 의하여 不法行爲에 대한 금지청구권 및 예방청구권 인정

민법에는 不法行爲에 대한 구제수단으로서 사후구제수단인 손해배상청구권만을 규정하고, 현재 행하여지고 있는 違法行爲의 금지나 장래 행하여질 違法行爲의 예방을 요구할 수 있는 권리는 규정하지 않고 있다.[51] 그러나 몇몇 특별법에서는 지적 재산권의 침해와 관련하여 일정한 경우에 지적 재산권에 대한 침해의 금지 또는 예방을 청구할 수 있

---

51) 物權이 침해된 경우에 그 행사가 가능한 物權的 請求權에 대해서는 민법에 규정이 있으나, 物權的 請求權은 상대방의 위법한 행위에 의한 침해만을 그 요건으로 하는 권리가 아니기 때문에 不法行爲에 대한 구제수단으로서 인정되는 권리로 볼 수 없다. 물론 物權에 대한 위법한 침해가 있는 경우에 物權的 請求權에 의한 구제가 불가능한 것은 아니다. 그러나 物權的 請求權은 支配權으로서의 物權의 내용실현을 위하여 物權의 본질상 당연히 인정되는 권리이기 때문에 반드시 위법한 침해가 아닌 경우에도 物權的 請求權은 인정된다.

는 권리를 규정하고 있다. 예컨대 특허법은 특허권자 또는 전용실시권자로 하여금 그 권리를 침해한 자 또는 침해할 우려가 있는 자에 대하여 그 침해의 금지 또는 예방을 청구할 수 있도록 하고 있다(동법 제126조 제1항). 그리고 특허권자 또는 전용실시권자가 이러한 권리를 행사할 때에는 침해행위를 조성한 물건(물건을 생산하는 방법이 발명인 경우에는 침해행위로 생긴 물건을 포함한다)의 폐기, 침해행위에 제공된 설비의 제거, 기타 침해의 예방에 필요한 행위를 청구할 수 있도록 하고 있다(동조 제2항). 이러한 규정은 실용신안법 제31조, 의장법 제62조, 상표법 제65조, 저작권법 제91조 등에도 규정되어 있다.

그리고 「부정경쟁방지및영업비밀보호에관한법률」은 부정경쟁행위로 타인의 영업상이익을 침해하여 손해를 가한 경우에는, 피해자에게 손해배상청구권을 인정함과 동시에 부정경쟁행위로 인하여 자신의 영업상의 이익이 침해되거나 침해될 우려가 있다고 인정되는 자에게는, 부정경쟁행위를 하거나 하고자 하는 자에 대하여 법원에 그 행위의 금지 또는 예방을 청구할 수 있도록 하고 있다(동법 제5조).

그런데 전통적인 의미에서의 不法行爲法이 不法行爲에 대한 사후적인 구제수단만을 규율하는 법으로 이해되어 왔기 때문에, 이러한 특별법의 규정들을 전통적인 의미에서 不法行爲法規範으로 볼 수 있는가에 대해서는 의문이 있을 수 있다. 그러나 이들 특별법에서 금지청구 내지 예방청구의 대상이 되고 있는 행위가 不法行爲임에는 틀림이 없는 일이고 보면, 이제 不法行爲에 대한 구제수단으로서는 현행법상 비록 개별적으로나마 사후적인 구제수단인 손해배상청구권이 아니고, 현재 진행되고 있는 不法行爲의 금지 또는 장래 예상되는 不法行爲의 예방을 위한 구제수단도 인정되기에 이르렀다고 할 수 있다. 따라서 앞으로는 이러한 구제수단을 규율하는 규범도 不法行爲法의 범주에 포함시켜야 할 것이다.

IV. 不法行爲法學의 과제

이상의 고찰을 통하여, 우리의 不法行爲法은 民法典의 不法行爲規定들에 대한 법원의 法形成的 解釋作業과 새로운 不法行爲規範의 立法作業을 통하여, 외연적으로나 내용적으로나 변천 내지 발전되어 왔음을 확인할 수 있다. 이러한 작업의 목적은 그동안 우리가 경험한 사회적, 경제적, 기술적 변화의 과정에서 발생하는 다양한 不法行爲의 피해를 어떻게 해서든 공평하고 효율적으로 구제하려는 데 있었음은 물론이다. 그러나 그 동안의 이러한 작업과 노력에도 불구하고 우리의 不法行爲法은 그러한 목적과 과제를 잘

수행할 수 있는 완벽한 不法行爲法으로 완성되었다고는 할 수 없고, 아직도 解釋論的으로나 立法論的으로 해결하여야 문제를 안고 있는 법이라고 할 수 있다. 이러한 문제의 해결은 결국 不法行爲法學이 떠맡아야 할 과제가 아닐 수 없다. 이하에서는 이러한 미해결의 문제를 몇 가지만 골라서 不法行爲法學의 과제로서 제시하여 보려고 한다.

1. 解釋論的인 과제

(1) 共同不法行爲 成立要件의 의미에 대한 해석

종래 共同不法行爲의 成立要件에 관한 제760조 제1항의 규정, 즉 "수인이 공동의 不法行爲로 타인에게 손해를 가한 때에는 연대하여 그 손해를 배상할 책임이 있다"라는 규정에서 「共同」의 의미를 둘러싸고 이른바 주관적 공동관계설과 객관적 공동관계설이 대립하여 왔고 判例는 객관적 공동관계설의 입장을 취하고 있다.

> "공동불법행위의 성립에는 공동불법행위자 상호간에 의사의 공통이나 공동의 인식이 필요하지 아니하고 객관적으로 그들의 각 행위에 관련공동성이 있으면 족하고 그 관련공동성 있는 행위에 의하여 손해가 발생하였다면 그 손해배상책임을 면할 수 없다."[52)]

그런가 하면 판례는 수인 사이에 主觀的 共同關係가 있는 경우에는 가해행위에 직접 가담하지 않은 자에게도 다음과 같이 책임을 묻고 있다.

> "수인이 피해자에게 폭행을 가할 것을 피차 의사연락한 후에 그 중 1인이 그 피해자에게 폭행을 가하여 사망케 한 경우에는 그 수인은 공동불법행위에 관한 책임을 면치 못한다."[53)]

그런데 이 문제는 「共同」의 의미를 어느 한 쪽의 의미로 해석하여 해결하는 것보다는 共同不法行爲者 사이에 主觀的 共同關係가 있는 경우와 客觀的 共同關係가 있는 경우의 효과만을 달리 인정하면 해결될 문제가 아닌가 한다. 이는 다음과 같은 이유에서이다. 즉, 민법이 不法行爲에 관한 제750조의 규정이 있음에도 불구하고 수인이 공동으로 한 不法行爲에 대하여는 제760조 제1항의 규정을 별도로 두어 수인이 連帶하여 손해배

---

52) 大判 1998. 9. 25, 98다9205.

53) 大判 1957. 3. 28, 4289民上551.

상책임을 부담하도록 하는 것은, 공동의 不法行爲로 손해가 발생한 경우에는 數人의 행위를 一體로 파악함으로써 不法行爲責任의 일반원칙을 수정하여 共同不法行爲者의 책임을 무겁게 하려는 것이라고 볼 수 있다. 원래 不法行爲責任의 일반원칙에 따르면 가해자는 ① 자기행위와 因果關係가 있는 손해에 대해서만 책임을 부담하고, ② 자기행위와 因果關係가 있는 손해에 대해서도 자기행위가 기여한 한도 내에서만 책임을 부담한다. 그런데 제760조 제1항은 바로 이러한 일반원칙에 대하여 수정을 가하여 경우에 따라 ⓐ 각자의 개별적인 행위와 因果關係가 없는 손해에 대해서도 각자가 책임을 부담하게 하거나, ⓑ 각자의 개별적인 행위와 손해발생 간에 因果關係가 있으면 각자가 기여한 한도를 초과하는 손해에 대하여도 책임을 부담하게 하려는 규정이라고 볼 수 있다. 그리고 여기서 ⓐ와 같은 수정은 수인 간에 主觀的 共同關係가 있는 경우에 인정된다고 볼 수 있고, ⓑ와 같은 수정은 수인 간에 主觀的 共同關係는 없고 客觀的 共同關係만 있는 경우에 인정된다고 볼 수 있다. 그리고 主觀的 共同關係가 있으면 ⓐ와 같은 수정이 가능한 이유는, 수인 간에 意思를 교환하거나 수인이 공동목적을 추구한다는 것은, 각자가 타인의 행위를 이용하고 자기의 행위 역시 타인에 의하여 이용되는 것을 인용한다는 것을 의미하고, 따라서 각자는 타인의 행위에 대한 책임도 인수한다는 것을 의미하는 것으로 볼 수 있기 때문이다. 위의 判例가 수인 간에 폭행에 관한 의사의 연락이 있은 후 그 중 1인만이 폭행을 가한 경우에 폭행에 가담하지 않은 자에게도 공동불법행위자로서의 책임을 묻는 것도 이러한 점에서 그 근거를 찾을 수가 있을 것이다. 한편 수인 간에 主觀的 共同關係는 없지만 客觀的 共同關係가 있는 경우(수인의 가해자에 의한 가해행위가 사회관념상의 一體性을 가진 경우)에 ⓑ와 같은 수정이 가능한 이유는 다음과 같은 점에서 찾아야 할 것이다. 즉, 그러한 경우에는 피해자가 손해발생에 대한 각 가해자의 기여정도를 명확히 밝히는 것이 매우 어렵기 때문에, 피해자는 이를 밝힘이 없이 배상범위에 속하는 전손해를 배상청구할 수 있도록 하고, 기여정도에 따른 가해자간의 책임분담의 문제는 그들 사이의 내부문제로 처리하도록 하는 것이 타당하다고 볼 수 있다.

(2) 請求權競合論 재검토

위에서도 언급한 바와 같이, 종래의 請求權競合論이 우리 민법 제750조의 구조상 모든 채무불이행이 동시에 不法行爲도 될 수 있다는 사실을 기초 내지 전제로 하지 않은 상태에서 전개되는 이론이라면, 이를 전제로 하여 재검토할 필요가 있을 것으로 생각된다.

(3) 特別法上의 危險責任규정의 類推適用 가능성 검토

判例는 위에서 보았듯이 「허용된 危險源支配型 不法行爲」에 대해서도, 危險責任을 인정하는 특별법이 없으면 危險源 運營者의 過失을 추정한다든지 危險源運營者의 注意義務를 가중함으로써, 過失責任의 이름을 빌려 사실상 無過失責任을 인정하여 왔다. 그러면 그러한 경우에 비슷한 위험성을 가지고 있는 危險源을 규율하고 있는 특별법의 규정을 유추적용함으로서 바로 無過失責任을 인정할 수는 없는가? 이 경우에 제기되는 한 가지 의문은 이와 같은 특별법 규정의 類推適用이 「예외규정은 확대적용할 수 없다(singularia non sunt extenda)」는 원칙에 위배되지 않는가 하는 점이다. 이러한 의문이 제기되는 이유는 無過失責任을 인정하고 있는 특별법의 규정들은 過失責任의 원칙을 정하고 있는 민법 제750조에 대한 例外規定이라고 볼 수도 있기 때문이다.[54] 그러면 危險責任으로서의 無過失責任을 인정하고 있는 특별법의 규정들은 민법 제750조에 대한 例外規定에 불과한 규정인가? 민법이 제750조에서 不法行爲責任에 대하여 過失責任主義를 취하고 있는데 반하여 위의 특별법 규정들은 그렇지 않다는 점만을 생각한다면 그렇게 볼 수도 있다. 그러나 危險責任도 독자적인 歸責根據와 고유한 적용영역을 가진 責任原則인 것이고, 단순히 過失責任에 대한 예외적인 책임만은 아니라는 점을 유의할 필요가 있다. 즉, 危險責任은 過失責任主義를 취하고 있는 民法이 예정하지 못한 새로운 영역 내지 대상에 대하여 인정되는 책임으로서, 過失責任에 대한 예외적인 책임이라기보다는 過失責任과는 歸責根據와 적용영역을 달리하며, 過失責任과는 다른 공통적인 속성과 요소들을 가진 또 하나의 責任原則인 것이다.[55] 따라서 일정한 危險源의 運營者에게 危險責任을 인정하는 어떠한 특별법 규정이 있다면, 그러한 규정은 그러한 특수한 경우에 한정된 규정이라기보다는 독자적인 근거와 고유한 적용영역을 가진 「危險責任」이라는 責任原則의 한 표현으로 볼 수 있는 것이다.[56] 그렇게 되면 危險責任을 예외적인 責任原則으로 보고 危險責任規定을 예외규정으로 보는 경우에 제기될런지도 모르는 위와 같은 의문은 크게 문제되지는 않을 것이다.[57]

---

54) 독일의 判例는 이러한 점을 이유로 危險責任을 인정하는 특별법규정의 유추적용을 거부하여 왔다. Kötz, 위의 책(註 24), 148면. 그러나 이와는 달리 오스트리아 判例는 危險責任規定의 유추적용을 인정하여 왔다(Koziol, Umfassende Gefährdungshaftung durch Analogie, Festschrift für Walter Wilburg, 1975, 174면).

55) Bauer, Erweiterung der Gefährdungshaftung durch Gesetzesanalogie, Festschrift für Kurt Ballerstedt, 1975, 312면.

56) Koziol, 위의 논문, 179면.

2. 立法論的인 과제

(1) 不法行爲要件으로서의 責任能力의 필요성 여부 검토

민법이 취하고 있는 有責性原則(Verschuldensprinzip)이 判例에 의하여 변질되었음은 이미 앞에서 본 바이다. 그리고 형법상의 형벌이 아닌 不法行爲法上의 손해배상책임에 있어서는 가해행위의 違法性만 있으면 有責性의 요건이 충족되지 않더라도 책임을 지는 것이 타당하다는 점, 따라서 그러한 변질현상은 이론적으로도 바람직한 현상이라는 점도 앞에서 이미 언급한 바이다. 요컨대 有責性은 손해배상책임의 발생에 반드시 필요한 요건은 아닌 것이다.

그런데 이처럼 가해자에 대한 個人的 非難可能性으로서의 有責性이 손해배상책임을 위하여 반드시 필요한 요건이 아니라면, 有責性의 전제가 되는 責任能力 역시 손해배상책임을 위한 논리필연적인 요건은 아닌 것이다. 刑法上의 刑罰은 違法行爲者에 대한 개인적인 비난가능성을 전제로 하기 때문에 責任能力이 범죄성립 및 형벌의 전제요건이 되어야 하지만, 손해배상책임은 형벌과는 달리 손해의 공평타당한 조정에 1차적인 목적이 있으므로, 責任能力이 없는 자에게도 賠償能力(經濟的 能力)이 있는 한 손해배상책임을 인정하더라도 전혀 부당하지 않다고 생각되기 때문이다. 독일민법(제829조)이나 스위스채무법(제54조 제1항)이나 오스트리아민법(제1310조) 등이 일정한 경우에는 責任無能力者에게 이른바 衡平責任(Billigkeitshaftung)을 인정하는 것도 이를 말하여 주는 것이다. 그리고 프랑스민법은 1968년의 개정시에 제489조의2를 삽입함으로써[58] 가해자가 心神障碍狀態에 있었다 하더라도 여전히 배상책임을 부담하도록 하고 있다.[59] 그리고 최근에 대폭

57) 同旨: Bauer, 위의 논문, 318면.

58) 이 조항은 [타인에게 손해를 발생하게 한 자는 비록 그가 심신장애상태에 있었다 하더라도 여전히 그 손해를 배상할 의무를 부담한다]고 규정하고 있다.

59) 한편 英美普通法에 있어서도 정신적 장애는 일반적으로 면책사유가 되지 않는다. 즉 형법에 있어서는 정신적 장애로 인하여 자기가 하는 행위의 의미를 모르는 자나 자기가 하는 행위가 위법함을 모르는 자는 M' Naughten Rule에 의하여 刑事責任으로부터 免責되지만 손해배상책임에 있어서는 정신적 장애자라고 하여 그 가해행위에 대한 배상책임으로부터 免責되지 않는다. 한편 未成年者는 미성년이라는 이유만으로 당연히 免責되지는 않지만, 그렇다고 일반 成年者에게 요구되는 정도의 注意義務가 요구되는 것도 아니다. 즉, 未成年者의 경우에는 동일한 연령, 동일한 지능, 동일한 경험을 가진 未成年者에게 표준적으로 요구되는 정도의 注意義務가 요구된다. 그 결과 5, 6세 미만의 幼兒는 不法行爲責任으로부터 免責된다. John G. Fleming, The Law of Torts, 2nd ed. 1985, 25-27면; Prosser and Keeton, The Law of Torts, 5th ed. 1984, 1071-1075면; C. D. Baker, Tort, 3rd ed. 1981, 100-101면 참조.

개정되어 1992년부터 시행되고 있는 네덜란드 신민법전(제6편 제165조)에 있어서도 프랑스민법의 영향을 받아 정신적 장애인도 不法行爲에 대하여 責任을 지도록 규정하고 있다.[60] 그리고 스페인민법과 포루투갈민법도 손해배상책임에 관해서는 가해자의 정신적 장애를 고려하지 않는다고 한다.[61] 그런데 민법은 不法行爲成立要件을 刑法上의 범죄의 成立要件과 동일하게 취급하여, 責任能力이 없는 자의 가해행위에 대하여는 어떠한 경우에도 가해자 본인의 책임은 인정하지 않고 그 대신 그 監督義務者에게만 감독의무 위반을 요건으로 하여 배상책임을 인정하고 있다. 그러나 이러한 손해소정방법은 가해자 본인에게 경제적 능력이 없는 경우라면 몰라도, 가해자 본인에게 경제적 능력이 있는 경우에 있어서까지 항상 타당한 손해조정방법이라고 할 수 있는지는 의문이다. 오히려 立法論的으로는 現行民法上의 責任無能力者에 해당하는 자도 위법한 행위로 타인에게 손해를 가한 경우에는 責任能力의 유무를 불문하고 손해배상책임을 부담하도록 하는 것이 「손해의 공평 타당한 조정」이라는 損害賠償法의 1차적 목적에 비추어 더 타당하다고 생각된다. 다만 그러한 자에게는 배상능력이 없는 경우가 많을 것이므로, 그러한 경우까지를 고려한다면 現行法上 責任無能力者에 해당하는 자의 不法行爲에 대해서는 가해자 본인뿐만 아니라 그러한 자를 감독할 의무가 있는 자[62]에게도 배상책임을 인정하는 것이 타당할 것이다.

(2) 責任能力 있는 未成年者의 감독자의 책임 인정

민법이 제755조에서 責任能力 있는 未成年者의 不法行爲에 대해서는 未成年者가 스스로 책임을 부담하도록 하고 있는 입법태도가 부당하다는 점과 그러한 부당성을 극복하기 위하여 判例가 未成年者의 감독의무자에게 제750조에 의한 不法行爲責任을 인정하는 이론구성을 하고 있는 점에 대해서는 이미 언급한 바이다. 그렇다면 責任能力 있는 未成年者의 不法行爲에 대해서는 責任能力의 유무를 불문하고 감독의무자의 책임을 인

60) 1997년 10월 25일 한국민사법학회 추계학술대회에서 네덜란드 Utrecht대학의 Arthur Hartkamp 교수가 행한 강연(Erfahrungen und Ergebnisse aus der niederländische Zivilrechtsreform) 원고 9면 참조. 이 강연내용은 朴永馥교수가 번역하여 「네델란드 사법개혁에서의 경험과 성과」라는 제목으로 민사법학 제17호(1999), 286면 이하에 게재되어 있다(본문과 관련된 내용에 대해서는 이 번역문 292면 참조).

61) 이에 대해서는 Christian von Bar, Deliktsrecht, Gutachten und Vorschläge zur Überarbeitung des Schuldrechts, Band II, 1981, 1740면 참조.

62) 現行法上의 責任無能力者에게 責任能力을 불문하고 배상책임을 인정한다고 하더라도, 이들은 역시 監督이 필요한 자들로서 이들에게는 監督義務者가 있게 마련이다.

정하는 방향으로의 立法論的인 검토가 필요하다고 본다. 그리고 이에 대해서는 한국민사법학회 不法行爲法改正案硏究小委員會에서도 제755조에 대한 다음과 같은 개정시안을 마련하여 1997년에 공표한 바 있다.[63]

제755조(心神喪失者와 未成年者의 감독자의 책임)

① 심신상실자와 미성년자의 감독의무자는 심신상실자나 미성년자가 제3자에게 가한 손해를 배상할 책임이 있다. 그러나 감독의무자가 감독의무를 해태하지 않은 때에는 그러하지 아니하다.

② 감독의무자에 갈음하여 심신상실자나 미성년자를 감독하는 자도 전항의 책임이 있다.

(3) 使用者責任에 있어서의 使用者의 免責可能性 排除와 求償權 제한

민법이 使用者責任에 있어서 使用者에게 免責可能性을 인정한 규정(제756조 제1항 단서)의 立法政策的 부당성과 이에 대한 判例의 태도에 대해서는 이미 언급하였다. 그리고 사용자의 求償權의 제한 필요성과 이에 대한 판례의 입장도 위에서 살펴 본 바이다. 이 免責條項을 삭제하고 사용자의 구상권을 제한하는 개정시안 역시 한국민사법학회 不法行爲法改正案硏究小委員會에서 다음과 같이 마련되어 공표한 바 있다.[64]

제756조(사용자의 배상책임)

① 타인을 사용하여 어느 사무에 종사하게 한 자는 피용자가 그 사무집행에 관하여 제3자에게 가한 손해를 배상할 책임이 있다.

② 사용자에 갈음하여 그 사무를 감독한 자도 전항의 책임이 있다.

③ 전2항의 경우에 사용자 또는 감독자는 피용자에 대하여 구상권을 행사할 수 있다. 그러나 법원은 사용관계의 성질, 사무의 위험성, 피용자의 비난가능성, 피용자의 선임·감독에 관하여 사용자가 기울인 주의의 정도, 피용자의 자력 등 제반사정을 참작하여 구상권을 면제 또는 감경할 수 있다.

---

63) 不法行爲法改正案 意見書(徐光民 집필), 民事法學 15호, 1997, 183면 이하 참조.

64) 不法行爲法改正案 意見書(權五乘 집필), 民事法學 15호, 190면 이하 참조.

(4) 危險責任을 인정하는 법률의 立法方式 검토

현행법상 危險責任으로서의 無過失責任 내지 無過失責任에 가까운 책임은, 위에서 본 바와 같이 개별적인 특별법에 규정된 일정한 危險源의 運營者에게만 인정되고 있다. 그 결과 비슷한 정도의 위험이 내재하여 있는 危險源의 運營이면서도, 어떠한 危險源의 運營에 대해서는 危險責任이 인정되고 다른 危險源의 運營에는 過失責任이 인정되고 있다. 예컨대 자동차손해배상보상법은 있으나 철도 및 항공기사고에 대한 危險責任을 인정하는 법률은 없다. 원자력손해배상법은 있으나 전기나 고압가스(폭발성물질), 유독성물질, 발화성물질을 제조 공급하는 시설에서 발생하는 사고에 대해서 危險責任을 인정하는 법률은 없다. 그런데 이처럼 危險責任을 개별적으로 인정하는 방법은, 危險責任의 발생요건을 명백히 함으로써 危險源의 運營者에게 無過失責任의 부담에 대한 예측가능성을 확보해 줄 수 있는 장점을 가지고 있다. 그러나 이 방법은 모든 危險源에 대하여 각각 개별적으로 법률을 마련하여야 하므로, 위험성의 정도가 비슷한데도 불구하고 어떤 경우에는 입법적 대비를 하고 어떤 경우에는 입법적 대비가 결여될 수 있는 위와 같은 단점을 가지고 있다. 그리고 입법은 일반적으로 과학기술의 발전에 뒤지게 마련이므로 입법의 공백기가 생기게 되는 단점도 가지고 있다. 개별적 특별법에 의한 방법이 가지고 있는 이러한 단점을 제거할 수 있는 방법으로서는, 특별법으로든 民法典에든 危險責任의 요건에 대한 一般條項을 마련하는 방법을 생각할 수 있다. 이러한 방법은 독일, 오스트리아, 일본 등의 일부학자에 의하여 제시되어 왔다.[65] 그리고 한국민사법학회 不法行爲法改正案硏究小委員會에서도 危險責任에 관한 다음과 같은 일반조항 시안을 마련하여 공표한 바 있다.[66]

> "특별한 위험이 내재하는 시설이나 물건의 보유자는 그 시설이나 물건의 위험성으로 인하여 발생된 손해를 배상하여야 한다. 그러나 손해가 피해자의 고의나 중대한 과실 또는 불가항력에 의하여 발생한 경우에는 그러하지 아니하다."

그런데 危險責任을 일반조항에 의하여 인정하는 방법은, 개별적 특별법에 의존하는 경우에 생길 수 있는 위와 같은 폐단은 피할 수 있지만, 어떤 危險源의 運營이 이 일반

---

65) Koziol, 위의 논문(註54), 174면; Kötz, Haftung für besondere Gefahr, AcP 170(1970), 41면; Deutsch, Methode und Konzept der Gefährdungshaftung, VersR 1971, 3면; 注釋民法(19)(五十嵐), 306면 등 참조.

66) 不法行爲法改正案 意見書(金亨培 집필), 民事法學 15호, 173면 이하 참조.

조항에 포섭될 수 있을런지가 전적으로 법관의 판단에 맡겨지게 되므로, 危險責任에 대한 예측가능성이 확보될 수가 없다는 문제가 생긴다. 이러한 문제점을 해결하면서도 과학기술의 발전 및 사회사정의 변화에 적절히 대처해 나갈 수 있는 방법으로서는, 民法典에든 특별법으로든 危險責任의 성립에 관한 一般條項을 두고, 일반조항에 포섭될 危險源들을 시행령에 의하여 과학기술의 발달정도 등의 사정을 고려하면서 보충하거나 삭제하는 방법을 생각해 볼 수 있다.[67]

(5) 不法行爲에 대한 구제수단으로서 禁止 및 豫防請求權 인정

不法行爲에 대한 사후적 구제수단으로서의 손해배상 이외에, 특별법에서 개별적으로 규정되어 있는 不法行爲의 금지청구권 내지 예방청구권, 즉 독일의 통설과 판례에서 인정되고 있는 예방적 불작위청구(vorbeugende Unterlassungsklage)과 같은 권리에 관한 규정을 민법전에 신설하는 것도 바람직하다고 생각된다. 이에 대해서도 한국민사법학회 不法行爲法改正案硏究小委員會에서 이미 다음과 같은 입법제안을 마련하여 공표한 바 있다.[68]

> "불법행위가 급박하거나 반복될 명백한 우려가 있는 경우에 그 행위로 인하여 손해를 입을 사람은 그 행위의 留止 또는 예방을 청구할 수 있다."

(6) 손해배상의 방법으로서 金錢賠償 이외에 原狀回復請求權 인정

현재 특별법에서 개별적으로만 인정되고 있는 原狀回復請求權을 民法典에 일반적으로 규정하는 것도 바람직하다고 생각된다. 손해의 배상을 金錢賠償으로 한정하는 것보다는, 상당한 이유가 있는 경우에는 원상회복의 방법도 허용하는 것이 피해자의 구제 내지 손해의 전보를 위하여 더 적절하기 때문이다. 이에 대해서도 한국민사법학회 不法行爲法改正案硏究小委員會에서 이미 다음과 같은 입법제안을 마련하여 공표한 바 있다.[69]

---

67) 1967년의 서독의 "損害賠償法規의 改正 및 補充을 위한 法律의 參事官草案"(Referententwurf eines Gesetzes zur Änderung und Ergänzung Schadensersatzrechtlicher Vorschriften)은 帝國責任法(Reichhaftpflichtgesetz)의 개정과 관련하여 본법에는 위험성의 종류와 성질을 구체적으로 명시하되, 시행령으로 위험성을 가진 물질의 목록을 작성하여 그러한 위험물질을 보충 또는 삭제할 수 있도록 하는 방안을 제시한 바 있다(동 초안 I권, 9-15면 참조).

68) 不法行爲法改正案 意見書(梁彰洙 집필), 民事法學 15호, 220면 참조.

69) 同意見書, 218면 참조.

"손해배상은 금전으로 한다. 그러나 당사자는 상당한 이유가 있는 경우에는 불법행위가 없었다면 있었을 상태의 회복을 청구할 수 있다."

(7) 손해배상의 범위에 관한 독자적인 규정 신설 검토

민법은 제763조에서 債務不履行으로 인한 손해배상의 범위에 관한 제393조의 규정을 不法行爲로 인한 손해배상의 범위에도 준용하고 있다. 그러나 특별한 사정으로 인한 손해에 대해서는 채무자가 그 사정을 알았거나 알 수 있었을 때에만 배상책임을 지도록 하는 제393조의 규정은 계약관계의 존재를 전제로 하는 규정인데, 이 규정을 계약관계가 없는 不法行爲의 가해자와 피해자 사이의 손해배상의 범위에 준용하는 것은 부당하다는 비판이 있어 왔다. 특히 過失에 의한 사고가 결정적인 의미를 갖는 不法行爲法에 있어서, 특별한 사정에 대한 가해자의 예견가능성을 기준으로 하여 손해배상의 범위를 劃定하는 것은 적절하지 못하다. 따라서 不法行爲로 인한 손해배상의 범위에 대해서는 독자적인 규정을 두는 것이 필요하다고 생각된다. 이에 대해서도 한국민사법학회 不法行爲法改正案研究小委員會에서 이미 몇 가지 시안을 마련하여 공표한 바 있다.[70)]

V. 맺는 말

이상에서 발표자는 우리 不法行爲法의 기본적 구조와 그 변천 발전된 내용에 대한 개관을 통하여, 우리 不法行爲法이 損害調整法으로서의 그 주된 임무를 보다 잘 수행할 수 있는 규범이 되기 위하여 보완 내지 해결되어야 할 몇 가지 문제점을 점검하여, 그러한 문제점들에 대한 해결을 不法行爲法學이 떠맡아야 할 과제로 설정하여 보았다. 그리고 이에 대한 해결의 기본 방향을 제시하여 보았다.

서두에서 언급하였듯이 不法行爲法은 어느 시대 어느 사회에 있어서나, 그 시대와 사회에서 발생하는 여러 가지 손해를 그 시대와 사회의 지배적인 正義觀念과 衡平의 관념에 따라, 공평하고 효율적으로 전보 내지 조정할 수 있는 규범이 되어야 할 것이다. 그런데 그 시대와 사회의 지배적인 정의관념이나 형평의 관념은 그 시대와 사회의 경제적, 사회적, 기술적 여건과 사정에 의하여 영향을 받게 마련이다. 따라서 不法行爲法의 규범내용 역시 이러한 사정과 여건의 변화에 따라 달라질 수밖에 없

70) 同意見書, 215면 참조.

다.[71] 이제 不法行爲法은 발생한 손해를 누구에게 전가시킬 것인가를 결정하여 주는 것만이 아니라, 강제책임보험에서 보듯이 배상책임을 부담하는 자가 그 책임을 용이하게 감당할 수 있도록 하는 제도적 장치를 마련하는 것도 그 임무가 된 것이다. 그리고 더 나아가서 앞으로는 사고손해를 처리함에 있어서 不法行爲法的 손해조정방법을 떠나서(즉, 손해배상책임의 所在 내지 손해배상책임의 主體를 규명함이 없이) 사회에서 일어나는 각종의 事故損害에 대해서는 이를 社會保險에 의하여 해결하는 손해처리방식도 예상되고 있다. 그리고 그러한 事故로서는, 교통사고나 노동재해 같은 경우뿐만 아니라 유치원이나 학교 같은 교육기관에서 발생하는 사고까지도 예상되고 있다. 따라서 머지않아 不法行爲法은 그러한 분야의 사고손해의 조정에 대해서는 더 이상 역할을 할 수가 없게 되고, 그 대신 명예훼손이나 사생활침해와 같이 인격적 법익이 침해된 경우, 또는 기업활동에 있어서 발생하는 타인의 영업에 대한 부당한 침해 같은 경우에 중요한 역할을 하게 될 것이라는 전망도 나오고 있다.[72] 그렇게 되면 不法行爲法의 영역은 상당히 좁아질 것이다. 그러나 그렇게 되더라도 不法行爲法이 규율하여야 할 영역은 남아 있게 마련이고, 또 그러한 단계가 당장 도래하는 것도 아니라면 不法行爲法은 계속해서 그 역할과 기능을 잘 감당할 수 있도록 그 내용이 검토되고 보완되어 나가야 할 것이다. 이상에서 검토한 몇 가지 문제와 그 해결방안들도 그러한 점에서 그 의의를 찾을 수 있지 않을까 한다.

* 저스티스 1999년 12월호(제32권 제4호), 85면 이하 게재

---

71) 흔히 有責性原則(그것이 본래적인의 의미의 有責性을 의미하든 다소 변질된 의미의 有責性을 의미하든)을 취한 19세기의 近代不法行爲法은 손해의 공평한 塡補보다는 개인의 자유활동의 신장과 기업의 보호에 주안점이 있었고, 손해의 공평한 조정은 危險責任(無過失責任)을 인정하는 단계에 와서야 不法行爲法의 주된 목적으로 된 것처럼 보는 견해도 있다. 그러나 不法行爲法은 19세기에 있어서도 손해의 공평한 전보를 목적으로 하였다고 볼 수 있다. 다만 그 당시에는 有責性이 인정되는 경우에만 가해자에게 손해배상책임을 부담시시키는 것이, 개인의 자유로운 활동의 신장과 기업보호라는 당시의 사회 경제적 요청이 반영된 당시의 지배적인 정의관념과 시대정신에 비추어, 공평한 손해전보라고 일반적으로 인정되었을 뿐이라고 볼 수 있다. 그러나 당시에는 공평타당한 손해전보의 원칙으로 인정되던 有責性原則도, 그동안의 사회적, 경제적, 기술적 여건의 변화에 영향을 받은 오늘날의 지배적인 정의관념 내지 형평의 관념에 따르면, 어떠한 경우에도 항상 공평 타당한 손해전보의 원칙이 된다고는 할 수 없게 된 것이다.

72) Kötz, 위의 책(註24), 17면 참조. 不法行爲法의 새로운 영역과 임무에 대한 이와 비슷한 전망에 대해서는 梁彰洙, 「不法行爲法의 變遷과 可能性」, 民事判例硏究 15권, 1993, 394면 이하 참조.

韓國 民事法學 50년의 成果와 21세기적 課題*

Ⅰ. 民法學의 任務

韓國民法學의 지난 50년 동안의 成果와 앞으로의 課題를 검토함에 있어서는 우선 民法學의 任務를 확인해 보는 것이 유익할 것으로 생각된다. 民法學이 하는 일이 단순히 法解釋學的 作業만이 아니라면 民法學에 맡겨진 작업, 民法學이 수행하여야 하는 작업이 어떠한 것인가를 먼저 확인하여야 民法學의 成果와 課題도 보다 효과적으로 파악할 수 있을 것으로 생각되기 때문이다. 개인적인 생각으로는 民法學의 任務는 다음과 같은 몇 가지 작업으로 구분하여 볼 수 있다고 생각된다.

첫째, 實定民法規範의 의미내용을 분명히 함으로써 이들 實定民法規範의 적용을 용이하게 하는 작업.

둘째, 사회 경제사정의 변화 및 法意識의 변화로 實定民法規範이 실제생활관계와 유리됨으로써 그 規律能力이 저하되거나 상실된 民法規範을 찾아내어 개정방향을 제시하고 그 개정을 추진하는 작업.

셋째, 사회 경제사정의 변화 및 생활관계의 변화로 발생하는 法的 規律의 새로운 필요성에 解釋論的 · 立法論的으로 대처하는 작업.

넷째, 立法 당시부터 立法政策的으로 부당한 규정이 있는 경우, 그러한 입법정책적 부당성에 대한 해석론적 극복방법을 제시하고 입법론적 개정방향을 제시하는 작업.

---

* 이 글은 서울대학교 법학연구소 주최로 1995년 6월 28일부터 29일까지 열린 학술대회 「韓國法學 50년의 成果와 21세기적 課題」의 民事法 분야 지정토론자로서 토론한 내용임.

이상의 네가지 작업 중에서 첫째의 작업은 民法學에 부여된 法解釋學的 任務라고 할 수 있다면, 나머지 세가지 작업은 民法學에 부여된 立法論的 任務라고 할 수 있다. 따라서 이하에서도 이 두가지 任務를 구분하여 그 成果와 課題를 살펴보기로 한다.

Ⅱ. 法解釋學的 任務에 있어서의 民法學의 成果와 課題

1. 해방 후 韓國民法典이 制定 施行되기까지의 기간에도, 依用民法에 대한 解釋作業으로서의 民法學의 존재나 民法典 제정과정에 대한 관여활동(예컨대 民法案意見書의 발간)으로서의 民法學의 존재를 부인할 수는 없겠지만, 우리 民法學의 본격적인 활동은 역시 우리 民法典이 제정 시행되면서부터라고 할 수 있다. 그리고 民法學의 주된 作業 역시 우리 역사상 처음으로 마련된 근대적 民法典으로서의 우리 民法典의 내용(특히 의용민법과 달라진 내용)에 대한 안내와 해석에 집중되어 있었고 이것은 당연한 현상이기도 하였다. 그리고 이러한 해석작업은 우선 당시 대학에서 민법강의를 담당하였던 교수들의 교과서 저술활동에 의하여 행하여졌다. 그리고 그러한 저술활동은 새로 제정된 民法典의 내용을 학생들에게 조속히 소개해주어야 할 현실적 필요성과 강의교재로서의 활용의 현실적 필요성에서 수행되었다. 그러한 사정때문에 民法典上의 개별적인 규정이나 개별적인 제도들에 대한 이론적인 연구에 앞서서 교과서의 저술이 먼저 행하여졌다고 볼 수 있다. 물론 시간의 경과에 따라 각종의 시험잡지, 民事法學會誌, 법과대학 부설연구소에서 발간하는 論叢, 각종의 기념논문집 등을 통하여 개별적인 문제에 대한 연구논문들도 발표되기 시작하여 현재에는 정확한 파악이 어려울 정도의 많은 수와 양에 이른다. 그리고 최근에는 그 체제와 내용에 있어서 종래의 교과서와는 다른 교과서도 저술되고 있음은 주지의 사실이다.

2. 지난 50년 동안 쌓아 올린 民法解釋學의 이와 같은 성과를 여기서 일일이 언급한다는 것은 불가능하므로 그 연구성과에 나타난 특징만을 아래에서 언급하기로 한다. 그동안의 民法解釋作業에 나타난 두드러진 특징은 일본민법학의 영향과 독일민법학의 영향을 들 수 있다. 즉 1970년대 중반까지의 우리나라 民法解釋學은 우리 民法典에 특유한 규정에 관한 것을 제외하면 대체로 일본민법학의 지배적인 영향을 받아 왔다고 볼 수 있다. 그 이유는 물론 우리 民法典이 依用民法, 즉 일본민법전을 기초로 하고 있다는 점 및 그때까지의 지도적인 위치에 있었던 民法學者들이나 법률실무가들이 거의가 일제시대에 법학교

육을 받아 일본민법학을 공부한 분들이라는 점, 그리고 우리의 독자적인 民法學의 역사가 지극히 일천하였다는 점에서 찾을 수 있을 것이다. 따라서 초창기의 우리 民法學이 일본민법학의 지배적인 영향을 받은 것은 어쩌면 불가피한 현상이었다고 할 수도 있을 것이다.

그러다가 1970년대에 들어와서는 우리 民法學은 서서히 독일민법학의 직접적인 영향을 받게 된다. 물론 일본민법학 자체가 독일민법학의 영향을 받은 것이고, 또 우리 民法典이 일본민법을 기초로 하면서 일본민법에 비하여 독일민법적 제도와 규정을 더 많이 수용하고 있기 때문에, 이 시기 이전에도 우리 民法學은 간접적으로 독일민법학의 영향을 받아왔다고 할 수 있지만, 이때부터는 일본민법학을 거치지 않고 독일민법학의 이론에 직접적으로 접하게 된다. 이는 이때부터 독일에서 유학하고 돌아오는 학자들이 계속하여 독일민법학의 문헌과 이론을 소개한다든지, 그러한 이론을 도입하여 우리 민법의 해석론을 전개한다든지 함으로써, 다른 民法學者 내지 후진 民法學徒들에게도 영향을 미치게 된 데에 기인한다고 볼 수 있다. 그리고 프랑스 등 다른 나라에서 民法學을 공부한 民法學者는 그 수가 적어서 프랑스 등의 民法學理論은 많이 소개되지 못하였다는 점 등도 그 이유로 들 수 있을 것이다. 그 결과 이제는 웬만한 민법분야 碩士學位論文에만 하더라도 독일민법학 이론의 원용은 필수적인 것처럼 여겨질 정도가 되었다.

3. 우리 민법의 해석작업에 미친 일본민법학 및 독일민법학의 이와 같은 영향에 대해서는 우리 民法學의 독자성 확보와 관련하여 그 동안 비판의 목소리도 없지 않았다. 그러나 위에서도 지적하였듯이 우리 民法學에 미친 일본민법학과 독일민법학의 영향은 우리 民法典의 기초와 그 밖의 사정을 고려하면 어쩌면 불가피한 현상이었다고도 할 수 있을 것이다. 따라서 우리 民法學이 그러한 영향을 받은 것 자체는 탓할 바가 못 된다. 그리고 영향을 미친 이론들이 우리 민법규정의 해석이론으로서 타당한 한 그러한 영향을 받아서 해로울 것도 없다. 문제는 이들 나라의 민법이론이 우리 민법규정의 해석이론으로서 항상 타당하고 적합한 것이었는가 하는 점이다. 그리고 이들 나라의 민법학이론을 수용하는 자세가 얼마나 비판적이었는가 하는 점이다. 이와 관련하여 제기되는 의문은 혹시 일본민법에 없거나 일본민법의 규정과 달라진 우리 민법규정의 해석을 위해서도 일본민법학의 해석이론을 그대로 원용하고 있는 경우는 없는지, 또는 독일민법전 특유의 規律形式 내지 規律體系下에서 발생한 법률문제를 해결하기 위하여 형성발전된 해석이론을 그와 상이한 규율형식이나 규율체계를 가지고 있는 우리 민법의 해석이론으로서 무비판적으로 수용하고 있는 경우는 없는지 하는 점이다. 따라서 외국의 해석이론을 수용함에 있어서 중요한

것은 그것이 어느 나라의 이론인가 하는 것이 아니고, 그것이 우리의 民法規定하에서도 적합하고 타당한가를 비판적으로 검토하는 일이다.

4. 民法解釋學의 成果와 관련하여 또 하나 검토를 요하는 것은, 實踐的 學問으로서의 民法學이 그동안 우리나라 判例를 어느 정도 先導하였고 判例에 어느 정도 영향을 미쳤는가 하는 점이다. 民法學에서 형성발전된 어떠한 해석이론이 아무리 정교하고 타당하다고 하더라도 그것이 判例에 의하여 수용되지 못하면 그 이론은 실천적 기능을 발휘하지 못하게 된다. 물론 民法學에 의하여 형성된 이론이 判例에 의하여 어느 정도 수용되는가 하는 것은 법관의 판단과 결단에 달려 있기 때문에 民法學의 任務를 넘는 문제라고 할 수 있을런지 모른다. 그러나 民法學이 判例를 先導하는 자세로 判例를 분석 검토하여 判例의 입장을 지지, 또는 비판하는 作業을 계속해 나간다면 民法學이 제시하는 理論에 無理가 없는 한, 그리고 判例가 民法學의 그러한 作業이나 理論을 의도적으로 외면하지 않는 한, 民法學이 제시하는 해석이론을 수용하지 않을 수가 없는 것이다. 그렇다면 적어도 民法學의 입장에서는 항상 判例를 先導하는 자세로 判例를 분석, 검토함으로써 타당한 해석론을 제시하는 作業을 지속적으로 수행하여 나가야 할 것으로 여겨진다.

Ⅲ. 立法論的 任務에 있어서의 民法學의 成果와 課題

1. 民法學은 實定民法規範의 의미내용을 밝히는 作業뿐만 아니라 타당한 민법규범의 정립방향을 제시하는 作業도 담당하여야 한다. 이 후자의 作業은 民法典이 제정된 후 사회 경제사정의 변화, 생활관계의 변화, 法意識의 변화 등으로 기존의 법규범이 그 適合性 내지 妥當性을 잃게 되거나, 새로운 법규범 정립의 필요성이 생기거나, 또는 입법당시부터 立法政策的으로 타당하지 못한 法規範이 정립되어 있거나 한 경우에 특히 요구되는 作業이다. 민법이 제정 시행된 후에 우리사회에도 그동안 많은 변화가 있었고 家族法 분야에 있어서는 法意識의 변화도 상당히 느낄 수 있을 정도였다. 그러한 변화에 따라 民法學界에서도 민법개정에 대한 논의가 행하여졌고 결국은 그것이 민법개정으로 결실을 맺기도 하였다.

2. 그동안 民法典은 財産法編이 1회, 家族法編이 3회, 附則이 3회, 도합 7회에 걸쳐 개정되었는데, 1962년 12월 29일의 제1차 개정에서는 法定分家制度가 신설되었고 동년

12월 31일의 제2차 개정, 1964년 12월 31일의 제3차 개정 및 1970년 6월 18일의 제4차 개정에 있어서는 附則만이 개정되었다. 그리고 1977년 12월 31일에 있었던 제5차 개정은 家族法編의 개정으로서 혼인에 의한 成年擬制, 歸屬不明財産의 夫婦共有 推定, 協議離婚時의 가정법원의 확인, 親權의 부모공동행사, 法定相續分에 있어서의 남녀차별 폐지, 遺留分制度의 신설 등이 그 주요내용이었다. 1984년 4월 10일에 있었던 제6차 개정은 財産法編에 대한 최초이고 유일한 개정이었으나, 그 내용은 特別失踪期間의 단축, 區分地上權의 新設, 傳貰權者의 優先辨濟權 인정, 傳貰權의 최단존속기간 조정, 傳貰金 增減請求權 신설 등 財産法의 일부에 한정된 것이었다. 한편 家族法編은 1990년 1월 13일의 제7차 개정에서도 親族範圍의 조정, 戶主相續制度의 戶主承繼制度로의 변경, 離婚時의 財産分割請求權 인정, 相續分의 조정 등 많은 부분이 개정되었다. 이상과 같은 民法典의 改正에는 개정의 필요성을 여러 가지 방법으로 역설한다든지 改正作業에 직접 참여한다든지 하면서 民法學者들이 직접 간접으로 관여하여 왔음은 주지의 사실이다. 특히 家族法編의 개정추진을 위한 家族法學者들의 노력은 매우 적극적이었다고 할 수 있다. 그러나 1990년에 있었던 가족법의 개정에 대해서는 그 개정내용과 관련하여 비판적인 시각도 없지 않았다.

3. 변화된 사회경제사정과 생활관계에 적합하고 타당한 民法規範을 정립하기 위한 民法學者들의 노력과 관여는 民法典의 개정뿐만 아니라 民事特別法의 제정 및 개정을 위해서도 경주되어 왔다. 즉 그동안 民法學者들은 住宅賃貸借保護法의 제정과 개정, 假登記擔保 등에 관한 法律의 제정, 集合建物의 所有 및 管理에 관한 法律의 제정, 約款의 규제에 관한 法律의 제정과 개정, 割賦去來에 관한 法律의 제정 등 民事特別法의 제정과 개정에도 여러 가지 방법으로 관여하여 왔다. 이 역시 民法學이 거둔 成果라고 아니할 수 없다.

4. 立法論的 任務와 관련되어 民法學이 거둔 成果는 이상과 같이 적지 않지만 民法學에는 아직도 조속한 해결을 요하는 많은 課題가 앞에 놓여 있다. 여기서는 그러한 課題들을 유형별로만 살펴보고 구체적·개별적 언급은 피하기로 한다.

첫째, 民法典의 규정 중에서 생활현실 내지 거래현실과 부합되지 않는 규정을 거래현실에 부합되도록 개정하는 일이다. 예컨대 제379조의 法定利率(년5%)은 거래현실에 부합되도록 조정되어야 한다.

둘째, 오늘날 널리 성행하는 새로운 유형의 去來 또는 오늘날 점점 빈발하는 새로운 유형의 損害事件을 규율할 法規範을 새로 마련하는 일이다. 예컨대 醫療契約, 旅行契約, 팩토링, 리스 등의 새로운 去來類型이나 製造物로 인한 피해 같은 새로운 유형의 손해사건을 규율할 법규범의 정립이 시급히 요청된다. 특히 오늘날 국제적 거래가 점점 활발해짐에 따라 일정한 거래분야에 있어서는 法의 統一化가 실현되고 있거나 또는 統一化의 요청이 커지고 있다. 따라서 그러한 분야에 대해서는 國際的 동향과 요청에 부응하여 民法規範을 補完 定立하여 나가는 것도 民法學이 수행하여야 할 과제이다.

셋째, 立法政策的으로 부당한 규정을 개정하는 일이다. 예컨대 責任能力 있는 未成年者의 加害行爲에 대해서는 監督義務者가 배상책임을 부담하지 않도록 되어 있는 제755조나 被用者의 加害行爲에 대하여 使用者에게 免責可能性을 인정하고 있는 제756조 같은 규정들을 개정하는 일이다.

넷째, 民法典을 제정할 당시의 입법상의 過誤로 인하여 생긴 잘못된 규정을 바로 잡는 일이다. 예컨대 出捐財産의 財團法人歸屬時期에 관한 제48조의 규정은 物權變動에 관하여 對抗要件主義를 취하던 舊民法의 제42조와 그 내용이 비슷한 규정으로서, 현행민법(제186조)이 物權變動에 관하여 成立要件主義를 취하게 되었다면 그에 따라 당연히 그 내용이 변경되었어야 할 규정이었지만, 그러한 변경없이 현행민법에 수용되었던 것이다. 제48조의 해석을 둘러싼 논란도 바로 이러한 立法上의 過誤에 기인한다. 이러한 과오는 현행민법이 合有에 관한 제272조를 신설하였으면서도 合有에 관한 규정이 없었던 舊民法 제670조를 그대로 수용한 현행민법 제704조에서도 찾아 볼 수 있는데, 그 결과 현행민법 제272조와 제704조 제2항 사이에도 그 내용상의 모순이 생긴다.

다섯째, 우리 民法典은 1948년 정부수립후 동년 12월 15일 주로 실무가들로 구성된 法典編纂委員會가 그 기초에 착수한지 9년만인 1957년 12월 17일에 법률안이 국회본회의의 의결을 통과함으로써 탄생하였다. 그러나 그 起草作業에 착수한지 얼마 되지 않아 발발한 6.25동란으로 인하여 起草作業이 중단되기도 하였을 뿐 아니라 편찬위원들의 상당수가 납북되기도 하였다. 그러한 사정으로 法律案은 극소수의 실무가의 손에 의하여 마련되었고, 게다가 전쟁의 와중에서 마련된 것이어서 그 내용 전반에 대한 충분한 연구와 검토와 논의를 거쳐서 제정되었다고는 할 수 없다. 위에 예시한 바와 같은 立法上의 過誤나 立法政策的인 不當性도 이와 같은 사정에 기인한다고 볼 수 있다. 그럼에도 불구하고 그 동안 특히 재산법편에 관해서는 극히 일부에 대한 개정만 있었을 뿐 입법론적인 검토는 그렇게 활발하지 못한 실정이었다. 이러한 점에서도 民法典은 이제 전반적인 입법론적 검토를 요한다. 이 역시 民法學이 당면한 과제이다.

여섯째, 民法學이 이상과 같은 입법론적 任務를 수행함에 있어서는 우리사회의 거래현실 내지 거래관행과 법의식의 정확한 파악을 위한 法社會學的 연구와 특정국가에 한정되지 않는 폭넓은 比較法的 연구가 전제되고 선행되어야 할 것이다

* 서울대학교 「法學」제36권 제2호(1995. 8.), 40면 이하 게재

〈著 者 略 歷〉

· 제주대학교 법학과 졸업
· 고려대학교 대학원 석사과정 및 박사과정 수료(법학박사)
· 독일 Frankfurt대학교 비교법학연구소 객원연구원
· 강원대학교 법과대학 전임강사, 조교수, 부교수
· 고려대학교, 서울시립대학교 및 숙명여자대학교 강사
· 서강대학교 총무처장, 사회과학대학장 겸 공공정책대학원장, 부총장
· 한국민사법학회 부회장
· 한국소비자보호원 정책연구심의위원회 위원
· 사법시험, 행정고시, 외무고시, 변리사시험 등 출제위원
· (현재) 서강대학교 법학과 교수

〈著 書〉

· 法學, 강원대학교 출판부, 1982(공저)
· 不法行爲歸責構造研究, 강원대학교 출판부, 1988
· 註釋民法(債權各則 8), 한국사법행정학회, 2000(공저)
· 民法注解 XⅧ (債權 11), 박영사, 2005(공저)

민법의 기본문제

조판 발행 2006년 8월 1일

저 자 서광민

발행인 손병두

편집인 송효섭

발행처 서강대학교 출판부

서울시 마포구 신수동 1번지

등록 : 1978년 9월 28일(제10-50호)

전화 : (02)705-8212 팩스 : 705-8612

인쇄 : 효일문화사

정가 20,000원

ISBN 89-7273-111-0 93360